Oldenbourgs Lehr- und Handbücher der Wirtschafts- und Sozialwissenschaften

Bisher erschienene Werke:

Altrogge, Investition, 4. A.
Bamberg · Baur, Statistik, 10. A.
von Böventer · Illing, Einführung in die Mikroökonomie, 9. A.
Bohnet, Finanzwissenschaft: Grundlagen staatlicher Verteilungspolitik, 2. A.
Bühner, Betriebswirtschaftliche Organisationslehre, 9. A.
Cezanne, Grundzüge der Makroökonomik, 7. A.
Cezanne · Franke, Volkswirtschaftslehre, 7. A.
Domschke, Logistik: Transport, 4. A.
Domschke, Logistik: Rundreisen und Touren, 4. A.
Domschke · Drexl, Logistik: Standorte, 4. A.
Frerich, Sozialpolitik, 3. A.
Gehrels, Außenwirtschaftstheorie, 2. A.
Hammer, Unternehmensplanung, 7. A.
Hanssmann, Einführung in die Systemforschung, 4. A.
Hanssmann, Quantitative Betriebswirtschaftslehre, 4. A.
Hauptmann, Mathematik für Betriebs- und Volkswirte, 3. A.
Holub · Schnabl, Input-Output-Rechnung: Input-Output-Analyse
Holub · Schnabl, Input-Output-Rechnung: Input-Output-Tabellen, 3. A.
Krug · Nourney · Schmidt, Wirtschafts- und Sozialstatistik, 5. A.
May, Ökonomie für Pädagogen, 9. A.
Meyer · Müller-Siebers · Ströbele, Wachstumstheorie, 2. A.
Oberhofer, Wahrscheinlichkeitstheorie, 3. A.
Oechsler, Personal und Arbeit – Einführung in die Personalwirtschaft unter Einbeziehung des Arbeitsrechts, 6. A.
Peters · Brühl · Stelling, Betriebswirtschaftslehre, 9. A.
Schertler, Unternehmensorganisation, 7. A.
Schneider, Allgemeine Betriebswirtschaftslehre, 3. A.

Finanzwissenschaft: Grundlagen staatlicher Verteilungspolitik

Von

Dr. Armin Bohnet

Professor der Volkswirtschaftslehre

Justus-Liebig-Universität Gießen

2., völlig überarbeitete und stark erweiterte Auflage

R. Oldenbourg Verlag München Wien

Die Deutsche Bibliothek - CIP-Einheitsaufnahme

Bohnet, Armin:
Finanzwissenschaft : Grundlagen staatlicher Verteilungspolitik / von Armin Bohnet. – 2., völlig überarb. und stark erw. Aufl. – München ; Wien : Oldenbourg, 1999
(Oldenbourgs Lehr- und Handbücher der Wirtschafts- und Sozialwissenschaften)
ISBN 3-486-25262-3

Rosenheimer Straße 145, D-81671 München
Telefon: (089) 45051-0, Internet: http://www.oldenbourg.de

Gedruckt auf säure- und chlorfreiem Papier
Druck: Grafik + Druck, München
Bindung: R. Oldenbourg Graphische Betriebe GmbH, München

ISBN 3-486-25262-3

Vorwort zur 1. Auflage

In den meisten westlichen Industrienationen haben in den letzten Jahrzehnten staatlich ausgelöste Geldströme zum Zweck der Umverteilung von Einkommen und Vermögen absolut und relativ an Bedeutung gewonnen. Dies zeigt sich sowohl in einem Anstieg des Anteils der Steuern an den Gesamteinnahmen des Staates als auch in dem gestiegenen Budgetanteil der Ausgaben, die dem Privatsektor ohne spezielle Gegenleistung zufließen. Damit wird es sowohl für Wirtschaftspolitiker als auch Wissenschaftler und Studenten zunehmend bedeutsam, Informationen über die Wirkungen zu erhalten, die von diesen Zahlungsströmen auf die Verteilung von Einkommen und Vermögen ausgehen.

Die zunehmende Bedeutung dieses Bereiches staatlicher Aktivität hat sich bisher in der deutschen finanzwissenschaftlichen Lehrbuchliteratur nur teilweise in einer vermehrten Berücksichtigung verteilungs- und sozialpolitisch relevanter Fragen niedergeschlagen. Dieser „State of the art" gibt mir die Zuversicht, mit dem vorliegenden Buch über Grundlagen staatlicher Verteilungspolitik den bisher auf dem Markt erhältlichen finanzwissenschaftlichen Lehrbüchern nicht lediglich ein weiteres mit ähnlichem Inhalt hinzuzufügen. Die vorgenommene Beschränkung auf Fragen der Verteilungs- und Sozialpolitik hat den Vorteil, daß der Stoff nach einem klaren und in sich geschlossenen Konzept behandelt werden kann. Dieser Vorteil muß allerdings damit erkauft werden, daß auf die Behandlung der Allokations-, Stabilisierungs- und Wachstumswirkungen staatlicher Einnahmen und Ausgaben teilweise oder ganz verzichtet werden muß.

Für die Darstellung wurde ein teleologisch-empirischer Ansatz gewählt. Entsprechend steht ganz am Anfang eine Darstellung der Ziele und Instrumente staatlicher Verteilungspolitik sowie der Verteilungssituation in der Bundesrepublik Deutschland. Danach wird gezeigt, wo staatliche Verteilungspolitik ansetzen kann und welche methodischen Probleme bei der Ermittlung der Verteilungswirkungen staatlicher Aktivitäten auftreten. Auf diesen Grundlagen aufbauend wird sodann ausführlich dargestellt, wie ausgewählte Steuern, Ausgaben und öffentliche Verschuldung die Verteilung von Einkommen und Vermögen beeinflussen. Das Buch schließt mit einem Versuch, die Verteilungswirkungen des Systems der sozialen Sicherung an den Beispielen der gesetzlichen Rentenversicherung und der gesetzlichen Krankenversicherung zu erfassen. Um auf ständige Verweise auf andere finanzwissenschaftliche Literatur verzichten zu können, wurde bei der Analyse der einzelnen Instrumente jeweils ein Abschnitt vorangestellt, in dem deren rechtliche Grundlagen beschrieben werden.

Das Buch entstand aus finanzwissenschaftlichen Vorlesungen, die ich vor allem an der Justus-Liebig-Universität Gießen gehalten habe. Es ist dementsprechend in erster Linie als Lehrtext für den Unterricht an Universitäten und damit für Studenten und Universitätslehrer konzipiert. Darüber hinaus kann es aber auch den in Ministerien, Verbänden und Fortbildungseinrichtungen tätigen Wirtschaftspraktikern und Lehrkräften eine wichtige Informationsquelle und Entscheidungshilfe sein.

Bei der Konzipierung und Formulierung dieses Lehrbuches wurde mir vielfältige Hilfe zuteil. Mein Interesse an Verteilungsfragen stammt aus meiner Mannheimer Zeit als Assistent bei Gerhard Zeitel, dessen bahnbrechende empirische Arbeiten zur Steuerlastverteilung mich stark beeindruckt hatten. Einige hilfreiche Ratschläge zur „studentengerechten" Formulierung gab mir mein Kollege und langjähriger Freund Franz Xaver Bea. Ganz wesentlichen Anteil an dem Entstehen des Buches haben die zwei letzten „Generationen" meiner Gießener Mitarbeiter. In langen Sitzungen wurden Erstfassungen der einzelnen Kapitel diskutiert und hilfreiche Verbesserungsvorschläge gemacht. Namentlich nennen möchte ich: Dipl.-Oec. Martin Beck, Dipl.-Oec. Gunter Brückner, Dipl.-Oec. Klaus-Dieter Kurze, Dipl.-Oec. Thomas Luh und Dipl.-Oec. Ulrike Rose. Dipl.-Oec. Martin Beck hat darüber hinaus den gesamten Entwicklungsprozeß des Buches mit organisatorischen und konzeptionellen Vorschlägen begleitet, die Übertragung des Textes auf den Personal Computer gesteuert und überwacht und nicht zuletzt das Personen- und Sachregister erstellt. Einige Kapitel wurden mit Gießener Studenten, die Finanzwissenschaft im Tiefenfach gewählt haben, diskutiert. Bei der Anfertigung der Abbildungen sowie der Durchsicht der Druckfahnen und des Umbruchs waren Herr Frank Müller, Frau Claudia Ohly und Herr Michael Reichhardt behilflich. Die Schreibarbeiten wurden mit Engagement und Geduld von Frau Lieselotte Behnisch und Frau Gerda Crone durchgeführt. Ihnen allen gilt mein herzlicher Dank. Verbliebene konzeptionelle und inhaltliche Mängel gehen selbstverständlich alleine zu meinen Lasten.

Armin Bohnet

Vorwort zur 2. Auflage

Die vorliegende zweite Auflage stellt eine wesentlich überarbeitete und erweiterte Fassung gegenüber der ersten Auflage dar. Neu aufgenommen wurden die Kapitel 6 und 17, während Kapitel 8 wegen fehlender aktueller Daten ausgegliedert wurde.

Das neu aufgenommene Kapitel 6 gibt einen Überblick über die wichtigsten Theorien zur Erklärung der personellen Verteilung von Leistungseinkommen. Diese Konzentration auf Leistungseinkommen läßt sich zum einen aus dem generell feststellbaren und deshalb typischen lognormalen Verlauf der Verteilungsfunktion rechtfertigen. Die Regelmäßigkeit der Verteilung weist auf zeitunabhängige generell geltende Bestimmungsgründe hin, deren Kenntnis es möglich macht, dem Wirtschaftspolitiker Empfehlungen über Art und Sinnhaftigkeit von verteilungspolitischen Maßnahmen zu geben. Der zweite Rechtfertigungsgrund für die Fokussierung auf Leistungseinkommen ergab sich für mich aus der Dominanz dieser Einkommensart gegenüber anderen und hier insbesondere der aus Unternehmertätigkeit und Vermögen.

Das ebenfalls neu aufgenommene Kapitel 17 fragt nach den Verteilungswirkungen, die sich seit der Wiedervereinigung Deutschlands aus der Aufbringung der Finanzmittel für die Förderung Ostdeutschlands in den alten Bundesländern ergeben haben. Die Analyse konzentriert sich auf die personellen Verteilungswirkungen der zusätzlich erhobenen Steuern und Sozialversicherungsabgaben sowie der Mehrbelastungen aus der vereinigungsbedingten staatlichen Kreditaufnahme und dem Inflationsschub zu Beginn der 90er Jahre. Unberücksichtigt bleiben hingegen die Verteilungswirkungen aus der Mittelverwendung in Ost- (und West-) Deutschland sowie regionale und sektorale Umverteilungseffekte innerhalb West- oder Ostdeutschlands.

Erheblichen Zeitaufwand brachte die Überarbeitung der Tabellen, Abbildungen und Übersichten. Unterschiede zur 1. Auflage ergaben sich zum einen durch die Möglichkeit, längere Zeitreihen zur Einkommens- und Vermögensverteilung zu bilden und damit auch Veränderungen im Zeitablauf zu erfassen. Für die Datenbeschaffung und intertemporale Vergleiche erschwerend wirkte sich hingegen die Einbeziehung der neuen Bundesländer in die Statistiken und die teilweise Zusammenfassung von Daten der alten und der neuen Bundesländer aus.

Bei der Erstellung der 2. Auflage haben mich vor allem die nachfolgend genannten Mitarbeiter mit großem Engagement unterstützt: Herr Dipl.-Volksw. Ivo Bischoff, dem ich insbesondere für die Aktualisierung der empirischen Daten und die Gesamtkoordination bei der Erstellung des druckfertigen Manuskripts danke; Herr Dipl.-Volksw. Stephan Heck, mit dessen Hilfe ich in langen Diskussionen das 17. Kapitel konzipiert und formuliert habe; Frau Dipl.-Oec. Margit Schratzenstaller, die mir durch Formulierungsvorschläge die Darstellung der in Kap. 6 enthaltenen Theorien zur Verteilung der Leistungseinkommen sehr erleichterte. Für technische Hilfe und die Unterstützung beim Korrekturlesen danke ich neben den Obengenannten insbesondere Frau cand. rer. pol. Julia Welteke sowie Herrn cand. rer. pol. Kay Eric Blasius, Herrn Dipl.-Kaufmann Markus Peplau, Frau cand. rer. pol. Christina E. Metz und Herrn cand. rer. pol. Stefan Schäfer.

Das Manuskript wurde am 31. März abgeschlossen. Soweit rechtliche Regelungen dargestellt werden, beziehen sie sich auf den Stand Ende 1998.

Armin Bohnet

Inhaltsverzeichnis

Vorwort zur ersten Auflage III
Vorwort zur zweiten Auflage V
Verzeichnis der Tabellen XVI
Verzeichnis der Übersichten XX
Verzeichnis der Abbildungen XXI

1. Teil
Grundlegung

1. Kapitel
Motive, Gegenstand und Ziele staatlicher Verteilungspolitik 1
1. Was ist staatliche Verteilungspolitik und weshalb wird sie betrieben? .. 1
2. Was ist Gegenstand staatlicher Verteilungspolitik? 3
2.1 Objekte der Verteilungspolitik 4
2.2 Ansätze zur Gruppierung der Verteilungssubjekte 5
3. Welche Ziele verfolgt die staatliche Verteilungspolitik? 7
3.1 Die Beeinflussung der Einkommensverteilung 7
3.1.1 Rechtfertigungsversuche staatlicher Einkommensverteilungspolitik 7
3.1.2 Inhaltliche Kennzeichnung des Zieles einer staatlichen Einkommensverteilungspolitik 10
3.2 Die Beeinflussung der Vermögensverteilung 14
3.2.1 Rechtfertigung einer Politik der Vermögensverteilung 14
3.2.2 Konkrete Ziele der staatlichen Vermögensverteilungspolitik 15
3.3 Bereiche praktischer Verteilungspolitik des Staates 16

2. Kapitel
Einkommen und Vermögen als zentrale Objekte finanzwirtschaftlicher Verteilungspolitik 18
1. Das Einkommen 18
1.1 Der makroökonomische Einkommensbegriff 18
1.2 Der steuerliche Einkommensbegriff 20
1.3 Der Einkommensbegriff im Rahmen der Einkommens- und Verbrauchsstichprobe 22
1.4 Die Notwendigkeit zur Verwendung zweckorientierter Einkommensbegriffe 23
2. Das Vermögen 27
2.1 Der rechtliche Eigentumsbegriff als Grundlage für eine Vermögensdefinition 27
2.2 Der steuerrechtliche Vermögensbegriff 28
2.3 Der in der EVS verwendete Vermögensbegriff 28
2.4 Eine umfassende Vermögensdefinition 29

2.5 Die Vorteilhaftigkeit zweckorientierter Vermögensdefinitionen 30
3. Der Zwang zur Begriffsvielfalt 31

3. Kapitel
Instrumente staatlicher Umverteilung 32
1. Die Einnahmen des Staates 32
2. Die Ausgaben des Staates 38

2. Teil
Meßverfahren, empirische Befunde und theoretische Erklärungsansätze zur Einkommens- und Vermögensverteilung

4. Kapitel
Statistische Maße und graphische Darstellungsformen zur Kennzeichnung von Verteilungen 42
1. Graphische Darstellungsformen der Häufigkeitsverteilung 42
1.1 Stabdiagramm und Histogramm 42
1.2 Die Paretianische Häufigkeitsverteilungskurve 44
1.3 Die Lorenzkurve 46
1.4 Die Konzentrationskurve 47
2. Maße zur Charakterisierung von Verteilungssituationen 48
2.1 Lageparameter 49
2.2 Streuungsparameter 50
2.3 Schiefeparameter 51
2.4 Konzentrations- und Streuungsmaße 53
2.4.1 Relative und absolute Konzentration 53
2.4.2 Anforderungen an Maßzahlen der relativen Konzentration ... 54
2.4.3 Gruppenanteile 54
2.4.4 Das Pareto-Maß Alpha 55
2.4.5 Der Gini-Koeffizient 56
3. Normative Maße der Ungleichverteilung 58
4. Konzepte zur Armutsmessung 62
4.1 Definition und Klassifikation von Armut 63
4.1.1 Absolute und relative Armut 63
4.1.2 Offene und verdeckte Armut 64
4.2 Konzepte der Armutsmessung 65
4.2.1 Ansätze zur Kennzeichnung der Armutsgrenze 65
4.2.2 Konkrete Armutsindikatoren 68

5. Kapitel
Daten zur Einkommens- und Vermögensverteilung in der Bundesrepublik Deutschland 72
1. Probleme der Datenerfassung und –interpretation 72
2. Daten zur Einkommensverteilung 73
2.1 Die funktionale Einkommensverteilung 73
2.2 Die Größenverteilung der Einkommen 77
2.2.1 Daten der Lohn- und Einkommensteuerstatistik 77

2.2.2 Daten der Einkommens- und Verbrauchsstichprobe 86
2.3 Die relative Einkommensposition sozialer Gruppen 90
2.4 Absolute und relative Armut 97
2.5 Die sektorale Einkommensverteilung 101
2.6 Die regionale Einkommensverteilung 103
3. Daten zur Vermögensverteilung 108
3.1 Die Größenverteilung des Vermögens nach Hochrechnungen von Mierheim/Wicke/Hober 109
3.2 Daten zur Größenverteilung des Vermögens nach der EVS 1993 ... 113
3.2.1 Die Konzentration der Vermögen 113
3.2.2 Vermögensverteilung nach Einkommensklassen 116
3.3 Fazit 119

6. Kapitel
Theoretische Erklärungsversuche der personellen Einkommensverteilung und Ansätze der Verteilungspolitik 120
1. Personelle Einkommensverteilung als Teilobjekt der Verteilungstheorie 120
2. Überblick über Erklärungsansätze zur personellen Verteilung der Leistungseinkommen 122
2.1 Einführung 122
2.2 Einzelwirtschaftliche Ansätze zur personellen Einkommensverteilung 127
2.2.1 Stochastische Theorien 127
2.2.1.1 Markov-Ketten-Modelle 127
2.2.1.2 Ability-Theorien 129
2.2.1.3 Heritage-Theorien 133
2.2.1.4 Verteilungspolitische Implikationen der stochastischen Theorien der personellen Einkommensverteilung 134
2.2.2 Individuelle Präferenz-Theorien 135
2.2.2.1 Das Risk-Preference-Modell von Friedman 135
2.2.2.2 Das Job Selection-Modell von Tinbergen 137
2.2.2.3 Humankapitaltheorien 139
2.2.2.4 Verteilungspolitische Implikationen der individuellen Präferenz-Theorien 142
2.2.3 Hierarchie-Modelle 143
2.2.3.1 Hierarchie-Modelle zur Erklärung der personellen Einkommensverteilung 143
2.2.3.2 Verteilungspolitische Implikationen der Hierarchie-Modelle 145
2.3 Gesamtwirtschaftliche Ansätze zur personellen Einkommensverteilung 145
2.3.1 Konjunkturelle Aspekte 146
2.3.1.1 Beschäftigungssituation 146
2.3.1.2 Inflationäre Tendenzen 147
2.3.2 Wachstum und Verteilung 148

2.3.3 Regionale Aspekte 150
2.3.4 Demographische Aspekte 151
2.3.5 Verteilungspolitische Implikationen 152
2.4 Einige Schlußfolgerungen für die Verteilungspolitik 152

3. Teil
Die Verteilungswirkungen staatlicher Finanzpolitik - theoretische Grundlagen und empirische Evidenz

7. Kapitel
Ansatzpunkte staatlicher Verteilungspolitik 153
1. Staatliche Einflüsse auf die Verteilung der Einkommen 153
1.1 Eingriffe in die Primärverteilung der Nominaleinkommen 154
1.2 Die Sekundärverteilung der Nominaleinkommen als Ergebnis staatlicher und privater Umverteilung 155
1.3 Die Realverteilung des Einkommens als Ergebnis staatlicher Einflußnahme auf Preisniveau und –struktur der Güter und Dienstleistungen 156
1.4 Die Finalverteilung der Einkommen als Ergebnis staatlicher Güter- und Dienstleistungsangebote 157
1.5 Ansatzpunkte und quantitative Bedeutung staatlicher Verteilungspolitik nach Daten der Volkswirtschaftlichen Gesamtrechnung 158
2. Die Umverteilung der Vermögen 161
2.1 Die Beeinflussung der Vermögensbildung 161
2.2 Die Beeinflussung des Vermögensbestandes 161

8. Kapitel
Vorgehensweisen und Probleme bei der Ermittlung von Verteilungswirkungen staatlicher Aktivitäten 163
1. Inzidenz als Sammelbegriff für die Verteilungswirkungen staatlicher Aktivitäten 163
2. Das Problem der richtigen Alternativen-Wahl 166
3. Die verteilungsrelevanten Hauptwirkungsverläufe staatlicher Eingriffe 167
3.1 Wirkungen in der Ankündigungsphase 168
3.2 Wirkungen in der Vollzugsphase 169
3.3 Fernwirkungen 171
4. Meinungsstreit um Sinn und Aussagefähigkeit von Inzidenzanalysen .. 173

4. Teil
Die Einnahmen des Staates im Dienste der Einkommensumverteilung

9. Kapitel
Die Einkommen- und Körperschaftsteuer 176
1. Die rechtlichen Grundzüge der Einkommen- und Körperschaftsteuer... 177
1.1 Die Einkommensteuer 177
1.2 Die Körperschaftsteuer 181
2. Die Verteilungswirkung der Lohnsteuer 185
2.1 Die formale Inzidenz 185
2.2 Die materielle Inzidenz 185
3. Die Verteilungswirkung einer Gewinnsteuer 187
3.1 Die formale Inzidenz 187
3.2 Die materielle Inzidenz 189
3.2.1 Mikroökonomische Analyse der Inzidenz einer Gewinnsteuer auf vollkommenen Märkten 189
3.2.2 Mikroökonomische Analyse der Inzidenz einer Gewinnsteuer auf unvollkommenen Märkten 192
3.2.3 Föhls makroökonomische Analyse der Inzidenz einer Gewinnsteuer 196
3.2.4 Empirische Untersuchungen zur Überwälzung von Gewinnsteuern 201
3.2.5 Fazit 202

10. Kapitel
Die Verbrauchsteuern 206
1. Die rechtlichen Grundzüge der Verbrauchsteuern 206
1.1 Die speziellen Verbrauchsteuern 206
1.2 Die allgemeine Verbrauchsteuer 206
2. Die Verteilungswirkung spezieller Verbrauchsteuern 209
2.1 Die formale Inzidenz 209
2.2 Die materielle Inzidenz 211
2.2.1 Methodische Vorbemerkungen 211
2.2.2 Die kurzfristige Inzidenz einer mengenproportionalen speziellen Verbrauchsteuer auf Produkte eines Konkurrenzmarktes 213
2.2.3 Die kurzfristige Inzidenz einer mengenproportionalen speziellen Verbrauchsteuer auf einem Markt mit Angebotsmonopol 219
2.2.4 Die kurzfristige Inzidenz einer wertproportionalen speziellen Verbrauchsteuer auf Produkte eines Konkurrenzmarktes 220
2.2.5 Die kurzfristige Inzidenz einer wertproportionalen speziellen Verbrauchsteuer auf Produkte eines Marktes mit Angebotsmonopol 222
2.2.6 Kurzfristige Inzidenzwirkungen über nichtbesteuerte Drittmärkte 223

2.2.7 Kurzfristige versus langfristige materielle Inzidenz spezieller Verbrauchsteuern ... 224
2.2.8 Empirische Untersuchungen zur Inzidenz spezieller Verbrauchsteuern ... 225
3. Die Verteilungswirkungen einer allgemeinen Verbrauchsteuer ... 226
3.1 Die formale Inzidenz ... 226
3.2 Die materielle Inzidenz ... 228
3.2.1 Methodische Vorbemerkungen ... 228
3.2.2 Die kurzfristige Inzidenz einer allgemeinen Verbrauchsteuer in einem mikroökonomischen Partialmodell ... 229
3.2.3 Die kurzfristige Inzidenz einer allgemeinen Verbrauchsteuer in einem mikroökonomischen Totalmodell ... 232
3.2.4 Die kurzfristige Inzidenz einer allgemeinen Verbrauchsteuer in makroökonomischer Sicht ... 233
3.2.5 Die langfristige Inzidenz einer allgemeinen Verbrauchsteuer ... 234

11. Kapitel
Staatliche Schuldenaktivität ... 236
1. Rechtliche Grundlagen ... 237
2. Die interpersonelle Lastverteilung aus einer Staatsverschuldung ... 239
2.1 Die Inzidenz der Staatsverschuldung nach dem Transferansatz ... 239
2.1.1 Darstellung des Transferansatzes ... 239
2.1.2 Bewertung des Transferansatzes ... 240
2.2 Die Inzidenz der Staatsverschuldung nach Andel ... 241
2.2.1 Darstellung des Ansatzes ... 241
2.2.2 Bewertung des Ansatzes ... 242
2.3 Die Inzidenz der Staatsverschuldung nach Gandenberger ... 242
2.3.1 Darstellung des Ansatzes ... 243
2.3.2 Bewertung des Ansatzes ... 246
2.4 Eine umfassende Analyse der Inzidenz staatlicher Schuldenaktivität ... 246
2.4.1 Fall 1: Verschuldung bei der Notenbank in einer Phase der Unterbeschäftigung ... 247
2.4.2 Fall 2: Verschuldung bei den Geschäftsbanken in einer Phase der Unterbeschäftigung ... 248
2.4.3 Fall 4: Verschuldung bei den Geschäftsbanken in einer Phase der Vollbeschäftigung ... 253
2.5 Empirische Untersuchungen zur interpersonellen Verteilungswirkung staatlicher Schuldenaktivität ... 255
3. Die intertemporale Lastverteilung aus einer Staatsverschuldung ... 256
3.1 Unterschiedliche Positionen zur intertemporalen Inzidenz ... 256
3.1.1 Der Ansatz der Klassiker ... 257
3.1.2 Der Ansatz der "Neuen Orthodoxie" ... 257
3.1.3 Der Nutzenansatz von Buchanan ... 258
3.1.4 Der Ansatz der Wachstumstheoretiker ... 259
3.2 Bewertung der Ansätze ... 259

3.3 Ist eine intertemporale Lastverschiebung unter Gerechtigkeitsgesichtspunkten wünschenswert? ... 262
3.4 Fazit ... 263

5. Teil
Staatliche Einnahmen und Ausgaben im Dienste der Beeinflussung der Vermögensverteilung

12. Kapitel
Steuern auf das Vermögen als Instrumente der Vermögensverteilungspolitik ... 266
1. Die rechtlichen Grundlagen der Steuern auf das Vermögen ... 266
1.1 Die Vermögensteuer ... 266
1.2 Die Grundsteuer ... 269
1.3 Die Erbschaftsteuer/Schenkungsteuer ... 270
2. Die Verteilungswirkung der Vermögensteuer ... 273
2.1 Die formale Inzidenz ... 273
2.2 Die materielle Inzidenz ... 275
3. Die Verteilungswirkung einer speziellen Vermögensteuer – das Beispiel der Grundsteuer ... 277
3.1 Die formale Inzidenz ... 277
3.2 Die materielle Inzidenz ... 278
4. Die Verteilungswirkung der Erbschaft- und Schenkungsteuer ... 281
4.1 Die formale Inzidenz ... 281
4.2 Die materielle Inzidenz ... 283

13. Kapitel
Steuervergünstigungen und Prämien im Dienste der Vermögensverteilungspolitik ... 285
1. Die rechtlichen Grundlagen ... 286
2. Die Verteilungswirkung der Bausparförderung ... 288
2.1 Die formale Inzidenz ... 288
2.2 Die materielle Inzidenz ... 290
3. Die Verteilungswirkung der Förderungsmaßnahmen zur Produktivvermögensbildung ... 290
3.1 Die formale Inzidenz ... 291
3.2 Die materielle Inzidenz ... 291
3.2.1 Die staatliche Begünstigung der Investivlohn-Bildung ... 292
3.2.2 Die staatliche Begünstigung der betrieblichen Gewinnbeteiligung ... 292
4. Fazit ... 293

6.Teil
Die Verteilungswirkungen des Systems der sozialen Sicherung

14. Kapitel
Bereiche und quantitative Bedeutung des Systems der sozialen Sicherung 296
1. Bereiche der sozialen Sicherung 296
1.1 Definitionen und Abgrenzungen 296
1.2 Die gesetzliche Rentenversicherung (GRV) 297
1.3 Die gesetzliche Krankenversicherung (GKV) 300
1.4 Die gesetzliche Pflegeversicherung 302
2. Die quantitative Bedeutung der Sozialversicherung 307

15. Kapitel
Die Verteilungswirkungen der Gesetzlichen Rentenversicherung 312
1. Verteilungswirkungen in der Querschnittsbetrachtung 312
1.1 Die formale Inzidenz 313
1.2 Die materielle Inzidenz 319
2. Verteilungswirkungen in der Längsschnittsbetrachtung 320
2.1 Die formale Inzidenz 321
2.2 Die materielle Inzidenz 322

16. Kapitel
Die Verteilungswirkungen der Gesetzlichen Krankenversicherung 323
1. Verteilungswirkungen in der Querschnittsbetrachtung 323
1.1 Die formale Inzidenz 324
1.1.1 Familienstands- und einkommensspezifische Umverteilungswirkungen 324
1.1.2 Alters- und geschlechtsspezifische Umverteilungswirkungen 328
1.2 Die materielle Inzidenz 330
2. Verteilungswirkungen in der Längsschnittsbetrachtung 330

17. Kapitel
Ausgewählte Verteilungswirkungen der Finanztransfers zwischen West- und Ostdeutschland nach der deutschen Wiedervereinigung 332
1. Die Verteilungssituation in West- und Ostdeutschland zum Vereinigungszeitpunkt 332
2. Transferströme zwischen West- und Ostdeutschland seit 1991 335
2.1 Die Gesamttransfers von West- nach Ostdeutschland seit 1991 335
2.2 Die Bruttotransfergeberstruktur 338
2.3 Die Verwendungsstruktur der Bruttotransfers 339
3. Finanzierungsquellen der Bruttotransfers nach Ostdeutschland und ihre Verteilungswirkungen 341
3.1 Finanzierung durch öffentliche Kreditaufnahme 343
3.1.1 Finanzierungsbeitrag, Entwicklung und Struktur der Verschuldung seit der Deutschen Vereinigung 343

3.1.2 Intertemporale Einkommensverteilungswirkungen der Kreditfinanzierung ... 350
3.1.3 Interpersonelle Einkommensverteilungswirkungen der Kreditfinanzierung ... 353
3.2 Finanzierung durch Steuereinnahmen der Gebietskörperschaften ... 356
3.2.1 Finanzierungsquellen und Finanzierungsbeitrag ... 356
3.2.2 Diskretionäre Steuererhöhungen und ihre Verteilungswirkungen ... 357
3.2.2.1 Der Solidaritätszuschlag ... 357
3.2.2.2 Erhöhung der Mehrwertsteuer ... 359
3.2.2.3 Erhöhung spezieller Verbrauchsteuern ... 361
3.2.3 Verteilungswirkungen der vereinigungsbedingten Steuerbelastung insgesamt ... 365
3.3 Finanzierung durch Beitragseinnahmen der Sozialversicherung ... 367
3.3.1 Finanzierungsbeitrag der Gesetzlichen Arbeitslosenversicherung ... 367
3.3.2 Finanzierungsbeitrag der Gesetzlichen Rentenversicherung 367
3.3.3 Verteilungswirkungen des West-Ost-Transfers der Sozialversicherung 372
3.3.3.1 Volumen des Finanztransfers ... 372
3.3.3.2 Personelle Verteilungswirkungen ... 373
3.4 Der Finanzierungsbeitrag des vereinigungsbedingten Inflationsimpulses und seine Verteilungswirkungen ... 375
4. Fazit ... 377

Verzeichnis der Tabellen

Tab. 3.1:	Rechnungsmäßige Einnahmen der öffentlichen Hand in Deutschland in 1985 und 1995 nach Einnahmearten und -trägern	34
Tab. 3.2:	Aufgliederung und Entwicklung des kassenmäßigen Steueraufkommens in Deutschland von 1960 bis 1997	36
Tab. 3.3:	Gewicht und Entwicklung der Ausgaben der öffentlichen Haushalte in Deutschland von 1960 bis 1995	40
Tab. 4.1:	Daten zur Einkommensverteilung	56
Tab. 4.2:	Armut in den Entwicklungsländern	69
Tab. 5.1:	Anteile verschiedener Einkommensarten am Volkseinkommen	75
Tab. 5.2:	Zur Einkommenssituation der Lohnsteuerpflichtigen in den alten Bundesländern in 1989	79
Tab. 5.3:	Zur Einkommenssituation der veranlagten Einkommensteuerpflichtigen in den alten Bundesländern in 1989	80
Tab. 5.4:	Zur Einkommenssituation der veranlagten Einkommensteuerpflichtigen und der Lohnsteuerpflichtigen in den alten Bundesländern in 1989	83
Tab. 5.4a:	Zur Einkommenssituation der veranlagten Einkommensteuerpflichtigen und der Lohnsteuerpflichtigen in den alten und neuen Bundesländern im Jahr 1992	84
Tab. 5.5:	Verteilung der gesamten Brutto- und Nettoeinkommen pro Monat in 1993 im früheren Bundesgebiet, gegliedert nach dem Haushaltsnettoeinkommen	87
Tab. 5.5a:	Verteilung der gesamten Brutto- und Nettoeinkommen pro Monat 1993 in den neuen Bundesländern und Berlin-Ost, gegliedert nach dem Haushaltsnettoeinkommen	88
Tab. 5.6:	Die Entwicklung der durchschnittlichen monatlich verfügbaren Haushaltseinkommen in DM nach sozialen Gruppen	91
Tab. 5.6a:	Die Entwicklung der Relation der durchschnittlichen verfügbaren Haushaltseinkommen nach sozialen Gruppen	92
Tab. 5.7:	Gesamtbetrag der Einkünfte pro Monat in DM/Steuerpflichtigen in ausgewählten freien Berufen	94
Tab. 5.8:	Steuerpflichtige mit Einkünften aus selbständiger Arbeit in ausgewählten freien Berufen nach Größenklassen dieser Einkünfte in 1992	96
Tab. 5.9:	Empfänger laufender Hilfe zum Lebensunterhalt am Jahresende in Deutschland von 1980 bis 1996	98
Tab. 5.10:	Anteile der von relativer Armut betroffenen Haushalte in den alten und neuen Bundesländern nach verschiedenen Armutsgrenzen 1984 bis 1995 in %	99

Tab. 5.11: Von relativer Armut betroffene Haushalte in Westdeutschland nach sozialer Stellung des Haushalts in 1993 ... 100

Tab. 5.11a: Von relativer Armut betroffene Haushalte in Ostdeutschland nach sozialer Stellung des Haushalts in 1993 ... 100

Tab. 5.12: Monatliches durchschnittliches Bruttoeinkommen der Arbeitnehmer in Westdeutschland in 1992, gegliedert nach Sektoren ... 102

Tab. 5.13: Durchschnittlicher Bruttolohn der Lohnsteuerpflichtigen in den Jahren 1980 und 1989 nach Bundesländern ... 104

Tab. 5.13a: Durchschnittlicher Gesamtbetrag der Einkünfte der Einkommensteuerpflichtigen in 1980 und 1989 nach Bundesländern ... 105

Tab. 5.14: Durchschnittlicher Gesamtbetrag der Einkünfte der Einkommensteuerpflichtigen in 1989 und 1992 nach Bundesländern ... 106

Tab. 5.15: Die Größenverteilung des Bruttogesamtvermögens und des Produktivvermögens auf die Haushalte in der Bundesrepublik Deutschland in 1973 ... 109

Tab. 5.16: Die Größenverteilung des Nettogesamtvermögens auf die Haushalte in der Bundesrepublik Deutschland in 1973 ... 111

Tab. 5.17: Vermögen und Kreditverpflichtungen der westdeutschen Haushalte in 1993 ... 116

Tab. 5.17a: Vermögen und Kreditverpflichtungen der ostdeutschen Haushalte in 1993 ... 117

Tab. 10.1: Belastung der Haushalte mit speziellen ausgewählten Verbrauchsteuern nach Einkommensklassen im Jahr 1988 ... 210

Tab. 10.2: Belastung der Haushalte durch die Umsatzsteuer nach Einkommensklassen im Jahr 1988 ... 227

Tab. 12.1: Vermögensteuerschuld der unbeschränkt steuerpflichtigen natürlichen Personen nach Vermögensgruppen für das Jahr 1993 ... 274

Tab. 12.2: Erbschaftsteuerzahlungen infolge von unbeschränkt steuerpflichtigen Erwerben nach „neuem Recht“ für die Jahre 1974-1978 ... 282

Tab. 13.1: Anteil der privaten Haushalte mit Haus- und Grundbesitz an der Gesamtzahl der Haushalte in Deutschland zwischen 1969 und 1993 ... 288

Tab. 13.2: Anteil der privaten Haushalte mit Bausparverträgen an der Gesamtzahl der Haushalte in Deutschland zwischen 1969 und 1993 ... 289

Tab. 14.1: Die Bedeutung der Sozialversicherung in Deutschland im Jahr 1996 ... 307

Tab. 14.2: Daten zur Gesetzlichen Rentenversicherung in Deutschland ... 309
Tab. 14.3: Daten zur Gesetzlichen Krankenversicherung in Deutschland ... 311
Tab. 15.1: Die Entwicklung der Renten-/Bruttoeinkommensrelation der Arbeiter und Angestellten zwischen 1960 und 1996.. 314
Tab. 15.2: Die Entwicklung der Renten-/Nettoeinkommensrelation in der Gesetzlichen Rentenversicherung in Deutschland seit 1960 ... 315
Tab. 15.3: Die Entwicklung der Eckrente und des Eckrentenniveaus in der Gesetzlichen Rentenversicherung der Arbeiter und Angestellten in Deutschland seit 1960 ... 316
Tab. 16.1: Die GKV-Beiträge in Relation zum Bruttogesamteinkommen in 1981 ... 325
Tab. 16.2: Leistungsäquivalente (fiktive) GKV-Beiträge in Relation zum Bruttogesamteinkommen in 1981 ... 326
Tab. 16.3: Umverteilung durch die GKV in Relation zum Bruttogesamteinkommen in 1981 ... 327
Tab. 16.4: Das geschlechts- und altersspezifische Krankheitskostenrisiko von Versicherten der GKV im Jahr 1981 ... 328
Tab. 16.5: Das Gewicht der verschiedenen Arten von Krankheitskosten bei Rentnern und übrigen GKV-Mitgliedern im Jahr 1985 ... 329
Tab. 17.1: Verteilungsmaße zur personellen Verteilung der unbereinigten monatlichen Haushalts-Nettoeinkommen und der Äquivalenzeinkommen I und II in der früheren Bundesrepublik Deutschland und der ehemaligen DDR ... 336
Tab. 17.2: Nettotransferrechnung verschiedener Institutionen für Ostdeutschland zwischen 1991 und 1997 (in Mrd. DM) . 337
Tab. 17.3: Bruttotransfers nach Ostdeutschland zwischen 1991 und 1997 nach Trägern (in Mrd. DM bzw. Anteil an den Bruttoleistungen in %) ... 339
Tab. 17.4: Investive und konsumtive Bruttotransfers nach Ostdeutschland zwischen 1991 und 1997 (in Mrd. DM bzw. Anteil an den Bruttoleistungen in %) ... 340
Tab. 17.5: Entwicklung wichtiger Verschuldungsindikatoren in Deutschland zwischen 1989 und 1997 ... 344
Tab. 17.6: Gesamtwirtschaftliche Finanzierungsrechnung der Bundesbank für 1989 bis 1997 (Finanzierungssaldo in Mrd. DM) ... 348
Tab. 17.7: Entwicklung der Gläubigerstruktur der öffentlichen Gesamtverschuldung und Nettokreditaufnahme seit 1989 ... 349
Tab. 17.8: Verteilung der Staatsschuldpapiere auf private Haushalte nach dem monatlichen Haushaltsnettoeinkommen im Jahr 1993 ... 355

Tab. 17.9: Diskretionäre vereinigungsbedingte Steuererhöhungen seit 1991 und ihre kassenmäßigen Auswirkungen (in Mrd. DM) 357
Tab. 17.10: Auswirkungen des Solidaritätszuschlags auf die personelle Einkommensverteilung in Westdeutschland in 1991 und 1992 nach Quartilen 358
Tab. 17.11: Personelle Verteilungswirkungen einer einprozentigen Mehrwertsteuererhöhung in 1998 nach Quartilen 361
Tab. 17.12: Absolute Belastung westdeutscher Haushalte mit ausgewählten speziellen Verbrauchsteuern nach der Höhe des monatlichen Nettoeinkommens in 1988 362
Tab. 17.13: Gesamtbelastung der westdeutschen privaten Haushalte durch vereinigungsbedingte Steuererhöhungen in 1992 und 1995 nach Quartilen (in DM pro Monat bzw. in % des monatlichen Haushaltsbruttoeinkommens) 366
Tab. 17.14: Entwicklung des Haushalts der Bundesanstalt für Arbeit in West- und Ostdeutschland seit der Vereinigung (in Mrd. DM) 368
Tab. 17.15: Entwicklung des Haushalts der Gesetzlichen Rentenversicherung der Arbeiter und Angestellten in Westdeutschland seit 1990 (in Mrd. DM) 370
Tab. 17.15a: Entwicklung des Haushalts der Gesetzlichen Rentenversicherung der Arbeiter und Angestellten in Ostdeutschland seit 1990 (in Mrd. DM) 372
Tab. 17.16: Belastung der westdeutschen privaten Haushalte durch den West-Ost-Transfer der Sozialversicherung in 1992 und 1995 nach Quartilen (in DM pro Monat bzw. in % des monatlichen Haushaltsbruttoeinkommens) 374

Verzeichnis der Übersichten

Übersicht 7.1: Volkseinkommensgrößen und ihre verteilungspolitische Bedeutung 159
Übersicht 8.1: Verteilungsrelevante Wirkungsverläufe finanzwirtschaftlicher Maßnahmen 172
Übersicht 9.1: Schema zur Einkommensteuer-Ermittlung nach EstG 178
Übersicht 9.2: Berechnung der tariflichen Einkommensteuer in 1998 nach § 32a EstG 179
Übersicht 9.3: Vereinfachtes Schema der Körperschaftsteuerermittlung 183
Übersicht 9.4: Die Wirkungsweise des Anrechnungsverfahrens bei der Körperschaftsteuer 184
Übersicht 9.5: Ansätze und Ergebnisse ausgewählter empirischer Analysen zur Überwälzung der Körperschaftsteuer. 204
Übersicht 10.1: Spezielle Verbrauchsteuern 207
Übersicht 11.1: Inzidenzanalyse staatlicher Verschuldung in Abhängigkeit vom Gläubiger und der konjunkturellen Situation 247
Übersicht 12.1: Berechnung der Vermögensteuer 268
Übersicht 12.2: Wichtige Regelungen der Erbschaft- und Schenkungsteuer 272
Übersicht 14.1: Ausgewählte Merkmale des Systems der Gesetzlichen Renten-, Kranken- und Pflegeversicherung in Deutschland 303
Übersicht 17.1: Volumen und Struktur der vereinigungsbedingten Finanztransfers zwischen West- und Ostdeutschland und ihre Verteilungswirkungen 333
Übersicht 17.2: Gesamtbild der Verteilungswirkungen aus den Finanztransfers zwischen West- und Ostdeutschland.. 378

Verzeichnis der Abbildungen

Abb. 2.1: Gesamtwirtschaftliches Produktionskonto nach dem Inlandskonzept 19
Abb. 4.1: Stabdiagramm 43
Abb. 4.2: Histogramm 44
Abb. 4.3: Paretianische Häufigkeitsverteilung 45
Abb. 4.4: Paretogerade 46
Abb. 4.5: Lorenzkurve 47
Abb. 4.6: Konzentrationskurve 48
Abb. 4.7: Durchschnittslage 52
Abb. 4.8: Lorenzkurve nach Tabelle 4.1 57
Abb. 5.1: Lorenzkurven zur Verteilung der Brutto- und Nettolohneinkommen in den alten Bundesländern im Jahr 1989 78
Abb. 5.2: Lorenzkurven zur Verteilung des Gesamtbetrags der Einkünfte, der Nettoeinkünfte sowie der Bruttolöhne auf private Haushalte in den alten Bundesländern für das Jahr 1989 82
Abb. 5.3: Lorenzkurven zur Verteilung des Nettoeinkommens der privaten Haushalte in Ost- und Westdeutschland für das Jahr 1993 89
Abb. 5.4: Lorenzkurven zur Verteilung des Bruttogesamtvermögens und des Produktivitätsvermögens auf private Haushalte für das Jahr 1973 110
Abb. 5.5: Lorenzkurven zur Verteilung des Versorgungsvermögens sowie des Nettovermögens mit und ohne Versorgungsvermögen auf private Haushalte für das Jahr 1973 112
Abb. 5.6: Lorenzkurven der Verteilung von Grund- und Bruttogeldvermögen im früheren Bundesgebiet auf alle Haushalte in 1993 114
Abb. 5.6a: Lorenzkurven der Verteilung von Grund- und Bruttogeldvermögen in Ostdeutschland auf alle Haushalte in 1993 115
Abb. 5.7: Durchschnittlicher Wert des Grundvermögens und des Nettogeldvermögens der Haushalte in Ost- und Westdeutschland nach Einkommensklassen in 1993 118
Abb. 6.1: Systematik der Verteilungstheorien 121
Abb. 6.2: Lebenszeiteinkommen bei unterschiedlichen Bildungseinkommen 125
Abb. 6.3: Ansätze zur Erklärung der personellen Verteilung der Leistungseinkommen 126
Abb. 6.4: Die Einkommensverteilung im Risk-Preference-Modell von Friedman 136
Abb. 6.5: Die Kuznets-Kurve 149

Abb. 9.1: Grenz- und Durchschnittsbelastung des Einkommensteuertarifs 1998 und 1999 im Vergleich 180
Abb. 9.2: Wirkungen einer Gewinnsteuer auf einem Markt mit vollständiger Konkurrenz 190
Abb. 9.3: Wirkungen einer Gewinnsteuer auf einem Markt mit Angebotsmonopol 191
Abb. 9.4: Marktgleichgewicht bei aufschlagskalkulierendem Anbieterverhalten und konstanten Durchschnittskosten 193
Abb. 9.5: Wirkungen einer Gewinnsteuer bei aufschlagskalkulierendem Anbieterverhalten und konstanten Durchschnittskosten 194
Abb. 9.6: Wirkungen einer Gewinnsteuer bei aufschlagskalkulierendem Anbieterverhalten und sinkenden Durchschnittskosten 195
Abb. 10.1: Relative Belastung der Haushalte mit speziellen Verbrauchsteuern nach dem Haushaltseinkommen in 1988 .. 211
Abb. 10.2: Wirkungen einer mengenproportionalen Produktsteuer auf einem Markt mit vollständiger Konkurrenz 214
Abb. 10.3: Steuerlastverteilung bei einer mengenproportionalen Produktsteuer auf einem Markt mit vollständiger Konkurrenz 215
Abb. 10.4: Wirkungen einer mengenproportionalen Produktsteuer bei unterschiedlichen Angebotselastizitäten auf einem Markt mit vollständiger Konkurrenz 218
Abb. 10.5: Wirkungen einer mengenproportionalen Produktsteuer bei unterschiedlichen Nachfrageelastizitäten auf einem Markt mit vollständiger Konkurrenz 219
Abb. 10.6: Wirkungen einer mengenproportionalen speziellen Verbrauchsteuer auf Produkte eines Marktes mit Angebotsmonopol 220
Abb. 10.7: Wirkungen einer wertproportionalen Produktsteuer auf einem Markt mit vollständiger Konkurrenz 221
Abb. 10.8: Wirkungen einer wertproportionalen Produktsteuer auf einem Markt mit Angebotsmonopol 222
Abb. 10.9: Wirkungen einer mengenproportionalen Produktsteuer auf nichtbesteuerten Drittmärkten 223
Abb. 10.10: Relative Belastung der Haushalte durch die Umsatzsteuer im Jahr 1988 228
Abb. 10.11: Wirkungen einer allgemeinen Verbrauchsteuer auf einem Markt mit vollständiger Konkurrenz 230
Abb. 10.12: Wirkungen einer allgemeinen Verbrauchsteuer auf einem Markt mit vollständiger Konkurrenz unter Berücksichtigung von Wechselwirkungen zwischen den Märkten 231
Abb. 11.1: Wirkungen einer Staatsverschuldung 244
Abb. 11.2: Vergleich der Wirkungen einer Staatsverschuldung mit denen einer Schuldenvermeidungssteuer 245

Abb. 11.3: Wirkungen einer Staatsverschuldung bei den Geschäftsbanken in einer Phase der Unterbeschäftigung 249
Abb. 11.4: Wirkungen einer Staatsverschuldung bei den Geschäftsbanken in einer Phase der Vollbeschäftigung 254
Abb. 12.1: Wirkungen einer Vermögensteuer bei aufschlagskalkulierendem Anbieterverhalten 276
Abb. 12.2: Wirkungen einer auf Gebäude erhobenen Grundsteuer auf einem Markt mit vollständiger Konkurrenz 280
Abb. 15.1: Belastung der Unselbständigeneinkommen durch die Rentenversicherungsbeiträge im Jahr 1998 in Tsd. DM und in % 318
Abb. 17.1: Bruttotransfers von Westdeutschland nach Ostdeutschland zwischen 1991 und 1995 und ihre Finanzierung...... 342
Abb. 17.2: Monatliche relative Mehrbelastung aus einer einprozentigen Mehrwertsteuererhöhung in West- und Ostdeutschland in 1997 nach Einkommensklassen 360
Abb. 17.3: Relative Belastung westdeutscher Haushalte mit ausgewählten speziellen Verbrauchsteuern nach der Höhe des monatlichen Nettoeinkommens in 1988 363
Abb. 17.4: Entwicklung der Inflationsrate in Westdeutschland und Gesamtdeutschland von 1988 bis 1997 376
Abb. 17.5: Belastung westdeutscher privater Haushalte durch die vereinigungsbedingten Steuererhöhungen und den West-Ost-Transfer der Sozialversicherung (in % des monatlichen Haushaltsbruttoeinkommens).................................. 380

1. Teil

Grundlegung

1. Kapitel

Motive, Gegenstand und Ziele staatlicher Verteilungspolitik

1. Was ist staatliche Verteilungspolitik und weshalb wird sie betrieben?

Staatliche Verteilungspolitik stellt neben der Allokations- und der Stabilisierungspolitik eine zentrale Aufgabe staatlicher Finanzwirtschaftspolitik dar. Sie zielt darauf ab, die Verteilung von Einkommen, Kaufkraft und Vermögen zu beeinflussen. Instrumente der finanzwirtschaftspolitischen Verteilungspolitik sind Einnahmen und Ausgaben des Staates, die die Wirtschaftssubjekte eines Landes belasten oder diesen zugutekommen, ohne daß die Betroffenen eine gleichwertige Gegenleistung erhalten bzw. erbringen müssen. In der Bundesrepublik Deutschland machen die unentgeltlichen Leistungen oder Transferzahlungen der Gebietskörperschaften und Sozialversicherungsträger annähernd die Hälfte aller Staatsausgaben aus. In anderen marktwirtschaftlich organisierten Industrienationen, so z.B. in Schweden oder Dänemark, liegt der Anteil der Transferausgaben sogar deutlich über 50 %. Auf der Einnahmenseite ist der Anteil der Einnahmen, denen keine speziellen Gegenleistungen gegenüberstehen, das sind vor allem die Steuern, mit etwa zwei Dritteln aller Einnahmen noch größer. Eine Analyse dieser Geldströme erscheint damit von vorneherein als berechtigt.

Es stellt sich zunächst die Frage, worauf staatliche Verteilungspolitik zurückzuführen ist, welche Motive insbesondere erklären können, warum Transfers von und zum Staat heute eine so große Rolle spielen. In einem Querschnitt durch die Literatur werden im folgenden die wichtigsten Argumente genannt.

Tullock sieht die Hauptursache für staatliche Transfers in dem Tatbestand, daß es Gruppen von Individuen gibt, die den Zufluß solcher Zahlungen anstreben und die auch genügend politische Macht oder Glück haben, ihre Ziele durchzusetzen.[1] Damit ist nun allerdings noch nichts darüber gesagt, welche gesellschaftlichen Gruppen eine Umverteilung wünschen und welche Motive dafür ausschlaggebend sind.

---

[1] Vgl. hierzu vor allem Tullock, 1997, S. 1-16 und Lindbeck, 1985, S. 310 f.

Boulding und Pfaff nennen als Motiv für Umverteilungsmaßnahmen den Wunsch nach einer Integration von Minderheiten und Unterprivilegierten in die Gesellschaft. Ohne eine solche Integration könnte es zu politischer Radikalisierung und kriminellen Verhaltensweisen der "Außenseiter" kommen.[2] Verteilungspolitik liegt somit auch im Interesse derjenigen, die für die damit verbundenen Transfers aufkommen müssen, denn sie erhalten als Gegenleistung die Gewähr für ein funktionsfähiges, weitgehend störungsfreies System sozialer Beziehungen.

Rawls geht bei seiner Argumentation von einem fiktiven "Urzustand" aus, in dem alle Individuen, die jemals die Erde bewohnen, aufgefordert werden, demokratisch über prinzipielle ökonomische und politische Normen zu bestimmen. Diese Individuen wissen nicht, welcher Generation und welcher sozialen Klasse sie einmal angehören werden. Sie kennen auch das politische und ökonomische System nicht, das dann herrschen wird. Es existiert ein "Schleier des Nichtwissens".[3] In einem solchen System entscheiden sich nach Ansicht von Rawls vernunftbegabte Individuen für die zwei folgenden Grundnormen:

"1. Jedermann soll gleiches Recht auf das umfangreichste System gleicher Grundfreiheiten haben. ...

2. Soziale und wirtschaftliche Ungleichheiten sind so zu gestalten, daß (a) vernünftigerweise zu erwarten ist, daß sie zu jedermanns Vorteil dienen, und (b) sie mit Positionen und Ämtern verbunden sind, die jedem offen stehen."[4]

Staatliche Umverteilungsmaßnahmen würden nach diesen Normen dann betrieben, wenn durch eine tendenzielle Nivellierung einer ungleichen Einkommens-, Vermögens- oder Ämterverteilung die Position der am wenigsten Begünstigten verbessert werden kann. Prinzipiell zulässig wären aber auch Maßnahmen, die zu einer zunehmenden Ungleichverteilung führen. Allerdings müßte sich dadurch auch die Position der untersten sozialen Schicht, z.B. als Folge einer allgemeinen Belebung der wirtschaftlichen Lage, verbessern.

Thurow erklärt die Existenz und das Anwachsen von Einkommensumverteilungen vor allem durch den zunehmenden Drang nach sozialer und wirtschaftlicher Sicherung durch den Staat.[5] Da bei Umverteilungen zugunsten einer Gruppe immer irgendwelche anderen verlieren würden, entstehe bei diesen der Wunsch, durch ihnen zugute kommende Transfers ebenfalls zu den Begünstigten zu gehören.

Tullock nennt zwei weitere Motive: Nächstenliebe und Neid.[6] Allerdings sei das erste Motiv nicht gleichbedeutend mit Hilfe für die Armen bzw. für Personen,

---

2 Vgl. Boulding/Pfaff, 1972, S. 2.

3 Rawls, 1979, S. 159 ff.

4 Ebenda, S. 81; vgl. dazu auch die Erläuterungen bei Gärtner, 1985, S. 118 ff.

5 Vgl. Thurow, 1981, S. 16 ff.

6 Vgl. Tullock, 1997, S. 3 ff.

die schlechter als die Geber gestellt sind. Der größte Teil derart motivierter Transfers gehe vielmehr an Angehörige des Geldgebers. Zu beachten sei ferner, daß solche Transfers eine quantitativ nur geringe Rolle spielten. Der Neid sei vor allem dort bedeutsam, wo irgendwelche Leute deutlich besser als der Durchschnitt oder der einzelne Betroffene dastünden. Er führe zu der Einstellung, daß "diese anderen" schon zur Finanzierung staatlicher Umverteilung beitragen könnten.

Angesichts der bestehenden Einkommens- und Vermögensverteilung stellt sich die Frage, warum die sich zumeist in der Überzahl befindlichen Bezieher (Inhaber) mittlerer und niedriger Einkommen (Vermögen) keine sehr viel weiterreichende Nivellierung von Einkommen und Vermögen als bisher durchgesetzt haben. Dafür gibt es mehrere Erklärungen.

Teichmann nennt folgende Gründe:[7]

- Die Bezieher niedriger und mittlerer Einkommen kennen die tatsächliche Verteilung nicht und fordern deshalb keine weiterreichenden Verteilungskorrekturen.
- Sie erhoffen sich für die nahe Zukunft eine absehbare Verbesserung der eigenen Einkommensposition über das durchschnittliche Niveau hinaus.
- Sie akzeptieren eine leistungsgerechte Entlohnung als moralisches Prinzip und Voraussetzung für eine hohe Leistungsfähigkeit der Wirtschaft.

Lindbeck betont vor allem den Konflikt zwischen Effizienz und Nivellierung.[8] Die entscheidende Mehrheit befürchte als Folge einer zu starken Nivellierung so hohe Produktivitätsverluste, daß selbst solche Bürger Wohlfahrtsverluste zu erleiden hätten, deren Einkommen schon bisher unter dem Durchschnittseinkommen lag.

Knappe ergänzt diesen Katalog von Gründen gegen eine weiterreichende Nivellierung um folgendes Argument:[9] Die "Reichen" würden sich zu einem höheren Prozentsatz an politischen Wahlen beteiligen und eine überdurchschnittliche Fähigkeit dafür besitzen, als Meinungsführer andere Wähler für eigene Belange zu gewinnen. Entsprechend schwierig sei es, eine über ein bestimmtes Maß hinausgehende Nivellierung durchzusetzen.

2. Was ist Gegenstand staatlicher Verteilungspolitik?

Eine Diskussion über die Verteilungswirkungen staatlicher Finanzwirtschaft muß zunächst bei der Bestimmung dessen ansetzen, was verteilt wird bzw. umverteilt werden soll; wir wollen das zu Verteilende im folgenden **Vertei-**

---

7 Vgl. Teichmann, 1993, S. 118.

8 Vgl. Lindbeck, 1985, S. 319.

9 Vgl. Knappe, 1980, S. 356 f.

lungsobjekte nennen. Sodann müssen **Gruppierungsmerkmale** definiert werden, nach denen die Verteilungsobjekte auf die Merkmalsträger oder Verteilungssubjekte verteilt sind bzw. verteilt werden sollen.

2.1 Objekte der Verteilungspolitik

Verteilungsobjekte können sein:

1. **Politische Handlungsrechte**. Zu ihnen zählen insbesondere politische Wahl- und Abstimmungsrechte sowie die daraus abgeleiteten Entscheidungskompetenzen staatlicher Organe. Ihre Inhalte und ihre Verteilung sind insbesondere in der politikwissenschaftlichen Literatur diskutiert worden.[10] In der Ökonomie wurden sie jedoch nur gelegentlich aufgegriffen, so z.B. in der Neuen Politischen Ökonomie im Zusammenhang mit der Erklärung von Ergebnissen politischer Wahl- und Abstimmungsprozesse.[11] In Verteilungsanalysen spielen sie kaum eine Rolle.
2. **Privatwirtschaftliche Handlungsrechte**. Sie umfassen alle im privatwirtschaftlichen Bereich relevanten Rechte zur Gestaltung wirtschaftlichen Handelns.[12] Diese vor allem aus der "Property Rights"-Theorie abgeleitete Kennzeichnung des Verteilungsobjektes geht allerdings weit über das hinaus, was traditionell als Verteilungsobjekt in der Verteilungstheorie und -politik verstanden wird. Sie wird deshalb im folgenden nicht weiter verwendet.
3. **Lebenschancen im Sinne von Freiheit, Wahlhandlungen zu treffen**.[13] Da die Lebenschancen eines Individuums wesentlich durch die Verfügbarkeit über Produktionsfaktoren und die daraus resultierenden Einkommensströme determiniert werden, läßt sich eine Brücke zu Einkommen und Vermögen als Verteilungsobjekte schlagen.
4. **Berufe, Führungspositionen, soziale Rangstellungen und Titel**.[14] Diese Merkmale überlappen sich teilweise mit den bereits genannten Verteilungsobjekten. Da sie zudem weder in den traditionellen verteilungstheoretischen noch in verteilungspolitischen Analysen ausführlicher behandelt werden, bleiben sie in den nachfolgenden Ausführungen unberücksichtigt.

---

10 Vgl. Windhoff-Héritier, 1982, S. 74 ff.

11 Vgl. Frey/Kirchgässner, 1994, S. 45 ff. und S. 143 ff. und Kirsch/Mackscheidt, 1985, S. 18 ff.

12 Zur näheren Charakterisierung derselben kann weiter unterschieden werden zwischen Organisationsrechten, Verfügungsrechten und Übertragungsrechten. Organisationsrechte sind gleichbedeutend mit Entscheidungsrechten darüber, wer Entscheidungen treffen darf. Verfügungsrechte umfassen die Rechte, über Produktionsprozesse, Konsumaktivitäten sowie die Verteilung der im Wirtschaftsprozeß anfallenden Früchte zu entscheiden. Übertragungsrechte bestimmen schließlich, wer berechtigt ist, Organisations- und Verfügungsrechte von einem Entscheidungsträger auf andere zu übertragen.

13 Vgl. Rürup/Körner, 1985, S. 214 f.

14 Vgl. Werner, 1979, S. 2.

5. **Einkommen und Vermögen**. Sie bilden den Kern verteilungstheoretischer Analysen sowie der meisten verteilungspolitischen Forderungen und werden auch in den nachfolgenden Ausführungen im Mittelpunkt stehen. Eine nähere inhaltliche Kennzeichnung erfolgt an späterer Stelle.

2.2 Ansätze zur Gruppierung der Verteilungssubjekte

Merkmale, nach denen die Einkommensbezieher und Vermögensbesitzer als Verteilungssubjekte gruppiert werden können, sind:[15]

1. **Die Art des vom Verteilungsträger im Produktionsprozeß bereitgestellten Produktionsfaktors**. Diese Gruppierung liegt der Analyse und Beeinflussung der funktionalen Einkommensverteilung zugrunde.

   Fragen der funktionellen Einkommensverteilung standen über lange Zeit im Mittelpunkt verteilungs**theoretischer** Analysen. Auch heute wird ihnen in verteilungstheoretischen Lehrbüchern noch immer eine herausragende Bedeutung zugewiesen. In der klassischen Nationalökonomie wurde noch zwischen den drei Produktionsfaktoren Boden, Arbeit und Kapital unterschieden.[16] Theorien des 20. Jahrhunderts fragen zumeist nur noch nach der Verteilung von Einkommen und/oder Vermögen auf die Produktionsfaktoren Arbeit und Kapital. Dies kann zum einen damit erklärt werden, daß die Bedeutung des Produktionsfaktors Boden im Zeitablauf abgenommen hat. Eventuell liegt es aber auch an den methodischen und empirischen Schwierigkeiten, die Bodenerträge sowie den Bodenwert aus dem Gesamteinkommen bzw. –vermögen herauszurechnen. Schließlich könnte aber auch die Verlockung einer einfacheren mathematischen Handhabbarkeit von Zwei-Gruppen-Modellen diese Entwicklung beeinflußt haben.

   Fast im Gegensatz zur Theorie spielt die funktionelle Verteilung in der Diskussion zur **praktischen** Verteilungspolitik heute eine eher nachgeordnete Rolle. Argumente zur funktionalen Einkommensverteilung finden sich noch am ehesten in der Diskussion um die Lohnquote, also den Anteil der Unselbständigeneinkommen am Sozialprodukt, sowie in Ansätzen zur Vermögensbildung in Arbeitnehmerhand.

2. **Der soziale Status der Wirtschaftssubjekte**. Hier erfolgt eine Gruppierung der Bevölkerung nach sozialen Gruppierungsmerkmalen. Sie liefert u.a. Informationen über die relative Position der Arbeiter-, Angestellten-, Beamten-, Selbständigen-, Landwirte- und Rentnerhaushalte und erlangt vor allem Bedeutung bei der Beobachtung und Beschreibung langfristiger Anpassungsprozesse in der Sozialstruktur eines Landes. Allerdings gibt es hierzu bisher kaum fundierte theoretische Erklärungsansätze.

---

[15] Vgl. Zimmermann/Henke, 1994, S. 218 f.; Albers, 1980, S. 286 und Andel, 1992, S. 410 f.

[16] Vgl. Ricardo, 1817, S. 1 und S. 33-76.

3. **Die Höhe der Einkommen bzw. Vermögen von Individuen, Familien oder Haushalten.** Mit Hilfe dieser Gruppierung werden Aussagen über die personelle Verteilung oder, wie es in einer sprachlich überzeugenderen Weise in der angloamerikanischen Literatur heißt, über die Größenverteilung (size distribution) von Einkommen und Vermögen auf Personen, Haushalte oder Familien gemacht.

   Dieser Gruppierungsansatz ist in der verteilungs**politischen** Diskussion seit jeher von zentraler Bedeutung gewesen. Ein wesentlicher Grund für das bevorzugte Interesse kann darin gesehen werden, daß unterschiedlich hohe Einkommen und Vermögen sich besonders gut als Indikatoren zur Kennzeichnung der relativen Position eines Wirtschaftssubjektes in der Gesellschaft eignen. Sie können sodann aber auch schlagkräftig als zahlenmäßige Bestätigung für die (Un-) Gerechtigkeit einer bestehenden Verteilung verwendet werden.

   Diesem verteilungspolitischen Interesse standen über eine längere Zeit hinweg erstaunlich wenig **theoretische** Ansätze zur Erklärung der Größenverteilung von Einkommen und Vermögen gegenüber. Die Beiträge von Pareto, Gibrat und Champernowne können eher als Ausnahme von der Regel verstanden werden. Das geringe Interesse mag u.a. auf das lange Zeit unzureichende Datenmaterial und die Komplexität des Problems zurückzuführen sein. Vielleicht erklärt sich der lange Zeit niedrige Forschungsstand auch aus dem Glauben, daß Verteilung und Umverteilung eher moralische als wissenschaftliche Kategorien darstellen.[17] Die verbesserte Datensituation sowie die mathematisch und rechentechnisch verbesserten Möglichkeiten haben allerdings in den letzten Jahrzehnten zu einer ganzen Fülle von weiterführenden Erklärungsansätzen geführt.

4. **Der Wirtschaftsbereich, in dem Einkommen entsteht.** Diese Gruppierung ermöglicht Aussagen über die Verteilung des Einkommens auf Sektoren sowie deren Wandel.

   In der **Theorie** ist vor allem die Drei-Sektoren-Hypothese von Fourastié und Wolfe[18] Ausgangspunkt einer Reihe von Erklärungsansätzen zum langfristigen Strukturwandel der Wirtschaft geworden. Allerdings wurde dabei dem Aspekt der Durchschnittseinkommen der Wirtschaftssubjekte in den Sektoren kaum Beachtung geschenkt. In der Wirtschafts**politik** spielt die sektorale Verteilung vor allem bei Veränderungen in der relativen Position von Branchen und den in ihnen Beschäftigten eine Rolle (Landwirtschaft, Bergbau, Textilwirtschaft etc.).

5. **Die Region, in der Einkommen entsteht bzw. Vermögen angesammelt ist.** Durch die regionale Gruppenbildung der Verteilungssubjekte können Unterschiede in den Pro-Kopf-Einkommen und -vermögen erfaßt und zu erklären versucht werden. Ein Beispiel dafür sind Stadt-/Landvergleiche. Fragen der

---

17 Vgl. Tullock, 1997, S. 1.

18 Vgl. Fourastié, 1954, insbesondere Kapitel 2 und Wolfe, 1955.

regionalen Verteilung sind vor allem im Rahmen regionaler Entwicklungstheorien und der staatlichen Regionalpolitik von Bedeutung.

Die bisherige Aufzählung ist nicht vollständig. Es gibt weitere mögliche Ansätze, nach denen Verteilungssubjekte gruppiert werden können. Als Beispiele für Kriterien, nach denen solche Gruppierungen erfolgen können, seien genannt:

- die Beitragszahler und Leistungsempfänger in den Sozialversicherungen;
- der Familienstand, das Geschlecht, die Hautfarbe oder das Alter;
- die Zugehörigkeit zu einer bestimmten Interessengruppe wie die Landwirte, die Grundstücksbesitzer oder die Kriegsopfer.

Es ist nicht möglich, im Rahmen eines Lehrbuches auf sämtliche Möglichkeiten der Gruppenbildung und einer darauf ausgerichteten Verteilungspolitik des Staates einzugehen. Die nachfolgenden Ausführungen werden sich deshalb vor allem auf zwei Aspekte konzentrieren: Die staatliche Einflußnahme auf die Größenverteilung der Einkommen und Vermögen sowie - wegen der sprunghaft angestiegenen quantitativen Bedeutung - die Umverteilungswirkungen im Rahmen der Gesetzlichen Renten- und Krankenversicherung.

3. Welche Ziele verfolgt die staatliche Verteilungspolitik?

Es kann als ein besonderes Merkmal staatlicher Verteilungspolitik angesehen werden, daß die ihr gestellte Aufgabe in einer Vielzahl von Einzelzielen besteht. Es kommt hinzu, daß Inhalt und Rechtfertigung dieser Ziele häufig einem zeitlichen Wandel unterliegen. Dementsprechend schwierig ist es auch, eine generelle Rechtfertigung und einen allgemein akzeptierten Katalog von Verteilungszielen zu formulieren. Die nachfolgenden Ausführungen stellen deshalb eher den Versuch dar, mögliche Rechtfertigungsversuche und die Spannweite der Ziele einer staatlichen Verteilungspolitik darzustellen, als eine exakte inhaltliche Kennzeichnung eines - nicht existierenden - allgemein akzeptierten eindimensionalen Verteilungszieles zu geben.

3.1 Die Beeinflussung der Einkommensverteilung

3.1.1 Rechtfertigungsversuche staatlicher Einkommensverteilungspolitik

In der Literatur findet man zwei völlig verschiedene Rechtfertigungsweisen für staatliche Verteilungspolitik.[19] Zum einen wird staatliche Verteilungspolitik damit begründet, daß durch sie andere gesamtwirtschaftliche Ziele in einem höheren Maße erfüllt werden könnten. Eine wünschenswerte Verteilung von Einkommen und Vermögen ist insoweit lediglich ein abgeleitetes Ziel, ein Mittel zur besseren Erfüllung anderer Ziele. Nach der zweiten Auffassung ist dem

[19] Vgl. Krause-Junk, 1974, S. 34; Teichmann, 1993, S. 118 ff. und Grüske, 1985, S. 109 ff.

Verteilungsziel der Charakter eines eigenständigen, obersten Zieles zu geben, das keiner Rechtfertigung aus anderen, übergeordneten Zielen bedarf.

Die Ableitung einer erwünschten Einkommensverteilung aus übergeordneten Zielen

Eine staatliche Beeinflussung der Einkommensverteilung wird nach der zuerst genannten Auffassung u.a. damit begründet, daß durch sie folgende Ziele des Wirtschaftens in einem höheren Maße erfüllt werden können:

- Steigerung der gesamtgesellschaftlichen Wohlfahrt,
- Sicherung der bestehenden bzw. Schaffung einer erwünschten politischen und wirtschaftlichen Ordnung,
- Stabilisierung im Sinne einer hohen Beschäftigung und eines stabilen Geldwertes,
- Erreichung eines stetigen und befriedigenden Wirtschaftswachstums.

Im einzelnen wird argumentiert:

Das Ziel der gesamtgesellschaftlichen Wohlfahrtsmaximierung verlangt die Realisierung einer Verteilung des Einkommens, bei der die Summe der individuellen Nutzen am größten ist. Um allerdings Aussagen über die anzustrebende Einkommensverteilung machen zu können, muß der funktionale Zusammenhang zwischen Einkommen und Nutzen bekannt sowie ein interpersoneller Nutzenvergleich möglich sein.

Unterstellt man, ähnlich wie dies die Vertreter der älteren Wohlfahrtstheorie getan haben, daß für alle Wirtschaftssubjekte der Grenznutzen aus dem Einkommen identisch ist und bei zunehmendem Einkommen sinkt, so wäre das gesamtgesellschaftliche Wohlfahrtsmaximum bei **gegebenem** Volkseinkommen dann erreicht, wenn alle Einkommen gleich hoch sind, d.h. Gleichverteilung der Einkommen vorliegt. Lehnt man allerdings diese Annahmen ab, so ist eine a priori-Aussage über die anzustrebende Einkommens- und Vermögensverteilung nicht mehr möglich.[20]

Das Ziel der Sicherung einer bestimmten politischen und wirtschaftlichen Ordnung erfordert eine Verteilung von Einkommen und Vermögen, die einen angestrebten Rahmen politischer und wirtschaftlicher Regelungen sowie Institutionen gewährleistet. Wie eine solche Verteilung allerdings konkret auszusehen hat, wurde bisher in der Wirtschaftstheorie nicht beantwortet. Selbst wenn man die These akzeptierte, wäre der gelegentlich vorgebrachte Einwand auszuräumen, daß eine bestimmte Wirtschaftsordnung nicht Oberziel des Wirtschaftens sein dürfe. Diese besitze letztlich eher instrumentellen Charakter. Ihre Aufgabe bestünde darin, möglichst positiv bewertete Prozeßresultate des Wirtschaftens herbeizuführen. Schließt man sich dieser Auffassung an, so kann man

---

20 Vgl. Sohmen, 1992, S. 363 ff.

das Verteilungsziel auch nicht mehr aus dem Ziel der Ordnungssicherung ableiten.

Eine aus dem Stabilitätsziel abgeleitete Verteilungspolitik müßte eine Verteilung von Einkommen und Vermögen herbeiführen, bei der Unterbeschäftigung bzw. Inflation vermieden werden. In dieser Weise hat z.B. Lerner[21] argumentiert, indem er in einer tendenziellen Nivellierung der Einkommen ein Instrument zur Erreichung von Vollbeschäftigung sah. Durch eine Nivellierung der Einkommen würde die gesamtwirtschaftliche Sparquote sinken und als Folge der damit einhergehenden Nachfragesteigerung die Wirtschaft angekurbelt.

Selbst wenn dieser Zusammenhang empirisch zuträfe, müßten Einwände gegen eine solche Koppelung von Verteilungspolitik und Beschäftigungssituation vorgebracht werden. Denn die Existenz eines solchen Zusammenhanges würde verlangen, daß die Einkommensverteilung je nach konjunktureller Situation einmal zu nivellieren, ein anderes Mal wieder zu differenzieren wäre. Es erscheint aber weder sinnvoll noch kurzfristig machbar, die Einkommens- und Vermögensverteilung in einer Art Stop-and-Go-Politik nach konjunkturpolitischen Erfordernissen zu manipulieren. Zudem kann eine Politik der Einkommensnivellierung auf Unternehmer und Anbieter von qualifizierter Arbeit demotivierend wirken und dann sogar Ursache von Arbeitslosigkeit sein.

Schließlich ist noch kurz auf die These einzugehen, **ein hohes Wirtschaftswachstum** sei umso eher zu erreichen, je ungleicher die Einkommensverteilung ist. Begründet wird diese Aussage damit, daß mit zunehmender Ungleichverteilung der Einkommen die volkswirtschaftliche Sparquote ansteige und bei gleichgewichtiger Entwicklung auch die gesamtwirtschaftliche Investitionsquote. Ihre Problematik liegt vor allem in den Annahmen, Investitionen seien vor allem von dem volkswirtschaftlichen Sparverhalten und das gesamtwirtschaftliche Wachstum von diesen Investitionen abhängig. Beide unterstellten Wirkungszusammenhänge sind aber in der Theorie umstritten und in der Empirie nicht immer nachzuweisen.

Unter Berücksichtigung der bisherigen Überlegungen erscheint es weder möglich noch sinnvoll, eine anzustrebende Verteilung der Einkommen aus "übergeordneten" gesamtwirtschaftlichen Zielen abzuleiten. Selbst wenn man sich auf bestimmte Beziehungsvermutungen einigen könnte, bliebe das Problem bestehen, daß zur Erreichung der oben genannten verschiedenen Ziele wahrscheinlich voneinander abweichende Verteilungen geschaffen werden müßten.

Eine gewünschte Einkommensverteilung als eigenständiges Ziel

Nach dem bisher Gesagten drängt sich die Schlußfolgerung auf, das verteilungspolitische Ziel als eigenständige Forderung neben die übrigen gesamtwirtschaftlichen Ziele zu stellen. Dies verlangt allerdings, bei der Formulierung und der politischen Durchsetzung einer angestrebten Einkommensverteilung zu beach-

---

21 Vgl. Lerner, 1944, S. 319.

ten, daß Konflikte mit anderen Zielen auftreten können. Dem könnte u.a. durch das Setzen von Nebenbedingungen Rechnung getragen werden.

3.1.2 Inhaltliche Kennzeichnung des Zieles einer staatlichen Einkommensverteilungspolitik

Große Spannweite bei der Definition einer anzustrebenden Einkommensverteilung

Das Einkommen ist zentrales Objekt jeder staatlichen Verteilungspolitik. Vorstellungen über seine gerechte Verteilung spielten seit jeher eine große Rolle und waren immer wieder Anlaß für mehr oder minder weitreichende staatliche Eingriffe. Ein Blick in die Literatur (und übrigens auch die Praxis) zeigt allerdings, daß Vorstellungen über eine gerechte Einkommensverteilung doch sehr unterschiedlich sind. So gelangte Pen[22] in einer Literaturstudie zu immerhin 21 unterschiedlichen Aussagen über die anzustrebende Verteilung. Die Zielinhalte weichen dabei außerordentlich stark voneinander ab. Angesichts der unterschiedlichen Verteilungsinteressen der jeweils beteiligten Gesellschaftsgruppen überrascht dies allerdings nicht unbedingt.

Einige der eingenommenen Positionen seien kurz beschrieben:

Weitgehend aus dem Rahmen der übrigen Aussagen fällt die Meinung, **die Wirtschaftspolitik solle sich um Verteilungsfragen nicht kümmern**. Sie könnte auf ein völliges Desinteresse ihrer Verfechter an Verteilungsfragen zurückzuführen sein. Wahrscheinlicher ist, daß diese Ansicht aus der Überzeugung herrührt, es existiere ja bereits ein Marktmechanismus, der von alleine eine "richtige" Verteilung bewirke. Dies kann u.a. damit begründet werden, daß eine Marktwirtschaft jedem eine faire Chance bietet, Einkommen zu erzielen und Vermögen zu bilden. Nur nutzt der eine diese Chance eben besser als der andere. Auf annähernd dasselbe laufen auch die Forderungen hinaus, die Einkommensverteilung solle sich am Markt bilden, die Einkommen sollten "leistungsgerecht" verteilt werden, oder außerordentliche Leistungen sollten mit überdurchschnittlich hohen Einkommen belohnt werden. In allen Fällen wird offensichtlich **eine "markt-" bzw. "leistungs"gerechte Entlohnung** als erstrebenswert angesehen.

Am anderen Ende der Skala steht die Forderung, **jedem das Gleiche zu geben**. Einkommensunterschiede werden dann, egal, aus welchen Quellen sie stammen, als ungerecht angesehen und sind zu beseitigen.

Zwischen den beiden Extrempositionen stehen Forderungen nach einer **Verringerung der bestehenden Ungleichverteilung**, nach der **Garantierung eines Mindesteinkommens** sowie nach einer **bedarfsgerechten Einkommensverteilung**. Sie finden ihre Begründungen u.a. darin, daß Einkommensunterschiede sich am Bedarf orientieren bzw. ein bestimmtes Maß nicht übersteigen sollten,

22 Vgl. Pen, 1971, S. 210 ff.

oder daß über dem Durchschnitt liegende Einkommen zumindest solange ungerecht seien, wie es Armut gebe.

Aus der breiten Spanne von Vorstellungen über eine gerechte Einkommensverteilung werden im folgenden fünf weitverbreitete Forderungen herausgegriffen und inhaltlich interpretiert.

Die Forderung nach einer „leistungsgerechten" Einkommensverteilung

Ein häufig genanntes Ziel der Einkommensverteilungspolitik besteht in einer **leistungsgerechten Verteilung der neu geschaffenen Werte** einer Volkswirtschaft. Nach der neoklassischen Theorie liegt eine leistungsgerechte Verteilung der Wertschöpfung dann vor, wenn die Produktionsfaktoren unter der Voraussetzung der vollständigen Konkurrenz mit ihrem Grenzerlösprodukt entlohnt werden.[23] In diesem Falle wäre eine staatliche Korrektur der am Markt erzielten Einkommen überflüssig. Sind die Märkte allerdings durch monopolistische oder oligopolistische Strukturen und/oder Verhaltensweisen charakterisiert, werden sie machtbedingte Einkommen erzeugen, die nicht auf Leistung zurückzuführen sind. Darauf gehen insbesondere die Vertreter der Monopolgrad- und Machttheorien ein.[24] Sie argumentieren weiter, daß die auf monopolisierten Märkten zustandekommende Einkommensverteilung zu Lasten der Empfänger machtbedingter Einkommen umverteilt werden darf.

Denkbar wäre aber auch, die Leistungsgerechtigkeit der Entlohnung an dem subjektiven Arbeitsleid bzw. der Arbeitsmühe eines einzelnen Wirtschaftssubjektes auszurichten. Dann müßte das Einkommen sowohl an dem pro Zeiteinheit empfundenen Arbeitsleid als auch an dem Nutzenverzicht aus entgangener Freizeit bemessen werden. In der Praxis der Einkommensverteilung ist diese Art von Leistungsgerechtigkeit allerdings so lange ohne Relevanz, wie interpersonelle Nutzenvergleiche als nicht durchführbar betrachtet werden und eine ergebnisorientierte Leistungsbewertung im Vordergrund steht.

Generell würde eine ausschließlich leistungsorientierte Entlohnung alle diejenigen ohne Einkommen belassen, die nicht am Leistungserstellungsprozeß teilnehmen (können). Diese müßten dann in einer Art natürlichem Ausleseprozeß zugrunde gehen oder von den Beziehern leistungsabhängiger Einkommen mitversorgt werden. Ersteres würde jeder gesellschaftlich akzeptierten moralischen Norm widersprechen, letzteres hätte eine sehr unterschiedliche Belastung der Bezieher von Leistungseinkommen zur Folge. Eine ausschließlich leistungsorientierte Einkommensverteilung scheidet deshalb als wirtschaftspolitisches Ziel aus.

---

23 Da diese Verteilung unter bestimmten Voraussetzungen zugleich eine Maximierung der gesellschaftlichen Wohlfahrt bewirkt, würde das Ziel einer leistungsgerechten Verteilung unter diesen Bedingungen mit dem Ziel der Verwirklichung eines gesellschaftlichen Wohlfahrtsmaximums zusammenfallen. Vgl. hierzu Blümle, 1975, S. 109 ff. und Bartmann, 1981, S. 120 ff.

24 Zu ihnen zählen insbesondere Karl Marx, Michael Kalecki und Erich Preiser.

Die Forderung nach einer Gleichverteilung der Einkommen

Den weitreichendsten Eingriff in die Primärverteilung der Markteinkommen verlangt die **Forderung nach einer Gleichverteilung der Einkommen**. Diese kann ein eigenständiges, nicht begründungsbedürftiges Ziel sein. Sie kann ihre Rechtfertigung aber auch aus der älteren, auf kardinaler Nutzenmessung und interpersonellen Nutzenvergleichen basierenden Wohlfahrtstheorie erfahren.

Die Probleme einer solchen Forderung sind offenkundig. Sie bestehen insbesondere in der Vernachlässigung wahrscheinlicher Wechselwirkungen zwischen Entgelt und Leistung sowie objektiv oder subjektiv unterschiedlicher individueller Bedürfnisstrukturen.[25] So ist verständlich, daß Gleichverteilung der Einkommen im Rahmen ernsthafter Wirtschaftspolitik nicht angestrebt wird.

Die Forderung nach einer bedarfsgerechten Einkommensverteilung

Geht man von der Verschiedenartigkeit der Menschen und deren Recht auf individuelle Lebensgestaltung aus, so muß man auch das Vorhandensein unterschiedlicher Bedürfnisstrukturen akzeptieren. **Die Forderung nach einer bedarfsgerechten Einkommensverteilung** greift diesen Zusammenhang auf, läßt dabei aber **zwei mögliche Interpretationen** zu:

Nach der ersten werden lediglich objektiv feststellbare Bedarfsunterschiede zur Ermittlung eines bedarfsgerechten Einkommens zugrundegelegt. Danach würden der Kranke wegen des überdurchschnittlichen Bedarfs an Arztleistungen oder der Bergbauarbeiter wegen seines hohen Kalorienbedarfs höhere Einkommen als solche Personen erhalten, für die ein solcher Extrabedarf nicht festgestellt wird.

Nach einer zweiten Interpretation wäre die Einkommensverteilung an den subjektiv empfundenen Bedürfnissen der einzelnen Wirtschaftssubjekte auszurichten. Voraussetzung für die Herbeiführung einer solchen Verteilung wäre die Kenntnis der individuellen Bedürfnisintensitäten und deren interpersonelle Vergleichbarkeit.

Während die erstgenannte Form einer bedarfsgerechten Einkommensverteilung grundsätzlich feststellbar erscheint, wenn auch mit großem bürokratischen Aufwand und behördlicher Willkür belastet, dürfte die Herbeiführung einer Einkommensverteilung, die an den subjektiv empfundenen Bedürfnisintensitäten ausgerichtet ist, nicht realisierbar sein. Erklärungsgrund dafür ist vor allem die Unmöglichkeit, die individuellen Präferenzen zu erfassen und vergleichend zu bewerten.

---

[25] Die in China während der Kulturrevolution praktizierte "Politik des Essens aller aus dem großen gemeinsamen Reistopf" hat die genannten Probleme sehr rasch deutlich werden lassen.

Die Forderung nach einer Begrenzung der Ungleichverteilung

Die Grenzen der Realisierbarkeit der bisher genannten Verteilungsziele haben u.a. zu der Forderung nach einer absoluten oder relativen Begrenzung der Ungleichverteilung geführt. Eine Ausprägungsform dieser Politik ist die **Festsetzung eines Höchsteinkommens**, das nicht überschritten werden darf. Ihre Verwirklichung würde aber eine hundertprozentige Besteuerung und damit Konfiszierung der über dieser Grenze liegenden Einkommen bedeuten. Sie ist deshalb weder in der Theorie noch in der Praxis ernsthaft verfolgt worden.

Von größerer praktischer Relevanz ist deshalb die **Orientierung der Verteilungspolitik an einem noch akzeptierten Grad der relativen Ungleichverteilung**. Dieser kann durch statistische Konzentrationsmaße (z.B. den Gini-Koeffizienten) oder durch Vorstellungen über die Mindestanteile der in Einkommensklassen zusammengefaßten Wirtschaftssubjekte am Gesamteinkommen bestimmt sein. Ist die Ungleichverteilung größer als die politisch akzeptable, besteht ein staatlicher Umverteilungsbedarf.

Die Forderung nach einem garantierten Mindesteinkommen

Eine Sonderform der Forderung nach einem Abbau der Ungleichverteilung stellt schließlich die Zielsetzung der Garantierung eines Mindesteinkommens dar. Sie ist vor allem in wenig entwickelten Volkswirtschaften mit verbreiteter Armut anzutreffen, aber auch in den höher entwickelten Industriegesellschaften von Bedeutung, wo sie die Grundlage der Fürsorgepolitik bildet.

Das zentrale Problem dieser Zielsetzung besteht in der Festsetzung eines Existenzminimums.[26] Scheint es noch einigermaßen möglich, ein physisches Existenzminimum zu bestimmen, ist die Festlegung eines kulturellen Existenzminimums mit außerordentlich großen Abgrenzungsproblemen und damit der Gefahr von Willkürentscheidungen behaftet. Neben den Problemen der allgemeinen Definition stellt sich auch die Frage nach der Notwendigkeit und dem Umfang des Ausgleichs besonderer Belastungen - z.B. infolge von Krankheit, Alter u.ä.

Als eine Unterform des Anliegens eines Mindesteinkommens kann die Forderung nach einer Mindestversorgung mit bestimmten Leistungen verstanden werden. Darunter würde z.B. die Mindestversorgung der Bevölkerung mit schulischen und medizinischen Leistungen fallen.

Heute hat sich zumindest in den entwickelten Volkswirtschaften die Ansicht durchgesetzt, daß staatliche Eingriffe in den Verteilungsprozeß der Einkommen bzw. Korrekturen der Markteinkommensverteilung erforderlich sind. Die praktizierten Lösungen umfassen dabei zumeist eine Vielfalt von Einzelmaßnahmen. Vollständig aufeinander abgestimmte Umverteilungssysteme existieren nicht.

---

26 Hierauf wird in Kapitel 4 näher eingegangen.

3.2 Die Beeinflussung der Vermögensverteilung

Ziele der Vermögensverteilung werden sowohl von Wissenschaftlern als auch von Wirtschaftspolitikern weit seltener und weniger intensiv als Ziele der Einkommensverteilung diskutiert. Dies kann verschiedene Gründe haben. Zum einen genießen privates Eigentum und Erbrecht zumeist einen hohen rechtlichen Schutz. In der Bundesrepublik Deutschland werden sie z.B. grundrechtlich gewährleistet. Von Bedeutung dürfte sodann sein, daß man zu wenig über die wirtschaftlichen und sozialen Folgen einer zumindest radikalen Vermögensumverteilung weiß. Schließlich dürfte eine Rolle spielen, daß Vermögenserträge bereits im Rahmen der Einkommen- und Gewinnsteuer erfaßt werden. Wird Vermögen zusätzlich in größerem Ausmaß durch Vermögensbestands- und Vermögensübertragungssteuern belastet, so kann dadurch die Vermögenssubstanz sowie die Vermögensneubildung in einem unerwünschten Ausmaß beeinträchtigt werden.

Im Gegensatz zur Einkommensverteilung, die im wesentlichen ein eigenständiges Ziel der Wirtschaftspolitik darstellt, wird eine Veränderung der Vermögensverteilung häufig als Mittel zur Verwirklichung anderer Ziele der Wirtschafts- und Gesellschaftspolitik betrachtet. Im folgenden werden deshalb zunächst Argumente genannt, die eine Korrektur der Vermögensverteilung rechtfertigen können. Erst danach werden einige konkrete Ziele einer staatlichen Vermögensverteilungspolitik genannt.

3.2.1 Rechtfertigung einer Politik der Vermögensverteilung

Vermögen hat wesentlichen Einfluß auf die Position, die ein Wirtschaftssubjekt in der Gesellschaftsstruktur eines Landes einnimmt. Dies gilt vor allem für marktwirtschaftlich organisierte Volkswirtschaften, in denen Privateigentum an Produktionsmitteln gewährleistet und das Vermögen zumeist ziemlich ungleich verteilt ist. Vermögen erlangt seine Bedeutung insbesondere durch folgende Zusammenhänge:

1. **Vermögen begründet ökonomische und politische Macht**. Ökonomische Macht resultiert insbesondere aus Eigentum an Produktivvermögen. Dieses verschafft unter bestimmten Voraussetzungen eine Reihe von Rechten: das Recht auf Einstellung und Entlassung von Arbeitskräften, das Recht auf Entscheidung über den Einsatz von Finanzmitteln und Produktionsanlagen, das Recht auf Gewinnverfügung sowie das Recht auf die Veräußerung einzelner Bestandteile oder eines ganzen Unternehmens. Vermögen erleichtert sodann die Beeinflussung gesellschafts- und allgemeinpolitischer Entscheidungsprozesse in politischen Organen. Die Transmissionswege sind von Land zu Land verschieden. Beispielhaft seien Spenden, die Finanzierung eigener oder fremder Wahlkampagnen sowie im Extremfall Bestechungen genannt.
2. **Vermögen ist Quelle von Einkommen**. Zum einen erbringt Vermögen i.d.R. "arbeitslose" Erträge, die in der Form von Einkommen (Zinsen, Dividenden) oder Wertsteigerungen des Vermögens auftreten können. Zum anderen schafft Vermögen günstige Ausgangsbedingungen für eine gute Aus-

bildung und damit den Erwerb von Arbeitseinkommen. Eine Nivellierung der Vermögen ist also ceteris paribus gleichbedeutend mit einer abnehmenden Ungleichverteilung der Einkommen.

3. **Vermögen erhöht den individuellen Handlungsspielraum**. Seine Eigentümer verfügen mit ihm u.a. über eine materielle Basis, die es ihnen ermöglicht, Beschäftigungsverhältnisse aufzugeben und sich mit dem Abschluß eines neuen Arbeitsvertrages Zeit zu lassen. Dies gilt allerdings nicht immer. So reduziert z.B. Wohneigentum häufig die regionale Mobilität.
4. **Vermögen schafft soziale Sicherheit**. Je höher und je liquider das Vermögen eines Wirtschaftssubjektes ist, um so geringer sind die Gefahren des Kaufkraftverlustes und der Verarmung bei Arbeitslosigkeit, Krankheit und Unfall. Mit zunehmender allgemeiner sozialer Sicherung durch gesetzliche Regelungen hat das Vermögen allerdings in den letzten Jahren die Funktion der sozialen Sicherung für weite Kreise der Bevölkerung verloren. Durch die Krise der sozialen Sicherungssysteme dürfte die private jedoch Vorsorge nicht nur in Deutschland wieder an Bedeutung gewinnen.
5. **Eine breitere Streuung des Produktivvermögens erhöht die Leistungsbereitschaft der Beschäftigten** in den Unternehmen. Begründet wird diese Hypothese damit, daß ein wachsender Teil der unselbständig Beschäftigten durch die breitere Vermögensstreuung Unternehmensmiteigentümer und somit Teilhaber an den erwirtschafteten Gewinnen wird.
6. **Vermögen erleichtert schließlich die Erlangung eines angestrebten sozialen Status**. Dies trifft allerdings nur dann zu, wenn die Gewohnheiten und Verhaltensweisen einer sozialen Referenzgruppe durch Vermögen und überdurchschnittliche Geldausgaben bestimmt und erreichbar sind.

3.2.2 Konkrete Ziele der staatlichen Vermögensverteilungspolitik

Das wohl am häufigsten fomulierte und allgemeinste Ziel der Vermögensverteilungspolitik lautet "**Nivellierung der Vermögensverteilung**". Es impliziert die Wertungen, daß die im Marktprozeß und durch Vererbung entstandenen Vermögen ungerecht im Sinne von "zu ungleich" verteilt sind, und daß dies negative Auswirkungen auf andere Bereiche der Wirtschaft und Gesellschaft hat.

Als eine Unterform des Nivellierungszieles kann das Ziel der **Vermögensbildung breiter Bevölkerungsschichten** betrachtet werden. In der praktischen Wirtschaftspolitik wird vor allem die Bildung von Vermögen in Arbeitnehmerhand gefordert. Sie soll insbesondere die ausschließliche Abhängigkeit der unselbständig Beschäftigten von ihrer Arbeitskraft und dem Angebot an geeigneten Arbeitsplätzen verringern.

Schließlich findet man in der wirtschaftspolitischen Diskussion auch die **Forderung nach einer breiteren Streuung des Produktivvermögens**. Von der Verwirklichung dieses Zieles versprechen sich seine Verfechter vor allem eine gleichmäßigere Verteilung der wirtschaftlichen Macht sowie ein größeres Interesse der Arbeitnehmer an effizientem Wirtschaften und positiven Wirtschaftsergebnissen.

3.3 Bereiche praktischer Verteilungspolitik des Staates

Die bisher genannten Umverteilungsforderungen schlagen sich in der praktischen Finanzpolitik vor allem entwickelter Industrienationen in mehr oder minder deutlicher Form in einer Vielzahl umverteilungsrelevanter Geldströme nieder. Nach dem Hauptziel der Umverteilungsaktivitäten können vor allem folgende Bereiche praktischer Umverteilungspolitik unterschieden werden:

1. **Die Umverteilung von Einkommen zwischen Beziehern hoher und niedriger Einkommen**: Diese Art von Umverteilung der Einkommen findet einmal über die Besteuerung statt. In der Regel ist das Steuersystem so ausgestaltet, daß die Bezieher hoher Einkommen einen prozentual größeren Teil ihres Einkommens als Steuern an den Staat abzuführen haben als Empfänger niedriger Einkommen. Begründet wird diese Steuer(zahl-)lastverteilung mit der größeren Leistungsfähigkeit der Bezieher höherer Einkommen. Umverteilung erfolgt sodann in großem Ausmaß über die Transfer- und Sachausgaben des Staates.

2. **Die Umverteilung von Einkommen zwischen Generationen**: Ihr Hauptanwendungsfeld ist das der Alterssicherung. Das Wirkungsprinzip besteht i.d.R. darin, daß die aktive Erwerbsbevölkerung über Zwangsbeiträge Teile ihres laufenden Einkommens zur Finanzierung der Renten der wegen Alters oder Invalidität aus dem Erwerbsleben ausgeschiedenen Personen bereitstellt (sog. Umlageprinzip).

3. **Die Umverteilung von Einkommen zwischen Gesunden und Kranken**: Sie wird zumeist von den gesetzlichen Krankenversicherungen durchgeführt, indem diese die Kosten zur Erhaltung oder Wiederherstellung der Gesundheit durch Zwangsbeiträge der Versicherten finanzieren. Durch die Abweichung vom Versicherungsprinzip, wonach der Beitrag des Einzelnen nach der Höhe seines Risikos angesetzt wird, kommt es zu weiteren Umverteilungen; diese finden vor allem statt zwischen Beziehern hoher und niedriger Einkommen, zwischen Versicherten ohne und mit Familie sowie zwischen Personen mit geringem und hohem Krankheitsrisiko.

4. **Die Umverteilung von Einkommen zwischen Regionen und Branchen**: Dem Staat kann aus sozialen, beschäftigungs- oder allgemeinpolitischen Gründen die Aufgabe zugewiesen werden, bestimmte Regionen oder Branchen durch Subventionen und Steuervergünstigungen verschiedenster Art zu unterstützen. Beispiele dafür sind die Landwirtschaft, durch Umstrukturierungsprozesse und Krisensituationen besonders betroffene Bereiche wie Kohle, Stahl und Werften sowie in der „alten" Bundesrepublik Deutschland die Zonenrandgebiete und Berlin. Die Finanzierung der Umverteilung erfolgt über allgemeine Staatseinnahmen. Begünstigt sind die Einkommensempfän-

ger der subventionierten Bereiche,[27] es sei denn, die finanziellen Vorteile gehen durch Überwälzungsprozesse an Lieferanten oder Abnehmer verloren.

5. **Die Umverteilung zugunsten verschiedener gesellschaftlicher Gruppen durch unentgeltlich angebotene Güter und Leistungen des Staates**: Eine Besonderheit staatlicher Umverteilung ist das Angebot von Gütern und Leistungen zum Nulltarif oder zu Preisen, die nur einen Teil der Herstellungskosten abdecken. Beispiele dafür sind das Bildungs- und Kulturwesen, das Angebot von Sport- und Erholungseinrichtungen, die Gewährleistung einer Mindestumweltqualität. Soweit die Nutzer keine kostendeckenden Preise zahlen, entsteht eine Deckungslücke, die durch Steuern oder Schuldeinnahmen geschlossen werden muß. Dadurch findet eine Umverteilung statt, die umso stärker ist, je unterschiedlicher die Inanspruchnahme der öffentlichen Leistungen durch die jeweiligen Gruppen ist.

6. **Die horizontale Umverteilung von Einkommen zugunsten einzelner Gesellschaftsgruppen durch Preis- und Mengengarantien sowie durch Ge- und Verbote**: Der Staat kann schließlich Umverteilungseffekte durch gesetzliche Bestimmungen erzielen. Beispiele dafür sind garantierte Mindestpreise und/oder Importkontingente, durch die die Beschäftigten und Eigner der inländischen Anbieter solcher kontingentierter Güter begünstigt werden und die Nachfrager in eine verschlechterte Position geraten. Da diese Umverteilung allerdings nicht über staatliche Finanzströme ausgelöst wird, soll sie im folgenden nicht weiter behandelt werden.

7. **Die Beeinflussung der Struktur der Neuvermögensbildung durch Prämiengewährung und Steuervergünstigungen**: In der Regel strebt der Staat damit eine breitere Streuung der Vermögen und hier vor allem eine verstärkte Vermögensbildung in Arbeitnehmerhand an.

8. **Die Beeinflussung der bestehenden Vermögensverteilung**: Sie wird vor allem dann vorgenommen, wenn die Vermögen oder Teile derselben (z.B. das Produktivvermögen) in unerwünscht hohem Maße bei relativ wenigen Vermögensbesitzern konzentriert sind. Finanzwirtschaftliche Instrumente, die hierbei eingesetzt werden können, sind u.a. die Vermögensteuer, die Schenkung- und Erbschaftsteuer sowie als die einschneidenste Maßnahme die teilweise oder vollständige "Sozialisierung".

[27] Allerdings führen solche Transfers nicht immer zu einer Nivellierung in der Größenverteilung der Einkommen, wie das Beispiel der Subventionierung zugunsten der Landwirtschaft zeigt.

2. Kapitel

Einkommen und Vermögen als zentrale Objekte finanzwirtschaftlicher Verteilungspolitik

Wir haben bereits im 1. Kapitel Einkommen und Vermögen als Hauptgegenstand verteilungstheoretischer Analysen und staatlicher Verteilungspolitik bezeichnet. Beide Größen bedürfen nun einer näheren inhaltlichen Kennzeichnung.

1. Das Einkommen

Einkommen hat für den Leser vermutlich einen ganz bestimmten Inhalt. Er wird zunächst alles das unter Einkommen subsumieren, was einer Einzelperson, einem Haushalt, einer sozialen Gruppe oder den Wirtschaftssubjekten einer ganzen Volkswirtschaft als Geldströme ohne Rückzahlungsverpflichtung und damit zur endgültigen Verfügung in einer bestimmten Periode zufließt. Sieht man allerdings in der Fachliteratur nach, so stellt man sehr schnell fest, daß es offensichtlich eine Vielzahl voneinander abweichender Einkommensdefinitionen gibt.

So werden allein in der **Volkswirtschaftlichen Gesamtrechnung** mehrere Einkommens- bzw. Sozialproduktsgrößen unterschieden: das Bruttosozialprodukt, das Nettosozialprodukt, das Nettoinlandsprodukt, das Volkseinkommen, das private Einkommen und das verfügbare private Einkommen. Im **Steuerrecht** wird zwischen Gesamtbetrag der Einkünfte, Einkommen und zu versteuerndem Einkommen unterschieden. Und in **Einkommensverteilungsanalysen** findet man häufig die Unterscheidung zwischen Nominaleinkommen und Realeinkommen. Es ist deshalb zu fragen, welche der genannten Einkommensdefinitionen für die Verteilungsdiskussion besonders geeignet sind und welche nicht.

Entsprechend wird im folgenden zunächst eine begriffliche Klärung für das Volkseinkommen, also das Einkommen einer ganzen Volkswirtschaft herbeizuführen versucht. Danach werden die in der Steuerlehre und -politik vorgeschlagenen und praktizierten Konzepte zur Ermittlung der individuellen Einkommen auf ihre Eignung für eine Verwendung in Verteilungsanalysen hin untersucht. Schließlich wird der Versuch unternommen, für die Verteilungsproblematik relevante Einkommensbegriffe herauszuarbeiten.

1.1 Der makroökonomische Einkommensbegriff

Die Einkommensdefinition

Das gesamtwirtschaftliche Einkommen wird vor allem im Rahmen der - national teilweise unterschiedlichen - Volkswirtschaftlichen Gesamtrechnungen definiert und ermittelt. Nach dem Vorgehen des Statistischen Bundesamtes ist zwischen

Inlands- und Sozialproduktkonzepten zu unterscheiden. Eine Gegenüberstellung hierzu gibt Abbildung 2.1.

Abb. 2.1: Gesamtwirtschaftliches Produktionskonto nach dem Inlandskonzept

1. Abschreibungen		1. Verkauf von Konsumgütern an private Haushalte
Nettoinlandsprodukt zu Marktpreisen	2. Indirekte Steuern – Subventionen	2. Staatsverbrauch
		3. Bruttoinvestitionen a) der Unternehmen b) des Staats
	3. Nettoinlandsprodukt zu Faktorkosten = im Inland entstandene Erwerbs- und Vermögenseinkommen	4. Exporte – Importe (ohne Einkommen aus exportierten und importierten Faktorleistungen)

Quelle: Demmler, H.: Einführung in die Volkswirtschaftslehre, 6. Aufl., München/Wien 1997, S.359.

Für Verteilungsanalysen erscheint zunächst das „Nettosozialprodukt zu Faktorkosten“ (Volkseinkommen) als die geeignetste Größe, gibt sie doch die in einer Periode an Inländer zugeflossenen Erwerbs- und Vermögenseinkommen an.

Probleme des Volkseinkommens als makroökonomischer Einkommensbegriff

Als alleinige Kennzahl für das zu verteilende Einkommen ist das Volkseinkommen allerdings aus mehreren Gründen problematisch.

- Zum einen enthält diese Größe auch Vermögenseinkommen des Staates und unverteilte Gewinne der Unternehmen. Beide Positionen kommen aber den privaten Haushalten direkt nicht zugute.
- Sodann wurden bei der Ermittlung der Volkseinkommen die Abschreibungen abgesetzt. Diese sind aber in der volkswirtschaftlichen Gesamtrechnung eine rein rechnerische Größe und können von dem Wert der technisch und ökonomisch bedingten Abnutzung abweichen. In solchen Fällen wird das als Residuum ermittelte Einkommen aus Unternehmertätigkeit und Vermögen entweder über- oder unterbewertet. Zudem ist umstritten, ob die Abschreibungen, wie derzeit üblich, von vornherein den Kapitaleignern zum Zweck der Substanzerhaltung ihres Vermögens zugeordnet und damit aus Aussagen über die Verteilung des Volkseinkommens herausgelassen werden sollen.
- Schließlich wird als problematisch angesehen, daß auch indirekte Steuern und Subventionon herausgerechnet sind. Sie beeinflussen aber die Struktur der Konsumgüterpreise und somit letztlich die Verteilung der Kaufkraft bei den privaten Haushalten.

Es gibt darüber hinaus grundsätzliche Probleme bei der Verwendung von Daten der volkswirtschaftlichen Gesamtrechnung. Einige der wichtigsten seien kurz genannt:

- Die in den Statistiken der Volkswirtschaftlichen Gesamtrechnung ausgewiesenen Sozialproduktsgrößen erfassen nur solche Leistungen, die über den Markt bereitgestellt und von den offiziellen Statistiken erfaßt werden. Verkäufe ohne Rechnung, Schwarzarbeit, Hausfrauenarbeit, Veränderung des Nutzwertes von Grundstücken und Antiquitäten sowie der Genuß von Freizeit bleiben dagegen unberücksichtigt.
- Das Volkseinkommen wird in laufenden Preisen gemessen. Kommt es im Zeitablauf zu Preisstrukturverschiebungen, so tritt das Problem auf, daß die Verteilungsentwicklung der Nominaleinkommen die Entwicklung der Kaufkraftverteilung nicht mehr zutreffend widergibt.[28]
- Die Umweltqualität geht in die Sozialproduktsgrößen bis heute nicht oder nur unvollständig ein.[29]

Der Haupthinderungsgrund für die Anwendung einer der dargestellten Volkseinkommensgrößen für personelle Verteilungsanalysen liegt in der Schwierigkeit oder gar Unmöglichkeit, die gesamtwirtschaftlichen Einkommensgrößen auf Individuen oder Gruppen von Einkommensbeziehern zu disaggregieren. Damit liegt der Wert dieser Größen vor allem in ihrer Anwendbarkeit für sektorale, regionale und funktionelle Verteilungsanalysen sowie in ihrer Eignung als Kontrollgröße für empirische Studien, die auf Spezialdaten von Steuerstatistiken und anderen Teilquellen beruhen.

1.2 Der steuerliche Einkommensbegriff

Die Einkommensdefinition

In der finanzwissenschaftlichen Steuerlehre standen über viele Jahre hinweg zwei Theorien zur Ermittlung des Einkommens im Mittelpunkt der Diskussion: die Quellentheorie von Fuisting (1907) sowie die von Schanz (1896) formulierte und von Simons (1938) und Haig weiterentwickelte Reinvermögenszugangstheorie.

Grundgedanke der **Quellentheorie** ist es, nur solche Nettoeinnahmen als Elemente des Einkommens aufzufassen, die aus einer stetig fließenden Quelle stammen oder doch wenigstens regelmäßig wiederkehren. Einnahmen vorübergehender oder zufälliger Natur dürfen danach nicht zum steuerlichen Einkommen gerechnet werden.

---

28 Dies ist besonders in Zeiten inflationärer Entwicklung von Bedeutung, weil mit ansteigenden Inflationsraten die Variabilität der relativen Preise wächst.

29 Roberts erläutert dies am Beispiel zweier Familien, von denen die eine an einem Parkt wohnt, während die andere ihren Wohnsitz in der Nähe einer Lärm und Gestank produzierenden Einrichtung, etwa eines Flughafens oder eines Hochofens, hat. Vgl. Roberts, 1980, S. 15.

Die **Reinvermögenszugangstheorie** will erfassen, welche wirtschaftliche Leistungsfähigkeit einer Person in einem bestimmten Zeitabschnitt in Form von Vermögenszuwächsen zufließt, ohne daß sie ihr Kapital aufzehrt oder Schulden macht. Wie diese Leistungsfähigkeit zustandekommt, ob dafür wiederkehrende oder nicht wiederkehrende Vermögenszugänge ursächlich sind, ist gleichgültig. Dementsprechend rechnet Schanz zum Einkommen "... alle Reinerträge und Nutzungen, geldwerte Leistungen Dritter, alle Geschenke, Erbschaften, Legate, Lotteriegewinne jeder Art, ...". Er rechnet ab "... alle Schuldzinsen und Vermögensverluste."[30]

Die Vorteile der Quellentheorie liegen in der relativ leichten Erfaßbarkeit der zu berücksichtigenden Einkommensbestandteile. Doch überwiegen nach vorherrschender Ansicht der Steuertheoretiker die Nachteile. Insbesondere werden wichtige Einkommensbestandteile, wie unregelmäßig zufließende Geldbeträge oder Wertsteigerungen außer acht gelassen. Die Reinvermögenszugangstheorie schlägt demgegenüber einen umfassenden Einkommensbegriff vor, der ohne Rücksicht auf Periodizität und Ursache alle Wertzuwächse erfaßt. Dieses Konzept erscheint gerade für Verteilungsanalysen und die Bewertung von Umverteilungsmaßnahmen deshalb eher geeignet, weil es keine Einkommensbestandteile unberücksichtigt läßt, die für die Kennzeichnung der Bedürfnisbefriedigungsmöglichkeiten einer Person bedeutsam sind.

Der prinzipiellen Überlegenheit der Reinvermögenszugangstheorie stehen Probleme der praktischen Anwendung gegenüber. Schwierigkeiten ergeben sich vor allem bei der Quantifizierung der Vermögensentnahmen und der - sich im Zeitablauf ändernden -Vermögenswerte. Da zudem ökonomische Vorteile aus Schenkungen, Erbschaften u.ä. ebenso erfaßt werden müssen wie Lotteriegewinne und diese bei der Erfassung erhebliche Probleme aufwerfen, ist man der Reinvermögenszugangstheorie in der Praxis nur teilweise gefolgt. Dies zeigt sich u.a. auch in der Definition des steuerlichen Einkommensbegriffs in der Bundesrepublik Deutschland.

Das Einkommensteuergesetz der Bundesrepublik Deutschland (EStG) definiert das "zu versteuernde Einkommen" als relevante Größe für die Kennzeichnung der Leistungsfähigkeit eines Wirtschaftssubjektes in mehreren Schritten. Zunächst werden in § 2 Abs. 1 EStG sieben Einkunftsarten abschließend aufgezählt (deshalb auch als Enumerationsprinzip bezeichnet), die der Einkommensteuer unterliegen. Es sind dies:

1. Einkünfte aus Land- und Forstwirtschaft,
2. Einkünfte aus Gewerbebetrieb
3. Einkünfte aus selbständiger Arbeit,
4. Einkünfte aus nichtselbständiger Arbeit,
5. Einkünfte aus Kapitalvermögen,

30 Schanz, 1896, S. 24.

6. Einkünfte aus Vermietung und Verpachtung,
7. sonstige Einkünfte im Sinne des § 22 EStG.

Von der so ermittelten Summe der Einkünfte werden in drei Schritten verschiedene Positionen abgezogen, die bestimmte Belastungen bzw. steuerlich begünstigte Ausgabearten der Wirtschaftssubjekte berücksichtigen sollen. Am Ende steht dann das **"zu versteuernde Einkommen"**, welches die Bemessungsgrundlage für die Anwendung des Einkommensteuertarifes darstellt.

Probleme bei der Anwendung der steuerlichen Einkommensbegriffe

Bei der praktischen Anwendung zeigt sich, daß auch die aus Steuerstatistiken ermittelten Einkommensdaten keine ideale Ausgangsbasis für Verteilungsanalysen darstellen. Zunächst ist festzustellen, daß die für den makroökonomischen Einkommensbegriff genannten Probleme in ähnlicher Weise auch hier gelten. Es kommen einige weitere hinzu:

- Die an sich in den Originärunterlagen verfügbaren Einkommensdaten werden nicht jährlich, sondern nur für jedes dritte Jahr für Verteilungstatistiken ausgewertet. Es kommt hinzu, daß die Daten - vor allem durch steuertechnische Regelungen verursacht - mit einem erheblichen time-lag auf die Einkommensentstehungsperiode folgen.
- Niedrige sowie einige unregelmäßig fließende einkommensrelevante Geldzuflüsse bleiben bei der steuerlichen Einkommensermittlung unberücksichtigt.
- Als besonderes Problem hat sich schließlich herausgestellt, daß sich die Daten der Lohnsteuer- und der Einkommensteuerstatistik wegen der Veranlagungspflicht eines Teils der Unselbständigen überlappen. Eine korrekte Zusammenfügung der Daten ist dadurch bis in die 90er Jahre erheblich erschwert worden.

Die Nützlichkeit der Steuerdaten ist dennoch unbestritten. Sie ist zum einen darin zu sehen, daß Aussagen über die Größenverteilung der Einkommen überhaupt möglich sind. Sodann dürfte die Aussage berechtigt sein, daß Steuerstatistiken die derzeit wohl zuverlässigste Informationsquelle für Verteilungsanalysen darstellen. Dies gilt insbesondere für die Daten der Lohnsteuerstatistik, weil Fehlinformationen hier sehr gering sein dürften. Größeren Manipulationsspielraum bietet allerdings die Erfassung der übrigen Einkunftsarten.

1.3 Der Einkommensbegriff im Rahmen der Einkommens- und Verbrauchsstichprobe

Die Einkommensdefinition

Die ziemlich unbefriedigende Datensituation im Bereich der Einkommens- und Vermögensverteilung war mit ein Grund für die ab 1962/63 in unregelmäßiger

Folge vorgenommene Durchführung von Einkommens- und Verbrauchsstichproben (EVS).[31]

Die EVS unterscheidet zwischen zwei Hauptgruppen von Einkommen:[32]

- Einkommen aus unselbständiger Arbeit, Unternehmertätigkeit und Vermögen;
- empfangene Einkommens- und Vermögensübertragungen.

Gegenüber dem steuerlichen Einkommen sind folgende Unterschiede bedeutsam:

- Die Einkommensermittlung erfolgt auf der Basis von Haushaltsbefragungen. Im Vordergrund stehen also Haushaltseinkommen, während in der Einkommensteuerstatistik Individualeinkommen ausgewiesen werden.
- Die Einkommen aus Gewerbebetrieb bzw. selbständiger Tätigkeit werden als Differenz zwischen den Gesamtausgaben und den nicht aus Unternehmertätigkeit stammenden Einkünften, also als Residualgröße, errechnet.[33] In ihnen kumulieren demnach alle Fehlinformationen, die durch die Befragung entstanden sind.
- Die Einkommen aus Vermögen umfassen neben Einnahmen aus Zinsen, Dividenden und sonstigen Beteiligungen auch Einkünfte aus Vermietung und Verpachtung einschließlich eines Mietwertes für eigengenutzten Wohnraum. Wegen Datenbeschaffungsschwierigkeiten mußten allerdings u.a. Abschreibungen, Hypothekarzinsen sowie die Unterhaltskosten für Wohneigentum außer Ansatz gelassen werden.

Bewertung des Einkommensbegriffs der EVS

Als Vorzug der EVS gegenüber den Steuerstatistiken kann angesehen werden, daß als Verteilungs- bzw. Merkmalsträger nicht die einzelnen Einkommensempfänger, sondern Haushalte gewählt wurden. Probleme resultieren aus der z.T. ungenauen Aufzeichnung vor allem einmaliger Einnahmen und solcher aus Nebentätigkeit.

1.4 Die Notwendigkeit zur Verwendung zweckorientierter Einkommensbegriffe

Einkommensdefinitionen

Die bisher vorgetragenen und auf Nominaldaten basierenden Einkommensdefinitionen weisen einen gemeinsamen Mangel auf: Sie sind unter bestimmten Umständen nur unzureichende Indikatoren für die absolute oder relative Po-

---

31 Vgl. Statistisches Bundesamt, 1974, S. 12.

32 Vgl. ebenda, S. 16 f. Die ebenfalls genannten Einnahmen aus der Auflösung und Umwandlung von Vermögen sowie aus der Aufnahme von Krediten bleiben hier unberücksichtigt, da sie nicht Einkommen darstellen.

33 Vgl. Statistisches Bundesamt, 1974, S. 44 f.

sition, die ein Wirtschaftssubjekt oder eine Gruppe in der gesamten Volkswirtschaft einnimmt. Dies hat insbesondere die folgenden Gründe:

1) Wenn im Zeitablauf Preisstrukturveränderungen auftreten[34] und die verschiedenen Individuen bzw. Einkommensschichten eine unterschiedliche Verwendungsstruktur ihres Einkommens aufweisen, so entwickeln sich Nominaleinkommen und Kaufkraft der jeweils Betroffenen nicht mehr proportional zueinander. Die Entwicklung der relativen Nominaleinkommen kann dann aber keine korrekte Information mehr über die Realeinkommens- oder Kaufkraftentwicklung eines Wirtschaftssubjektes geben.

2) Wenn der Staat einen Teil seiner Leistungen nicht zu "marktgerechten" Preisen verkauft, etwa weil das Ausschlußprinzip nicht funktioniert oder weil der Staat aus verteilungspolitischen Motiven dies nicht will, fließen dem Einzelnen daraus geldwerte Vorteile zu, die seine Bedürfnisbefriedigungssituation beeinflussen. Staatliche Realtransfers stellen insoweit nicht-monetäres Einkommen dar, dessen distributive Effekte in den Nominaleinkommensanalysen unberücksichtigt bleiben.

   Der distributive Effekt solcher Realtransfers hängt ab von

   - dem Kreis der Güter, die der Staat kostenunterdeckend anbietet,
   - dem Grad der Subventionierung,[35] (der bis hin zur Vollsubventionierung und damit zum Nulltarif reichen kann),
   - der Menge, in der die subventionierten Güter angeboten bzw. genutzt werden.

3) Durch die Veränderung oder Verschiebung technologischer externer Effekte[36] werden die relativen ökonomischen Positionen der betroffenen bzw. begünstigten Wirtschaftssubjekte modifiziert. In einer umfassenden Verteilungsanalyse wären technologische externe Effekte deshalb mitzuerfassen.

Um den soeben genannten Problemen Rechnung zu tragen, werden im folgenden neben dem bisher verwendeten Nominaleinkommen zwei weitere Einkommensbegriffe eingeführt: das Realeinkommen und das Finaleinkommen. Sie werden später entsprechend den jeweils diskutierten Problemstellungen genutzt.

---

[34] Es ist zunächst unbedeutend, ob die Preisstrukturveränderungen auf marktliche Einflüsse oder staatliche Eingriffe - zu denen etwa die Erhebung von Verbrauchsteuern rechnet - zurückzuführen sind.

[35] So bedeutet z.B. die Einführung einer Studiengebühr für das Studium an Universitäten, daß die Studenten bzw. deren Familien im Vergleich zur Situation eines steuerfinanzierten Studiums schlechter gestellt sind.

[36] Technologische externe Effekte sind Wirkungen, die von ökonomischen Aktivitäten eines Wirtschaftssubjektes außerhalb marktlicher Beziehungen direkt auf die Produktions- bzw. Bedürfnisbefriedigungsmöglichkeiten anderer Wirtschaftssubjekte ausgehen. Sie begründen weder für den Verursacher positiver externer Effekte (z.B. den Bienenzüchter, dessen Bienen die Blüten des Obstbauers bestäuben) einen Anspruch auf Entlohnung noch beim Empfänger negativer externer Effekte (z.B. den von zunehmendem Straßenlärm belästigten Anlieger) einen Entschädigungsanspruch.

Das Nominaleinkommen

Wie die vorausgegangenen Ausführungen deutlich gemacht haben, gibt es keine allgemeingültige Definition für das Nominaleinkommen. Für empirische Verteilungsanalysen stehen in der Bundesrepublik Deutschland insbesondere die Definitionen und Daten der VGR, der Steuerstatistik sowie der EVS zur Verfügung.

In Abhängigkeit von der jeweiligen Stufe des Verteilungsprozesses ist sodann zwischen Primär- und Sekundärverteilung des Nominaleinkommens zu unterscheiden.

Die Primärverteilung der Einkommen gibt die Verteilung der aus dem Produktionsprozeß einer Periode entstandenen Einkommen aus dem Einsatz der Produktionsfaktoren Arbeit, Kapital und Unternehmerleistung an. Wir wollen das nominelle Primäreinkommen $E_{pm,n}$ in Anlehnung an das Steuerrecht vorläufig als die Summe der Einkünfte EA zuzüglich der nicht erfaßten Wertänderungen des Vermögens E_{wae} bestimmen. Es gilt also:

(2.1) $$E_{pm,n} = \sum_{j=1}^{7} EA_j + E_{wae}$$

Die Sekundärverteilung des Einkommens ergibt sich aus dem Primäreinkommen, korrigiert um unentgeltliche Geldzuflüsse vom Staat und Geldabflüsse an den Staat, die die Nominaleinkommen beeinflussen, sowie um verteilungswirksame Transfers innerhalb des privaten Sektors in Gestalt von Schenkungen, Erbschaften u.ä. Lassen wir private Umverteilungsaktivitäten außer acht, so unterscheidet sich das **nominale Sekundäreinkommen** $E_{sk,n}$ eines Wirtschaftssubjektes, eines Haushaltes oder einer sozialen Gruppe vom nominellen Primäreinkommen um die direkten Steuern und Sozialversicherungsabgaben T_d sowie die Transferzahlungen des Staates an die privaten Haushalte Z_{pr}. Es gilt also:

(2.2) $$E_{sk,n} = E_{pm,n} - T_d + Z_{pr}$$

Das Realeinkommen

Will man Informationen über die Entwicklung der Kaufkraft erlangen, die einem Wirtschaftssubjekt oder einer sozialen Gruppe durch ein bestimmtes Nominaleinkommen zur Verfügung steht, so muß dieses entsprechend den stattgefundenen Preisveränderungen mit den individuellen bzw. gruppenspezifischen Deflatoren PI_i korrigiert werden. Wir erhalten dann Auskunft über das **Realeinkommen** E_r. Es ist für das Wirtschaftssubjekt i wie folgt definiert.

(2.3) $$E_{r,i} = \frac{E_{n,i}}{PI_i}$$

Nominal- und Realeinkommensverteilung entwickeln sich nur dann gleichlaufend, wenn keine Preisstrukturveränderungen auftreten. In den übrigen Fällen wird sich in der Realeinkommensverteilung - verglichen mit der Nominaleinkommensverteilung - jeweils eine Veränderung zuungunsten der Wirtschaftssubjekte oder Gruppen ergeben, die überdurchschnittlich viele Güter mit überdurchschnittlich starken Preisanstiegen erwerben.

Das Finaleinkommen

In das Finaleinkommen E_f wird außer dem Realeinkommen auch noch der Wert der staatlichen Realtransfers Tr_r einbezogen, die die privaten Wirtschaftssubjekte zum Nulltarif oder zu nicht kostendeckenden Preisen in Anspruch nehmen. Entsprechend gilt für das Finaleinkommen des Individuums *i*:

(2.4) $$E_{f,i} = E_{r,i} + Tr_{r,i}$$

Die Verteilung des Finaleinkommens unterscheidet sich immer dann von der des Realeinkommens, wenn die einzelnen Wirtschaftssubjekte bzw. sozialen Gruppen in unterschiedlich hohem Ausmaß staatliche Realtransfers in Anspruch nehmen oder von externen Effekten betroffen werden. Veränderungen der Realeinkommens- und Finaleinkommensverteilung fallen insbesondere dann unterschiedlich aus, wenn sich im Zeitablauf Volumen oder Struktur der Realtransfers an die privaten Wirtschaftssubjekte verändern.

Strebt man einen Einkommensbegriff an, der als "vollkommener" Indikator für die Bedürfnisbefriedigung gelten kann, so ist auch das Finaleinkommenskonzept unvollständig. Vor allem fehlen Einkommen, die in der Schattenwirtschaft erzielt werden und als Negativposten externe Effekte, wie sie beispielsweise aus Umweltbelastungen auf die Endverbraucher einwirken.

Probleme der zweckorientierten Einkommensbegriffe

Die praktische Verwendung der hier definierten unterschiedlichen Einkommensbegriffe ist mit mehr oder minder großen Problemen behaftet. Während das Nominaleinkommen noch relativ geringe Erfassungsschwierigkeiten aufwirft, wachsen die Probleme mit zunehmender Korrektur der Daten.

- Dies gilt einmal für die Ermittlung gruppenspezifischer Deflatoren zur Erfassung der Preisniveauänderungen, die eine spezifische Gruppe treffen und deren Realeinkommenssituation beeinflussen. So stellt die Preisstatistik in der Bundesrepublik Deutschland über die Preisindizes für die Lebenshaltung einiger ausgewählter Haushaltstypen hinaus kaum weiterreichende Daten zur Verfügung.
- Will man schließlich Aussagen über die Verteilung der Finaleinkommen machen, so verlangt dies neben einer Zurechnung aller unentgeltlich bereitgestellten Leistungen des Staates auch die Zuordnung der technologischen externen Effekte. Kann man auf eine solche Zurechnung bei den "rein" öffentlichen Gütern (wie Verteidigung, innere Sicherheit u.ä.) wegen erheblichen

Willkürspielraums und der generellen Wirkung noch verzichten, so erscheint dies bei anderen Leistungen, wie z.B. den Ausgaben im Bildungs-, Forschungs- und Hochschulwesen, weder wünschenswert noch notwendig. Hier stellen sich allerdings sogleich beachtliche Bewertungs- und Zurechnungsprobleme.

2. Das Vermögen

Die inhaltliche Kennzeichnung des Vermögens und dessen Bewertung wirft noch weitaus größere Probleme auf als die Festlegung und Quantifizierung des Einkommmens. Nicht ohne Grund gibt es kaum ein nationales statistisches Amt, das eine offizielle Berechnung des gesamtwirtschaftlichen Vermögens durchgeführt hat. Von Forschungsinstituten und individuellen Forschern angestellte Berechnungen bzw. Schätzungen weichen wiederum in der begrifflichen Abgrenzung und Bewertung zumeist voneinander ab. Dennoch sollen im folgenden einige der uns bedeutsam erscheinenden Vermögensdefinitionen vorgestellt und deren Aussagekraft bewertet werden.

2.1 Der rechtliche Eigentumsbegriff als Grundlage für eine Vermögensdefinition

Es liegt zunächst nahe, all das als Vermögen zu bezeichnen, woran Eigentum bestehen kann. Will man sich auf relevante rechtliche Bestimmungen stützen, so finden sich diese für die Bundesrepublik Deutschland im Grundgesetz und im Bürgerlichen Gesetzbuch.

Artikel 14 Abs. 1 GG gewährleistet (Privat-) Eigentum und Erbrecht als individuelle Herrschaft über Sachen und sonstige vermögenswerte Rechte.[37] Zu letzteren zählen u.a. besondere dingliche Rechte wie Hypotheken oder Pfandrechte, Urheberrechte wie z.B. Patente und schuldrechtliche Forderungen. Der grundgesetzlich relevante Vermögensbegriff ist also relativ breit gefaßt. Im Gegensatz dazu bezieht sich der Eigentumsbegriff des § 903 BGB nur auf Sachen.[38]

Für Verteilungsanalysen sind die aus dem allgemeinen Recht abgeleiteten Vermögensbegriffe allerdings entweder zu eng gefaßt oder wegen der verwendeten Systematik weniger geeignet. Sie werden deshalb im folgenden nicht weiter benutzt.

---

37 In Art. 14 GG heißt es u.a.:

(1) Das Eigentum und das Erbrecht werden gewährleistet. Inhalt und Schranken werden durch die Gesetze bestimmt.

(2) Eigentum verpflichtet. ...

(3) Eine Enteignung ist nur zum Wohle der Allgemeinheit zulässig. Sie darf nur durch Gesetz oder auf Grund eines Gesetzes erfolgen, das Art und Ausmaß der Entschädigung regelt. ...

38 Sachen im Sinne des Gesetzes sind nur körperliche Gegenstände (§ 903 BGB).

2.2 Der steuerrechtliche Vermögensbegriff

Zentraler Begriff im Vermögensteuergesetz ist das **Gesamtvermögen**. Dieses ergibt sich rechnerisch als Differenz aus dem Rohvermögen und den Schulden. **Bestandteile des Rohvermögens** sind die vier Vermögensarten

- land- und forstwirtschaftliches Vermögen,
- Grundvermögen,
- Betriebsvermögen und
- sonstiges Vermögen.

Obwohl bei Vermögensverteilungsanalysen auf Daten der Vermögensteuerstatistik nicht verzichtet werden kann, ist deren Aussagekraft begrenzt. Anwendungsprobleme ergeben sich bei der Abgrenzung der einzelnen Vermögensarten untereinander, bei der lückenlosen Erfassung möglichst aller Vermögensgegenstände und vor allem bei der Bewertung des Vermögens. Unter anderem gilt:

- Die steuerrechtliche Definition des Vermögens schließt für die Verteilungsdiskussion relevante Vermögensbestandteile aus. Dies gilt z.B. für einen großen Teil der Ansprüche aus Versicherungen.
- Eine ungleiche Bewertung der verschiedenen Vermögensarten erschwert die Ermittlung aktueller Marktwerte. Verzerrungen ergeben sich vor allem aus der Bewertung der Grundvermögen und der sonstigen Vermögen.
- Die steuerlichen Vermögenswerte werden verspätet und nur in größeren zeitlichen Abständen an die Marktwerte angepaßt. Dies gilt in besonderem Maße für Grundvermögen, das noch immer auf der Basis der für 1964 errechneten Wertverhältnisse bewertet wird.

2.3 Der in der EVS verwendete Vermögensbegriff

In den in fünfjährigen Abständen[39] durchgeführten Befragungen der Einkommens- und Verbrauchsstichprobe wird ein noch engerer Vermögensbegriff als im Steuerrecht verwendet. Im Rahmen der zuletzt im Jahr 1993 durchgeführten EVS wurden Angaben über folgende Vermögensformen erhoben:[40]

- Sparguthaben,
- Bausparguthaben,
- Guthaben bei Lebensversicherungen, aus Sterbegeld-, Aussteuer- und Ausbildungsversicherungen,
- Wertpapiere,
- Haus- und Grundbesitz,
- sonstiges Geldvermögen (z.B. Festgeld),

---

39 Vgl. Euler, 1986, S. 837.

40 Vgl. zu den folgenden Ausführungen Statistisches Bundesamt, 1995c, S. 7* f.

- Eigentum oder Beteiligungen am Produktivvermögen sowie
- Kreditverpflichtungen.

Nicht erfaßt wurden u.a. Bargeld, Sicht- und Terminguthaben bei Banken, Forderungen an Dritte, Ansprüche gegenüber Sozialversicherungen und landwirtschaftliches Vermögen. Insgesamt liefert die EVS also nur ein lückenhaftes Bild von der Vermögenssituation der privaten Haushalte.

2.4 Eine umfassende Vermögensdefinition

Eine breit angelegte Vermögensdefinition gibt Stahn.[41] **Das Gesamtvermögen** ergibt sich aus der Summe der Werte der folgenden Vermögensformen bzw. -arten:

- **Das Sachvermögen:** Es setzt sich aus dem Konsumvermögen (langlebige Konsumgüter), dem Produktivvermögen, dem Vorratsvermögen sowie dem Haus- und Grundvermögen zusammen.
- **Das Forderungs- und Verbindlichkeitsvermögen:** Es ist definiert als Differenz aus Forderungsvermögen und Verbindlichkeiten.
- **Das Arbeitsvermögen oder Humankapital:** Hierunter können allgemein "die menschlichen Fähigkeiten, Fertigkeiten und Kenntnisse verstanden werden, die in einer Volkswirtschaft für die Produktion verwertbar sind."[42]
- **Das Anwartschaftsvermögen:** Hierunter fallen Objekte, die noch nicht unmittelbar zur Verfügung stehen oder bei denen der Vermögenswert zum jeweils gegenwärtigen Zeitpunkt nicht exakt quantifizierbar ist. Beispiele hierfür sind Ansprüche im Rahmen der freiwilligen Versicherungen, der gesetzlichen Sozialversicherung oder der Beamtenpensionsregelung sowie die Aussicht auf Erbschaft.

Es versteht sich fast von selbst, daß die soeben vorgestellte umfassende Vermögensdefinition bei einer Verwendung für empirische Studien besonders viele **Erfassungs- und Bewertungsschwierigkeiten** aufwirft. Dies gilt vor allem auch für die Ansprüche aus der Rentenversicherung sowie das Humankapital.

Individuelle Ansprüche aus der Rentenversicherung bieten ihren Inhabern zweifelsohne die Gewähr für ein bestimmtes Alterseinkommen nach Beendigung des Arbeitslebens. Der Gegenwartswert des Anspruches auf Rente läßt sich allerdings selbst als Bandbreitenwert kaum ermitteln. Dies liegt vor allem daran, daß die späteren Rentenansprüche u.a. auch von den jährlichen Rentenanpassungen nach Eintritt in das Rentenalter abhängen, die wiederum an der Entwicklung des Durchschnittseinkommens der Unselbständigen ausgerichtet sind. Erschwerend kommt bei der Bewertung hinzu, daß sich Rentenansprüche nicht veräußern lassen.

---

41 Vgl. Stahn, 1976, S. 22 ff.

42 Recktenwald, 1983, S. 263.

Eher noch größere Schwierigkeiten wirft der Versuch auf, **Humankapital** zu bewerten. Eine Orientierung an den Kosten, die beim Erwerb eines bestimmten Wissensstandes entstanden sind, scheitert sowohl an ungelösten Problemen der Kostenzurechnung auf die Nutzer des Bildungsangebots als auch an dem fehlenden klaren Zusammenhang zwischen Ausbildungskosten und den später erzielten Einkommen. Als wenig hilfreich hat sich auch der Versuch erwiesen, die erwarteten Erträge aus Humankapitalinvestitionen zu errechnen und auf die Gegenwart abzudiskontieren. Dies liegt insbesondere daran, daß die Anforderungsprofile des Arbeitsmarktes nach bestimmten Fähigkeiten und damit auch die Einkommensentwicklung der einzelnen Wirtschaftssubjekte im Zeitablauf einem außerordentlich raschen Wandel unterliegen.

Die Schwierigkeiten der Erfassung und Bewertung der beiden zuletzt genannten Vermögensarten sind der Hauptgrund dafür, daß sie in Vermögensverteilungsanalysen zumeist außer Ansatz bleiben.

2.5 Die Vorteilhaftigkeit zweckorientierter Vermögensdefinitionen

Es wäre unzweckmäßig, aus den vorgestellten Vermögensdefinitionen eine einzige als die richtige herausstellen zu wollen. Es läßt sich vielmehr zeigen, daß der zu verwendende Vermögensbegriff von der jeweils interessierenden Fragestellung abhängt und insoweit zweckorientiert festzulegen ist. Dazu einige Erläuterungen:

- Soll **Vermögen als Indikator für den Entwicklungsstand einer Volkswirtschaft** dienen, so erscheint es sinnvoll, neben dem Sachvermögen im Stahnschen Sinn auch das Humankapital und - soweit möglich - dingliche Rechte zu erfassen und Umweltbelastungen abzuziehen. Nicht erfaßt werden müßten hingegen Geldvermögen sowie Anwartschaften auf Versicherungs- und Rentenleistungen.
- Soll **Vermögen als Ausdruck für den individuellen aktuellen Wohlstand** einer Person, eines Haushalts oder einer sozialen Gruppe Verwendung finden, so sollten vor allem das Sachvermögen und das Geldvermögen erfaßt werden. Unberücksichtigt blieben das Arbeitsvermögen sowie Renten- und Versicherungsansprüche.
- Als **Indikator für wirtschaftliche Macht** bietet sich vor allem das Produktivvermögen an. Hier ist allerdings die Einschränkung zu machen, daß dieser Zusammenhang für den Kleinbesitzer von Produktivvermögen und hier insbesondere den Kleinaktionär nicht gilt.
- Will man schließlich einen **Indikator für individuelle Sicherheit und individuellen Wohlstand** einer Person, eines Haushalts oder einer Gruppe, bietet sich neben dem Sach- und dem Geldvermögen sowie dem Humankapital die Einbeziehung von Ansprüchen an Versicherungen sowie Rentenanwartschaften u.ä. an.

Ein Blick in aktuelle verteilungstheoretische Analysen und verteilungspolitische Diskussionen zeigt denn auch, daß je nach Zweck der Studie recht unterschiedliche Vermögensdefinitionen verwendet werden.

3. Der Zwang zur Begriffsvielfalt

Die bisherigen Ausführungen haben deutlich gemacht, daß es den Einkommensbegriff und den Vermögensbegriff nicht gibt. Dies liegt vor allem an zwei Ursachen:

1. Untersuchungen über Einkommen und Vermögen befassen sich mit sehr verschiedenen konkreten Fragestellungen. Die Verteilung der Einkommen und Vermögen ist insoweit nur ein Aspekt unter vielen anderen, die in Bezug auf Einkommen und Vermögen interessieren. Aber auch im Rahmen des Verteilungsthemas gibt es eine Reihe von unterschiedlichen Fragen. Dies wurde bereits im 1. Kapitel und hier insbesondere in dem Abschnitt über Bereiche praktischer Verteilungspolitik des Staates deutlich. Unterschiedliche Fragestellungen verlangen aber zumeist eine ebenfalls unterschiedliche Kennzeichnung und Strukturierung des Untersuchungsobjektes. Als Beispiele sei auf die Aufteilung der Einkommen bzw. Vermögen auf Individuen oder Haushalte verwiesen oder den Bedarf unterschiedlicher Daten zur Ermittlung der Primär- bzw. Sekundärverteilung der Einkommen und Vermögen.
2. Empirische Analysen basieren auf Daten, die entweder aus empirischen Erhebungen für andere Zwecke oder aus Statistiken stammen, die speziell für die anstehende Untersuchung erstellt wurden. Verteilungsanalysen müssen sich bis heute im wesentlichen auf Daten stützen, die zunächst für andere als Verteilungsanalysen erhoben werden. Dies gilt insbesondere für die Steuerstatistiken und die Daten der VGR. Lediglich die EVS verfolgt als ein wichtiges Anliegen die Beschaffung von Informationen über die Verteilung von Einkommen und Vermögen. Da aber gerade hier die Informationen nur begrenzt zuverlässig erscheinen, kann auf die übrigen Daten nicht verzichtet werden. Damit müssen aber auch die verwendeten Begriffe und die dort vorgenommenen Strukturierungen der Daten übernommen werden. Es ist allerdings festzustellen, daß in den letzten Jahren in zunehmender Intensität Anstrengungen unternommen werden, das Informationsdefizit zu verringern. So werden z.B. seit einer Reihe von Jahren in dem von der Deutschen Forschungsgemeinschaft finanzierten Frankfurter Sonderforschungsbereich 3 empirische Untersuchungen von Wissenschaftlern verschiedener deutscher und ausländischer Universitäten durchgeführt.

3. Kapitel

Instrumente staatlicher Umverteilung

Dem Staat stehen zwei große Gruppen von Instrumenten zur Verfügung, mit denen er gewollt oder unbewußt die Verteilung von Einkommen und Vermögen beeinflußt: das finanzwirtschaftspolitische Instrumentarium der staatlichen Einnahmen und Ausgaben einerseits sowie Gebote oder Verbote andererseits.

Die nachfolgenden Ausführungen befassen sich ausschließlich mit der Darstellung und Analyse der finanzpolitischen Instrumente, die primär über Geldströme wirken. Gebote und Verbote werden traditionell nicht im Rahmen finanzwissenschaftlicher Studien behandelt und deshalb hier auch nicht auf ihre verteilungspolitische Relevanz hin untersucht.

1. Die Einnahmen des Staates

Tabelle 3.1 gibt einen Überblick über die quantitative Bedeutung der wichtigsten Einnahmen in der Bundesrepublik Deutschland in den Jahren 1985 und 1995 nach Trägern.

Die Zahlen verdeutlichen die überragende Bedeutung der **Steuern und steuerähnlichen Abgaben (Beiträge).** Dabei fließen die Steuereinnahmen vor allem dem Bund und den Ländern und die Sozialversicherungbeiträge der Sozialversicherung zu. Insgesamt trugen in 1995 Steuern und steuerähnliche Abgaben zu ca. 78% zu den Gesamteinnahmen der öffentlichen Haushalte bei. Beim Bund und bei der Sozialversicherung liegt dieser Anteil sogar noch darüber. Deshalb wird den Steuern und Abgaben in den folgenden Verteilungsanalysen besondere Beachtung zu schenken sein.

Von erheblicher Bedeutung sind sodann **laufende Zuweisungen, Zuschüsse und Schuldendiensthilfen.** Ihr Volumen wird zum einen durch den vertiken Finanzausgleich zwischen dem Bund, den Ländern und den Gemeinden bestimmt: So stellen sie für die Gemeinden die mit Abstand wichtigste und an Bedeutung zunehmende Einnahmequelle dar. Geradezu sprunghaft ist das Gewicht der Finanzzuweisungen des Bundes und der Länder an die Sondervermögen des Bundes gestiegen. Ursache hierfür sind vor allem die vereinigungsbedingten Transfers von West- nach Ostdeutschland, die zu einem erheblichen Teil über Sonderfonds abgelaufen sind. Aber auch die internen Zahlungen zwischen den Sozialversicherungsträgern untereinander (z.B. die Beitragszahlungen der Gesetzlichen Rentenversicherung an die Gesetzliche Krankenversicherung der Rentner sowie der Finanzausgleich zwischen der Arbeiter- und Angestelltenrentenversicherung) sowie die Zuschüsse der Gebietskörperschaften an die Sozialversicherung (z.B. der Bundeszuschuß an die Rentenversicherung und die Bundesanstalt für Arbeit) sind erheblich. Da es sich bei all diesen Geldströmen vor allem um Transfers innerhalb des öffentlichen Sektors, die die Einkommens-

und Vermögensverteilung im Privatsektor nur indirekt beeinflussen, handelt, werden sie in den nachfolgenden Verteilungsanalysen außer Acht gelassen.

Die **Nettoneuverschuldung des Staates** (= Differenz zwischen staatlicher Kreditaufnahme und Kredittilgung am Kapitalmarkt) ist insbesondere für den Bund, die Länder und die Zweckverbände eine wichtige Einnahmequelle, während sie für die Sozialversicherungsträger gesetzlich ausgeschlossen ist.[43] Ihr Beitrag zu den Gesamteinnahmen lag in 1995 beim Bund mit 9,6 % am höchsten. Es folgten die Zweckverbände mit 8,7 %, während die Gemeinden eine nur geringe Neuverschuldung aufwiesen. In den ersten vier Jahren des wiedervereinigten Deutschlands lag die Nettokreditaufnahme besonders hoch, was als Indiz für eine hohe Verteilungsrelevanz der Staatsverschuldung gewertet werden kann. Eine Beeinflussung der Einkommens- und Vermögensverteilung durch die Staatsverschuldung kann auf verschiedene Art und Weise erfolgen:

- Es fließen Zinszahlungen an die Besitzer der Staatsschuldpapiere, die ohne Staatsverschuldung nicht geflossen wären. Dadurch kann sich ihre Verteilungssituation verbessern.
- Es kann aufgrund der zinsrobusten staatlichen Kreditnachfrage zu einem generellen Anstieg des Zinsniveaus auf dem Kapitalmarkt kommen, von dem die Kapitalanbieter begünstigt und die Kapitalnachfrager sowie die Besitzer festverzinslicher Wertpapiere und von Aktien benachteiligt werden.
- Wenn die staatliche Kreditaufnahme durch eine expansive Geldpolitik alimentiert wird und damit keinen Zinssteigerungseffekt auslöst, kann es dennoch zu Verteilungswirkungen kommen. Dies ist dann der Fall, wenn bei Vollauslastung der Produktionskapazitäten die Preise am Gütermarkt als Folge der gestiegenen kreditfinanzierten staatlichen Güternachfrage ansteigen. In diesem Fall werden alle Verkäufer der betroffenen Güter begünstigt und deren Käufer benachteiligt.

Quantitativ nicht sehr gewichtig und von relativ geringer verteilungspolitischer Relevanz sind die übrigen in Tabelle 3.1 aufgezählten Einnahmepositionen.[44] Sie werden deshalb in der späteren Analyse auch nicht mehr gesondert behandelt.

43 Die Nettokreditaufnahme ist der wichtigste Posten des Finanzierungssaldos, der die Einnahmen und Ausgaben aus besonderen öffentlichen Finanzierungsvorgängen (innere Darlehen, Münzgeschäfte, Rücklagenbewegungen) gegenüberstellt. Ein negativer Finanzierungssaldo entspricht einem Einnahmeüberschuß und ist deshalb zu den bereinigten Einnahmen zu addieren.

44 Für die Gemeinden sind die sonstigen laufenden Einnahmen (vor allem die in diesem Posten enthaltenen Nutzungs- und Verwaltungsgebühren, die für die Inanspruchnahme kommunaler Dienste erhoben werden) allerdings eine wichtige Einnahmequelle.

Tab. 3.1: Rechnungsmäßige Einnahmen der öffentlichen Hand in Deutschland in 1985 und 1995 nach Einnahmearten und Trägern

Einnahmen (davon in %)	Bund		Sondervermögen des Bundes		Sozialversicherung		Länder		Gemeinden		Zweckverbände	
	1985	1995	1985	1995	1985	1995	1985	1995	1985	1995	1985	1995
Steuern und steuerähnliche Abgaben	80,2	79,8	73,6	36,5	86,4	84,5	65,2	61,5	34,6	25,2	0,0	0,0
Einnahmen aus wirtschaftlicher Tätigkeit	7,1	2,5	0,0	0,2	0,1	0,2	3,0	1,7	5,0	4,1	1,5	1,5
Zinseinnahmen	0,5	0,6	5,0	2,6	1,5	0,7	0,4	0,2	0,7	0,6	1,5	1,5
Lfd. Zuweisungen und Zuschüsse, Schuldendiensthilfen	0,7	0,9	5,9	47,0	16,5	18,0	14,5	15,2	39,4	45,0	46,2	38,4
Sonstige lfd. Einnahmen	1,7	2,0	0,0	6,3	0,2	0,4	6,8	7,5	23,0	24,3	32,3	34,1
Abzgl. Zahlungen von gleicher Ebene	0,0	0,0	0,0	0,0	4,1	5,0	2,4	3,1	15,2	16,4	0,0	0,7
Einnahmen der lfd. Rechnung	**90,2**	**85,8**	**84,5**	**92,6**	**100,6**	**98,7**	**87,6**	**82,9**	**87,5**	**82,8**	**81,5**	**74,6**
Veräußerungen von Sachvermögen	0,1	0,5	0,0	0,2	0,0	0,0	0,2	0,9	2,5	3,7	0,0	3,6
Vermögensübertragungen	0,1	0,2	0,0	0,6	0,0	0,0	3,7	5,9	9,9	9,1	18,5	15,9
Sonst. Einnahmen	0,8	3,2	15,9	7,1	0,1	0,1	1,8	1,5	1,3	0,9	0,0	0,7
Abzgl. Zahlungen von gleicher Ebene	0,0	0,0	0,0	0,0	0,0	0,0	0,4	0,4	0,8	0,7	0,0	0,7
Einnahmen der Kapitalrechnung	**1,0**	**3,9**	**15,9**	**7,9**	**0,1**	**0,1**	**5,4**	**7,9**	**12,9**	**13,0**	**18,5**	**19,6**
Bereinigte Einnahmen	91,2	89,7	100,5	100,5	100,7	98,8	92,9	90,8	100,4	95,8	100,0	94,2
Finanzierungssaldo	8,8	10,3	-0,5	-0,5	-0,7	1,2	7,1	9,2	-0,4	4,2	0,0	6,5
darunter: Nettoneuverschuldung am Kreditmarkt	8,6	9,6	-0,1	0,8	0,0	1,2	7,1	7,9	0,1	2,5	1,5	8,7
Gesamteinnahmen (in Mrd. DM)	**259,3**	**489,9**	**22,2**	**110,1**	**342,4**	**754,3**	**243,4**	**489,8**	**162,9**	**341,1**	**6,5**	**13,8**

Quelle: Statistisches Bundesamt (Hrsg.): Statistisches Jahrbuch für die Bundesrepublik Deutschland 1988, Stuttgart und Mainz 1988, Tabelle 19.6; ders.: Statistisches Jahrbuch für die Bundesrepublik Deutschland 1998, Stuttgart und Mainz 1998, Tabelle 20.4.1.

Angesichts ihrer überragenden Bedeutung soll die Entwicklung und Struktur der Steuereinnahmen anhand Tabelle 3.2. näher dargestelllt werden:

- In 1997 resultierten knapp 49 %, im Verlauf der 80er Jahre sogar über 55 % der gesamten Steuereinnahmen aus **Steuern auf die Einkommensentstehung**.
- **Die Lohnsteuer und die veranlagte Einkommensteuer** (incl. Kapitalertragsteuer) erbrachten im Verlauf der 80er Jahre allein über 40 % des gesamten Steueraufkommens. In 1997 betrug ihr gemeinsamer Finanzierungsbeitrag allerdings nur noch 35 %, da der tendenzielle Rückgang des veranlagten Einkommensteueranteils seit 1990 nochmals beschleunigt wurde.[45] Diese Entwicklung ist unter verteilungspolitischen Aspekten besonders beachtenswert, da nach vorherrschender Ansicht beide Steuern von den Lohn- bzw. Einkommensbeziehern selbst getragen werden müssen. Sie beeinflussen demnach vor allem die Verteilung der verfügbaren Nominaleinkommen. Wegen des progressiven Steuertarifs wird von ihnen eine nivellierende Wirkung auf die Einkommensverteilung erwartet.
- **Die Körperschaftsteuer** als Steuer auf die Gewinne juristischer Personen hat im Zeitablauf ebenfalls an Bedeutung verloren. Lag ihr Anteil 1960 noch bei fast 10 %, so ist er inzwischen auf 4,2 % in 1997 gesunken. Die Verteilungswirkung der Körperschaftsteuer ist in der Literatur umstritten. Die Ergebnisse empirischer Untersuchungen reichen von vollständiger Überwälzung über die Preise bis hin zur vollständigen Nichtüberwälzung.
- Einen im Zeitablauf steigenden Beitrag zum Gesamtsteueraufkommen bis hin zu 30 % in 1997 erbrachte **die Umsatz- bzw. Mehrwertsteuer**. In Verteilungsstudien wird i.d.R. davon ausgegangen, daß sie über die Produkt- und Dienstleistungspreise auf die Endverbraucher abgewälzt wird. Sie würde demnach vor allem die Realeinkommensverteilung beeinflussen.
- **Die speziellen Verbrauchsteuern** erwirtschafteten in 1997 zusammengenommen immerhin knapp 16 % des Gesamtsteueraufkommens. Verteilungsanalytisch werden sie ähnlich wie die allgemeine Umsatzsteuer als überwälzbar behandelt. Auch sie beeinflussen deshalb insbesondere die Realeinkommensverteilung.
- **Steuern auf das Vermögen** sind im gesamten Zeitarum von 1960 bis 1997 quantitativ wenig bedeutsam gewesen. Seitdem die Vermögensteuer zum 1.1.1997 nicht mehr erhoben wird, hat sich ihr Anteil am Gesamtsteueraufkommen weiter reduziert. Steuern auf das Vermögen können vor allem die Vermögensverteilung beeinflussen, dürften aber wegen ihres geringen Gewichts nur zu minimalen Verschiebungen führen.

---

45 Der starke Aufkommensrückgang seit 1990 ist vor allem auf das steigende Gewicht von Erstattungen an veranlagte Arbeitnehmer (mit und ohne Nebeneinkünfte) und Bezieher von Zins- und Mieteinkünften sowie auf die steuerschuldmindernde Nutzung von Investitionszulagen und Sonderabschreibungen für Investitionen in der ehemaligen DDR zurückzuführen. Vgl. hierzu genauer Deutsche Bundesbank, 1997b, S. 88 ff.

Tab. 3.2: Aufgliederung und Entwicklung des kassenmäßigen Steueraufkommens in Deutschland von 1960 bis 1997

Steuerart	1960		1970		1980		1990[5]		1997[5]	
	Mrd. DM	%	Mrd. DM	%	Mrd. DM	%	Mrd. DM	%	Mrd. DM	%
Steuern bei der Einkommensentstehung, darunter:	31,8	46,4	73,9	47,9	201,9	55,3	293,9	53,5	388,4	48,7
Gewerbesteuer[1]	7,4	10,8	12,1	7,8	28,0	7,7	38,8	7,1	48,6	6,1
Einkommen- und Körperschaftsteuer, darunter:	24,4	35,6	61,8	40,1	173,9	47,6	255,1	46,4	339,8	42,6
- Lohnsteuer[2]	8,1	11,8	35,1	22,8	111,6	30,6	177,6	32,3	248,7	31,2
- Veranlagte Einkommen- und Kapitalertragsteuer[3]	9,8	14,3	18,0	11,7	41,0	11,2	47,4	8,6	31,9	4,0
- Körperschaftsteuer	6,5	9,5	8,7	5,6	21,3	5,8	30,1	5,5	33,3	4,2
- Solidaritätszuschlag									25,9	3,2
Steuereinnahmen insgesamt	68,5	100,0	154,1	100,0	365,0	100,0	549,7	100,0	797,2	100,0

Tab. 3.2 cont.

Steuerart	1960		1970		1980		1990[5]		1997[5]	
	Mrd. DM	%	Mrd. DM	%	Mrd. DM	%	Mrd. DM	%	Mrd. DM	%
Steuern bei der Einkommensverwendung, darunter:	26,6	38,9	65,0	42,2	141,3	38,7	222,2	40,4	365,4	45,9
Umsatz- und Einfuhrumsatzsteuer	16,1	23,5	38,1	24,7	93,4	25,6	148,9	27,1	240,9	30,2
Mineralölsteuer	2,7	3,9	11,5	7,5	21,4	5,9	34,6	6,3	66,0	8,3
Tabaksteuer	3,5	5,1	6,5	4,2	11,3	3,1	17,4	3,2	21,2	2,7
Kraftfahrzeugsteuer	1,5	2,2	3,8	2,5	6,6	1,8	8,3	1,5	14,4	1,8
Versicherungsteuer	-	-	0,6	0,4	1,8	0,5	4,4	0,8	14,1	1,8
Übrige Verbrauchsteuern	2,8	4,2	4,5	2,9	6,8	1,9	8,6	1,6	8,8	1,1
Steuern auf das Vermögen, darunter:	4,3	6,3	6,9	4,5	10,5	2,9	15,0	2,7	17,3	2,1
- Grundsteuer A+B	1,6	2,3	2,7	1,8	5,8	1,6	8,7	1,6	15,5	1,9
- Vermögensteuer[4]	2,7	3,9	4,2	2,7	4,7	1,3	6,3	1,1	1,8	0,2
Sonstige (v.a. Steuern vom Rechtsverkehr, Sonderabgaben und Zölle)	5,8	8,4	8,3	5,4	11,3	3,1	18,6	3,4	26,1	3,3
Steuereinnahmen insgesamt	68,5	100,0	154,1	100,0	365,0	100,0	549,7	100,0	797,2	100,0

[1] Bis 1990 incl. Lohnsummensteuer

[2] Ab 1996 incl. Kindergeldabzug

[3] Ab 1994 incl. Zinsabschlag

[4] Bis 1989 incl. Vermögensabgabe

[5] Bis 1990 für den Gebietsstand der Bundesrepublik Deutschland (incl. Berlin-West), ab 1991 gesamtdeutsche Werte.

Quelle: Bundesministerium der Finanzen (Hrsg.): Finanzbericht 1999, Bonn 1998, Tabelle 12 sowie eigene Berechnungen.

2. Die Ausgaben des Staates

In Tabelle 3.3 sind die Ausgaben des Staates nach den wichtigsten Aufgabenbereichen gegliedert, wobei seit 1974 die Sozialversicherungsträger in die Datenanalyse mit einbezogen werden. Bemerkenswert ist vor allem, daß sich der Anteil der **Ausgaben für soziale Sicherung** an den gesamten Ausgaben der öffentlichen Haushalte seit 1960 kontinuierlich erhöht hat und in 1995 die 50 %-Marke überschritten hat. Gerade von den staatlichen Sozialleistungen gehen aber quantitativ bedeutsame personelle Umverteilungswirkungen aus, insbesondere Einkommensverschiebungen zwischen Generationen, zwischen Gesunden und Kranken, zwischen Erwerbstätigen und Arbeitslosen sowie zwischen den Beziehern unterschiedlich hoher Einkommen. Deshalb erscheint eine gesonderte Verteilungsanalyse des sozialen Sicherungssystems gerechtfertigt.

Obwohl quantitativ recht bedeutsam, dürften sich die Ausgaben für **Verteidigung, öffentliche Sicherheit und Rechtsschutz** nur begrenzt zur Ermittlung staatlicher Umverteilungswirkungen eignen. Dies liegt daran, daß das mit diesen Ausgaben verbundene öffentliche Leistungsangebot den Charakter eines öffentlichen Gutes hat, damit allen Bürgern zugute kommt (es gelten das Nichtausschlußprinzip und Nicht-Rivalität im Konsum) und es deshalb kaum möglich ist, eine willkürfreie Vorteilszurechnung auf die Begünstigten vorzunehmen. Ähnliche Probleme bestehen bei einer Verteilungsanalyse der **Ausgaben für Gesundheit, Sport und Erholung**, bei denen je nach Nutzungsintensität, Nutzungshäufigkeit und der räumlichen Nähe zur Infrastruktur die individuelle Begünstigung unterschiedlich hoch ausfällt.[46]

Die **Ausgaben für Bildung und Forschung** stellten in 1995 mit knapp 10 % zwar einen wichtigen Ausgabenblock der öffentlichen Haushalte in Deutschland dar. Eine Analyse der Verteilungswirkungen ist allerdings außerordentlich schwierig, verlangt sie doch sowohl eine Zurechnung direkter Vorteile, z.B. in Form von Bildungsleistungen an Familien mit Schulkindern oder Studenten, als auch die Berücksichtigung indirekter Besserstellungen durch staatliche Forschungsförderungsaktivitäten. Wegen der notwendigen Willkühr bei der Vorteilszurechnung wird im Rahmen dieses Lehrbuchs eine Analyse dieser Verteilungswirkungen unterbleiben.[47]

Die **Ausgaben für Wirtschaftsförderung** umfassen den großen Bereich der Subventionen, die als monetäre Transfers an einzelne Unternehmen bzw. Unternehmen eines Sektors ohne eine marktliche Gegenleistung der Empfänger definiert sind und damit in die Kosten- und Erlösstruktur der Empfänger eingehen.[48] Subventionen werden zwar vornehmlich bzw. offiziell zur Beeinflussung der

---

46 Vgl. zur Analyse der Verteilungswirkungen der öffentlichen Infrastrukturausgaben insbesondere Molitor, 1973, S. 147 ff. und Siebert, 1970, S. 33 ff.

47 Den Versuch einer Zurechnung unternehmen die in Fußnote 4 genannten Autoren.

48 Im weiteren Sinne zählen hierzu auch Steuervergünstigungen und Finanzhilfen.

interregionalen und intersektoralen Einkommensverteilung gewährt, sind aber indirekt bzw. verdeckt auch mit personellen Verteilungswirkungen verbunden. Die personellen Verteilungswirkungen der Subventionen hängen zum einen von der (regionalen, sektoralen oder betrieblichen) Abgrenzung des Empfängerkreises ab. Zum zweiten ist die Frage der Weitergabe der Subventionszahlung im subventionsempfangenden Unternehmen verteilungsrelevant, da – beabsichtigt oder unbeabsichtigt - mögliche Begünstigte auf der Beschaffungsseite (Lieferanten, Kreditgeber, Arbeitnehmer), auf der Absatzseite (Endabnehmer) und/oder im Unternehmen (Kapitaleigner) liegen können. Schließlich sind die den Subventionen beigegebenen Auflagen (finanzielle Auflagen, Verwendungs- und Empfangsauflagen) verteilungsrelevant. Wegen der großen Probleme bei einer Zurechnung von finanziellen Vorteilen aus den staatlichen Wirtschaftsförderungsmaßnahmen muß auf eine empirische Analyse verzichtet werden. Tendenziell gilt aber, daß kurzfristig auf der Stufe des Subventionszuflusses der Effekt auf die personelle Einkommensverteilung umso nivellierender ist, je weniger die Subvention auf Strukturanpassung und Wachstumsförderung und je mehr sie auf Strukturerhaltung und Beschäftigungssicherung ausgerichtet ist.[49]

Der Sammelposten „Sonstige" enthält u.a. Zinszahlungen an Gläubiger des Staates. Auf ihre Verteilungswirkungen wird in Kapitel 11 näher eingegangen, während alle übrigen hierunter entfallenden Ausgaben im folgenden unbeachtet bleiben.

---

49 Vgl. zu diesem Problemkreis Zimmermann, 1976, S. 9 ff. und die dort angegebenen Literaturhinweise.

Tab. 3.3: Gewicht und Entwicklung der Ausgaben der öffentlichen Haushalte[1] in Deutschland von 1960 bis 1995

Nettoausgaben nach Ausgabenbereichen	1960		1970		1980		1990[2]		1995[2]	
	Mrd. DM	%	Mrd. DM	%	Mrd. DM	%	Mrd. DM	%	Mrd. DM	%
Verteidigung	8,5	13,2	19,8	10,1	40,9	5,5	55,2	4,8	47,7	2,6
Öffentliche Sicherheit, Rechtsschutz	2,6	4,0	7,9	4,0	22,2	3,0	33,2	2,9	52,7	2,8
Bildungswesen, Forschung	6,1	9,5	27,6	14,1	82,8	11,2	110,1	9,6	181,5	9,8
Soziale Sicherung	15,4	23,9	40,3	20,5	339,4	45,8	538,9	47,1	939,5	50,5
Gesundheit, Sport, Erholung	2,5	3,9	10,2	5,2	32,3	4,4	49,1	4,3	80,0	4,3
Wirtschaftsförderung	4,7	7,3	14,4	7,3	29,2	3,9	44,6	3,9	71,2	3,8
Verkehr, Nachrichtenwesen	4,6	7,1	17,6	9,0	31,3	4,2	32,4	2,8	46,7	2,5
Sonstige	20,1	31,1	58,5	29,8	163,5	22,0	281,1	24,6	439,9	23,7
Insgesamt	64,5	100,0	196,3	100,0	741,6	100,0	1144,6	100,0	1859,1	100,0

[1] Bund, ERP-Sondervermögen (ab 1962), Lastenausgleichsfonds, Fonds Deutsche Einheit (ab 1990), Erblastentilgungsfonds (ab 1995), Entschädigungsfonds (ab 1995), ab 1974 incl. Sozialversicherungsträger, Bundesanstalt für Arbeit, Zusatzversorgungskassen, kommunale Zweckverbände, Anteile an der Finanzierung der Europäischen Union sowie Krankenhaus- und Hochschulklinikausgaben

[2] Bis 1990 für den Gebietsstand der alten Bundesrepublik Deutschland (incl. Berlin-West), in 1995 gesamtdeutsche Werte

Quelle: Statistisches Bundesamt (Hrsg.): Statistisches Jahrbuch für die Bundesrepublik Deutschland 1998, Stuttgart und Mainz 1998, Tabelle 20.1.2 sowie eigene Berechnungen.

2. Teil

Meßverfahren, empirische Befunde und theoretische Erklärungsansätze zur Einkommens- und Vermögensverteilung

Der Ökonom oder Wirtschaftspolitiker, der Verteilungsanalysen bzw. Verteilungspolitik betreiben will, sieht sich zunächst einer zumeist riesengroßen Fülle von Daten gegenüber. Will er daraus Aussagen über den aktuellen Zustand oder erforderliche Veränderungen der Verteilung ableiten, wird er i.d.R. gezwungen sein, die Daten zu bündeln sowie Maßzahlen zur Beschreibung der Verteilung zu ermitteln. Zur Veranschaulichung kann er darüber hinaus graphische Erläuterungen geben. Maßzahlen und graphische Erläuterungen sollten dabei so gestaltet sein, daß sie möglichst einfach und dabei für den Beschreibungszweck dennoch aussagekräftig sind. Für diesen Zweck wurden vor allem im Rahmen von Verteilungsanalysen verschiedene Lage-, Streuungs- und Konzentrationsmaße sowie normierte Verteilungskurven entwickelt.

Solche Maßzahlen und Verteilungskurven können weitere Zwecke erfüllen. Einmal können sie dazu beitragen, den Wirtschaftspolitiker zur Formulierung klarer, operationaler Zielaussagen zu veranlassen. Aussagen wie "Es gibt noch zu viele Arme in unserem Land" oder "Wir brauchen mehr soziale Symmetrie" sind häufig zu hören, aber zu allgemein gehalten, um daran konkrete Verteilungsmaßnahmen zu orientieren. Sodann eignen sich derartige Maße und graphische Erläuterungen dazu, über Erfolg oder Mißerfolg staatlicher Umverteilungspolitik zu informieren.

Trotz der intensiven Bemühungen um eine möglichst objektive wissenschaftliche Behandlung von Verteilungsfragen sind erhebliche Spielräume für subjektive Werturteile geblieben. Sie können insbesondere durch die gezielte Auswahl von Meßverfahren sowie sich nicht selten widersprechende Daten in die Analyse eingebracht werden. Dies ist auch ein Hauptgrund dafür, daß die Ergebnisse von Verteilungsuntersuchungen kaum einmal widerspruchslos akzeptiert werden. Die nachfolgenden Ausführungen sollen einen ersten Einblick in Meßverfahren und Verteilungssituationen geben. Das 4. Kapitel enthält eine kurze Beschreibung der wichtigsten statistischen Verfahren zur Kennzeichnung der Verteilung von Einkommen und Vermögen. Es schließt sich im 5. Kapitel eine Darstellung und Erläuterung einiger wichtiger Daten zur Einkommens- und Vermögensverteilung in der Bundesrepublik Deutschland an. Soweit möglich werden dabei dieselben Bereiche praktischer Umverteilungspolitik wie die schon am Schluß des 1. Kapitels aufgeführten erfaßt.

4. Kapitel

Statistische Maße und graphische Darstellungsformen zur Kennzeichnung von Verteilungen

Ein erster Überblick über die Verteilung von Einkommen und Vermögen kann durch graphische Darstellungen gewonnen werden. Daher sollen sie im folgenden zuerst vorgestellt werden. Im Anschluß daran werden positive und normative Maße zur Charakterisierung von Verteilungssituationen vorgestellt. Dem schließt sich ein kurzer Überblick über Ansätze zur Messung von Armut an.

1.Graphische Darstellungsformen der Häufigkeitsverteilung

Eine häufig verwendete und für eine erste Präsentation von Einkommens- und Vermögensverteilungen sehr anschauliche Methode stellen Graphiken dar. Allerdings hängt die Aussagekraft solcher Graphiken in hohem Maße von der gewählten Darstellungsweise ab. Wir werden im folgenden kurz die in der Literatur am häufigsten verwendeten Verteilungs"kurven" beschreiben und zugleich auf ihre Eignung zur Beschreibung der Verteilung von Einkommen und Vermögen eingehen.

1.1 Stabdiagramm und Histogramm

Stabdiagramme werden dafür verwendet, die Häufigkeitsverteilung von Individuen oder Haushalten auf die verschiedenen Einkommensklassen darzustellen. Zu diesem Zweck werden auf der Abszisse die Einkommensklassen, beginnend bei den niedrigsten Einkommen, auf der Ordinate die Zahl der Haushalte erfaßt. Die aus empirischen Daten abgeleiteten Verteilungsfunktionen sind, wie in Abbildung 4.1 dargestellt, zumeist eingipflig und mehr oder weniger ausgeprägt linkssteil und rechtsschief.

Gelegentlich wird in Diagrammen auf der Ordinate anstelle der Zahl der Merkmalsträger auch deren Anteil am Gesamteinkommen eines Landes oder einer sozialen Gruppe erfaßt. Man erhält dann eine Verteilung der Einkommensanteile, die auf die zugehörigen Einkommensbezieher der jeweiligen Einkommensklassen entfallen.

Abb. 4.1: Stabdiagramm

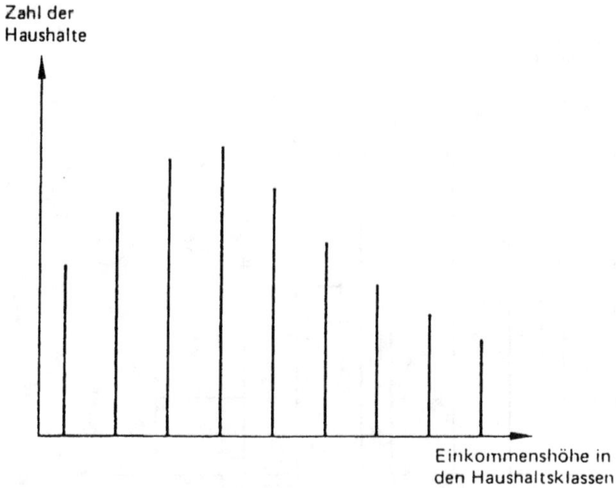

Da gerade bei Einkommens- und Verteilungsstatistiken wegen der unterschiedlichen Besetzungsstärke häufig unterschiedlich breite Klassen gebildet werden (z.B. Klasse 1 bis 600 DM, Klasse 2 von 600 - 800 DM etc.), können die Ordinatenwerte irreführende Eindrücke hervorrufen. Aus diesem Grunde werden zumeist Histogramme erstellt. In ihnen wird dann z.B. den einzelnen Einkommensklassen die Zahl der Einkommensbezieher zugeordnet. Die Häufigkeit wird nun allerdings nicht durch die Höhe des Stabes, sondern durch die Fläche der Säule ausgedrückt. Bei gegebener Besetzung einer Klasse ist damit die Säule umso niedriger, je breiter die Einkommensspanne ist, die für eine Klasse gewählt wurde.

Stabdiagramme und Histogramme eignen sich dafür, einen ersten optischen Eindruck über den Grad der Ungleichverteilung zu vermitteln. Für einen Vergleich des Konzentrationsgrades verschiedener Verteilungen sind die aus den Daten abgeleiteten Verteilungsbilder allerdings zumeist nicht genügend standardisiert. Zudem eröffnet die Wahl der Klassenbreite die Möglichkeit, den Leser in seinen optischen Eindrücken zu beeinflussen.

Abb. 4.2: Histogramm

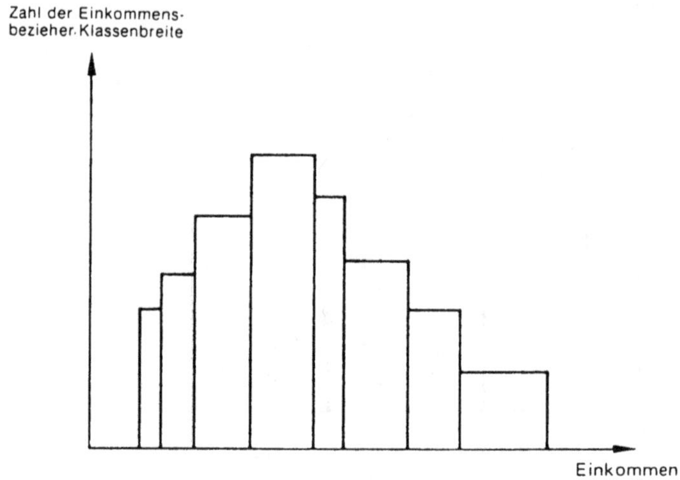

1.2 Die Paretianische Häufigkeitsverteilungskurve

Pareto hat in seinen Studien über die Verteilung der Revenuen[50] eines Landes die ihm verfügbaren Daten graphisch anders als bisher beschrieben dargestellt. Das besondere seines Vorgehens bestand darin, daß er die Zahl der Einkommensbezieher, deren Einkommen bestimmte Grenzen **überschritten** hat, kumulierte. Je höher er diese Grenze setzte, umso kleiner wurde die verbleibende Gruppe derjenigen, deren Einkommen über dieser Grenze lag. Die Verteilungskurven, die er letztlich erhielt, wiesen sämtlich Verläufe auf, die einem umgekehrten S nahekamen. Abbildung 4.3 verdeutlicht diesen Zusammenhang.

Diese einfache Paretianische Häufigkeitsverteilungskurve vermag allerdings nur sehr begrenzt Hinweise über die Verteilung der Einkommen zu geben. Da Pareto zudem für die unteren Einkommen ($Y < Y_o$) über nur wenige und zudem unzuverlässige Daten verfügte, verzichtete er auf eine weitere Kumulation in diese Einkommensklasse hinein und hatte damit plötzlich eine Annäherung an hyperbelförmig verlaufende Verteilungskurven vom Typ

$$N_{kum} = K\,Y^{-\alpha}\,. \qquad (4.1)$$

[50] Vgl. Pareto, 1964, S. 300 ff.

Abb. 4.3: Paretianische Häufigkeitsverteilung

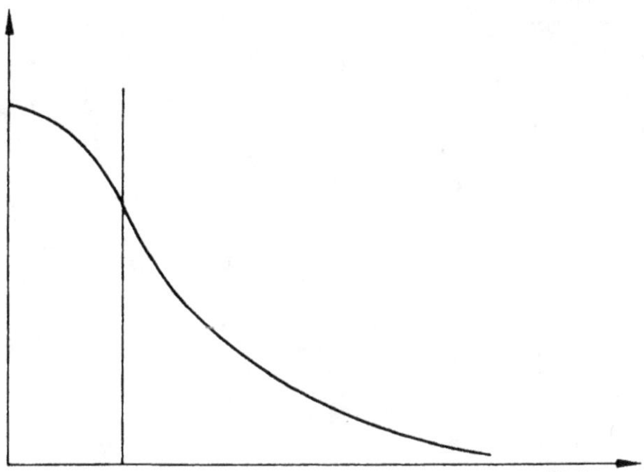

In obiger Gleichung stehen N_{kum} für die "von oben her" kumulierten Einkommensbezieher und Y für das Einkommen. K und α sind Parameter. Durch Logarithmieren der Hyperbelfunktion erhielt Pareto den Ausdruck

$$\log N_{kum} = \log K - \alpha \ \log Y, \tag{4.2}$$

der, graphisch dargestellt, zu einer von links oben nach rechts unten verlaufenden Geraden V' führt.

Pareto hat nun den Koeffizienten -α als Maß für den Grad der Ungleichverteilung der Einkommen verwendet und festgestellt: Je größer der absolute Wert von α, umso gleicher sind die Einkommen verteilt. Da *tg* α = -α, gilt weiter, daß die Einkommensverteilung mit zunehmendem α und damit zunehmender Steilheit der Verteilungsfunktion gleicher wird.

So bestechend einfach der Vorschlag Paretos auch ist, darf er nicht vergessen lassen, daß er auf Vereinfachungen beruht, die recht fragwürdig sind. Das Hauptproblem wird zumeist darin gesehen, daß die von Pareto entwickelte lineare Verteilungsfunktion die unteren Einkommensklassen außer Acht läßt und nur für höhere Einkommen empirische Relevanz besitzt. Es ist aber heute sowohl vom Datenmaterial her möglich als auch wirtschaftspolitisch erwünscht, die niedrigen Einkommen in Verteilungsanalysen korrekt mitzuberücksichtigen.

Abb. 4.4: Paretogerade

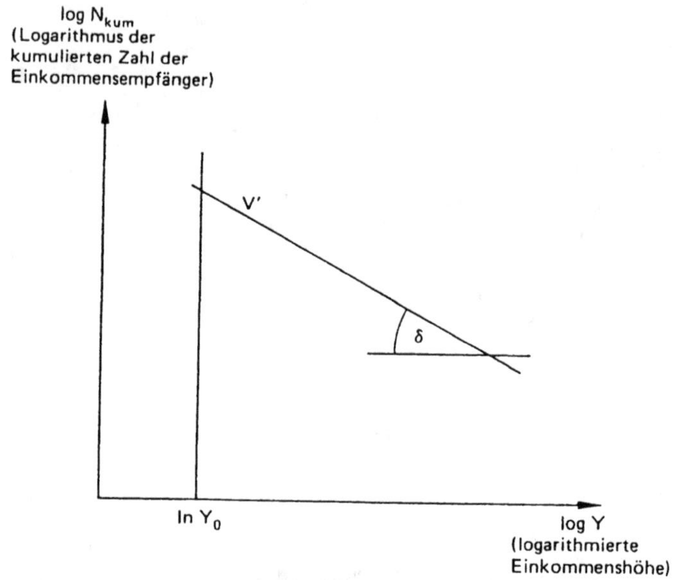

1.3 Die Lorenzkurve

Die wohl bekannteste graphische Darstellung personeller Einkommens- und Vermögensverteilungen stellt die Lorenzkurve dar. Sie informiert darüber, wieviel Prozent der nach ihrer Einkommenshöhe von unten nach oben geordneten und kumulierten Einkommensbezieher wieviel Prozent des kumulierten Einkommens beziehen.

Dazu werden auf der Abszisse von links nach rechts die kumulierten Prozentpunkte der Einkommensempfänger von den Ärmsten bis hin zu den Reichsten abgetragen und diesen auf der Ordinate die kumulierten Einkommensanteile der jeweils erfaßten Einkommensgruppen am Gesamteinkommen gegenübergestellt.

Abbildung 4.5 verdeutlicht diesen Zusammenhang. Sie zeigt z.B., daß die nach der Einkommenshöhe geordneten untersten 50 % (75 %) der Haushalte über insgesamt 25 % (50 %) des Gesamteinkommens verfügen. Generell gilt, daß die Lorenzkurve umso stärker "durchhängt", je ungleicher die Verteilung bzw. je größer die Konzentration ist. Völlige Gleichverteilung liegt vor, wenn die Lorenzkurve mit der 45 Grad-Linie zusammenfällt.

Abb. 4.5: Lorenzkurve

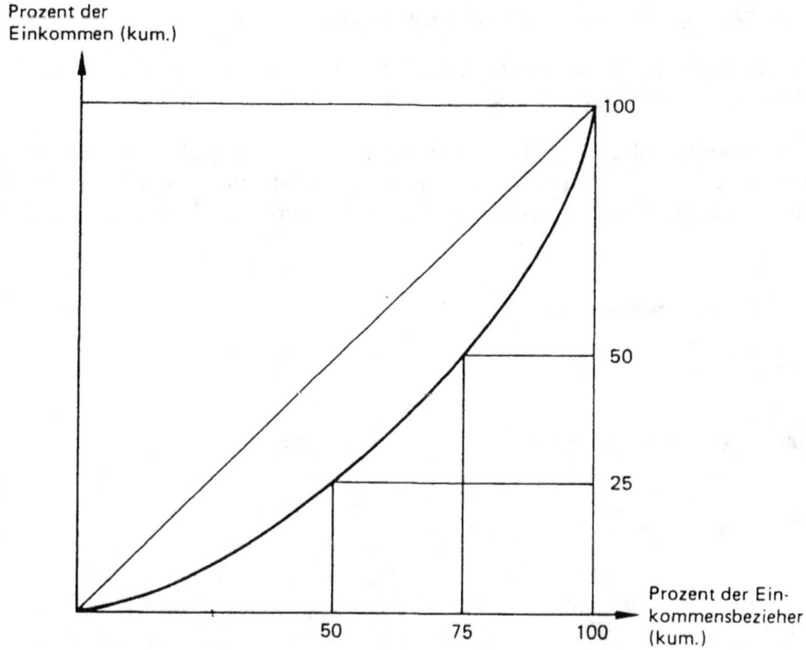

Die Lorenzkurve weist jedoch Schwächen ebenfalls auf:

- Will man die Einkommensverteilung zweier Länder oder eines Landes zu verschiedenen Zeitpunkten miteinander vergleichen und schneiden sich die daraus abgeleiteten Lorenzkurven, so ist es nicht mehr möglich, aufgrund der Zeichnung zu sagen, welche Verteilung weniger ungleich ist.
- Da die Lorenzkurven insbesondere in den Bereichen sehr niedriger und sehr hoher Einkommen eng beieinander liegen, sind Differenzierungen zwischen verschiedenen Verteilungen in diesen Bereichen zumindest erschwert.
- Die Lorenzkurve bewertet dieselben absoluten Unterschiede in der Verteilung gleich, egal, ob die Ungleichverteilung bei unteren oder bei oberen Einkommensklassen auftritt.
- Dadurch, daß Bezieher niedriger Einkommen oftmals nur teilzeitbeschäftigt sind oder ihr Einkommen vorwiegend aus Transferleistungen beziehen, ergeben sich u.U. allein durch Veränderungen in der Beschäftigungszeit erhebliche Verschiebungen in der Lage der Lorenzkurve.

1.4 Die Konzentrationskurve

Ordnet man die Einkommensbezieher so, daß zunächst die Bezieher der höchsten Einkommen aufgeführt und danach die übrigen in der Reihenfolge ihres abnehmenden Einkommens erfaßt werden, so gelangt man durch die Kumulation der derart geordneten Einkommensempfänger und deren Einkommensanteile zur sogenannten **Konzentrationskurve**.

Die Ungleichverteilung ist bei dieser Darstellungsweise umso größer, je schneller sich die Konzentrationskurve der Obergrenze von 100 % annähert.

Für die Konzentrationskurve gelten - weil sie nichts anderes als das Spiegelbild der Lorenzkurve darstellt - dieselben Vorzüge und Nachteile, die auch für die Lorenzkurve genannt wurden. Eine zusätzliche Bewertung ist deshalb nicht erforderlich.

Abb. 4.6: Konzentrationskurve

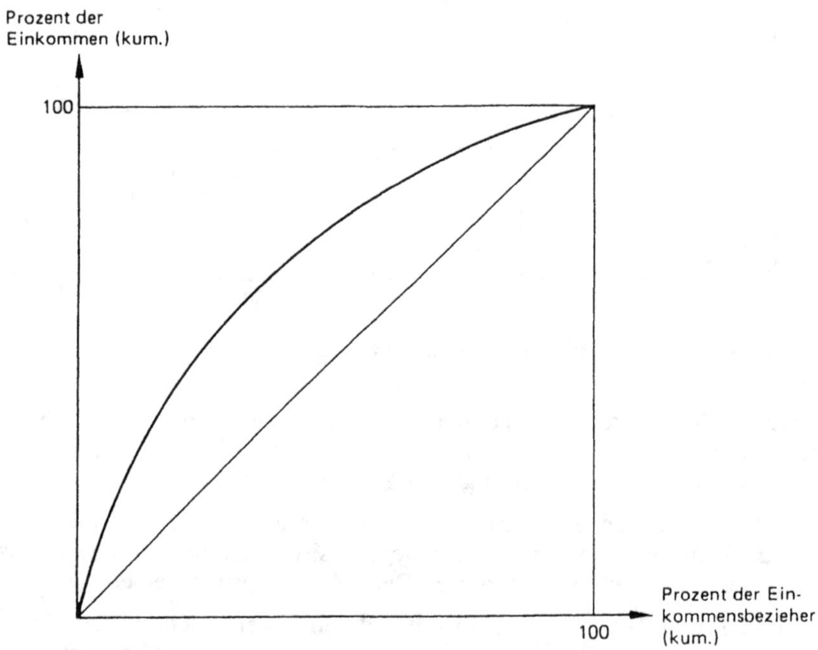

2. Maße zur Charakterisierung von Verteilungssituationen

Die Aufgabe statistischer Maße im Rahmen von Verteilungsanalysen besteht vor allem darin, aus einer zumeist großen Zahl von Daten Informationen über die Verteilung der interessierenden Merkmale auf deren Träger in möglichst kurzer und standardisierter Form zu liefern.

Zunächst könnte man versuchen, die Verteilung mit Hilfe der absoluten Merkmalswerte darzustellen. Ein solches Vorgehen ist allerdings bereits dann wenig hilfreich, wenn mehr als zwei Merkmalsträger vorliegen. Dies soll an einem einfachen Beispiel verdeutlicht werden.

Die Ausgangssituation in der Periode 1 sei durch folgende Jahreseinkommen E der drei Wirtschaftssubjekte A, B und C gekennzeichnet:

$$(4.3) \qquad E_{A,1} = 800;\ E_{B,1} = 2\,000;\ E_{C,1} = 5\,000.$$

In der Periode 2 sollen die Einkommen der Wirtschaftssubjekte um je 400 steigen. Die Verteilung sieht danach also wie folgt aus:

$$(4.4) \qquad E_{A,2} = 1\,200;\ E_{B,2} = 2\,400;\ E_{C,2} = 5\,400.$$

Es zeigt sich, daß die absoluten Einkommensdifferenzen unverändert bei 1 200 zwischen A und B und 3 000 zwischen B und C geblieben sind. Bezieht man die Abweichungen allerdings auf das Durchschnittseinkommen, so ergibt sich eine Verringerung in der Ungleichverteilung.

Noch schwieriger wird eine Aussage, wenn sich am Ende der dritten Periode folgende Einkommensverteilung feststellen läßt:

$$(4.5) \qquad E_{A,3} = 1\,500;\ E_{B,3} = 2\,400;\ E_{C,3} = 5\,700.$$

Nun ist, verglichen mit der Periode 2, der absolute Abstand zwischen A und B geringer geworden. Zugleich hat sich aber die Differenz zwischen B und C vergrößert. Damit ist es nicht mehr möglich, aus den absoluten Zahlen Aussagen über die Entwicklung der Verteilung abzuleiten.

Die an dem Beispiel gezeigten Probleme erklären, warum Statistiker und Ökonomen seit langem versucht haben, allgemein anwendbare Verfahren zu entwikkeln, mit denen der Grad der Ungleichverteilung und seine Veränderungen im Zeitablauf ermittelt werden können. Im folgenden wird ein Überblick über die wichtigsten Verfahren gegeben.

2.1 Lageparameter

Für unsere Zwecke sind vor allem das arithmetische Mittel, der Modalwert sowie der Median von Bedeutung.

Das arithmetische Mittel ist für ungruppierte Daten[51] definiert als Quotient aus der Summe der Merkmalswerte X_i (z.B. des Einkommens) und der Anzahl der Merkmalsträger (hier also der Einkommensempfänger). Es gilt:

$$(4.6) \qquad X_a = \frac{1}{n}\sum_{i=1}^{n} X_i .$$

---

[51] Es werden hier nur die Definitionen für die einfachsten Fälle gegeben. Für eine ausführliche Darstellung wird auf statistische Lehrbücher, wie z.B. Rinne/Ickler, 1979, S. 103 ff., verwiesen.

Der Median gibt an, wie groß der Merkmalswert ist, den die Hälfte der Merkmalsträger gerade unterschreiten. Stellt man z.B. 101 Individuen nach Maßgabe ihres Einkommens der Reihe nach auf, dann entspricht der Median dem Einkommen des Individuums an 51. Stelle.

Der Modalwert, auch häufigster oder dichtester Wert genannt, ist als die Merkmalsausprägung definiert, die in einer eingipfligen Häufigkeitsverteilung oder einer Rangwertreihe die größte Häufigkeit aufweist.

Eine häufig anzutreffende Methode, um die Streuung der Einkommen bzw. Vermögen zwischen verschiedenen sozialen Klassen, Regionen, Altersgruppen, Rassen oder sogar Nationen zu beschreiben, stellt der Vergleich von Lageparametern dar. So werden z.B. in der Bundesrepublik Deutschland die relativen Einkommenspositionen der Arbeiter, Rentner, Angestellten, Beamten und Selbständigen durch einen Vergleich der Durchschnittseinkommen (also des arithmetischen Mittels aller Einkommen der jeweiligen Gruppenmitglieder) beschrieben. Dabei bietet sich an, die Einkommensposition einer sozialen Gruppe zur Referenzgröße zu bestimmen, indem man sie gleich Eins oder Hundert setzt.

Der Vergleich von identisch definierten Lageparametern liefert allerdings ebenfalls nur Informationen von begrenzter Aussagekraft. Diese sind umso kleiner, je stärker die Einkommen innerhalb der gewählten Gruppen streuen. Wenn etwa das Durchschnittseinkommen der Selbständigen deutlich über dem der Arbeiter liegt, dieser Durchschnitt aber durch relativ wenige Großverdiener erklärt werden kann, während die meisten Selbständigen ein weit unter dem allgemeinen Durchschnitt liegendes Einkommen beziehen, so wird durch einen derartigen Lageparameter-Vergleich ein eventueller Umverteilungsbedarf eher vertuscht als deutlich gemacht.[52] Um die Verteilung der Einkommen innerhalb von sozialen Gruppen oder Regionen zu beschreiben, werden andere Maße deshalb herangezogen.

2.2 Streuungsparameter

Varianz und Variationskoeffizient sind die bekanntesten Maße für die Streuung, d.h. für die Abstände der Merkmalsausprägungen zwischen den einzelnen Merkmalsträgern. Sie geben somit einen ersten Hinweis auf den Grad der Ungleichverteilung.

Die Varianz ist für den Fall von Einkommen für ungruppierte Daten definiert als

52 Champernowne schlägt ein Maß vor, das es erlaubt, mit Hilfe des Quotienten zweier Lageparameter, nämlich des arithmetischen und des geometrischen Mittels, eine Aussage über die Ungleichverteilung innerhalb einer sozialen Gruppe oder Region zu machen. Aufgrund der begrenzten praktischen Bedeutung und methodischer Probleme hat es kaum Anwendung gefunden. Auf eine Darstellung kann daher verzichtet werden. Vgl. Chambernowne, 1952.

(4.7) $$s^2 = \frac{\sum_{i=1}^{n}(Y_i - Y_a)^2}{n}$$

wobei n für die Zahl der Einkommensbezieher, Y_i für die Einkommenshöhe des Einkommensbeziehers i und Y_a für das Durchschnittseinkommen aller Einkommensbezieher steht.

Für gruppierte Daten lautet die Varianz

(4.8) $$s^2 = \frac{1}{n} \sum_{j=1}^{m}(Y_j - Y_a)^2 n_j .$$

Hierbei gibt m die Zahl der Einkommensklassen an, n_j steht für die Besetzungsstärke in der j-ten Einkommensklasse und Y_j für deren Durchschnittseinkommen.

Ein Problem der Varianz liegt darin, daß sich durch die Quadrierung der Abweichungen vom Mittelwert größere Abweichungen stärker als kleine auf den Koeffizienten auswirken. Viele kleine Abweichungen vom Mittelwert beeinflussen also die Höhe des Koeffizienten weniger als wenige starke Abweichungen. Da die Varianz zudem nicht normiert ist, führt eine Verteilung I mit einer hohen relativen Streuung und einem niedrigen arithmetischen Mittel zu einer kleineren Varianz als eine Verteilung II mit geringer relativer Streuung und hohem Durchschnittswert.

Um diese Schwächen zu vermeiden, hat man aus der Varianz den Variationskoeffizienten abgeleitet. Er ist definiert als Quotient aus der Standardabweichung (= Quadratwurzel der Varianz) und dem arithmetischen Mittel:

(4.9) $$v = \frac{s}{Y_a} .$$

Die Verwendung des Variationskoeffizienten als Streuungsmaß ist allerdings nur dann angebracht, wenn die Merkmalswerte entweder ausschließlich positiv (oder negativ) sind. Dies kann in Bezug auf das Einkommen unterstellt werden, nicht jedoch für das Vermögen.

2.3 Schiefeparameter

Wie wir bereits im ersten Abschnitt dieses Kapitels sehen konnten, ist die Verteilung der Einkommen und Vermögen keineswegs symmetrisch, sondern i.d.R. linkssteil. Die Schiefe einer Verteilung äußert sich im Unterschied zwischen Median und arithmetischem Durchschnitt. Bei einer symmetrischen Verteilung fallen beide zusammen. Bei einer eingipfligen Verteilung entsprechen sie zudem dem Modalwert. Konzentriert sich hingegen die Mehrzahl der Merkmalsträger im Bereich der niedrigen Merkmalsausprägung, dann liegt der Median unterhalb des arithmetischen Mittels. Wie aus den beiden Verteilungen I und II in Abbildung 4.7 zu ersehen ist, liegen umso mehr Haushalte links von dem arithmetischen Mittel X_a, je linkssteiler die Verteilungskurve verläuft. Je größer also der relative Abstand zwischen Median und arithmetischem Mittel ist, desto linkssteiler ist auch die Verteilung.[53]

Eine einfache Kennzahl zur Beurteilung des Ausmaßes der Schiefe ist die Durchschnittslage. Diese Kennziffer gibt an, wieviel Prozent aller Personen bzw. Haushalte in einem gegebenen Zeitraum oder Zeitpunkt weniger als das Durchschnittseinkommen bezogen bzw. weniger als das Durchschnittsvermögen besaßen.[54]

Abb. 4.7: Durchschnittslage

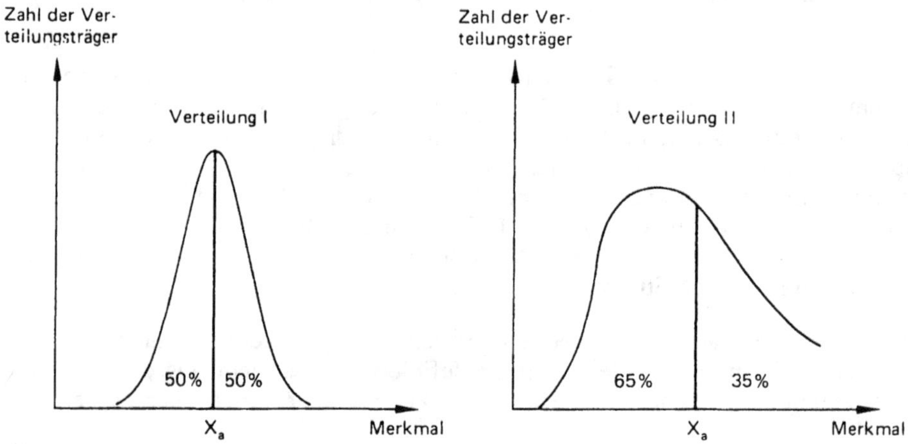

Bei der in Kurve I unterstellten Normalverteilung ist der Anteil der Merkmalsträger, die links vom arithmetischen Mittel angesiedelt sind, 50 %. Je linkssteiler die Verteilungskurve ist, umso größer wird die relative Zahl der Haushalte mit einem Einkommen, das kleiner als das Durchschnittseinkommen ist. So beträgt z.B. der Anteil der Haushalte i mit dem Merkmal $X_i < X_a$ in Verteilung II 65 %.

---

53 Bei eingipfligen asymmetrischen Verteilungen liegt der Median immer zwischen Modalwert und arithmetischem Mittel. Vgl. Rinne, 1997, S. 58.

54 Vgl. Bartmann, 1981, S. 64.

Insgesamt muß die Aussagekraft der Durchschnittslage zur Verteilungssituation aber als recht begrenzt bezeichnet werden, weil sie wichtige Informationen und hier insbesondere die über die Streubreite der Merkmalsausprägung vernachlässigt.[55]

2.4 Konzentrations- und Streuungsmaße

2.4.1 Relative und absolute Konzentration

Konzentration in allgemeinster Form liegt vor, wenn die Merkmalswerte, hier also die Einkommen bzw. die Vermögen, nicht gleichmäßig auf die Merkmalsträger verteilt sind. Eine quantitative Kennzeichnung der Konzentration erfolgt i.d.R. durch Maßzahlen zur relativen und zur absoluten Konzentration.

Von relativer Konzentration oder Disparität spricht man, wenn relativ wenig Trägereinheiten über einen relativ hohen Anteil an einer betrachteten Gesamtheit von Merkmalswerten verfügen. Die Gesamtzahl der Merkmalsträger ist bei Disparitätsmessungen also grundsätzlich unerheblich. Vollständige Konzentration liegt vor, wenn ein Merkmalsträger den gesamten Merkmalsbetrag auf sich vereinigt. Gleichverteilung als Ausdruck fehlender Konzentration ist entsprechend dadurch gekennzeichnet, daß alle Merkmalsträger durch dieselben Merkmalswerte, also beispielsweise dasselbe Einkommen, gekennzeichnet sind.

Absolute Konzentration ist gegeben, wenn absolut wenig Trägereinheiten einen großen Anteil an der Gesamtheit der Merkmalswerte auf sich vereinigen. Maße der absoluten Konzentration sollen also "die Ballung der Merkmalswerte auf absolut wenige Einheiten"[56] zum Ausdruck bringen.

Die Messung der relativen Konzentration erfolgt vorzugsweise dann, wenn eine große Anzahl von Trägereinheiten vorliegt, so wie dies etwa bei Untersuchungen von Einkommens- und Vermögensverteilungen in Gestalt von individuellen Einkommensbeziehern oder Vermögensbesitzern der Fall ist. Maße der absoluten Konzentration[57] werden vor allem dort angewendet, wo die Zahl der Merkmalsträger gering ist und wo das Verhalten oder die Ergebnisse des Wirtschaftens wesentlich von der absoluten Zahl der Merkmalsträger abhängen. Dies trifft z.B. auf Güter- und Kapitalmärkte zu.

Da im Rahmen dieser Arbeit die relative Konzentration interessiert, werden sich die folgenden Ausführungen ausschließlich auf diese Art von Konzentration beziehen.

---

[55] Dieses Problem umgehen die auf der Basis von empirischen Momenten berechneten absoluten bzw. relativen Schiefemaße. Vgl. Rinne, 1997, S. 58 f.

[56] Laux, 1983, S. 388.

[57] Das bekannteste ist wohl der Herfindahl-Index. Vgl. Pagenkopf, 1980, S. 338.

2.4.2 Anforderungen an Maßzahlen der relativen Konzentration

An Maßzahlen der relativen Konzentration werden insbesondere die folgenden Anforderungen gestellt:[58]

1. Konzentrationsmaße sollten sowohl im Hinblick auf unterschiedliche Grundgesamtheiten als auch hinsichtlich verschiedener Zeitpunkte miteinander vergleichbar sein: Dies verlangt eine Standardisierung der Konzentrationsmaße, z.B. auf Werte zwischen 0 und 1, wobei ein Wert von 1 vollständige Konzentration oder vollständige Gleichverteilung anzeigen sollte.
2. Die Maßzahl muß von proportionalen Veränderungen der Merkmalsträger unabhängig sein; Größenwachstum allein kann also nicht einfach als Zunahme der Konzentration gedeutet werden. Die Höhe der einzelnen Konzentrationsmaße darf nur von den Anteilen am Gesamtmerkmalsbetrag abhängen, der auf die jeweiligen Merkmalsträger entfällt.[59]
3. Die Maßzahlen müssen sich immer in die gleiche Richtung verändern, also z.B. vergrößern, wenn Verschiebungen des Einkommens von Beziehern niedriger Einkommen zu Beziehern von hohen Einkommen stattfinden. Erfolgt eine Verlagerung in die entgegengesetzte Richtung, müssen sich die Maßzahlen gegenläufig verändern.[60]
4. Wird unter sonst gleichen Umständen die Anzahl der Einkommensbezieher in allen Einkommensklassen um den Multiplikator c erhöht, so müssen die Maßzahlen der relativen Konzentration gleichbleiben.

5) Wird eine große Menge von Einkommensbeziehern mit geringem Einkommen zu den schon vorhandenen Einkommensempfängern hinzugefügt, so sollen sich die Maßzahlen der relativen Konzentration wegen der nun größeren Ungleichheit erhöhen.

2.4.3 Gruppenanteile

Will man wissen, welcher Anteil am Gesamteinkommen den Einkommensbeziehern mit den niedrigsten Einkommen zufließt, so kann eine Antwort durch die Errechnung des unteren Randgruppenanteils gegeben werden. Ein unterer Randgruppenanteil X''_{pq} gibt an, daß p · 100 % der Einkommensbezieher einen Anteil von q · 100 % des Einkommens auf sich vereinigen.[61] In gleicher

[58] Vgl. ebenda, S. 336.

[59] Dem steht die Meinung gegenüber, daß - zumindest bei einer Betrachtung von Einkommen und Vermögen - das allgemeine Einkommens- bzw. Vermögensniveau bei der subjektiven Beurteilung dessen, was gleich und was ungleich ist, berücksichtigt werden muß. Vgl. Bartmann, 1981, S. 67.

[60] Diese Prämisse wird auch als Pigou-Dalton-Bedingung bezeichnet. Vgl. Bartmann, 1981, S. 68 und Blümle, 1975, S. 37.

[61] Davon zu unterscheiden sind die in Statistiklehrbüchern definierten Perzentile. Sie geben an, wie hoch der Merkmalsbetrag, hier also das Einkommen, ist, der von p·100 % der Merkmalsträger, d.h. der Einkommensbezieher, nicht überschritten wird. Vgl. u.a. Rinne/Ickler, 1979, S. 124.

Weise kann man den oberen Randgruppenanteil X^{o}_{pq} bestimmen. Er gibt an, welcher Anteil am Einkommen den obersten $p \cdot 100$ % (z.B. den obersten 1 %, 5 %, 10 % oder 20 %) der Merkmalsträger zugeflossen ist.

Randgruppenanteile werden vor allem in internationalen Vergleichen verwendet. Sie lassen erkennen, wie stark die Einkommen der $p \cdot 100$ % Armen bzw. Reichen vom Durchschnittseinkommen der Gesamtbevölkerung abweichen.

Will man eine Information über den relativen Unterschied zwischen der untersten und der obersten Klasse der Einkommensbezieher, so kann man den Anteil der obersten Gruppe am Einkommen zu dem der untersten in Beziehung setzen. Die so ermittelte Quote wird auch Randgruppenrelation genannt.[62] Sie fällt bei gegebener Verteilung umso höher aus, je kleiner die jeweils gewählten Randgruppen, an der Gesamtzahl der Merkmalsträger gemessen, sind. Randgruppenrelationen können vor allem dann als Argumentationshilfe dienen, wenn für ein Land vorhandene oder fehlende Gegensätze zwischen Arm und Reich herausgestellt werden sollen.

Der Informationsgehalt von Gruppenanteilswerten und Randgruppenrelationen ist dadurch begrenzt, daß sie keine Aussagen über die Gesamtverteilung der Einkommen zulassen. Dies hat zu dem Vorschlag geführt, die Gesamtzahl der Merkmalsträger in aufsteigender Folge in jeweils gleichgroße Klassen einzuteilen und deren Anteile an der Verteilungsmasse zu ermitteln. Man erhält dann die Anteilswerte für die ersten, zweiten, ... und n-ten $100/n$ % der Merkmalsträger. Bei 5 gleichstarken Gruppen ergeben sich dann 5 Gruppenanteilswerte, bei 10 Gruppen 10 Anteilswerte usw. In der Literatur werden sie auch häufig unter den Begriffen Quintilswerte (wenn 5 Gruppen unterschieden werden) oder Dezilwerte (wenn 10 gleichstark besetzte Gruppen gebildet werden) aufgeführt.[63]

2.4.4 Das Pareto-Maß Alpha

Durch Logarithmieren der aus empirischen Untersuchungen abgeleiteten Verteilungsfunktion für mittlere und höhere Einkommen erhielt Pareto - wie oben bereits dargestellt - mit dem Koeffizienten α ein Maß für den Grad der Ungleichverteilung der Einkommen in einem Land.

Dieser Koeffizient weist allerdings einen beträchtlichen Mangel auf: durch das Kumulieren einer und das Logarithmieren beider Variablen (nämlich des Einkommens und der Einkommensbezieher) reagiert α zwar sehr empfindlich auf Verteilungsveränderungen im Bereich hoher Einkommen, jedoch nur sehr wenig auf Änderungen im unteren Einkommensbereich.[64] Zudem hat sich gezeigt, daß der von Pareto aufgrund von empirischen Untersuchungen unterstellte Verlauf

---

62 Vgl. Bartmann, 1981, S. 68.

63 Vgl. ebenda.

64 Vgl. Blümle, 1975, S. 34.

seiner Verteilungsfunktion die Realität zumeist verzerrt wiedergibt. So erscheint es verständlich, daß das Pareto-Maß heute kaum mehr als Ausdruck für Verteilungsungleichheiten verwendet wird.

2.4.5 Der Gini-Koeffizient

Der Gini-Koeffizient wird mit Hilfe derselben kumulierten Werte errechnet, die man auch zur Zeichnung der Lorenzkurve benötigt. Mathematisch ist er als Quotient aus der Fläche zwischen Lorenzkurve und Gleichverteilungsgerade sowie der gesamten Dreiecksfläche unterhalb der Diagonalen definiert. Sind die Einkommensbezieher in Klassen zusammengefaßt, so wird der Gini-Koeffizient nach folgender Formel berechnet.[65]

$$G = \frac{\sum_{i=1}^{n} \sum_{j=1}^{m} |Y_i - Y_j|}{2n^2 Y_a} \qquad (4.10)$$

Hierbei steht n für die Zahl der Merkmalsträger, Y für die individuellen Einkommen bzw. Vermögen und Y_a für das arithmetische Mittel.

Das in der nachfolgenden Tabelle aufgeführte Beispiel einer einfachen fiktiven Einkommensverteilung soll den Zusammenhang zwischen Lorenz-Kurve und Gini-Koeffizient verdeutlichen.

Tab. 4.1: Daten zur Einkommensverteilung

Nummer des Einkommens-beziehers	Sein Anteil an allen Einkommen	Anteile kumuliert	Sein Anteil am Gesamteinkommen	Anteile am Gesamteinkommen kumuliert
1	1/3	1/3	1/8	1/8
2	1/3	2/3	2/8	3/8
3	1/3	1	5/8	1

Der nach Gleichung 4.10 errechnete Gini-Koeffizient unterschätzt dann die Konzentration der Verteilung, wenn der Berechnung gruppierte Daten zugrundeliegen, d.h. wenn Einkommensklassen mit von ... bis ... Beträgen gebildet werden. Dies liegt daran, daß bei dieser Vorgehensweise innerhalb der Einkommensklassen Gleichverteilung der Einkommen unterstellt wird. Würde man stattdessen mit den Werten der Individualeinkommen rechnen, verliefe die Lorenzkurve unterhalb derjenigen, die man aus den Gruppendaten abgeleitet hat. Ihre Lage ist in Abbildung 4.8 durch die gestrichelte Kurve gekennzeichnet.

---

65 Vgl. Roberts, 1980, S. 125.

Ansonsten hat sich der Gini-Koeffizient als aussagefähige Kennziffer zur Beschreibung der relativen Ungleichverteilung bewährt.[66] Er nimmt bei Gleichverteilung einen Wert von Null an, bei vollständiger Konzentration den Wert von Eins. Er ermöglicht damit z.B. eine Aussage darüber, ob sich eine empirisch ermittelte Verteilung der gewünschten angenähert oder von ihr entfernt hat. Der Gini-Koeffizient reagiert sodann, wie gefordert, nicht auf reine Niveauverschiebungen des Einkommens bzw. Vermögens.

Die aus den obigen Daten abgeleitete Lorenzkurve hat folgendes Aussehen:

Abb. 4.8: Lorenzkurve nach Tabelle 4.1

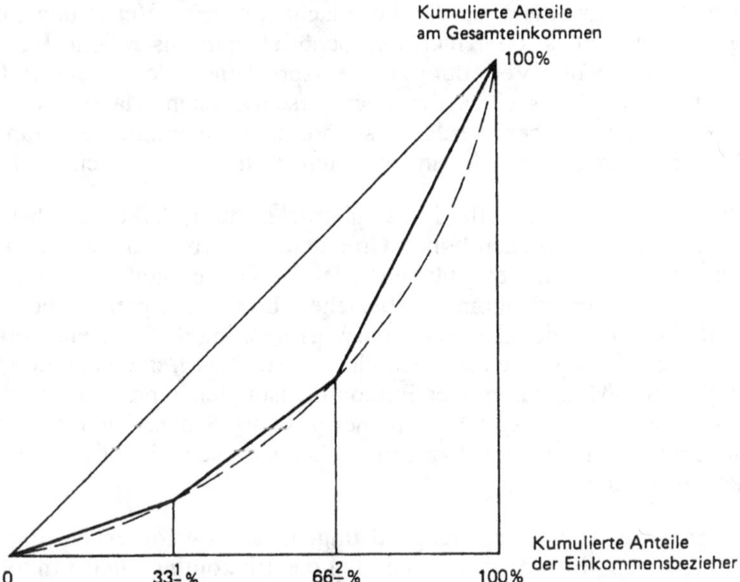

Ein Rangordnungsproblem ergibt sich allerdings dann, wenn zwei Verteilungen I und II zu sich schneidenden Lorenzkurven führen. In diesem Fall ist nämlich z.B. die Verteilung I links vom Schnittpunkt gleicher, rechts jedoch ungleicher als die Verteilung II. Dabei sind noch einmal zwei Fälle zu unterscheiden: Wenn die Flächen zwischen Lorenzkurve und Gerade der Gleichverteilung für beide Verteilungen gleich groß sind, so sind auch die beiden Gini-Koeffizienten dieselben. Sie signalisieren entsprechend denselben Grad der Ungleichverteilung, obwohl die Verteilungsfunktionen im einzelnen verschieden verlaufen. Die zweite Möglichkeit ist die, daß der Gini-Koeffizient für die beiden sich schneidenden Verteilungsfunktionen unterschiedlich hoch ist. Die Koeffizienten drükken dann zwar aus, daß die erste Verteilung insgesamt ungleicher als die zweite ist, sie informieren jedoch nicht darüber, daß in einem Teilbereich der Einkommen die Ungleichheit bei der ersten Verteilung kleiner als bei der zweiten ist.

---

[66] Vgl. Bartmann, 1981, S. 66 ff.

Die genannten zwei Besonderheiten sind dann von Bedeutung, wenn eine Einheit weniger an Ungleichheit bei unteren Einkommen anders als eine Einheit mehr an Ungleichverteilung bei hohen Einkommen bewertet wird. Eine Lösung dieses Problems ist nur dann möglich, wenn konkrete Annahmen darüber gemacht werden, welche Nutzen aus verschieden hohen Einkommen entstehen. Wir kommen hierauf in Abschnitt 3 noch einmal zurück.

3. Normative Maße der Ungleichverteilung

Die bisher vorgetragenen Konzentrationsmaße können dazu dienen, die relative Ungleichheit in der Verteilung von Einkommen und Vermögen zu beschreiben. Will man allerdings Aussagen darüber machen, ob eine Verteilung I einer Verteilung II überlegen ist oder nicht, so benötigt man zusätzliche Informationen über die anzustrebende Verteilung. Die entsprechende Norm kann in Gestalt einer konkreten Zahl für eines der oben beschriebenen Maße, z.B. den Gini-Koeffizienten, vorgegeben werden. Es wäre dann diejenige Verteilung die "beste", deren Koeffizient dem der angestrebten Verteilung am nächsten kommt.

Ein solches Vorgehen läßt allerdings unberücksichtigt, daß unterschiedlich hohe Einkommen mit verschieden hohen Grenznutzen verbunden sein können. Es ist nur dann zulässig, wenn der Nutzen der letzten Geldeinheit unabhängig von der relativen Position der Einkommensbezieher für alle als gleich hoch angenommen wird. Es ist aber denkbar, daß eine Verringerung der Ungleichverteilung im Bereich unterer Einkommen so hoch eingeschätzt wird, daß sie eine gleichzeitige und gleichgroße Zunahme der Einkommensungleichverteilung in den oberen Bereichen überkompensiert. Allgemeiner gesagt gilt dann, daß zwei Verteilungen mit demselben Gini-Koeffizienten, aber sich schneidenden Lorenzkurven, ungleich bewertet werden.

Um diesem Tatbestand Rechnung zu tragen, ist es erforderlich, explizite Annahmen über den Nutzen zu machen, den das Einkommen den Einkommensbeziehern stiftet. Der oft vorgebrachte Einwand, Nutzen sei interpersonell nicht vergleichbar und deshalb sei dieses Vorgehen auch nicht sinnvoll, ist hier nicht relevant, denn auch bei Verwendung von originären Daten der Einkommensverteilung als Grundlage für Verteilungsaussagen wird - wenn auch nur implizit - eine Annahme über die Nutzen gemacht. Sie lautet, daß jede Einkommenseinheit unabhängig von der individuellen Einkommenshöhe denselben Nutzen stiftet.[67]

Im folgenden werden kurz zwei Ansätze vorgestellt, die explizite Annahmen über die mit einem bestimmten Einkommen verbundenen Nutzen machen.[68]

---

67 Vgl. hierzu auch Blümle, 1975, S. 39 f.

68 Es gibt weitere normative Maße, wie die von Dalton und Sen. Vgl. Sen, 1975, S. 49 ff. Auf sie wird hier jedoch nicht eingegangen.

Der erste Ansatz besteht darin, anstelle der absoluten Einkommenswerte den Logarithmus derselben für Verteilungsanalysen und -bewertungen zu verwenden. Durch eine Logarithmierung werden Abweichungen in den oberen Bereichen der Merkmalsausprägungen, hier also in den oberen Einkommensklassen, weniger stark als in den unteren Wertebereichen berücksichtigt. Dies impliziert die Hypothese sinkender Grenznutzen bei steigenden Einkommen.[69] Als ein Mangel dieses Ansatzes wird gelegentlich angesehen, daß ihm eine explizit vorgegebene Norm für Verteilungsgerechtigkeit fehlt.

Dieser Einwand gilt nicht für Atkinsons Maß des gleichverteilten Einkommensäquivalentes. Aktinson[70] sieht es als Aufgabe eines Verteilungsmaßes an, zwei oder mehrere Verteilungen eines Merkmales (z.B. Einkommen) miteinander vergleichbar zu machen (d.h. eine Rangordnung zu ermöglichen) und zugleich die Ungleichheit zu quantifizieren. Zusätzlich fordert er, daß bei dem Vergleich von Einkommensverteilungen mit einer explizit vorgegebenen sozialen Wohlfahrtsfunktion gearbeitet wird. Letztendlich soll diejenige Einkommensverteilung, die die höchste gesellschaftliche Wohlfahrt stiftet, allen anderen vorgezogen werden. Dabei gilt:

$$W = \int_0^{y'} U(y) f(y) dy \qquad (4.11)$$

wobei

W = Soziale Wohlfahrtsfunktion
$U(y)$ = Nutzenfunktion des Einkommens
$f(y)$ = Häufigkeitsverteilung des Einkommens
$0;y'$ = Einkommensgrenzen.

Nun ist es jedoch schwierig (wenn nicht unmöglich), sich auf eine allgemein akzeptierte soziale Wohlfahrtsfunktion zu einigen. Anders ausgedrückt: Der genaue funktionale Zusammenhang zwischen individuellen Einkommen und gesellschaftlicher Wohlfahrt ist zunächst unbekannt und muß deshalb noch konkretisiert werden. Atkinson geht nun so vor, daß er bestimmte (wünschenswerte) funktionale Eigenschaften der sozialen Wohlfahrtsfunktion und der individuellen Nutzenfunktionen postuliert und damit die ansonsten unendlich große Zahl denkbarer sozialer Wohlfahrtsfunktionen auf eine bestimmte Klasse von Funktionen einschränkt. Diese Annahmen sind u.a.:

---

69 Exakt liegt dieser Vorgehensweise eine Nutzenfunktion vom Typ $U = a \cdot ln\, y$ zugrunde, wobei U für die Höhe des Gesamtnutzens und y für die Höhe des Einkommens stehen. Der Nutzen entwickelt sich direkt proportional zum Logarithmus des Einkommens. Oder an einem Beispiel ausgedrückt, die absolute Nutzenzunahme zweier Individuen ist dann gleich, wenn deren Einkommen um denselben Prozentsatz ansteigen. Vgl. dazu ausführlich Blümle, 1975, S. 40.

70 Vgl. Atkinson, 1970, S. 244 ff.

- Separabilität und Additivität individueller Nutzen (d.h. die Gesamtwohlfahrt ergibt sich als Summe der individuellen Nutzen),
- identische Nutzenfunktionen der Einkommensbezieher und
- Konkavität der Nutzenfunktionen (d.h. sinkende Grenznutzen des Einkommens).

Aus den gemachten Annahmen folgt, daß ein **gegebenes** Gesamteinkommen dann die höchste Wohlfahrt stiftet, wenn es auf alle Individuen gleichverteilt ist, d.h. wenn das Pro-Kopf-Einkommen gleich ist.[71] Es ergibt sich insbesondere auch die Schlußfolgerung, daß es für ein gegebenes **ungleich** verteiltes Gesamteinkommen **immer** ein **niedrigeres, gleichverteiltes** Gesamteinkommen gibt, das die **gleiche** gesellschaftliche Wohlfahrt stiftet. Bei gegebener Bevölkerungsgröße (Grundgesamtheit) kann dieser Sachverhalt auch wie folgt ausgedrückt werden: Für eine gegebene, ungleiche Einkommensverteilung I mit einem Durchschnittseinkommen y^* gibt es immer eine Gleichverteilung II mit einem Durchschnittseinkommen y_{EDE}, so daß gilt:

$$y_{EDE} < y^* \text{ und } W_I = W_{II} \tag{4.12}$$

y_{EDE} steht als Abkürzung für equally distributed equivalent income, d.h. für **das** Durchschnittseinkommen bei Gleichverteilung, das dem Durchschnittseinkommen bei gegebener Ungleichverteilung wohlfahrtsäquivalent ist. Daraus folgt u.a.: Je größer die Ungleichheit in der Verteilung I ist, desto kleiner kann cet. par. das Durchschnittseinkommen y_{EDE} sein, bei dem $W_I = W_{II}$ ist. Aus dieser Erkenntnis läßt sich nun das Atkinson-Maß A ableiten. Es lautet:

$$A = 1 - \left(\frac{y_{EDE}}{y^*} \right) \tag{4.13}$$

A kann Werte zwischen 0 und 1 annehmen, wobei $A = 0$ anzeigt, daß eine Gleichverteilung vorliegt, während $A = 1$ völlige Ungleichverteilung bedeutet. Die Interpretation von A ist einfach. Gilt z.B. $A = 0{,}3$, so heißt dies, daß $y_{EDE}/y^* = 0{,}7$ sein muß. Daraus ergibt sich unmittelbar, daß ein gegebenes, ungleich verteiltes Volkseinkommen dasselbe Wohlfahrtsniveau garantiert wie ein um 30 % niedrigeres gleichverteiltes Volkseinkommen. Anders ausgedrückt: Der potentielle Wohlfahrtsgewinn durch Umverteilung - gleichbleibendes Volkseinkommen unterstellt - liegt bei 30 % des Volkseinkommens. Diese Aussage ist wiederum gleichbedeutend mit der Feststellung, daß die Gesellschaft bereit ist, im Umverteilungsprozeß entstehende "Sickerverluste" (z.B. Verwal-

71 An dieser in den Prämissen implizierten Schlußfolgerung dürften sich bereits die Befürworter und Kritiker des Atkinson-Maßes scheiden. Man denke nur daran, daß die Höhe der individuellen Einkommen je nach Fähigkeiten und Alter unterschiedlich ausfallen und schon deshalb nicht gleichverteilt sein werden bzw. sollten.

tungskosten) oder Leistungseinbußen bis zu maximal 30 % des Volkseinkommens zu akzeptieren, ohne daß der Umverteilungsprozeß gestoppt wird.

Je größer die Abneigung der Gesellschaft gegen Ungleichverteilung ist, die sich in der sozialen Wohlfahrtsfunktion niederschlägt, desto kleiner ist y_{EDE}. Die Höhe von y_{EDE} und damit auch das Atkinson-Maß hängt nun von der genauen Spezifizierung der zugrunde gelegten sozialen Wohlfahrtsfunktion ab. Etwas anders ausgedrückt: Bei einer gegebenen Einkommensverteilung kann das Atkinson-Maß in Abhängigkeit von der Wahl der sozialen Wohlfahrtsfunktion unterschiedlich hohe Werte annehmen. Damit wird es notwendig, **vor** der Anwendung des Atkinson-Maßes die unterstellte soziale Wohlfahrtsfunktion exakt zu spezifizieren.

Dazu genügt es, daß der Wissenschaftler einzig den Parameter ε festlegt, vorausgesetzt, an das Atkinson-Maß wird die Anforderung gestellt, daß eine proportionale Veränderung aller Einkommen dieses Maß unverändert läßt. Gleichung 4.13 läßt sich dann umformen zu

$$(4.14a) \qquad A = 1 - \left[\sum_i \left(\frac{y_i}{y^*} \right)^{1-\varepsilon} f(y_i) \right]^{\frac{1}{(1-\varepsilon)}} \quad \text{für } \varepsilon > 0 \text{ und } \varepsilon \neq 1$$

und zu

$$(4.14b) \qquad A = 1 - \prod_i \left(\frac{y_i}{y^*} \right)^{f(y_i)} \quad \text{für } \varepsilon = 1$$

In 4.14a und 4.14b stehen:

y_i für das Durchschnittseinkommen der i-ten Klasse,
y^* für das Durchschnittseinkommen aller Einkommensbezieher,
ε für den Grad der Abneigung der Gesellschaft gegen Ungleichverteilung,
$f(y_i)$ für den Anteil der Einkommensbezieher in der i-ten Klasse an der Gesamtzahl der Einkommensbezieher.

Gleichung 4.14a ist nun bis auf den Parameter ε bestimmt, dessen Festlegung subjektiv (d.h. willkürlich) erfolgen muß. Die Wahl eines bestimmten ε-Wertes durch einen Wissenschaftler, der Ungleichverteilungen mit Hilfe des Atkinson-Maßes empirisch messen will, drückt also aus, wie hoch die Abneigung gegen Ungleichverteilung in einer Gesellschaft von diesem Forscher eingeschätzt wird. Je höher der ε-Wert gewählt wird, umso höher wird der Grad der Abneigung gegen Ungleichverteilung eingeschätzt. Letztendlich determiniert die Wahl von ε den Wert von A.

Es hat sich nun gezeigt, daß sich die Rangfolge konkreter Einkommensverteilungen je nach Höhe von ε verändern kann.[72] Bei der praktischen Anwendung des Atkinson-Maßes zur Berechnung von Ungleichheit geht man deshalb so vor, daß die A-Werte für verschiedene ε-Werte berechnet und einander gegenübergestellt werden.[73] Es bleibt dann dem Beobachter oder Wirtschaftspolitiker überlassen, eine Bewertung verschiedener Verteilungen und Einkommenshöhen vorzunehmen.

Die Konstruktion des Atkinson-Maßes löst (selbstverständlich) nicht das Problem einer objektiven Festlegung der sozialen Wohlfahrtsfunktion. Das Verdienst Atkinsons ist es jedoch, auf die implizite Annahme einer solchen Funktion bei den sogenannten positiven Verteilungsmaßen aufmerksam gemacht zu haben und die seinem Maß zugrunde liegenden Prämissen und Werturteile expliziert und damit auch der Kritik zugänglich gemacht zu haben. Ob sich das Atkinson-Maß jedoch in der praktischen Anwendung z.B. gegen den Gini-Koeffizienten durchsetzen kann, ist dennoch sehr fraglich.[74]

4. Konzepte zur Armutsmessung

Wissenschaftliche Analysen zu Definition, Formen und Ursachen von Armut und zu deren Bekämpfung waren lange Zeit fast ausschließlich ein Teilbereich der Entwicklungsökonomie und Entwicklungspolitik. Dies läßt sich damit erklären, daß Armut vor allem als Grundproblem der Entwicklungsländer bzw. der Länder der Dritten Welt aufgefaßt wurde, wo sie als Folge unzureichender ökonomischer Entwicklung breite Bevölkerungsschichten trifft. In den entwickelten Industrieländern hingegen wurde die Existenz von Armut lange nicht zur Kenntnis genommen, obwohl sie als Handlungsfeld der Sozialpolitik immer bedeutsamer wurde. In Deutschland stieß vor allem Heiner Geißler Mitte der 70er Jahre mit seiner Studie „Die neue soziale Frage"[75] in der Bundesrepublik Deutschland die Diskussion zur Armut, ihren Erscheinungsformen, Ursachen und Bekämpfungsmöglichkeiten unter dem Stichwort **„Neue Armut"** an.

Der Beschäftigung mit dem Phänomen der Armut liegt in Industrieländern häufig die Forschungsfrage zugrunde, ob die wohlfahrtsstaatlichen Institutionen inzwischen so ausgebaut worden sind, daß sie ihren eigentlichen Zweck der Armutsbekämpfung verfehlen, ja sogar durch negative Anreizwirkungen Einkommensarmut bewirken.[76] Unter dem Stichwort der **„Armutsfalle"** wird beispielsweise diskutiert, ob es für Empfänger staatlicher Transfers überhaupt rational ist, Erwerbsarbeit aufzunehmen. Der erste Schritt zum Nachweis etwaiger Ursache-Wirkungs-Beziehungen muß jedoch eine empirische Untersuchung des **Ausma-**

[72] Vgl. z.B. Atkinson, 1970, S. 258 ff. und Roberts, 1980, S. 133.

[73] Vgl. ebenda.

[74] Vgl. zum Atkinson-Maß auch Sen, 1975, S. 49 ff., S. 59 ff. und S. 80 ff.

[75] Vgl. Geißler, 1976.

[76] Vgl. Murray, 1984.

ßes von Armut und die **Identifikation von** überdurchschnittlich **betroffenen Gruppen** sein. Zwar existiert für Deutschland eine Reihe von aktuellen Studien, die jeweils einzelne Aspekte der Einkommens- und Vermögensverteilung herausgreifen und häufig auch auf die Verarmung wachsender Teile der deutschen Bevölkerung hinweisen. Dennoch wurde bislang noch kein offizieller **Armutsbericht** für Gesamtdeutschland erstellt, der umfassend das Ausmaß der Armut, die davon Betroffenen sowie die Ursachen hierfür darstellt und analysiert.[77]

4.1 Definition und Klassifikation von Armut

Armut wird zumeist von der ganzen Gesellschaft, also auch von den Reichen, als ein zu beseitigendes Problem verstanden. Keine Einigkeit gibt es allerdings bezüglich einer einheitlichen operationalen Definition von Armut. Ganz allgemein ist sie als „unzureichende Verwirklichung der Ziele eines Menschen bei der Lebenserhaltung und Lebensgestaltung oder auch als unzureichende Bedürfnisbefriedigung“[78] zu definieren. Die Operationalisierung dieses Armutsbegriffs stößt jedoch auf erhebliche Schwierigkeiten, und die einzelnen Klassifikationsansätze, von denen im folgenden die wichtigsten kurz vorgestellt werden, greifen jeweils nur einzelne Aspekte der obigen allgemeinen Definition auf.

4.1.1 Absolute und relative Armut

Die Begriffe **absolute** und **relative Armut** sind sowohl auf nationaler Ebene als auch im internationalen Vergleich von Bedeutung. Allgemein bezieht sich die Untersuchung absoluter Armut auf die Position von Individuen oder Haushalten unter Niveaugesichtspunkten, während sich die Analyse relativer Armut auf „Struktur- oder Verteilungsaspekte“ konzentriert.[79]

Relative Armut im Ländervergleich liegt dann vor, wenn wesentliche Indikatoren der gesellschaftlichen und ökonomischen Wohlfahrt einen relativen Rückstand zur Wohlfahrtsposition der Länder mit durchschnittlichem internationalen Lebensstandard aufweisen.[80] Allerdings sind Armutsgrenzen - und damit verbunden die Grundbedürfnisse - auch abhängig von den klimatischen Verhältnissen sowie sozialen und kulturellen Werten der einzelnen Länder, so daß es schwierig sein kann, die Existenz relativer Armut eines Landes festzustellen. Man denke etwa an einen Vergleich zwischen der Bundesrepublik Deutschland und der Volksrepublik China: Familien, die in Deutschland schon deutlich als unter der Armutsgrenze lebend eingestuft werden, würden unter denselben Lebensbedingungen in China durchaus als relativ wohlhabend gelten. **Auf nationaler Ebene** bezeichnet **relative Armut** die Armut von Einzelpersonen bzw.

77 Vgl. Hauser, 1995, S. 3.

78 Hatzius/Marggraf, 1994, S. 121.

79 Schubert, 1994, S. 21.

80 Vgl. Bender, 1985, S. 495.

Haushalten im Verhältnis zu einem „mittleren“ Lebensstandard in derselben Gesellschaft.[81]

Absolute Armut im engeren Sinne bedeutet einen „Mangelzustand (...), der es nicht erlaubt, die physische Existenz dauerhaft zu sichern.“[82] So definierte absolute Armut orientiert sich also an einem Existenzminimum, das **ein physisches Existenzminimum** darstellt (gemessen u. a. am Kalorienbedarf). In einer weiteren Auffassung basiert absolute Armut auf einem **sozio-kulturellen Existenzminimum**, das die in einem Land oder einer Region verfügbaren Güter berücksichtigt und einem als minimal definierten Lebensstandard entspricht. Auch absolute Armut kann von Land zu Land mit unterschiedlichen Niveaus einher gehen.

Für die Armutsforschung in **Industrieländern** ist das Konzept der relativen Armut das wichtigere, da Armut hier zu einem großen Teil in der schlechten relativen Position von Individuen oder Haushalten im Verhältnis zu einem durchschnittlichen Standard in der betrachteten Volkswirtschaft zum Ausdruck kommt.[83] Dennoch kann auch in entwickelten Ländern absolute Armut bestehen, etwa bei obdachlosen Personen.

4.1.2 Offene und verdeckte Armut

Dieser Begriffsgegensatz unterscheidet Personen, die offiziell als arm erfaßt werden (**offen** Arme), von solchen, die nicht in Statistiken auftauchen (**verdeckt** Arme). **Offen** arm sind beispielsweise Individuen, die in Statistiken - beispielsweise in der deutschen Sozialhilfestatistik - erscheinen, weil sie laufende Hilfe zum Lebensunterhalt nach dem Bundessozialhilfegesetz in Anspruch nehmen. Sozialhilfeempfänger dürften allerdings strenggenommen nicht mehr als arm bezeichnet werden, da sie durch die Sozialleistungen mindestens die Armutsgrenze erreichen sollen.

Verdeckte (oder auch **versteckte**) Armut dagegen liegt bei Personen vor, die beispielsweise Ansprüche auf Sozialhilfe nicht geltend machen, sei es aus Unkenntnis, aus Furcht vor Rückgriffen des Sozialamtes auf Verwandte oder auch aus Scham (sogenannte **verschämte** Armut).[84] Zu den verdeckt Armen gehören oft auch nicht-seßhafte Personen, die statistisch nicht oder nur sehr ungenau erfaßt werden können. Je mehr Individuen in einer Gesellschaft verdeckt arm sind, desto bedeutender ist die Unterschätzung des tatsächlichen Ausmaßes der Armut einer Gesellschaft.[85]

---

[81] Vgl. Internationales Arbeitsamt Genf, 1976, S. 36. Ob nach dieser Definition erfaßte Armut ein generelles soziales Problem dargestellt, ist in der Literatur umstritten.

[82] Hauser/Neumann, 1992, S. 245 f.; zit. in: Huster, 1996, S. 22.

[83] Vgl. Sautter, 1992, S. 422.

[84] Vgl. Geißler, 1976, S. 47.

[85] Es gibt Schätzungen, welche die Anzahl dieses Personenkreises in Deutschland auf ca. 150.000 beziffern. Vgl. Hauser, 1995, S. 12. Andere Schätzungen gehen von bis zu

Die Unterscheidung von offener und verdeckter Armut ist für die Armutsforschung in Industrieländern deshalb von besonderer Bedeutung, weil es bei der Dominanz relativer Armut für die Betroffenen eher als bei absoluter Armut möglich ist, tatsächliche Armut zu verbergen. Damit alle Armen auch zuverlässig erfaßt werden und somit eine zielgerichtete und umfassende Verbesserung ihrer Einkommensposition ermöglicht werden kann, ist auf die Aufdeckung versteckter Armut besonderes Gewicht zu legen. Dieses Anliegen wird durch die im Vergleich zu Entwicklungsländern erheblich ausgereifteren Erfassungsmöglichkeiten in Industrieländern begünstigt.

4.2 Konzepte der Armutsmessung

Die **Messung** der Armut soll nach Amartya Sen Arme von Nicht-Armen abgrenzen (**Identifikation** der Armut) sowie die Charakteristika der armen Individuen oder Haushalte so zusammenfassen, daß der Umfang der Armut erkennbar wird (**Aggregation** der Armut).[86] Wichtige Instrumente zur Armutsmessung sind **Armutsgrenzen** bzw. **Armutsschwellen („poverty lines“)**, anhand derer Arme von Nicht-Armen unterschieden werden können, und **Armutsindikatoren**, die Lebensstandard, Einkommen und soziale Bedingungen, unter denen Arme leben, anzeigen.[87]

4.2.1 Ansätze zur Kennzeichnung der Armutsgrenze

Die Armutsberichterstattung und demzufolge auch die Einschätzung von Umfang und Dringlichkeit der Ergreifung von Maßnahmen zur Armutsbekämpfung hängen in ganz entscheidendem Maße von den konzeptionellen Ansätzen zur Ermittlung und Festlegung von **Armutsgrenzen** ab. Letztlich geht es um die Definition eines **Existenzminimums**, bei dessen Unterschreiten Armut vorliegt. Der Prozentsatz der Bevölkerung, der unter der Armutsgrenze liegt, wird mit dem **Armutsindex** ausgedrückt.[88] Als **Armutslücke** wird „die Transferzahlung, die das Einkommen jeder armen Person genau auf die Armutsgrenze anheben und so die Armut beseitigen würde“[89], definiert.

Zur Ermittlung der Armutsschwellen sind unterschiedliche Vorgehensweisen möglich. Entweder kann die Ermittlung und Definition der **Grundbedürfnisse** selbst versucht werden. Diese werden dann als Existenzminimum verstanden, zunächst unabhängig davon, wie deren Befriedigung gesichert werden kann. Oder es kann von den **Bedarfsdeckungsmöglichkeiten** eines Wirtschaftssubjektes ausgegangen werden, also monetären oder nicht-monetären Mitteln, die

---

100 % verdeckter Armut aus, d. h. daß der Personenkreis, der tatsächlich arm ist, doppelt so hoch ist wie der statistisch registrierte Personenkreis.

86 Vgl. Sen, 1981, S. 11.

87 Vgl. Schubert, 1994, S. 14.

88 Vgl. Weltbank, 1990, S. 35.

89 Weltbank, 1990, S. 33.

zur Befriedigung der Grundbedürfnisse zur Verfügung stehen, ohne daß diese Grundbedürfnisse an sich konkretisiert werden. Unter der Armutsgrenze leben Individuen nach dem erstgenannten Ansatz dann, wenn bestimmte Grundbedürfnisse und damit ein bestimmtes Existenzminimum nicht befriedigt sind. Gemäß dem zweiten Konzept sind die Personen arm, deren Bedarfsdeckungsmöglichkeiten nicht ausreichen, die Gesamtheit ihrer Grundbedürfnisse zu befriedigen und damit das Existenzminimum zu erreichen. Im Endeffekt müssen beide Vorgehensweisen zum selben Ergebnis führen.

Im folgenden werden hierzu zwei Konzepte vorgestellt. Das Konzept der Grundbedürfnisse nach dem **International Labor Office (ILO)** legt den Schwerpunkt auf die Abgrenzung der **Grundbedürfnisse**. Dagegen stellen die Konzepte zur **Einkommensarmut** und zur **Lebenslage** auf die **Bedarfsdeckungsmöglichkeiten** ab, die Individuen zur Deckung ihrer Bedürfnisse haben (sollten); auf Art und Abgrenzung dieser Bedürfnisse selbst wird nicht eingegangen. Schließlich wird der Berechtigungsansatz von Amartya Sen skizziert, der diese deskriptiven Ansätze um polit-ökonomische Aspekte erweitert.

Das Konzept der Grundbedürfnisse nach dem International Labour Office (ILO)

Dieses Konzept orientiert die Armutsgrenze an einer Reihe von **Grundbedürfnissen („basic needs")** physischer, kultureller und sozialpsychologischer Art, die zusammen eine Norm für den Mindestlebensstandard bilden.[90] Das ILO bezieht sich hierbei auf sogenannte **absolute Grundbedürfnisse**, die aus folgenden Elementen bestehen: Erstens dem persönlichen Konsum, also Nahrung, Wohnung und Kleidung, sowie dem Zugang zu Trinkwasser, Sanitäranlagen, Transportmöglichkeiten, Gesundheit und Bildung und angemessen entlohnter Erwerbsarbeit. Dazu kommen zweitens Bedürfnisse eher **qualitativer** Art, wie eine gesunde und menschliche Umwelt und die Möglichkeit der Beteiligung an Entscheidungen, welche die eigenen Lebensumstände und persönlichen Freiheiten betreffen. Ein Individuum oder ein Haushalt gilt dann als arm, wenn eine unzureichende Deckung (auch einzelner) dieser Bedürfnisse festgestellt wird.

Während die letztgenannten qualitativen Grundbedürfnisse zur Bestimmung einer konkreten Armutsgrenze nur schwer handhabbar sind, erscheinen die basic needs des persönlichen Konsums als durchaus geeignet, Armut in **Entwicklungsländern** zumindest näherungsweise quantitativ durch das Ausmaß der Unterversorgung mit existentiellen Gütern festzustellen.

Eine solchermaßen definierte Armutsgrenze ist jedoch kaum anwendbar für die Identifikation von Armut in **Industrieländern**: Hier tritt Armut mehr in Form einer mangelhaften Ausstattung mit Gütern eines **sozio-kulturellen Existenzminimums** (nicht nur lebensnotwendige, sondern auch einem allgemeinen sozialen und kulturellen Mindeststandard entsprechende Güter), bzw. als weit un-

[90] Vgl. Internationales Arbeitsamt Genf, 1976, S. 7.

terdurchschnittlicher Lebensstandard auf. Darüber hinaus stellt sich bei dieser Art von Armutsgrenze beispielsweise die Frage, welcher konkrete Warenkorb den basic needs entspricht, d. h. wie sich ein entsprechendes Güterbündel zusammensetzt und wie es monetär zu bewerten ist.

Das Konzept der Einkommensarmut und des Lebenslagenansatzes

Der Ansatz zur **Einkommensarmut** geht von dem Einkommen aus, das einem Individuum bzw. einem Haushalt zur Verfügung steht, „denn in einer Marktwirtschaft kann man alle zur Sicherung eines soziokulturellen Existenzminimums erforderlichen Güter kaufen."[91] Unterschreitet dieses verfügbare Einkommen ein bestimmtes Niveau, so daß aus Kaufkraftmangel existenznotwendige Bedürfnisse nicht mehr befriedigt werden können, liegt Einkommensarmut vor.

Da allerdings sowohl in Entwicklungsländern als auch in industrialisierten Gesellschaften ein quantitativ bedeutsamer inoffizieller Sektor (Schattenwirtschaft) existiert, ist dieses Konzept der Einkommensarmut nur bedingt zur Identifikation realer Armut geeignet. Deshalb müssen außer dem verfügbaren monetären Einkommen auch andere Indikatoren, die nicht-monetäre Einkommensäquivalente beinhalten, zur Feststellung von Armut herangezogen werden. Der **Lebenslagenansatz** berücksichtigt dies und fragt nicht ausschließlich nach monetären Ressourcen, sondern auch nach weiteren Einkommensäquivalenten, die Personen oder Haushalten in zentralen Lebensbereichen zur Verfügung stehen, beispielsweise im Bereich der Erwerbstätigkeit, der Bildung oder des Wohnens.[92] Liegt in den genannten Feldern eine Unterversorgung vor, so daß die Lebenslage eines Individuums nicht als existentiell gesichert bezeichnet werden kann, besteht Armut.

Dieses Konzept stellt nicht auf ein physisches Existenzminimum ab, sondern berücksichtigt (auch) den durchschnittlichen Versorgungsstand und damit die durchschnittliche Lebensqualität der gesamten Bevölkerung. Somit wird dem höheren Wohlstandsniveau von Industrieländern Rechnung getragen und Armut als ein Zustand definiert, in dem Individuen oder Haushalte nur in stark unterdurchschnittlichem Maße am gesamtgesellschaftlichen Wohlstand partizipieren können. Insofern entspricht es weitgehend dem Begriff der relativen Armut. Im Unterschied zum Konzept der Grundbedürfnisse des ILO wird hier jedoch keine Definition der Lebensqualität selbst vorgenommen, die Art der Bedürfnisse wird nicht behandelt. Dies ist gleichzeitig die Schwäche dieses Konzepts, da sowohl die Definition als auch die Messung von Lebensqualität kaum operationalisierbar sind. Zudem wird nicht erfaßt, wie weit die betreffenden Personen oder Personengruppen unterhalb der Armutsgrenze liegen.[93]

---

91 Hauser, 1995, S. 4.

92 Vgl. Döring u.a., 1990, S. 11.

93 Vgl. Sen, 1981.

Der Berechtigungsansatz von Amartya Sen

Sen setzt die Armutsgrenze mit dem Existenzminimum eines Wirtschaftssubjektes gleich. Kriterien für dieses Existenzminimum sind die Menge der verfügbaren Güterbündel und die Tauschberechtigungsfunktion, die ein Minimum an Tauschberechtigungen gewährleisten.[94]

Ausgangspunkt des Ansatzes von Sen sind sogenannte Berechtigungsrelationen, die die Verfügbarkeit über Güter zum Ausdruck bringen. Sie sind in einem marktwirtschaftlichen System mit Privateigentum von zwei Faktoren bestimmt: den Eigentumsbündeln und den Tauschberechtigungen. Das Eigentumsbündel charakterisiert all das, was ein Wirtschaftssubjekt besitzt, beispielsweise Arbeitskraft, Landbesitz, Kapitalanlagen und andere Ressourcen. Tauschberechtigungen umfassen alle wirtschaftlichen Möglichkeiten, die einem Wirtschaftssubjekt offenstehen, also all das, auf das es durch Tausch dieses Eigentumsbündels einen Anspruch erwerben kann. Die Beziehung, die die Menge der Tauschberechtigungen für jedes Eigentumsbündel spezifiziert, nennt Sen Tauschberechtigungsfunktion. Reichen also Eigentumsbündel sowie Tauschberechtigungen nicht aus, um das Existenzminimum zu gewährleisten, liegt Armut vor.

4.2.2 Konkrete Armutsindikatoren

Armutsindikatoren dienen der quantitativen und qualitativen Festlegung einer Armutsgrenze. Sie können sich auf absolute oder relative Armut beziehen.

Bei ihrer Ermittlung kann man sich beispielsweise für das Einkommenskonzept entscheiden und erhält dann einen **aggregierten monetären Einzelindikator**, die **Einkommensgrenze**. Die Verwendung eines solchen eindimensionalen Indikators läßt zwar formal Querschnittsvergleiche zwischen Ländern oder Regionen zu, führt aber auch zu einer Verwischung der Felder, in denen Armut existiert.

Zumeist wird deshalb versucht, neben rein monetären Größen auch nichtmonetäre Aspekte miteinzubeziehen und dadurch **mehrdimensionale Indikatoren** aufzustellen, wie beim Lebenslagenkonzept oder dem Konzept des ILO. Die Auflistung mehrerer Indikatoren liefert zusätzliche Informationen über die speziellen Bereiche, in denen Armut bzw. Unterversorgung einzelner Bevölkerungsgruppen besteht. Dennoch sind auch diese umfassenderen Indikatoren mit Problemen behaftet. Wenn etwa einige Teilindikatoren Werte über der Armutsgrenze nachweisen, andere hingegen nicht, ist eine Aussage, ob insgesamt Armut vorliegt oder nicht, schwer möglich, es sei denn, es kann eine geeignete Gewichtung der einzelnen Indikatoren vorgenommen werden. Selbst dann ist immer noch zu entscheiden, ob ein Mangel bei einzelnen Grundbedürfnissen nicht schon Armut manifestiert.

---

[94] Vgl. Sen, 1981, S. 45 ff. und Enderle, 1985, S. 175.

Im folgenden werden mehrere Beispiele für die Ermittlung von Armutsindikatoren genannt: Die Berechnungsmethode der Weltbank für weltweite Armutsmessung und Ausgestaltungsmöglichkeiten für Indikatoren absoluter bzw. relativer Armut am Beispiel der Bundesrepublik Deutschland.

Weltweit geltende Armutsindikatoren

Die **Weltbank** verwendet zur Kennzeichnung absoluter Armut zwei globale Armutsgrenzen: Als arm gelten all diejenigen, deren Einkommen nicht mehr als 370 US-Dollar pro Jahr ausmacht. Extrem arm sind diejenigen, deren Einkommen unter 275 US-Dollar jährlich liegt. Diese Armutsgrenzen sind in konstanten Preisen auf der Basis von Kaufkraftparitäten 1985 angegeben.

In Tab. 4.2 werden beispielhaft die Anzahl der extrem Armen bzw. der Armen sowie jeweils der Armutsindex und die Armutslücke für einige ausgewählte Entwicklungsländer-Regionen aufgeführt.[95]

Tab. 4.2: Armut in den Entwicklungsländern

	Extrem arm[1]			Arm (einschl. extrem arm)[1]		
Region	Anzahl in Mio.	Armuts- index in %	Armuts- lücke	Anzahl in Mio.	Armuts- index in %	Armuts- lücke
Afrika südlich der Sahara	120	30	4	180	47	11
Ostasien	120	9	0,4	280	20	1
China	80	8	1	210	20	3
Südasien	300	29	3	520	51	10
Indien	250	33	4	420	55	12
Osteuropa	3	4	0,2	6	8	0,5
Naher Osten und Nordafrika	40	21	1	60	31	2
Lateinamerika und die Karibik	50	12	1	70	19	1
Alle Entwicklungsländer	633	18	1	1,116	33	3

[1] Die Armutsgrenze beträgt bei den extrem Armen 275$ und den Armen 370$ pro Kopf und Jahr in KKP- Dollar von 1985

Quelle: Weltbank (Hrsg.): Weltentwicklungsbericht 1990 - Die Armut, Washington 1990, S. 35.

Für die Bundesrepublik Deutschland entwickelte Armutsindikatoren

Zur Abgrenzung **absoluter Armut** hat Heiner Geißler in seiner obengenannten Studie die Orientierung an den **Regelsätzen der Sozialhilfe**, speziell an denje-

[95] Vgl. zur Definition Unterpunkt 4.2.1 dieses Lehrbuchs.

nigen des Landes Rheinland-Pfalz, vorgeschlagen.[96] Diese Sätze hängen von der Kopfzahl und Zusammensetzung des Haushalts ab und entsprechen dem notwendigen Lebensunterhalt, wie er nach dem Bundessozialhilfegesetz definiert ist. Geißler erweiterte diese Sozialhilfesätze um Mehrbedarfszuschläge, einmalige Leistungen sowie Wohn- und Kindergeld.

Nach dieser Definition dürfte es in der Bundesrepublik Deutschland zumindest keine offene Armut geben, denn bei Unterschreiten dieser Grenze hat jeder Bürger Anspruch auf Sozialhilfe. Der Personenkreis, der Sozialhilfe bezieht, wird daher unter dem Oberbegriff **„bekämpfte Armut“** zusammengefaßt, da dann „die finanzielle Ausstattung einer Potentialeinheit nur aufgrund von erhaltenen Transferzahlungen über der Sozialhilfegrenze liegt.“[97]

In der Praxis wird in der Bundesrepublik Deutschland die Grenze für die absolute Armut, das Existenzminimum, tatsächlich mit Hilfe der Sozialhilfeleistungen festgelegt. Die Höhe der sogenannten Hilfe zum Lebensunterhalt wird nach Regelsätzen bemessen, deren Grundlage seit 1990 der sogenannte **Statistikregelsatz** ist. Dieser deckt den Grundbedarf von sozialhilfeberechtigten Personen, der sich aus den Verbrauchsgewohnheiten unterer Einkommensklassen ergibt, wie sie in der in fünfjährigen Abständen durchgeführten Einkommens- und Verbrauchsstichprobe des Statistischen Bundesamtes erfaßt werden.[98]

Das Konzept der absoluten Armut ist, ob man sich nun am Sozialhilferegelsatz oder an alternativen Einkommensgrenzen orientiert, nicht unproblematisch.[99] Es muß für eine regelmäßige Anpassung der Regelsätze an Preissteigerungen Sorge getragen werden, was nicht immer geschieht. Eine absolute Einkommensgrenze als Indikator für Armut paßt sich sodann nicht an eventuelle Erhöhungen des durchschnittlichen Pro-Kopf-Einkommens in einer Volkswirtschaft an. Des weiteren sind direkte internationale Vergleiche des Ausmaßes der Armut unter Verwendung dieses Konzepts nicht möglich, da sich die jeweiligen landesspezifischen Existenzminima regional und kulturell unterscheiden.

Kritik wird schließlich daran geübt, daß Haushaltsgrößenersparnisse (economies of scale) in die Beurteilung der tatsächlichen Einkommensposition eines Haushaltes nicht mit einfließen.[100] Dieses Problem versucht man inzwischen allerdings mit **Äquivalenzskalen** zu lösen, welche die betrachteten Haushalte normieren. Diese Skalen gehen von den Einkommen für einen Alleinstehenden aus und messen „die erforderliche prozentuale Erhöhung des Haushaltseinkommens

96 Vgl. Geißler, 1976, S. 48 ff.

97 Scheurle, 1991, S. 33.

98 Vgl. Zimmermann, 1993, S. 211.

99 Zu einem Überblick über Kritikpunkte am Konzept von Geißler vgl. Schäuble, 1984, S. 327 ff.

100 Vgl. Faik, 1997, S. 14 f.

bei Hinzukommen einer weiteren Person, und zwar unter der Bedingung, daß das Wohlfahrtsniveau des Haushalts gerade aufrechterhalten bleibt."[101]

Relative Armut wird in der Bundesrepublik Deutschland anhand von Indikatoren gemessen, die sich auf das Haushaltsnettoeinkommen beziehen.[102] Als **streng einkommensarm** gelten Haushalte, die bis zu 40 % des durchschnittlichen, nach der Zahl der Haushaltsmitglieder gewichteten Haushaltsnettoeinkommens für die gesamte Volkswirtschaft erzielen. Haushalte mit bis zu 50 % des durchschnittlichen Haushaltsnettoeinkommens weisen ein **mittleres Armutspotential** auf, und als **armutsnah** werden schließlich Haushalte bezeichnet, die über nicht mehr als 60 % des durchschnittlichen Haushaltsnettoeinkommens verfügen.

Die Definition der Armutsgrenze durch die EU folgt dem gleichen Konzept. Danach ist arm, „wessen Einkommen unter 50 % des nach Haushaltsmitgliedern gewichteten durchschnittlichen Haushaltseinkommens liegt."[103]

Diese Indikatoren für relative Armut zeichnen sich zwar dadurch aus, daß sie einfach zu ermitteln und anzuwenden sind. Sie weisen jedoch auch Schwächen auf. Zum einen beziehen sie, dem oben dargestellten Einkommenskonzept folgend, ausschließlich monetäre Einkommen der Haushalte ein. Etwaige in Eigenarbeit erstellte Einkommensäquivalente finden ebensowenig Beachtung wie finanzielle oder reale Vermögenspositionen der Haushalte. Zum anderen wird auch hier die individuelle Zusammensetzung der betrachteten Haushalte insofern nicht berücksichtigt, als in die Gewichtung lediglich die Zahl der Haushaltsmitglieder, nicht jedoch eventuell unterschiedliche Bedarfe (beispielsweise bei Behinderung) eingehen.

Generell ist an Indikatoren für relative Armut zu kritisieren, daß sie letztlich willkürlich festgelegt werden und je nach dem Wohlstandsniveau einer Volkswirtschaft unterschiedliche Höhen der Bedürfnisbefriedigung bedeuten.[104] Entsprechend umstritten ist auch ihre Aussagekraft für gesellschaftspolitische Maßnahmen.

---

[101] Ebenda, S. 14.

[102] Vgl. Zimmermann, 1993, S. 214.

[103] Huster, 1996, S. 24.

[104] Vgl. Schubert, 1994, S. 23.

5. Kapitel

Daten zur Einkommens- und Vermögensverteilung in der Bundesrepublik Deutschland

Eine unverzichtbare Voraussetzung für eine rationale staatliche Verteilungspolitik sind hinreichende Kenntnisse über die aktuelle Verteilung von Einkommen und Vermögen. Ohne dieses Wissen kann nichts über die erforderliche Richtung und das Ausmaß von staatlichen Eingriffen in die Verteilungssituation gesagt werden. Dieses Kapitel soll dazu dienen, dem Leser einen Einblick in die Verteilung von Einkommen und Vermögen in der Bundesrepublik Deutschland zu geben.

Im Mittelpunkt der Situationsbeschreibung werden **Daten über die Größenverteilung** von Einkommen und Vermögen stehen. Darüber hinaus werden aber auch Informationen über die **funktionelle Einkommensverteilung** sowie die **relative Einkommens-(Vermögens-)höhe sozialer Gruppen, Berufe und Sektoren** gegeben und interpretiert. Sie können die Ungleichheiten der personellen Einkommens- und Vermögensverteilung wenigstens teilweise erklären und geben so erste Hinweise für Ansatzpunkte einer staatlichen Umverteilungspolitik. Wegen der erheblichen und nur zum Teil gelösten Schwierigkeiten bei der Beschaffung von Daten soll in einem einführenden Abschnitt zunächst deutlich gemacht werden, welchen Quellen die Informationen entnommen wurden und wie die Resultate der Verteilungsuntersuchungen zustande kamen. Damit soll zugleich vor einer kritiklosen Akzeptanz der Statistiken gewarnt werden.

1. Probleme der Datenerfassung und -interpretation

In der Bundesrepublik Deutschland existieren zahlreiche Statistiken bzw. Erhebungen über die Verteilung von Einkommen und Vermögen. Die wichtigsten sind:

- die Volkswirtschaftliche Gesamtrechnung (VGR),
- Einkommens- und Verbrauchsstichproben (EVS),
- das Sozio-Ökonomische Panel der Universität Frankfurt (SOEP),
- Lohn-, Einkommen- und Vermögensteuerstatistiken,
- Gehalts- und Lohnstrukturerhebungen,
- Repräsentativstatistiken der Bevölkerung und des Erwerbslebens,
- Geschäftsstatistiken unterschiedlicher Sozialleistungsträger.

Diese Statistiken stehen leider weitgehend isoliert nebeneinander. Die von ihnen jeweils verwendeten Einkommens- und Vermögensbegriffe sind fast durchweg unterschiedlich definiert. Gleiches gilt für die Merkmalsträger, d.h. für die Haushalte und sozialen Gruppen, sowie die Regionen und Branchen, über die

Aussagen zur Einkommens- und Vermögensverteilung gemacht werden sollen. Darüber hinaus weichen die zeitlichen Abstände zwischen gleichartigen Erhebungen voneinander ab.[105] Infolgedessen sind die Ergebnisse der verschiedenen Statistiken oft nicht miteinander vergleichbar.

Neben den Problemen, die sich aus den unterschiedlichen methodischen Ansätzen einzelner Erhebungen ergeben, muß beachtet werden, daß bei der Beschaffung empirischer Daten fast zwangsläufig Erfassungsfehler und Erhebungsausfälle auftreten. So wurden beispielsweise im Rahmen der EVS 1993 Haushalte mit einem Einkommen von monatlich mehr als 35 000 DM nicht berücksichtigt, weil der Repräsentationsgrad bzw. die Auskunftsbereitschaft dieser Haushaltsgruppen zu gering ist. Dies beeinträchtigt vor allem die Aussagekraft der Angaben zur Einkommenssituation der Selbständigen sowie der ebenfalls aus der EVS ableitbaren Verteilung der Vermögen. Darüber hinaus muß beachtet werden, daß die Daten der EVS auf Individualbefragungen von privaten Haushalten basieren, deren Aussagekraft wesentlich von der Richtigkeit der gemachten Angaben abhängt.

Schließlich werden viele Daten aufgrund langer Aufbereitungszeiten erst mit erheblicher zeitlicher Verzögerung veröffentlicht. Sie liefern daher kein exaktes Bild von der **gegenwärtigen** Verteilungssituation. Dies gilt insbesondere für die Daten der EVS und der Steuerstatistiken, die zumeist erst nach drei bis fünf Jahren vollständig verfügbar sind.

Da es keine Erhebung gibt, die geeignete Daten für **alle** hier interessierenden Verteilungsarten liefert, müssen im Rahmen dieses Kapitels verschiedene Statistiken herangezogen werden. Im wesentlichen sind das die EVS und einzelne Steuerstatistiken des Statistischen Bundesamtes. Die Verteilungsrechnung des Deutschen Instituts für Wirtschaftsforschung (DIW), auf die ebenfalls zurückgegriffen wird, kombiniert verschiedene Erhebungen. Sie stützt sich dabei im wesentlichen auf Daten der VGR sowie der EVS.[106]

2. Daten zur Einkommensverteilung

2.1 Die funktionelle Einkommensverteilung

Lange Zeit interessierten sich Verteilungstheoretiker und -politiker für die Frage, wie sich das Volkseinkommen eines Landes auf die verschiedenen Produktionsfaktoren, und hier insbesondere auf Arbeit und Kapital, verteilt. Eine Antwort hierauf geben die Daten zur funktionellen Einkommensverteilung. Sie informieren zunächst darüber, wie hoch der Anteil der Einkommen aus unselbständiger Tätigkeit, die sogenannte **Lohnquote**, sowie der Anteil der Einkommen aus Unternehmertätigkeit und Vermögen, die **Gewinnquote**, am Volkseinkommen ist.

---

105 Vgl. Bedau, 1985b, S. 359 f.

106 Vgl. Bedau, 1985b, S. 361.

Die Gewinnquote kann durch Hilfsrechnungen weiter unterteilt werden in die Anteile der **Vermögenseinkünfte**, des **fiktiven Arbeitslohns** für Selbständige und mithelfende Familienangehörige sowie des **Einkommens aus Unternehmertätigkeit**, das den erwirtschafteten Gewinn als Residualgröße enthält. Die Zerlegung des Einkommens aus Unternehmertätigkeit und Vermögen in diese drei Komponenten ist allerdings nicht ohne Willkür möglich. Dies gilt vor allem für den fiktiven Arbeitslohn der Selbständigen und deren mithelfenden Familienangehörigen, den sogenannten kalkulatorischen Unternehmerlohn. So wird beispielsweise in Tabelle 5.1, die die Anteile der verschiedenen Einkommensarten am Volkseinkommen zeigt, unterstellt, daß ein Selbständiger das Eineinhalbfache des Durchschnittseinkommens eines Arbeitnehmers verdient und ein mithelfender Familienangehöriger genauso viel wie ein Arbeitnehmer.

Betrachtet man in Tabelle 5.1 den Verlauf der **tatsächlichen Lohnquote** in Westdeutschland, so erscheint zunächst deren Anstieg von 58,2 % in 1950 auf 76,9 % in 1982 und dann der einsetzende Rückgang bis 1994 auf 70,6 % bemerkenswert. Es wäre nun allerdings falsch, von dieser Entwicklung der Lohnquote für die erste Phase auf eine relative durchschnittliche Besserstellung der Unselbständigen im Vergleich zu den Beziehern von Unternehmer- und Vermögenseinkommen zu schließen und für die letzten Jahre einen gegenläufigen Trend zu konstatieren. Das wird unmittelbar einsichtig, wenn man berücksichtigt, daß sich im Zeitablauf der Anteil der Arbeitnehmer an der Gesamtzahl der Einkommensbezieher, die sogenannte **Arbeitnehmerquote,** verändert. Wie die Spalte **Arbeitnehmerquote** in Tabelle 5.1 zeigt, ist dieser Anteil in den Jahren von 1950 bis 1988 von weniger als 71,7 % auf 89 % angestiegen und verharrt seither im wesentlichen auf diesem hohen Niveau.

Diese Entwicklung der Arbeitnehmerquote bedeutet, daß der insgesamt gestiegene Lohnanteil am Volkseinkommen auf einen immer größeren Teil der erwerbstätigen Bevölkerung aufgeteilt werden muß. Letztlich kann das Durchschnittseinkommen der Unselbständigen nur dann rascher als das der übrigen Einkommensempfänger steigen, wenn der Anteil der Arbeitnehmer an den Erwerbstätigen langsamer als die Lohnquote zunimmt.

Um Aussagen hierüber machen zu können, muß die **bereinigte Lohnquote** ermittelt werden. Sie ist nach der Formel

$$LQ_t^{ber} = LQ_t^{tat} \cdot \frac{ANQ_0}{ANQ_t} \tag{5.1}$$

zu berechnen. In ihr stehen

LQ_t^{ber} für die bereinigte Lohnquote des Jahres t,

LQ_t^{tat} für die tatsächliche Lohnquote des Jahres t,

ANQ_0 für die Arbeitnehmerquote des Basisjahres und

ANQ_t für die Arbeitnehmerquote des Jahres t.

Tab. 5.1: Anteile verschiedener Einkommensarten am Volkseinkommen

	Bruttolohneinkommen		Bruttoeinkommen aus Unternehmertätigkeit und Vermögen				Arbeitnehmerquote
Jahr	tatsächl. Lohnquote	ber. Lohnquote	insgesamt	Vermögenseinkünfte	fiktiver Arbeitslohn	Einkommen aus Unternehmertätigkeit	
1950	58,2	71,0	41,8	0,9	33,8	7,1	71,7
1960	60,1	65,0	39,9	2,9	22,7	14,2	77,0
1970	68,0	68,0	32,0	4,7	17,6	9,7	83,4
1975	74,1	71,8	25,9	5,9	16,0	3,9	86,0
1980	75,8	71,6	24,2	5,8	13,6	4,7	88,3
1981	76,8	72,4	23,2	6,4	13,8	3,0	88,4
1982	76,9	72,5	23,1	7,1	13,7	2,3	88,4
1983	74,6	70,4	25,4	6,6	13,4	5,3	88,4
1984	73,4	69,2	26,6	7,0	13,2	6,5	88,4
1985	73,0	68,7	27,0	7,3	13,0	6,8	88,5
1986	72,1	67,8	27,9	7,1	12,8	8,0	88,6
1987	72,6	68,1	27,4	7,0	12,6	7,8	88,9
1988	71,5	67,0	28,5	7,1	12,3	9,1	89,0
1989	70,3	65,7	29,7	7,7	12,0	10,0	89,1
1990	69,6	64,9	30,1	8,0	11,6	10,5	89,4
1991							
West	69,9	64,9	29,2	8,2	11,6	9,4	89,5
Ost	102,5	102,5					94,9
1992							
West	70,7	65,9					89,5
Ost	96,3	97,7					93,5
1993							
West	72,1	67,3					89,3
Ost	89,0	91,2					92,6
1994							
West	70,6	66,0					89,1
Ost	86,4	89,0					92,1

Quelle: Statistisches Bundesamt (Hrsg.): Fachserie 18: Volkswirtschaftliche Gesamtrechnungen; Reihe 1.3: Hauptbericht, Wiesbaden 1995, S. 119 und S. 134 f.; Statistisches Bundesamt (Hrsg.): Sonderveröffentlichung "Neue Bundesländer und Berlin-Ost" zu Fachserie 18, Reihe 1.3, Wiesbaden 1997, S. 27 f.; Institut der deutschen Wirtschaft (Hrsg.): Zahlen zur wirtschaftlichen Entwicklung der Bundesrepublik Deutschland, Köln 1993, Tabelle 22, 27 und 35 sowie eigene Berechnungen.

Die ebenfalls in Tabelle 5.1 aufgeführte bereinigte Lohnquote wurde nach obiger Formel auf der Basis des Jahres 1970 errechnet. Sie ist in den 50er Jahren deutlich gesunken, wahrscheinlich weil viele selbständige Kleinunternehmer und -händler wegen besserer Verdienstmöglichkeiten in das Unselbständigenverhältnis übergewechselt sind und dadurch das Durchschnittseinkommen der (verbliebenen) Gewinnempfänger angehoben wurde. Im Zeitraum zwischen

1960 und 1982 ist sie wieder angestiegen, erreichte in diesem Jahr mit 72,5 % ihren Höhepunkt und ist erst danach wieder gefallen. Dieser Rückgang kann u.a. mit einer moderaten Lohnpolitik der Gewerkschaften bei gleichzeitiger Arbeitszeitverkürzung, aber auch mit der konjunkturellen Aufwärtsentwicklung der bundesdeutschen Wirtschaft erklärt werden.

Betrachtet man die Entwicklung der **Bruttoeinkommen aus Unternehmertätigkeit und Vermögen**, so fällt der starke Rückgang des fiktiven Arbeitslohnes von 33,8 % auf weniger als 11,6 % auf. Die Erklärung ist einfach: Bezogen 1950 noch mehr als 28 % der Erwerbstätigen ihr Einkommen aus einer selbständigen Tätigkeit oder aus Vermögen, so waren es seit 1988 nur noch knapp 11 %. Bemerkenswert ist sodann die Entwicklung der Einkommensanteile aus Unternehmertätigkeit, also der **Unternehmergewinne im engeren Sinne**. Diese waren vor allem in den 50er und 60er Jahren überdurchschnittlich hoch, sanken bis 1982 auf einen Anteil von wenig mehr als 2 % und sind erst ab der zweiten Hälfte der 80er Jahre wieder deutlich angestiegen. Ihre unterschiedliche Höhe läßt sich sowohl mit der jeweiligen konjunkturellen Lage Deutschlands als auch mit wirtschaftspolitischen Maßnahmen erklären, mit denen vor allem in den 50er und erneut in den 90er Jahren unternehmerische Initiativen gefördert werden sollten.

Die funktionelle Einkommensverteilung in Ostdeutschland ist nach der Wiedervereinigung vor allem von den Nachwirkungen der ehemals sozialistischen Wirtschaftsordnung geprägt. Diese zeigen sich einmal in der mit fast 95 % sehr hohen Arbeitnehmerquote in 1991, die bis 1994 nur langsam auf 92,1 % gesunken ist, sowie in einer Lohnquote von mehr als 100 % in 1991. Letztere kann so interpretiert werden, daß die Summe der Bruttoeinkommen aus Unternehmertätigkeit und Vermögen in Ostdeutschland negativ waren, die Verluste also die Gewinne übertrafen. Darin spiegeln sich vor allem die hohen Verluste der noch nicht privatisierten Unternehmen in dieser Region wider. In den darauffolgenden Jahren sank die unbereinigte Lohnquote rasch auf ein Niveau von 86,4 %. Die noch immer deutlich höheren bereinigten Lohnquoten in Ostdeutschland resultieren vor allem aus der nach wie vor schlechten Gewinnlage der ostdeutschen Unternehmen. Ihr Rückgang fiel zudem aufgrund einer sinkenden Arbeitnehmerquote geringer aus als der der unbereinigten Lohnquote.

Daten zur funktionellen Einkommensverteilung können solange als erste Indikatoren für die relative Einkommensposition der unselbständig Beschäftigten und der übrigen Einkommensbezieher dienen, wie die Individualeinkommen innerhalb der beiden Gruppen nicht so sehr von deren Durchschnittseinkommen abweichen und die Unselbständigen keine anderen als Lohneinkommen beziehen. Mit der zunehmenden Streuung der Einkommen innerhalb der beiden Gruppen sowie dem zunehmenden Bezug von Einkommen aus verschiedenen Quellen - Stobbe[107] hat hierfür den Begriff der Querverteilung eingeführt - haben

[107] Vgl. Stobbe, 1962, S. 35 ff.

Daten zur funktionellen Einkommensverteilung weitgehend an Aussagekraft verloren.

2.2 Die Größenverteilung der Einkommen

Ein zentraler Bereich staatlicher Verteilungspolitik ist auf die **Beeinflussung der Größenverteilung** bzw. **personellen Verteilung** der Einkommen ausgerichtet. Angestrebt wird zumeist eine tendenzielle Nivellierung der als zu ungleich angesehenen Verteilung der Primäreinkommen.

Daten über die Größenverteilung bzw. die personelle Verteilung der Einkommen informieren über die relative Einkommensposition von Individuen, Haushalten oder Familien. Um von der Fülle der empirischen Daten zu überschaubaren Informationen zu gelangen, werden die Einkommensträger zumeist nach Einkommensgrößenklassen gruppiert. Die wichtigsten Daten liefern die Lohn- und Einkommensteuerstatistik sowie die EVS. Während erstere vor allem Daten über die Einkommensposition von **Individuen** bereitstellt,[108] sind die Daten der EVS ausschließlich nach **Haushalten** zusammengefaßt.

Im folgenden werden zunächst einige Daten der Steuerstatistiken aufgeführt und erläutert, bevor auf die Ergebnisse der EVS und die darauf basierenden Auswertungen des DIW eingegangen wird.

2.2.1 Daten der Lohn- und Einkommensteuerstatistik

In der Bundesrepublik Deutschland wurden die Einkommen der Lohnsteuer- und der Einkommensteuerpflichtigen bis 1989 statistisch getrennt erfaßt. In der ersten Gruppe sind alle Lohnempfänger enthalten. Sofern sie allerdings weitere Einkünfte, z.B. solche aus Vermietung und Verpachtung oder aus selbständiger Tätigkeit, erzielen oder ihre Einkünfte aus nichtselbständiger Arbeit 24 000 DM bei Ledigen bzw. 48 000 DM bei Verheirateten übersteigen, werden sie zusätzlich auch noch in der Einkommensteuerstatistik aufgeführt.[109]

Tabelle 5.2 gibt einen Überblick über die **Verteilung der Lohneinkommen auf die Lohnempfänger** für das Jahr 1989. Danach entfielen auf ein Sechstel der Lohnempfänger mit den niedrigsten Löhnen - also die untere Einkommensklasse - weniger als 3 % der Bruttolöhne. Ihr Durchschnittsjahreslohn von knapp 7 933 DM weist darauf hin, daß in dieser Gruppe eine große Zahl von Teilzeitbeschäftigten und Lehrlingen enthalten sein dürfte. Mehr als 45 % (genau 46,65 %) der Lohnempfänger lagen in den Einkommensklassen zwischen 15 000 und 50 000 DM. Den beiden obersten Einkommensklassen gehörten knapp 6,0 % der Lohnempfänger an. In absoluten Zahlen ausgedrückt waren das

---

108 Wenn allerdings beide Ehepartner Einkommen beziehen, werden sie sowohl in der Lohn- als auch in der Einkommensteuerstatistik als „ein Fall" behandelt.

109 In der Einkommensteuerstatistik für das Jahr 1992 lag die Veranlagungsgrenze für die Einkommensteuer bei 27 000 DM bzw. 54 000 DM. Vgl. zu der heutigen Regelung § 46 EStG.

etwa 1,26 Mio. Personen. Sie vereinigten 17,8 % der Gesamtbruttolöhne auf sich.

Die durchschnittliche steuerliche Belastung nahm, wie wegen des progressiven Tarifs zu erwarten war, mit steigendem Bruttolohn von 2,5 % in der untersten Klasse auf 41 % in der obersten Lohnklasse zu. Die durchschnittliche Belastung aller Lohnempfänger lag mit 16,4 % allerdings niedriger, als man angesichts der damals geltenden Grenzsteuersätze der Lohnsteuer von 22 bis 56 % hätte vermuten können. Der Grad der Ungleichverteilung, wiedergegeben durch den Gini-Koeffizienten, betrug 1989 für die Bruttolöhne 0,3767 und für die Löhne nach Steuern 0,3293, was auf eine deutliche Nivellierung der Löhne durch die Lohnsteuer hinweist. Diese Aussage wird durch den Verlauf der beiden Lorenzkurven in Abb.5.1 veranschaulicht.

Abb. 5.1: Lorenzkurven zur Verteilung der Brutto- und Nettolohneinkommen in den alten Bundesländern im Jahr 1989

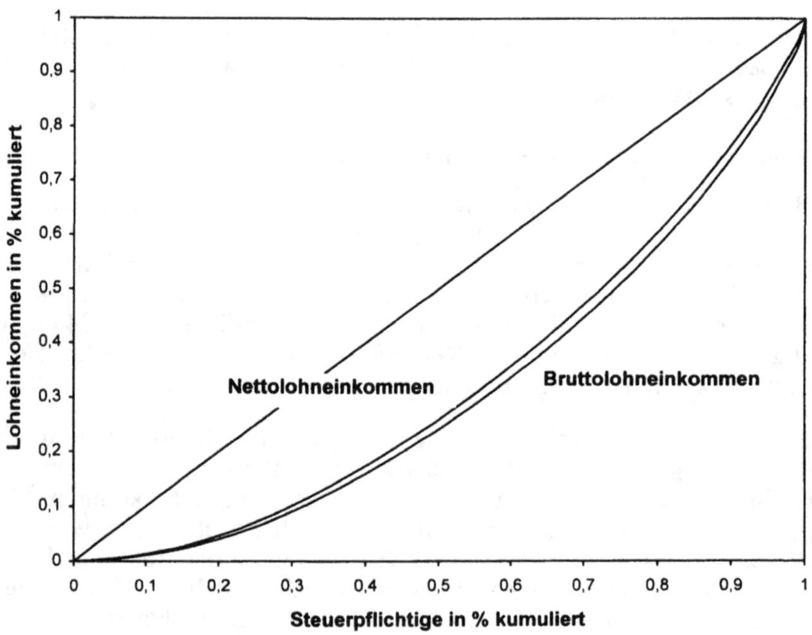

Quelle: Statistisches Bundesamt (Hrsg.): Fachserie 14: Finanzen und Steuern; Reihe 7.3: Lohnsteuer 1989, Wiesbaden 1994, S. 36-39 sowie eigene Berechnungen.

Tab. 5.2: Zur Einkommenssituation der Lohnsteuerpflichtigen in den alten Bundesländern 1989

Jahresbruttolohn von ..... DM bis unter ..... DM	Anteil der jeweiligen Gruppe an der Gesamtzahl der Lohnsteuerpflichtigen in %	Anteil der jeweiligen Gruppe am Gesamtbruttolohn in %	Anteil der jeweiligen Gruppe am Gesamtnettolohn in %	Durchschnittsbruttolohn in der Gruppe in DM	Lohnsteuer in der jeweiligen Gruppe in % des Bruttolohns
< 15 000	16,71	2,85	3,32	7 933	2,54
15 000 – 25 000	9,70	4,18	4,62	20 080	7,53
25 000 – 50 000	36,95	30,09	31,37	37 920	12,79
50 000 – 75 000	21,38	28,04	28,38	61 070	15,36
75 000 – 100 000	9,33	17,11	16,71	85 370	18,27
100 000 – 250 000	5,70	15,85	14,26	129 400	24,68
> 250 000	0,23	1,90	1,34	379 300	41,00
Insgesamt	100,00 (21,24 Mio.)	100,00 (989,3 Mrd. DM)	100,00 (827,5 Mrd. DM)	46 570	16,36

Gini-Koeffizient vor Steuern: a) berechnet aus Originaldaten: 0,3767
b) berechnet aus zusammengefaßten Daten: 0,3598

Gini-Koeffizient nach Steuern: a) berechnet aus Originaldaten: 0,3465
b) berechnet aus zusammengefaßten Daten: 0,3293

Quelle: Statistisches Bundesamt (Hrsg.): Fachserie 14: Finanzen und Steuern; Reihe 7.3: Lohnsteuer 1989, Wiesbaden 1994, S. 36-39 sowie eigene Berechnungen.

Tab. 5.3: Zur Einkommenssituation der veranlagten Einkommensteuerpflichtigen in den alten Bundesländern 1989

Gesamtbetrag der Einkünfte von ..... DM bis unter ..... DM	Anteil der jeweiligen Gruppe an der Gesamtzahl der Steuerpflichtigen in %	Anteil der jeweiligen Gruppe am Gesamtbetrag der Einkünfte in %	Anteil der jeweiligen Gruppe am Gesamtbetrag der Einkünfte abzüglich ESt in %	Durchschnittlicher Gesamtbetrag der Einkünfte in der Gruppe in DM	Est in der jeweiligen Gruppe in % des Gesamtbetrages der Einkünfte
< 15 000	8,48	1,28	1,57	9 283	2,69
15 000 – 25 000	6,69	2,16	2,56	19 950	6,25
25 000 – 50 000	38,25	23,29	25,22	37 600	14,32
50 000 – 75 000	26,10	26,03	27,58	61 580	16,20
75 000 – 100 000	11,42	15,79	16,15	85 360	19,08
100 000 – 250 000	7,91	17,30	16,23	135 100	25,78
> 250 000	1,15	14,16	10,69	762 400	40,27
Insgesamt	100,00 (15,83 Mio.)	100,00 (977,5 Mrd. DM)	100,00 (773,3 Mrd. DM)	61 670	20,89

Gini-Koeffizient vor Steuern: a) berechnet aus Originaldaten: 0,4082
b) berechnet aus zusammengefaßten Daten: 0,3910

Gini-Koeffizient nach Steuern: a) berechnet aus Originaldaten: 0,3546
b) berechnet aus zusammengefaßten Daten: 0,3429

Quelle: Statistisches Bundesamt (Hrsg.): Fachserie 14: Finanzen und Steuern; Reihe 7.1: Einkommensteuer 1989, Wiesbaden 1995, S. 48 f. sowie eigene Berechnungen.

Betrachten wir nun die in Tabelle 5.3 aufgezeigte **Verteilung des Gesamtbetrags der Einkünfte**[110] **auf die veranlagten Einkommensteuerpflichtigen im Jahr 1989**, so ergibt sich hier ein etwas anderes Bild.

Auffallend ist vor allem der - im Vergleich zu den Lohnempfängern - mit 8,5 % sehr viel geringere Prozentsatz der Einkommensbezieher der unteren Einkommensklasse und der mit über 9,1 % relativ hohe Anteil von Einkommensempfängern mit einem Einkommen von mehr als 100 000 DM. Dies weist bereits auf eine insgesamt größere Ungleichverteilung des Gesamtbetrages der Einkünfte als die der zuvor dargestellten Bruttolöhne hin.[111] Der Gini-Koeffizient von 0,3910 im Vergleich zu 0,3598 für die Lohnsteuer bestätigt diese Hypothese.[112]

Auch bei den veranlagten Einkommensteuerpflichtigen zeigt sich die progressive Wirkung der Einkommensteuer in den mit steigendem Einkommen zunehmenden Anteilen der Einkommensteuer am Gesamtbetrag der Einkünfte. Dadurch beträgt der Gini-Koeffizient für das Einkommen nach Steuer nur noch 0,3429. Interessant ist, daß in der obersten Einkommensklasse trotz des deutlich höheren Durchschnittseinkommens von etwa 762 400 DM die Steuerbelastung sogar um 0,7 Prozentpunkte niedriger als in der obersten Klasse der Lohnempfänger lag, wo der Durchschnittsbruttolohn mit 379 300 DM nur etwas mehr als die Hälfte betrug. Dies könnte ein Hinweis auf eine verstärkte Inanspruchnahme von Abzugsmöglichkeiten sein, die das zu versteuernde Einkommen reduzierten (z.B. Sonderausgaben, außergewöhnliche Belastungen, Verlustvor- und -rücktrag).

Abb. 5.2 enthält zunächst die Lorenzkurven für den Gesamtbetrag der Einkünfte und das Nettoeinkommen nach Steuer. Um den Unterschied in dem Verteilungsbild deutlich zu machen, wurde zusätzlich noch die Lorenzkurve der Bruttolöhne eingezeichnet.

Für das Jahr 1989 weist das Statistische Bundesamt erstmals eine zusammengefügte Statistik für die Lohn- und veranlagte Einkommensteuer aus.[113] Sie bietet interessante Ergebnisse. Zunächst ist die in Tabelle 5.4 angegebene Zahl der erfaßten Steuerpflichtigen mit 23,12 Mio. nur unwesentlich größer als die der

110 Vgl. zur Kennzeichnung des Begriffs Abschnitt 1.2 von Kapitel 2.

111 Bei einem Vergleich der Daten ist allerdings zu beachten, daß in den beiden Statistiken weder die Einkommensgrößen noch die jeweils erfaßten Steuerzahlungen in ihrer Ermittlungsweise vollständig miteinander vergleichbar sind.

112 Zu beachten ist, daß hier nur die Gini-Koeffizienten der zusammengefaßten Tabellen, nicht der Originaltabellen verglichen werden dürfen, denn letztere sind bei der Lohnsteuer in 32, bei der Einkommensteuer nur in 18 Gruppen unterteilt. Daher fällt der Gini-Koeffizient bei der Einkommensteuerstatistik systematisch kleiner aus als bei einer vergleichbaren Verteilung der Einkommen in der Lohnsteuertabelle. Vgl. die Textteile der entsprechenden Fachserien.

113 Zur Methodik der Zusammenführung vgl. den Textteil in Statistisches Bundesamt, 1995a.

Abb. 5.2: Lorenzkurven zur Verteilung des Gesamtbetrags der Einkünfte, der Nettoeinkünfte sowie der Bruttolöhne auf private Haushalte in den alten Bundesländern für das Jahr 1989

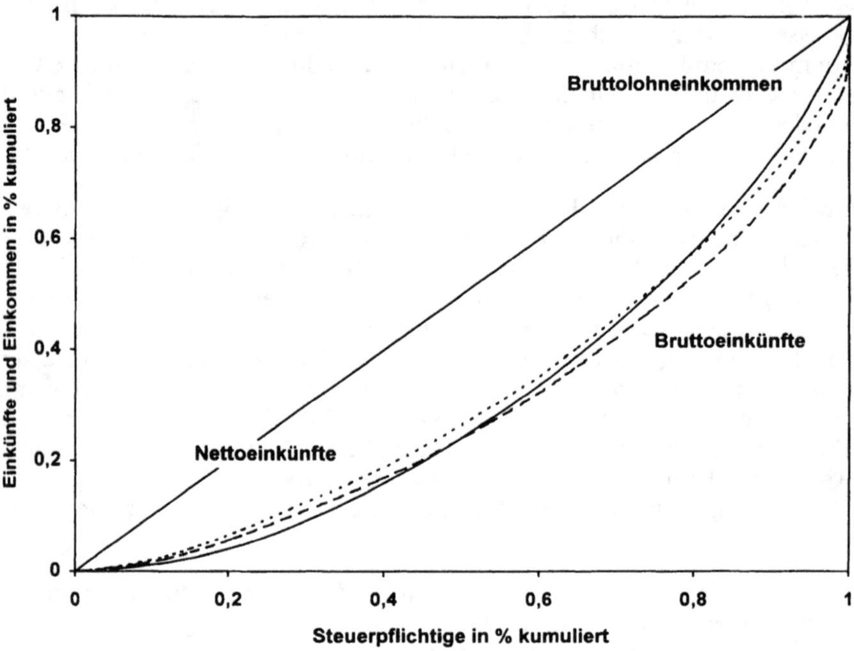

Quelle: Statistisches Bundesamt (Hrsg.): Fachserie 14: Finanzen und Steuern; Reihe 7.3: Lohnsteuer 1989, Wiesbaden 1994, S. 36-39 sowie eigene Berechnungen; Statistisches Bundesamt (Hrsg.): Fachserie 15: Wirtschaftsrechnungen; Einkommens- und Verbrauchsstichprobe 1993, Heft 4, Wiesbaden 1997, S. 49 ff. sowie eigene Berechnungen.

Lohnsteuerpflichtigen mit 21,24 Mio., obwohl die separate Einkommensteuerstatistik 15,83 Mio. Steuerpflichtige verzeichnet. Daraus ist zu schließen, daß nur knapp 2 Mio. der veranlagten Steuerpflichtigen (oder weniger als 10 %) nicht zugleich der Lohnsteuerpflicht unterliegen, also ihre Einkünfte ausschließlich aus den anderen Einkunftsarten erzielen.

Tab. 5.4: Zur Einkommenssituation der veranlagten Einkommensteuerpflichtigen und der Lohnsteuerpflichtigen in den alten Bundesländern 1989

Gesamtbetrag der Einkünfte von ..... DM bis unter ..... DM	Anteil der jeweiligen Gruppe an der Gesamtzahl der Steuerpflichtigen in %	Anteil der jeweiligen Gruppe am Gesamtbetrag der Einkünfte in %	Anteil der jeweiligen Gruppe am Gesamtbetrag der Einkünfte abzüglich ESt in %	Durchschnittlicher Gesamtbetrag der Einkünfte in der Gruppe in DM	Est in der jeweiligen Gruppe in % des Gesamtbetrages der Einkünfte
< 15 000	18,58	2,89	3,42	7 569	3,46
15 000 – 25 000	11,16	4,57	5,16	20 140	8,87
25 000 – 50 000	36,75	27,83	29,93	37 260	13,33
50 000 – 75 000	19,48	24,12	25,15	60 930	15,97
75 000 – 100 000	7,83	13,58	13,63	85 360	19,08
10 .000 – 250 000	5,42	14,87	13,69	135 100	25,78
> 250 000	0,79	12,17	9,02	762 300	40,27
Insgesamt	100,00 (23,12 Mio.)	100,00 (1.138 Mio. DM)	100,00 (917,4 Mio. DM)	49 200	19,39

Gini-Koeffizient vor Steuern: a) berechnet aus Originaldaten: 0,4505
b) berechnet aus zusammengefaßten Daten: 0,4366

Gini-Koeffizient nach Steuern: a) berechnet aus Originaldaten: 0,4058
b) berechnet aus zusammengefaßten Daten: 0,3917

Quelle: Statistisches Bundesamt (Hrsg.): Statistisches Jahrbuch für die Bundesrepublik Deutschland 1996, Stuttgart/Mainz 1996, Tabelle 20.9 und S. 521 sowie eigene Berechnungen.

Tab. 5.4a: Zur Einkommenssituation der veranlagten Einkommensteuerpflichtigen und der Lohnsteuerpflichtigen in den alten und neuen Bundesländern 1992

Gesamtbetrag der Einkünfte von ..... DM bis unter ..... DM	Anteil der jeweiligen Gruppe an der Gesamtzahl der Steuerpflichtigen in %		Anteil der jeweiligen Gruppe am Gesamtbetrag der Einkünfte in %		Anteil der jeweiligen Gruppe am Gesamtbetrag der Einkünfte abzüglich ESt in %		Durchschnittlicher Gesamtbetrag der Einkünfte in der Gruppe in DM		Est in der jeweiligen Gruppe in % des Gesamtbetrages der Einkünfte	
	West	Ost	West	Ost	West	Ost	West	Ost	West	Ost
< 15 000	15,40	15,91	2,02	3,13	2,41	3,47	7 740	7 755	2,86	2,16
15 000 – 25 000	8,53	17,34	2,88	9,05	3,29	9,70	19 932	20 550	7,09	5,40
25 000 – 50 000	30,68	40,13	20,05	36,44	21,55	37,88	38 511	35 782	12,33	8,32
50 000 – 75 000	22,71	18,62	23,53	28,52	24,72	28,41	61 061	60 339	14,33	12,15
75 000 – 100 000	11,67	5,14	17,02	11,06	21,70	10,57	85 943	84 698	16,51	15,68
100 .000 – 250 000	9,85	2,57	22,50	8,81	17,43	7,84	134 618	135 271	21,39	21,54
> 250 000	1,16	0,29	12,00	2,98	8,90	2,11	609 829	408 469	39,50	37,56
Insgesamt	100 (21,8 Mio.)	100 (3,6 Mio.)	100 (1 273 Mrd. DM)	100 (143 Mrd. DM)	100 (1 047 Mrd. DM)	100 (127 Mrd. DM)	59 940	39 397	17,8	11,5

Gini-Koeffizienten für die alten Bundesländer: a) vor Steuern: 0,4265
b) nach Steuern: 0,3864

Gini-Koeffizienten für die neuen Bundesländer: a) vor Steuern: 0,3520
b) nach Steuern: 0,3236

Quelle: Statistisches Bundesamt (Hrsg.): Fachserie 14: Finanzen und Steuern; Reihe 7.1: Einkommensteuer 1992, Wiesbaden 1998, S. 18-21 sowie eigene Berechnungen.

Betrachtet man die Werte im einzelnen, so fällt auf, daß die durchschnittlichen Steuersätze der obersten drei Klassen denen der veranlagten Einkommensteuer vollständig entsprechen. Das weist darauf hin, daß in diesen Klassen in beiden Tabellen dieselben Individuen erfaßt sind.

Interessant ist die Tatsache, daß die Gini-Koeffizienten der zusammengeführten Statistik sowohl vor Steuern (0,4366) als auch nach Steuern (0,3917) bedeutend höher sind als nur bei den Lohneinkommen und den veranlagten Einkünften. Eine mögliche Erklärung könnte sein, daß die Doppelzählungen, d.h. die Steuerpflichtigen, die in beiden Statistiken auftauchen, erst ab dem mittleren Einkommenssegment auftreten. In der zusammengeführten Statistik sinkt dann dessen relative Bedeutung und die extremen Gruppen gewinnen an Gewicht, so daß der Gini-Koeffizient steigt.

Ein Vergleich der beiden Lorenzkurven vor Steuern macht deutlich, daß die Ungleichverteilung bei den Löhnen vor allem durch die unterste Lohnklasse verursacht ist. Gerade für diese Klasse haben wir aber eine systematische Verzerrung durch Teilzeitarbeit und Auszubildende anzunehmen. Demgegenüber streuen die veranlagten Einkünfte insbesondere in den oberen Einkommensklassen stärker.

In der Einkommensteuerstatistik für das Jahr 1992 existiert keine getrennte Lohnsteuerstatistik mehr. Tabelle 5.4a weist die Einkommensverteilung der Einkommensteuerpflichtigen im Jahre 1992 getrennt für Westdeutschland und Ostdeutschland (incl. Berlin-Ost) aus. Dabei zeigt sich, daß die insgesamt 21,8 Mio. westdeutschen Steuerpflichtigen (85,9 % aller Steuerpflichtigen) 89,9 % der Einkünfte auf sich vereinigen und 89,2 % des Gesamtaufkommens der Einkommensteuer aufbringen. Die westdeutschen Steuerzahler verfügen im Durchschnitt also über ein deutlich höheres Einkommen als die ostdeutschen Steuerzahler. Zugleich zahlen daher sie überproportional hohe Steuern.

Konkret lag die durchschnittliche Summe der Einkünfte je Steuerpflichtigem in den alten Ländern mit 59 940 DM um 52 % über der der neuen Länder (39 397 DM).[114] Die Gründe für diesen Unterschied sind an zwei Punkten deutlich abzulesen. Zum einen erzielten nur 26,6 % der Steuerpflichtigen in Ostdeutschland gegenüber 45,4 % im Westen ein Einkommen von mehr als 50 000 DM jährlich. Zum anderen betrug das Durchschnittseinkommen der höchsten Einkommensgruppe im Westen mit 609 829 DM fast 50 % mehr als das in Ostdeutschland. Das ist vor allem auf das fast vollständige Fehlen von Spitzenverdienern in den neuen Bundesländern zurückzuführen. Den 1 520 westdeutschen Steuerpflichtigen mit einer Summe der Einkünfte von 5 bis 10 Mio. DM standen ganze 4 ostdeutsche Vertreter dieser Einkommensklasse gegenüber. Und während in Westdeutschland 1992 immerhin 751 Individuen mehr als 10 Mio. DM an Einkünften erzielt haben, konnte eine solche Größen-

[114] Das bedeutet zudem einen Anstieg um über 10 000 DM gegenüber dem Durchschnittswert von 49 200 DM von 1989.

ordnung in Ostdeutschland von keinem einzigen Steuerpflichtigen erreicht werden.

Die geringeren Einkommen in Ostdeutschland gingen einher mit einer geringeren durchschnittlichen Steuerbelastung in fast allen Einkommensklassen. Aufgrund der sehr viel schwächeren Besetzung der oberen Einkommensklassen liegt der Durchschnittssteuersatz über alle Einkommensklassen in Ostdeutschland mit 11,5 % sehr viel niedriger als der westdeutsche Wert von 17,8 %.

Die Folge der geringen Besetzung der hohen Einkommensklassen in Ostdeutschland ist eine geringere relative Ungleichverteilung der Einkünfte als in Westdeutschland und damit auch ein geringerer Gini-Koeffizient.[115] Dieser liegt in Ostdeutschland bei 0,3520 und in Westdeutschland bei 0,4265. Die entsprechenden Werte nach Steuern betragen 0,3236 in Ostdeutschland gegenüber 0,3864 in Westdeutschland. Die Gini-Koeffizienten für Westdeutschland liegen unter den Werten für 1989 (0,4366 vor Steuern und 0,3917 nach Steuern) und deuten somit darauf hin, daß das Maß an relativer Ungleichheit der Verteilung der Summe der Einkünfte auf die Steuerpflichtigen zwischen 1989 und 1992 abgenommen hat.

2.2.2 Daten der EVS

Bis Anfang der 60er Jahre waren die Steuerstatistiken die einzige verläßliche Quelle für Einkommensverteilungsdaten. Durch die inzwischen mehrmals durchgeführten EVS sind wichtige Zusatzinformationen verfügbar, auf die im folgenden eingegangen wird. Neben den Originaldaten des Statistischen Bundesamtes werden sodann die vom DIW aufbereiteten Daten aus der EVS verwendet.

Die EVS unterscheidet zunächst zwischen Brutto- und Nettoeinkommen. Das **Bruttoeinkommen** privater Haushalte setzt sich aus fünf verschiedenen Einkommensarten zusammen: dem Bruttoeinkommen aus unselbständiger Arbeit, dem Bruttoeinkommen aus Unternehmertätigkeit, dem Einkommen aus Vermögen, den öffentlichen und nichtöffentlichen Transfers und den Einkommen aus Untervermietung.

Werden vom Bruttoeinkommen die Steuern auf Einkommen und Vermögen sowie die Pflichtbeiträge zur Sozialversicherung abgezogen, so erhält man das **Haushaltsnettoeinkommen**.

Tabelle 5.5 zeigt zunächst die Verteilung des Brutto- und Nettoeinkommens pro Monat auf die nach ihrem verfügbaren Einkommen zusammengefaßten Haushalte im Jahr 1993 für das **alte Bundesgebiet**. Sie veranschaulicht, daß die ersten vier Größenklassen, denen gut ein Fünftel aller Haushalte angehörten, nur knapp 7,7 % des gesamten **Bruttoeinkommens** erzielten. Knapp die Hälfte aller

---

115 Die Gini-Koeffizienten sind hier in der groben Klassierung wie in Tabelle 5.3 berechnet.

Haushalte gehörte einer der Klassen mit einem monatlichen Einkommen von weniger als 4 000 DM an. Sie erreichten 24,3 % des Bruttoeinkommens. Die unteren knapp 75 % der Haushalte vereinigten noch immer nur 50 % des Einkommens auf sich. Das bedeutet zugleich, daß 49,7 % des Bruttoeinkommens von etwa 26,5 % der Haushalte mit den höchsten Einkommen erzielt wurden.

Die entsprechenden Anteilswerte können auch für das **Haushaltsnettoeinkommen** bestimmt werden. Sie zeigen, daß sich die Anteile der unteren Einkommensklassen am gesamten Haushalts**netto**einkommen gegenüber den Haushalts**brutto**einkommen nur unwesentlich erhöht haben. Dies bedeutet, daß die Steuern auf Einkommen und Vermögen sowie die Pflichtbeiträge zur Sozialversicherung die Verteilung der Einkommen nur ganz unwesentlich verändert haben. Die Erklärung für dieses zunächst doch überraschende Ergebnis dürfte vor allem in der indirekt regressiven Belastung der Bruttoeinkommen durch die gesetzlichen Sozialversicherungsbeiträge zu suchen sein, die den nivellierenden Effekt der direkten Steuern weitgehend kompensierte. Nicht auszuschließen ist sodann, daß die Bezieher höherer Einkommen ihre Steuerlast durch Sonderabschreibungen für Immobilienerwerb und Sachinvestitionen in den neuen Bundesländern reduzieren konnten.

Tab. 5.5: Verteilung der gesamten Brutto- und Nettoeinkommen[1] pro Monat in 1993 in Westdeutschland, gegliedert nach dem Haushaltsnettoeinkommen

Haushaltsnettoeinkommen von ..... DM bis unter ...... DM	Haushalte insgesamt in % kumuliert	Haushaltsbruttoeinkommen in % kumuliert	Haushaltsnettoeinkommen in % kumuliert
1 000	1,28	0,19	0,21
1 000 bis unter 1 600	8,14	1,82	2,11
1 600 bis unter 2 000	14,23	3,88	4,40
2 000 bis unter 2 500	22,74	7,65	8,39
2 500 bis unter 3 000	31,75	12,69	13,51
3 000 bis unter 4 000	48,16	24,30	25,38
4 000 bis unter 5 000	62,23	37,38	38,48
5 000 bis unter 6 000	73,42	50,33	51,22
6 000 bis unter 7 500	84,52	66,06	66,63
7 500 bis unter 10 000	93,92	83,03	83,29
10 000 bis unter 35 000	100,00	100,00	100,00
Gini-Koeffizienten		0,3407	0,3266

[1] Unberücksichtigt bleiben Haushalte von Ausländern, Privathaushalte in Anstalten und Haushalte mit einem monatlichen verfügbaren Haushaltseinkommen von 35 000 DM und mehr.

Quelle: Statistisches Bundesamt (Hrsg.): Fachserie 15: Wirtschaftsrechnungen; Einkommens- und Verbrauchsstichprobe 1993, Heft 4, Wiesbaden 1997, S. 49 ff. sowie eigene Berechnungen.

Aus den EVS-Daten, die der Tabelle 5.5 zugrunde liegen, können die Gini-Koeffizienten für die Verteilung der zwei verschieden definierten Einkommen berechnet werden. Für das Haushaltsbruttoeinkommen ergibt sich ein Koeffizient von 0,3407, für das Nettoeinkommen beträgt er 0,3266. Die Gini-Koeffizienten liegen damit deutlich unter denen, die aus der Steuerstatistik berechnet wurden. Dies ist zum einen darauf zurückzuführen, daß die EVS nicht nur Einkommen im Sinne des EstG, sondern auch Transfers berücksichtigt. Wesentlich ist sodann, daß in der EVS Haushaltseinkommen zugrundegelegt werden, die sich aus mehreren Individualeinkommen zusammensetzen können, und daß Haushalte mit einem monatlichen Bruttoeinkommen von mehr als 35 000 DM nicht berücksichtigt sind.

Tab. 5.5a: Verteilung der gesamten Brutto- und Nettoeinkommen[1] pro Monat 1993 in den neuen Bundesländern und Berlin-Ost, gegliedert nach dem Haushaltsnettoeinkommen

Haushaltsnettoeinkommen von ..... DM bis unter ...... DM	Haushalte insgesamt in % kumuliert	Haushaltsbrutto-einkommen in % kumuliert	Haushaltsnetto-einkommen in % kumuliert
1 000	1,70	0,37	0,44
1 000 bis unter 1 600	14,31	4,80	5,46
1 600 bis unter 2 000	25,93	10,46	11,71
2 000 bis unter 2 500	38,09	18,13	19,94
2 500 bis unter 3 000	49,65	27,19	29,51
3 000 bis unter 4 000	70,61	48,67	51,49
4 000 bis unter 5 000	85,46	69,38	71,43
5 000 bis unter 6 000	93,31	83,15	84,26
6 000 bis unter 7 500	97,22	91,62	92,05
7 500 bis unter 10 000	99,23	97,04	97,11
10 000 bis unter 35 000	100,00	100,00	100,00
Gini-Koeffizienten		0,3131	0,2803

[1] Unberücksichtigt bleiben Haushalte von Ausländern, Privathaushalte in Anstalten und Haushalte mit einem monatlichen verfügbaren Haushaltseinkommen von 35 000 DM und mehr.

Quelle: Statistisches Bundesamt (Hrsg.): Fachserie 15: Wirtschaftsrechnungen; Einkommens- und Verbrauchsstichprobe 1993, Heft 4, Wiesbaden 1997, S. 213 ff. sowie eigene Berechnungen.

Tabelle 5.5a zeigt die Verteilung von Brutto- und Nettoeinkommen im Jahr 1993 für die neuen Bundesländer und Berlin Ost. Dabei fällt sofort auf, daß die oberen Einkommensklassen oberhalb von 10 000 DM mit unter 1 % weit weniger häufig besetzt waren als in den alten Bundesländern, wo es immerhin mehr als 6 % gewesen sind. Sodann ist das Durchschnittsbruttoeinkommen der alten Bundesländer mit 6 035 DM weitaus höher als in den neuen Ländern mit

4 071 DM.[116] Auch fallen in Ostdeutschland nicht 50 %, sondern mehr als 70 % der Haushalte unter die Grenze von 4 000 DM monatlichem Bruttoeinkommen. Die Gini-Koeffizienten der Brutto- (0,3131) und der Nettoeinkommen (0,2803) zeigen, daß die Einkommensverteilung in Ostdeutschland insgesamt wesentlich weniger ungleich ist als in den alten Bundesländern. Der Unterschied zwischen den beiden Koeffizienten in Höhe von 0,0328 weist sodann darauf hin, daß die Belastung der ostdeutschen Einkommen durch direkte Steuern und Sozialversicherungsabgaben stärker nivellierend als in Westdeutschland wirkte.

Abb. 5.3 zeigt die Lorenzkurven für die Nettoeinkommen in den alten und den neuen Bundesländern im Vergleich. Es wird sichtbar, daß die Lorenzkurve für Ostdeutschland überall deutlich über der für Westdeutschland liegt.

Abb. 5.3 Lorenzkurven zur Verteilung des Nettoeinkommens der privaten Haushalte in Ost- und Westdeutschland für das Jahr 1993

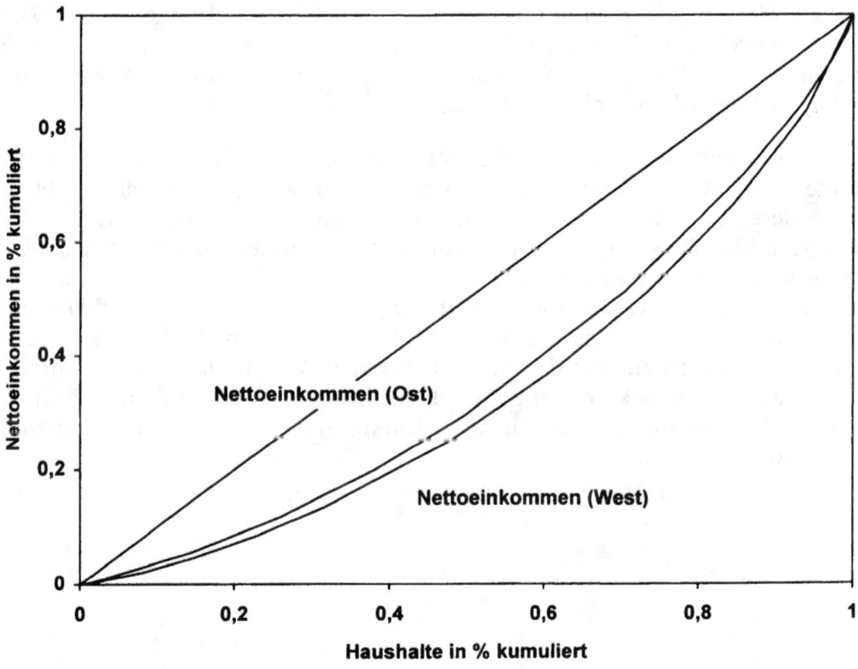

Quelle: Statistisches Bundesamt (Hrsg.): Fachserie 15: Wirtschaftsrechnungen; Einkommens- und Verbrauchsstichprobe 1993, Heft 4, Wiesbaden 1997, S. 49ff., 213 ff. sowie eigene Berechnungen.

[116] Vgl. Statistisches Bundesamt, 1997d, S. 213 ff. sowie eigene Berechnungen.

2.3 Die relative Einkommensposition sozialer Gruppen

Bedingt durch den raschen technologischen und sozialen Wandel wird heute den relativen Einkommenspositionen der verschiedenen sozialen Gruppen in der verteilungspolitischen Diskussion große Beachtung geschenkt. Diesem Interesse trägt das DIW durch die Bereitstellung von Einkommensdaten Rechnung, in denen die Haushalte nach der sozialen Stellung des Haushaltsvorstandes gruppiert sind. Dabei wird zwischen folgenden Gruppen unterschieden: Selbständige innerhalb sowie außerhalb der Landwirtschaft, Angestellte, Beamte, Arbeiter, Arbeitslose, Rentner, Pensionäre und sonstige Personen.[117]

Tabelle 5.6 stellt die Entwicklung des monatlich durchschnittlich verfügbaren Haushaltseinkommens der genannten sozialen Gruppen zwischen 1975 und 1991 für Westdeutschland dar. Zudem sind ihr die entsprechenden Daten für die neuen Bundesländer für das Jahr 1991 zu entnehmen.

Die Einkommen sind mit Ausnahme der Einkommen der Selbständigen in der Landwirtschaft, die zwischen 1990 und 1991 einen kurzfristigen Rückgang um mehr als 10 % hinnehmen mußten, weitgehend kontinuierlich gestiegen. Dabei hat sich zwischen 1975 und 1991 das Einkommen der Selbständigen außerhalb der Landwirtschaft mit einem Wachstum von 254 % weitaus stärker erhöht als die durchschnittlichen Einkommen aller Gruppen zusammen.

Ein aus den Tabellen 5.6 und 5.6a ablesbarer Vergleich der Durchschnittseinkommen der verschiedenen sozialen Gruppen in Westdeutschland ergibt, daß sich an deren Rangfolge innerhalb dieses Zeitraums nichts geändert hat: **Selbständige außerhalb der Landwirtschaft** hatten immer die höchsten Einkommen, **sonstige Personen** die niedrigste und das durchschnittliche Einkommen der **Beamten**, **Angestellten und Selbständigen innerhalb der Landwirtschaft** war zu jeder Zeit höher als das der **Arbeiter**. Das höhere Einkommen der Beamten im Vergleich zu dem der Angestellten und Arbeiter und die im Vergleich zum letzten Arbeitseinkommen höhere Pension (i.d.R. 75 %) schlagen sich auch in einem deutlich höheren verfügbaren Einkommen der Pensionäre gegenüber dem der Rentner nieder.

---

117 Die sonstigen Personen beinhalten die Restgruppe von Haushalten, die nicht in die anderen Gruppen eingeordnet werden konnten. Dies sind z.B. Personen, die ihren Lebensunterhalt aus eigenem Vermögen bestreiten, aber auch Personen, die von der Unterstützung von Angehörigen oder vom Staat, wenn nicht bereits in einer anderen Gruppe enthalten, leben.

Tab. 5.6: Die Entwicklung der durchschnittlichen monatlich verfügbaren Haushaltseinkommen in DM nach sozialen Gruppen

Jahr	Haushalte von								
	Selbständigen in[1] der Landwirtschaft	Selbständigen außerhalb der Landwirtschaft	Angestellten	Beamten	Arbeitern	Arbeitslosen	Rentnern	Pensionären	sonstigen Personen
Westdeutschland									
1975	3 255	4 950	2 637	3 145	2 143	1 626	1 512	2 228	1 042
1980	3 177	6 501	3 488	4 060	2 936	1 877	2 098	2 987	1 306
1985	3 748	8 583	3 976	4 579	3 246	1 901	2 458	3 439	1 536
1990	5 286	12 856	4 903	5 559	4 004	2 441	2 989	4 093	1 901
1991	4 700	12 562	5 052	5 762	4 158	2 502	3 165	4 315	2 025
Ostdeutschland[2] 1991	2 826	3 358	2 960	-	2 586	1 525	1 309	-	-
Ostdeutschland in % von Westdeutschland 1991	60,2	26,7	58,6	-	62,2	61,0	41,4	-	-

[1] Ostdeutschland: LPG-Mitglieder

[2] Die Daten zu Ostdeutschland stammen im Gegensatz zu den anderen Daten der Tabelle aus einer Befragung im Januar 1991 des Instituts für Marktforschung Leipzig.

Quelle: Spies, V. u.a.: Verfügbares Einkommen nach Haushaltsgruppen, Revidierte Ergebnisse der Volkswirtschaftlichen Gesamtrechnung für die Jahre 1972 bis 1991, in: Wirtschaft und Statistik, Heft 7, 1992, S. 418-430, S. 441* und S. 445*; Deutsches Institut für Wirtschaftsforschung (Hrsg.): DIW-Wochenbericht Nr. 29/1991b, S. 403-415 und Nr. 45/1994b, S. 769-778 sowie eigene Berechnungen.

Tab. 5.6a: Die Entwicklung der Relation der durchschnittlichen verfügbaren Haushaltseinkommen nach sozialen Gruppen

Jahr	Haushalte von								
	Selbständigen		Angestellten	Beamten	Arbeitern	Arbeitslosen	Rentnern	Pensionären	sonstigen Personen
	in[1] der Landwirtschaft	außerhalb der Landwirtschaft							
Westdeutschland									
1975	1,52	2,31	1,23	1,47	1	0,76	0,71	1,04	0,49
1980	1,08	2,21	1,19	1,38	1	0,64	0,71	1,02	0,45
1985	1,15	2,64	1,22	1,41	1	0,59	0,76	1,06	0,47
1990	1,32	3,21	1,22	1,39	1	0,61	0,75	1,02	0,47
1991	1,13	3,02	1,22	1,39	1	0,60	0,76	1,04	0,49
Ostdeutschland[2]									
1991	1,09	1,30	1,14	-	1	0,59	0,51	-	-

[1] Ostdeutschland: LPG-Mitglieder

[2] Die Daten zu Ostdeutschland stammen im Gegensatz zu den anderen Daten der Tabelle aus einer Befragung im Januar 1991 des Instituts für Marktforschung Leipzig.

Quelle: Spies, V. u.a.: Verfügbares Einkommen nach Haushaltsgruppen, Revidierte Ergebnisse der Volkswirtschaftlichen Gesamtrechnung für die Jahre 1972 bis 1991, in: Wirtschaft und Statistik, Heft 7, 1992, S. 418-430, S. 441* und S. 445*; Deutsches Institut für Wirtschaftsforschung (Hrsg.): DIW-Wochenbericht Nr. 29/1991b, S. 403-415 und Nr. 45/1994b, S. 769-778 sowie eigene Berechnungen.

Tabelle 5.6a gibt Auskunft über die am Einkommen der Arbeiter standardisierte relative Position der Einkommensbezieher unterschiedlicher Klassen. Es zeigt sich, daß die Selbständigen außerhalb der Landwirtschaft ihre Position kontinuierlich verbessern konnten. Sodann ist bemerkenswert, daß die Rentner ihre relative Position von 70 % des Einkommens eines Arbeiters in 1975 auf 76 % desselben in 1991 verbessern konnten. Die relative Einkommensposition der Arbeitslosen schwankt zwischen 59 % und 76 % des verfügbaren Einkommens eines Arbeiters. Konstant niedrig bei unter 50 % ist schließlich die relative Position der sonstigen Personen.

Auch in Ostdeutschland waren im Jahr 1991 die Selbständigen außerhalb der Landwirtschaft diejenigen mit dem absolut höchsten Einkommen, allerdings (im Gegensatz zu Westdeutschland) sehr dicht gefolgt von den Angestellten und Selbständigen in der Landwirtschaft. Die relative Position der Rentner ist hingegen mit einem Wert von 51 % des verfügbaren Einkommens eines Arbeiters in Ostdeutschland deutlich schlechter als in Westdeutschland. Diese unterschiedliche Einkommensstruktur wirkte sich auch auf die relative Einkommenshöhe zwischen Ost- und Westdeutschland aus. Während die Angestellten, Arbeiter und Arbeitslosen ca. 60 % des verfügbaren Einkommens ihrer Kollegen in Westdeutschland zur Verfügung hatten, erzielte ein Selbständiger durchschnittlich lediglich 26,7 % des Einkommens seines westlichen Pendants. Aber auch die Rentner schließen im Ost-West-Vergleich mit 41,4 % des verfügbaren Einkommens der westdeutschen Rentner deutlich schlechter ab als die Arbeiter.

Wegen der großen Streubreite der Einkommen innerhalb der Gruppe der Selbständigen soll diese weiter untergliedert werden. Dazu liegen Informationen über **den Gesamtbetrag der Einkünfte in ausgewählten freien Berufen** für die Jahre 1989 für Westdeutschland sowie 1992 für die gesamte Bundesrepublik vor, die in Tab. 5.7 aufgeführt sind.

Es überrascht vermutlich nur wenig, daß die Zahnärzte und Dentisten ganz an der Spitze stehen. In Westdeutschland verdienten sie 1989 im Durchschnitt 20 000 DM pro Monat; in 1992 allerdings nur noch 18 500 DM. Der Grund dürfte vor allem darin liegen, daß die Zahlen für 1992 auch die neuen Bundesländer einbeziehen. Wirtschaftsprüfer und vereidigte Buchprüfer standen den Zahnärzten 1989 mit rund 15 000 DM nur wenig nach. 1992 lagen sie dann mit 20 000 DM sogar an der Spitze der Rangliste. Die Ärzte schließlich stellen die dritte Gruppe von Freiberuflern, die monatlich mehr als 15 000 DM an Einkünften erzielten. Über 10 000 DM erzielten 1989 ansonsten nur noch die Chemiker und Chemotechniker sowie die sonstigen Wirtschaftsberater. In der gesamtdeutschen Statistik von 1992 sind weitere Berufsgruppen in die Einkommensklasse von mehr als 10 000 DM hineingelangt: die Rechtsanwälte und Notare, die Steuerberater und Steuerbevollmächtigten, sonstige Ingenieure und Techniker sowie die Architekten. Diese Berufe dürften vor allem von dem zusätzlichen Bedarf an Rechtsberatung sowie an Bauexperten in den neuen Bundesländern profitiert haben.

Tab. 5.7: Gesamtbetrag der Einkünfte pro Monat in DM/Steuerpflichtigem in ausgewählten freien Berufen[1]

Berufsgruppe	Westdeutschland 1989		Gesamtdeutschland 1992	
	Gesamtbetrag der Einkünfte pro Monat in DM/Steuerpflichtigen	davon Einkünfte aus freiberuflicher Tätigkeit in %	Gesamtbetrag der Einkünfte pro Monat in DM/Steuerpflichtigem	davon Einkünfte aus freiberuflicher Tätigkeit in %
Zahnärzte einschließlich Dentisten	20 000	95	18 569	92
Ärzte	15 385	78	17 100	77
Wirtschaftsprüfer und vereidigte Buchprüfer	15 068	73	20 025	67
Chemiker und Chemotechniker[2]	11 413	46	11 525	47
Sonstige Wirtschaftsberater	11 240	43	14 103	39
Rechtsanwälte und Notare incl. Patentanwälte	9 979	81	13 571	70
Steuerberater und Steuerbevollmächtigte	9 537	90	13 596	76
Sonstige Ingenieure und Techniker	9 242	55	11 207	58
Architekten[3]	7 949	65	11 111	69
Sonstige freie Berufe	7 692	26	8 056	30
Tierärzte	7 661	62	7 639	60
Sonstige Heilberufe	5 650	59	7 083	60
Künstlerische Berufe	4 948	32	5 376	31
Heilpraktiker	4 610	47	5 556	45

[1] Zu den hier erfaßten Freiberuflern zählen alle freiberuflich Tätigen unabhängig von der Höhe der daraus resultierenden Einkünfte.

[2] Angaben für das Jahr 1989 incl. Physiker.

[3] Incl. Garten- u. Landschaftsarchitekten, Innenarchitekten, Vermessungsingenieure u. Bauingenieure, ohne Film- u. Bühnenarchitekten.

Quelle: Statistisches Bundesamt (Hrsg.): Fachserie 14: Finanzen und Steuern; Reihe 7.1: Einkommensteuer 1989 bzw. 1992, Wiesbaden 1995 bzw. 1998, S. 27 bzw. S. 27 sowie eigene Berechnungen.

Am unteren Ende der Einkommensskala stehen die Heilpraktiker und die künstlerischen Berufe, beide mit einem durchschnittlichen Gesamtbetrag der Einkünfte von knapp 5 000 DM in 1989 und nur wenig mehr in 1992.

Aufgrund der Tatsache, daß die Einkommensteuerstatistik die Daten zu den freien Berufen für 1992 nicht getrennt nach Ost- und Westdeutschland ausweist, ist es nicht möglich, Trends in der Entwicklung der Einkünfte der Freiberufler in Westdeutschland zu erkennen. Mit Ausnahme der Tierärzte weisen alle Gruppen von Freiberuflern in 1992 eine höhere Summe der Einkünfte für das gesamte Bundesgebiet aus, als sie 1989 in Westdeutschland erzielen konnten. Die Zuwächse sind insbesondere bei den Wirtschaftsprüfern, Rechtsanwälten und Notaren, Steuerberatern und Steuerbevollmächtigten sowie bei den Architekten sehr deutlich ausgefallen.

Neben den durchschnittlichen Einkünften weist Tabelle 5.7 den Anteil der Einkünfte aus, der im Durchschnitt durch freiberufliche Tätigkeiten erzielt wurde. Dieser schwankt zwischen 95 % (1989) bei den Zahnärzten und Dentisten und 26 % bei den sonstigen freien Berufen. Es ist also davon auszugehen, daß die meisten Freiberufler Einkünfte aus anderen Einkunftsarten, z.B. aus Vermietung und Verpachtung oder aus unselbständiger Tätigkeit bezogen haben, und daß der Anteil dieser anderen Einkunftsarten mit sinkendem Gesamtbetrag der Einkünfte steigt.

Neben den Einkommensunterschieden zwischen den Berufsgruppen gab es auch innerhalb der einzelnen freien Berufe starke Schwankungen der Einkünfte. Tabelle 5.8 gibt einen Überblick über die Verteilung der Einkünfte innerhalb unterschiedlicher freier Berufe. Im Gegensatz zu Tabelle 5.7 werden hier allerdings nur solche Freiberufler berücksichtigt, die ihren überwiegenden Anteil der Einkünfte auf diese Weise erzielen. Es fällt auf, daß die Streuung des Gesamtbetrages der Einkünfte erheblich ist, und daß in allen Berufsgruppen z.T. überraschend große Anteile der Gruppenvertreter negative Einkünfte nachweisen. Dies läßt darauf schließen, daß es nicht nur gutgehende und schlechtgehende Praxen gibt, sondern daß auch viele Selbständige von der Möglichkeit des Verlustausgleichs zwischen verschiedenen Einkunftsarten Gebrauch gemacht haben. Die im Rahmen der Wiedervereinigung eingeführten Begünstigungen von Geld- und Sachinvestitionen in den neuen Bundesländern haben dieses Verhalten wesentlich gefördert.

Tab. 5.8: Steuerpflichtige mit Einkünften aus selbstständiger Arbeit in ausgewählten freien Berufen nach Größenklassen dieser Einkünfte 1992[1]

		Anteil der Steuerpflichtigen mit Einkünften von ..... DM bis unter ..... DM in %						
	Steuer-pflichtige	< 0	0 bis 10 000	10 000 bis 50 000	50 000 bis 100 000	100 000 bis 300 000	300 000 bis 1 Mio.	> 1 Mio.
Rechtsanwälte und Notare, einschließlich Patentanwälte	45 811	10,9	10,2	24,1	20,7	25,7	7,4	0,9
Wirtschaftsprüfer und vereidigte Buchprüfer	1 926	11,5	18,4	16,9	12,1	25,2	14,1	1,8
Steuerberater und –bevollmächtigte	32 627	7,9	10,7	18,9	18,7	34,9	8,2	0,5
sonstige Wirtschaftsberater	11 133	16,4	18,8	29,0	15,2	17,3	3,1	0,3
Ärzte	120 110	6,9	12,3	15,8	12,9	36,8	14,6	0,9
Zahnärzte incl. Dentisten	37 646	6,7	2,9	8,7	13,2	47,0	20,6	0,9
Tierärzte	8 259	14,0	13,7	30,9	23,2	16,9	1,0	0,3
Heilpraktiker	7 959	28,6	17,7	32,6	13,5	7,0	0,4	0,2
sonstige Heilberufe	34 037	9,2	15,8	36,4	25,4	12,4	0,9	0,1
Architekten	70 109	11,7	15,7	27,2	18,6	20,8	5,4	0,6
sonstige Ingenieure und Techniker	32 251	15,0	17,1	27,0	18,3	17,8	4,2	0,5
Chemiker und Chemotechniker	1 300	15,7	30,8	29,2	14,8	10,1	3,2	0,5
künstlerische Berufe	52 261	20,9	40,4	29,1	5,8	3,1	0,6	0,9
sonstige freie Berufe	502 767	14,2	45,2	25,6	7,8	5,8	1,2	0,1

[1] In dieser Tabelle sind solche Freiberufler aufgeführt, deren Einkünfte aus selbständiger Tätigkeit die Summe der übrigen Einkünfte übersteigen.

Quelle: Statistisches Bundesamt: Fachserie 14: Finanzen und Steuern; Reihe 7.1: Einkommensteuer 1992, Wiesbaden 1998, S. 96 ff. sowie eigene Berechnungen.

2.4 Absolute und relative Armut

Nachdem wir in den letzten Abschnitten ein Gesamtbild der Einkommensverteilung in der Bevölkerung zu zeichnen versuchten, wenden wir uns nun dem unteren Ende der Einkommensverteilung zu. Dort finden sich insbesondere diejenigen Haushalte oder Individuen, die in Armut leben. In der Bundesrepublik werden solche Personen als absolut arm angesehen, deren eigenes Einkommen nicht zur Sicherung des individuellen sozio-kulturellen Existenzminimums ausreicht. Sie haben Anspruch auf laufende Hilfe zum Lebensunterhalt. Dieser staatliche Transfer soll den Betrag, der dem Bezugsberechtigten zu einem existenzsichernden Einkommen fehlt, auffüllen und so die absolute Armut bekämpfen. Folglich kann das **Ausmaß absoluter Armut** in der Bundesrepublik Deutschland an der Anzahl der Sozialhilfeempfänger bzw. deren Anteil an der gesamten Wohnbevölkerung abgelesen werden.

Tabelle 5.9 zeigt, daß die Zahl der Empfänger von laufender Hilfe zum Lebensunterhalt in Westdeutschland von 1980 bis 1996 von 922 146 auf 2 403 463 Individuen und damit um 160 % gestiegen ist. Diese Entwicklung verlief weitgehend kontinuierlich; der vorübergehende Rückgang in 1994 ist auf die Herausnahme der Asylbewerber aus der hier verwendeten Statistik der Bezugsberechtigten zurückzuführen.

In Ostdeutschland ist ebenfalls ein Anstieg zu verzeichnen, und zwar von 254 042 in 1991 auf 313 932 Individuen in 1996. Es fällt auf, daß die neuen Bundesländer 1996 mit 2 % Bezugsberechtigten an der Wohnbevölkerung einen wesentlich niedrigeren Anteil als in Westdeutschland mit 3,6 % haben. Auch die durchschnittliche jährliche Wachstumsrate von 5,8 % in Westdeutschland liegt weit über der ostdeutschen (3,5 %).[118] Somit stellt absolute Armut in Westdeutschland ein ungleich größeres verteilungspolitisches Problem als in Ostdeutschland dar.[119]

---

[118] Aufgrund der Tatsache, daß die Zahlen bis 1993 auch die Asylbewerber beinhalten, sind diese Wachstumsraten eher zu niedrig geschätzt.

[119] Ein Grund dafür könnte sein, daß in Ostdeutschland ein sehr viel größerer Teil der Bevölkerung Arbeitslosen- und Rentenzahlungen erhält und deshalb keinen Anspruch auf laufende Hilfe zum Lebensunterhalt hat.

Tab. 5.9: Empfänger laufender Hilfe zum Lebensunterhalt am Jahresende in Deutschland von 1980 bis 1996[1]

	Bundesrepublik		Westdeutschland		Ostdeutschland	
	Anzahl	in %[2]	Anzahl	in %[2]	Anzahl	in %[2]
1980			922 146	1,4		
1981			915 421	1,4		
1982			1 091 240	1,7		
1983			1 208 801	1,9		
1984			1 287 236	2,0		
1985			1 471 263	2,3		
1986			1 545 724	2,4		
1987			1 617 109	2,5		
1988			1 670 700	2,6		
1989			1 794 730	2,8		
1990			1 832 087	2,8		
1991	2 129 426	2,5	1 875 384	2,8	254 042	1,4
1992	2 438 132	2,9	2 107 659	3,1	330 473	1,8
1993	2 529 375	3,0	2 208 479	3,3	320 896	1,8
1994[3)]	2 308 397	2,8	2 051 629	3,1	256 768	1,5
1995	2 555 453	3,1	2 269 765	3,4	285 688	1,8
1996	2 717 395	3,3	2 403 463	3,6	313 932	2,0

[1] In dieser Tabelle sind für die Jahre ab 1988 die Zahlen der Empfänger von laufender Hilfe zum Lebensunterhalt **in und außerhalb von Einrichtungen** *am jeweiligen Jahresende enthalten.* Für den Zeitraum bis einschließlich 1987 sind bezüglich der Zahl der Empfänger von laufender Hilfe zum Lebensunterhalt **in Einrichtungen** die Zahlen während des Jahres enthalten und bezüglich der Zahl der Empfänger von laufender Hilfe zum Lebensunterhalt **außerhalb von Einrichtungen** die Zahlen zum Jahresende.

[2] Gemessen an der Bevölkerung am Jahresende.

[3] Mit Inkrafttreten des Asylbewerberleistungsgesetzes werden Angaben über Leistungen an Asylbewerber, abgelehnte Bewerber, die zur Ausreise verpflichtet sind, sowie geduldete Ausländer nicht mehr in der Sozialhilfestatistik, sondern erstmals für das Berichtsjahr 1994 in der neuen Asylbewerberleistungsstatistik erfaßt.

Quelle: Statistisches Bundesamt (Hrsg.): Fachserie 13: Sozialleistungen; Reihe 2: Sozialhilfe 1996, Wiesbaden 1998, S. 130-132.

Bei der **Entwicklung der relativen Armut**, die zunächst anhand von Daten aus dem SOEP dargestellt werden soll, zeigt sich eine teilweise andere Entwicklung (siehe Tabelle 5.10). In Westdeutschland schwankte der Anteil von Haushalten, die in strenger Armut lebten (40 %-Grenze), zwischen 1984 und 1995 ohne erkennbaren Trend zwischen 3,9 % und 5,7 %. Im gleichen Zeitraum lag der Anteil der Haushalte, die weniger als 60 % des durchschnittlichen Nettoäquivalenzeinkommens erzielten, zwischen 18,5 % und 21,7 %. Demgegenüber stiegen in den 90er Jahren in Ostdeutschland die Anteile der Haushalte, die unter die verschiedenen Armutsgrenzen fallen, viel deutlicher an. Besonders gut erkennbar ist dieser Anstieg, wenn man die 50 %-Armutsgrenze als Abgrenzungskriterium wählt. Hier hat sich der Anteil der Haushalte, die unter diese Grenze fallen, von 3,9 % in 1991 auf 8 % in 1995 mehr als verdoppelt. Der Anteil von Haushalten, die in strenger Armut leben, stieg von 2,3 % in 1991 auf 3,6 % in 1994, fiel dann aber wieder auf 2,6 % zurück. Insgesamt scheint sich die relative Armut in Ostdeutschland mit großen Schritten dem westdeutschen Niveau anzunähern.

Tab. 5.10: Anteile der von relativer Armut betroffenen Haushalte in den alten und neuen Bundesländern nach verschiedenen Armutsgrenzen 1984 bis 1995 in %

Jahr	Anteil der Haushalte mit weniger als X % des monatlichen durchschnittlichen Nettoäquivalenzeinkommens an allen Haushalten in %					
	40 %		50 %		60 %	
	West	Ost	West	Ost	West	Ost
1984	5,2	-	12,6	-	21,0	-
1986	5,0	-	11,9	-	20,1	-
1988	5,3	-	11,0	-	20,4	-
1990	3,9	1,2	10,5	3,9	18,5	10,7
1991	4,4	2,3	10,2	4,2	19,4	11,0
1992	4.1	2,3	9,8	6,3	20,2	11,4
1993	5,2	2,8	11,2	6,2	20,9	13,1
1994	4,8	3,6	11,4	8,3	21,7	13,6
1995	5,7	2,6	11,9	8,0	21,6	13,6

Quelle: Hochmuth, U. u.a. (Hrsg.): Armut in der sozialen Marktwirtschaft. Möglichkeiten und Probleme ihrer Überwindung aus ordnungspolitischer Sicht, Tübingen 1995, S. 99 ff.; Hauser, R. (1997): Vergleichende Analyse der Einkommensverteilung und der Einkommensarmut in den alten und neuen Bundesländern 1990 bis 1995, in: Becker, I./Hauser, R. (Hrsg.): Einkommensverteilung und Armut – Deutschland auf dem Weg zur Vierfünftel-Gesellschaft?, Frankfurt a.M./New York 1997, S. 71 ff.

Auf Basis der EVS von 1993 kann untersucht werden, inwieweit Haushalte unterschiedlicher sozialer Stellung in verschiedenem Ausmaß von relativer Armut betroffen sind.[120] Die Ergebnisse sind in Tabelle 5.11 sowie Tabelle 5.11a festgehalten. Wiederum zeigt sich das geringere Ausmaß an relativer Armut in den neuen Bundesländern. So trat relative Armut von Landwirten in Ostdeutschland überhaupt nicht auf, während immerhin 13,2 % der westdeutschen Haushalte in der Landwirtschaft unter die 60 %-Armutsgrenze fielen. Auch ist der Anteil von Haushalten, die weniger als 60 % des durchschnittlichen Nettoeinkommens erzielten, in Ostdeutschland nur bei Haushalten von Arbeitslosen und Nichterwerbstätigen deutlich größer als 10 %. In Westdeutschland unterschreiten hingegen nur die Selbständigen außerhalb der Landwirtschaft und die Beamten die 10 %-Marke. Immerhin 16,7 % der Haushalte von Angestellten und 18 % derer

[120] Die Schätzungen erfolgen unter der Annahme einer Gleichverteilung der Haushalte innerhalb der Einkommensklassen, in die die Armutsgrenzen fallen.

von Arbeitern erreichen ein Einkommen von weniger als 60 % des westdeutschen Nettodurchschnittseinkommens. In Westdeutschland fallen zudem fast zwei Drittel der Haushalte von Arbeitslosen ebenso unter diese Grenze wie knapp die Hälfte aller Haushalte von Nichterwerbstätigen. In strenger Armut leben über 40 % der Arbeitslosenhaushalte und ca. ein Viertel der Haushalte von Nichterwerbstätigen.

Tab. 5.11: Von relativer Armut betroffene Haushalte in Westdeutschland nach sozialer Stellung des Haushalts in 1993

Haushalte von	Anteil der Haushalte in Westdeutschland, die weniger als 40%	50%	60% des Durchschnittseinkommens beziehen, in %
Landwirten	2,7	6,0	13,2
Gewerbetreibenden/ freiberuflich Tätigen	3,5	5,2	7,7
Angestellten	3,6	9,1	16,7
Beamten	0,7	1,6	3,8
Arbeitern	4,6	10,3	18,0
Arbeitslosen	41,6	52,7	63,3
Nichterwerbstätigen	24,2	37,4	49,0

Quelle: Statistisches Bundesamt (Hrsg.): Fachserie 15: Wirtschaftsrechnungen; Einkommens- und Verbrauchsstichprobe 1993, Heft 4, Wiesbaden 1997, S. 44 f.

Tab. 5.11a: Von relativer Armut betroffene Haushalte in Ostdeutschland nach sozialer Stellung des Haushalts in 1993

Haushalte von	Anteil der Haushalte in Ostdeutschland, die weniger als 40 %	50 %	60 % des Durchschnittseinkommens beziehen, in %
Landwirten	0,00	0,00	0,00
Gewerbetreiben-den/freiberuflich Tätigen	2,0	3,5	5,6
Angestellten	0,9	3,3	6,6
Beamten	4,4	4,9	7,3
Arbeitern	1,9	5,0	9,8
Arbeitslosen	20,7	30,8	41,6
Nichterwerbstätigen	13,7	28,9	45,6

Quelle: Statistisches Bundesamt (Hrsg.): Fachserie 15: Wirtschaftsrechnungen; Einkommens- und Verbrauchsstichprobe 1993, Heft 4, Wiesbaden 1997, S. 44 f.

2.5 Die sektorale Einkommensverteilung

Eine bisher nicht genannte Ursache für die Ungleichverteilung von Einkommen sind **sektorale Unterschiede in den Durchschnittseinkommen.** Dies läßt es als sinnvoll erscheinen, auch einmal Daten über die durchschnittliche Einkommenshöhe der Beschäftigten nach Sektoren bzw. Branchen vorzustellen.

Tabelle 5.12 gibt einen Überblick über diese Einkommensunterschiede. Darüber hinaus liefert sie durch die Unterscheidung zwischen den Durchschnittseinkommen von Männern und Frauen zugleich Hinweise über geschlechtsspezifische Einkommensunterschiede.

Es zeigt sich, daß 1992 am unteren Ende der Einkommensskala die Beschäftigten im Dienstleistungshandwerk und im Gastgewerbe mit weniger als 2 600 DM monatliches Bruttoeinkommen sowie in der Land- und Forstwirtschaft und den sonstigen Dienstleistungen mit weniger als 3 000 DM rangierten.

Aus der Tatsache, daß das Durchschnittseinkommen aller Beschäftigten im Dienstleistungshandwerk, im Gastgewerbe und in den sonstigen Dienst-leistungen deutlich näher bei dem Einkommen der Frauen als dem der Männer lag, geht zugleich hervor, daß hier überwiegend Frauen arbeiteten. Bemerkenswert ist weiter, daß im Bereich der sonstigen Dienstleistungen der Durchschnittsverdienst der Männer den der hier arbeitenden Frauen um mehr als 2/3 übersteigt. In keiner anderen Branche war die relative und absolute Differenz der Einkommen größer. Die geringste Differenz mit nur 19 DM (0,36 %) wies der Bergbau auf.

Zu den Spitzenverdienern mit einem monatlichen Bruttoeinkommen von mehr als 5 000 DM zählten 1992 die Beschäftigten im Bergbau sowie in der Grundstoff- und Produktionsgüterindustrie. Die Beschäftigten im Geld-, Bank- und Versicherungsgewerbe, in der Investitionsgüterindustrie und in der Energiewirtschaft gehören mit Durchschnittseinkommen zwischen 4 690 DM und 4 862 DM ebenfalls zu den gut bezahlten Arbeitskräften. Die durchschnittlichen Bruttoeinkommen waren damit jeweils über doppelt so hoch wie die der im Dienstleistungshandwerk beschäftigten Menschen. Eine mögliche Erklärung ist schnell gefunden: Während in den Branchen mit niedrigem Durchschnittsverdienst überwiegend Frauen arbeiteten, waren in den Bereichen mit hohen Monatseinkommen, vom Geld-, Bank- und Versicherungsgewerbe abgesehen, überwiegend Männer beschäftigt. Dies wird daran erkennbar, daß das Durchschnittseinkommen der Männer nur wenig über demjenigen aller in derselben Branche Beschäftigten lag.

Tab. 5.12: Monatliches durchschnittliches Bruttoeinkommen[1] der Arbeitnehmer[2] in Westdeutschland[3] in 1992, gegliedert nach Sektoren

Sektoren	Monatliches Durchschnittseinkommen in DM		
	Männer	Frauen	Insgesamt
Land- und Forstwirtschaft	3 149	2 598	2 960
Bergbau	5 245	5 226	5 244
Energiewirtschaft	4 802	4 059	4 690
Verarbeitendes Gewerbe[4]	4 880	3 408	4 439
davon:			
Grundstoff und Produktionsgüter	5 340	4 126	5 091
Investitionsgüter	5 088	3 800	4 770
Verbrauchsgüter	4 154	2 897	3 603
Nahrungs- und Genußmittel	3 845	2 771	3 373
Baugewerbe	3 899	3 349	3 841
Produzierendes Gewerbe	4 689	3 419	4 395
Handel	4 727	2 958	3 499
Verkehr[5]	4 234	3 600	4 061
Handel und Verkehr	4 260	3 058	3 655
Öffentlicher Dienst[6]	4 571	3 847	4 259
Geld- Bank- und Versicherungsgewerbe	5 611	4 200	4 862
Gastgewerbe	3 284	2 125	2 555
Dienstleistungshandwerk[7]	2 807	2 011	2 201
Sonstige Dienstleistungen[8]	4 002	2 379	2 982
Dienstleistungen insgesamt	4 372	2 986	3 641
Insgesamt	4 504	3 109	3 918

1 Einschließlich tariflicher und außertariflicher Sonderzahlungen (13. Monatsgehalt, Weihnachtsgeld, Urlaubsgeld, Gratifikationen u.a.

2 Arbeiter incl. Heimarbeiter, Angestellte u. Beamte, Auszubildende (Inländerkonzept).

3 Das Gebiet der Bundesrepublik Deutschland incl. Berlin (West) vor dem 03.10.1990.

4 Einschließlich produzierendes Handwerk und sonstiges Kleingewerbe.

5 Einschließlich Bundesbahn und Bundespost (Postbank, Postdienst, Telekom).

6 Einschließlich Soldaten.

7 U.a. fotografisches Gewerbe, Wäschereien, Friseure, Gebäudereinigung.

8 Insbesondere freie Berufe, Organisationen ohne Erwerbszweck und private Haushalte.

Quelle: Deutsches Institut für Wirtschaftsforschung (Hrsg.): DIW-Wochenberichte Nr. 28-29/1992a, 41/1992b, 4/1993a und 15/1993b sowie eigene Berechnungen.

Es wäre allerdings verfehlt, dieses Maß der Einkommensunterschiede zwischen Männern und Frauen auf eine Diskriminierung der Frauen zurückzuführen. Statt dessen sind es oft eine kürzere Betriebszugehörigkeit und weniger Berufsjahre, die das niedrigere Einkommen der Frauen erklären. Von noch größerer Bedeutung dürfte sein, daß Frauen im Durchschnitt weniger qualifizierte und daher auch schlechter bezahlte Tätigkeiten als Männer ausüben.

Die in Tabelle 5.12 auftretenden Einkommensdifferenzen zwischen den einzelnen Zweigen der Volkswirtschaft dürften zum einen auf unterschiedlich hohe Qualifikationen der in den jeweiligen Bereichen tätigen Personen zurückzuführen sein: Branchen, in denen überwiegend Facharbeiter beschäftigt sind oder die einen hohen Anteil an (qualifizierten) Angestellten haben, weisen ein höheres Durchschnittseinkommen auf als Sektoren, die in hohem Maß mit ungelernten oder angelernten Personen arbeiten. Zum anderen schlagen sich in den verschieden hohen Einkommen sicher auch Unterschiede in den Arbeitsanforderungen und in den Arbeitsbedingungen nieder. Das äußert sich besonders deutlich im Bergbau. Darüber hinaus haben Unternehmen in Branchen mit hohem Wachstumspotential eher die Möglichkeit, ihren Beschäftigten tarifliche oder außertarifliche Sonderzahlungen zu gewähren, als dies bei Unternehmen der Fall ist, die „alten“ bzw. konjunkturanfälligen Wirtschaftszweigen angehören.

2.6 Die regionale Einkommensverteilung

Zum Abschluß der empirischen Analyse zur Einkommensverteilung sollen einige Daten über die **regionale Streuung** der Durchschnittseinkommen vorgelegt werden. Die der Analyse zugrundegelegte Gruppenbildung erfolgte nach Bundesländern. Es wäre auch möglich gewesen, andere regionale Klassifikationskriterien zu verwenden. Doch wurde wegen der Probleme einer sinnvollen anderweitigen Abgrenzung der Regionen auf solche weiterführende Statistiken verzichtet.

Wie Tabelle 5.13 erkennen läßt, erzielten die **Lohnsteuerpflichtigen** in Hamburg 1980 einen durchschnittlichen Bruttolohn von 34 585 DM und lagen damit an der Spitze der Einkommensskala. In Hessen betrug der Bruttolohn im Durchschnitt 34 072 DM; er lag damit auf Rang zwei. Auf den Rängen drei und vier folgten Nordrhein-Westfalen und Berlin (West). Die Lohnsteuerpflichtigen in den beiden zuletzt genannten Bundesländern verdienten allerdings schon rund 700 DM bzw. gut 1 000 DM weniger als vergleichbare Arbeitnehmer in Hessen.

Am unteren Ende der Einkommensskala bewegten sich Bayern und Rheinland-Pfalz. Während die Lohnsteuerpflichtigen in Bayern mit einem Bruttolohn von durchschnittlich 31 792 DM um etwa 1 200 DM unter den noch zur Spitzengruppe zu rechnenden Berliner Lohnsteuerpflichtigen rangierten, fielen die in Rheinland-Pfalz angesiedelten Lohnempfänger mit einem Jahresbruttoeinkommen von gut 30 800 DM im Vergleich zu denen der anderen Bundesländer deutlich ab: Sie verdienten im Jahr und im Durchschnitt knapp 11 % weniger als die in Hamburg.

Tab. 5.13: Durchschnittlicher Bruttolohn der Lohnsteuerpflichtigen in den Jahren 1980 und 1989 nach Bundesländern

Bundesland	Bruttolohn der Lohnsteuerpflichtigen						
	1980			1989			
	in DM	Anteil am höchsten Wert	Rang	in DM	Anteil am höchsten Wert	Rang	Anteil am Wert von 1980
Hamburg	34 585	1,000	1	45 102	0,986	2	1,304
Hessen	34 072	0,985	2	45 763	1,000	1	1,343
Nordrhein-Westfalen	33 377	0,965	3	43 634	0,953	5	1,307
Berlin (West)	33 003	0,954	4	43 500	0,951	6	1,318
Schleswig-Holstein	32 855	0,950	5	43 235	0,945	8	1,316
Baden-Württemberg	32 343	0,935	6	43 668	0,954	4	1,350
Bremen	32 305	0,934	7	40 954	0,895	11	1,268
Saarland	32 244	0,932	8	43 969	0,961	3	1,364
Niedersachsen	31 954	0,924	9	41 355	0,904	10	1,294
Bayern	31 792	0,919	10	43 293	0,946	7	1,362
Rheinland-Pfalz	30 846	0,892	11	42 482	0,928	9	1,377

Quelle: Statistisches Bundesamt (Hrsg.): Fachserie 14: Finanzen und Steuern; Reihe 7.3: Lohnsteuer 1980 bzw. 1989, Wiesbaden 1983 bzw. 1994, S. 37 bzw. S. 26 sowie eigene Berechnungen.

Auch nach neun Jahren führen Hamburg und Hessen die Rangliste der Bundesländer mit einem durchschnittlichen Bruttolohn von mehr als 45 000 DM deutlich an, haben aber die Plätze getauscht. Sie heben sich 1989 nach wie vor deutlich von den anderen Bundesländern ab. Aufgrund von nominalen Lohnzuwächsen von 35 % und mehr konnten das Saarland und Baden-Württemberg die Plätze 3 und 4 erreichen. Eine mögliche Erklärung für einen der vorderen Plätze des an sich einkommensschwachen Saarlandes könnte darin liegen, daß hier der Anteil der Beamten und einiger einkommensstarker Branchen überdurchschnittlich hoch ist. Mit ebensolchen Zuwachsraten liegen die ehemals lohneinkommensschwächsten Bundesländer Bayern und Rheinland-Pfalz 1989 nun vor Bremen und Niedersachsen, die beide nur deutlich geringere Zuwächse realisieren konnten. Bremen ist nun mit 40 954 DM das Land mit dem geringsten Durchschnittsbruttolohn. Der relative Unterschied zu dem einkommensstärksten Land ist in etwa konstant geblieben.

Für die **Einkommensteuerpflichtigen** legt das Statistische Bundesamt den Gesamtbetrag der Einkünfte als Einkommenskriterium zugrunde. Auch hier nahm Hamburg 1980 den ersten Platz unter allen Bundesländern ein, der Gesamtbetrag der Einkünfte lag bei durchschnittlich 55 258 DM. In Nordrhein-Westfalen erreichte er 52 825 DM. Auf den Rängen drei und vier folgten Berlin (West) und Baden-Württemberg, beide allerdings bereits mit einem Einkommen von weniger als 51 000 DM.

Tab. 5.13a: Durchschnittlicher Gesamtbetrag der Einkünfte der Einkommensteuerpflichtigen in 1980 und 1989 nach Bundesländern

Bundesland	Durchschnittlicher Gesamtbetrag der Einkünfte der Einkommensteuerpflichtigen						
	1980			1989			
	in DM	Anteil am höchsten Wert	Rang	in DM	Anteil am höchsten Wert	Rang	Anteil am Wert von 1980
Hamburg	55 258	1,000	1	71 258	1,000	1	1,290
Hessen	49 252	0,891	5	62 596	0,878	3	1,271
Nordrhein-Westfalen	52 825	0,956	2	64 569	0,906	2	1,222
Berlin (West)	50 841	0,920	3	60 668	0,851	5	1,193
Schleswig-Holstein	48 465	0,877	8	60 825	0,854	4	1,255
Baden-Württemberg	50 053	0,906	4	60 615	0,851	7	1,211
Bremen	49 077	0,888	6	59 956	0,841	8	1,222
Saarland	45 673	0,827	11	55 743	0,782	11	1,220
Niedersachsen	46 579	0,843	10	57 558	0,808	10	1,236
Bayern	48 916	0,885	7	60 661	0,851	6	1,240
Rheinland-Pfalz	47 009	0,851	9	57 985	0,814	9	1,233

Quelle: Statistisches Bundesamt (Hrsg.): Fachserie 14: Finanzen und Steuern; Reihe 7.1: Einkommensteuer 1980 bzw. 1989, Wiesbaden 1984 bzw. 1995, S. 120 f. bzw. S. 26 sowie eigene Berechnungen.

Den geringsten durchschnittlichen Gesamtbetrag der Einkünfte hatten mit knapp 45 700 DM die Einkommensteuerpflichtigen im Saarland. Das waren ungefähr 17,3 % weniger als in Hamburg. Um nur rund 900 DM höher als im Saarland lag der Gesamtbetrag der Einkünfte bei den entsprechenden Personen in Niedersachsen.

Mit 71 258 DM hat Hamburg bis 1989 einen Anstieg der Durchschnittseinkünfte von 29 % erzielen und damit die Spitzenposition wahren können. Auf Rang 2 folgt Nordrhein-Westfalen, allerdings nur noch mit 90,6 % der durchschnittlichen Einkünfte der Hamburger. Hessen und Schleswig-Holstein konnten deutlich aufholen und nehmen nun Rang 3 bzw. Rang 4 ein, während Baden-Württemberg auf Rang 7 zurückgefallen ist. Das einkommensschwächste Land ist nach wie vor das Saarland mit einer Summe der Gesamteinkünfte von 55 743 DM, gefolgt von Niedersachsen und Rheinland-Pfalz, beide mit weniger als 58 000 DM.

Vergleicht man die Ergebnisse aus den **Tabellen 5.13 und 5.13a**, so fällt der deutliche Abstand zwischen den durchschnittlichen Bruttolöhnen und der durchschnittlichen Summe der Gesamteinkünfte auf. Sodann zeigt sich, daß die jeweilige relative Position der Bundesländer in beiden Statistiken nur wenig voneinander abweicht. Zugleich fällt auf, daß die Verteilung der Gesamteinkünfte viel ungleicher als die der Lohneinkommen ist. Während der Quotient aus niedrigsten und höchsten Löhnen bei 0,892 liegt, fällt derselbe Quotient bei den Gesamteinkünften für die meisten Bundesländern niedriger aus und beträgt für das Saarland sogar nur 0,782.

Tab. 5.14: Durchschnittlicher Gesamtbetrag der Einkünfte der Einkommensteuerpflichtigen in 1989 und 1992 nach Bundesländern

Bundesland	Durchschnittlicher Gesamtbetrag der Einkünfte der Einkommensteuerpflichtigen						
	1989			1992			
	in DM	Anteil am höchsten Wert	Rang	in DM	Anteil am höchsten Wert	Rang	Anteil am Wert von 1989
Hamburg	71 258	1,000	1	63 594	1,000	1	0,892
Nordrhein-Westfalen	64 569	0,906	2	59 975	0,943	3	0,929
Hessen	62 596	0,878	3	60 698	0,954	2	0,970
Baden-Württemberg	61 735	0,866	4	59 871	0,941	4	0,970
Schleswig-Holstein	60 825	0,854	5	58 448	0,919	5	0,961
Berlin (West)	60 669	0,851	6	57 668	0,907	7	0,951
Bayern	60 662	0,851	7	58 011	0,912	6	0,956
Bremen	59 955	0,841	8	57 127	0,898	8	0,953
Rheinland-Pfalz	57 985	0,814	9	55 690	0,876	10	0,960
Niedersachsen	57 558	0,808	10	55 781	0,877	9	0,969
Saarland	55 741	0,782	11	53 646	0,844	11	0,962
Brandenburg	-	-	-	39 928	0,628	12	-
Mecklenburg-Vorpommern	-	-	-	39 389	0,619	13	-
Sachsen-Anhalt	-	-	-	38 590	0,607	14	-
Sachsen	-	-	-	38 366	0,603	15	-
Thüringen	-	-	-	38 293	0,602	16	-

Quelle: Statistisches Bundesamt (Hrsg.): Fachserie 14: Finanzen und Steuern; Reihe 7.1: Einkommensteuer 1989 bzw. 1992, Wiesbaden 1995 bzw. 1998, S. 26 bzw. S. 22 sowie eigene Berechnungen.

Die Einkommensteuerstatistik für 1992, dargestellt in Tabelle 5.14, zeigt eine interessante Entwicklung. Hamburg konnte trotz eines Rückganges um mehr als 10 % seit 1989 die Spitzenposition mit einer durchschnittlichen Summe der Gesamteinkünfte von 63 594 DM verteidigen. Das ist allerdings im wesentlichen darauf zurückzuführen, daß auch alle anderen alten Bundesländer einen Rückgang der durchschnittlichen Summe der Gesamteinkünfte von 3 % bis 7 % hinnehmen mußten.[121] Die Rangfolge zwischen den Ländern ist im wesentlichen unverändert geblieben. Nach wie vor nimmt das Saarland mit einer durchschnittlichen Summe der Gesamteinkünfte von 53 646 DM den 11. Rang ein. Die relative Position hat sich jedoch gegenüber 1989 verbessert. Die durchschnittliche Summe der Einkünfte liegt nun bei etwas mehr als 84 % derjenigen Hamburgs.

Tabelle 5.14 gibt auch Auskunft über die Einkommenssituation in den neuen Bundesländern in 1992. Wie zu erwarten war, folgen diese Länder dem einkommensschwächsten westdeutschen Bundesland mit deutlichem Abstand. Sie erreichen nur zwischen 60 % und 63 % der durchschnittlichen Einkünfte Hamburgs. Dabei ist Brandenburg mit 39 928 DM noch das einkommensstärkste neue Bundesland. Das Schlußlicht bildet Thüringen mit 38 293 DM. Bei einem Vergleich der beiden letztgenannten Größen fällt auf, daß die regionalen Einkommensunterschiede in Ostdeutschland weit weniger stark ausgeprägt sind als im Westen der Republik.

---

[121] Der Rückgang der Summe der Einkünfte in allen westdeutschen Bundesländern ist möglicherweise darauf zurückzuführen, daß die Steuerpflichtigen ihre Bemessungsgrundlage geschmälert haben. Das kann insbesondere durch die Inanspruchnahme der Sonderabschreibungen geschehen sein, die für Investitionen in den neuen Bundesländern zugelassen waren. In dieses Bild paßt auch die Tatsache, daß der Rückgang in den beiden einkommensstarken Ländern besonders stark ausgefallen ist.

3. Daten zur Vermögensverteilung

Wer Informationen über die Verteilung des Vermögens benötigt, sieht sich einer Reihe von Problemen gegenübergestellt. Die größte Schwierigkeit liegt wohl darin, daß es für die Bundesrepublik Deutschland keine umfassende offizielle Statistik über das Volksvermögen und seine Verteilung gibt. So ist der Interessent zumindest in Teilbereichen auf Hochrechnungen oder Schätzungen angewiesen, in die nicht selten subjektive Wertungen eingeflossen sind.

Wir werden bei der Datenanalyse insbesondere auf die folgenden Berechnungen zurückgreifen: Die von Mierheim/Wicke[122] und Hober/Mierheim[123] durchgeführten Hochrechnungen für das Jahr 1973 sowie Ergebnisse der EVS für das Jahr 1993.[124] Die Problematik der von Mierheim/Hober errechneten Daten liegt zum einen darin, daß sie die Vermögensverteilung beschreiben, die nun schon ein Vierteljahrhundert zurückliegt. Zum anderen waren umfangreiche zusätzliche Berechnungen auf der Basis der EVS-Daten von 1973 notwendig, um zu Angaben über den Wert des volkswirtschaftlichen Gesamtvermögens und dessen Verteilung zu gelangen. Es kommt hinzu, daß die Berechnungen teilweise auf wenig gesicherten Annahmen basieren. So wurde, um nur ein Beispiel zu nennen, der Verkehrswert des Grundvermögens in Höhe des 6,4-fachen des aus der Steuerstatistik entnommenen Einheitswertes angesetzt.

Um einen Überblick über die Verteilung des Vermögens im vereinten Deutschland der 90er Jahre zu bekommen, werden wir im folgenden Daten der EVS für das Jahr 1993 nutzen.[125] Diese Erhebung des Statistischen Bundesamtes liefert einerseits durchaus zuverlässige Daten. Allerdings umfassen sie andererseits nicht alle Vermögensgegenstände in der Bundesrepublik. So fehlen die Ansprüche von Versicherten an die Gesetzliche Rentenversicherung in der Betrachtung. Zudem sind die Vermögensbesitzer mit einem Monatseinkommen von mehr als 35 000 DM ganz herausgelassen worden. Darüber hinaus gibt es Probleme bei der Bewertung von Vermögenswerten von Personengesellschaften, GmbH- oder Genossenschafts-Anteilen sowie von Versicherungspolicen.

Als eine weitere Informationsquelle käme noch die Vermögensteuerstatistik in Frage. Sie erfaßt allerdings lediglich 2 % aller Haushalte und vermutlich wenig mehr als 10 % des Vermögens. Schon aus diesem Grund erscheint sie allenfalls für Kontrollrechnungen anwendbar. Im folgenden wird deshalb auf ihre Ergebnisse nicht weiter eingegangen.

---

[122] Vgl. Mierheim/Wicke, 1978.

[123] Vgl. Hober/Mierheim, 1981.

[124] Vgl. Statistisches Bundesamt, 1995c.

[125] Vgl. Statistisches Bundesamt, 1995c.

3.1 Die Größenverteilung des Vermögens nach Hochrechnungen von Mierheim/Wicke/Hober

Wir beginnen mit einigen Daten der Mierheim/Wicke-Untersuchung zur Verteilung des Gesamtvermögens sowie des Produktivvermögens, die auf der Basis der 1973er EVS-Daten, der Vermögensteuerstatistik und der VGR errechnet wurden. Erstes auffallendes Merkmal ist, daß die Verteilung des Vermögens weit ungleicher als die der Einkommen ist. Dies gilt zunächst für die Verteilung des **Gesamtvermögens**. Wie aus Tabelle 5.15 abgelesen werden kann, befanden sich gerade 3 % des Bruttogesamtvermögens in den Händen von 30 % der Haushalte mit einem Nettovermögen von weniger als 10 000 DM. Zugleich konzentrierten sich rund 85 % des Bruttogesamtvermögens bei etwa 24 % der Haushalte mit einem Vermögen von mehr als 100 000 DM.

Tab. 5.15: Die Größenverteilung des Bruttogesamtvermögens und des Produktivvermögens auf die Haushalte in der Bundesrepublik Deutschland in 1973

Nettovermögen von ..... DM bis unter ..... DM	Haushalte kumuliert in %	Anteil am Bruttogesamtvermögen kumuliert in %	Anteil am Produktivvermögen kumuliert in %
10 000	30,10	3,02	1,01
10 00 – 100 000	75,97	21,24	9,41
100 000 – 2,5 Mio.	99,54	85,26	60,0
> 2,5 Mio.	100,0	100,0	100,0
Gini-Koeffizient[1]	-	0,709	0,835

[1] Der Gini-Koeffizient wurde auf Basis einer Haushaltsschichtung in 11 Klassen errechnet.

Quelle: Mierheim, H. /Wicke, L.: Die personelle Vermögensverteilung, Tübingen 1978, S. 68 f., S. 99 und S. 103.

Noch schärfer ist die Ungleichverteilung, wenn auf das **Produktivvermögen** abgestellt wird. Hier entfiel auf die untersten 30 % der Haushalte gerade 1 % des Vermögens, während bei den obersten 5 ‰ (Promille!) aller Haushalte 40 % des Vermögens konzentriert waren. Diese Zahlen scheinen zumindest in der Tendenz die fast sensationellen Ergebnisse einer früheren Studie von Krelle, Schunke und Siebke[126] zu bestätigen, wonach in den 60er Jahren die obersten 1,7 % aller Haushalte zwischen 70 und 74 % des Produktivvermögens auf sich vereinigten.

Abb. 5.4 verdeutlicht die starke Vermögenskonzentration noch einmal. Die Lorenzkurven - sie wurden auf der Basis einer detaillierten Gruppenbildung der Haushalte ermittelt - sind hier sehr viel stärker als bei der früheren Darstellung der Einkommen gekrümmt. Und auch die Gini-Koeffizienten weisen auf den höheren Konzentrationsgrad hin. Sie liegen mit Werten von 0,709 für das Ge-

[126] Vgl. Krelle u.a., 1968, S. 381.

samtvermögen und 0,835 für das Produktivvermögen weit über denen der Einkommensverteilung.

Abb. 5.4: Lorenzkurven zur Verteilung des Bruttogesamtvermögens und des Produktivitätsvermögens auf private Haushalte für das Jahr 1973

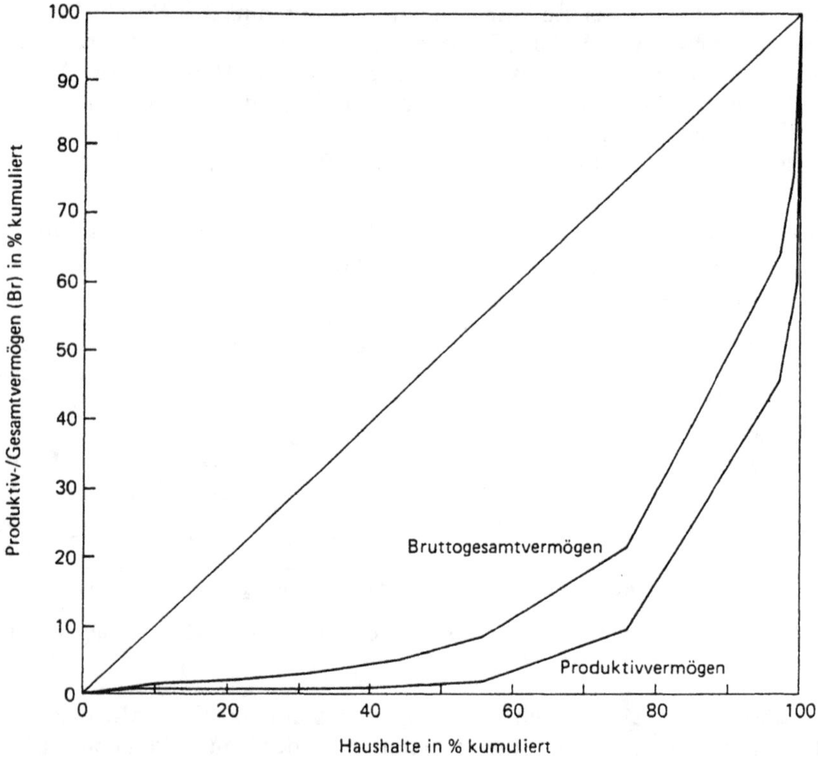

In einer Fortführung der soeben dargestellten Studie haben Hober und Mierheim versucht, das zuvor in der Analyse nicht berücksichtigte **Versorgungsvermögen**, zu dem insbesondere Rentenansprüche und zu erwartende Leistungen aus Lebensversicherungen zählen, bei der Vermögensermittlung mit zu erfassen. Diese Ausweitung des Vermögensbegriffs führte dazu, daß sich das Gesamtvermögen nunmehr sehr viel weniger ungleich verteilte.

Tabelle 5.16 informiert zunächst über die Verteilung des Versorgungsvermögens. Sie zeigt, daß auch hier noch eine Ungleichverteilung festzustellen ist. So vereinigten im Jahre 1973 51 % der Haushalte nur etwa ein Viertel des Versorgungsvermögens auf sich. Es fehlte aber, wie aus den Werten für die obersten Vermögensklassen erkennbar wird, die starke Konzentration des Versorgungsvermögens bei den Reichsten.

Tab. 5.16: Die Größenverteilung des Nettogesamtvermögens auf die Haushalte in der Bundesrepublik Deutschland in 1973

	Nettogesamtvermögen[1]		Versorgungsvermögen		Nettogesamtvermögen[2]	
Vermögen bis unter ..... DM	Haushalte kumuliert in %	Anteil am Nettogesamtvermögen kumuliert in %	Haushalte kumuliert in %	Anteil am Versorgungsvermögen kumuliert in %	Haushalte kumuliert in %	Anteil am Nettogesamtvermögen kumuliert in %
10 000	36,1	1,3	4,5	0,5	4,6	0,1
100 000	78,2	20,2	51,2	25,9	51,3	15,4
2 500 000	99,0	73,9	99,5	99,6	99,5	90,4
> 2 500 000	100,0	100,0	100,0	100,0	100,0	100,0
Gini-Koeffizient[3]	0,7493		0,3293		0,5403	

[1] Ohne Berücksichtigung des Versorgungsvermögens.

[2] Mit Berücksichtigung des Versorgungsvermögens.

[3] Der Gini-Koeffizient wurde auf Basis einer Haushaltsschichtung in 13 Klassen errechnet.

Quelle: Hober, R.-J./Mierheim, H.: Die Bedeutung des Versorgungsvermögens für die personelle Vermögensverteilung der privaten Haushalte in der Bundesrepublik Deutschland 1973, in: Jahrbücher für Nationalökonomie und Statistik, Heft 5, 1981, S. 404 sowie eigene Berechnungen.

Bezieht man nun das Versorgungsvermögen in das Gesamtvermögen ein, so führt dies dazu, daß es zu einer deutlichen Abnahme der Ungleichverteilung desselben kommt. So entfallen jetzt auf die erste Hälfte der Haushalte immerhin 15 % des Nettogesamtvermögens, und die Reichsten mit einem Vermögen von 2,5 Mio. DM und mehr vereinigen "nur noch" 10 % des volkswirtschaftlichen Gesamtvermögens auf sich. Die Lorenzkurve weist in der Abbildung 5.5 dadurch einen deutlich flacheren Verlauf auf, und auch der Ginikoeffizient liegt mit einem Wert von 0,5403 erheblich niedriger als der des Nettogesamtvermögens ohne Berücksichtigung des Versorgungsvermögens.

Abb. 5.5: Lorenzkurven zur Verteilung des Versorgungsvermögens sowie des Nettovermögens mit und ohne Versorgungsvermögen auf private Haushalte für das Jahr 1973

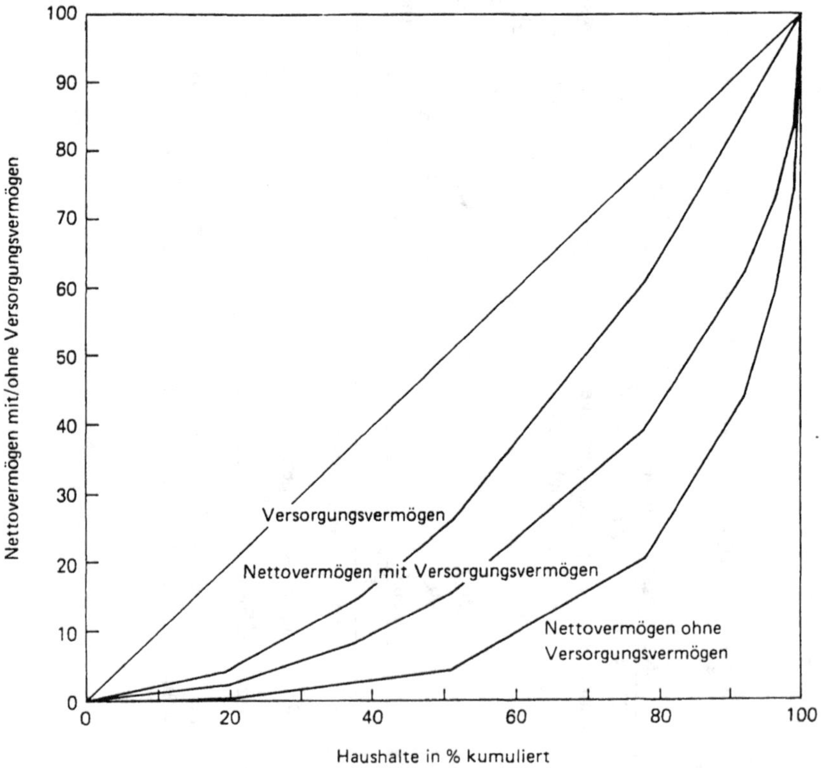

3.2 Daten zur Größenverteilung des Vermögens nach der EVS 1993

In den folgenden Ausführungen soll auf Basis der Daten der EVS 1993 ein aktuelleres Bild der Vermögensverteilung in Deutschland, insbesondere auch in den neuen Bundesländern, geschaffen werden. Dabei verzichten wir auf Berechnungen, wie sie Mierheim/Wicke angestellt haben, und begnügen uns mit den Daten, die das Statistische Bundesamt liefert. Ausgewiesen wird zum einen das Bruttogeldvermögen, das sich aus Bausparguthaben, Wertpapieren, Sparbüchern, Vermögen aus Versicherungsverträgen und sonstigem Geldvermögen zusammensetzt. Durch Abzug der Kreditverpflichtungen gelangt man zum Nettogeldvermögen. Neben dem Geldvermögen ist auch das Grundvermögen Gegenstand der EVS. Nicht erfaßt bleibt damit das Produktivvermögen, soweit es nicht unter dem Posten „Wertpapiere" aufgeführt wurde.

In einem ersten Schritt soll untersucht werden, wie hoch der Grad der Konzentration der Verteilung dieser unterschiedlichen Vermögensarten in Ost- und Westdeutschland ist. Sodann wenden wir uns der Frage zu, ob sich Einkommen und Vermögen als den beiden zentralen monetären Zielgrößen staatlicher Verteilungspolitik bei denselben Haushalten konzentrieren.

3.2.1 Die Konzentration der Vermögen

Zunächst bestätigen die Zahlen der EVS, daß die Verteilung der verschiedenen Vermögensarten auf die Haushalte eine wesentlich stärkere Konzentration aufweist als die Verteilung der Einkommen. Das äußert sich zum einen in den höheren Gini-Koeffizienten, die zwischen 0,5165 für die Verteilung der Bruttogeldvermögen in Ostdeutschland und 0,8729 für die Verteilung der Grundvermögen, bewertet zu Einheitswerten, in Ostdeutschland liegen.[127] Die Koeffizienten für die Vermögensverteilung in Westdeutschland liegen zwischen diesen Werten. Dabei ist zu beachten, daß die hier berechneten Gini-Koeffizienten auch solche Haushalte mit einbeziehen, die gar kein Vermögen haben. Die Lorenzkurven für Westdeutschland in Abbildung 5.6 und für Ostdeutschland in Abbildung 5.6 verdeutlichen die starke Konzentration auch optisch sehr deutlich.

Die Verteilung der Grundvermögen weist unabhängig davon, ob diese nach Einheits- oder Verkehrswert bewertet werden, die stärkste Konzentration auf. So verfügen in Westdeutschland 1993 fast 50 % der Haushalte über gar kein Grundvermögen. Auf der anderen Seite vereinigen die obersten 2,6 % der Haushalte über 19 % des zu Verkehrswerten bewerteten Grundvermögens. Interessanterweise liegt der Gini-Koeffizient mit 0,6728 unter dem, der sich bei einer Einheitsbewertung ergeben würde (0,6948). Das bedeutet, daß die Einheitsbewer-

---

[127] Bei dem Vergleich von Gini-Koeffizienten der Vermögens- und Einkommensstatistik ist zu berücksichtigen, daß sich die Skalen der einzelnen Vermögensstatistiken untereinander und von der der Einkommensstatistik unterscheiden. Bei so deutlichen Unterschieden, wie sie hier vorliegen, ist es jedoch gerechtfertigt, von einer weitaus höheren Konzentration der Vermögen gegenüber den Einkommen und der Grundvermögen gegenüber den Geldvermögen zu sprechen.

tung die Grundwerte am unteren Ende der Skala stärker unterbewertet als im oberen Skalenbereich. Wesentlich ungleicher ist die Verteilung der Grundvermögen in Ostdeutschland. Dort verfügen nur 27,6 % der Haushalte überhaupt über Grundvermögen, während die obersten 4,2 ‰ (Promille!) ca. 13 % des gesamten ostdeutschen Grundvermögens auf sich vereinigen. Der Gini-Koeffizient beträgt 0,8729 bei Einheitsbewertung und 0,8549 bei Berechnung zu Verkehrswerten.

Abb. 5.6: Lorenzkurven der Verteilung von Grund- und Bruttogeldvermögen im früheren Bundesgebiet auf alle Haushalte in 1993

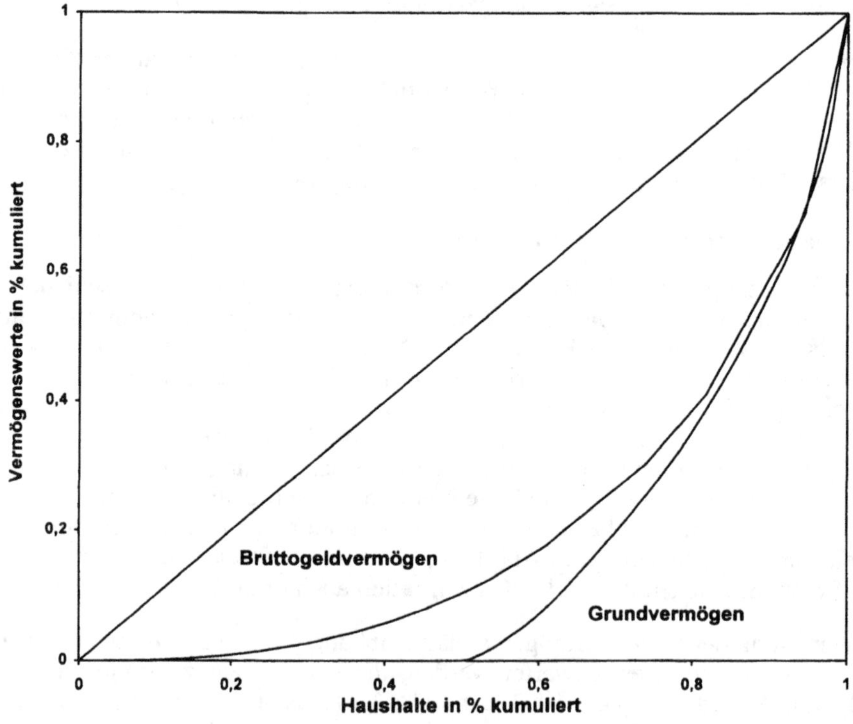

Quelle: Statistisches Bundesamt (Hrsg.): Fachserie 15: Wirtschaftsrechnungen; Einkommens- und Verbrauchsstichprobe 1993, Heft 2, Wiesbaden 1995, S. 17 und S. 21-25 sowie eigene Berechnungen.

Eine wesentlich weniger starke Konzentration weist die Verteilung der Brutto- und Nettogeldvermögen auf. Das liegt vor allem daran, daß nur ca. 3,3 % der Haushalte in Westdeutschland und 2,6 % der Haushalte in Ostdeutschland über kein Bruttogeldvermögen verfügen. Es fällt allerdings auf, daß zumindest in Ostdeutschland die Konzentration am oberen Ende der Bruttogeldvermögensverteilung dennoch in etwa der der Grundvermögensverteilung entspricht. Wie zu erwarten war, ist die Verteilung der Bruttogeldvermögen in Westdeutschland (Gini-Koeffizient: 0,5898) ungleicher als in Ostdeutschland (0,5165). Auffallend ist, daß die Gini-Koeffizienten für die Nettogrößen mit 0,6050 bzw. 0,5523 höher als die für das Bruttogeldvermögen sind.[128] Dies deutet darauf hin, daß die Haushalte mit geringem Bruttogeldvermögen relativ mehr Kreditverpflichtungen haben als die Haushalte am oberen Ende der Verteilung.

Abb. 5.6a: Lorenzkurven der Verteilung von Grund- und Bruttogeldvermögen in Ostdeutschland auf alle Haushalte in 1993

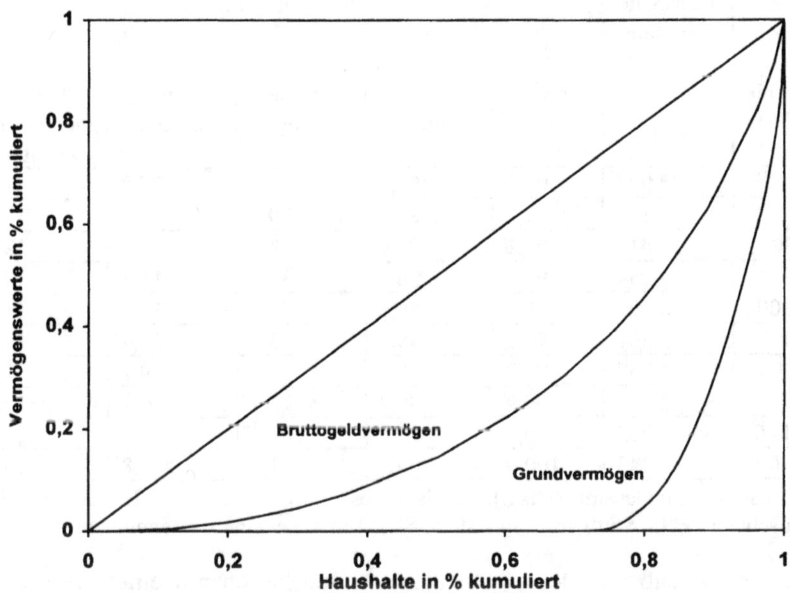

Quelle: Statistisches Bundesamt (Hrsg.): Fachserie 15: Wirtschaftsrechnungen; Einkommens- und Verbrauchsstichprobe 1993, Heft 2, Wiesbaden 1995, S. 17 und S. 21-25 sowie eigene Berechnungen.

128 Bei der Berechnung der Gini-Koeffizienten für die Nettovermögensverteilung trat das Problem auf, daß die Haushalte in der untersten Vermögensklasse im Durchschnitt negative Vermögensbestände, also Schulden hatten. Da Gini-Koeffizienten nur aus nichtnegativen Anteilswerten der Merkmalssumme berechnet werden können, wurden die Daten durch Addition einer Konstante zu den Vermögensbeständen so transformiert, daß die unterste Vermögensklasse nach der Transformation ein Nettovermögen in Höhe von Null hatte.

3.2.2 Vermögensverteilung nach Einkommensklassen

Nach der getrennten Betrachtung der Verteilung von Einkommen und Vermögen soll abschließend untersucht werden, ob die Konzentration von Einkommen und Vermögen bei denselben Haushalten zu finden ist oder bei unterschiedlichen Haushalten anfällt. Dazu wird im folgenden das Gesamtvermögen, bestehend aus Grund und Geldvermögen sowie Kreditverpflichtungen, den nach ihrer Einkommenshöhe klassifizierten Haushalten zugeordnet.

Tab. 5.17: Vermögen und Kreditverpflichtungen der westdeutschen Haushalte in 1993

Monatliche Haushaltsnetto-einkommen von ..... DM bis unter ..... DM	Haushalte insgesamt in 1 000	davon in % mit				
		Vermögen	Geldvermögen	Grundvermögen	Hypotheken	Konsumentenkrediten
Insgesamt	28 928	97,2	96,7	50,5	27,0	17,6
1 200	2 179	84,2	82,9	20,4	3,9	10,4
1 200 - 1 800	3 417	93,1	92,0	28,0	5,9	12,2
1 800 - 2 500	5 234	97,1	96,8	34,9	11,3	17,1
2 500 – 3 000	3 190	98,9	98,5	45,2	18,2	18,6
3 000 - 4 000	5 201	99,2	98,9	53,3	28,4	19,9
4 000 - 5 000	3 757	99,7	99,5	63,1	39,7	21,5
5 000 - 6 000	2 323	99,9	99,7	73,4	50,2	19,5
6 000 - 10 000	2 902	100,0	99,8	83,4	61,2	20,0
10 000 - 35 000	445	100,0	99,1	91,9	72,8	16,9

Quelle: Statistisches Bundesamt (Hrsg.): Statistisches Jahrbuch für die Bundesrepublik Deutschland 1995, Stuttgart/Mainz 1995, S. 554 sowie eigene Berechnungen.

Tabelle 5.17 zeigt, daß von den westdeutschen Haushalten mit einem monatlichen Nettoeinkommen von weniger als 1 200 DM 82,9 % über Geld- und immerhin 20,4 % über Grundvermögen verfügen. In allen anderen Einkommensklassen liegt der Anteil von Haushalten mit Geldvermögen bei über 90 %, bei den Haushalten mit mehr als 4 000 DM monatlich sogar über 99 %. Bezeichnend ist zudem, daß über die Hälfte der Haushalte mit einem Monatseinkommen von mehr als 3 000 DM über Grundvermögen verfügen. In der Klasse mit fünfstelligen Einkommen beträgt dieser Anteil sogar fast 92 %.

Wie Tabelle 5.17a zu entnehmen ist, ergibt sich in Ostdeutschland ein in Teilen anderes Bild. Zunächst muß darauf verwiesen werden, daß die Ausklammerung von Haushalten mit einem Nettoeinkommen von mehr als 10 000 DM den Ost-West-Vergleich erschwert. Es kann aber dennoch festgestellt werden, daß bei den Grundvermögen, den Hypothekenkrediten und den Konsumentenkrediten deutliche Unterschiede vorliegen. So verfügen in Ostdeutschland nur 11,2 % der Haushalte in der untersten Einkommensklasse über Grundvermögen. Dieser

Anteil steigt zwar von Einkommensklasse zu Einkommensklasse, bleibt aber zu jeder Zeit deutlich unter den Vergleichswerten in Westdeutschland. Während in Westdeutschland mehr als 50 % aller Haushalte mit einem Nettoeinkommen von mehr als 3 000 DM über Grundvermögen verfügen, liegt diese Einkommensgrenze in Ostdeutschland doppelt so hoch. Und während in Westdeutschland 83,4 % der Haushalte mit einem Einkommen zwischen 6 000 DM und 10 000 DM über Grundvermögen verfügen, sind es in Ostdeutschland gerade 55 %. Konsequenterweise liegt auch der Anteil der Haushalte mit Hypotheken in Ostdeutschland in allen Einkommensklassen wesentlich unter dem in Westdeutschland und bleibt auch in der höchsten Einkommensklasse unter 30 %.

Tab. 5.17a: Vermögen und Kreditverpflichtungen der ostdeutschen Haushalte in 1993

Monatliche Haushaltsnetto-einkommen von ..... DM bis unter ... DM	Haushalte insgesamt in 1 000	davon in % mit				
		Vermögen	Geldvermögen	Grundvermögen	Hypotheken	Konsumentenkrediten
Insgesamt	6 682	97,7	97,5	27,7	10,3	19,4
1 200	911	92,1	91,8	11,2	/	7,5
1 200-1 800	1 324	96,1	95,9	17,6	3,9	11,0
1 800-2 500	1 404	99,1	98,9	28,0	7,5	18,2
2 500-3 000	782	99,1	99,0	30,7	11,6	23,7
3 000-4 000	1 187	99,5	99,4	34,1	15,2	27,0
4 000-5 000	633	99,8	99,7	40,0	18,2	32,1
5 000-6 000	274	98,9	98,9	47,8	26,3	30,7
6 000-10 000	151	99,3	99,3	55,0	29,1	21,9
10 000-35 000	-	-	-	-	-	-

Quelle: Statistisches Bundesamt (Hrsg.): Statistisches Jahrbuch für die Bundesrepublik 1995, Stuttgart/Mainz 1995, S. 554 sowie eigene Berechnungen.

Auffällig ist sodann, daß in Ostdeutschland der Anteil der Haushalte, die Konsumentenkredite aufgenommen haben, ab der dritten Einkommensklasse durchweg höher als in den alten Bundesländern liegt. Grund dafür könnte der erhebliche Nachholbedarf sein, der in Ostdeutschland nach der Vereinigung bei PKW und vielen anderen langlebigen Gebrauchsgütern bestand.

Insgesamt zeigen die Daten, daß mit steigendem Einkommen auch der Anteil der Haushalte zunimmt, die über eine bestimmte Art von Vermögen verfügen. Dem entspricht, daß der durchschnittliche Bestand an Grundvermögen und Nettogeldvermögen der Haushalte, die über Vermögen verfügen, mit zunehmendem Einkommen ebenfalls steigt. Wie Abb. 5.7 zeigt, ist dieser Zusammenhang in Ostdeutschland wie in Westdeutschland für beide Arten von Vermögen fast linear.[129] Während der Achsenabschnitt einer Trendgeraden bei den Nettogeldvermögen nicht signifikant von Null verschieden ist ($\alpha = 0{,}05$), liegt er bei den Grundvermögen bei über 260 000 DM für West- und über 130 000 DM für Ostdeutschland. Die in allen Fällen signifikant positiven Schätzer für die Steigung der Trendgeraden zeigen sodann, daß diese in Ostdeutschland flacher verläuft als in Westdeutschland. Zudem steigen die Trendlinien für das Nettogeldvermögen weniger schnell an als die für die Grundvermögen.[130]

Abb. 5.7: Durchschnittlicher Wert des Grundvermögens und des Nettogeldvermögens der Haushalte in Ost- und Westdeutschland nach Einkommensklassen in 1993

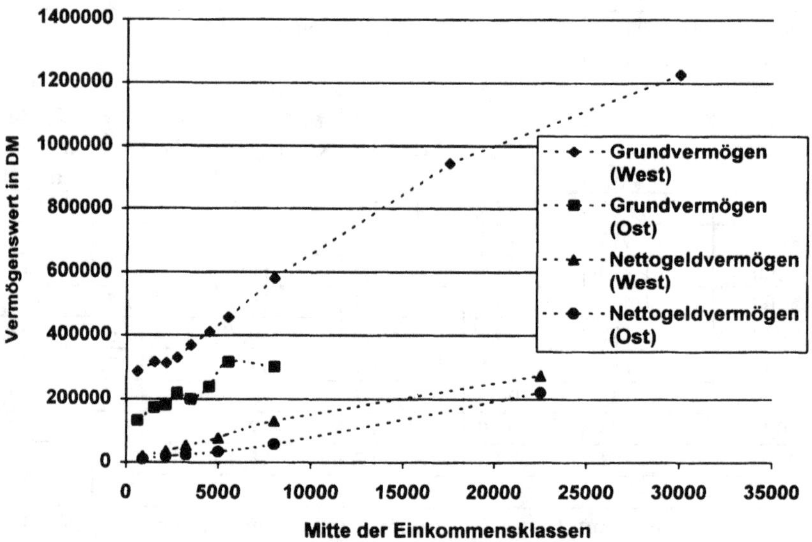

Quelle: Statistisches Bundesamt (Hrsg.): Fachserie 15: Wirtschaftsrechnungen; Einkommens- und Verbrauchsstichprobe 1993, Heft 2, Wiesbaden 1995, S. 17 und S. 23 sowie eigene Berechnungen.

129 Eine Regressionsanalyse zeigt, daß die Korrelationskoeffizienten der Mitte der Einkommensklassen und der durchschnittlichen Vermögensbestände in allen Fällen über 0,9 liegen.

130 Zu beachten ist hier allerdings, daß sich die Einkommens-Schichtungen in den beiden Statistiken voneinander unterscheiden. Vgl. Statistisches Bundesamt, 1995c, S. 17 und S. 23.

3.3 Fazit

Die Daten zur Vermögensverteilung haben deutlich gemacht, daß die Vermögen insgesamt ungleicher als die Einkommen auf die Haushalte verteilt sind. Es wäre nun jedoch voreilig, aus diesem Erscheinungsbild beim Vermögen von vornherein auf einen höheren Umverteilungsbedarf als bei den Einkommen zu schließen. Zum einen ist zu berücksichtigen, daß Selbständige in höherem Maße Sach- und Geldvermögen zu Vorsorgezwecken bilden müssen als Unselbständige, weil letztere Rentenanwartschaften im Rahmen der Gesetzlichen Rentenversicherung erwerben, die in den Statistiken nicht erfaßt sind. Es kommt hinzu, daß Vermögen für die Mehrzahl der Haushalte nur in unbedeutendem Umfang zur Einkommenserzielung beiträgt, während es z.B. für die Selbständigen oft die Hauptquelle der Einkommenserzielung darstellt. Nicht zuletzt muß bedacht werden, daß eine Nivellierung der Vermögen eventuell negative Auswirkungen auf die Vermögensbildung und das gesamtwirtschaftliche Wachstum haben kann.

6. Kapitel

Theoretische Erklärungsversuche der personellen Einkommensverteilung und Ansätze der Verteilungspolitik

1. Personelle Einkommensverteilung als Teilobjekt der Verteilungstheorie

Ziele und vor allem Maßnahmen der Verteilungspolitik bauen auf theoretischen Ansätzen und Annahmen darüber auf, wie die Verteilung des Volkseinkommens zustandekommt und durch welche Faktoren sie beeinflußbar ist. Damit ist es gerechtfertigt, vor einer Analyse staatlicher Verteilungspolitik einen Überblick über **Erklärungsansätze der Einkommensverteilung** zu geben. Nach Grüske sind hierzu folgende Grundfragen zu klären: „(1) Was wird verteilt? Angesprochen ist damit der Gegenstand der Verteilung. (2) Wem wird zugeteilt? Hier handelt es sich um die distributive Bezugseinheit und deren Aggregation zu bestimmten Gruppen. (3) Wie entsteht die Verteilung am Markt?“[131]

Die traditionelle Verteilungstheorie befaßt sich mit zwei Fragen: Der Erklärung der **personellen** Verteilung der Leistungseinkommen einerseits und der Erklärung der **funktionellen** Einkommensverteilung andererseits. Erst später hinzugekommen ist der Versuch, die Verteilung der Einkommen unter der Voraussetzung zu erklären, daß bei ein und derselben Person bzw. Gruppe sowohl Leistungs- als auch Gewinneinkommen anfallen; damit befassen sich die Theorien zur **Querverteilung**.

Zur Veranschaulichung des Gesamtgebäudes der Verteilungstheorie soll die in Abbildung 6.1 enthaltene Systematik verteilungstheoretischer Ansätze vorangestellt werden.

---

[131] Grüske, 1985, S. 11.

Abb. 6.1: Systematik der Verteilungstheorien

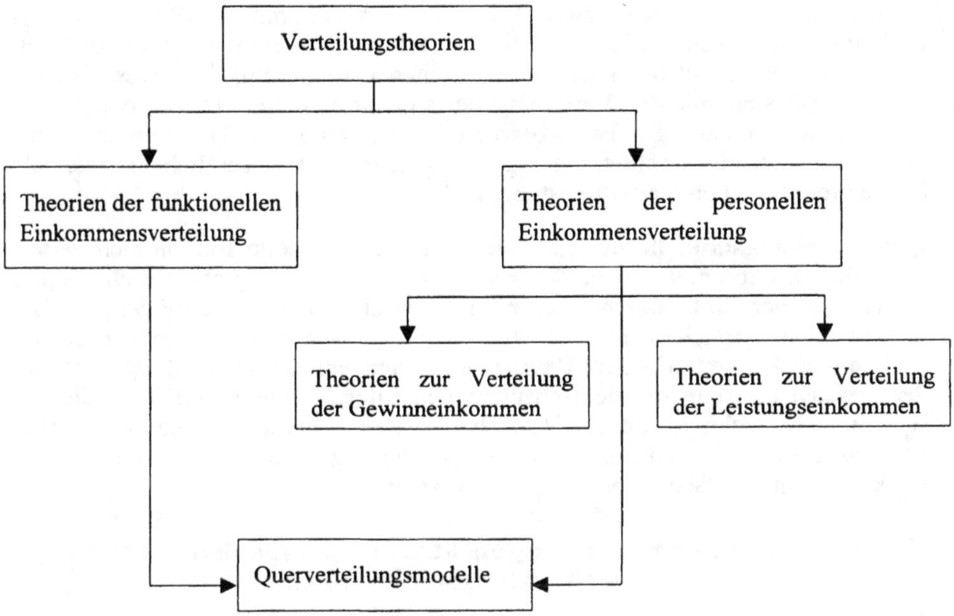

Quelle: Eigene Darstellung

Funktionelle Einkommensverteilung (income distribution) bezeichnet nach John Bates Clark (1908) die Verteilung des gesamten in einer Periode erwirtschafteten Einkommens einer Volkswirtschaft auf die eingesetzten **Produktionsfaktoren** Arbeit, Kapital und unternehmerische Leistungen, die mit Löhnen und Gehältern, Zinsen, Unternehmerlohn und Gewinnen entlohnt werden.[132] Auf der Verteilungsseite der Volkswirtschaftlichen Gesamtrechnung wird diese Einkommensverteilung in einem ersten Schritt mit Hilfe der Lohn- und Gewinnquote gemessen. Die **Lohnquote** drückt den Anteil der Lohnsumme der abhängig Beschäftigten am Volkseinkommen aus, während die **Gewinnquote** den Anteil der Einkommen aus Unternehmertätigkeit und Vermögen (Unternehmerlohn, Gewinne und Zinsen) am Volkseinkommen darstellt. Die Theorien der

132 Vgl. Stobbe, 1981, S. 38 f.

funktionellen Einkommensverteilung betrachten ausschließlich die **Primärverteilung**[133] und sind makroökonomisch orientiert.

Erkenntnisgegenstand der Theorien zur **personellen Einkommensverteilung (size distribution of income)** i.e.S. dagegen ist das Einkommen, das auf die einzelnen Wirtschaftssubjekte bzw. auf die nach der Einkommenshöhe gruppierten Einkommensbezieher entfällt. Sie wollen erklären, warum diese Einkommen nicht gleichmäßig auf die Wirtschaftseinheiten verteilt sind.[134] Im wesentlichen befassen sie sich mit der Verteilung der Leistungseinkommen, also der Einkommen aus abhängiger Erwerbsarbeit.[135] Die gängigen Theorien sind mikroökonomisch ausgerichtet, ihr Aggregationsgrad ist wesentlich geringer als bei den funktionellen Verteilungstheorien.[136]

Querverteilungsmodelle beziehen sich auf die personelle Einkommensverteilung aller Einkommen, d. h. der Einkommen aus abhängiger Beschäftigung ebenso wie der Einkommen aus Unternehmertätigkeit und Vermögen, auf die individuellen Wirtschaftseinheiten bzw. auf die nach Einkommen geordneten Einkommensklassen. Mit dem Begriff der **„Querverteilung“** wird nach Stobbe, der diesen Begriff in der deutschsprachigen Literatur eingeführt hat, „die Erscheinung bezeichnet, daß ein Wirtschaftssubjekt Eigentümer mehrerer Arten von Produktionsfaktoren sein kann bzw. gleichzeitig mehrere der (...) relevanten Funktionen im Wirtschaftsprozeß ausüben kann.“[137]

2. Überblick über Erklärungsansätze zur personellen Verteilung der Leistungseinkommen

2.1 Einführung

Obwohl im Rahmen dieses Lehrbuchs sowohl die personelle Einkommens- als auch die Vermögensverteilung behandelt werden, beschränkt sich die folgende theoretische Grundlegung auf die Erklärung der Verteilung der **Leistungseinkommen**. Zwei Gründe waren dafür maßgebend. Zum einen ist die Erklärung der Vermögensverteilung innerhalb der Wirtschaftswissenschaften ein weitgehend vernachlässigtes Gebiet, das nur wenig und dann zumeist hypothesenartig bearbeitet wird. Zum zweiten tragen die Leistungseinkommen mit gut 80 % zum Gesamteinkommen bei, so daß „lediglich“ 20 % der Einkommen unerklärt bleiben.

---

133 Vgl. Abschnitt 1.4, Kapitel 2 dieses Lehrbuchs.

134 Vgl. Külp, 1994, S. 2.

135 Das Problem hierbei ist, daß die Einkommensverteilung der Gruppe der nicht oder nicht mehr erwerbstätigen Individuen von diesen Ansätzen nicht erfaßt werden kann.

136 Vgl. Grüske, 1985, S. 33.

137 Stobbe, 1981, S. 45.

Der Aufbau ist so, daß der Darstellung der wichtigsten Erklärungsansätze Überlegungen zu ihren jeweiligen verteilungspolitischen Implikationen folgen, um damit eine Grundlage für die in den nachfolgenden Kapiteln behandelten konkreten verteilungspolitischen Maßnahmen zu schaffen. Diese können auf die **Primärverteilung** abzielen, indem direkt auf die Mechanismen eingewirkt wird, die zu einer bestimmten personellen Einkommensverteilung am Markt führen. Sie können aber auch an der **Sekundärverteilung** ansetzen, wenn sie zunächst eine bestimmte marktliche Verteilung zulassen und diese dann nachträglich korrigieren.[138]

Theorien der personellen Einkommensverteilung wollen eine Erklärung für die Entstehung der typischen **linkssteilen Einkommensverteilung**[139] geben. Da sie sich zumeist auf die Leistungseinkommen beziehen, kann nun die erste der oben gestellten Grundfragen, nämlich die nach dem Objekt der Verteilung, beantwortet werden: Es soll eine Eingrenzung auf monetäre Einkommen erfolgen.[140]

Hier ist zunächst festzustellen, daß der Definition und der Abgrenzung der **Leistungs-** bzw. **Arbeitseinkommen** entweder überhaupt keine Aufmerksamkeit gewidmet oder daß sie unterschiedlich vorgenommen wird. Lydall schlägt folgende Abgrenzung vor: "Männliche, erwachsene, während der ganzen Periode vollzeitbeschäftigte Personen, alle Berufe umfassend, in allen Wirtschaftszweigen außer Landwirtschaft. Das zu messende Einkommen sollte Geldlöhne und -gehälter vor Abzug von Steuern umfassen."[141] Diese Definition ist in mehrfacher Hinsicht problematisch. Die Frauenerwerbstätigkeit hat während der letzten Dekaden in allen Industriestaaten kontinuierlich zugenommen, und ein Großteil der beschäftigten Frauen ist vollzeitbeschäftigt. Deshalb müßten auch die Frauen in die Gruppe der betrachteten Arbeitnehmer einbezogen werden. Darüber hinaus müßten auch die teilzeit- oder nur geringfügig Beschäftigten Berücksichtigung finden, da Vollzeitbeschäftigung – wenn auch in unterschiedlichem Ausmaß – quer durch die Wirtschaftssektoren und Qualifikationsstufen an Bedeutung verliert.

Die sich dann ergebende Standardverteilung der personellen Einkommen verläuft, wie zahlreiche empirische Untersuchungen zeigen, in etwa **lognormal**. Sie läßt sich daher im oberen Bereich gut mit der schon bekannten **Pareto-Funktion**[142] abbilden. Dieser Verlauf bezieht sich auf die Verteilung der **Peri-**

138 Es sei angemerkt, daß bei der Diskussion von Politikoptionen zur Beeinflussung der personellen Einkommensverteilung die positive Ebene verlassen und normative Entscheidungen mit einbezogen werden. Dies gilt v.a. für die Ziele, die der Verteilungspolitiker hinsichtlich einer zu erreichenden „optimalen“ personellen Einkommensverteilung formuliert, basieren sie doch zwangsläufig auf Werturteilen und Gerechtigkeitsvorstellungen.

139 Vgl. hierzu Abschnitt 2.3, Kapitel 4 dieses Lehrbuchs.

140 Zu alternativen Objekten vgl. Grüske, 1985, S. 12 ff.

141 Lydall, 1981, S. 127.

142 Vgl. Abschnitt 1.2, Kapitel 4 dieses Lehrbuchs.

odeneinkommen und stützt sich damit auf eine **Querschnittsbetrachtung**. Es wird also zu einem bestimmten Zeitpunkt die Verteilung der Arbeitseinkommen auf alle Wirtschaftssubjekte ermittelt, die zu diesem Zeitpunkt erwerbstätig sind, ungeachtet ihres Alters und ungeachtet der individuellen Entwicklung ihrer Einkommen im Zeitablauf.

Daß diese Definition der Arbeitseinkommen keinesfalls unumstritten ist, wird die weiter unten vorgenommene Skizzierung von Theorien zeigen, die auf die Erklärung der **Lebenseinkommen** abzielen. Diese nehmen statt einer Querschnittsanalyse eine **Längsschnittsanalyse** der personellen Einkommensverteilung vor und weisen daher eine wesentlich geringere Streuung und auch ein anderes Muster derselben auf. Manche Verfechter dieser Theorien gehen sogar soweit zu behaupten, daß sich zeitpunktbezogene Einkommensungleichheiten im Laufe der Erwerbstätigkeit von Individuen völlig ausgleichen, so daß die abdiskontierten Lebenseinkommen für alle Individuen gleich sind. Eine Umverteilung wäre dann aber kaum mehr zu rechtfertigen. Der Faktor, der diesen Ausgleich zustande bringen kann, ist die **Einkommensmobilität** der Wirtschaftssubjekte. Sie sorgt dafür, daß über die Lebenszeit hinweg ein Aufstieg aus niedrigen in höhere Einkommensklassen erfolgt. Je höher diese Einkommensmobilität ist, desto verzerrter ist dann auch das Bild, das eine rein querschnittsbezogene Betrachtung der personellen Einkommensverteilung liefert. Empirische Studien zeigen allerdings, daß Einkommensmobilität Ungleichheiten in der personellen Einkommensverteilung im Zeitablauf zwar mildert, daß sie jedoch keine völlige Angleichung der Lebensarbeitseinkommen bewirken kann.[143]

Abbildung 6.2, die beispielhaft unterschiedliche Perioden- und Lebenseinkommen in Abhängigkeit von unterschiedlichen Qualifikationsniveaus darstellt, soll dies verdeutlichen.

Die meisten Autoren unternehmen **einzelwirtschaftliche** Erklärungen zur Verteilung der Leistungseinkommen, die wiederum in drei Gruppen unterteilt werden können: **Stochastische Theorien** sehen die Verteilung der Einkommen als rein zufallsdeterminiert an. **Individuelle Präferenz-Theorien** dagegen basieren auf dem Optimierungskalkül rationaler, eigennutzmaximierender Individuen, aus deren Wahlhandlungen die personelle Einkommensverteilung resultiert. **Hierarchiemodelle** versuchen die Einkommensverteilung aus der hierarchischen Struktur der Unternehmen zu erklären, in denen die Einkommensempfänger tätig sind.

Diese rein einzelwirtschaftlich orientierten Theorien vernachlässigen nun allerdings gänzlich **makroökonomische** Faktoren und Entwicklungen, die nach unserer Ansicht ebenfalls beträchtlichen Einfluß auf die Verteilung der Leistungseinkommen ausüben können. Daher werden im Rahmen dieses Lehrbuchs auch Überlegungen zu **konjunkturellen**, **wachstums-** und **entwicklungsbedingten**, **regionalen** sowie **demographischen** Faktoren und zu deren möglichen Wirkun-

---

143 Vgl. Arkes, 1998.

gen auf die personelle Einkommensverteilung vorgestellt. Dabei sind wir uns allerdings bewußt, daß diese Einflußfaktoren zwar eine zunehmende oder abnehmende Ungleichverteilung der Einkommen bewirken, nicht jedoch das typische Muster der linkssteilen Einkommensverteilung erklären oder zerstören können.

Abb. 6.2: Lebenszeiteinkommen bei unterschiedlichen Bildungseinkommen.

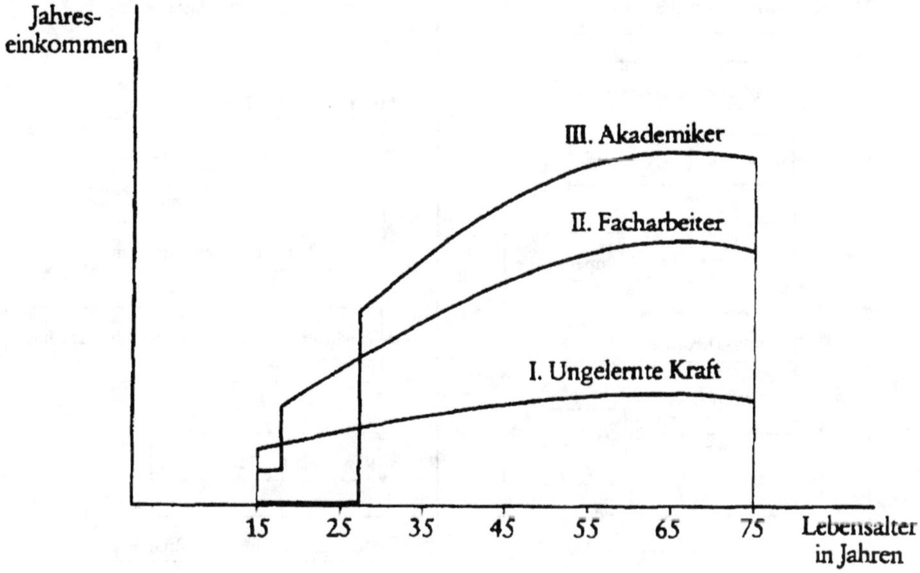

Quelle: Woll, A.: Wirtschaftspolitik, 2. Aufl., München 1992, S. 279.

Die aufgeführten Ansätze sind teils komplementär, teils gehen sie von sich ausschließenden Annahmen aus. Wie die folgende Diskussion zeigen wird, ist jedenfalls eine monokausale Erklärung der personellen Einkommensverteilung nicht möglich. Aus diesem Grund kann auch keine dieser Theorien Anspruch auf alleinige Gültigkeit erheben.

Abbildung 6.3 gibt die verschiedenen Theorieansätze noch einmal zusammengefaßt wieder.

Abb. 6.3: Ansätze zur Erklärung der personellen Verteilung der Leistungseinkommen

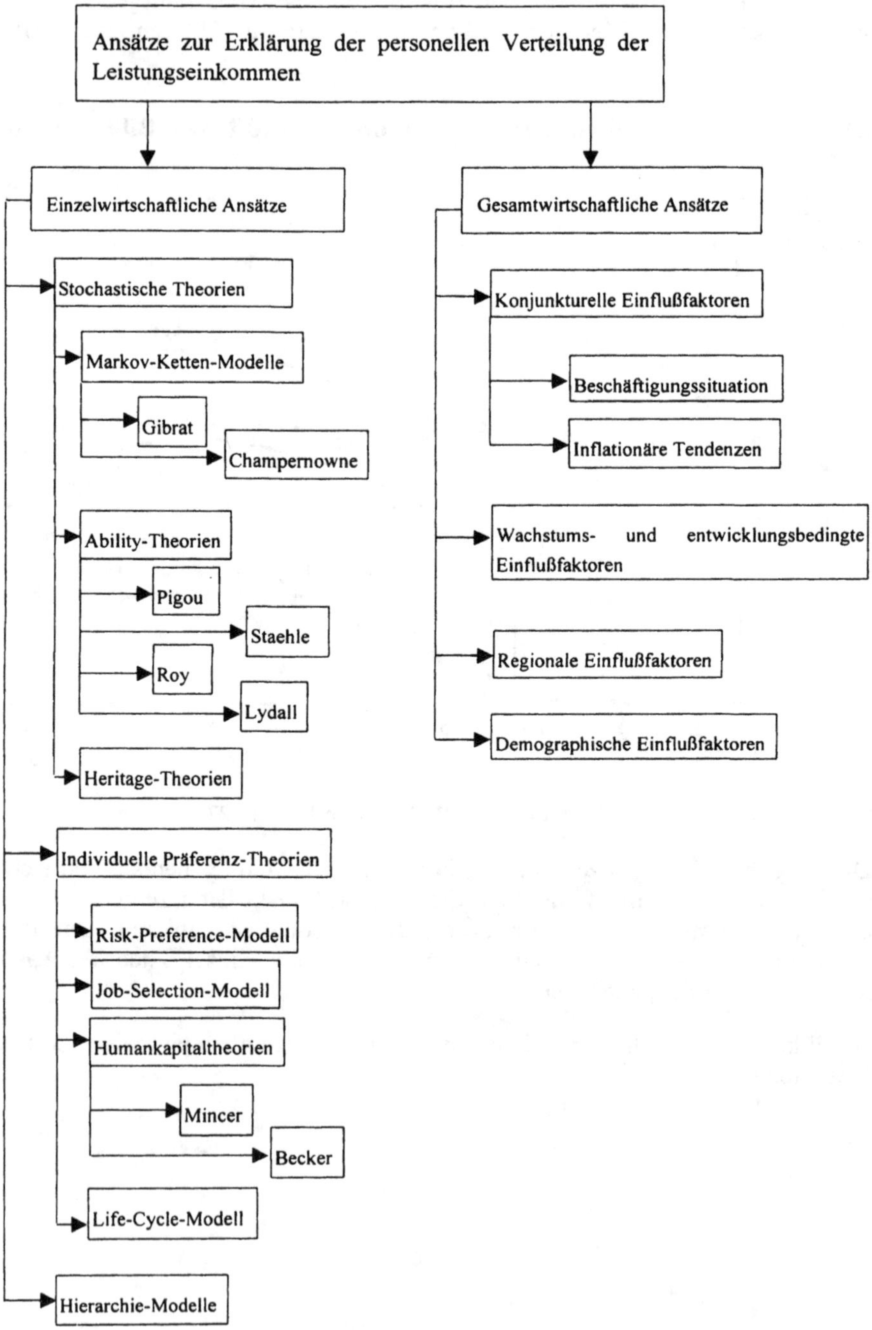

2.2 Einzelwirtschaftliche Ansätze zur personellen Einkommensverteilung

2.2.1 Stochastische Theorien

Stochastische Theorien erklären die Verteilung der Leistungseinkommen als das Ergebnis von **Zufallsfaktoren**. Die einzelnen Ansätze unterscheiden sich untereinander nach der Art der Faktoren selbst, die durch Zufall oder "Glück" unterschiedlich verteilt sind und die Verteilung der Arbeitseinkommen determinieren, bzw. nach der Wirkungsweise dieser Einflußgrößen.

2.2.1.1 Markov-Ketten-Modelle

Die ältesten Theorien zur personellen Einkommensverteilung sind **Markov-Ketten-Modelle.** Sie untersuchen, auf welche Weise Zufallsfaktoren auf die Verteilung der personellen Einkommen einwirken, ohne jedoch diese Faktoren selbst zu analysieren.

Das Gesetz der proportionalen Effekte von Gibrat

Das theoretische Fundament legte Gibrat 1931 mit seinem **"Gesetz der proportionalen Effekte"**[144], das unterstellt, daß das Einkommen jeder Person im Zeitverlauf zufälligen Schwankungen nach oben und unten unterliegt, die proportional zum jeweils gegebenen Einkommensniveau verlaufen.

Nach Gibrat ist das Einkommen Y eines Wirtschaftssubjektes im Zeitpunkt t durch folgende einfache Formel darstellbar:

$$(6.1) \qquad Y_t = Y_{t-1} \cdot Z_t$$

Y_t ist hier eine direkte Funktion des Einkommens aus der Vorperiode Y_{t-1}, **multiplikativ** korrigiert durch eine in der Periode t wirkende Zufallsgröße Z_t. Ein gegebener Zufallsfaktor wirkt sich folglich um so stärker auf das aktuelle Einkommen aus, je höher das Einkommen der Vorperiode Y_{t-1} ist. Größere bisherige Einkommen bewirken also absolut höhere Einkommensänderungen.

Gibrat legt seiner Verteilungstheorie eine **random-walk-Hypothese** zugrunde, d. h. die Verteilung der Einkommen folgt im Zeitablauf einem Zufallspfad, der von zufälligen externen Störfaktoren bestimmt und weder vorhersehbar noch beeinflußbar ist. Dieses Modell stellt ein **Markov-Ketten-Modell** erster Ordnung dar:

$$(6.2) \qquad y_t = y_{t-1} + u_t = y_o + \sum_{j=1}^{t} u_j\text{; wobei } y_t = lnY_t \text{ und } u_t = lnZ_t.$$

---

[144] Vgl. Külp, 1994, S. 169.

Das bedeutet, daß das aktuelle Einkommen y_t aus dem Ausgangseinkommen y_o und einer aufaddierten Reihe von stochastischen Einflußfaktoren resultiert, die zeitlich unabhängig und gleichverteilt sind. Nach einem hinreichend langen Zeitraum ergibt sich dadurch unabhängig von der Gestalt der Verteilung in der Ausgangssituation eine Lognormalverteilung der Einkommen.

Dieser Ansatz weist als eine Schwäche auf, daß die nach dem Modell im Zeitablauf ständig steigende Varianz der logarithmierten Einkommen mit empirischen Befunden nicht vereinbar ist. Kalecki versuchte dieses Problem deshalb durch die Annahme einer negativen Korrelation von y_{t-1} und u_t zu lösen, die groß genug ist, um den Anstieg der Varianz zu kompensieren. Diese Annahme ist aber ihrerseits wieder höchst unrealistisch, da ein solchermaßen negativer Zusammenhang bedeuten würde, daß die Wahrscheinlichkeit dafür, daß das Einkommen eines Individuums mit einem bestimmten Prozentsatz steigt, mit zunehmendem Einkommen systematisch geringer wird.[145] Ein viel gravierenderes Problem dieses Modells ist allerdings, daß nichts über die Art der die Einkommen beeinflussenden Zufallsfaktoren gesagt wird. Das Wissen um die Wirkungsweise alleine trägt aber wenig zur Erklärung der Entstehung vorgefundener Einkommensverteilungen bei.

Der Markov-Ketten-Prozeß nach Champernowne

Ähnlich wie Gibrat hat auch Champernowne[146] Anfang der 50er Jahre die Verteilung der individuellen Einkommen als Ergebnis eines Markov-Ketten-Prozesses zu interpretieren versucht. Sein Modell beschreibt, wie als Ergebnis stochastischer Prozesse eine anfängliche Einkommensverteilung gegen eine Pareto-Verteilung konvergiert. Anders als Gibrat unterstellt Champernowne jedoch ein **additives**, kein multiplikatives Zusammenwirken der Zufallsfaktoren, die auf die Entwicklung der personellen Einkommensverteilung wirken. Wie Gibrat führt also auch Champernowne eine Zufallsvariable Z_t ein, die jedoch, im Unterschied zu Gibrats Zufallsvariablen, auf jeder Einkommensstufe dieselbe Höhe aufweist. Das Einkommen eines Wirtschaftssubjektes im Zeitraum t ergibt sich demnach nach folgender Formel:

$$Y_t = Y_{t-1} + Z_t \tag{6.3}$$

Champernowne teilt sodann die Einkommensskala in n **Einkommensklassen**, deren Breite mit steigendem Einkommen zunimmt. Damit soll berücksichtigt werden, daß die Empfänger höherer Einkommen ein höheres Einkommensrisiko tragen und demzufolge ihre Einkommen stärker schwanken. Des weiteren wird beschränkte Mobilität zwischen den Einkommensklassen in dem Sinne angenommen, daß ein Wirtschaftssubjekt in einer Periode höchstens um eine Klasse auf- bzw. höchstens um eine bestimmte Zahl von Klassen m (wobei $m > 1$) absteigen kann. Innerhalb dieses Modells kann Champernowne zeigen, daß nach

---

145 Vgl. Ramser, 1987, S. 27.

146 Vgl. Champernowne, 1973, S. 245 ff.

unendlich vielen Perioden, d. h. also durch eine unendliche Wiederholung der Übergangsprozesse, eine Lognormalverteilung generiert wird, und zwar unabhängig von der ursprünglichen Einkommensverteilung.

Champernownes Modell muß sich zunächst die gleiche Kritik gefallen lassen, wie sie schon für die von Pareto gewählte Verteilungsform geäußert wurde. So kann nicht der gesamte Verlauf der Verteilungsfunktion erklärt werden, da die Pareto-Verteilung nur den oberen Einkommensbereich abbildet. Außerdem wird auch hier nur der mathematisch abgeleitete Verlaufsprozeß betrachtet, während die konkreten Faktoren, welche die Übergangswahrscheinlichkeiten zwischen den Einkommensklassen erklären bzw. den Übergang überhaupt ermöglichen, unklar bleiben.[147]

2.2.1.2 Ability-Theorien

Ability-Theorien[148] nehmen an, daß Arbeitnehmer unterschiedliche **Fähigkeiten (abilities)** zur Einkommenserzielung besitzen, die ihre Produktivität und die damit positiv korrelierten Löhne bzw. Gehälter determinieren. Diese Fähigkeiten, bei denen es sich um geistige oder körperliche Fähigkeiten handeln kann, sind normalverteilt. Es gibt jedoch bestimmte Einflußfaktoren oder Abhängigkeiten zwischen den Fähigkeiten, die im Endeffekt eine linkssteile Verteilung der Arbeitseinkommen bewirken.

Die Zuordnung der Ability-Theorien zu den stochastischen Ansätzen ist in der Literatur nicht unumstritten. Wie die folgenden Ausführungen zeigen, kann bei einigen der genannten Fähigkeiten durchaus eingewendet werden, daß diese individuell beeinflußbar sind. Grüske bezeichnet die Ability-Theorien daher als „bedingt beeinflußbar", da „neben den angeborenen Eigenschaften die weiteren Merkmale der Individualsphäre wie auch der eigene, persönliche Einfluß im Laufe der Lebensabschnitte eine entsprechende Rolle spielen."[149]

Der Ansatz von Pigou

Nach Pigou[150] ist die Verteilung der Fähigkeiten eine Hauptdeterminante der Einkommensverteilung. Da Fähigkeiten zufallsverteilt sind, müßten auch die Einkommen zufallsverteilt sein und eigentlich insgesamt einer Normalverteilung entsprechen. Für die empirisch feststellbare Lognormalverteilung der Arbeitseinkommen führt Pigou zwei Gründe an. Erstens gibt es zwei Gruppen von jeweils homogenen Arbeitsanbietern, nämlich manuell begabte und intellektuell begabte, die er als **„non-competing groups"** bezeichnet, da sie auf getrennten Arbeitsmärkten ihre Arbeitskraft anbieten. Die Fähigkeiten sind zwar innerhalb dieser beiden Gruppen normalverteilt, aber nicht zwischen den Gruppen. Zwei-

147 Vgl. Pohmer, 1985, S. 22.

148 Vgl. zu einem Überblick Sahota, 1978, S. 3 ff.

149 Grüske, 1985, S. 61.

150 Vgl. Pigou, 1932; ähnlich auch Bohnet, 1967, S. 29.

tens sind die **Startchancen** in Marktwirtschaften nicht für alle Individuen gleich, sondern Personen aus Familien mit höheren Einkommen verfügen über Zugang zu besseren und höheren Bildungseinrichtungen und können damit ihre Fähigkeiten und Erwerbsmöglichkeiten weiter verbessern.

Problematisch ist an Pigous Überlegungen, daß die Verteilung der Fähigkeiten selbst nicht erklärt, sondern als gegeben vorausgesetzt wird. Warum Individuen bestimmte Fähigkeiten aufweisen bzw. erwerben, und ob bzw. wie diese Fähigkeiten veränderbar sind, kann Pigou nicht beantworten. Pigou läßt auch offen, welcher Art die Fähigkeiten selbst sind. Schließlich muß die Annahme von getrennten Gruppen von Arbeitnehmern, welche nicht miteinander auf dem Arbeitsmarkt konkurrieren, in Frage gestellt werden: Sie impliziert, daß Arbeitsmärkte sowohl auf der Angebots- als auch auf der Nachfrageseite in je ein Segment mit intellektuellen und ein Segment mit handwerklichen Anforderungen und Tätigkeiten aufgeteilt sind. Dazu steht die empirische Beobachtung in Widerspruch, daß viele Arbeitsplätze beide Fähigkeitsgruppen beanspruchen, daß auch für gewerbliche Berufe die theoretischen Ausbildungsbestandteile immer umfangreicher werden und daß die Mobilität zwischen den Berufen immer größer wird.

Der Ansatz von Staehle

Wie Pigou nimmt auch Staehle[151] an, daß die Fähigkeiten normalverteilt sind. Er weist jedoch darauf hin, daß sich diese Verteilung der Fähigkeiten und damit der individuellen Produktivitäten nicht in der linkssteilen Einkommensverteilung widerspiegelt. Der Grund dafür ist nach Staehle, daß die **Lohnsätze** sich zwar, wie die normalverteilten Fähigkeiten, entsprechend einer Normalverteilung ausdifferenzieren, daß jedoch die **Arbeitszeiten** der einzelnen Arbeitsanbieter nicht normalverteilt sind. Steht w für den Lohnsatz und l für die Arbeitszeit, so läßt sich das Arbeitseinkommen y mittels der folgenden einfachen Formel darstellen:

$$(6.4) \qquad y = w \cdot l$$

Damit ist die Höhe der Arbeitszeiten der einzelnen Arbeitsanbieter die wichtigste Determinante für die beobachteten Abweichungen der Arbeitseinkommen von der Normalverteilung. Wären sie ebenfalls normalverteilt, würde schon allein aufgrund der multiplikativen Verknüpfung von Arbeitszeit und Lohnsatz eine linkssteile Verteilung der Arbeitseinkommen resultieren. In Staehles Ansatz sind jedoch die Arbeitszeiten der Individuen nicht normal-, sondern linkssteil verteilt. Hierzu trifft er zum einen die Annahme, daß die Arbeitszeiten teilweise von den Arbeitsanbietern frei gewählt werden, teilweise von den Arbeitsnachfragern durch Entlassungen beeinflußt werden. Zum anderen sind Lohnsatz und individuelle Arbeitszeit positiv korreliert: Erstens werden in Rezessionen die am wenigsten produktiven Arbeitnehmer als erste entlassen. Ihre Arbeitszeiten sind innerhalb der betrachteten Periode, z. B. eines Jahres, insgesamt geringer als

[151] Vgl. Staehle, 1943 und Pohmer, 1985, S. 26 f.

diejenigen der Arbeitsanbieter mit höheren Fähigkeiten. Zweitens sind die Opportunitätskosten der Freizeit bei den Arbeitnehmern mit den höheren Lohnsätzen höher als bei den gering produktiven, daher werden sie sich selbst für einen höheren Arbeitseinsatz entscheiden. Durch diesen positiven Zusammenhang zwischen Arbeitszeit und Lohnsatz ergibt sich eine weitere Erhöhung der Ungleichheit der Arbeitseinkommen.

Neben der bereits an Pigou geübten Kritik hinsichtlich der fehlenden Erklärung der Fähigkeiten ist bei diesem Ansatz anzumerken, daß die Annahme einer freien Wahl der Arbeitszeiten durch die Individuen fraglich ist. Institutionelle Gründe wie betriebliche und tarifliche bzw. gesetzliche Arbeitszeitregelungen stellen eine meist recht starre Grenze für individuelle Entscheidungen dar. Staehles Erklärung impliziert zudem, daß die höher produktiven Arbeitnehmer größere Freiheit bei ihrer Wahl zwischen Arbeitszeit und Freizeit haben, da sie ein geringeres Entlassungsrisiko tragen und wegen ihrer höheren Produktivität eine höhere Nachfrage der Unternehmen nach ihrem Arbeitsangebot besteht. Zwar haben diese Arbeitnehmer deshalb eine höhere Marktmacht, doch kann sich gerade diese Gruppe von Arbeitnehmern häufig wohl für ein Mehr, aber nicht für ein Weniger an Arbeitszeit entscheiden.

Der Ansatz von Roy

Roy[152] bezweifelt die Ausstattung von Individuen mit Fähigkeiten entsprechend einer Normalverteilung, wie sie Pigou und Staehle unterstellen. Ihm zufolge setzt sich die Fähigkeit zum Einkommenserwerb aus mehreren einzelnen, für sich betrachtet normalverteilten Fähigkeiten zusammen, die jedoch multiplikativ miteinander verknüpft sind und daher insgesamt zu einer linkssteilen Verteilung der Fähigkeiten und damit auch der Arbeitseinkommen führen.

Zur Veranschaulichung stellt Roy ein einfaches Beispiel vor, in dem sich die **Produktivität** eines Arbeiters als Anzahl gelungener Werkstücke pro Tag darstellen läßt. Sie ergibt sich aus der Multiplikation der Fähigkeiten **Schnelligkeit** s (ersichtlich an der Zahl der pro Stunde gefertigten Stücke), **Genauigkeit** g (gemessen am Anteil der gelungenen Stücke am Gesamtoutput) und **Ausdauer** a (repräsentiert durch tägliche Arbeitsstunden). Folgende Formel repräsentiert den täglichen **Output** q eines Arbeiters:

$$q = s \cdot g \cdot a \tag{6.5}$$

Bei stochastischer Unabhängigkeit der einzelnen Fähigkeiten ergibt sich eine linkssteile Verteilung des Outputs. Sind die Fähigkeiten zusätzlich positiv korreliert, verstärkt sich die Schiefe der Outputfunktion. Dies gilt, wenn Stücklöhne gezahlt werden, auch für die entstehende Einkommensverteilung. Zur Veran-

152 Vgl. Roy, 1950, S. 489 ff.; Pohmer, 1985, S. 23 f. und Blümle 1975, S. 52 ff.

schaulichung dieses Modells verwendet Roy ein Zahlenbeispiel, das den behaupteten Zusammenhang verdeutlicht.[153]

Roys Ansatz zeichnet sich gegenüber den Markov-Ketten-Modellen dadurch aus, daß die Einkommensposition eines Arbeitsanbieters letztendlich durch das Vorhandensein verschiedener Fähigkeiten bestimmt wird, die bei den einzelnen Wirtschaftssubjekten in unterschiedlichem Maße entwickelt sind. Hier wird also zumindest versucht, die Verteilung von Arbeitseinkommen auf konkret benennbare und nachweisbare Eigenschaften der Wirtschaftssubjekte zurückzuführen. Hierin liegt gleichzeitig aber auch eines der zentralen Probleme des Modells: Die Produktivität von Arbeitern ist in der Realität nämlich durch eine Reihe von unterschiedlichen Fähigkeiten bestimmt, die nur teilweise empirisch erfaßbar sind.

So ist dieser Ansatz auf Arbeitnehmer, die geistig-gestalterische oder auch verwaltungstechnische Aufgaben wahrnehmen, überhaupt nicht anwendbar. Zur Erfüllung dieser Aufgaben kommt es auf nicht-quantifizierbare Fähigkeiten an, wie beispielsweise Auffassungsgabe oder Kreativität. Außerdem läßt sich der quantitative Zusammenhang zwischen den benötigten Fähigkeiten nicht unmittelbar am Arbeitsergebnis ablesen.

Ebensowenig Erklärungskraft besitzt dieser Ansatz für Produktionsbereiche, in denen der Arbeitnehmer den Output überhaupt nicht beeinflussen kann, da ihm beispielsweise die Arbeitsgeschwindigkeit durch einen festgesetzten Takt vorgegeben ist. Auch hängt die Zahl der gearbeiteten Stunden in der Realität zumeist weniger von der körperlichen und geistigen Ausdauer des einzelnen als von gesetzlichen, tariflichen oder betrieblichen Vereinbarungen hinsichtlich der Arbeitszeit ab und ist daher nur innerhalb enger Grenzen variierbar. Außerdem bleibt unberücksichtigt, daß die Produktivität von Arbeitern auch von der Art der eingesetzten Produktionsverfahren bzw. der Ausstattung mit Realkapital determiniert wird. Grundsätzlich bleibt schließlich noch zu fragen, ob die Ausprägung der genannten Fähigkeiten nur einer zufälligen Verteilung auf die Individuen entspringt. Selbst wenn dies zuträfe, muß deswegen noch nicht die Annahme einer absolut unveränderlichen Ausstattung des einzelnen mit diesen Fähigkeiten akzeptiert werden, da gerade die von Roy angeführten abilities in einem recht hohen Maß einer Beeinflussung durch die einzelnen Arbeiter zugänglich zu sein scheinen.

Die Multifaktoren-Theorie von Lydall

Lydall[154] berücksichtigt die Kritik an Roys Ansatz hinsichtlich der engen Auswahl von abilities insofern in seinem Erklärungsmodell, als er den Begriff um eine Vielzahl angeborener bzw. durch Erziehung oder Bildung ausgebildeter Fähigkeiten erweitert. Die strikte Annahme, daß die Ausstattung von Individuen

---

153 Vgl. Pohmer, 1985, S. 23 f.

154 Vgl. Lydall, 1981.

mit bestimmten Fähigkeiten rein zufallsdeterminiert ist, wird somit gelockert. Arbeitnehmer können ihr ererbtes Fähigkeiten-Bündel selbst positiv beeinflussen. Für besonders gewichtig hält Lydall seinen **D-Faktor**, der "Durchsetzungsvermögen, Fleiß, Initiative, Motivation, Entschlossenheit, Hartnäckigkeit, Ehrgeiz, Bereitschaft zu harter Arbeit usw."[155] umfaßt und der seiner Ansicht nach den größten Einfluß auf das Arbeitseinkommen der Individuen ausübt. Die Fähigkeiten der Arbeitnehmer sind multiplikativ verknüpft und ergeben daher eine linkssteile Verteilung der Arbeitseinkommen.

Kritisiert wird an Lydalls Ausführungen - neben den bereits bei den vorangehenden Ansätzen angesprochenen Defiziten - vor allem, daß sie eine reine Aneinanderreihung von Faktoren vornehmen, die nicht als geschlossene Theorie gelten kann.[156] Es fehlt zudem ein objektives Maß für Lydalls D-Faktor. Auch für diesen Ansatz trifft also zu, daß sein ökonomischer Gehalt schwer meßbar ist.

Fazit:

Letztlich sind alle Ability-Theorien in ihrer Aussagekraft begrenzt: Es bleibt unklar, um welche Fähigkeiten es sich konkret handelt (Pigou). Diese werden sodann zu allgemein charakterisiert (Beispiel „Initiative" bei Lydall) oder stellen eine zu eingeschränkte Auswahl dar (Roy). Mit Ausnahme der Roy'schen abilities sind dann auch keine der genannten Fähigkeiten für eine empirische Überprüfung operationalisierbar, da sie sich einer Messung (und sei sie auch nur ordinal) entziehen. Diese Problematik besteht auch bei Theorien, die von angeborenen Eigenschaften wie beispielsweise dem Intelligenzquotienten ausgehen.[157] Problematisch ist schließlich auch die Annahme, daß einzelne Fähigkeiten generell normalverteilt sind.

2.2.1.3 Heritage-Theorien

Die **Heritage-** oder auch **„Cambridge-Schule"**[158] mit Meade, Atkinson und Stiglitz als ihren bekanntesten Vertretern erklärt Unterschiede in der personellen Einkommensverteilung als beinahe ausschließliches Ergebnis **ererbter Faktoren**.[159]

Nach Meade sind es folgende im ererbten Umfeld oder in den ererbten Anlagen zu suchenden Faktoren, welche die Fähigkeit zum Einkommenserwerb und damit die spätere Einkommensposition eines Individuums bestimmen. Zunächst ist die Ausstattung mit angeborenen Begabungen (**„genetic make-up"**), also Intelligenz oder Charakter, die Grundvoraussetzung individueller Einkommensmög-

155 Lydall, 1981, S. 135.

156 Vgl. Pohmer, 1985, S. 25.

157 Vgl. Grüske, 1985, S. 55.

158 Für einen Überblick vgl. Sahota, 1978, S. 22 ff. und Sahota/Rocca, 1985, S. 19 ff.

159 Vgl. Meade, 1964; 1976.

lichkeiten. Weiterhin von Bedeutung sind **Erziehung** und **Ausbildung**, und zwar nicht allein schulische Ausbildung, die ja zum großen Teil nicht zufallsbedingt ist, sondern auch Erlerntes, das sich eine Person während der Bildungsphase in seinem spezifischen familiären bzw. allgemein sozialen Umfeld aneignet. **Gesellschaftliche Kontakte** aller Art determinieren ebenso die Fähigkeit zum Erwerb von Einkommen wie die spätere berufliche Stellung und damit Einkommensposition eines Arbeitsanbieters. **Erbschaften** von ertragbringendem Vermögen beeinflussen die **Startposition** eines Individuums, sowohl in Hinblick auf seine Ausbildungsmöglichkeiten als auch bezüglich seiner Möglichkeiten zum direkten Einkommenserwerb. Diese Aspekte ergänzt Meade durch eine Analyse des **Heiratsverhaltens**. Dieses verschärft bestehende Ungleichheiten, da die Tendenz besteht, daß Individuen mit gleicher über- oder unterdurchschnittlicher finanzieller Ausstattung Ehen schließen.

Bewertend ist zunächst festzustellen, daß die zufallsbedingten Faktoren, welche die Cambridge-Schule als Ursachen für Einkommensungleichheiten anführt, weit umfassender als bei den vorher aufgeführten stochastischen Ansätzen definiert sind. Insofern ist den theoretischen Arbeiten dieser Autoren auch eine größere Relevanz innerhalb dieser Gruppe von Theorien zur Erklärung personeller Einkommensverteilung beizumessen. Wie für alle stochastischen Theorien gilt allerdings auch für die Heritage-Schule als genereller Kritikpunkt, daß individuelle Entscheidungen vernachlässigt werden. Von neoklassischer Seite wird dementsprechend häufig kritisiert, daß diese Ansätze nicht in das neoklassische Gedankengebäude passen, da sie kein mikroökonomisches Optimierungskalkül der Individuen zugrunde legen.[160] Aber auch wenn man den Individuen andere Handlungsmotive als die rein rationale Nutzenmaximierung des homo oeconomicus unterstellt, bleibt der Einwand, daß die den stochastischen Theorien zugrundeliegende Prämisse, die Wirtschaftssubjekte hätten keinerlei Möglichkeit der Einflußnahme auf ihre individuelle Einkommensposition, wenig plausibel erscheint.

2.2.1.4 Verteilungspolitische Implikationen der stochastischen Theorien der personellen Einkommensverteilung

Für den Verteilungspolitiker sind stochastische Theorien zur personellen Einkommensverteilung vor allem deshalb unbefriedigend, weil sie meist nur das Resultat der Einkommensverteilung, nicht jedoch die Ursachen derselben betrachten. Da von einer rein zufälligen Verteilung derjenigen Determinanten ausgegangen wird, welche die Verteilung der Arbeitseinkommen auf die Wirtschaftseinheiten bestimmen, kann nicht systematisch an den Ursachen der Ungleichverteilung angesetzt werden, um so die Primärverteilung zu beeinflussen. Verteilungspolitik kann innerhalb dieser Modelle nur eine **nachträgliche Korrektur** der Arbeitseinkommen aus dem Marktprozeß bedeuten. Präventive verteilungspolitische Eingriffe sind angesichts der schicksalhaft unabwendbaren, gewissermaßen „ehernen Gesetze der Einkommensverteilung" überhaupt nicht

---

[160] Vgl. Pohmer, 1985, S. 18.

möglich. Fähigkeiten beispielsweise sind ererbt und können diesen Theorien zufolge nicht durch ein breiteres Bildungsangebot so beeinflußt werden, daß eine veränderte Verteilung der Primäreinkommen entsteht. Lediglich die Heritage-Theorien und der Ansatz von Pigou bieten verteilungspolitische Ansatzpunkte, denn sie lassen die Möglichkeit zu, die **Startchancen** der Individuen durch Bildungsangebote mit einkommensunabhängigen Zugangsmöglichkeiten zu verbessern.

2.2.2 Individuelle Präferenz-Theorien

Diese Gruppe von Theorien steht den vorher genannten stochastischen Ansätzen konträr entgegen. Nicht Zufall oder Glück bestimmen die personelle Einkommensverteilung, sondern ihre Determinanten sind ausschließlich **individuelle Entscheidungen** der Wirtschaftssubjekte.

2.2.2.1 Das Risk-Preference-Modell von Friedman

Das Risk-Preference-Modell (Risiko-Präferenz-Modell) geht auf einen Aufsatz von Milton Friedman aus dem Jahr 1953 zurück.[161] Friedman trifft zunächst die Annahme, daß einzelne Individuen sich hinsichtlich ihrer **Risikobereitschaft** unterscheiden, daß es also risikofreudige und risikoaverse Individuen gibt. Die zweite notwendige Prämisse ist, daß es eine positive Korrelation zwischen der Höhe des Einkommens, das mit einer bestimmten Einkommensart verbunden ist, und dem damit einher gehenden Risiko gibt.

Ausgangspunkt dieses Ansatzes ist, daß die Wirtschaftssubjekte individuell wählen müssen, entweder **hohe Risiken** einzugehen und entsprechend **hohe Einkommen** erwarten zu können, oder ihr **Risiko zu reduzieren**, dafür jedoch auch **niedrige Einkommenserwartungen** zu akzeptieren. Zudem können Entscheidungen über den Beruf, über bestimmte Erwerbstätigkeiten, einschließlich Selbständigkeit, sowie über die Zeitaufteilung in Arbeit und Freizeit getroffen werden. Dabei wird angenommen, daß sich alle Arbeitsanbieter rational in dem Sinne verhalten, daß sie sich für diejenige Beschäftigung entscheiden, deren Einkommen den Erwartungswert ihres Nutzens maximiert.

Die **risikoscheuen** Wirtschaftssubjekte sind nach Friedman bereit, eine Prämie für die Versicherung gegen Einkommensunsicherheit zu bezahlen, und nehmen dafür niedrigere, aber relativ sichere Einkommen in Kauf. Dagegen lassen sich die **Risikofreudigen** auf ein „Lotteriespiel" ein, das eine Steigerung der Erwartungswerte der Nutzen ermöglicht, indem hohe Einkommen mit geringerer Wahrscheinlichkeit erzielt werden können. Dieser **Risikotausch** zwischen den risikoscheuen Prämienzahlern und den risikofreudigen Prämiennehmern kann in Unternehmen stattfinden, wo sich dann annahmegemäß zwei Gruppen von Wirtschaftssubjekten gegenüberstehen: Diejenigen mit hoher Risikofreude sind die

161 Vgl. Friedman, 1953. Risikopräferenz wird in der Literatur nicht nur als Determinante der personellen Einkommensverteilung, sondern auch der Vermögensverteilung verwendet, z. B. in dem Modell von Pestieau und Possen. Vgl. Pohmer, 1985, S. 38 f.

Unternehmer, die sich auf die mit hoher Unsicherheit behaftete Residualgröße Gewinn einlassen. Die Risikoaversen sind die Arbeitnehmer, die sicherere, dafür aber niedrigere Kontrakteinkommen vorziehen.

Innerhalb der beiden Gruppen unterstellt Friedman jeweils eine Normalverteilung der Einkommen auf die Merkmalsträger. Da aber i. d. R. die Anzahl der risikoscheuen Individuen (Arbeitnehmer) die Zahl der risikofreudigen (Unternehmer) in einer Gesellschaft deutlich übertrifft, ergibt sich hieraus dennoch eine lognormale Verteilung der Einkommen auf alle Wirtschaftssubjekte. Abbildung 6.4 soll diesen Zusammenhang erläutern. In ihr stehen die Kurve K_B für die Verteilung der risikofreudigen Individuen auf die unterschiedlichen Einkommen und die Kurve K_A für die entsprechende Verteilung der risikoscheuen Individuen. Durch vertikale Addition erhält man die Kurve K_{A+B}, die eine linkssteile Verteilung aller Einkommensbezieher wiedergibt.

Abb. 6.4: Die Einkommensverteilung im Risk-Preference-Modell von Friedman

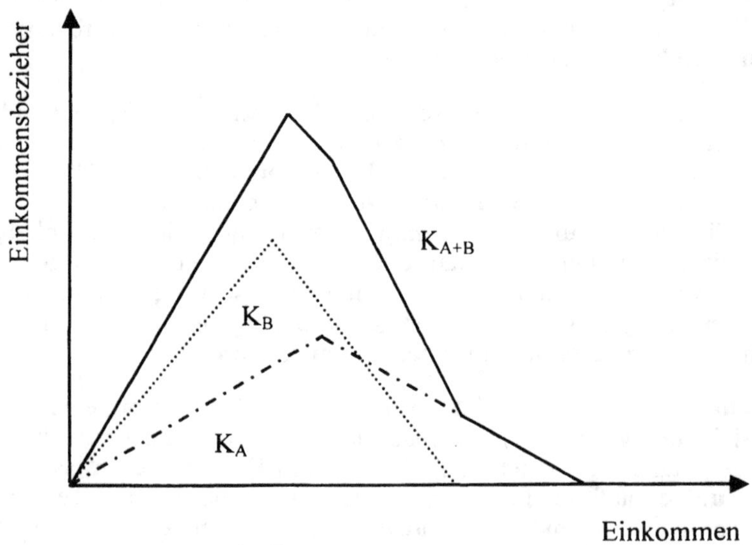

Quelle: In Anlehnung an Bohnet, A.: Zur Theorie der personellen Einkommensverteilung, Stuttgart u. a. 1967, S. 29.

Der Ansatz Friedmans bezieht zwar, wie die stochastischen Theorien auch, **Zufallsprozesse** bei der Einkommenserzielung mit ein, denn die verschiedenen Einkommen weisen **Risiken** auf. Doch werden hier diese Zufälle nicht einfach akzeptiert, sondern die Wirtschaftssubjekte nehmen gemäß ihren Präferenzen eine für sie optimale **Risikoallokation** vor.

Kritisch anzumerken ist, daß Friedman für die Wirtschaftssubjekte beider Klassen eine Normalverteilung der Fähigkeiten als gegeben annimmt. Es wird nicht geklärt, um welche Fähigkeiten es sich handelt; ebensowenig, ob und warum diese Fähigkeiten erworben wurden bzw. ob sie Resultat der genetischen Ausstattung der Individuen sind. Die Annahme der positiven Korrelation zwischen Einkommenshöhe und Risiken ist sodann in dieser generellen Form kaum haltbar, werden doch damit all diejenigen Wirtschaftssubjekte ausgeschlossen, die sich in unsicheren Beschäftigungsverhältnissen befinden und zugleich geringe Einkommen beziehen. Zudem kann man die Frage stellen, ob das Risiko abhängig Beschäftigter, ihren Arbeitsplatz zu verlieren, nicht ebenso hoch zu bewerten ist wie unternehmerische Risiken.

Aber auch die Gruppe der Selbständigen und Scheinselbständigen wird von dieser Theorie nicht abgedeckt, denn mit wem sollen diese Wirtschaftssubjekte ihre Risiken tauschen? Im übrigen gibt es eine ganze Reihe von Individuen, die sich in einer Schnittmenge zwischen den beiden Friedman'schen Gruppen von Risikoaversen und Risikofreudigen befinden - am augenfälligsten ist hier die Gruppe der Manager, die zwar unternehmerische Entscheidungen unter Risiko treffen müssen, aber dennoch unselbständige Gehaltsbezieher sind.

Ebenso ist zu fragen, ob die Entscheidung, als Unternehmer oder als Arbeitnehmer tätig zu werden, tatsächlich ausschließlich von der Höhe der Risikofreude beeinflußt wird, oder ob nicht andere Faktoren eine genauso bedeutende Rolle spielen. Zu nennen wären hier beispielsweise die vorhandenen Beschäftigungsmöglichkeiten, die Rahmenbedingungen für die Aufnahme und Ausübung unternehmerischer Tätigkeiten oder das Vorhandensein eines ererbten Unternehmens.

Problematisch ist darüber hinaus die Prämisse von der völligen Wahlfreiheit der Individuen: In der Realität sind weder eine völlig freie Wahl zwischen der Betätigung als Arbeitnehmer oder als Unternehmer noch beliebige Kombinationen aus Arbeit und Freizeit möglich. Weiter könnte man fragen, ob sich dieser Ansatz nicht doch letztendlich auf eine stochastische Ausgangsposition zurückführen läßt: Zwar findet das Kalkül der Individuen auf einer rationalen Basis unter Zugrundelegung der Präferenzen hinsichtlich der Akzeptanz von Einkommensrisiken statt, doch scheint die Ausprägung der Risikoaversion bzw. -freudigkeit selbst doch eher eine Zufallsvariable zu sein, die als solche nicht individuell durch Wahlhandlungen beeinflußbar ist.

2.2.2.2 Das Job Selection-Modell von Tinbergen

Tinbergen[162] legt seiner Theorie die Existenz von n Fähigkeiten zugrunde, die bei den Arbeitsanbietern unterschiedlich ausgeprägt und teils angeboren, teils das Resultat von Ausbildung sind. Sein Begriff der Fähigkeiten zeichnet sich gegenüber demjenigen der oben skizzierten Ability-Theorien insofern aus, als er

162 Vgl. Tinbergen, 1956.

eher operational ist. Damit können die Fähigkeiten grundsätzlich bewertet werden und als Grundlage für Rückschlüsse auf die personelle Einkommensverteilung dienen.[163]

Tinbergens Modell basiert auf folgenden Annahmen:[164] Die aktuellen Fähigkeiten der Arbeitsanbieter, die als Nutzenmaximierer agieren, sind normalverteilt. Die Arbeitsnachfrage, d. h. die Nachfrage nach den angebotenen Fähigkeiten, entspricht ebenso einer Normalverteilung. Sie stimmt allerdings i. d. R. nicht mit den angebotenen Fähigkeiten überein. Es ist aber möglich, Angebot und Nachfrage durch eine geeignete Lohnskala aufeinander abzustimmen.

Tinbergen unterscheidet zunächst zwischen verschiedenen **Fähigkeiten (qualities)**, die bei den individuellen Arbeitnehmern in unterschiedlichem Maße ausgebildet sind und sich daher nach **Vollkommenheitsgraden (degrees)** unterscheiden. Jedes Individuum weist also ein Profil von Fähigkeitsgraden auf, das angibt, wie ausgeprägt die verschiedenen Fähigkeiten bei der betrachteten Person sind. Auf der Arbeitsnachfrageseite existieren unterschiedliche Arbeitsplätze, deren Bewältigung unterschiedliche Fähigkeitsgrade erfordern und damit bestimmte **Anforderungsprofile** aufweisen.

Die Arbeitsanbieter verhalten sich rational, wenn sie ihren Nutzen maximieren. Dieser hängt ab vom Einkommen, das ein Arbeitsplatz bietet, und von der Übereinstimmung des Anforderungsprofils einer Arbeitsstelle mit dem Fähigkeitsprofil des Arbeitsanbieters. Arbeitsleid entsteht im Tinbergen-Modell, wenn das Anforderungs- nicht mit dem Fähigkeitsprofil übereinstimmt. In diesem Fall werden Arbeitsanbieter durch höhere Löhne zur Aktivierung von Fähigkeitsreserven motiviert oder sie müssen sich mit einem Arbeitsplatz mit geringeren Fähigkeitsanforderungen und niedrigerem Lohn begnügen.[165]

Unter Zugrundelegung von zwei Fähigkeiten, einer quadratischen Nutzenfunktion, starrer Arbeitsnachfrage N, normalverteilter und stochastisch unabhängiger Anforderungs- und Fähigkeitsprofile sowie der Annahme, daß die Streuung dieser Profile gleich ist, ergibt sich nach Tinbergen eine lognormale Verteilung der Arbeitseinkommen.

Als wesentlicher Fortschritt gegenüber den zuvor behandelten Modellen ist zu sehen, daß in Tinbergens Modell die Höhe der Einkommen nicht nur von der Angebotsseite, sondern auch von der Nachfrage nach Arbeit abhängig ist, und daß er den brauchbarsten Fähigkeitsbegriff in der Literatur entwickelt. Dennoch wird auch auf Grenzen des Modells verwiesen: Zum einen behandelt es die Entscheidung eines Wirtschaftssubjektes als exogen.[166] Zum anderen bleibt unerklärt, welcher Teil der Ausstattung der Individuen mit unterschiedlichen Fähig-

---

[163] Vgl. Bohnet, 1967, S. 17.

[164] Vgl. Bohnet, 1967, S. 34.

[165] Vgl. ausführlicher Bohnet, 1967, S. 36.

[166] Vgl. Pohmer, 1985, S. 42.

keiten auf Ausbildung und welcher Teil auf angeborene Begabung zurückgeht. Insofern enthält dieses Modell ein nicht genauer bestimmbares Zufallselement. Außerdem ist die Annahme einer Normalverteilung der Fähigkeiten in diesem Fall nicht unproblematisch. Da die Ausbildung den Vollkommenheitsgrad der Fähigkeiten beeinflußt, erscheint eine linkssteile Verteilung realistischer.[167] Hinzu kommt, daß vor allem berufsbildende Ausbildungsgänge schon spezifisch auf bestimmte Arbeitsplätze zugeschnitten sind, so daß die Diskrepanzen zwischen Anforderungs- und Fähigkeitsprofil, die laut Tinbergen Arbeitsleid verursachen, so häufig nicht auftreten dürften. Nicht zuletzt impliziert Tinbergens Annahme, wonach eine geeignete Lohnstruktur zu einer Angleichung von Arbeitsnachfrage und –angebot führen kann, daß „auf der Angebotsseite des Arbeitsmarktes Fähigkeitsreserven vorhanden sein müssen,“[168] die diesen Ausgleich bewirken.

2.2.2.3 Humankapitaltheorien

Während die bisher behandelten Ansätze Erklärungen für die (typische) personelle Verteilung der **Periodeneinkommen** zu liefern versuchten, wollen die Vertreter der **Humankapitaltheorien**, als bedeutendste Becker und Mincer, eine Erklärung für die Verteilung der **Lebenseinkommen** liefern. Damit wird der Tatsache Rechnung getragen, daß die Periodeneinkommen eines Individuums im Zeitablauf stark schwanken können und somit Verteilungsanalysen, die isoliert bestimmte Periodeneinkommen betrachten, nur begrenzt als Grundlage für politische Maßnahmen tauglich sind.

Die grundlegenden Arbeiten dieser beiden Ökonomen werden als Gegenpol zur oben erwähnten **Cambridge-Schule**, welche die Einkommensverteilung als weitgehend zufallsbedingt begreift, in der Literatur auch unter dem Begriff **„Chicago-Schule“** subsumiert. Die Humankapitaltheorien gehen davon aus, daß die Wirtschaftssubjekte ihre angeborenen Fähigkeiten durch Investitionen in ihr Humankapital in einkommenswirksame aktuelle Fähigkeiten transformieren können. Sodann wird unterstellt, daß das Lebenseinkommen mit zunehmender Humankapitalausstattung steigt. Arbeitseinkommen werden dementsprechend als zeitlich verteilte Erträge aus dem Einsatz von Humankapital begriffen. Ihre linkssteile Verteilung resultiert daraus, daß auch der Einsatz von Bildungsinvestitionen nicht normalverteilt ist, sondern linkssteil verläuft.

Das Schooling-Modell von Mincer

Das Grundmodell dieser Gruppe von Theorien ist das Schooling-Modell von Mincer.[169] Dieser nimmt an, daß zum Ausgangszeitpunkt alle Arbeitsanbieter über identische angeborene Fähigkeiten verfügen, diese aber durch die Länge ihrer (Schul-) Ausbildung beeinflussen können. Weiter handelt es sich bei die-

---

167 Vgl. Bohnet, 1967, S. 34.

168 Vgl. ebenda, S. 35.

169 Vgl. Mincer, 1958, S. 281 ff.; vgl. zur weiteren Darstellung Ramser, 1987, S. 33 ff. und Pohmer, 1985, S. 43 ff.

sem Modell um ein **point input continuous output-Modell**, da die **Humankapitalinvestitionen** vor Beginn der Erwerbstätigkeit vorgenommen werden, um danach einen bestimmten Einkommensstrom über die Zeit der Erwerbstätigkeit zu erzeugen.

Bei Mincer besteht dieser Einkommensstrom aus gleichbleibenden Periodeneinkommen, deren Höhe alleine von der Länge der Ausbildungszeit abhängt. Es gibt verschiedene Berufsbilder, auf die sich die Wirtschaftssubjekte durch Ausbildung vorbereiten können und die jeweils unterschiedlich lange Ausbildungszeiten erfordern. Da während der Ausbildung noch kein Einkommen erwirtschaftet werden kann, entstehen Opportunitätskosten in entsprechender Höhe, die die Kosten der Ausbildung ausmachen. Diesen Kosten stehen Erträge in Form höherer Einkommen gegenüber, die durch zusätzliche Humankapitalinvestitionen erzielt werden können.

Jedes Wirtschaftssubjekt diskontiert nun die erwarteten Erträge seiner (zusätzlichen) Ausbildungszeiten mit einem **internen Zinssatz i** auf die Gegenwart ab, um den Kapitalwert seiner (zusätzlichen) Humankapitalinvestitionen zu ermitteln. Diesen Kapitalwert will das Individuum maximieren, indem es die Länge der Ausbildung so bestimmt, daß nach Abzug des durch die Ausbildung entgangenen Einkommens ein maximales Lebenseinkommen erzielt werden kann. Für einen Arbeitsanbieter ist also diejenige Ausbildungsdauer optimal, bei welcher der Gegenwartswert des zusätzlichen Einkommens durch eine Verlängerung der Schulbildung gleich dem Gegenwartswert des dadurch entgangenen Einkommens ist. Er wird solange in seine Ausbildung investieren, bis der interne Zinsfuß (der marginale Ertrag aus der Ausbildungsinvestition) gleich dem Marktzins (die marginalen Opportunitätskosten aus der Ausbildungsinvestition) ist, ein zusätzliches Einkommen also nicht mehr entsteht.

Da die Arbeitsanbieter auf dem Arbeitsmarkt im Wettbewerb untereinander stehen, gleichen sich mittelfristig die Lohnsätze in den einzelnen Berufen so an, daß die Lebenseinkommen für alle Ausbildungsberufe gleich hoch und somit gleichverteilt sind. Der Marktzins stellt dann die Verzinsung des Humankapitals dar, die in diesem Falle für alle Arbeitsanbieter gleich hoch ist.

Mincer zeigt, daß unterschiedliche Ausbildungsgänge bzw. unterschiedlich lange Humankapitalinvestitionen für unterschiedlich hohe, lognormal verteilte Periodeneinkommen verantwortlich sind. Dies sei durchaus damit vereinbar, daß die Lebenseinkommen gleich verteilt sind. Mit anderen Worten: In der Querschnittsbetrachtung ungleich verteilte Periodeneinkommen sind sehr wohl mit gleich verteilten Lebenseinkommen in der Längsschnittsbetrachtung kompatibel.

Mincers Ansatz ist mehrfacher Kritik ausgesetzt. Zum einen wird in Frage gestellt, daß nur die Länge, nicht aber die Qualität der Ausbildung wichtig ist. In der Realität beurteilen zudem gerade im akademischen Bereich Unternehmen lange Ausbildungszeiten der Arbeitsanbieter als negativ. Der postulierte positive Zusammenhang zwischen Dauer der Ausbildung und Höhe des erzielbaren Einkommens dürfte also nur eingeschränkt gelten. Auch ist innerhalb des Modells nicht erklärbar, daß Individuen, deren Begabungen annahmegemäß keinerlei Unterschiede aufweisen, sich für verschieden lange Ausbildungszeiten entscheiden. Schließlich weisen empirische Befunde darauf hin, daß Individuen gerade nicht über identische angeborene Fähigkeiten verfügen.

Der Ansatz von Becker

Beckers Folgearbeiten berücksichtigen die an Mincers Schooling-Modell geübte Kritik, indem eine unterschiedliche genetische Ausstattung der Wirtschaftssubjekte mit Fähigkeiten angenommen wird. Auch hier werden die Investitionen in das Humankapital vor dem Eintritt in das Berufsleben vorgenommen, sie sind zu jedem Zeitpunkt die Determinante des Einkommens eines Individuums. Dabei ist nicht die Länge der Ausbildung maßgebend, sondern **Art** und **Rentabilität** der Ausbildungsinvestitionen. Mit zunehmenden Ausbildungsinvestitionen verbessern sich die arbeitsmarktfähigen Eigenschaften und ergeben somit ein höheres Arbeitseinkommen. Das Individuum investiert solange in seine Bildung, bis die abdiskontierten Grenzkosten dem Grenzertrag entsprechen. Dabei resultieren unterschiedliche Anfangsbegabungen bei gleichen Humankapitalinvestitionen in ungleicher Einkommensverteilung. Die Ungleichheit wird verschärft, wenn sich außerdem auch Art und Höhe der Investitionen unterscheiden und mit den Fähigkeiten positiv verknüpft sind.

Sowohl das Modell von Becker als auch das Modell von Mincer sind einer fundamentalen Prämissenkritik unterzogen worden.[170] Beiden Ansätzen liegen neoklassische gleichgewichtstheoretische Annahmen zugrunde, wie perfekte Voraussicht, Markttransparenz und vollständige Information sowie ein vollkommen unbeschränkter Zugang zu sämtlichen Märkten. Die Individuen müssen jedoch in Wirklichkeit ihre Bildungsentscheidungen auf der Grundlage unvollständiger Informationen treffen, sie können den Ertrag ihrer Humankapitalinvestitionen nur näherungsweise schätzen und diese außerdem nicht unbedingt vollständig verwerten. Wegen der fehlenden Meßbarkeit des Humankapitals wird zudem die empirische Überprüfung der Theorien sehr schwierig. Auch wird nur der Einfluß eigener Entscheidungen auf das Bildungsverhalten berücksichtigt, obwohl empirische Untersuchungen zeigen, daß die durchschnittliche Wahrscheinlichkeit für einen höheren Abschluß steigt, wenn die Eltern über ein höheres Nettoeinkommen und eine höhere Bildung verfügen. Weiter wird das individuelle Bildungsniveau gefördert oder behindert durch „die allgemeine Erziehung durch die Eltern, die häusliche und kulturelle Umwelt, Größe, Lage und Struktur der Wohnorte (Region) oder religiöse Einflüsse.“[171]

Die Annahme einer direkten Korrelation zwischen Bildungsniveau und Einkommen ist darüber hinaus nicht überzeugend. Neuere Arbeiten weisen eher auf einen indirekten Zusammenhang hin, der darin besteht, daß der individuelle Bildungsstand eine Signalfunktion für Arbeitsnachfrager hat und als Kriterium zur

---

170 Vgl. Grüske, 1985, S. 70.

171 Grüske, 1985, S. 57.

Einordnung der Arbeitsanbieter dient, daß aber die Verteilung der späteren Einkommen von der Verteilung des Ausbildungsniveaus abweichen kann. Ebenso fraglich sind die vorausgesetzte eindimensionale Zielfunktion der Individuen, die mit ihrer Ausbildungsentscheidung lediglich Einkommensmaximierung anstreben, sowie die langen Zeithorizonte, die dem Optimierungskalkül der Arbeitsanbieter zugrunde liegen müssen. Die Theorien liefern außerdem keine Erklärung für das individuelle Arbeitsangebot. Schließlich ist die Annahme unrealistisch, daß alle Ausbildungsinvestitionen vor Eintritt in das Berufsleben getätigt werden. Je nach Struktur länderspezifischer Ausbildungssysteme können betriebsinternes „training-on-the-job" oder staatlich gefürderte Weiterbildung während des Berufslebens von mindestens ebenso hoher oder gar größerer Bedeutung sein. Dieser Kritik tragen neuere continuous input continuous output-Modelle Rechnung.

Zusammenfassend läßt sich sagen, daß die beiden vorgestellten Humankapitaltheorien wie die anderen individuelle-Präferenzen-Ansätze ebenso unvollständig und einseitig wie die stochastischen Theorien sind. Daß individuelle Wahlhandlungen eine wesentliche Determinante von Erwerbs- und damit Einkommensmöglichkeiten sind, ist nicht abzustreiten. Es widerspricht jedoch sämtlichen empirischen Befunden, zufällige Faktoren außer acht zu lassen. Auch die Annahme, die Grundausstattung aller Individuen - ob mit Begabung oder mit finanziellen Mitteln, um etwa Bildungsmaßnahmen zu finanzieren - sei gleich, ist nicht haltbar. Schließlich werden strukturelle Gegebenheiten wie beispielsweise die Qualität von Bildungsstätten oder die generelle Ausgestaltung eines Bildungssystems außer acht gelassen.

2.2.2.4 Verteilungspolitische Implikationen der individuellen Präferenz-Theorien

Im Gegensatz zu den stochastischen Theorien bieten diese Ansätze durchaus Anknüpfungspunkte für eine Verteilungspolitik, welche die Schiefe der primären Einkommensverteilung abmildern kann. Die größte Bedeutung dürfte hier die **Bildungspolitik** haben, wenn auch innerhalb der einzelnen Modelle in unterschiedlichem Ausmaß. Trifft die von Friedman vertretene Erklärung (ungleiche Einkommensverteilung durch unterschiedlich hohe Risikopräferenzen) zu, so müßte Bildungspolitik an der Beeinflussung der **Risikoneigung** der Individuen ansetzen. Wenn es gelänge, die Risikofreudigkeit durch Bildungsmaßnahmen zu erhöhen, könnte es zu vermehrten Unternehmensgründungen sowie zu einer breiteren Beteiligung der Arbeitnehmer am Unternehmenskapital und damit zu einer tendenziellen Verringerung der Ungleichverteilung kommen. Die Folge wäre eine gleichere Einkommensverteilung. Allerdings wäre ein solcher Prozeß sicher nur sehr langsam in Gang zu setzen.

Mißt man den Humankapitaltheorien größere Erklärungskraft bei, ist Bildungspolitik ebenfalls die naheliegendste verteilungspolitische Option.[172] Die beste

[172] Vgl. zur Bildungspolitik Külp, 1994, S. 371 ff. und Werner, 1979, S. 116 ff.

bildungspolitische Strategie wäre hier allerdings, das **Mindestausbildungsniveau** anzuheben und damit für alle Wirtschaftssubjekte die Möglichkeit der Erzielung ähnlich hoher Einkommen zu schaffen. Becker selbst fordert folgerichtig eine Verteilungspolitik durch Angleichung der Bildungschancen, indem beispielsweise ein verpflichtender Mindestschulbesuch eingeführt oder die öffentliche Finanzierung von Ausbildungsmaßnahmen verbessert wird.

Grenzen werden der Bildungspolitik durch zweifellos vorhandene Unterschiede in den individuellen Begabungen gesetzt. Eine Nivellierung des allgemeinen Ausbildungsstandes ist dann aber nur bis zu einem bestimmten Grad möglich. Gewichtiger ist jedoch ein anderer Einwand, daß nämlich bildungspolitische Maßnahmen lediglich auf die Angebotsseite der Produktionsfaktormärkte einwirken.[173] Besteht keine ausreichende Nachfrage nach hochqualifiziertem Arbeitsangebot, können die Individuen die potentiellen Einkommenschancen, die sie aufgrund ihrer Ausbildung erworben haben, nicht realisieren. Tritt dieser Fall ein, sind zwei Konsequenzen denkbar. Zum einen bekommen die bisherigen Bezieher hoher Einkommen zunehmend Konkurrenz, so daß ihr Einkommen tendenziell gedrückt wird. Es kann aber zum anderen auch zu einem Verdrängen weniger qualifizierter Arbeitnehmer hin zu schlecht bezahlten Arbeiten oder sogar in die Arbeitslosigkeit kommen. In diesem Falle würde eine reine Orientierung auf die Angebotsseite der Arbeit ohne eine entsprechende Berücksichtigung eventueller Engpässe in der Arbeitsnachfrage zu einer Verschärfung von Verteilungsungleichheiten führen. Bildungspolitik ist demnach eine notwendige, aber bei weitem keine hinreichende Voraussetzung für eine gewünschte Reduktion von Einkommensungleichheiten.

2.2.3 Hierarchie-Modelle

Mehrere Autoren haben versucht, die Entstehung der typischen linkssteilen personellen Einkommensverteilung vor allem im oberen Bereich der Arbeitseinkommen durch die hierarchische Organisation privater Unternehmen wie auch des öffentlichen Sektors zu erklären.

2.2.3.1 Hierarchie-Modelle zur Erklärung der personellen Einkommensverteilung

Simon und Lydall formulierten in den 50er Jahren die Hypothese, daß die schiefe Einkommensverteilung vor allem im oberen Bereich der Paretofunktion mit der Organisation privater und öffentlicher Unternehmen bzw. Bürokratien als **Hierarchien** zusammenhängt.[174] Es sei ein direkter konstanter Zusammenhang zwischen dem Einkommen von Führungskräften und der Anzahl ihrer Untergebenen sowie deren Durchschnittseinkommen festzustellen, der die Ungleichheit der Verteilung - zumindest im oberen Einkommensbereich - erkläre. Diese Hypothese wurde später von Beckmann erneut aufgegriffen und neu formuliert.

---

173 Vgl. Külp, 1994, S. 378.

174 Vgl. Blümle, 1975, S. 65 ff.

Simon[175] nennt folgende Mechanismen, die bei der Herausbildung hierarchischer Vergütungsstrukturen wirken: Bei den unteren Führungsschichten herrscht Wettbewerb bei den Gehältern, da hier immer auch neue Angestellte von außerhalb eingestellt werden. Einige der Angestellten rücken in nächsthöhere Hierarchiestufen. Sie werden Vorgesetzte, deren Gehälter aufgrund geltender **sozialer Normen** diejenigen der Untergebenen um einen bestimmten Prozentsatz überschreiten.

Lydall[176] versucht eine **ökonomische** Erklärung der hierarchisch gestaffelten Entlohnung, indem er annimmt, daß die **Verantwortung** mit den Hierarchiestufen steigt und damit auch die Entlohnung steigen muß. Gemessen wird die Verantwortung eines Vorgesetzten an dem Output bzw. an der Wertschöpfung, für die er verantwortlich ist. Annahmegemäß läßt sich dieser Output durch das Einkommen von sämtlichen unterstellten Arbeitnehmern darstellen.

Beckmann[177] modifiziert Lydalls Ansatz, indem er eine konstante **Kontrollspanne** auf jeder Hierarchieebene unterstellt, die für jeden Vorgesetzten die gleiche Anzahl von Angestellten bedeutet. Außerdem wird vorausgesetzt, daß eine konstante **Gehaltsspanne** existiert, d.h. ein konstantes Verhältnis zwischen den Gehältern der einzelnen Stufen. Aus diesen Annahmen läßt sich ableiten, daß die Einkommen von Stufe zu Stufe geometrisch ansteigen. Gilt nun, daß die Kontrollspanne größer ist als die Gehaltsspanne, was empirisch durchaus festzustellen ist, so läßt sich die Einkommensverteilung in einem einzelnen Unternehmen mittels einer Pareto-Funktion darstellen. Unter der Voraussetzung, daß in allen Organisationen einer Volkswirtschaft der hierarchische Aufbau und die Entlohnung gleichartig strukturiert sind, gilt diese Pareto-Verteilung auch für die gesamte betrachtete Ökonomie.

Es ist unmittelbar einsichtig, daß dieses Modell die in privaten und öffentlichen Organisationen herrschende Realität hinsichtlich der Ausdifferenzierung von Lohn- und Gehaltsstrukturen auf den einzelnen Hierarchieebenen gut abbildet, denn daß die Höhe der Vergütung mit dem Aufstieg in einer Hierarchie überproportional steigt, ist eine Erfahrungstatsache. Einige Annahmen des Modells sind jedoch zu restriktiv und scheinen auch nicht unbedingt notwendig für seine Gültigkeit, beispielsweise daß eine bestimmte gleichbleibende Vorgesetztendichte bestehen muß. Ferner werden andere einkommensbestimmende Faktoren übergangen, wie etwa leistungsbezogene Vergütungselemente. Auch fehlt eine ökonomische Erklärung, wieso einzelne Arbeitnehmer sich auf bestimmten Hierarchiestufen befinden, welche Determinanten also den Aufstieg von Arbeitnehmern in Hierarchien beeinflussen. Es wird sodann nicht geklärt, wie sich innerbetriebliche Einkommensstrukturen herausbilden; diese werden vielmehr als gegeben vorausgesetzt. Nicht zuletzt sind diese Modelle unvollständig, da sie

[175] Vgl. Simon, 1957.

[176] Vgl. Lydall, 1959.

[177] Vgl. Beckmann, 1974 und Ramser, 1987, S. 30 f.

nur die Einkommensverteilung innerhalb der Gruppe der mittleren und oberen Einkommensbezieher erklären können, nicht jedoch die der Unselbständigen ohne Führungsaufgaben. Doch auch diese Einkommensklassen werden nicht vollständig erfaßt, da viele Angehörige höherer Einkommensschichten nicht als abhängig Beschäftigte in Unternehmen arbeiten, sondern selbständig sind.

2.2.3.2 Verteilungspolitische Implikationen der Hierarchie-Modelle

Für die Verteilungspolitik bieten diese Modelle direkte Ansatzpunkte, die jedoch mit unter Umständen weitgehenden organisatorischen Änderungen verbunden sind. Will man nämlich an hierarchisch bedingten Ursachen ansetzen, die einer Ungleichverteilung zugrunde liegen, so müssen entweder **Hierarchieebenen abgebaut** und/oder die **Vergütungsstrukturen** grundlegend **geändert** werden. Während die erstgenannte Maßnahme prinzipiell möglich und von praktischer Relevanz ist,[178] dürfte eine Nivellierung der Vergütungsstruktur ohne Veränderung der Fähigkeitsstruktur schon deshalb scheitern, weil die Entlohnung der Führungskräfte durch den Markt (für Führungskräfte) bestimmt wird und somit der staatlichen Verteilungspolitik kaum zugänglich ist.

2.3 Gesamtwirtschaftliche Ansätze zur personellen Einkommensverteilung

Neben den bisher beschriebenen mikroökonomisch orientierten Ansätzen zur Erklärung der personellen Einkommensverteilung gibt es auch aus der **makroökonomischen** Perspektive Faktoren, welche die Entstehung bzw. Veränderung der personellen Verteilungssituation beeinflussen. Deshalb wird im folgenden die bisherige Analyse, die sich ausschließlich auf individuell begründete Ursachen und Annahmen bezüglich des Verhaltens der Arbeitsanbieter (und Nachfrager) begründet, um **gesamtwirtschaftliche Einflußfaktoren** ergänzt.

Obwohl zuallererst auch die Wirtschafts- und Gesellschaftsordnung einer Volkswirtschaft einen entscheidenden Rahmen für die Herausbildung ihrer spezifischen personellen Einkommensverteilung schafft, entscheidet sie doch darüber, nach welchen Mechanismen bzw. Regeln sich Einkommen bilden, soll im folgenden nur auf die Auswirkungen eingegangen werden, welche die jeweilige **Konjunktur** und das **Wachstum** von Volkswirtschaften sowie **regionale** und **demographische** Entwicklungen auf die personelle Einkommensverteilung ausüben.

Mit diesem Ansatz gehen wir zwar über die am Anfang dieses Kapitels gestellte Aufgabe hinaus, Erklärungsansätze nur für die Verteilung der Leistungseinkommen zu liefern. Wir halten diese Ausweitung der Fragestellung allerdings schon deshalb für angebracht, weil die oben genannten Faktoren zwar nicht das Grundmuster der Einkommensverteilung, aber doch den Grad der Ungleichver-

178 Allerdings ist dann noch nicht gesichert, daß es tatsächlich zu einer Nivellierung der Vergütungsstruktur kommt. Dies wird insbesondere dann nicht der Fall sein, wenn der Abbau von Hierarchiestufen mit einer Vergrößerung der Vergütungsspanne gemäß der nun gewachsenen Kontrollspanne einher geht.

teilung erheblich beeinflussen können. Staatliche Verteilungspolitik könnte dann durchaus darauf ausgerichtet sein, unerwünschte Einflüsse von konjunkturellen Schwankungen, regionalen und sektoralen Disparitäten sowie strukturellen Umbrüchen durch konterkarierende Maßnahmen zu reduzieren.

2.3.1 Konjunkturelle Aspekte

Instabilitäten in der konjunkturellen Entwicklung einer Volkswirtschaft, insbesondere **Unterbeschäftigung** und Veränderungen der Preisstruktur oder des **Preisniveaus**, werden die personelle Verteilung der Arbeitseinkommen immer dann beeinflussen, wenn sie einzelne Individuen oder Haushalte stärker betreffen als andere.

2.3.1.1 Beschäftigungssituation

Arbeitslose Wirtschaftssubjekte beziehen aus dem Marktprozeß keine Einkommen mehr. Insofern führt ein Mangel an ausreichenden Beschäftigungsmöglichkeiten für alle Erwerbspersonen unmittelbar zu einer Ungleichverteilung der Einkommen zwischen denjenigen, die einen Arbeitsplatz haben, und denjenigen, die aufgrund mangelnder Nachfrage nach Arbeit keinen Arbeitsplatz mehr finden können, und zwar um so stärker, je niedriger die **Lohnersatzleistungen** aus Arbeitslosenversicherungen ("replacement ratios") oder Sozialhilfeleistungen sind.[179] Situationen der Unterbeschäftigung, besonders wenn sie länger andauern, haben aber noch weitere Folgewirkungen: Je länger Arbeitnehmer arbeitslos sind, desto mehr veralten ihre **Qualifikationen** oder entwerten sich, vor allem in Branchen, in denen der technische Fortschritt für rasche Verfahrens- und Produktinnovationen sorgt.[180] Unter der Prämisse, daß die Qualifikationen bzw. die Fähigkeiten von Arbeitsanbietern ein Bestimmungsgrund der Höhe der Arbeitseinkommen sind, resultiert mit steigendem Umfang und Dauer gesamtwirtschaftlicher Arbeitslosigkeit eines Teils der abhängig Beschäftigten eine Verschärfung des linkssteilen Verlaufs der gesamtgesellschaftlichen Verteilungssituation. "Für die Betroffenen bedeutet Arbeitslosigkeit und Unterbeschäftigung den Verlust von Teilen ihres Einkommens mit entsprechenden Einbußen an Lebensstandard, Kreditwürdigkeit und Möglichkeiten der Vermögensbildung."[181] Wenn untere Qualifikationsstufen mit ohnehin niedrigen Einkommen von rezessionsbedingten Arbeitsnachfragerückgängen überdurchschnittlich betroffen werden, ist auch hier eine Quelle steigender Ungleichverteilung zu suchen.[182]

Zu dem genau gegenlaufenden Ergebnis gelangt man, wenn die These akzeptiert wird, daß es einen **Trade-Off** zwischen Einkommensungleichheit und Arbeitslosigkeit, also einen negativen Zusammenhang zwischen dem Ausmaß an Einkommensungleichheit und der Höhe der Arbeitslosigkeit in einer Volkswirt-

179 Vgl. Sen, 1997, S. 157.

180 Vgl. Klopfleisch u.a., 1997, S. 23.

181 Kromphardt, 1998, S. 23.

182 Vgl. Grüske, 1985, S. 84.

schaft gibt. Berthold/Fehn beispielsweise begründen diesen Trade-Off damit, daß ein hochgradig flexibilisierter Arbeitsmarkt, der eine hohe **Lohnspreizung** („wage dispersion“) aufweise, hohe Arbeitslosigkeit verhindern bzw. vorhandene Beschäftigungsprobleme lösen könne.[183] Denn insgesamt gehe gerade in Industrieländern die Nachfrage nach unqualifizierter Arbeit zurück, so daß auch die Löhne für diese Gruppe von Arbeitnehmern entsprechend sinken müßten, um Hochlohnarbeitslosigkeit zu vermeiden. Je weiter jedoch die Löhne und Gehälter aufgefächert seien, desto größer wären auch die Ungleichheiten, die in den Arbeitseinkommen insgesamt zu beobachten sind. Die Wirtschaftspolitik hat hiernach also nur die Wahl zwischen hoher Einkommensungleichheit und einem hohen Beschäftigungsstand oder der Inkaufnahme hoher Arbeitslosigkeit, wenn eine relativ gleichmäßige Verteilung von Leistungseinkommen angestrebt wird.[184] Die beiden einander entgegengesetzten Aussagen stellen allerdings keinen Widerspruch zueinander dar. Während Berthold/Fehn eine relativ ungleiche Verteilung von Arbeitseinkommen als **Voraussetzung** für geringe Arbeitslosigkeit nennen, stellt der erstgenannte Ansatz auf eine ungleiche Einkommensverteilung als **Konsequenz** einer hohen Arbeitslosigkeit ab.

2.3.1.2 Inflationäre Tendenzen

Inflation kann die relative Einkommensposition von Wirtschaftssubjekten auf verschiedene Art und Weise beeinflussen. Dazu gehört einmal eine Verschlechterung der Verteilungssituation derjenigen, deren Nominaleinkommen kontraktbestimmt sind, also der abhängig Beschäftigten und der Rentner, wenn die reale Kaufkraft ihrer Einkommen wegen Nichtanpassung an die Preissteigerungen sinkt.[185] Weitere Wirkungen beziehen sich auf die Umverteilung von Gläubigern zu Schuldnern, von Steuerzahlern zum Staat sowie vom Ausland zum Inland.[186] Diese in der Literatur diskutierten verschiedenen Hypothesen zu den Umverteilungswirkungen der Inflation sind allerdings zumeist dualistischer Natur, indem sie jeweils einer Gruppe von Verlierern die Gewinnergruppe gegenüberstellen. Eine Analyse der Auswirkungen auf die personelle Einkommensverteilung insgesamt unterbleibt.

Inflationäre Entwicklungen können aber durchaus auf die personelle Verteilung durchschlagen, wie sich am Beispiel der Unselbständigen verdeutlichen läßt. Diese können versuchen, über **gewerkschaftliche Lohnverhandlungen** ihre Löhne und Gehälter an die Inflationsraten anzupassen. Sind einige Gruppen in diesen Bemühungen erfolgreicher als andere, so kann eine gegebene Ausgangssituation personeller Einkommensverteilung sich theoretisch sowohl in die

---

183 Vgl. exemplarisch Berthold/Fehn, 1996.

184 Empirische Untersuchungen liefern hierzu allerdings keine eindeutigen Ergebnisse, z.B. die der OECD, 1998. Diese Studie kommt zu dem Ergebnis, daß es zwischen dem Ausmaß der Lohnspreizung und der Höhe der Arbeitslosigkeit keinen empirisch feststellbaren Zusammenhang gibt.

185 Vgl. Kromphardt, 1998, S. 25.

186 Vgl. für eine knappe Übersicht Pätzold, 1998, S. 31 ff.

Richtung von mehr als auch von weniger Ungleichheit entwickeln. Es gibt jedoch Anhaltspunkte dafür, daß die **Verhandlungsmacht** der niedrigen Einkommensgruppen geringer ist als die mittlerer und oberer Einkommensbezieher. Häufig arbeiten diese Arbeitnehmer in weniger rentablen Sektoren, in denen ohnehin nur unterdurchschnittliche Gehaltszuwächse ausgehandelt werden können, oder sie sind überhaupt nicht in Gewerkschaften organisiert, die i.d.R. höhere Lohnforderungen zum Ausgleich von Inflationsverlusten vertreten. Treffen diese Überlegungen zu, so kann dauerhafte Inflation durchaus eine Quelle wachsender Ungleichverteilung in den nominalen und realen Arbeitseinkommen sein.

Von mindestens ebenso großer Bedeutung ist in diesem Zusammenhang die **Fristigkeit** der Kontrakte, welche die Arbeitseinkommen festlegen: Je kürzer ihre Laufzeit bzw. je kürzer die Kündigungsfristen sind, desto flexibler können die in diesen Verträgen fixierten Nominaleinkommen an Preissteigerungsraten angepaßt werden. In der Empirie ist festzustellen, daß die Verträge von Arbeitnehmern, die über höhere Qualifikationen verfügen und sich auf höheren außertariflichen hierarchischen Ebenen mit entsprechend höheren Gehältern befinden, bedeutend weniger starr sind als die Tarifverträge, die für die breite Masse der abhängig Beschäftigten in unteren und mittleren Einkommensgruppen festgelegt sind. Die Folgerung ist daher plausibel, daß anhaltende Inflation tendenziell zu einer größeren Erosion der unteren und mittleren Einkommen führt, so daß Preissteigerungen längerfristig eine zunehmende Ungleichverteilung sowohl der realen als auch der nominalen Arbeitseinkommen bewirken.[187] Weitgehend unbestritten ist auch die These von der „unsozialen" Wirkung inflationärer Prozesse auf die Verteilung der **Zinseinkommen**. Während untere Einkommensschichten vorwiegend über Sparguthaben mit relativ unbeweglichem Zinssatz verfügen, dominieren bei den Beziehern hoher Einkommen zinsempfindliche Guthaben, deren Renditen sich eher schnell an Inflationsprozessen ausrichten.

2.3.2 Wachstum und Verteilung

Erste in die Literatur eingegangene Überlegungen zum Zusammenhang zwischen dem Wachstum einer Volkswirtschaft und der Verteilung der personellen Einkommen stammen von Kuznets. In seiner 1955 veröffentlichten sogenannten **„inversen U-Hypothese"**[188], die auf empirischen Untersuchungen basiert, glaubt er, folgenden säkularen Trend in der personellen Einkommensverteilung im Verlauf der wirtschaftlichen Entwicklung und des Wachstums von Volkswirtschaften feststellen zu können: Die Ungleichheit in der Einkommensverteilung nimmt zunächst mit dem Übergang zur Industriegesellschaft zu, stabilisiert sich dann für eine Zeitlang und reduziert sich mit steigendem Entwicklungsstand wieder. Dieser Trend kann in Form einer umgekehrten U-Kurve dargestellt werden, die in die Literatur als **„Kuznets-Kurve"** eingegangen ist.

---

187 Umgekehrt ist allerdings auch zu vermuten, daß bei sinkender Inflationsrate und sinkenden Gewinnen die Einkommen der Führungskräfte rascher und stärker nach unten angepaßt werden.

188 Vgl. Kuznets, 1955 und Meier, 1995, S. 20 f.

Abb. 6.5: Die Kuznets-Kurve

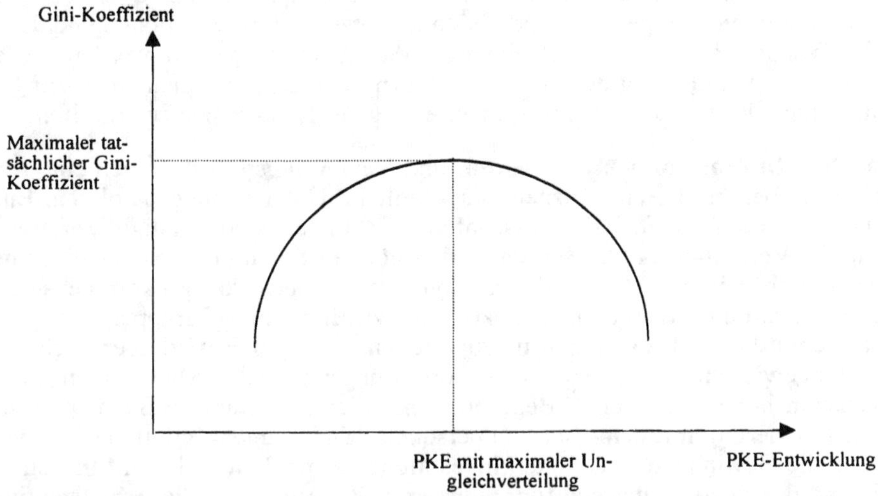

Quelle: Hemmer. H.-R.:Wirtschaftsprobleme der Entwicklungsländer, 2. Aufl., München 1988, S. 76.

In Abbildung 6.5 ist auf der Ordinate der **Gini-Koeffizient** als Maß für die Ungleichheit abgetragen, auf der Abszisse das Bruttoinlandsprodukt pro Person, d. h. das **Pro-Kopf-Einkommen PKE** im Verlauf des Entwicklungsprozesses.[189] Die Kurve besagt, daß die Einkommen der untersten Einkommensklassen bis zu einem bestimmten Entwicklungsniveau langsamer als das Durchschnittseinkommen steigen. Wird dieser Entwicklungsstand überschritten, kehrt sich der Trend um und die durchschnittlichen Einkommen der ärmeren Bevölkerungsgruppe steigen schneller als das gesamtwirtschaftliche Durchschnittseinkommen. Deshalb gleichen sich die Einkommen insgesamt wieder an.

Kuznets erklärt den anfänglichen Konzentrationsprozeß durch hohe Sparquoten und daraus folgende hohe Gewinneinkommen der oberen Einkommensschichten. Dem würden dann aber bald Kräfte entgegenwirken, die im Laufe der weiteren Entwicklung zu einer Nivellierung der zunächst auseinanderdriftenden Einkommen führen: Verteilungspolitische Maßnahmen des Staates, eine sinkende Sparneigung der oberen Einkommensschichten, das Veralten von Kapitalanlagen sowie Änderungen in der Ausstattung mit Fähigkeiten.

Kuznets Hypothese wurde vielen empirischen Tests unterzogen und häufig auch ernsthaft in Frage gestellt. Bis heute herrscht allerdings noch immer keine Klarheit darüber, ob ein kausaler Zusammenhang zwischen wirtschaftlicher Ent-

[189] Vgl. Hemmer, 1988, S. 75 f.

wicklung und Ungleichheit existiert. Letztlich dürfte entscheidend sein, ob ein gewisses Maß an Ungleichheit und, damit verbunden, hohe Sparquoten der oberen Einkommensgruppen notwendige Voraussetzung für Investitionen und damit hohe Wachstumsraten sind. Unabhängig davon müßte geklärt werden, ob es sinnvoll ist, bei Geltung der These von Kuznets staatliche Maßnahmen zur Beeinflussung des Grades der Ungleichverteilung der Einkommen zu ergreifen.

Nach der **Interaktion** von **Wachstum** und **Verteilungspolitik** fragen eine Reihe von Arbeiten, die auf Kuznets ursprüngliche Untersuchungen folgten. Eine der Hypothesen lautet, daß Wirtschaftswachstum eine notwendige Voraussetzung für Verteilungspolitik sei, da es den nötigen Spielraum erst schaffe, über Steuerabschöpfungen etc. Teile des Volkseinkommens von Einkommensgruppen mit überdurchschnittlichen Einkommen zu Einkommensgruppen mit unterdurchschnittlichen Einkommen umzuverteilen.[190] Zugleich wird aber auch darauf hingewiesen, daß nivellierende verteilungspolitische Maßnahmen i.d.R. wachstumshemmend seien.[191] Begründet wird dies u. a. damit, daß eine progressive Besteuerung mit dem Ziel, die personelle Einkommensverteilung zu nivellieren, die Gewinne aus getätigten Investitionen schmälern und somit Investitionen und das Wirtschaftswachstum reduzieren. Zudem würde die Arbeitsmotivation mit zusätzlicher steuerlicher (Grenz-)Belastung sinken.

Allerdings sind diese unterstellten Zusammenhänge empirisch nicht eindeutig nachweisbar. Es gibt darüber hinaus Autoren, die bestimmten verteilungspolitischen Maßnahmen sogar positive Wachstumseffekte zusprechen, etwa über eine breit angelegte Bildungspolitik oder die Umverteilung der Einkommen von hohen zu niedrigen Einkommensschichten, da dann nicht nur die ganz Reichen, sondern auch die Ärmeren wachstumsstimulierende Investitionen tätigen könnten.[192]

2.3.3 Regionale Aspekte

Die Existenz regionaler Unterschiede in der durchschnittlichen Einkommenshöhe ist eine empirische Tatsache, die sowohl innerhalb von Volkswirtschaften als auch zwischen Volkswirtschaften feststellbar ist. Als Beispiele lassen sich hier die Bundesrepublik mit einem nach wie vor bestehenden Gefälle zwischen **Ost- und Westdeutschland**[193] oder deutliche Einkommensunterschiede zwischen einzelnen Ländern bzw. Regionen der **Europäischen Union** nennen.

Für eine Politik der Nivellierung der personellen Einkommensverteilung stellt sich die Frage, ob und welche regionalpolitischen Maßnahmen zu einem Abbau solcher regionalen Unterschiede in der durchschnittlichen Einkommenshöhe ergriffen werden sollten. Deutschland steht mit seinem weitreichenden Finanzaus-

---

190 Vgl. Ahrns/Feser, 1997, S. 125 f.

191 Vgl. Schmidt, 1988, S. 453.

192 Vgl. Saint Paul/Verdier, 1996, S. 725 ff.

193 Vgl. hierzu Kapitel 17 dieses Lehrbuchs.

gleichssystem als ein Beispiel dafür, wie ein föderativ aufgebauter Staat versucht, das grundgesetzlich kodifizierte Ziel „gleichwertiger Lebensverhältnisse" durch einen mehrstufig aufgebauten Finanzausgleich zwischen und innerhalb einzelner Regionen zu verwirklichen. Ein anderes Beispiel ist Europa, für das immer stärker über die Machbarkeit und die optimale Ausgestaltung redistributiver Mechanismen diskutiert wird.[194] Derartige Umverteilungsmaßnahmen werden unbestreitbar auch die am Markt entstandene personelle Ungleichheit der Einkommensverteilung nivellieren. Allerdings können solche Umverteilungsmaßnahmen auch ökonomische Disincentives auslösen und damit zu gesamtwirtschaftlichen Wohlfahrtsverlusten führen.

2.3.4 Demographische Aspekte

Demographische Faktoren beeinflussen die personelle Einkommensverteilung durch „Veränderungen der Bevölkerung aufgrund von Variationen in den **Geburten**- und **Sterbefällen**"[195] bzw. eine Verschiebung in der **Altersstruktur**. Steigt etwa die Geburtenrate und vergrößert sich dadurch zeitlich versetzt das Arbeitsangebot innerhalb einer Volkswirtschaft, so geht das durchschnittliche Lohn- und Einkommensniveau bei gleichbleibender Arbeitsnachfrage zurück. Während sich die klassischen Ökonomen und später auch andere Wissenschaftler mit der Frage beschäftigt haben, ob aus solchen demographischen Verschiebungen notwendigerweise eine Veränderung der Lohnquote und damit der funktionellen Einkommensverteilung resultiert,[196] gibt es zu den Auswirkungen auf die personelle Einkommensverteilung bislang kaum theoretische Arbeiten.

Ganz allgemein läßt sich feststellen, daß demographische Veränderungen dann keine Auswirkungen auf die bestehende personelle Einkommensverteilung haben, wenn die Veränderung der Einkommen alle Einkommensschichten gleichmäßig trifft. Die lognormale Verteilungskurve verschiebt sich lediglich nach links bzw. rechts, behält aber ihre ursprüngliche Form bei. Dies wird allerdings i.d.R. nicht so sein. So kann eine steigende Lebenserwartung vor allem bei Geltung des Umlageprinzips der Altersversorgung dazu führen, daß die aktive, d.h. die noch im Berufsleben stehende Bevölkerung einen immer größeren Teil ihres erwirtschafteten Einkommens an die Alten abtreten muß. Umverteilungseffekte werden auch auftreten, wenn durch einen Anstieg der Geburtenrate den individuellen Haushalten für die Ausbildung der Kinder weniger finanzielle Mittel pro Kopf zur Verfügung stehen und deshalb einige Kinder zugunsten der anderen auf eine höhere Ausbildung verzichten müssen.[197] In diesem Fall ergibt sich eine Verschärfung der Ungleichverteilung der Arbeitseinkommen, wenn man von einer Koppelung der Arbeitsproduktivität an das Bildungsniveau und einem positiven Zusammenhang von Produktivität und Einkommensniveau ausgeht.

---

194 Vgl. Cremer/Pestieau, 1996, S. 753 ff.

195 Külp, 1994, S. 172.

196 Vgl. von Weizsäcker, 1996, S. 730.

197 Vgl. Külp, 1994, S. 173.

2.3.5 Verteilungspolitische Implikationen

Zu einem gegebenen Zeitpunkt ist in einer Volkswirtschaft die vorgefundene personelle Verteilungssituation immer auch das Resultat makroökonomischer Einflußfaktoren. Von daher ist jegliche Politik, die sich auf die Beeinflussung dieser gesamtwirtschaftlichen Entwicklungen richtet, mittelbar auch Verteilungspolitik. Dies kann man am Beispiel einer Politik, die auf die Bekämpfung von Arbeitslosigkeit oder die Förderung bestimmter Regionen gerichtet ist, deutlich machen.

Es ist nun allerdings nicht garantiert, daß das Handeln in den genannten Politikbereichen auch die gewünschte Beeinflussung der Verteilung bewirkt. Will man dies dennoch erreichen, tritt die Gefahr der Überfrachtung wirtschaftspolitischer Maßnahmen mit zu vielen, teilweise widersprüchlichen Zielen auf. Es kommt hinzu, daß einzelne Maßnahmen sowohl negative als auch positive Auswirkungen auf die personelle Einkommensverteilung haben können. Ein Beispiel dafür ist etwa eine strikte, rein preisstabilitätsorientierte Geldpolitik, mit der eine bestehende Unterbeschäftigungssituation kurzfristig noch verschärft werden kann. Nicht zuletzt ist die Identifikation und analytische Trennung der Einflüsse der einzelnen makroökonomischen Einflußfaktoren bzw. Wechselwirkungen zwischen ihnen auf die personelle Einkommensverteilung außerordentlich schwierig.

Trotz dieser Probleme ist für den Verteilungspolitiker die Kenntnis dieser Faktoren und der empirischen Daten über ihren Einfluß auf die bestehende personelle Verteilung von großer Bedeutung. Nur so ist es ihm möglich, bestimmte Problemregionen oder -gruppen zu identifizieren, auf die er bei der Konzeption verteilungspolitischer Ziele und Maßnahmen ein besonderes Augenmerk richten muß. Sofern eine gesamtwirtschaftliche Maßnahme mit negativen Verteilungseffekten verbunden ist, muß die Politik entscheiden, ob sie die Maßnahme ergreift und den negativen Verteilungseffekt in Kauf nimmt oder nicht.

2.4 Einige Schlußfolgerungen für die Verteilungspolitik

Zusammenfassend ist festzuhalten, daß Ungleichverteilung nicht immer Rechtfertigung für staatliche Verteilungspolitik sein kann. Diese sollte i. d. R. unterbleiben, wenn Ungleichverteilung auf unterschiedlich hohe Einkommen über den Lebenszyklus hinweg zurückzuführen ist oder wenn regionale Differenzen in der Einkommensverteilung bestehen, die ihre Ursache in einer historisch vorgegebenen unterschiedlichen sektoralen Struktur der Wirtschaftsaktivitäten mit unterschiedlich hohen Löhnen haben. Eine daraus resultierende Ungleichverteilung der Einkommen sollte akzeptiert und nicht als Rechtfertigung für verteilungspolitische Eingriffe betrachtet werden. Erst eine darüber hinausgehende Ungleichverteilung der Primäreinkommen kann Grundlage und Rechtfertigung für Umverteilungsforderungen und Umverteilungsmaßnahmen sein.

3. Teil

Die Verteilungswirkungen staatlicher Finanzpolitik - theoretische Grundlagen und empirische Evidenz

7. Kapitel

Ansatzpunkte staatlicher Verteilungspolitik

Die Einnahmen und Ausgaben des Staates beeinflussen die relative Einkommens-, Vermögens- und Kaufkraftposition der Individuen und Haushalte in vielfacher Weise. Dieser Einfluß kann beabsichtigt, also Ausdruck der Umverteilungsziele des Staates sein. Staatliche Finanzströme dienen aber auch häufig in erster Linie anderen Zielen, z.B. der Ergänzung oder Korrektur des privaten Güterangebots oder einer Verbesserung der gesamtwirtschaftlichen Beschäftigungssituation. Dennoch beeinflussen sie auch in diesen Fällen zumeist die Verteilungssituation der Wirtschaftssubjekte. Sie wirken sozusagen nebenbei umverteilend.

Im folgenden wird versucht, die wichtigsten der beabsichtigten und unbeabsichtigten Umverteilungswirkungen zu nennen, die von staatlichen Finanztransaktionen auf die Einkommens,- Vermögens- und Kaufkraftpositionen der privaten Wirtschaftssubjekte ausgehen können. Dabei wird zunächst in Anlehnung an die Volkswirtschaftliche Gesamtrechnung gezeigt, in welchen Phasen der Einkommensentstehung, -verwendung und -verteilung der Staat mit seinen Einnahmen und Ausgaben die Einkommensverteilung beeinflussen kann. Es schließt sich in einem zweiten Abschnitt eine Beschreibung der Ansatzpunkte für eine Beeinflussung der Vermögensverteilung durch die staatliche Finanzwirtschaft an.

1. Staatliche Einflüsse auf die Verteilung der Einkommen

Der private Haushalt stellt im Produktionsprozeß die Produktionsfaktoren Arbeit, Kapital und Unternehmerleistung zur Verfügung. Er erhält dafür Löhne, Zinsen und Gewinne. Deren Höhe wird in einem marktwirtschaftlichen System letztlich durch die angebotenen und nachgefragten Mengen an Produktionsfaktoren sowie an Gütern und Leistungen und deren Preise bestimmt. Selbstverständlich spielen auch die jeweiligen Marktformen und Verhaltensweisen der Teilnehmer auf diesen Märkten eine Rolle. Die Marktergebnisse können aber auch durch staatliche Eingriffe verändert oder im nachhinein korrigiert werden. Wie dies im einzelnen geschieht, wird im folgenden näher beschrieben.

1.1 Eingriffe in die Primärverteilung der Nominaleinkommen

Allgemein gilt, daß jede staatliche Maßnahme, die Mengen und Preise von Gütern und Dienstleistungen auf den verschiedenen Märkten beeinflußt, zugleich auch die Primärverteilung der Nominaleinkommen tangiert.

Dies ist offensichtlich, **wenn der Staat Arbeitskräfte** für die Durchführung seiner Aufgaben **nachfragt** und diesen Löhne oder Gehälter bezahlt. Gleiches gilt aber auch, **wenn der Staat Güter** zu Investitions- und Konsumzwecken **kauft** und dadurch bei den leistenden Unternehmen Einkommen schafft. Da derartige Käufe ebenso wie die meisten privatwirtschaftlichen Transaktionen auf der Basis marktlicher Koordinationsprozesse getätigt werden, ist es allerdings außerordentlich schwierig, ihre Auswirkungen auf die Primärverteilung der Einkommen in einer Volkswirtschaft herauszurechnen. Aus diesem Grund werden derartige Verteilungswirkungen in Verteilungsanalysen i.d.R. auch gar nicht erfaßt.

Etwas anderes ist es, **wenn der Staat die Verteilung der Leistungseinkommen** (im wesentlichen Einkommen aus unselbständiger Arbeit) **durch regulierende Maßnahmen beeinflußt**. Dies ist z.B. dann der Fall, wenn der Staat Lohnstopps, Mindest- oder Höchstlöhne verfügt oder wenn er die tägliche Arbeitszeit durch ein Überstundenverbot begrenzt. In diesen Fällen scheint es einfacher zu sein, den Einkommenseffekt herauszurechnen. Er besteht darin, daß den betroffenen Haushalten zumindest kurzfristig niedrigere bzw. höhere Löhne zufließen. Mittelfristig können die Auswirkungen allerdings durch Ausweichreaktionen, wie Abwanderungen des Produktionsfaktors Arbeit in andere Regionen u.ä., abgeschwächt werden. Eine empirische Erfassung ist deshalb letztlich doch kaum durchführbar.

Ähnliche Eingriffe sind auch in die Primärverteilung der **Kapitaleinkommen** (Einkommen aus Unternehmertätigkeit und Vermögen) denkbar. So verändern alle **Maßnahmen, die den Zinssatz oder die Risikostruktur des Kapitals beeinflussen**, auch die Höhe und Verteilung der Zinseinkommen. Ein allgemein bekanntes Beispiel hierfür ist die Staatsverschuldung, deren Wirkungen auf das Zinsniveau und damit auf die Verteilung Gegenstand heftiger Diskussionen in der Wissenschaft sind. Ein anderes Beispiel sind Maßnahmen der Devisenbewirtschaftung, die den internationalen Kapitalverkehr reglementieren und damit auch die Höhe und Verteilung von Zinseinkommen.

Als ein letztes Beispiel für die Auswirkungen staatlicher Aktivitäten auf die Einkommensverteilung seien die Folgen genannt, die eine **Veränderung der Abgabenbelastung von Unternehmen und Arbeitnehmern** auf die Wahl verschiedener wirtschaftlichen Aktivitäten und damit auch auf die Einkommensverteilung haben kann. Steigen etwa die Beitragssätze für die Sozialversicherung und damit die Lohnnebenkosten, so kann es als Folge dieser Maßnahme zu einer Zunahme der Schwarzarbeit kommen. Schwarzarbeiter werden nun entweder zusätzlich zu ihrer offiziellen Arbeitszeit ihnen übergebene Aufträge erledigen oder, wenn möglich, einen Teil ihrer bisher in der offiziellen Ökonomie zugebrachten Arbeitszeit für Schwarzarbeit einsetzen. Da Schwarzarbeit unter der Androhung der Bestrafung steht, werden die Anbieter von Schwarzarbeit auf einer Vergütung bestehen, die über dem in der offiziellen Wirtschaft erzielbaren Einkommen liegt. Ihre relative Einkommensposition wird sich also i.d.R. verbessern.

Eine Folge der Abgabenerhöhung kann des weiteren ein Rückgang der Nachfrage nach Arbeitsleistungen im offiziellen Sektor der Wirtschaft sein. Da durch diese Maßnahme der Produktionsfaktor Arbeit teurer wird, steigt auch der Preis der erbrachten Leistungen. Die Nachfrager werden entweder ihre Nachfrage auf ausländische Produkte verlagern, weniger im offiziellen Sektor kaufen oder ihre Käufe in die Schattenwirtschaft verlegen. Letztlich werden nach Abschluß der Anpassungsreaktionen im Inland diejenigen tendenziell bessergestellt sein, die nun die relativ billiger gewordene Schwarzarbeit anbieten können, sowie diejenigen Unternehmen, die den Schwarzarbeitern Materialien liefern (z.B. Baumärkte). Relativ verschlechtern wird sich die Position der Personen, die infolge der rückläufigen Aktivität in der offiziellen Ökonomie weniger verdienen oder gar arbeitslos werden.

1.2 Die Sekundärverteilung der Nominaleinkommen als Ergebnis staatlicher und privater Umverteilung

Im Mittelpunkt der meisten Analysen zur Umverteilungswirkung staatlicher Maßnahmen stehen solche Aktivitäten, die das im Primärverteilungsprozeß erwirtschaftete Einkommen privater Wirtschaftssubjekte entweder durch Zwangsabgaben reduzieren oder durch Transferzahlungen ergänzen bzw. erhöhen. Sie überführen die Primärverteilung in die Sekundärverteilung der Nominaleinkommen.[198]

Staatliche Umverteilung resultiert einerseits aus Zahlungen von **direkten Steuern und ähnlichen Abgaben**. Zwar gibt es keine unumstrittene Definition für direkte Steuern; es ist aber üblich, die Einkommensteuer, die Körperschaftsteuer, die Vermögensteuer und die Erbschaftsteuer dazuzurechnen. Regelmäßig einbezogen werden sodann die Beiträge für die verschiedenen Sparten der Sozialversicherung. Für all diese Abgaben wird als Regelfall unterstellt, daß sie von den Zahlern auch getragen werden und so deren verfügbares Einkommen reduzieren.

Es wäre allerdings falsch zu unterstellen, daß die geleisteten Zahlungen an den Staat in vollem Umfang umverteilungswirksam sind. In einer ersten Annäherung kann gesagt werden, daß eine Abgabe nur in dem Ausmaß einkommensnivellierend wirkt, wie Bezieher hoher Einkommen überdurchschnittlich

---

198 Selbstverständlich gibt es neben der staatlichen Umverteilung auch eine private. Diese dürfte in der Realität vor allem zwischen Familienangehörigen stattfinden. Freiwillige Spenden und Geschenke an Dritte (z.B. über Wohlfahrtsverbände und karitative Einrichtungen) sind demgegenüber, auch wenn sie in der Öffentlichkeit immer wieder große Aufmerksamkeit finden, quantitativ zumeist weniger bedeutsam.

und Empfänger niedriger Primäreinkommen unterdurchschnittlich von der Abgabenlast betroffen werden. Empirische Studien zeigen, daß oft nur ein kleiner Teil der Gesamtabgaben umverteilend wirkt.

Den Belastungen der privaten Haushalte durch Abgaben stehen auf der anderen Seite einkommensersetzende oder -erhöhende Geldströme durch **Transferzahlungen** des Staates an die privaten Haushalte gegenüber. Beispiele hierfür sind Rentenzahlungen, Arbeitslosenunterstützung, Sozialhilfeleistungen, Wohn- und Kindergeld sowie Mietbeihilfen. Diese Zahlungen bewirken, daß die begünstigten Haushalte über ein höheres Einkommen verfügen können, als ihnen zunächst aus dem Marktprozeß zugeflossen ist. Auch hier gilt, daß ein Umverteilungseffekt nur in dem Maße eintritt, wie die Haushalte über- bzw. unterdurchschnittlich im Vergleich zu ihrem Markteinkommen von den Zahlungen profitieren.

Der Nettoeffekt, den direkte Steuern und Sozialabgaben einerseits sowie Transferzahlungen andererseits auf die Verteilung der Nominaleinkommen ausüben, ergibt sich aus dem Saldo von direkten Abgaben der privaten Haushalte und Transferzahlungen des Staates an die privaten Haushalte.

1.3 Die Realverteilung der Einkommen als Ergebnis staatlicher Einflußnahme auf Preisniveau und –struktur der Güter und Dienstleistungen

Dem kritischen Leser wird aufgefallen sein, daß bisher nichts über die indirekten Steuern sowie die Subventionen an die Unternehmen gesagt wurde, obwohl auch sie die relative Verteilungssituation der privaten Haushalte beeinflussen. Der Grund, warum diese Geldströme bisher nicht erfaßt wurden, liegt in dem speziellen Wirkungsweg, über den indirekte Steuern und Subventionen nach vorherrschender Ansicht die relative Einkommensposition der privaten Haushalte beeinflussen.

Von **indirekten Steuern** - zu ihnen werden insbesondere die allgemeine Umsatzsteuer sowie die speziellen Verbrauchsteuern gerechnet - wird angenommen, daß sie von den Unternehmen als Kostenfaktoren in der Preiskalkulation berücksichtigt und an die Abnehmer der belasteten Produkte weitergegeben werden. Diese Steuern beeinflussen dann aber zunächst nicht die Höhe der verfügbaren Einkommen der Steuerzahler, sondern die Kaufkraft derjenigen, die die besteuerten Güter kaufen. Je höher der Anteil der Steuern ist, der in dem Preis eines Gutes enthalten ist, und je mehr Einkommensanteile für den Erwerb solcher Güter ausgegeben werden, umso größer ist der Kaufkraftrückgang bzw. die **Realeinkommenseinbuße.** Da in der Bundesrepublik Deutschland neben der allgemeinen Umsatzsteuer, die letztlich nur den Endverbraucher belastet, noch eine Reihe von speziellen Verbrauchsteuern erhoben wird, ist zu vermuten, daß vor allem Konsumenten von Tabakwaren, Alkohol, Kaffee und Mineralöl überdurchschnittlich betroffen werden. Aber auch diejenigen, die einen überdurchschnittlich hohen Anteil ihres Einkommens für Konsumzwecke ausgeben, dürften dadurch eine relative Verschlechterung ihrer Kaufkraftposition gegenüber denjenigen mit einer relativ hohen Sparquote erfahren.

Gelingt es allerdings den Unternehmen nicht vollständig, die indirekten Steuern an die Abnehmer ihrer Produkte weiterzugeben, verbleibt ein Teil der Last bei den steuerzahlenden Unternehmen und damit bei denjenigen, die ihr Einkommen aus den Erträgen dieses Unternehmens beziehen. In diesem Fall kommt es dann zu einer Verringerung der Primäreinkommen dieser Personen.

Den indirekten Steuern stehen **Subventionen** gegenüber, die vom Staat an die Unternehmen gezahlt werden, ohne daß diese dafür eine marktgerechte Gegenleistung erbringen müssen. Subventionen können zwei mögliche Konsequenzen für die Einkommensverteilung haben. Sie können entweder einen Rückgang der Preise auslösen, die von den Abnehmern der erstellten Güter zu zahlen sind. Sie wirken sich dann bei diesen kaufkraftsteigernd aus. Das Realeinkommen der Käufer dieser Güter steigt. Es ist aber auch möglich, daß die Subventionen von den Subventionsempfängern "einbehalten" werden. In diesem Fall steigt deren Primäreinkommen. Umverteilungseffekte können also sowohl über die Realeinkommen als auch über die Primäreinkommen auftreten.

1.4 Die Finalverteilung der Einkommen als Ergebnis staatlicher Güter- und Dienstleistungsangebote

Die Bedürfnisbefriedigungsmöglichkeiten eines Haushaltes sind zwar wesentlich, aber nicht ausschließlich durch das verfügbare Einkommen und die dadurch repräsentierte Kaufkraft determiniert. Der Staat kann durch weitere Maßnahmen die Bedürfnisbefriedigungsmöglichkeiten sowohl vergrößern als auch verkleinern.

Eine Steigerung der Bedürfnisbefriedigungsmöglichkeiten tritt bei gegebenem Einkommen dann ein, wenn der Staat **Güter und Leistungen zum Nulltarif** oder **zu nicht kostendeckenden Preisen** anbietet. Beispiele hierfür sind Bildungs-, Sport- und Kulturangebote ebenso wie die Bereitstellung von Sicherheit nach innen und nach außen. Nimmt ein Einkommensbezieher derartige Leistungen in Anspruch, so kann er insoweit sein verfügbares Einkommen für den Erwerb anderer Güter und Leistungen einsetzen. Dabei verbessert sich die relative Position des Wirtschaftssubjektes umso mehr, je höher der Wert der unentgeltlich genutzten öffentlichen Leistungen, gemessen an seinem Gesamteinkommen, ist.

Die Bedürfnisbefriedigungsmöglichkeiten werden umgekehrt verringert, wenn der Staat die Individuen zur Erstellung von Leistungen verpflichtet, ohne dafür einen marktgerechten Preis zu bezahlen. Das bekannteste Beispiel hierfür dürfte die in vielen Ländern bestehende Wehrpflicht für junge Männer sein. Geht man in der Geschichte etwas zurück, so findet man zusätzliche Beispiele in Gestalt der Fron- und Spanndienste, die von den Leibeigenen oder Bauern an die Obrigkeit zu erbringen waren.

Eine Bewertung der vom Staat bereitgestellten bzw. verlangten Güter und Leistungen ist allerdings mit erheblichen Schwierigkeiten verbunden. Dies sei am Beispiel einer Vorteilsgewährung durch eine unentgeltliche Leistung des Staates an die Privaten erläutert. Man könnte zunächst versuchen, den individuellen Vorteil aus einer solchen Leistungsinanspruchnahme durch den Geldbetrag zu bestimmen, den ein Individuum für dieses Gut zu zahlen bereit wäre. Allerdings ist es in vielen Fällen nicht möglich, den Begünstigten zu einer Bekanntgabe seiner individuellen Präferenzen und damit des Geldbetrages zu veranlassen, den dieser maximal zu entrichten bereit ist. Auch der Vorschlag, sogenannte "als-ob-Preise" (das sind Preise, wie sie bei Existenz eines funktionierenden Wettbewerbsmarktes zustande kämen) zu ermitteln, läßt sich in der Praxis zumeist nicht verwirklichen. Damit bleibt als oft einzige Möglichkeit die Vorteilszurechnung mit Hilfe der Kosten, die die Leistungsbereitstellung verursacht. Aber auch sie ist mit einer Reihe von Problemen behaftet, wie die nachfolgenden zwei Beispiele deutlich machen:

- Das Studium an deutschen Universitäten steht in der Regel jedem zum Nulltarif offen, der die Hochschulreife besitzt. Man könnte nun die staatlichen Ausgaben im Hochschulbereich nach Fachgebieten aufteilen und den Studenten nach einem festzulegenden Schlüssel zurechnen. Da aber an den Universitäten auch in wesentlichem Umfang Mittel für die Forschung eingesetzt werden, stellt sich die Frage, wie hoch diese Ausgaben sind und in welchem Ausmaß sie den Studenten zugute kommen und diesen deshalb zugerechnet werden sollten.
- Ausgaben für die öffentliche Sicherheit kommen zunächst allen zugute, die in dem geschützten Raum seßhaft sind. In Hafen- und Großstädten sind aber beispielsweise die Kosten zur Garantierung der Sicherheit jedes einzelnen i.d.R. höher als auf dem "flachen Lande", ohne daß die Begünstigten selbst dafür verantwortlich sind. Sodann dürften die notwendigen Ausgaben für einen ausreichenden Schutz von Personen mit großen Vermögen höher als für besitzlose untere Einkommensklassen sein. Wie hoch allerdings der Vorteil für den Einzelnen anzusetzen ist, kann nur durch eine Willkürentscheidung bestimmt werden.

1.5 Ansatzpunkte und quantitative Bedeutung staatlicher Verteilungspolitik nach Daten der Volkswirtschaftlichen Gesamtrechnung

Übersicht 7.1 soll in Ergänzung zu den bisherigen Ausführungen einen Überblick über die Verwendung und Verteilung relevanter Volkseinkommensgrößen am Beispiel der Bundesrepublik Deutschland geben und zugleich noch einmal zeigen, an welchen Stellen der Staat durch seine Maßnahmen Einfluß auf die Primär-, die Sekundär-, die Real- und die Finalverteilung nimmt. Die in Spalte 2 ausgewiesenen Zahlen vermitteln sodann einen ersten Eindruck von der quantitativen Bedeutung finanzwirtschaftlicher Eingriffe. Allerdings ist damit noch sehr wenig über das Ausmaß der Umverteilung ausgesagt, das von diesen Eingriffen auf die Einkommen der Individuen bzw. Haushalte ausgeht.

Übersicht 7.1: Volkseinkommensgrößen und ihre verteilungspolitische Bedeutung

Begriffliche Kennzeichnung	Alte Bundesländer	Neue Bundesländer	Relevanz für Verteilungsanalysen	Zuordnung verteilungspolitischer Instrumente
	in Mrd. DM (1996)			
Bruttoproduktionswert (BPW) ./.Vorleistungen				
= Bruttowertschöpfung	2 725,8	329,5		
+ Nichtabzugsfähige USt	218,3	16,6		
+ Einfuhrabgaben	29,3	0,8		
= Bruttoinlandsprodukt zu Marktpreisen (BIP_M)	2 973,4	346,9		
+ Saldo der Erwerbs- und Vermögenseinkommen zwischen Inländern und der übrigen Welt	-16,3	8,3		
= Bruttosozialprodukt zu Marktpreisen (BSP_M)	2 957,2	355,2	Insgesamt für die Verteilung verfügbare volkswirtschaftliche Wertschöpfung	
./. Abschreibungen (Afa)	388,6	50,8	Höhe der Afa? Wem soll Anspruch auf Afa zustehen?	Steuerliche Abschreibungsregeln (degressive Afa, Sonder-Afa, Aussetzung der degressiven Afa)
= Nettosozialprodukt zu Marktpreisen (NSP_M)	2 568,6	304,4		
./. (indirekte Steuern abzüglich Subventionen)	359,6	13,4	Beeinflussung der Primär- und Realeinkommensverteilung über Preis- und Einkommenseffekte	Mehrwertsteuer, spezielle Verbrauchsteuern, Gewerbesteuer, Branchen- und Regionalsubventionen
= Nettosozialprodukt zu Faktorkosten (NSP_F) oder Volkseinkommen	2 209,0	291,0		

Übersicht 7.1 cont.

Begriffliche Kennzeichnung	Gesamtdeutschland in Mrd. DM (1996)	Relevanz für Verteilungsanalysen	Zuordnung verteilungspolitischer Instrumente
Nettosozialprodukt (NSP_F) oder Volkseinkommen	2 500,0	Zentrales Objekt der Verteilungstheorie und –politik	
Bruttoeinkommen aus unselbständiger Arbeit (E_{uns})	1 815,0	Objekte der personellen und der funktionellen Einkommensverteilungslehre	staatliche Lohnpolitik, verteilungspolitisch motivierte Auftragsvergabe der öffentlichen Hand
Bruttoeinkommen aus Unternehmertätigkeit und Vermögen (E_{UV})	684,9		
./. Einkommen aus Unternehmertätigkeit und Vermögen des Staates	-59,9	Beeinflussung der Finaleinkommensverteilung	Preispolitik öffentlicher Unternehmen (Nulltarife, kostenunterdeckende Preise und Zinsen)
./. Unverteilte Gewinne der Unternehmen mit eigener Rechtspersönlichkeit	45,4		
= Anteil des privaten Sektors am Volkseinkommen	2 514,4		
+ Staatliche Einkommensübertragungen an den privaten Sektor	611,6	Beeinflussung der Nominaleinkommensverteilung im privaten Sektor	Renten, Pensionen, (Arbeitslosen-) Unterstützungen, Sparprämien
+ Sonstige Einkommensübertragungen an den privaten Sektor	145,2		
./. Direkte Steuern	326,1	Beeinflussung der Nominaleinkommensverteilung im privaten Sektor	Steuern auf das Einkommen (Gewinne) privater und juristischer Personen
./. Sozialbeiträge	684,2		Arbeitnehmer- und –geberanteile der Sozialversicherungsabgaben
./. Nichtentnommene Gewinne der Unternehmen ohne eigene Rechtspersönlichkeit	0,0		
= Verfügbares privates Einkommen (E_{priv})	2 151,6		
Verfügbares privates Einkommen (E_{priv})	2 151,6		
Privater Konsum	1 902,3	Beeinflussung der Realeinkommensverteilung	Allg. und spezielle Verbrauchsteuern, Wohngeld, Bauspar- u. Sparprämien
Private Ersparnis	249,3		

Quelle: Statistisches Bundesamt (Hrsg.): Statistisches Jahrbuch für die Bundesrepublik Deutschland 1996, Wiesbaden 1996, S. 642, S. 656 und S. 659 f.

2. Die Umverteilung der Vermögen

Neben dem Einkommen stellt das Vermögen das zweite zentrale Objekt der staatlichen Verteilungspolitik dar. Seine Verteilung kann einmal über den Vermögens**bildungs**prozeß beeinflußt werden. Dies geschieht insbesondere über eine Erhöhung der Anreize für vermehrtes Sparen. Zweiter Ansatzpunkt der Vermögensverteilungspolitik ist der Vermögens**bestand**. Durch Umverteilung desselben kann ebenfalls und bei entsprechender Zielsetzung zudem sehr schnell eine bestehende in eine gewünschte andere Vermögensverteilung überführt werden.

2.1 Die Beeinflussung der Vermögensbildung

Vermögensbildung ist gleichbedeutend mit dem Verzicht auf die konsumtive Verwendung von Einkommen. Der Staat verfügt über zwei Gruppen von Instrumenten, mit denen er den Prozeß der Vermögensbildung beeinflussen kann:

- Er erhöht die **Sparfähigkeit** und den **Sparwillen** derjenigen Zielgruppen, die nach seinen wirtschaftspolitischen Zielvorstellungen vermehrt Vermögen bilden sollen. Dazu stehen ihm in der Bundesrepublik Deutschland u.a. die fiskalischen Instrumente der Arbeitnehmersparzulage, der Prämiengewährung für die Ersparnisbildung sowie der steuerlichen Begünstigung bestimmter Formen der Vermögensbildung zur Verfügung. Eine Kombination derartiger Förderungsmaßnahmen stellt z.B. das Vermögensbildungsgesetz dar. Darüber hinaus kann der Staat die Rahmenbedingungen verbessern, die Einfluß auf das Sparverhalten der Wirtschaftssubjekte nehmen. Zu diesen zählen z.B. die (erwartete) Geldwertentwicklung, der Gläubigerschutz, das Ausmaß der sozialen Sicherung sowie das Vertrauen in das staatliche Finanzgebaren.
- Wenn Anreize nicht ausreichen, um ein gewünschtes Sparverhalten hervorzurufen, verbleibt dem Staat noch die Möglichkeit, die Wirtschaftssubjekte zum Sparen zu zwingen. **Zwangssparen** kann seine Rechtfertigung daraus beziehen, daß die Wirtschaftssubjekte nach Ansicht des Staates "noch nicht" in der Lage sind, die aus der Vermögensbildung resultierenden Vorteile zu erkennen. Der Staat geht also davon aus, daß der in seinen individuellen Präferenzen manipulierte Bürger später die Sinnhaftigkeit des Eingriffes einsieht und im nachhinein akzeptiert. Diese Vorgehensweise findet man etwa im Bereich der Rentenversicherung, wo durch Zwangsbeiträge Versorgungsvermögen gebildet wird. Nicht verteilungspolitisch motiviert sind hingegen Zwangssparprozesse, die zur Finanzierung eines außerordentlichen Finanzbedarfs des Staates ausgelöst werden, beispielsweise Kriegsanleihen. Allerdings üben auch sie einen Einfluß auf die jeweilige Vermögensverteilung aus.

2.2 Die Beeinflussung des Vermögensbestandes

Bei einer bereits bestehenden relativ großen Ungleichverteilung der Vermögen liegt es nahe, direkt in den Vermögensbestand einzugreifen. Dafür bieten sich vor allem die folgenden drei Interventionsformen an:

- Der Staat führt eine (direkt oder indirekt) **progressive Besteuerung der Vermögen** ein. Dadurch werden hohe Vermögen stärker als niedrige belastet.
- Der Staat **besteuert den Übergang von Vermögen** bei Schenkungen und Erbschaften. Auch hier kann er die Belastung abstufen, also z.B. von der Höhe der Vermögensübertragung abhängig machen.
- Schließlich kann **Vermögen in "Gemeineigentum" überführt** und damit die Vermögensverteilung beeinflußt werden. Dies setzt allerdings voraus, daß die rechtlichen Bestimmungen eine Enteignung ohne marktgerechte Entschädigung zulassen, eine Bedingung, die z.B. in der Bundesrepublik Deutschland nicht gegeben ist.

Zumeist nicht als verteilungspolitisches Instrument gedacht, aber dennoch von erheblichem Gewicht für die Vermögensverteilung sind staatliche Maßnahmen, durch die die Werte bestimmter Vermögensbestände beeinflußt werden. Das Paradebeispiel hierfür sind Entscheidungen über die Ausweisung und Erschließung von Bauland. Durch sie sind vor allem in den Phasen des Baubooms erhebliche Vermögenszuwächse bei denen entstanden, die traditionell Grundstückseigentümer waren, also vor allem die Bauern, oder die durch Spekulationen kurzfristig Grundeigentum erworben hatten. Die Verringerung dieser "unverdienten" Vermögenszuwächse durch Planwertausgleichsabgaben o.ä. ist umstritten und von geringer praktischer Bedeutung.

8. Kapitel

Vorgehensweisen und Probleme bei der Ermittlung von Verteilungswirkungen staatlicher Aktivitäten

Die bisherigen Ausführungen haben bereits erkennen lassen, wie schwierig es ist, zu eindeutigen, allgemein akzeptierten Aussagen über die Verteilungswirkungen staatlicher Aktivitäten zu gelangen. In diesem Kapitel soll gezeigt werden, woran dies liegt und wie man durch klare Fragestellungen und Wirkungsanalysen dennoch zu überprüfbaren Wirkungsaussagen gelangen kann.

Zu diesem Zweck wird zunächst der in Verteilungsanalysen häufig verwendete, aber nicht immer genügend exakt definierte Begriff der Inzidenz erläutert und in seinen verschiedenen Verwendungsarten gekennzeichnet. Es folgen eine kurze Diskussion über die richtige Alternativenwahl bei Inzidenzaussagen sowie eine Darstellung der wichtigsten verteilungsrelevanten Wirkungen, die bei staatlichen Eingriffen zu beachten sind.

1. Inzidenz als Sammelbegriff für die Verteilungswirkungen staatlicher Aktivitäten

Der Begriff **Inzidenz** soll im folgenden für die Wirkungen stehen, die von staatlichen Einnahmen und Ausgaben auf die **Verteilung von Einkommen und Vermögen** ausgehen.[199] In der finanzwissenschaftlichen Literatur wird der Begriff Inzidenz zum Teil umfassender verwendet. So steht bei Recktenwald[200] und Shoup[201] Inzidenz für die **Verteilungs- und Allokationswirkungen** staatlicher Einnahmen und Ausgaben. Diese Interpretation erscheint insoweit als vertretbar, als Verteilungswirkungen häufig mit einer Veränderung der Ressourcenallokation einhergehen. Gelegentlich werden unter Inzidenz in einem weiten Sinne sogar **alle Wirkungen** subsumiert, die von den Einnahmen und Ausgaben des Staates auf gesamtwirtschaftlich relevante Aktivitäten, wie das Arbeitsangebot, die Investitionstätigkeit sowie Konsum- und Sparaktivitäten ausgehen. Diese Definition ist allerdings so weit gefaßt, daß sie inhaltlich mit dem Begriff Wirkung zusammenfällt. Damit erscheint sie unzweckmäßig, ja sogar überflüssig.

199 Vgl. z.B. Brümmerhoff, 1997, S. 251. Musgrave definiert Inzidenz als "Änderung der Verteilung des für den privaten Konsum zur Verfügung stehenden Einkommens." Vgl. Musgrave, 1974, S. 154.

200 Vgl. Recktenwald, 1984, S. 393 ff.

201 Vgl. Shoup, 1969, S. 7 ff.

Instrumentenorientierte Systematik des Inzidenzbegriffs

Der Begriff Inzidenz entstammt der Steuerwirkungslehre und dient in diesem Zusammenhang zur Kennzeichnung der von Steuern ausgelösten (relativen) Belastungswirkungen.[202] Später wurde der Inzidenzbegriff auch bei der Erfassung von Verteilungswirkungen anderer Einnahmen, der Staatsausgaben sowie als Folge einer kombinierten Variation von Einnahmen und Ausgaben verwendet. Damit traten neben den Begriff der **Steuerinzidenz** die **Einnahmeninzidenz**, die **Ausgabeninzidenz** sowie die **Budget-** oder **Nettoinzidenz**.

Wirkungsorientierte Systematik des Inzidenzbegriffs

Analysen über die Inzidenz staatlicher Einnahmen und Ausgaben müssen zunächst bei den Wirtschaftssubjekten ansetzen, die dem Staat zu Einnahmen verhelfen, indem sie etwa Steuern zahlen, sowie bei den Wirtschaftseinheiten, denen Ausgaben des Staates zufließen. Die Verteilung der Zahllast und der staatlichen Transferzahlungen wird in der Literatur auch als **gesetzliche Inzidenz** bezeichnet.

Nun sind die Steuer- und Abgabenzahler ebenso wie die Empfänger von Staatsausgaben nicht immer diejenigen, die nach dem Willen des Gesetzgebers als Belastete bzw. Begünstigte vorgesehen sind. So soll beispielsweise die Tabaksteuer nicht vom Produzenten der Tabakwaren als Steuerpflichtigem getragen werden, sondern vom Raucher. Umgekehrt soll eine Subvention nicht immer beim Subventionsempfänger als Vorteil verbleiben, sondern z. B. über gesunkene Güterpreise an die Konsumenten der subventionierten Güter weitergegeben werden. Zur Kennzeichnung dieser beabsichtigten Verteilungswirkungen wird in der Literatur der Begriff der **formalen Inzidenz** verwendet.

Den Wirtschaftswissenschaftler und Wirtschaftspolitiker interessiert am meisten, wer letztendlich die Last aus der Erzielung von Staatseinnahmen und hier insbesondere von Steuern trägt und wer der Begünstigte von Staatsausgaben ist. Um dies feststellen zu können, müssen alle Reaktionen analysiert werden, die sich als Folge staatlicher Einnahmen und Ausgaben vor allem auf die Ressourcenallokation und die Einkommensverwendung ergeben. Die dabei festgestellte Inzidenz wird als tatsächliche, effektive oder **materielle Inzidenz** bezeichnet.

In empirischen Verteilungsanalysen wäre es einfach zu aufwendig, alle denkbaren Anpassungsreaktionen und deren Verteilungskonsequenzen zu ermitteln. Zudem würden nicht selten die dafür erforderlichen Informationen fehlen. So wird verständlich, warum empirische Untersuchungen zumeist auf einem Ne-

202 Vgl. Fricke, 1979, S. 507.

beneinander von empirisch ermittelten Daten und nicht überprüfbaren Annahmen über Verhaltensreaktionen basieren.

Alternativenorientierte Systematik des Inzidenzbegriffs

Bei der Erfassung der Inzidenz von staatlichen Einnahmen und Ausgaben kann man schließlich nach der relevanten Alternative, mit der man die Verteilungswirkung einer staatlichen Aktivität vergleicht, unterscheiden.

Im Rahmen von Verteilungsanalysen haben die spezielle, die differentielle und die Budgetniveauinzidenz besondere Bedeutung erlangt.

Bei der Analyse der **speziellen Inzidenz** wird nach den Wirkungen gefragt, die von einer speziellen staatlichen Maßnahme, wie z.B. einer Steuererhöhung, auf die Verteilungssituation eines Haushaltes, eines Individuums etc. ausgehen. Relevante Alternative, mit der die Verteilung nach der Steuererhöhung verglichen wird, ist dann der Zustand, wie er sich ohne Durchführung dieser Maßnahme unter sonst gleichen Umständen ergeben hätte. Dazu ein Beispiel:

Dem Staat sollen X DM über einen Zeitraum von 3 Jahren zur Verfügung stehen. Das heißt, daß die Finanzmittel bereits vorhanden sind oder ohne merkliche Effekte beschafft werden können. Diese Mittel will der Staat zur Ankurbelung der Spartätigkeit privater Haushalte mit niedrigem Einkommen einsetzen. Nach dem Konzept der speziellen Inzidenz wird nun die Vermögensverteilung nach Durchführung der Sparförderung mit derjenigen verglichen, wie sie ohne Sparförderung und Nicht-Verausgabung der Mittel zustandegekommen wäre. Der Vergleich kann dabei sowohl vor Durchführung der Maßnahme als auch nach erfolgter staatlicher Sparförderung vorgenommen werden. Im ersten Fall wird eine ex ante-Analyse durchgeführt, die die Beschreibung zweier fiktiver, d.h. noch nicht realisierter Situationen zum Inhalt hat. Erfolgt die Bewertung erst nach Durchführung einer Maßnahme, liegt eine ex post-Analyse vor, in der das Ergebnis der realisierten Alternative mit einem fiktiven Ergebnis verglichen wird, wie es ohne die zusätzliche Aktivität zustandegekommen wäre.

Das Konzept der speziellen Inzidenz kann angewendet werden, wenn zu entscheiden ist, ob eine Maßnahme durchgeführt werden soll oder nicht und wenn angenommen werden kann, daß weder beim Unterlassen einer Maßnahme noch bei deren Verwirklichung andere finanzwirtschaftliche Aktivitäten des Staates eingeschränkt oder ausgeweitet werden.

Nach der Methode der **differentiellen Inzidenz** werden Situationen miteinander verglichen, wie sie eintreten würden, wenn zwei (oder mehrere) verschiedene Maßnahmen als **Alternativen** zur Diskussion stehen. Im Unterschied zur Analyse der speziellen Inzidenz führt man nun einen Vergleich der Ergebnisse einer Maßnahme A mit einer anderen Maßnahme B durch. Auch dazu ein Beispiel:

Will der Staat eine Umverteilung der Einkommen zugunsten kinderreicher Familien durchsetzen, so kann er dazu die durchschnittliche Einkommensteuerbelastung für die zu begünstigenden Haushalte durch Gewährung eines Kinderfreibetrages senken. Der Staat kann aber auch ein nach der Kinderzahl abgestuftes Kindergeld beschließen. Es wird dann in der Regel zu anderen Distributionseffekten als bei Gewährung eines steuerlich absetzbaren Kinderfreibetrages kommen.

Die Ermittlung der differentiellen Inzidenz erscheint dann sinnvoll, wenn sich die Politiker bereits auf die Verwirklichung eines Zieles geeinigt haben und es nur noch darum geht, die dafür geeignete Maßnahme zu finden.

Die **Budgetniveauinzidenz** interessiert dann, wenn über staatliche Aktivitäten zu entscheiden ist, die die Einnahmen- **und** Ausgabenseite des Budgets in demselben Ausmaß treffen. Gefragt wird hier nach der Summe der Verteilungswirkungen, die aus einer Erhöhung (Senkung) der Staatsausgaben sowie deren gleichzeitiger Finanzierung (Budgetentlastung) durch Einnahmenerhöhung (Einnahmenverringerung) resultieren. Auch hierzu sei ein kurzes Beispiel genannt:

Will der Staat ein Programm zur Krebsbekämpfung einrichten und fehlen ihm dazu die Mittel, so muß er sich verschulden, Gebühren erheben oder die Steuern erhöhen. Hier sei angenommen, daß er die Ausgaben über eine Erhöhung der Tabak- und Branntweinsteuer finanziert. Man kann nun den Nettoverteilungseffekt des Gesamtbündels der Maßnahmen als Saldo aus den Verteilungswirkungen bei den Steuerzahlern und den - nur z.T. identischen - Leistungsempfängern errechnen.

Die Ermittlung der Budgetniveauinzidenz ist in den Fällen angebracht, in denen ein geplantes Ausgabenprogramm nur realisierbar ist, wenn die Einnahmen in demselben Umfang erhöht werden. Man spricht deshalb in der Literatur auch von der **Inzidenz des ausgeglichenen Budgets**.

2. Das Problem der richtigen Alternativenwahl

Aussagen über die Wirkungen staatlicher Finanzströme beruhen explizit oder implizit immer auf einem Vergleich zweier Situationen bzw. Entwicklungen. In der Literatur finden bei solchen Vergleichen zwei Prinzipien Anwendung: Das "with and without"-Prinzip sowie das "before and after"-Prinzip.

Nach dem **"with and without"-Prinzip** wird ein Vergleich vorgenommen zwischen einer Situation **mit** staatlicher Maßnahme und einer Situation **ohne** staatlichen Eingriff. Entscheidend ist, daß sich die Bewertung der beiden Alternativen auf jeweils denselben Zeitpunkt bezieht. Der Vergleich kann also sowohl vor Durchführung der Maßnahme als auch nach dem Maßnahmenvollzug erfolgen. Im ersten Fall werden zwei fiktive, d.h. noch nicht realisierte Situationen gegenübergestellt; es handelt sich also um eine ex ante-Analyse. Im zweiten Fall wird eine realisierte Alternative mit einem fiktiven Ergebnis verglichen; es liegt also eine ex post-Analyse vor.

Das **"before and after"-Prinzip** begnügt sich mit einem intertemporalen Vergleich einer interessierenden Größe *vor* einer Staatsaktivität (das ist die before-Situation) mit derjenigen **nach** Verwirklichung eines Staatseingriffes (das ist die sogenannte after-Situation).

Durch die nachfolgende erdachte Aussage soll deutlich gemacht werden, daß der "before and after"-Vergleich zu falschen Schlußfolgerungen führen kann. Die Aussage: "Die Entlastung unterer Einkommensschichten durch Erhöhung des Grundfreibetrages und die Verlängerung der ersten Proportionalzone bei der Einkommensteuer war verteilungspolitisch unwirksam. Dies ergibt sich daraus, daß der Grad der Ungleichverteilung der Einkommen nach Steuer seit der Steuerreform nicht nur nicht gefallen, sondern in den letzten 5 Jahren sogar gestiegen ist." Was ist hier falsch? Offensichtlich wird die in der Realität eingetretene zunehmende Ungleichverteilung der Einkommen den genannten steuerpolitischen Maßnahmen zugerechnet, obwohl vermutlich andere Faktoren zu dieser Entwicklung geführt haben. Richtig wäre hingegen die Aussage gewesen, daß die verteilungsnivellierenden steuerlichen Maßnahmen nicht ausgereicht haben, gegenläufige Effekte bei der Einkommensentstehung zu kompensieren.

Die Gefahr der falschen Schlußfolgerung ist nicht gegeben, wenn das "with and without"-Prinzip angewendet wird. Es verlangt, daß die Wirkung einer Maßnahme immer an einer Situation gemessen wird, wie sie **ohne** diese Maßnahme bzw. bei Durchführung einer anderen Maßnahme entstanden wäre. Dabei ist der Ergebnisvergleich stets auf ein und denselben Zeitpunkt zu beziehen. Einflüsse, die nicht auf die zu analysierende Staatsmaßnahme zurückzuführen sind, werden dadurch im Ergebnis entweder neutralisiert oder ausgeschaltet. Allerdings wirft diese Vorgehensweise das Problem der Erfassung der Wirkungen auf, die aus einer noch nicht realisierten Maßnahme auftreten könnten, da zumeist völlig eindeutige Informationen über zu erwartende Wirkungsverläufe sowie sämtliche benötigten Daten über künftige Umweltzustände nicht zur Verfügung stehen.

3. Die verteilungsrelevanten Hauptwirkungsverläufe staatlicher Eingriffe

Eine finanzpolitische Maßnahme führt regelmäßig zu einer Veränderung der Höhe und Verteilung des gesamtwirtschaftlichen Einkommens. Dabei können mehrere Wirkungen neben- oder nacheinander eintreten. Übersicht 8.1[203] gibt einen Überblick über die wichtigsten Wirkungsabläufe.

3.1 Wirkungen in der Ankündigungsphase

In der Ankündigungsphase wird der Bürger eines Landes über die geplante Maßnahme in Kenntnis gesetzt. Wird die Ankündigung nicht wahrgenommen oder die vorgesehene Maßnahme in ihren Konsequenzen für unbedeutend gehalten, ändert das Wirtschaftssubjekt sein Verhalten nicht. Überschreitet allerdings der durch die Information ausgelöste Reiz eine Reaktionsschwelle, werden Ausweichreaktionen ins Auge gefaßt und evtl. auch durchgeführt. Die Reaktionen können in zwei Richtungen gehen:

- Es wird Druck auf die politischen Entscheidungsträger ausgeübt, die geplante Maßnahme zu unterlassen oder abzuwandeln. So werden beispielsweise Unternehmensvertreter und ihre Verbände bei einer vorgesehenen Einführung oder Modifikation einer Steuer während der Gesetzgebungsphase versuchen, zusätzliche Steuerlasten zu verhindern. Zu diesem Zwecke können sie in schriftlichen Stellungnahmen und mündlichen Anhörungsverfahren auf die zu erwartenden negativen Folgen für das Wirtschaftswachstum, auf die internationale Wettbewerbsfähigkeit sowie auf die Ungerechtigkeit der beabsichtigten Neuregelung verweisen.
- Die betroffenen Wirtschaftssubjekte reagieren durch vorsorgliche Substitution[204], wenn sie davon überzeugt sind, daß die geplante Maßnahme auch tatsächlich verwirklicht wird. Sie versuchen dann, sich rechtzeitig auf die demnächst eintretende neue Situation einzustellen. Dazu einige Beispiele:
  - Plant der Staat die Gewährung von Investitionsprämien, so können Unternehmen vorgesehene Investitionen in den begünstigten Zeitraum verlegen (zeitliche Substitution).
  - Ist eine Senkung der Gewinnsteuer vorgesehen, so können Unternehmen versuchen, ihre Gewinne in die Zukunft zu verlagern (zeitliche Substitution).
  - Werden in einem Land Umweltsteuern beschlossen, die Neuinvestitionen verteuern, so kann dies zu einer Verlagerung von Investitionen in solche Länder führen, in denen eine Besteuerung nicht stattfindet (räumliche Substitution).

Prinzipiell stehen den betroffenen Wirtschaftssubjekten zur Vermeidung von Nachteilen bzw. zur Vorteilserlangung dieselben Formen der Substitution offen, wie sie auch für die Vollzugsphase bedeutsam sind und im folgenden noch näher erläutert werden.

---

203 Es wurde in ähnlicher Form von Recktenwald (1958, S. 34) für die Erfassung der Steuerwirkungen und von Andel (1992, S. 108) für die Wirkungen finanzwirtschaftspolitischer Maßnahmen verwendet.

204 Zum Begriff der Substitution siehe die Erläuterungen in Abschnitt 3.2 dieses Kapitels.

3.2 Wirkungen in der Vollzugsphase

In der Vollzugsphase ist wieder zwischen zwei Verhaltensweisen zu unterscheiden. Die erste besteht darin, daß die betroffenen Wirtschaftssubjekte die Maßnahme ohne (Abwehr-)Reaktionen in Kauf nehmen; es kommt unmittelbar zu Einkommenseffekten. Die Wirtschaftssubjekte können aber auch so reagieren, daß sie eventuelle Lasten abzuwehren oder Vorteile zu erlangen versuchen; dadurch können Einkommenswirkungen verlagert und deshalb nur mittelbar bestimmt werden.

Unmittelbare Einkommenseffekte

Reagieren die von Staatsaktivitäten direkt betroffenen Wirtschaftssubjekte nicht, so verbleibt die Last einer Steuer oder der Vorteil einer Staatsleistung zunächst bei ihnen. Muß beispielsweise ein Lohnempfänger erhöhte Steuerzahlungen leisten, so wird sein verfügbares Einkommen sinken. Umgekehrt wird der Empfänger von zusätzlichen staatlichen Transferzahlungen über ein höheres Einkommen als zuvor verfügen.

Die Zurechnung wird schwieriger, wenn die unmittelbaren Einkommensänderungen ermittelt werden sollen, die als Folge staatlicher Ausgaben für Güter und Dienste eintreten. In diesem Fall kommt es einerseits zu einem Anstieg des Nominaleinkommens bei denjenigen, die dem Staat Güter verkaufen oder bei der staatlichen Leistungserstellung mitwirken; zum anderen steigt gleichzeitig bei den Nutznießern von Staatsleistungen das Finaleinkommen, wenn diesen die Leistungen ganz oder teilweise unentgeltlich angeboten werden.

Überwälzung

Überwälzung liegt vor, wenn das von einer staatlichen Einnahme oder Ausgabe betroffene Wirtschaftssubjekt den empfangenen Vor- oder Nachteil über eine Änderung der Preise weitergibt. Erfolgt die Überwälzung über die Preise, die ein Akteur für die von ihm abgegebenen Leistungen fordert, spricht man von einer **Vorwälzung.** Bei einer **Rückwälzung** wird die Last oder der Vorteil über die Preise weitergegeben, die der direkt betroffene Akteur für empfangene Leistungen bezahlen muß. Eine **Querwälzung** liegt schließlich vor, wenn Belastungen oder Entlastungen über Preise solcher Güter weitergegeben werden, die bei der Ermittlung des Vorteils oder der Belastung keine Rolle spielen. Diese Reaktion kann vor allem bei Kuppelprodukten und Komplementärgütern erfolgen.

Überwälzungsprozesse werden vor allem im Rahmen der Steuerwirkungslehre analysiert. Sie treten aber ebenso bei Subventionen oder als Folge staatlicher Sachleistungen auf. So kann z.B. durch die Gewährung verbilligter Kredite für den sozialen Wohnungsbau das Angebot an preiswerten Wohnungen vergrößert und damit das verbleibende verfügbare Einkommen der begünstigten Familien erhöht werden. Für Verteilungsanalysen sind Überwälzungsprozesse deshalb bedeutsam, weil sie über die endgültig Belasteten bzw. Begünstigten einer staatlichen Maßnahme bestimmen.

Kapitalisierung

Von Kapitalisierung spricht man, wenn langlebiges Vermögen einer laufend wiederkehrenden Belastung unterworfen wird und diese zu einer Minderung des Verkaufspreises für das belastete Vermögen führt.

Eine Kapitalisierung ist vor allem dann zu erwarten, wenn für potentielle Vermögenserwerber alternative Anlagemöglichkeiten bestehen, die von einer vergleichbaren Belastung nicht betroffen sind. In diesem Fall trägt derjenige, der zum Zeitpunkt der Einführung einer Vermögensbelastung Eigentümer ist, die gesamte Last zukünftiger Abgaben in Form eines Abschlages auf den Verkaufspreis des Vermögensgegenstandes. Die Höhe des Abschlages entspricht dabei dem Gegenwartswert aller in der Zukunft zu entrichtenden Abgaben. Vom Standpunkt des ursprünglichen Vermögenseigentümers ist Kapitalisierung gleichbedeutend mit Nichtüberwälzung, während sie vom Standpunkt späterer Eigentümer und Steuerzahler eine Sonderform der Rückwälzung darstellt.

Eine Kapitalisierung wird dann nicht eintreten, wenn die Belastung über die Preise derjenigen Güter und Leistungen fortgewälzt werden kann, die mit Hilfe des belasteten Vermögensgegenstandes erstellt werden. Dies ist insbesondere dann zu erwarten, wenn die Nachfrage nach den betroffenen Gütern starr ist.

Ein Beispiel für Kapitalisierung wäre ein genereller Rückgang der Grundstückspreise als Folge einer neu eingeführten Grundsteuer. Da diese Steuer nur das Grundvermögen belastet, indem sie dessen Nettoerträge reduziert, gewinnen andere, nicht belastete Vermögenswerte relativ an Wert. Eine Kapitalisierung würde nur dann ausbleiben, wenn die Nachfrage nach Grundstücken weitgehend starr wäre.

Substitution

Weicht ein Wirtschaftssubjekt einer staatlichen Belastung aus oder ändert es sein wirtschaftliches Handeln so, daß es die aus staatlichen Leistungen fließenden Vorteile in erhöhtem Maße nutzen kann, spricht man von Substitution. Substitutionsprozesse können in der Ankündigungs- oder in der Vollzugsphase stattfinden und dabei in sachlicher, zeitlicher, räumlicher und personeller Sicht vorgenommen werden.

Sachliche Substitution liegt vor, wenn als Folge einer Steuer oder Subvention von dem belasteten (begünstigten) Gut geringere (größere) Mengen konsumiert oder im Produktionsprozeß eingesetzt werden. Als Beispiele seien der Verzicht auf besteuerten Sekt zugunsten von Wein oder die Substitution des durch die

Gewerbekapitalsteuer belasteten Produktionsfaktors Kapital durch Arbeit genannt.

Zeitliche Substitution findet statt, wenn der Zeitpunkt einer wirtschaftlichen Aktivität wegen einer veränderten staatlichen Belastung oder Begünstigung vorgezogen bzw. hinausgeschoben wird. Beispiele dafür sind das zeitliche Vorziehen von Investitionen in eine Periode, in der der Staat Investitionsprämien gewährt, oder die Bildung eines Vorratslagers für Alkoholika, wenn kräftige Branntweinsteuererhöhungen bevorstehen.

Von **räumlicher Substitution** spricht man, wenn wirtschaftliche Aktivitäten wegen räumlich unterschiedlich verteilter staatlicher Belastungen oder Vorteilsgewährungen von einem Ort zu einem anderen verlagert werden. Kapital- und Menschenflucht in Niedrigsteuerländer sowie im nationalen Raum in Gemeinden mit niedrigen kommunalen Steuerlasten sind Beispiele für diese Art von Substitution.

Unter **personeller Substitution** versteht man schließlich die Übertragung von Wirtschaftsaktivitäten und Wirtschaftsergebnissen auf Personen, die von einer staatlichen Belastung nicht oder nur wenig betroffen sind, oder die in überdurchschnittlichem Maße Vorteile aus Staatsaktivitäten erlangen. Beispiel hierfür ist die Übertragung von Einkommen und Vermögen auf Stiftungen oder innerhalb einer Familie auf Kinder.

Einholung

Schließlich sei noch die Einholung genannt. Sie ist lediglich bei der Besteuerung bedeutsam und charakterisiert ein Verhalten, bei dem der von einer Steuer Belastete versucht, seine Einkommensposition, wie sie vor Besteuerung bestand, durch Mehrarbeit wieder herzustellen.

3.3 Fernwirkungen

Trotz der Vielzahl der bisher beschriebenen Inzidenzarten sind die aus staatlichen Aktivitäten resultierenden Verteilungseffekte bisher noch nicht vollständig erfaßt. Wie Übersicht 8.1 zeigt, lösen die Reaktionen sowie die veränderten Einkommenspositionen der primär und sekundär Betroffenen Veränderungen des Leistungswillens, des Investitionsvolumens sowie des Spar- und Konsumverhaltens aller mittelbar und unmittelbar begünstigten bzw. belasteten Wirtschaftssubjekte aus. Dies hat wiederum Auswirkungen auf die Einkommen und deren Verteilung in der nächsten Periode. Diese Fernwirkungen sind allerdings zumindest in empirischen Verteilungsstudien wegen fehlender gesicherter Wirkungsbeziehungen kaum zu erfassen.

Übersicht 8.1: Verteilungsrelevante Wirkungsverläufe finanzwirtschaftlicher Maßnahmen

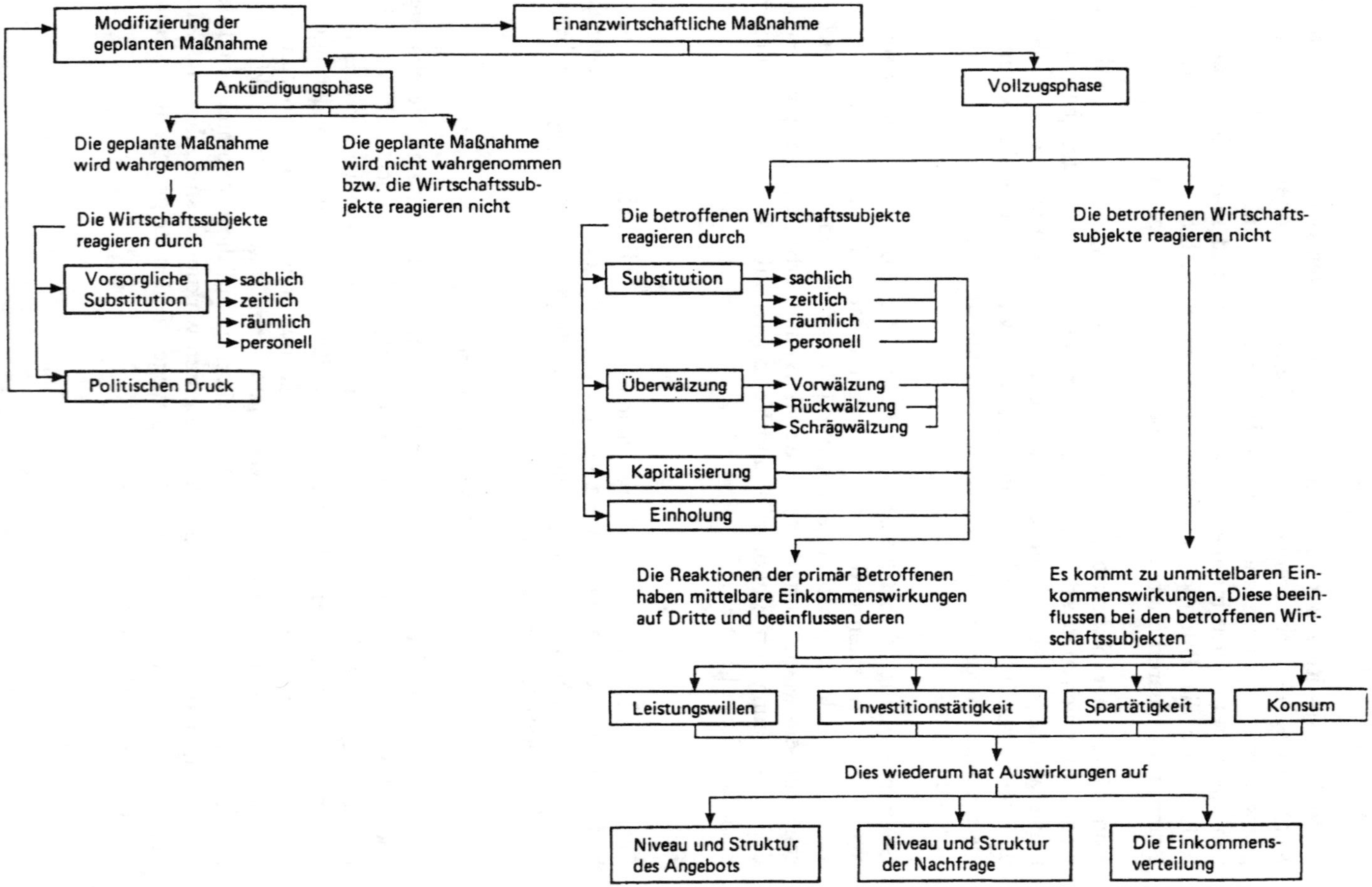

4. Meinungsstreit um Sinn und Aussagefähigkeit von Inzidenzanalysen

Trotz der Schwierigkeiten, Aussagen über die Inzidenz staatlicher Einnahmen und Ausgaben zu machen, gibt es inzwischen eine ganze Reihe von empirischen Studien, die den Einfluß einzelner finanzwirtschaftlicher Maßnahmen, des gesamten Steuersystems, des Systems der sozialen Sicherung oder sogar des staatlichen Gesamtbudgets auf die Einkommensverteilung untersuchen. Dazu einige Beispiele:

- Zeitel hat bereits Ende der 50er Jahre in aufwendigen Berechnungen die Steuerlastverteilung in der Bundesrepublik Deutschland zu ermitteln versucht.[205]
- In den 60er Jahren errechnete Okner[206] für die USA die Verteilung der Steuerlast auf die amerikanische Bevölkerung. Seine Methode wurde später von Grüske für die Berechnung der Steuerlastverteilung in der Bundesrepublik Deutschland übernommen.[207]
- Ende der 70er Jahre hat Krupp einen Gesamtüberblick über die Verteilungswirkungen des monetären Transfersystems in der Bundesrepublik Deutschland gegeben.[208]
- Grüske hat in verschiedenen Untersuchungen, deren Ergebnisse er in einer 1985 erschienenen Monographie zusammenfaßte[209], die Umverteilungseffekte des integrierten Finanz- und Sozialbudgets für die Bundesrepublik Deutschland ermittelt.

Derartigen empirischen Untersuchungen zur Erfassung der Gesamtinzidenz eines Steuersystems oder aller staatlichen unentgeltlichen Übertragungen stehen einige Finanzwissenschaftler ziemlich skeptisch gegenüber. Drei dieser Wissenschaftler sollen hier kurz zu Wort kommen.

So warnte schon Shoup vor umfassenden Steuerinzidenzstudien. In diesen würde nämlich vorausgesetzt, "...what is either untrue or meaningless, namely, that the existing distribution of income-before-tax would remain unaltered if the tax system did not exist."[210] Shoup will damit sagen, daß die zugrundegelegte Vergleichssituation einer Volkswirtschaft ohne Steuern vermutlich ganz anders als in den Modellen unterstellt aussehen würde.

---

205 Vgl. Zeitel, 1959.

206 Vgl. Okner, 1978.

207 Vgl. Grüske, 1978.

208 Vgl. Krupp, 1978, S. 21 ff.

209 Vgl. Grüske, 1985, S. 369 ff.

210 Shoup, 1969, S. 11.

Auch Bird hält wenig von umfassenden Inzidenzanalysen, wie folgendes Zitat verdeutlicht: "As matters now stand, we do not, and cannot, know, what the incidence of any fiscal system is. Indeed, that question as usually phrased seems neither meaningful nor directly relevant to public policy. What is needed, is not continued manipulation of masses of numbers in a search for an unknowable truth about fiscal incidence in the large, but rather more detailed study of the distributional impact of specific small budgetary changes in particular circumstances."[211]

Schneider kritisiert in ähnlicher Weise die Versuche der Finanzwissenschaft, "die Gesamtheit der Auswirkungen einer Steuerzahlung über alle Wirtschaftssubjekte hinweg zu erfassen".[212] In seinen Augen ist das ein "Wunschdenken in illusionärer Überschätzung dessen, was eine Theorie der Steuerwirkungen zu leisten vermag. Bildlich gesprochen wird hier versucht, ein Wildpferd vom Schwanz her aufzuzäumen, bevor man es auch nur eingefangen hat. Theoretisches Arbeiten heißt eben gerade nicht, alle Abhängigkeiten auf einmal berücksichtigen zu wollen, sondern es heißt: bewußt zu abstrahieren, um Einzelabhängigkeiten zu erkennen."[213]

Auch wenn die Wissenschaftler sich über die Aussagekraft theoretischer und empirischer Inzidenzanalysen uneins sind, so verbindet sie doch eine gemeinsame Grundposition: Sie halten Verteilungswirkungen für bedeutsam und deshalb einer Analyse wert. Dies mag ausreichend rechtfertigen, daß wir uns im folgenden weiter mit der Inzidenz staatlicher finanzwirtschaftlicher Aktivitäten beschäftigen. Allerdings werden wir den grundsätzlichen Einwänden der Kritiker insoweit Rechnung tragen, als auf umfassende Inzidenzanalysen weitgehend verzichtet wird zugunsten von Untersuchungen über die Verteilungswirkungen einzelner Steuern und Staatsausgaben.

---

211 Bird, 1980, S. 80.

212 Schneider, 1994, S. 15.

213 Ebenda.

4. Teil

Die Einnahmen des Staates im Dienste der Einkommensumverteilung

In diesem 4. Hauptteil soll die Frage behandelt werden, wie konkrete Einnahmearten des Staates die relative Einkommensposition der jeweils betroffenen Wirtschaftssubjekte und damit die Einkommensverteilung beeinflussen. Wir werden dabei **das Einnahmensystem der Bundesrepublik Deutschland** zugrundelegen. Da im Rahmen eines Lehrbuches eine umfassende Berücksichtigung aller Einnahmearten nicht möglich ist, werden nur solche herausgegriffen und deren Verteilungswirkungen analysiert, die wegen ihres quantitativen Gewichts oder der Besonderheit ihrer Wirkungsweise besonders bedeutsam erscheinen. Im einzelnen werden behandelt:

- die Einkommen- und Körperschaftsteuer als Hauptbestandteile der Ertragsteuern,
- die speziellen und allgemeinen Verbrauchsteuern,
- die staatliche Kreditaufnahme.

Unberücksichtigt bleiben damit vor allem die Steuern auf das Vermögen[214], die speziellen Verkehrsteuern, die Erbschaftsteuer, die Erwerbs- und Vermögenseinkommen sowie die Gebühren und Beiträge. Ihr quantitatives Gewicht betrug in den letzten Jahren in der Bundesrepublik Deutschland ca. 20 % aller Einnahmen, so daß ihre Vernachlässigung im Rahmen einer Wirkungsanalyse vertretbar erscheint.

Die nachfolgende Inzidenzanalyse ist wie folgt aufgebaut: Zunächst wird eine kurze Beschreibung der rechtlichen Ausgestaltung der behandelten Steuern gegeben. Danach fragen wir nach der **formalen Inzidenz**, die darüber informiert, wer nach dem Willen des Gesetzgebers die Last aus einer staatlichen Einnahme tragen sollte und wie sich die Einkommensverteilung verändern würde, wenn sich der Wille des Gesetzgebers durchsetzte. Abschließend wird die Frage nach der **materiellen** oder **effektiven Inzidenz** gestellt: Wer trägt letztlich die Last aus einer staatlichen Einnahme in Form eines Einkommensverlustes? Um diese außerordentlich komplexe und in der Literatur sehr kontrovers behandelte Fragestellung zu beantworten, werden wir uns des Analysemusters bedienen, das im 7. Kapitel unter der Überschrift "Hauptwirkungsverläufe staatlicher Eingriffe" vorgestellt wurde.

---

214 Allerdings werden Steuern auf das Vermögen im 5. Teil auf ihre Wirkung auf die Vermögensverteilung hin untersucht.

9. Kapitel

Die Einkommen- und Körperschaftsteuer

Steuern auf Einkommen und Gewinn haben in fast allen entwickelten marktwirtschaftlich organisierten Volkswirtschaften ein großes Gewicht. Ausnahmen stellen hier am ehesten noch Frankreich, Griechenland und Österreich dar, in denen die Verbrauchsteuern eine größere Rolle spielen.[215] In der Bundesrepublik Deutschland ist der Anteil der direkten Steuern am Gesamtsteueraufkommen von 40,1 % im Jahre 1970 auf 47,6% im Jahre 1980 angewachsen und lag 1990 in den alten Bundesländern noch bei 46,4%. Im Zuge der deutschen Einheit ging der Anteil der Einkommen- und Köperschaftsteuer am Gesamtsteueraufkommen trotz der Einführung des Solidaritätszuschlags[216] und des Zinsabschlags vor allem aufgrund des starken Aufkommensrückgangs bei der veranlagten Einkommensteuer bis auf 42,6 % in 1997 zurück (vgl. Tabelle 3.2).

Wegen unterschiedlicher rechtlicher Regelungen und Wirkungsvermutungen können die Einkommen- und die Körperschaftsteuer nicht gemeinsam behandelt werden. Es ist deshalb folgende Vorgehensweise geplant: Zunächst werden kurz die **rechtlichen Grundlagen** der Einkommen- und Lohnsteuer und getrennt davon die der Körperschaftsteuer dargestellt. Bei der **Inzidenzanalyse** erscheint hingegen eine andere Gruppierung als sinnvoll. Hier werden wir deshalb zunächst nur auf die Verteilungswirkungen der Lohnsteuer eingehen. Diese besteuert lediglich das Einkommen aus nichtselbständiger Tätigkeit, erbringt aber dennoch von allen Steuern das mit Abstand größte Aufkommen. Desweiteren spricht für eine getrennte Behandlung, daß Lohnhöhe und –verteilung am Arbeitsmarkt stark durch kollektiv ausgehandelte Tarifverträge beeinflußt werden und die Reaktionsmöglichkeiten der Lohnempfänger auf eine Erhöhung der Lohnsteuer anders als bei den Gewinneinkunftsbeziehern sein dürfte. In einem eigenen Abschnitt wird sodann nach der Inzidenz einer allgemeinen Besteuerung der Gewinne gefragt. Dabei wird bei der Wirkungsanalyse aus noch darzustellenden Gründen auf eine Unterscheidung zwischen Gewinnen, die von der allgemeinen Einkommensteuer erfaßt werden, und Gewinnen, die der Körperschaftsteuer unterliegen, verzichtet.

---

[215] Vgl. Bundesministerium der Finanzen, 1998a, Tabelle 12 sowie eigene Berechnungen.

[216] Die Kennzeichnung und Verteilungsanalyse des Solidaritätszuschlags erfolgt in Abschnitt 3.2.2 von Kapitel 17.

1. Die rechtlichen Grundzüge der Einkommen- und Körperschaftsteuer

1.1 Die Einkommensteuer

Die Einkommensteuer[217] ist eine auf das Einkommen der gesetzlich steuerpflichtigen natürlichen Personen erhobene Steuer. Sie knüpft direkt am Einkommenszufluß des Steuerdestinatars an und zählt damit zu den direkten Steuern. Dabei werden bei der Ermittlung der Steuerschuld die persönlichen Umstände des Steuerpflichtigen berücksichtigt, so daß die Einkommensteuer zu den Subjektsteuern zählt. **Unbeschränkt steuerpflichtig** sind alle natürlichen Personen, die im Inland wohnen **(Wohnsitzprinzip)**. Sie werden mit ihrem gesamten Einkommen abzüglich der Kosten der Einkunftserzielung besteuert. **Beschränkt steuerpflichtig** sind alle natürlichen Personen, die ihren Wohnsitz nicht im Inland haben. Sie unterliegen der Besteuerung nur mit den im Inland erzielten Einkünften.

Die **Steuerbemessungsgrundlage** ist das zu versteuernde Einkommen. Es wird wie folgt errechnet (vgl. Übersicht 9.1):

In einem ersten Schritt werden die gesetzlich festgelegten 7 Einkunftsarten addiert.[218] Die unter Nr. 1-3 aufgezählten Einkunftsarten werden auch als **Gewinneinkünfte** bezeichnet, d.h. auf Basis der Reinvermögenszugangstheorie wird der Gewinn (incl. außerordentlicher Erträge und Verluste) erfaßt. Die Gewinnermittlung erfolgt in der Regel durch **Betriebsvermögensvergleich** (bzw. bei nicht-buchführungspflichtigen Betrieben durch eine Betriebseinnahmen-Betriebsausgaben-Überschußrechnung). Der Gewinn ergibt sich dabei aus dem Unterschiedsbetrag zwischen dem Betriebsvermögen am Schluß eines Wirtschaftsjahres und dem Betriebsvermögen am Ende des vorangegangenen Wirtschaftsjahres. Privatentnahmen oder -einlagen des Steuerpflichtigen sind dabei zu berücksichtigen.

Bei den Einkunftsarten 4-7 sind auf Basis der Quellentheorie die Einkünfte als Überschuß der laufenden Einnahmen über die tatsächlichen Werbungskosten bzw. eine Werbungskostenpauschale[219] definiert. Sie werden deshalb auch als **Überschußeinkünfte** bezeichnet. Unregelmäßige Überschüsse (z.B. Veräußerungsgewinne bei Wertpapieren außerhalb der Spekulationsfrist) werden nicht erfaßt.

---

217 Vgl. im folgenden Bundesministerium der Finanzen, 1998b, S. 70 ff. und S. 107 ff. und Zenthöfer/Schulze zur Wiesche, 1997, S. 1 ff.

218 Dabei können Gewinne und Verluste in derselben Besteuerungsperiode bei der gleichen Einkunftsart (horizontaler Verlustausgleich bei der Einkunftsermittlung) und bei verschiedenen Einkunftsarten (vertikaler Verlustausgleich bei der Bildung der Summe der Einkünfte) miteinander verrechnet werden.

219 Werbungskosten sind alle Aufwendungen zur Erwerbung, Sicherung und Erhaltung der Einkünfte (vgl. § 9 und 9a EStG).

Übersicht 9.1: Schema zur Einkommensteuer-Ermittlung nach EStG

	Einkünfte aus Land- und Forstwirtschaft nach § 13
+	Einkünfte aus Gewerbebetrieb nach § 15
+	Einkünfte aus selbständiger Arbeit nach § 18
+	Einkünfte aus nichtselbständiger Arbeit nach § 19 Abs. 1
	./. Arbeitnehmer-Pauschbetrag nach § 9a (2 000 DM)
	./. Versorgungsfreibetrag nach § 19 Abs. 2 (max. 6 000 DM)
	./. Freibetrag für Vermögensbeteiligungen an Arbeitnehmer nach § 19a (max. 300 DM)
+	Einkünfte aus Kapitalvermögen nach § 20
	./. Werbungskosten-Pauschbetrag nach § 9a (100 DM)
	./. Sparer-Freibetrag nach § 20 Abs. 4 (6 000 DM)
+	Einkünfte aus Vermietung und Verpachtung nach § 21
	./. Werbungskosten-Pauschbetrag nach § 9a (42 DM/m² Wohnfläche)
+	sonstige Einkünfte (z.B. Leibrenten) nach § 22
	./. Werbungskosten-Pauschbetrag nach § 9a (200 DM)
=	**Summe der Einkünfte**
./.	Altersentlastungsbetrag nach § 24a (max. 3 720 DM)
./.	Freibetrag für Land- und Forstwirte nach § 13 Abs. 3 (2 000 DM)
./.	der nach § 2 Abs. 3 Satz 1 und § 34c abgezogenen ausländischen Steuer
=	**Gesamtbetrag der Einkünfte nach § 2 Abs. 3**
./.	Sonderausgaben nach § 10, 10b und 10c (Pauschbetrag 108/216 DM)
./.	Verlustabzug nach § 10d und § 2a Abs. 3 Satz 2
./.	Abzugsbeträge nach § 10e-10i
./.	Außergewöhnlichen Belastungen § 33-33c
=	**Einkommen**
./.	Haushaltsfreibetrag nach § 32 Abs. 7 (5 616 DM)
./.	Kinderfreibetrag nach § 32 Abs. 6 (6 912 DM)
./.	Sonstige vom Einkommen abzuziehende Beträge nach § 46
=	**zu versteuerndes Einkommen**
x	Tarif
=	**tarifliche Einkommensteuer**
./.	Steuerermäßigungen
=	**Festzusetzende Einkommensteuer**

Quelle: Zenthöfer, W./Schulze zur Wiesche, D.: Einkommensteuer, 4. Aufl., Stuttgart 1997, S. 19 ff.

Neben den **einkunftsartabhängigen Abzugsbeträgen** (z.B. Sparer-Freibetrag), die die „Summe der Einkünfte" mindern, existieren noch **Freibeträge für spezielle Gruppen** von Zensiten (z.B. der Altersentlastungsfreibetrag), die den „Gesamtbetrag der Einkünfte" reduzieren. Bei der Ermittlung des „Einkommens" werden die **einkunftsartunabhängigen Abzugsbeträge** (Sonderausgaben und außergewöhnliche Belastungen), durch die die persönlichen Umstände des Zensiten berücksichtigt werden, abgezogen. Nach § 10d EStG können bestimmte Verluste eines Kalenderjahres, die bei der Ermittlung des Gesamtbetrages der Einkünfte nicht ausgeglichen werden, auf die zwei vorangegangenen

Gewinnjahre zurückgetragen werden (Verlustrücktrag) oder auf die folgenden Gewinnjahre vorgetragen werden. (Verlustvortrag). Dabei werden sie, wie die Sonderausgaben, vom Gesamtbetrag der Einkünfte abgezogen.

Die zu entrichtende Steuer ergibt sich durch die Anwendung des Einkommensteuertarifs auf die Bemessungsgrundlage. Der für die Bundesrepublik Deutschland im Jahr 1998 geltende **Einkommensteuertarif T 98** ist ein progressiv ausgestalteter Formeltarif, der aus einer Nullzone, zwei Progressionszonen und einer oberen Proportionalzone besteht:

Übersicht 9.2: Berechnung der tariflichen Einkommensteuer in 1998 nach § 32a EStG

Zu versteuerndes Einkommen Von .... bis .... DM	Tarifliche Einkommensteuer in DM
0 – 12 365	0 (Grundfreibetrag)
12 366 – 58 643	$(91{,}19 \cdot y + 2\,590) \cdot y$[1]
58 644 – 120 041	$(151{,}96 \cdot z + 3\,434) \cdot z + 13\,938$[2]
ab 120 042	$0{,}53 \cdot x - 22\,842$[3]

[1] y =ein Zehntausendstel des 12 312 DM übersteigenden Teils des abgerundeten zu versteuernden Einkommens.

[2] z =ein Zehntausendstel des 58 590 DM übersteigenden Teils des abgerundeten zu versteuernden Einkommens.

[3] x =abgerundetes zu versteuerndes Einkommen

Abbildung 9.1 zeigt, wie sich Grenzsteuersatz und Durchschnittssteuersatz der Einkommensteuer in Abhängigkeit von dem zu versteuernden Einkommen entwickeln.

Bei dem bisher gültigen Tarif T 98 sind aufgrund eines allgemeinen **Grundfreibetrages** alle Einkommen bis 12 365 DM[220] steuerfrei. Dementsprechend sind der Grenz- und Durchschnittsteuersatz in diesem Einkommensbereich gleich null. In der ersten linear-progressiven Zone zwischen 12 366 DM und 58 643 DM steigt der **Grenzsteuersatz** von 25,9 % (Eingangssteuersatz) auf 33,5 % an. Daran schließt sich eine zweite linear-progressive Zone an, die den Bereich von 58 644 DM bis unter 120 041 DM umfaßt. Der Grenzsteuersatz steigt hier von 33,5 % auf 53 % an. In der darauf folgenden oberen Proportionalzone werden alle Einkommenszuwächse konstant mit dem Spitzengrenzsteuersatz von 53 % besteuert. Die Funktion des **Durchschnittsteuersatzes** liegt bei allen Einkommen über 12 365 DM ständig unterhalb der Grenzsteuersatzfunktion. Dies bedeutet, daß die durchschnittliche Steuerbelastung den Grenzwert von 53 % nie erreicht. Sie beträgt beispielsweise bei einem

[220] Für Ehepaare, die zusammenveranlagt werden, verdoppeln sich die jeweils genannten DM-Beträge.

Einkommen von 130 000 DM 35,4 %, liegt also noch um 17,6 Prozentpunkte unter der Grenzsteuerbelastung.

Abb. 9.1: Grenz- und Durchschnittsbelastung des Einkommensteuertarifs 1998 und 1999 im Vergleich

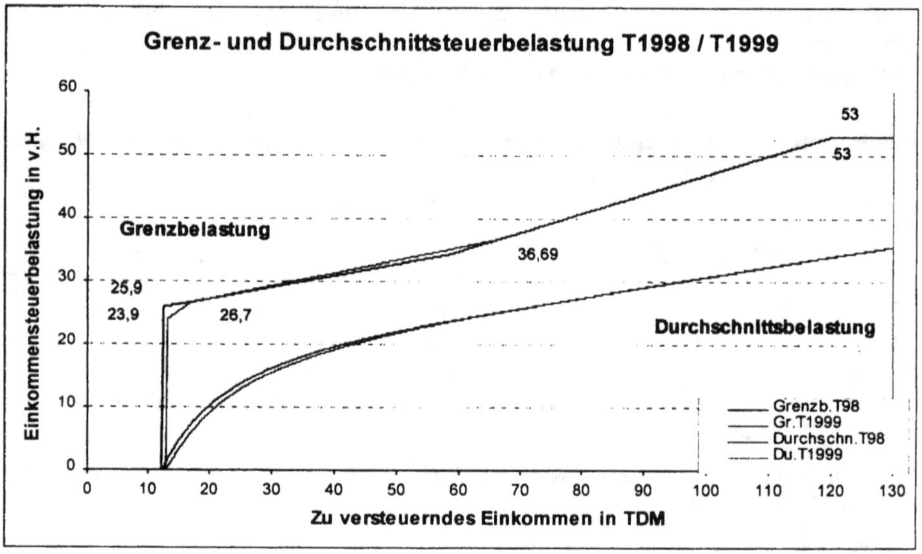

Für das Jahr 1999 hat die neue Regierungskoalition aus SPD/Bündnis 90/Grüne die erste Stufe der geplanten dreistufigen Steuerreform beschlossen: Damit wird der Grundfreibetrag auf 13 067 DM angehoben und eine dritte linear-progressive Zone eingeführt. In der ersten Progressionszone steigt der Grenzsteuersatz von jetzt 23,9 % bis auf 26,7 % bei einem zu versteuernden Einkommen von 17 063 DM an. In der zweiten Progressionszone steigt der Grenzsteuersatz bis zu einem Einkommen von 66 365 DM auf 36,7 %, in der dritten bis zu einem Einkommen von 120 041 DM auf den unveränderten Spitzensteuersatz von 53 % an. Zusätzlich wurde der Spitzensteuersatz auf gewerbliche Einkünfte von 47 % auf 45 % gesenkt. Die Gegenfinanzierung soll durch eine Verbreiterung der Bemessungsgrundlage, also durch die Streichung von steuerlichen Vergünstigungen erfolgen.

Auf der Basis des gesetzlichen Einkommensteuertarifs wurden sogenannte Einkommensteuer-Grundtabellen entwickelt, nach denen in der Praxis die Steuer für Alleinstehende bei einem Einkommen von bis zu 120 041 DM ermittelt wird. Bei zusammenveranlagten Ehegatten beträgt die tarifliche Einkommensteuer das Zweifache des Steuerbetrages, der sich für die Hälfte ihres gemeinsam zu versteuernden Einkommens aus der Anwendung des Steuertarifs ergibt **(Ehegattensplitting)**. Auch für diesen Fall wurde eine Tabelle, die sogenannte Einkommensteuer–Splitting-Tabelle entwickelt.

Bei der **Steuererhebung** ist zwischen zwei Erhebungsverfahren zu unterscheiden: Dem Einkommensteuerveranlagungsverfahren und dem Lohnsteuerabzugsverfahren.
Die **Veranlagung zur Einkommensteuer** findet grundsätzlich nach Ablauf des jeweiligen Kalenderjahres statt und erfolgt auf der Basis einer Steuererklärung, die der Steuerpflichtige abzugeben hat. **Veranlagungspflichtig** sind zunächst alle steuerpflichtigen natürlichen Personen, die andere als Einkünfte aus nichtselbständiger Arbeit beziehen.
Für unselbständig Beschäftigte gelten besondere Regelungen, indem die Einkünfte aus nichtselbständiger Arbeit „an der Quelle" besteuert werden **(Quellenabzugsverfahren)**. Danach ist jeder inländische Arbeitgeber verpflichtet, die auf den Arbeitslohn der Arbeitnehmer entfallende Lohnsteuer zu berechnen, einzubehalten und an das Finanzamt abzuführen.[221] Für die Berechnung der Lohnsteuer werden **Lohnsteuertabellen** für tägliche, wöchentliche und monatliche Lohnzahlungen aufgestellt, die auf Jahreslohnsteuertabellen basieren. Diese werden wiederum aus den oben genannten Einkommensteuertabellen abgeleitet; sie berücksichtigen allerdings zusätzlich spezielle Frei- und Pauschbeträge, z.B. den Arbeitnehmer-Pauschbetrag, den Sonderausgaben-Pauschbetrag, die Vorsorgepauschale sowie den Haushaltsfreibetrag.
Bei unselbständig Beschäftigten wird darüber hinaus eine Veranlagung durchgeführt, wenn sie neben Einkünften aus unselbständiger Arbeit noch andere Einkünfte beziehen, wenn auf der Lohnsteuerkarte ein Freibetrag eingetragen ist, wenn die Arbeitnehmer die Veranlagung beantragen oder wenn sie Steuerbegünstigungen geltend machen wollen bzw. können. Die bereits gezahlten Steuerbeträge für Einkünfte aus unselbständiger Arbeit und die gezahlte Kapitalertragsteuer[222] werden hierbei angerechnet. Wurde im Verlauf eines Kalenderjahres eine zu hohe Lohnsteuer erhoben, so wird dem Arbeitnehmer die zuviel gezahlte Lohnsteuer im Rahmen der freiwilligen Veranlagung erstattet, sofern er einen Antrag auf **Lohnsteuer-Jahresausgleich** stellt. Zu hohe Lohnsteuerzahlungen können ihre Ursache u.a. darin haben, daß der Arbeitslohn im Jahresverlauf unregelmäßig geflossen ist, daß sich die persönlichen Umstände des Zensiten im Laufe der Besteuerungsperiode geändert haben oder daß die tatsächlichen anrechenbaren Werbungskosten, Sonderausgaben etc. höher als die oben genannten Pauschalen waren.

1.2 Die Körperschaftsteuer

Da die Einkommensteuer lediglich die Einkommen der natürlichen Personen erfaßt, bedarf es einer speziellen Besteuerung des Gewinnes der juristischen

221 Die hierzu erforderlichen Angaben entnimmt er der Lohnsteuerkarte, die die Steuerklasse und die Frei- und Pauschbeträge des Arbeitnehmers bescheinigt.

222 Die Kapitalertragsteuer ist die dritte Teilsteuer der Einkommensteuer: Sie wird nach dem Quellenabzugsverfahren beim Zufluß der Kapitalerträge direkt beim Gläubiger erhoben. Bei Dividenden beträgt der Tarif 25 %, bei Zinserträgen aus Tafelgeschäften mit festverzinslichen Wertpapieren beträgt der Tarif 30 %.

Personen. Dies erfolgt durch die Körperschaftsteuer.[223] Sie wird daher auch als **„Einkommensteuer für juristische Personen"** bezeichnet. Theoretisch wäre es durchaus denkbar, die Gewinne der juristischen Personen den natürlichen Personen zuzurechnen, die die Eigentümer dieser Körperschaften sind. Ein solches Verfahren würde aber vor allem bei den nicht ausgeschütteten Gewinnen auf praktisch kaum überwindbare administrative Hemmnisse stoßen. Umgekehrt wirft die Besteuerung des Gesamtgewinnes bei den juristischen Personen das Problem der Doppelbelastung auf, weil die ausgeschütteten Gewinne auf der Ebene des Anteilseigners noch einmal der Einkommensteuer unterliegen. Dies hat z.B. in der Bundesrepublik Deutschland dazu geführt, daß zum 01.01.1977 das **klassische Körperschaftsteuersystem**, in dem die Körperschaftsteuer eine selbständige Abgabe ist und die Steuerschuld mittels eines einheitlichen Tarifs auf den Gesamtgewinn ermittelt wird, durch das sogenannte **Vollanrechnungsverfahren** abgelöst wurde.

Steuerpflichtig sind Körperschaften, bestimmte Personenvereinigungen und Vermögensmassen. Sofern diese juristischen Personen ihre Geschäftsleitung oder ihren Sitz im Inland haben, sind sie – ähnlich wie bei der Einkommensteuer - **unbeschränkt** steuerpflichtig. Körperschaften, die weder ihre Geschäftsleitung noch ihren Sitz im Inland haben, sind **beschränkt**, d.h. nur mit ihren inländischen Einkünften steuerpflichtig. Eine Reihe von Körperschaften sind aus sozialen, wirtschaftlichen oder staatspolitischen Gründen von der Steuerpflicht befreit, z.B. die Bundesbahn, die Bundespost, Kreditinstitute mit öffentlichen Aufgaben, die Treuhandanstalt oder die politischen Parteien.

Die **Bemessungsgrundlage** der Körperschaftsteuer ist das nach den Vorschriften des Einkommensteuer- und Körperschaftsteuergesetzes ermittelte zu versteuernde Einkommen eines Kalenderjahres[224]. Bei der rechnerischen Ermittlung bildet das Steuerbilanzergebnis den Ausgangspunkt, anschließend wird es um gewisse Positionen korregiert:

---

[223] Vgl. im folgenden Cattelaens u.a., 1998; Bundesministerium der Finanzen, 1998b, S. 111 ff. und Zenthöfer/Leben, 1998.

[224] Dabei gilt, daß die Vorschriften des Einkommensteuergesetzes anzuwenden sind, sofern die Vorschriften nicht ausschließlich für natürliche Personen gelten oder aber spezielle Regelungen des Körperschaftsteuergesetzes anzuwenden sind.

Übersicht 9.3: Vereinfachtes Schema der Körperschaftsteuerermittlung

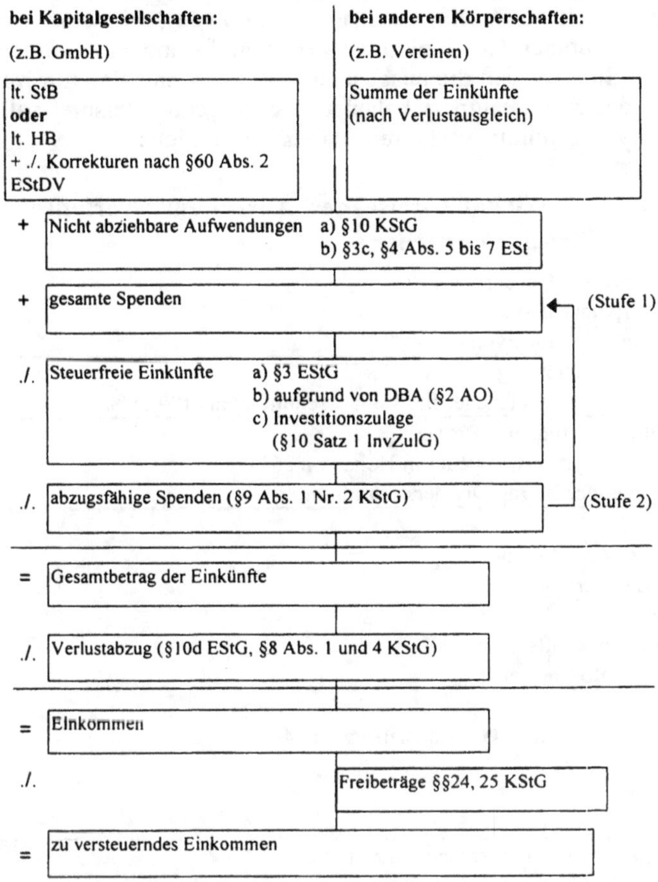

Quelle: Zenthöfer, W./Leben, G.: Körperschaftsteuer, Gewerbesteuer, 9. Aufl., Stuttgart 1998, S. 27.

Das auf diese Art berechnete zu versteuernde Einkommen kann von der Körperschaft nun an die Anteilseigner ausgeschüttet oder einbehalten werden. Durch Anwendung des proportionalen **Steuertarifs** auf die Bemessungsgrundlage wird dann die Körperschaftsteuerschuld ermittelt:

Im Falle der **Thesaurierung der Gewinne** beträgt der Grenzsteuersatz 45 %[225]; werden dagegen Teile des Gewinnes an die Anteilseigner ausgeschüttet, so be-

[225] Körperschaften, bei denen entweder das Anrechnungsverfahren nicht durchgeführt wird oder die nur beschränkt steuerpflichtig sind, unterliegen einem ermäßigtem Körperschaftsteuersatz von 42%.

trägt der Grenzsteuersatz 30 %. Die daraus entstehende Körperschaftsteuerschuld wird dem Anteilseigner bei der Ermittlung seiner Einkommensteuerschuld voll angerechnet (**Vollanrechnungsverfahren**), um eine Doppelbelastung der ausgeschütteten Gewinne mit Körperschaft- und Einkommensteuer zu verhindern. Letztlich werden die ausgeschütteten Gewinne also nur mit der Einkommensteuer des Anteilseigners belastet. Das folgende Beispiel soll die Wirkungsweise des Anrechnungsverfahrens näher verdeutlichen:

Übersicht 9.4: Die Wirkungsweise des Anrechnungsverfahrens bei der Körperschaftsteuer

I. Besteuerung der Kapitalgesellschaft	
1. Gewinn vor Körperschaftsteuer	100.0
2. Körperschaftsteuer in Höhe von t‘ = 45%	- 45,0
3. Verbleiben zur Ausschüttung	55,0
4. Minderung der Körperschaftsteuer bei Vollausschüttung auf t‘ = 30%	+15,0
5. Zur Ausschüttung verfügbarer Betrag	70,0
6. Einzubehaltende Kapitalertragsteuer in Höhe von 25%	-17,5
7. Bar auszubezahlender Betrag/Dividendenzahlung	52,5
II. Besteuerung der Anteilseigner	
1. Zu versteuernder Bertrag	
Barausschüttung	52,5
Anrechenbare Körperschaftsteuer	30,0
Anrechenbare Kapitalertragsteuer	17,5
Zwischensumme	100,0
2. Einkommensteuer bei einem Grenzsteuersatz von 40%	-40
3. Darauf sind anzurechnen	
Körperschaftsteuer	+30,0
Kapitalertragsteuer	+17,5
4. Vom Finanzamt an den Anteilseigner zu erstatten	+7,5
5. Nettodividende	60,0

Quelle: Eigene Darstellung

Die **Erhebung** der Körperschaftsteuer erfolgt in analoger Anwendung der einkommensteuerlichen Vorschriften im **Veranlagungsverfahren**. Die Steuerpflichtigen haben eine Körperschaftsteuererklärung abzugeben, auf deren Basis die zuständige Finanzbehörde die Körperschaftsteuer festsetzt.

2. Die Verteilungswirkung der Lohnsteuer

2.1 Die formale Inzidenz

Die Lohnsteuer soll nach dem Willen des Gesetzgebers von den nichtselbständig Beschäftigten getragen werden. Dementsprechend wird die formale Inzidenz durch den Quotienten aus gezahlter Lohnsteuer sowie Bruttolöhnen und -gehältern ausgedrückt.

Die relevanten Daten wurden bereits im 5. Kapitel vorgestellt. Auf diese Zahlen wird jetzt zurückgegriffen. Tabelle 5.2 gibt für das Jahr 1989 an, welcher Anteil der Bruttoeinkommen aus nichtselbständiger Tätigkeit in der jeweiligen Einkommensklasse durch die Lohnsteuer abgeschöpft wurde. Es zeigt sich, daß die durchschnittliche Belastung aller Einkünfte der Unselbständigen durch die Lohnsteuer "nur" 16,4 % betrug. So mußte die unterste Klasse, der 17 % aller Lohnsteuerpflichtigen angehörten, nur 2,5 % der Bruttolöhne abführen, während die Bezieher eines Jahreseinkommens von mehr als 250 000 DM 41 % abführten. Die Konsequenz der durchweg zunehmenden Belastung ist eine gleichmäßigere Verteilung der Nettoeinkommen. Dies drückt sich in Abbildung 5.1 in der flacher verlaufenden Lorenzkurve der Nettoeinkommen im Vergleich zu derjenigen der Bruttoeinkommen aus.

Das quantitative Ausmaß der Umverteilung kann durch den Gini-Koeffizienten ausgedrückt werden. Dieser geht durch die Besteuerung von 0,3767 auf 0,3465 zurück.

2.2 Die materielle Inzidenz

Die Verteilung der Steuer**trag**last auf die Bevölkerung eines Landes ist nur dann mit der Steuer**zahl**last, die mit Hilfe des Konzeptes der formalen Inzidenz ermittelt wurde, identisch, wenn die Steuerzahler keinerlei (Abwehr-) Reaktionen auf die Steuererhebung zeigen. Das Ergebnis der formalen Inzidenzanalyse ist also dann unzulänglich, wenn die Lohnempfänger durch Änderungen ihres Verhaltens die relativen Einkommenspositionen anderer mitbeeinflussen. Es ist deshalb zu fragen, ob, und wenn ja, welche Reaktionen zu erwarten sind.

Zunächst erscheint eine **Steuerausweichung** durch Vermeidung des Tatbestandes, der zur Steuerzahlpflicht führt, als nicht sehr wahrscheinlich. Dies gilt sowohl für die **sachliche** als auch die **zeitliche** und die **personelle Substitution**. Eine **räumliche Verlagerung** des Arbeitsangebots wäre dann sinnvoll, wenn sie in das Ausland erfolgte. Nun zeigen aber empirische Befunde, daß die räumliche Mobilität des Produktionsfaktors Arbeit, insbesondere wenn sie über die Grenzen einer Volkswirtschaft hinausgehen soll, sehr gering ist.[226]

---

[226] Die in der Presse oft zitierte Flucht von Spitzensportlern oder Großverdienern der Showbranche in sogenannte Steueroasen bewegt sich gesamtwirtschaftlich gesehen in quantitativ unbedeutenden Dimensionen. Zudem besteht das Einkommen dieser Per-

Eine **Steuereinholung** durch Mehrarbeit ist zwar grundsätzlich möglich. Da aber die überwiegende Zahl der unselbständig Beschäftigten an tariflich festgelegte Arbeitszeiten gebunden ist und Mehr- bzw. Minderarbeit eher an den betrieblichen Erfordernissen als an den eventuellen Wünschen der Arbeitnehmer orientiert wird, dürfte diese Reaktion zur Abwehr einer Einkommensverschlechterung zumindest im Rahmen eines bestehenden Arbeitsvertrages wenig wahrscheinlich sein. Es ist allerdings denkbar, daß der verschärfte Steuer- und Abgabenzugriff zu vermehrter Feierabend- bzw. Wochenendarbeit sowie Schwarzarbeit führt, oder daß bisher nicht beschäftigte Familienmitglieder eine Teilzeitbeschäftigung antreten.

Somit bleibt noch der Versuch, die Lohnsteuererhöhung zu überwälzen. Eine bewußt angestrebte **Rückwälzung** über die Forderung nach niedrigeren Preisen für die erworbenen Konsumgüter ist nicht zu erwarten. Auch wenn die Lohnempfänger die bedeutendste private Nachfragergruppe darstellen, werden sie wegen ihrer atomistischen Struktur als Nachfrager kaum zu abgestimmten Aktionen gegenüber den Anbietern von Konsumgütern gelangen.

Schon eher durchführbar erscheint eine **Vorwälzung** der Steuerzahlungen auf die Nachfrager nach Arbeitskraft. Für die Wahrscheinlichkeit einer solchen Vorwälzung kann angeführt werden, daß die Festsetzung der Tariflöhne auf einem weitgehend monopolisierten Arbeitsmarkt erfolgt und es den Gewerkschaften als Verhandlungspartner auf der Arbeitnehmerseite durchaus möglich wäre, zusätzliche Lohnforderungen mit Lohnsteuererhöhungen zu begründen und durchzusetzen.[227] Andererseits wäre ein solcher Anspruch der Gewerkschaften schon deshalb schwer zu begründen, weil wegen des engen Tarifverbundes bei einer tarifbedingten zusätzlichen Steuerlast der Unselbständigen auch die Gewinnempfänger höhere Steuerzahlungen entrichten müßten. Selbst wenn eine solche Vorwälzung erfolgreich durchgesetzt würde, könnten die Arbeitgeber die gestiegenen Lohnkosten sehr wahrscheinlich über eine Anhebung der Produktpreise an die Endverbraucher weitergeben. Die Folge wäre eine Lohn-Preis-Spirale, durch die vor allem die Konsumenten und damit u.a. die Unselbständigen endgültig belastet würden.

Die Vorwälzung der Lohnsteuer über Lohnsteigerungen wird aber auch dadurch erschwert, daß die zusätzlich anfallende Lohnsteuer je nach Einkommen und persönlichen Umständen unterschiedlich hoch ist. Es müßte dann bei einer Vorwälzung der zusätzlichen Steuerzahlung auf die arbeitskräftenachfragenden Unternehmen auch der vorzuwälzende Betrag je nach individueller Steuerlast unterschiedlich hoch sein. Eine solche Politik würde aber wegen des progressiven Steuertarifs nicht nur dem Ziel der Gewerkschaften widersprechen, die unteren Einkommen zumindest relativ rascher als die oberen Einkommen anwachsen

sonengruppen nur zu einem geringen Teil aus Einkünften aus nichtselbständiger Tätigkeit.

227 Da sich Effektivlöhne und Tariflöhne zumindest in der Tendenz gleichlaufend entwikkeln, würden dann auch die Effektivlöhne entsprechend ansteigen.

zu lassen. Sie würde i.d.R. auch an der Schwierigkeit scheitern, die jeweils unterschiedlich hohe Steuerlast eines Wirtschaftssubjektes auf die Nachfrager nach Arbeitskraft vorzuwälzen.

Auch wenn die Arbeitnehmer oder ihre Vertreter auf die Steuererhöhung nicht bewußt reagieren, können andere Wirtschaftssubjekte in ihrer Verteilungssituation dadurch betroffen werden, daß die Lohnempfänger weniger Konsumgüter nachfragen. Dieses Verhalten ist deshalb zu erwarten, weil die Lohnempfänger ihre Konsumaktivität auf Dauer insbesondere an ihrem verfügbaren Einkommen ausrichten; und dieses wird infolge der erhöhten Steuerzahlungen niedriger als zuvor bzw. als die Einkünfte vor Steuern sein. Ob die Gewinne der Unternehmen letztlich tatsächlich sinken, hängt ganz davon ab, wie der Staat die zusätzlichen Steuereinnahmen verwendet. Kauft er seinerseits Güter und Dienstleistungen im Inland, wird es lediglich zu einer Umschichtung, nicht jedoch zu einem Rückgang der gesamtwirtschaftlichen Nachfrage kommen. Um aber die aus der veränderten Nachfragestruktur resultierenden Veränderungen in der Einkommensposition der verschiedenen Einkommensklassen zu erhalten, müßten die Verlagerungen der Ausgabenströme exakt erfaßt werden. Nur so könnten ihre Auswirkungen auf die Primäreinkommensverteilung der nächsten Perioden ermittelt werden. Derartige Berechnungen sind allerdings bis heute nicht durchgeführt worden.

Letztlich spricht vieles für die These, daß die Lohnempfänger die von ihrem Einkommen zu entrichtende Lohnsteuer selbst tragen müssen

3. Die Verteilungswirkung einer Gewinnsteuer

Der Gewinn von Unternehmen wird in der Bundesrepublik Deutschland entweder im Rahmen der veranlagten Einkommensteuer oder, wenn es sich um eine juristische Person handelt, durch die Körperschaftsteuer erfaßt. Die Bemessungsgrundlage ist bei beiden Steuern zwar annähernd gleich definiert, die Steuertarife sind jedoch unterschiedlich. Während die Einkommensteuer die Gewinne progressiv belastet, sind im Rahmen der Körperschaftsteuer im Regelfall von den einbehaltenen Gewinnen 45 % und von den ausgeschütteten Gewinnen 30 % an den Fiskus abzuführen. Wir wollen zunächst auf diese Unterschiede nicht eingehen und vereinfachend annehmen, daß auch die Gewinne der juristischen Personen wegen des Anrechnungsverfahrens letztlich im Rahmen der Einkommensteuer erfaßt und belastet werden.[228]

3.1 Die formale Inzidenz

Wir gehen zunächst davon aus, daß die Steuer aus den Unternehmensgewinnen finanziert und der Versuch einer Steuerabwehr nicht unternommen wird. Das

---

228 Diese Annahme ist insoweit vereinfachend, weil nicht ausgeschüttete Gewinne unabhängig von der Einkommensposition der Kapitalanteilseigner proportional mit 45 % belastet werden.

Ergebnis entspricht dann auch der Absicht des Gesetzgebers, wonach die Unternehmen bzw. deren Eigner die Steuer tragen sollen. Entsprechend können wir die formale Inzidenz durch die prozentuale steuerliche Belastung der Gewinneinkommen ausdrücken.

Da eine Isolierung der Gewinneinkommen (zu denen insbesondere Einkünfte aus Gewerbebetrieb und aus Kapitalvermögen zählen) aus dem Gesamtbetrag der Einkünfte sowie der darauf gezahlten Steuern nur mit Willkür möglich ist, soll hier die Besteuerung aller der Einkommensteuer unterworfenen Einkünfte am Beispiel der Bundesrepublik Deutschland dargestellt und als repräsentativ für die Gewinneinkommensbesteuerung betrachtet werden.[229]

Aus den Tabellen 5.2 und 5.3 wird deutlich, daß bei den Veranlagten die Steuerbelastungen für die jeweils unterste und oberste Einkommensklasse mit 2,7 % bzw. 40,3 % in etwa dieselben sind wie bei den betreffenden Gruppen der Lohnempfänger. Dies überrascht schon deshalb, weil in diesen Klassen die Durchschnittseinkommen der Veranlagten mit etwa 9 300 DM bzw. 762 400 DM deutlich höher als bei den Beziehern von Einkünften aus nichtselbständiger Tätigkeit sind, wo die entsprechenden Zahlen bei lediglich 8 000 DM bzw. 379 300 DM liegen. Es kommt hinzu, daß bei der Ermittlung des Gesamtbetrages der veranlagten Einkünfte Werbungskosten bzw. Betriebsausgaben in den einzelnen Einkunftsarten bereits herausgerechnet sind, während in den Bruttolöhnen die Werbungskosten noch enthalten sind. Würden nur diese beiden Faktoren wirken, müßte die Belastung der Veranlagten deutlich höher als die der Lohnempfänger liegen.

Sucht man nach einer Erklärung für die recht erheblichen Belastungsunterschiede, so dürfte sie insbesondere darin zu suchen sein, daß die Abzüge, die von dem Gesamtbetrag der veranlagten Einkünfte bzw. dem Bruttolohn vorgenommen werden können und schließlich zu dem zu versteuernden Einkommen führen, von den veranlagten Einkommensteuerpflichtigen überproportional und von den Lohnsteuerpflichtigen unterproportional genutzt werden. Dies betrifft v.a. den Abzug von tatsächlichen Sonderausgaben (freiwillige Versicherungsbeiträge, Steuerberatungskosten) nach § 10 EStG, den Verlustabzug nach § 10d EStG und die Steuerbegünstigung der zu eigenen Wohnzwecken genutzten Wohnung im eigenen Haus nach § 10e EStG.

Die errechneten Gini-Koeffizienten machen deutlich, daß die der Veranlagung unterliegenden Einkommen stärker nivelliert wurden als die Lohneinkommen. Zu erklären ist dies vor allem durch das relativ große Gewicht von Beziehern hoher Einkommen in der Einkommenspyramide. Die Umverteilung wäre allerdings noch stärker gewesen, wenn die Veranlagten nicht in überdurchschnittlichem Ausmaß Abzüge und geltend gemacht hätten.

---

229 Diese Vorgehensweise ist deshalb etwas problematisch, weil es unter den veranlagungspflichtigen Einkommensempfängern eine bedeutsame Zahl von Lohn- und Gehaltsempfängern gibt und weil die nicht ausgeschütteten Gewinne der juristischen Personen nicht erfaßt sind.

3.2 Die materielle Inzidenz

Wie bei keiner anderen Steuer klaffen sowohl die Vorstellungen der Ökonomen als auch die Ergebnisse empirischer Tests über die materielle Inzidenz einer Steuer auf Unternehmensgewinne auseinander. Dies wird bereits deutlich, wenn in den folgenden beiden Abschnitten zunächst mit Hilfe einer mikroökonomischen Partialanalyse die Reaktionen der von einer Gewinnbesteuerung betroffenen Unternehmen untersucht werden. Ähnlich widersprüchlich sind auch die Ergebnisse der anschließend durchgeführten makroökonomischen Totalanalyse. Selbst empirische Untersuchungen, deren Ergebnisse in einem letzten Abschnitt kurz dargestellt werden, liefern keine eindeutigen Ergebnisse. Sie können deshalb auch keine Hinweise für eine Selektion unter den entwickelten Theorien geben.

Die nachfolgenden Untersuchungen beschränken sich im wesentlichen auf eventuelle Überwälzungsvorgänge. Andere Reaktionen der Steuerzahler, wie die räumliche Substitution oder die Kapitalisierung, werden außer acht gelassen.

3.2.1 Mikroökonomische Analyse der Inzidenz einer Gewinnsteuer auf vollkommenen Märkten

Wir unterstellen zunächst die Existenz eines Konkurrenzmarktes, auf dem eine so große Zahl von Anbietern und Nachfragern auftritt, daß diese den Preis als Datum betrachten müssen. Die gewinnmaximierenden Anbieter werden unter diesen Bedingungen die Menge anbieten, bei der die Grenzkosten gleich dem Preis sind.

In Abbildung 9.2 wird die Situation eines Anbieters bei vollständiger Konkurrenz dargestellt. Dessen Erlösfunktion E wird durch eine Ursprungsgerade repräsentiert. Die Gesamtkosten, die sich aus den Fixkosten K_f sowie den variablen Kosten K_v zusammensetzen, steigen zunächst degressiv und dann progressiv an. Es wird also ein ertragsgesetzlicher Kostenverlauf unterstellt. Der Produzent wird unter diesen Bedingungen die Menge X_0 anbieten, da er bei dieser Ausbringungsmenge den höchstmöglichen Gewinn erzielt ($GK = P$).

Wir unterstellen nun, daß eine Gewinnsteuer mit einem konstanten Grenz- und Durchschnittsteuersatz von 50 % eingeführt wird. Dies bedeutet, daß von dem jeweiligen Gesamtgewinn, zugleich aber auch von jeder zusätzlich erzielten Gewinneinheit die Hälfte an den Staat abzuführen ist. Wir müssen also in Abbildung 9.2 sowohl die Bruttogesamtgewinnkurve G_b als auch die Bruttogrenzgewinnfunktion GG_b "halbieren", um zu den entsprechenden Funktionen des Nettogesamtgewinns G_n und des Nettogrenzgewinns GG_n zu gelangen.

Abb. 9.2: Wirkungen einer Gewinnsteuer auf einem Markt mit vollständiger Konkurrenz

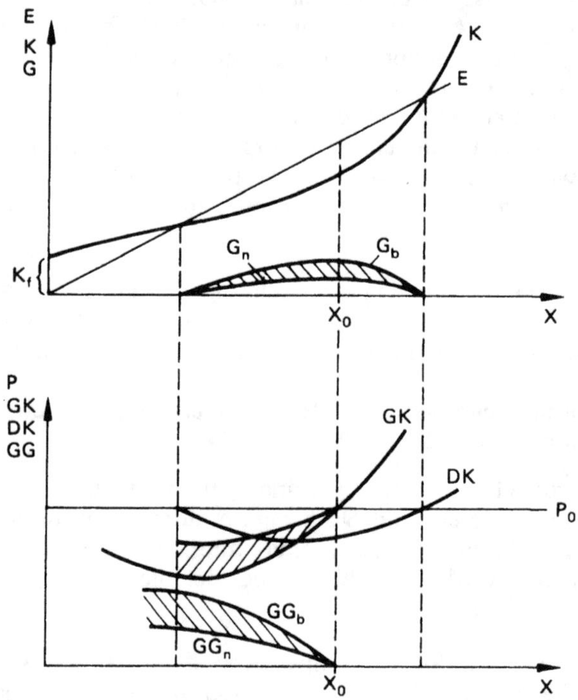

Es zeigt sich, daß die Funktion des Nettogewinns ihr Maximum und die Nettogrenzgewinnfunktion den Wert Null nach wie vor bei der Menge X_0 haben. Dieses Ergebnis ist auch unmittelbar einsichtig, wenn man bedenkt, daß dem Unternehmen von jeder zusätzlich erwirtschafteten Gewinneinheit solange ein verfügbarer Gewinnrest verbleibt, wie der marginale Gewinnsteuersatz unterhalb von 100 % liegt. Der Anbieter wird also sowohl vor und als auch nach Besteuerung die Menge X_0 zum Preis von P_0 anbieten. Eine Überwälzung der Gewinnsteuer durch eine Erhöhung des Preises ist für ihn nicht lohnend und wird deshalb auch nicht durchgeführt. Der Anbieter trägt die volle Last der Gewinnsteuer selbst.[230]

230 Seligman (1925, S. 73) war der erste, der in einer ausführlichen mikroökonomischen Analyse zu dem Ergebnis gelangt ist, daß eine Gewinnsteuer bei vollständiger Konkurrenz nicht überwälzt wird. Da bei dieser Marktform der Marktpreis vom Grenzproduzenten bestimmt werde, dieser aber gerade dadurch gekennzeichnet sei, daß er we-

Wird die Prämisse eines Konkurrenzmarktes aufgegeben und stattdessen ein Angebotsmonopol unterstellt, so ändert sich nichts an dem abgeleiteten Ergebnis der Nichtüberwälzung. Wie Abbildung 9.3 zeigt, bietet der Monopolist vor Einführung einer Gewinnsteuer die Menge X_m zum Preis von P_m an. In diesem Punkt sind die Grenzkosten gleich dem Grenzerlös. GG_b steht für die Bruttogrenzgewinnfunktion. Sie hat im Gewinnmaximum den Wert Null. Wird zusätzlich unterstellt, daß dem Unternehmen keine Fixkosten entstehen, so gibt die Fläche unter der GG_b-Funktion zugleich den Bruttogesamtgewinn an.

Abb. 9.3: Wirkungen einer Gewinnsteuer auf einem Markt mit Angebotsmonopol

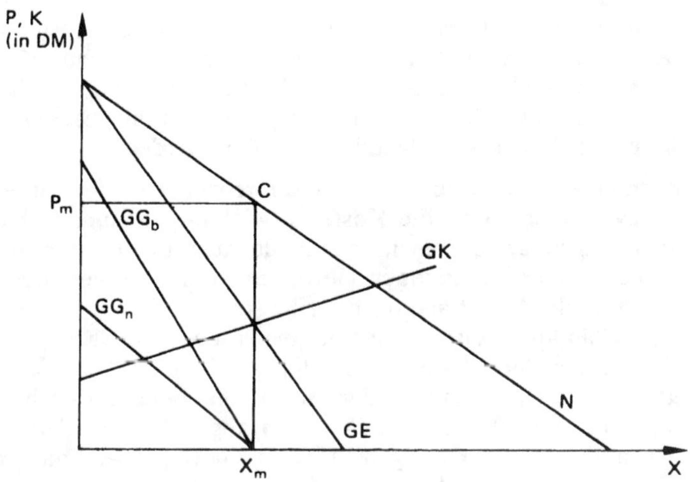

Wird nun eine proportionale Gewinnsteuer in Höhe von 50 % eingeführt, so bedeutet dies, daß dem Anbieter nur noch die Hälfte seines Bruttogewinns verbleibt. GG_n kennzeichnet jetzt die Höhe des jeweils verbleibenden Nettogrenzgewinns und die Fläche unterhalb dieser Funktion den Nettogesamtgewinn. Es zeigt sich, daß auch die Nettogrenzgewinnfunktion bei X_m den Wert Null hat. Eine Veränderung des Preises oder der Ausbringungsmenge unterbleibt, weil der Anbieter sonst seine Gewinnsituation (noch mehr) verschlechtern würde.

der Gewinne noch Verluste erziele, müsse er auch keine Gewinnsteuer bezahlen. Insoweit hätte der Grenzanbieter auch keinen Anlaß zur Preiserhöhung.

Die Schlußfolgerung für das Monopol ist also mit derjenigen für den Konkurrenzanbieter identisch, d.h., daß auch der Monopolist die Gewinnsteuer selbst tragen muß. Materielle und formale Inzidenz sind also identisch.

3.2.2 Mikroökonomische Analyse der Inzidenz einer Gewinnsteuer auf unvollkommenen Märkten

Gibt man die mit der Realität nicht immer übereinstimmende Prämisse der Gewinnmaximierung auf, so müssen die bisher abgeleiteten Inzidenzaussagen modifiziert werden. Wir gehen in der weiteren Analyse zunächst von folgenden Annahmen aus:

- Der betrachtete Anbieter kann auf seinem Absatzmarkt den Angebotspreis trotz der Existenz von Konkurrenzanbietern in einem gewissen Rahmen selbständig festsetzen. Der Preis ist für ihn **kein** Datum.
- Der Anbieter strebt nicht die Maximierung seines Gewinnes an. Vielmehr verfolgt er das Ziel, einen bestimmten Prozentsatz seiner Durchschnittskosten bei "normaler" Kapazitätsauslastung, d.h. **eine Mindestrendite** g_{norm}, als Gewinn zu erwirtschaften. Er führt also eine Aufschlagskalkulation (mark-up-pricing) durch. Für diese Annahme kann folgendes angeführt werden:
  - Die Unternehmensleitung besitzt nicht die erforderlichen Informationen über das Nachfrageverhalten sowie die Kostenentwicklung bei unterschiedlichen Ausbringungsmengen, um die gewinnmaximale Ausbringung zu ermitteln.
  - Das Streben nach einer kurzfristigen Gewinnmaximierung verlangt, daß bei jeder Veränderung der Nachfrage oder der Kosten die Endproduktpreise korrigiert werden. Ständige Preisänderungen können aber die Nachfrager verunsichern und zu einem Verlust von Marktanteilen führen.
  - Nicht zuletzt könnte eine Strategie der Gewinnmaximierung deshalb unterbleiben, weil potentielle Konkurrenten davon abgehalten werden sollen, in den dann besonders gewinnträchtigen Markt einzudringen und dadurch langfristig die Gewinnchancen der bereits etablierten Anbieter zu reduzieren.
- Die Durchschnitts- und Grenzkosten sind konstant und gleich hoch.
- Der Gewinn wird nicht besteuert.

Zunächst ermittelt der Produzent die Menge X_{norm}, die er bei normaler Kapazitätsauslastung ausbringen kann, sowie die mit der Produktion von X_{norm} verbundenen Durchschnittskosten (= Stückkosten = DK_{norm}). Der Preis P_{norm}, den er für das Gut X verlangt, wird anhand folgender Formel ermittelt:

$$P_{norm} = DK_{norm} \cdot (1 + g_{norm}). \tag{9.1}$$

Wir unterstellen zur Vereinfachung weiterhin, daß der Produzent die Menge X_{norm} zum Preis P_{norm} vollständig absetzen kann, d.h. daß die Nachfragefunktion N durch den Punkt a (X_{norm}; P_{norm}) verläuft. Es ergibt sich dann die in Abbildung 9.4 dargestellte Situation:

Der Anbieter erzielt brutto und netto einen Gesamtgewinn, repräsentiert durch die Fläche $P_{norm}\, DK_{norm}$ a b. Der Stückgewinn des Anbieters beträgt demnach $DK_{norm} \cdot g_{norm} = P_{norm} - DK_{norm}$.

Wird in dieser Situation eine Gewinnsteuer mit einem konstanten Grenz- und Durchschnittssteuersatz t eingeführt, kommt es zunächst zu einem Rückgang des verbleibenden Nettogewinns. Wenn nun aber der Anbieter auch weiterhin eine Mindestrendite **nach Steuern** (= Nettorendite) von g_{norm} erwirtschaften will, muß er den Preis P_t nach folgender Formel festlegen:

$$P_t = \frac{DK_{norm}\,(1+g_{norm})}{1-t} \tag{9.2}$$

Abb. 9.4: Marktgleichgewicht bei aufschlagkalkulierendem Anbieterverhalten und konstanten Durchschnittskosten

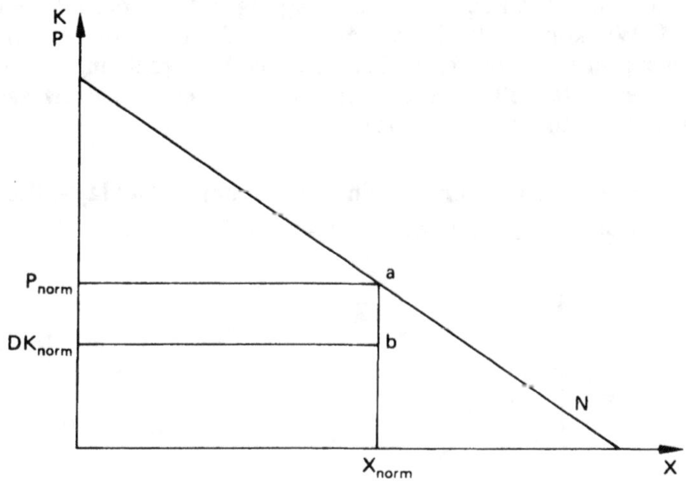

Dies bedeutet, daß der Bruttogewinnaufschlag umso höher sein muß, je höher der Steuersatz t ist. Daraus folgt auch: Sofern $t > 0$, ergibt sich immer auch, daß $P_t > P_{norm}$.

Da P_t größer als P_{norm} ist, wird bei elastischer Nachfrage die absetzbare Menge X_t kleiner als X_{norm} sein. Es kommt dann zu einem neuen Gleichgewicht X_t; P_t, bei dem die abgesetzte Menge kleiner und der Preis höher als in der Situation vor Gewinnbesteuerung ist.

Es ist nun noch zu untersuchen, ob, und wenn ja, in welchem Ausmaß eine Vorwälzung der Gewinnsteuer gelungen ist. Dazu sind folgende Fragen zu beantworten:

- Wie hoch ist die durch den Anbieter zu **zahlende** Steuer?
- Wie groß ist die Differenz der Nettogesamtgewinne vor und nach Steuererhebung als Ausdruck für die Größe der **Traglast des Anbieters**?
- Wie hoch ist **die Traglast der Nachfrager**?

Die Antwort soll beispielhaft für einen Steuersatz von $t = 0{,}5$, (d.h., daß der Bruttogewinnaufschlag verdoppelt werden muß) und unter der Annahme gegeben werden, daß die Durchschnittskosten der Produktion von X_t den Durchschnittskosten der Produktion von X_{norm} entsprechen.

Wie Abbildung 9.5 verdeutlicht, wird die Steuerzahlung in Höhe der Fläche $P_t P_{norm}$ d e vollständig von den Nachfragern getragen. **Darüber hinaus** erleiden die Nachfrager durch den Mengenrückgang einen **Verlust an Konsumentenrente** in Höhe der Fläche des Dreiecks d a e. Der Anbieter hat zwar die Last der Steuerzahlung vollständig auf die Nachfrager überwälzt. Dennoch verbleibt ihm eine Last durch den **Gewinnrückgang** in Höhe der Fläche des Rechteckes e a b f. Wir können damit feststellen, daß die Last aus der Erhebung der Gewinnsteuer größer als die reine Last aus der Steuerzahlung ist. M.a.W.: Es kommt bei der unterstellten Verhaltensweise zu einer **Zusatzlast der Besteuerung** (excess burden of taxation).

Abb. 9.5: Wirkungen einer Gewinnsteuer bei aufschlagkalkulierendem Anbieterverhalten und konstanten Durchschnittskosten

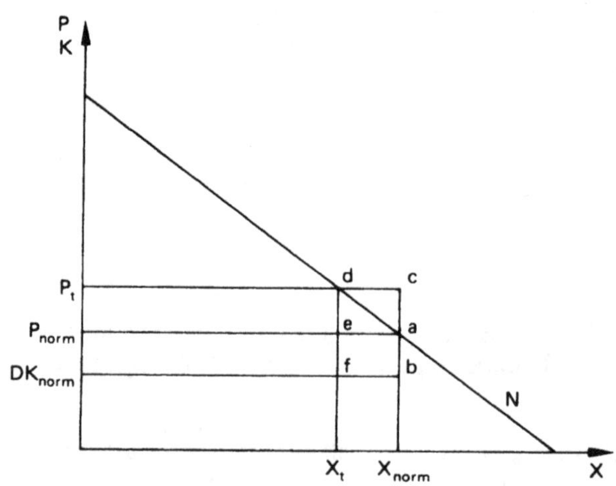

Indem wir einen Teil der bisherigen sehr restriktiven Annahmen lockern, gelangen wir zu folgenden **Verallgemeinerungen der Inzidenzaussagen**:

1) Der Grad der Überwälzung hängt bei gegebenem Angebotsverlauf wesentlich von der Preiselastizität der Nachfrage ab. Je elastischer die Nachfrage ist, um so größer ist der Mengenrückgang und damit der Gewinnrückgang, der mit einer Preiserhöhung einhergeht. Wird schließlich der Preis, wie er von einem Monopolisten als Gewinnmaximierer gesetzt würde, überschritten, so schlägt der Versuch einer Überwälzung der Last aus der Gewinnsteuer völlig fehl. Zwar finanzieren die Nachfrager die Steuerzahlung noch immer in vollem Umfang über den entsprechend erhöhten Preis. Zugleich geht aber die abgesetzte Menge so stark zurück, daß der dadurch eingebüßte Gewinn des Anbieters den Gewinnzuwachs aus dem höheren Preis übersteigt.

2) Wir hatten bisher für unterschiedliche Ausbringungsmengen konstante Durchschnittskosten unterstellt. In der Realität scheint es aber eher so zu sein, daß wegen hoher Fixkostenanteile die Durchschnittskosten mit sinkender Ausbringungsmenge steigen. Wird nun der Gewinnaufschlag auf der Basis der Durchschnittskosten **bei Normalauslastung** erhöht, so fällt der Anteil des Gewinns am Preis umso geringer aus, je stärker die abgesetzte Menge sinkt. M.a.W.: Zu der Gewinneinbuße als Folge des Mengenrückgangs kommt noch die Gewinneinbuße als Folge der Erhöhung der Durchschnittskosten hinzu, so daß die Erhöhung des Bruttogewinnaufschlags nicht ausreicht, um denselben Nettostückgewinn wie vor Besteuerung zu erreichen (vgl. Abbildung 9.6):

Abb. 9.6: Wirkungen einer Gewinnsteuer bei aufschlagkalkulierendem Anbieterverhalten und sinkenden Durchschnittskosten

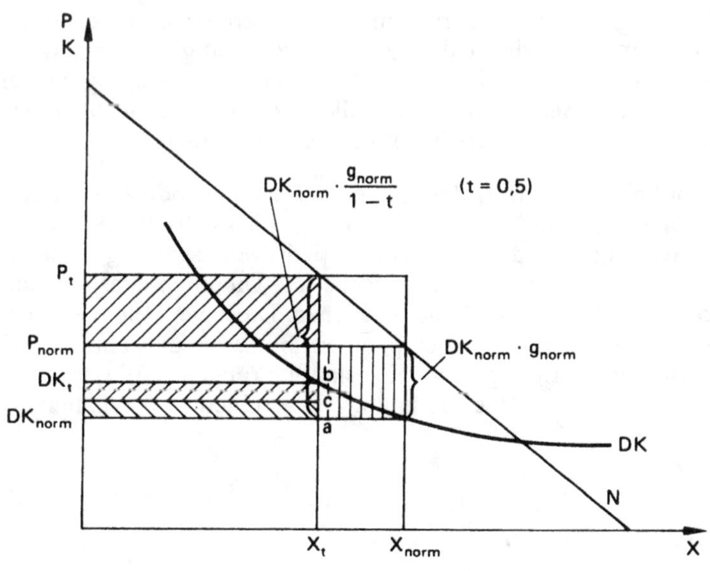

Wie in Abbildung 9.6 deutlich wird, werden durch den Versuch, eine Gewinnsteuer in Höhe von 50 % des Gewinns über eine Erhöhung des Preises von P_{norm} auf P_t auf die Nachfrager zu überwälzen, zwar die Käufer in der Tat die zu entrichtende Steuer über den Kaufpreis bezahlen. Dennoch erleidet auch der Anbieter eine Gewinneinbuße. Sie ergibt sich einmal aus dem Mengenrückgang $(X_{norm} - X_t)$, multipliziert mit dem absoluten Gewinnaufschlag $DK_{norm} \cdot g_{norm}$. Hinzu kommt der Gewinnrückgang, der durch den Anstieg der Durchschnittskosten von DK_{norm} bei X_{norm} auf DK_t bei X_t verursacht wird. Er beträgt unter Berücksichtigung der entfallenden Steuerzahlungen $(DK_t - DK_{norm}) \cdot (1 - t) \cdot X_t$ und entspricht der Fläche des langgezogenen schmalen Rechtecks unterhalb von DK_t und links von X_t mit der Schraffierung von links unten nach rechts oben.

Wir können damit zusammenfassen: Die hier zugrunde gelegte Verhaltensweise, Gewinnsteuern über eine Erhöhung des Bruttogewinnaufschlages abzuwälzen, ist einzelwirtschaftlich nur begrenzt erfolgreich und volkswirtschaftlich mit u.U. erheblichen Zusatzlasten verbunden. Dies impliziert u.a., daß es in empirischen Analysen weder möglich ist, die Gesamtlast aus einer Gewinnsteuer zu bestimmen (zu der Steuerzahllast kommen ja noch die Zusatzlasten hinzu), noch gesicherte Aussagen über die Verteilung der Steuerlast auf Anbieter und Nachfrager zu machen.

3.2.3 Föhls makroökonomische Analyse der Inzidenz einer Gewinnsteuer

Der Deutsche Carl Föhl kritisierte erstmals die im Rahmen der traditionellen mikroökonomischen Inzidenzanalyse verwendeten Prämissen.[231] Er hielt es vor allem für problematisch, die Partialanalyse zur Erfassung der Verteilungswirkungen einer Gewinnsteuer zu verwenden, weil sie wichtige gesamtwirtschaftliche Kreislaufwirkungen außer acht lasse. Er schlug vor, an ihrer Stelle die Inzidenz mit Hilfe eines makroökonomischen kreislauftheoretischen Modells zu erfassen. Es müsse insbesondere auch berücksichtigt werden, wie der Staat die Steuereinnahmen verwende und daß bei deren Verausgabung wiederum Einkommen im privaten Sektor entstünden, die letztlich auch die Nettogewinnposition der steuerzahlenden Unternehmen verbessern könnten.

Damit verläßt Föhl den Ansatz der speziellen Inzidenz und versucht die Inzidenz des **ausgeglichenen Budgets** zu ermitteln, die sich als Folge einer Gewinnsteuererhebung **und** der staatlichen Wiederverausgabung dieser Mittel ergibt. Zu diesem Zweck ermittelt er zunächst die Unternehmensgewinne, wie sie in einer Volkswirtschaft ohne Steuer entstehen. Diese vergleicht er dann mit den Einkommen, wie sie den Gewinnempfängern bei Erhebung einer Gewinnsteuer und unter Berücksichtigung von Kreislaufwirkungen zufließen. Dabei unterscheidet er im Falle der Besteuerung zwei verschiedene Verhaltensweisen der Gewinnempfänger:

[231] Vgl. Föhl, 1953/54, S. 88 ff.

- Sie betrachten die zu zahlende Steuer sowohl als Liquiditätseinbuße als auch als Einkommensverlust und reduzieren dementsprechend ihre Ausgaben für Konsumzwecke um den Betrag der Steuerzahlung.
- Die zu zahlende Steuer wird lediglich als vorübergehender Liquiditätsverlust, nicht jedoch als endgültige Einkommenseinbuße betrachtet. Die Gewinnempfänger beziehen in ihr Kalkül mit ein, daß der Staat die vereinnahmten Steuern wieder ausgibt, so daß ihnen diese über eine erhöhte Nachfrage wieder zufließen. Sie werden demzufolge Konsumgüter in derselben Höhe wie vor Einführung der Gewinnsteuer nachfragen.

Im folgenden soll in enger Anlehnung an Föhl in einem einfachen makroökonomischen Modell gezeigt werden, welche Konsequenzen eine Gewinnsteuererhebung auf die Verteilungssituation hat, wenn die zwei genannten verschiedenen Verhaltensweisen der Gewinnempfänger alternativ unterstellt werden. Verglichen wird dabei die jeweils entstehende Verteilungssituation mit derjenigen, wie sie ohne Besteuerung zustande gekommen wäre.

Die Ausgangssituation: Ermittlung des Unternehmensgewinns ohne Gewinnsteuer

Zunächst wird angenommen, daß eine Staatsaktivität nicht stattfindet und sich das Volkseinkommen Y_o wie folgt auf Löhne (L_o) und Gewinne (Q_o) aufteilt:

(9.3) $$Y_o = L_o + Q_o.$$

Dieses Einkommen wird für den Erwerb von Konsum- und Investitionsgütern verwendet. Stehen C_{Uo} für die Konsumausgaben der Gewinnempfänger, C_{Ao} für die der Arbeitnehmer und I_o für Investitionen der Unternehmen, gilt:

(9.4) $$Y_o = C_{Uo} + C_{Ao} + I_o.$$

Die Einkommensempfänger können schließlich ihr Einkommen für den Erwerb von Konsumgütern verwenden oder dieses sparen. Es kann also geschrieben werden:

(9.5) $$Y_o = C_{Uo} + C_{Ao} + S_o,$$

wobei $S_o = S_{Ao} + S_{Uo}$ für die volkswirtschaftliche Sparsumme steht, die den Investitionen I entsprechen muß.

Setzt man in Gleichung 9.3 für L_o den Ausdruck $C_{Ao} + S_{Ao}$ ein sowie die beiden Gleichungen 9.3 und 9.4 einander gleich, erhält man:

(9.6) $$C_{Ao} + S_{Ao} + Q_o = C_{Uo} + C_{Ao} + I_o$$

und durch Auflösung nach Q_o die Höhe des Gewinnes:

(9.7) $$Q_o = C_{Uo} + I_o - S_{Ao}.$$

Die Gewinne nehmen also mit steigenden Konsumausgaben der Gewinnempfänger und Investitionsausgaben der Unternehmen zu - dies ist die sogenannte **These vom unverzehrbaren Unternehmergewinn** - und sie sinken mit steigendem Sparvolumen der Lohnempfänger.

Wir erhalten schließlich die Gewinnquote q_o, indem wir Q_o durch Y_o dividieren.

$$(9.8) \qquad q_0 = \frac{Q_0}{Y_0}$$

Die Ermittlung des Unternehmensgewinnes bei Erhebung einer Gewinnsteuer

1. Fall

Wir nehmen zunächst an, daß die Gewinnempfänger als Folge der Besteuerung ihre Konsumgüternachfrage in dem Umfang reduzieren, wie sie Gewinnsteuern zu zahlen haben. An die Stelle der Gleichung 9.3 tritt nun folgende Beziehung:

$$(9.9) \qquad Y_1 = L_o + (Q_{b1} - T_1) + T_1,$$

wobei Q_{b1} den Gewinn vor Steuern und T_1 die zu zahlende Gewinnsteuer angibt. Letztere führt zu einem Rückgang des verfügbaren Gewinns nach Steuer und fließt dem Staat als Einnahme zu.

Es wird weiter unterstellt, daß das Einkommen vollständig für den Erwerb von Konsum- und Investitionsgütern ausgegeben wird, wobei der Staat die Steuern ausschließlich für Staatskonsum (C_{St}) verwendet. Es gilt also:

$$(9.10) \qquad Y_1 = C_{U1} + C_{St1} + C_{Ao} + I_o.$$

Da die Gewinnempfänger ihren Konsum um den Betrag der Gewinnsteuerzahlungen reduziert haben, gilt auch

$$(9.11) \qquad C_{U1} + C_{St1} = C_{Uo},$$

d.h., daß die Konsumgüternachfrage der Gewinnempfänger und des Staates zusammengerechnet nach der Steuererhebung gleich der Konsumgüternachfrage ist, wie sie ohne Besteuerung von den Gewinnempfängern ausgeübt worden wäre (ist).

Schließlich wird wieder angenommen, daß das Einkommen entweder konsumiert oder gespart wird:

$$(9.12) \qquad Y_1 = C_{U1} + C_{St1} + C_{Ao} + S_o$$

Indem wir 9.9 und 9.10 einander gleichsetzen und L_o durch $C_{Ao} + S_{Ao}$ ersetzen, erhalten wir

(9.13) $C_{Ao} + S_{Ao} + (Q_{b1} - T_1) + T_1 = C_{U1} + C_{St1} + C_{Ao} + I_o.$

Lösen wir 9.13 nach $(Q_{b1} - T_1)$ auf und setzen $T_1 = C_{St1}$, so ergibt sich als Gewinn nach Steuern

(9.14) $(Q_{b1} - T_1) = C_{U1} + I_o - S_{Ao}.$

Die Gewinnquote ist schließlich definiert als

(9.15) $$q_0 = \frac{Q_{b1} - T_1}{Y_1}$$

Da $Q_{b1} = Q_o$ und $Y_1 = Y_o$, können wir auch schreiben:

(9.15a) $$q_1 = \frac{Q_0 - T_1}{Y_0}$$

Als Folge der verringerten Konsumtätigkeit der Unternehmen ist deren absoluter Gewinn um den gesamten Betrag der Steuer gesunken. Entsprechend ist auch die Gewinnquote zurückgegangen. Die Gewinnbezieher tragen also die Gewinnsteuer selbst. Eine Überwälzung hat nicht stattgefunden.

2. Fall

Wir nehmen nun an, daß die Unternehmer trotz Steuerzahlung ihre Nachfrage nach Konsum- und Investitionsgütern in der bisherigen Höhe aufrechterhalten. Damit kommt es zu neuen Resultaten.

Zunächst soll für die Verteilung des Einkommens gelten:

(9.16) $Y_2 = L_o + (Q_{b2} - T_2) + T_2.$

Weiter wird angenommen, daß Lohn- und Gewinnempfänger dieselben Ausgaben tätigen wie in der steuerfreien Ausgangssituation. Die Unternehmen beschaffen sich, um ihre bisherigen Ausgaben trotz Besteuerung aufrechterhalten zu können, einen Kredit.[232] Es gilt also:

(9.17) $Y_2 = C_{Uo} + C_{Ao} + C_{St2} + I_o.$

Schließlich wird angenommen, daß die Einkommensempfänger ihr Einkommen wie folgt auf Konsum- und Sparzwecke aufteilen:

(9.18) $Y_2 = C_{Uo} + C_{Ao} + C_{St2} + S_o.$

---

[232] Dabei wird in Übereinstimmung mit Föhl unterstellt, daß das Geldangebot völlig elastisch ist und daß Zinszahlungen vernachlässigt werden können.

Indem wir in Gleichung 9.16 L_o durch $C_{Ao} + S_{Ao}$ ersetzen und 9.16 gleich 9.17 setzen, erhalten wir:

(9.19) $$C_{Ao} + S_{Ao} + (Q_{b2} - T_2) + T_2 = C_{Uo} + C_{Ao} + C_{St2} + I_o.$$

Nach $(Q_{b2} - T_2)$ aufgelöst, ergibt sich:

(9.20) $$(Q_{b2} - T_2) = C_{Uo} + I_o + C_{St2} - T_2 - S_{Ao}$$

oder, da $C_{St2} = T_2$.

(9.21) $$(Q_{b2} - T_2) = C_{Uo} + I_o - S_{Ao}.$$

Wegen 9.7 gilt aber auch:

(9.22) $$(Q_{b2} - T_2) = Q_o.$$

Die absolute **Gewinnhöhe nach Steuer** ist also dieselbe wie in der Situation ohne Besteuerung (siehe Gleichung 9.7). Die relative Einkommensposition der Gewinnempfänger hat sich allerdings verändert, denn das Volkseinkommen Y_2 ist als Folge der gestiegenen gesamtwirtschaftlichen Nachfrage um C_{St2} größer als in der Ausgangssituation. Es gilt demzufolge:

(9.23) $$Y_2 = Y_o + C_{St2}$$

und entsprechend für die Gewinnquote

(9.24) $$q_2 = \frac{Q_{b2} - T_2}{Y_2}$$

Da $Q_{b2} - T_2 = Q_o$ sowie $C_{St2} = T_2 = T_1$, können wir schließlich schreiben:

(9.24a) $$q_2 = \frac{Q_0}{Y_0 + T_1}$$

Vergleichen wir die drei analysierten Alternativsituationen, so ergibt sich für die Gewinnquoten aus den Gleichungen 9.8, 9.15a und 9.24a folgende Reihung:

(9.25) $$q_o > q_2 > q_1.$$

Bewertung der kreislauftheoretischen Inzidenzanalyse von Föhl

In der Diskussion um das Föhlsche Modell wird zwar weitgehend akzeptiert, daß die Wirkung der steuerfinanzierten Staatsausgaben bei der Inzidenzanalyse einer Gewinnsteuer mitzuberücksichtigen ist. Im einzelnen wird jedoch eine Reihe von kritischen Einwänden gegen die dem Modell zugrundeliegenden Annahmen und die Art der Ableitung der Ergebnisse vorgebracht.[233] Wir wollen hier nur einen Aspekt herausgreifen und fragen, welche empirische Relevanz die beiden unterstellten Verhaltensweisen der Gewinnempfänger haben könnten. Dabei werden wir uns mit Plausibilitätsüberlegungen begnügen.

Zunächst ist zu vermuten, daß die Staatsnachfrage den einzelnen Branchen und Unternehmen nicht in dem Umfang zufließt, wie diese zur Finanzierung des Steueraufkommens beigetragen haben. Unternehmen oder deren Kapitaleigner, die mehr Steuern bezahlen, als ihnen zusätzlich Erlöse aus einer vermehrten Staatsnachfrage erwachsen, können letztlich nichts anderes tun, als ihre Ausgaben den gesunkenen Gewinnen anzupassen. Sie werden dies sehr wahrscheinlich schon ab dem Zeitpunkt tun, zu dem sie die erhöhte Gewinnsteuer bezahlen müssen. Andererseits ist nicht auszuschließen, daß Unternehmen bzw. deren Anteilseigner, die in überdurchschnittlichem Ausmaß von der zusätzlichen Staatsnachfrage profitieren, ihre Ausgabenaktivitäten steigern. Allerdings dürfte diese Verhaltensänderung eher als Reaktion auf die verbesserte Ergebnissituation denn als Antizipation auf die zu erwartenden Erlössteigerungen eintreten. In diesem Fall orientieren sich auch diese Unternehmen im wesentlichen an den Nettogewinnen, die nach der Besteuerung verbleiben.

Faßt man die hier vermuteten Reaktionen der Unternehmen, die durch die Gewinnsteuererhebung sowie die damit finanzierten Staatsausgaben per Saldo schlechter gestellt werden, mit denen der begünstigten Unternehmen zusammen, so erscheint eine **Nichtüberwälzung** oder ein nur geringer Überwälzungsgrad **plausibler als eine** - auch nur annähernd - vollständige **Überwälzung**.

Verbleibt die Steuerlast aber bei den Unternehmen, so bleibt die Aufgabe, sie den Anteilseignern dieser Unternehmen, also den Gewinnempfängern, zuzurechnen. Diese Belastung kann für die Gewinne der natürlichen Personen und die ausgeschütteten Gewinne der juristischen Personen aus der Einkommensteuerstatistik grundsätzlich ermittelt werden.[234] Es ergeben sich allerdings beträchtliche Schwierigkeiten bei dem Versuch, den Anteilseignern die nicht ausgeschütteten Gewinne juristischer Personen zuzurechnen. Eine solche Rechnung ist insbesondere dadurch erheblich erschwert, daß der Anteil der einbehaltenen Gewinne am Gesamtnettogewinn von Unternehmen zu Unternehmen variiert und deshalb nicht mit durchschnittlichen Ausschüttungsquoten gearbeitet werden kann.

3.2.4 Empirische Untersuchungen zur Überwälzung von Gewinnsteuern

In der Literatur wurde mehrfach der Versuch gemacht, durch Beobachtung und Analyse empirischer Daten Hinweise dafür zu bekommen, wie Unternehmen auf

233 Vgl. dazu den zusammenfassenden Literaturüberblick bei Kampmann, 1983, S. 46 ff.

234 Zur Anrechnung der Körperschaftsteuerzahlungen auf die Einkommensteuer vgl. Abschnitt 1.2 dieses Kapitels.

die Erhebung bzw. Erhöhung von Gewinnsteuern reagieren. Dabei wurden vor allem die folgenden zwei Methoden angewandt:

1) Es wurde festzustellen versucht, ob die Unternehmen ein Gewinnmaximum anstreben. Sprachen die empirischen Resultate für dieses Verhalten, so schien eine Gewinnsteuerüberwälzung von vornherein ausgeschlossen.

2) Man verglich die Änderung verschiedener Indikatoren für die Gewinnentwicklung mit der Veränderung des Gewinnsteuersatzes. Dabei wurden neben der Zeitreihenanalyse vor allem auch ökonometrische Modelle angewendet. Ergab sich eine positive Korrelation, so wurde dies als Indiz für eine Überwälzung betrachtet.

Die erste Methode läßt eine direkte empirische Überprüfung einer Inzidenzhypothese nicht zu. Sie liefert lediglich ein Indiz dafür, ob aufgrund des verfolgten Zieles der Versuch einer Überwälzung der Gewinnsteuer auf die Nachfrage überhaupt sinnvoll erscheint. Empirische Untersuchungen weisen nun darauf hin, daß Gewinnmaximierung als explizites Ziel zumeist nicht verfolgt wird. **Angemessener Gewinn** oder **befriedigende Rentabilität** werden sehr viel häufiger genannt. Es kommt hinzu, daß neben dem Gewinnziel anderen Zielen, wie etwa der Erhaltung oder Erhöhung des Marktanteils, der Verwirklichung eines befriedigenden Unternehmenswachstums oder der Sicherheit, große Bedeutung beigemessen wird.[235] Daraus folgt, daß Überwälzungsversuche durchaus erfolgreich sein und deshalb auch durchgeführt werden können.

Die zweite Methode liefert zwar konkrete Überwälzungskoeffizienten. Diese schwanken aber von einer empirischen Untersuchung zur anderen so stark, daß sie sowohl vollständige Nichtüberwälzung als auch Preiserhöhungen bestätigen, die über den für eine volle Überwälzung erforderlichen Preisanstieg hinausgehen. Wir fassen in der nachfolgenden Übersicht 9.5 das methodische Vorgehen und die Ergebnisse einiger in der Literatur häufiger zitierten empirischen Analysen zusammen.

3.2.5 Fazit

Abschließend kann festgestellt werden, daß lediglich die mikroökonomische Analyse der Inzidenz einer Gewinnsteuer auf vollkommenen Märkten zu einem eindeutigen Ergebnis, nämlich der Nichtüberwälzung von Gewinnsteuern führt. Alle übrigen Erklärungsansätze lassen sowohl die Möglichkeit der Überwälzung als auch die der Nichtüberwälzung offen. Die Wissenschaft ist damit bis heute nicht in der Lage, dem interessierten Verteilungspolitiker zuverlässige Wirkungsaussagen zur Verfügung zu stellen. Diesen verbleibt damit ein breiter Spielraum für eigene Annahmen über die Verteilungswirkung von Gewinnsteuern. Die möglichen Folgen des Problems der nur sehr dürftigen Information über die Inzidenz der Gewinnsteuern werden allerdings ein wenig dadurch gemildert,

---

235 Vgl. Heinen, 1971, S. 30 ff.

daß das Aufkommen dieser Steuer einen relativ kleinen und im Zeitablauf eher sinkenden Anteil am gesamten Steueraufkommen ausmacht.[236]

[236] So belief sich in der Bundesrepublik Deutschland 1997 der Anteil der Körperschaftsteuer am Gesamtsteueraufkommen auf 4,2 % und der Anteil der veranlagten Einkommensteuer (einschließlich der Kapitalertragsteuer) auf 4,0 %. Dabei ist zu beachten, daß das Aufkommen der veranlagten Einkommensteuer nur zum kleineren Teil aus Unternehmensgewinnen resultiert. Vgl. Bundesministerium der Finanzen, 1998a, Tabelle 12.

Übersicht 9.5: Ansätze und Ergebnisse ausgewählter empirischer Analysen zur Überwälzung der Körperschaftsteuer

Autor	Methodischer Ansatz	Überwälzungsindikator	Untersuchungs zeitraum	Ergebnisse
Denison (1954)	empirisch-statische Zeitreihenanalyse, ohne Berücksichtigung der diversen Faktoren, die den Überwälzungsindikator beeinflussen	Anteil des Bruttogewinns am Volkseinkommen (das in den Kapitalgesellschaften entstanden ist)	1929 – 1952	keine Überwälzung
Goode (1966)	empirisch-statische Zeitreihenanalyse, ohne Berücksichtigung der diversen Faktoren, die den Überwälzungsindikator beeinflussen	Eigenkapitalrentabilität (Nettogewinn/Eigenkapital)		Überwälzung der Körperschaftsteuer
Lerner / Hendriksen (1956)	empirisch-statische Zeitreihenanalyse, ohne Berücksichtigung der diversen Faktoren, die den Überwälzungsindikator beeinflussen	Gesamtkapitalrentabilität	1927 – 1952	Überwälzung der Körperschaftsteuer
Krzyzaniak/ Musgrave (1963)	Modellrechnung unter Berücksichtigung mehrerer unabhängiger Variablen, die den Überwälzungsindikator beeinflussen können; Regressionsanalyse mit zwei alternativen Verhaltensannahmen: A: Überwälzung durch Gewinnaufschlag, der der jeweiligen Steuerschuld (konstant) proportional ist. B: Überwälzung durch Gewinnaufschlag, der (konstant) proportional ist dem jeweiligen Verhältnis von Steuerschuld zu (Brutto-) Kapitalrentabilität	Gesamt- und Eigenkapitalrentabilität alternativ	1935 – 1942; 1948 – 1959	Lediglich Verhaltensannahme A führt zu statistisch gesicherten Ergebnissen: Überwälzung der Körperschaftsteuer zwischen weniger als 100% und 134%
Gordon (1967)	Modellrechnung unter Berücksichtigung mehrerer unabhängiger Variablen, die den Überwälzungsindikator beeinflussen können; Regressionsanalyse; Verhaltensannahme: „mark-up-pricing“	Kapital- und Umsatzrentabilität alternativ	1925 – 1962	Keine Überwälzung der Körperschaftsteuer

Übersicht 9.5 cont.

Autor	Methodischer Ansatz	Überwälzungsindikator	Untersuchungszeitraum	Ergebnisse
Oakland (1972)	Neoklassisches Modell, in dem der Gewinn abhängig ist von - dem „normal profit“ - der konjukturellen Situation (Kapazitätsauslastung) - dem technischen Fortschritt alternativ wird zusätzlich eine Steuervariable (1 – Steuersatz) eingeführt; Regressionsanalyse	(Brutto-) Kapitalrentabilität	1930 – 1968	keine Überwälzung der Körperschaftsteuer
Beath (1979)	Modellrechnung, wobei der Gewinn als abhängig von - den erwarteten Stückkosten - dem erwarteten Körperschaftsteuersatz angenommen wird („mark-up-pricing“), weitere Einflußfaktoren jedoch nicht berücksichtigt werden; Regressionsanalyse. Bezüglich der Erwartungsbildung werden jedoch verschiedene Modelle getestet.	Absatzpreis/erwartete Stückkosten	1953 – 1973 (Großbritannien)	Vollständige Überwälzung der Körperschaftsteuer
Sebold (1979)	Modellrechnung, die die gewinnbeeinflusssenden Größen Löhne, Material- und Absatzpreise als potentielle Überwälzungsparameter endogen bestimmt (simultanes Gleichungssytem); Regressionsanalyse. Verhaltensannahme: „mark-up-pricing“, wobei der Gewinnaufschlag nicht konstant gesetzt wird, sondern als von verschiedenen Größen, u.a. dem Körperschaftsteuersatz, abhängig erscheint.	Absatz- und Materialpreise sowie Löhne	1931 – 1941; 1946 – 1970	Den Unternehmern gelingt eine teilweise Überwälzung von 69% der Körperschaftsteuer

Quelle: Stolz, I.: Einkommensumverteilung in der Bundesrepublik Deutschland: eine theoretische und empirische Untersuchung; Frankfurt/New York 1983, S. 48-49.

10. Kapitel

Die Verbrauchsteuern

Verbrauchsteuern stellen neben den Steuern auf das Einkommen in den meisten entwickelten Volkswirtschaften marktwirtschaftlicher Prägung den zweiten wichtigen Pfeiler steuerlicher Einnahmen dar. Steuern auf Vermögen sowie den Vermögensverkehr spielen demgegenüber in der **Einkommens**verteilungspolitik eine nur untergeordnete Rolle. Dies rechtfertigt es, neben der Inzidenz der Lohnsteuer und Gewinnsteuer auch nach der der Verbrauchsteuern zu fragen und zugleich auf eine Analyse der Inzidenz der übrigen genannten Steuern zu verzichten. Wir werden später allerdings noch auf die Bedeutung eingehen, die die Vermögensteuern für die Beeinflussung der **Vermögens**verteilung haben.

1. Die rechtlichen Grundzüge der Verbrauchsteuern

Die Besteuerung des Verbrauchs kann sich auf bestimmte Produkte beschränken oder die gesamten Konsumausgaben erfassen. Entsprechend ist zwischen speziellen Verbrauchsteuern und allgemeinen Verbrauchsteuern zu unterscheiden.

1.1 Die speziellen Verbrauchsteuern

Die Abgrenzung der speziellen Verbrauchsteuern wird von verschiedenen Autoren uneinheitlich gehandhabt. Während einige Autoren nur Steuern auf den Verbrauch von Gütern dazuzählen (z.B. Mineralöl, Kaffee, Tabakwaren sowie alkoholische Getränke), sehen andere auch die Kfz-Steuer sowie die Versicherungsteuer als Verbrauchsteuer an.

In der Bundesrepublik Deutschland lag der Beitrag der Steuern auf diese Produkte zum gesamten Steueraufkommen im Jahr 1986 bei 13,1 %, stieg aber auf 15,9 % in 1997.[237]

Die wichtigsten **steuertechnischen Merkmale** der fünf bedeutendsten speziellen Verbrauchsteuern werden in der nachfolgenden Übersicht dargestellt.

1.2 Die allgemeine Verbrauchsteuer

In der Bundesrepublik Deutschland wurde bis 1967 eine **Bruttoallphasenumsatzsteuer** erhoben. Sie besteuerte den gesamten Umsatz eines Unternehmens und wurde beim Verkauf von Waren und Leistungen an andere selbständige Wirtschaftseinheiten (Unternehmen oder private Haushalte) erhoben.

---

[237] Vgl. Tabelle 3.2.

Übersicht 10.1: Spezielle Verbrauchsteuern

	Mineralölsteuer	Kaffeesteuer	Branntweinsteuer/ Branntweinmonopol	Tabaksteuer	Kraftfahrzeugsteuer
Steuer-gegenstand	Mineralöl als Kraft- oder Heizstoff	Röstkaffee; Auszüge, Essenzen und Konzentrate aus Kaffee	Branntwein (Alkohol)	Tabakwaren (Zigarren, Zigarillos, Zigaretten, Rauchtabak)	Das Halten von Kraftfahrzeugen zum Verkehr auf öffentlichen Straßen
Steuer-schuldner	Hersteller/Händler	Hersteller bzw. bei der Einfuhr der Zollbeteiligte	Bundesmonopolverwaltung für Branntwein (BmonV)	Inhaber des Steuerlagers (Herstellungsbetrieb bzw. Tabakwarenlager)	Fahrzeughalter
Steuerbe-messungs-grundlage und Steuertarif	Kraftstoffe: Unverbleites Benzin: DM 980/1 000 l Verbleites Benzin: DM 1 080/1 000 l Diesel: DM 620/1 000 l Heizöle/Heizgase: Unterscheidung nach leichtem und schwerem Heizöl, Flüssiggas sowie Erdgas und anderen gasförmigen Kohlenwasserstoffen	Für Röstkaffee DM 4,30 je kg Für feste Auszüge oder Konzentrate aus Kaffee DM 9,35/kg	Branntwein zu Trinkzwecken: DM550/hl Für besondere Verwendungen (z.B. die Herstellung von kosmetischen Mitteln, Arzneimitteln, Lebensmitteln) besteht nach näherer Bestimmung des Gesetzes Steuerfreiheit bzw. wird die Steuer vergütet. Alkohol ohne Ablieferungspflicht bei der BmonV: DM 2 550/hl	Zigaretten: 8,3 Pf/Stück + 24,8% des Kleinverkaufspreises, mind. 12 Pf/Stück Zigarren/Zigarillos: 5% des Kleinverkaufspreises, mind. 3,1 Pf/Stück Rauchtabak: - Feinschnitt: DM 30,20/kg + 22% des Kleinverkaufspreises, mind. 45 DM/kg - Pfeifentabak: DM 5,50/kg + 22% des Kleinverkaufspreises, mind. DM 21/kg	Unterscheidung in Otto- und Dieselmotoren Je nach Schadstoffausstoß zwischen: DM 12,-/angefangene 100 cm^3 Hubraum und DM 73,50/angefangene 100 cm^3 Hubraum

Quelle: Bundesministerium der Finanzen (Hrsg.): Unsere Steuern von A bis Z, Bonn 1998.

Die Bruttoallphasenumsatzsteuer wurde zum 1.1.1968 durch eine **Nettoallphasenumsatzsteuer vom Konsumtyp** abgelöst. Letztere gestattet zum einen, von der Umsatzsteuer auf den Gesamtumsatz die von anderen Unternehmen berechnete Umsatzsteuer auf Vorlieferungen, die sogenannte Vorsteuer, abzuziehen. Sie besteuert damit auf der jeweiligen Stufe lediglich den geschaffenen Mehrwert und wird deshalb auch als **Mehrwertsteuer** bezeichnet. Zum anderen bewirkt sie, daß lediglich die konsumtive Einkommensverwendung belastet wird, während die investive Einkommensverwendung von der Steuerlast befreit ist. Dies wird bei der deutschen Mehrwertsteuer dadurch erreicht, daß von den investierenden Unternehmen im Rahmen des Vorsteuerabzugs u.a. auch die von den Investitionsgüterproduzenten gezahlten Steuern vollständig abgesetzt werden können. Damit ist sichergestellt, daß, volkswirtschaftlich gesehen, die **Netto**investitionen von der Besteuerung ausgenommen sind, während Ersatzinvestitionen i.d.R. über die in die Preise einkalkulierten Abschreibungen als Mehrwert steuerlich erfaßt werden.

Steuergegenstand der deutschen Mehrwertsteuer ist der Umsatz. Dieser umfaßt Lieferungen und sonstige Leistungen eines Unternehmens, den Eigenverbrauch, unentgeltliche Leistungen an Gesellschafter und die Einfuhr von Gegenständen in das Zollgebiet. **Bemessungsgrundlage** ist i.d.R. das vereinbarte Entgelt. Der **Steuersatz** betrug bis 1977 für den **Regelfall** 11 % und wurde schrittweise bis auf 16 % zum 1.4.1998 angehoben. Für eine Reihe von Gütern wird nur **der ermäßigte Steuersatz** berechnet. So werden Lebensmittel aus sozialpolitischen, die Produkte von Presse, Film und Rundfunk aus kulturpolitischen und Nahverkehrsleistungen aus sozial- und verkehrspolitischen Gründen mit dem ermäßigten Steuersatz von 7 % belastet. **Steuerbefreit ohne Vorsteuerabzugsrecht** sind u.a. Umsätze im Bank- und Kreditwesen, Umsätze aus der Vermietung und Verpachtung von Grundstücken, Umsätze aus heilberuflicher Tätigkeit, Umsätze bestimmter kultureller Einrichtungen sowie Umsätze von sog. Kleinunternehmern. Bei letzteren handelt es sich um Unternehmer, deren Umsatz (zuzüglich der darauf entfallenden Umsatzsteuer) im vorangegangenen Kalenderjahr nicht mehr als 32 500 DM betragen hat und deren Umsatz im laufenden Kalenderjahr 100 000 DM vorraussichtlich nicht übersteigen wird. **Steuerbefreiung mit Vorsteuerabzugsrecht** wird für Exportumsätze gewährt.

Der vom Unternehmer abzuführende **Steuerbetrag** errechnet sich wie folgt:

	Vereinbartes Entgelt · Steuersatz = Umsatzsteuer
./.	Vorsteuern und gezahlte Einfuhrumsatzsteuer
=	Steuerzahllast oder Erstattungsanspruch

2. Die Verteilungswirkung spezieller Verbrauchsteuern

2.1 Die formale Inzidenz

Spezielle Verbrauchsteuern werden zwar i.d.R. von den Produzenten der belasteten Güter bezahlt. Sie sollen aber nach dem Willen des Gesetzgebers von den Endverbrauchern der besteuerten Güter getragen werden. Das setzt voraus, daß die Verbrauchsteuer im Preis enthalten ist und damit letztlich an die Endverbraucher weitergegeben wird. Es gilt dann allgemein, daß diejenigen Haushalte, die einen überdurchschnittlich hohen Anteil ihres Einkommens für den Erwerb der belasteten Güter ausgeben, auch eine überdurchschnittlich hohe Realeinkommenseinbuße erleiden.

Empirische Untersuchungen für die Bundesrepublik Deutschland weisen darauf hin, daß die Belastung mit speziellen Verbrauchsteuern mit steigendem Einkommen zwar absolut zunimmt; in v.H. des Einkommens ergibt sich jedoch stilisiert ein umgekehrt u-förmiger Verlauf der Belastungsfunktion. Das heißt, daß die speziellen Verbrauchsteuern zunächst einen mit steigendem Einkommen zunehmenden Anteil am Einkommen ausmachen, daß dieser Anteil dann aber ab einer bestimmten Einkommensklasse wieder sinkt.[238]

Wir bringen im folgenden eine Zusammenfassung der Ergebnisse, die Tofaute auf der Basis der EVS-Befragung und einer Reihe weiterer Annahmen errechnet hat.[239] Tofaute zählt dabei sowohl die Kfz- als auch die Versicherungsteuer zu den speziellen Verbrauchsteuern

Abbildung 10.1 zeigt allerdings keinen reinen U-förmigen Verlauf, wie er in vergangenen Studien beobachtet wurde.[240] Vielmehr sinkt die relative Belastung im Übergang von der ersten zur zweiten Einkommensklasse deutlich, um dann im Übergang zur dritten Klasse genauso deutlich wieder zu steigen. Dieser "Knick" kann wie folgt erklärt werden. In den untersten beiden Einkommensklassen ist der Anteil der Ausgaben für Kfz- und Mineralölsteuer sehr gering, weil viele der Haushalte in diesen Klassen nicht über ein Auto verfügen. Im Übergang zur dritten Klasse steigt der Anteil der Haushalte, die ein Kfz. besitzen, sprungartig an. Aufgrund der relativ großen Bedeutung der o.g. beiden Steuern führt dies auch zu einem Anstieg der relativen Belastung der Haushalte mit speziellen Verbrauchsteuern. Betrachtet man hingegen nur die relative Bela-

---

238 Vgl. u.a. Dennerlein, 1982, S. 131 ff. und Wartenberg, 1979a, S. 37 f.

239 Vgl. Tofaute, 1996.

240 In dieser Abbildung werden auf der Abszisse nur die durchschnittlichen Bruttoeinkommen der Einkommensklassen abgetragen. Die Darstellungsform wurde gewählt, um eine bessere Vergleichbarkeit der relativen Belastung der Haushalte zu gewährleisten. Da die Zuteilung der Haushalte auf die Einkommensklassen nach dem Bruttoeinkommen erfolgt, führt diese Darstellung zu keiner verzerrten Darstellung der Klassengrößen in der Graphik, wenn die Belastung in Bezug auf das Nettoeinkommen dargestellt wird.

Tab. 10.1: Belastung der Haushalte mit speziellen ausgewählten Verbrauchsteuern nach Einkommensklassen im Jahr 1988

	Durchschnittliches		Monatliche Belastung mit (in bezug auf das Nettoeinkommen)					Relative Belastung mit speziellen Verbrauchsteuern in	
Nettoeinkommen von .. bis ...unter	Bruttoeinkommen	Nettoeinkommen	Tabaksteuer	Steuern auf Getränke [1)]	Kfz-Steuer	Mineralölsteuer	Summe aller speziellen Verbrauchsteuern	% des Bruttoeinkommens	% des Nettoeinkommens
unter 1.000	886	844	9,62	9,29	2,35	7,10	28,95	3,3	3,4
1.000 - 2.000	1.723	1.534	11,74	11,33	5,28	15,20	44,74	2,6	2,9
2.000 - 3.000	3.016	2.484	16,24	16,52	11,87	35,95	83,04	2,8	3,3
3.000 - 4.000	4.360	3.489	19,45	21,63	16,84	56,31	118,72	2,7	3,4
4.000 - 5.000	5.998	4.470	20,97	25,09	19,31	75,27	144,84	2,4	3,2
5.000 - 6.000	6.948	5.462	19,86	27,72	22,57	84,19	159,15	2,3	2,9
6.000 - 7.000	8.235	6.459	19,37	29,68	24,45	94,76	173,66	2,1	2,7
7.000 - 8.000	9.621	7.464	18,13	30,50	25,19	102,16	181,81	1,9	2,4
8.000 - 10.000	11.365	8.825	18,35	34,78	26,63	112,03	198,07	1,7	2,2
10.000 - 25.000	16.989	12.892	14,88	38,87	26,66	121,94	209.51	1,2	1,6

1) Branntwein-, Bier, Sekt-, Kaffee- und Teesteuer sowie Getränkesteuer (Steuer auf Verzehr von Kaffee, Tee sowie akoholischen Getränken in Gaststätten u.ä. und im Urlaub).

Quelle: Tofaute, H.: Die Belastung der privaten Haushalte mit speziellen Verbrauchsteuern, in: WSI-Mitteilungen, Heft 10, 1996, S. 616-629 sowie eigene Berechnungen.

stung der Haushalte mit den übrigen Verbrauchsteuern, so zeigt sich ein deutlich regressiver Verlauf.

Abb. 10.1: Relative Belastung der Haushalte mit speziellen Verbrauchsteuern nach dem Haushaltseinkommen in 1988.

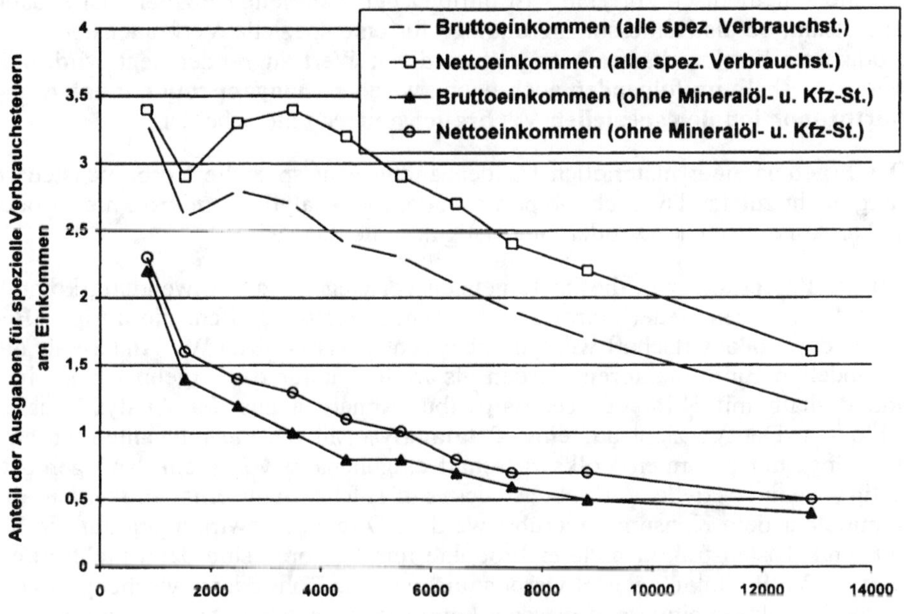

Quelle: Tofaute, H.: Die Belastung der privaten Haushalte mit speziellen Verbrauchsteuern, in: WSI-Mitteilungen, Heft 10, 1996, S. 616-629 sowie eigene Berechnungen.

2.2 Die materielle Inzidenz

2.2.1 Methodische Vorbemerkungen

Ob und in welchem Ausmaß die materielle von der formalen Inzidenz abweicht, hängt bei speziellen Verbrauchsteuern vor allem von folgenden Faktoren ab:

- **Der Marktform**: Wir wollen im folgenden lediglich zwischen den Extremformen der vollständigen Konkurrenz und des Angebotsmonopols unterscheiden.
- Den **Preiselastizitäten von Angebot und Nachfrage** auf den betroffenen Gütermärkten.
- Der **Verwendungsart der Steuereinnahmen** durch den Staat.

Die nachfolgende Analyse berücksichtigt lediglich die beiden zuerst genannten Einflußfaktoren. Wegen fehlender oder doch zumindest unzureichender Informationen über die Wirkungen, die aus der Verausgabung der Staatseinnahmen aus den speziellen Verbrauchsteuern auf die Einkommensverteilung resultieren, ist es kaum möglich, diese in Inzidenzanalysen zu berücksichtigen.

Für die - methodisch korrekte - Ermittlung der materiellen Inzidenz ist sodann bedeutsam, ob als Bemessungsgrundlage für eine spezielle Verbrauchsteuer die produzierte bzw. verkaufte Menge oder deren Wert zugrundegelegt wird. Wir werden deshalb im folgenden auch noch zwischen **mengenproportionalen** und **wertproportionalen speziellen Verbrauchsteuern** unterscheiden.

Das Ergebnis einer materiellen Inzidenzanalyse für spezielle Verbrauchsteuern hängt nicht zuletzt davon ab, ob partial- oder totalanalytisch, mikro-, meso- oder makroökonomisch, kurz- oder langfristig argumentiert wird.

Bei der **Partialanalyse**, die im folgenden vorwiegend zur Anwendung kommt, wird der von der Steuer betroffene Teilmarkt herausgegriffen; die übrigen Bereiche der Volkswirtschaft werden außer acht gelassen. M.a.W.: Andere als die behandelten Einflußfaktoren werden als irrelevant für das Ergebnis betrachtet und deshalb mit Hilfe der ceteris-paribus-Annahme aus der Analyse ausgeschlossen. Der Verzicht auf eine **Totalanalyse**, in die die relevanten Zusammenhänge der gesamten Volkswirtschaft eingehen, ist vor allem dann gerechtfertigt, wenn spezielle Verbrauchsteuern auf solche Güter erhoben werden, die unmittelbar dem Konsum zugeführt werden. Direkte Auswirkungen auf die Input- und Kostenstruktur anderer Produkte und Sektoren sind dann nicht zu erwarten. Wo Produkte belastet werden, die auch als Roh- oder Zwischenprodukte in der Produktion eingesetzt werden, kommt es zu solchen Auswirkungen. Hier muß die Belastung erst in einem komplizierten Rechenverfahren und mit Kenntnis der intersektoralen Input-Output-Beziehungen den Endverbrauchern zugerechnet werden.

Als zweckmäßig hat sich sodann erwiesen, bei der Ermittlung der materiellen Inzidenz **mikro- sowie mesoökonomisch** zu argumentieren, d.h. die Verteilungswirkungen am Beispiel eines einzelnen Unternehmens sowie aller Anbieter und Nachfrager auf einem einzelnen Markt aufzuzeigen. Dies erlaubt es, auf die spezifischen Wirkungen abzustellen, die sich auf dem besteuerten Markt und auf die dort agierenden Anbieter und Nachfrager ergeben. Soweit Auswirkungen auf Drittmärkte entstehen, weil dort Substitute oder Komplementärgüter produziert werden, muß dann allerdings in einer ergänzenden Analyse versucht werden, diese Wirkungen ebenfalls zu erfassen.

Schließlich ist eine Entscheidung darüber zu treffen, ob die Analyse auf die kurzfristigen oder die langfristigen Wirkungen abstellen soll. In **kurzfristigen Analysen** wird zumeist von einer gegebenen Betriebsgröße der Anbieter ausgegangen. Variationen des Angebots sind dann nur durch eine unterschiedlich intensive Nutzung der vorhandenen Produktionskapazitäten möglich. In der Literatur dominiert diese Art der Analyse. Auch wir werden uns in der folgenden

Inzidenzanalyse vornehmlich auf sie beziehen. Auf mittlere und lange Sicht werden Angebotsanpassungen vor allem über eine Veränderung der Betriebsgröße vorgenommen. Dadurch können sich bezüglich der Steuerlastverteilung langfristig ganz andere Resultate als auf kurze Sicht ergeben. Es ist deshalb erforderlich, auch diesem Aspekt mit der Durchführung einer **Analyse der langfristigen Inzidenz** Rechnung zu tragen. Dies geschieht in Abschnitt 2.2.7.

2.2.2 Die kurzfristige Inzidenz einer mengenproportionalen speziellen Verbrauchsteuer auf Produkte eines Konkurrenzmarktes

Prämissen der Analyse

Die nachfolgende Analyse basiert auf folgenden **Annahmen**:

- Es handelt sich um einen Markt, auf dem **vollständige Konkurrenz** besteht. Das heißt, daß keiner der einzelnen Anbieter oder Nachfrager in der Lage ist, für sich alleine durch Erhöhung oder Verringerung der angebotenen bzw. nachgefragten Menge einen Einfluß auf die Höhe des Preises auszuüben, der sich am Markt bildet.
- Die Anbieter verhalten sich als kurzfristige **Gewinnmaximierer,** die Nachfrager suchen ihren **Nutzen** zu **maximieren**.
- Die Bemessungsgrundlage der neu eingeführten speziellen Verbrauchsteuer ist die Menge der verkauften bzw. gekauften Einheiten des Gutes, der Steuersatz beträgt t DM/Gutseinheit.
- Die Angebots- und die Nachfragefunktion verlaufen "normal".

Durchführung der Überwälzungsanalyse

Führt der Staat eine mengenproportionale Verbrauchsteuer auf ein bestimmtes Gut ein und erhebt diese bei den Produzenten des betreffenden Gutes, so ist davon auszugehen, daß der einzelne steuerpflichtige Produzent versuchen wird, die Steuer über den Preis an die Abnehmer weiterzugeben. Nun ist gemäß unseren Annahmen ein Anbieter unter vielen nicht in der Lage, im Alleingang den Preis für sein Gut zu erhöhen. Da sich aber die Grenzkostenfunktion, die zugleich die individuelle Angebotsfunktion darstellt, um den Stücksteuerbetrag t nach oben verschiebt, wird er als Gewinnmaximierer seine am Markt angebotene Menge so lange variieren, bis die Kosten der letzten erstellten Einheit des Gutes gleich dem Preis sind.

Dieser Zusammenhang wird in Abbildung 10.2a verdeutlicht. Die Ausbringungsmenge des Anbieters U mit der individuellen Angebotsfunktion A^u_0 betrug in der Ausgangssituation, dic durch einen Marktpreis von P_0 charakterisiert ist, X_0. Durch die Einführung der mengenproportionalen Steuer in Höhe von t DM verschiebt sich die Angebotsfunktion A^u_0 **parallel** um t nach oben. Bei **unverändertem** Marktpreis P_0 und der nun geltenden Angebotsfunktion A^u_t ergibt sich als gewinnmaximierende Ausbringung des Anbieters U die Menge $X_{0,t}$.

Abb. 10.2: Wirkungen einer mengenproportionalen Produktsteuer auf einem Markt mit vollständiger Konkurrenz

10.2a: Einzelwirtschaftliche Gleichgewichtsänderung **10.2b: Marktgleichgewichtsänderung**

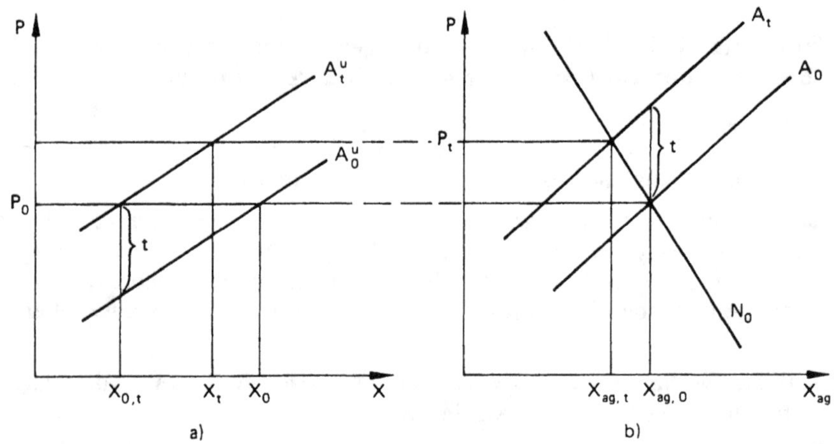

Nun müssen aber auch alle Mitkonkurrenten auf dem betroffenen Gütermarkt die spezielle Verbrauchsteuer entrichten. Wenn auch sie ihre Ausbringungsmenge reduzieren, kommt es am Markt bei dem Preis P_o zu einer Unterversorgung. Diese schafft einen Preiserhöhungsspielraum, der erst dann ausgeschöpft ist, wenn $A_t = N_o$. Dies ist in Abbildung 10.2b im Schnittpunkt von Marktangebots- (A_t) und Marktnachfragefunktion (N_o) bei $X_{ag,\,t}$ und P_t der Fall. Bei diesem höheren Preis steigt auch die vom Anbieter U bei Gewinnmaximierung am Markt abgesetzte Menge auf X_t (vgl. Abbildung 10.2a).

Wir können also zusammenfassen: Durch die Einführung einer mengenproportionalen Verbrauchsteuer auf dem Markt für das Gut X kommt es nach Ablauf von Anpassungsprozessen zu einem neuen Gleichgewicht. Dieses ist unter der Annahme "normal" verlaufender Angebots- und Nachfragefunktionen durch einen höheren Preis und eine niedrigere Menge als in der Situation vor Steuern gekennzeichnet.

Koeffizienten der Steuerüberwälzung

Uns interessiert nun vor allem, wie sich die Steuerlast auf die Anbieter und Nachfrager verteilt. Diese Frage werden wir dadurch zu beantworten versuchen, daß wir den Anteil an der Steuer ermitteln, der bei gegebenen Preis- und Mengenänderungen auf einem Markt bei den Anbietern verbleibt. Je kleiner dieser Anteil ist, umso mehr wird auf die Nachfrager überwälzt, und umso mehr entsprechen sich formale und materielle Inzidenz.

In der Literatur findet man hierzu zwei Verfahren. **Im ersten Verfahren** ist der Steuerüberwälzungskoeffizient durch den Quotienten aus steuerbedingtem Preisanstieg und Stücksteuerbetrag (*p/t*) definiert. Er wird im folgenden deshalb auch als **Preiskoeffizient der Steuerüberwälzung** bezeichnet. **Im zweiten Verfahren** wird der Steuerüberwälzungskoeffizient als Quotient aus der Differenz zwischen Steuerzahlung und Gewinnrückgang bei den Anbietern und dem abzuführenden Steuerbetrag ermittelt. Wir wollen ihn **Einkommenskoeffizient der Steuerüberwälzung** nennen. Wie im folgenden gezeigt wird, ist das zweite Verfahren das korrekte. Wenn es uns aber gelingt nachzuweisen, daß der nach dem ersten Verfahren ermittelte Überwälzungskoeffizient (in etwa) denselben Wert wie der Einkommenskoeffizient besitzt und der Preiskoeffizient zugleich empirisch leichter erfaßbar ist, kann auch der Koeffizient der relativen Preisänderung als Ausdruck der Inzidenz einer speziellen Verbrauchsteuer verwendet werden.

In Abbildung 10.3 wird das Marktgleichgewicht vor der Steuererhebung durch den Preis P_o und die Menge X_o gekennzeichnet. Durch die Einführung einer mengenproportionalen Steuer verschiebt sich das Marktgleichgewicht; es ist durch den Bruttopreis P_t und die verkaufte Menge X_t bestimmt. P_n kennzeichnet den Nettopreis.

Abb. 10.3: Steuerlastverteilung bei einer mengenproportionalen Produktsteuer auf einem Markt mit vollständiger Konkurrenz

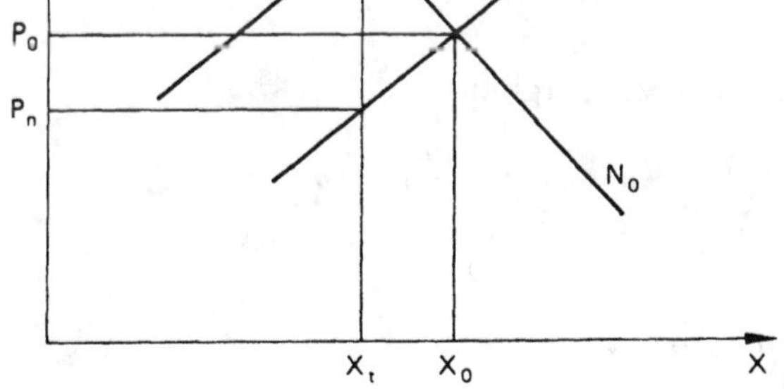

Der **Preiskoeffizient der Steuerüberwälzung** ist definiert als

(10.1) $$\alpha = \frac{P_t - P_0}{t}$$

Ist $\alpha = 1$, so wurde die Steuer voll im Preis weitergegeben. Nichtüberwälzung liegt dagegen vor, wenn $\alpha = 0$ ist.

Der **Einkommenskoeffizient der Steuerüberwälzung** ist definiert als

(10.2) $$\beta = \frac{T + \Delta G}{T} = 1 + \frac{\Delta G}{T}$$

wobei ΔG für den Betrag der Gewinnänderung und T für den Gesamtbetrag der abzuführenden Steuer steht. Für $\beta = 1$ gilt wieder, daß die Steuer voll an den Abnehmer weitergegeben wurde. Eine Überwälzung hat demgegenüber nicht stattgefunden, wenn $-\Delta G$ gleich T ist. β ist dann gleich Null. Wir können nun für ΔG auch schreiben

(10.3) $$\Delta G = \Delta E - \Delta K$$

wobei Δ E die Erlösänderung und Δ K den Betrag der Kostenänderung angibt.

ΔE ist wie folgt bestimmt:

(10.4) $$\Delta E = P_n \cdot X_t - P_0 \cdot X_0 \qquad \text{(negativ)}$$

Für ΔK kann auch geschrieben werden:

(10.5) $$\Delta K = \frac{P_0 + P_n}{2} (X_t - X_0) \qquad \text{(negativ)}$$

Nehmen wir nun an, daß P_0 ungefähr so groß wie P_n ist, so können wir $(P_0 + P_n)/2$ näherungsweise P_0 setzen. Es gilt also auch:

(10.6) $$\Delta K \approx P_0 \, (X_t - X_0)$$

10.4 und 10.6 in 10.3 eingesetzt, ergibt:

(10.7) $$\Delta G \approx P_n X_t - P_0 X_0 - P_0 \, (X_t - X_0)$$

oder

(10.8) $$\Delta G \approx (P_0 - P_n) X_t$$

Indem wir schließlich (10.8) in (10.2) substituierenn berücksichtigen, daß $T = t X_t$ ist; und den Ausdruck umformen, erhält man folgenden Ausdruck, der den Zusammenhang zwischen α und β deutlich macht:

(10.2a) $$\beta \approx 1 + \frac{(P_n - P_0) X_t}{t X_t}$$

Da $t + P_n = P_t$, können wir auch schreiben:

(10.2b) $$\beta \approx \frac{(P_t - P_0)}{t}$$

Damit scheint es vertretbar, für die Kennzeichnung der kurzfristigen Inzidenz anstelle des Einkommenskoeffizienten den Preiskoeffizienten der Steuerüberwälzung zu wählen. Die Überwälzung wird jedoch etwas zu hoch ausgewiesen, wobei die Abweichung umso niedriger ausfällt, je flacher die Angebotskurve verläuft.

Steigungselastizität von Angebot und Nachfrage als Bestimmungsfaktoren für den Steuerüberwälzungsgrad

Im folgenden stellt sich die Frage nach den Bestimmungsfaktoren des Grades der Steuerüberwälzung. Wir halten die folgenden für bedeutsam:

- Die Steigungen der Angebots- und der Nachfragefunktion. Auf ihre Bedeutung wird im folgenden näher eingegangen.
- Das Verhalten, das die Unternehmen bei Einführung einer speziellen Verbrauchsteuer zeigen. Wir hatten bisher kurzfristige Gewinnmaximierung als unternehmerische Zielsetzung unterstellt. Verfolgen die Unternehmen hingegen eine andere Zielsetzung, wie z.B. die Erwirtschaftung einer Normalrendite, stellen sich andere Ergebnisse als die bisher gezeigten als Folge der Einführung einer speziellen Verbrauchsteuer ein. Hierauf wird allerdings erst später eingegangen.

Um den Einfluß der Steigung der Angebotsfunktion auf den Grad der Überwälzung zu erfassen, unterstellen wir zunächst einen normalen Verlauf der Nachfragefunktion (N_o), also eine stetig von links oben nach rechts unten fallende Funktion. Auf der Angebotsseite wird hingegen zum einen eine relativ elastische (A_o bzw. $A_{o,t}$), zum anderen eine weitgehend starre Angebotsfunktion (A_l bzw. $A_{l,t}$) angenommen.

Für die Ausgangssituation vor Steuern ergibt sich sowohl bei Geltung der Angebotsfunktion A_o als auch der Funktion A_l ein Marktgleichgewicht bei der Menge X_o und dem Preis P_o. Wird nun eine Mengensteuer in Höhe von t DM eingeführt, verschieben sich die beiden Angebotsfunktionen um t nach $A_{o,t}$ und $A_{l,t}$. Es ergeben sich dadurch alternativ neue Marktgleichgewichtssituationen bei $P_{o,t}$; $X_{o,t}$ bzw. $P_{l,t}$; $X_{l,t}$. Da $P_{o,t} > P_{l,t}$, ist auch der Überwälzungskoeffizient $\beta_o > \beta_l$. Es gilt also, daß die Überwälzung unter der Annahme eines normalen Verlaufs der Nachfragefunktion bei relativ elastischer Angebotsfunktion größer als bei relativ starrer Angebotsfunktion ist.

Abb. 10.4: Wirkungen einer mengenproportionalen Produktsteuer bei unterschiedlichen Angebotselastizitäten auf einem Markt mit vollständiger Konkurrenz

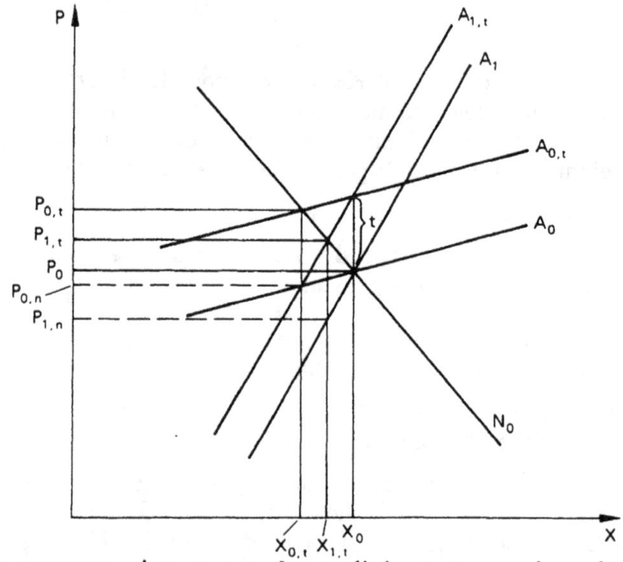

Gehen wir nun von einer **normal** von links unten nach rechts oben **verlaufenden Angebotsfunktion** (A_o) aus und variieren die Steigung der Nachfrage, so lassen sich folgende Ergebnisse feststellen: Haben wir es mit einer relativ **elastischen** Nachfragefunktion (N_o) zu tun, besteht bei Einführung einer Mengensteuer ein nur geringer Preiserhöhungsspielraum, der zudem mit einem hohen Mengenrückgang verbunden ist. Dies wird durch Abbildung 10.5 verdeutlicht, in der die neue Gleichgewichtssituation durch $P_{o,t}$; $X_{o,t}$ als Schnittpunkt der um t DM nach oben verschobenen Angebotsfunktion A_t mit der Nachfragefunktion N_o gekennzeichnet ist. Es wird erkennbar, daß ein nur geringer Teil der Steuer überwälzt wird und die abgesetzte Menge merklich zurückgeht.

Wird hingegen das Nachfrageverhalten durch die relativ unelastische Nachfragefunktion N_I wiedergegeben, ergibt sich das neue Gleichgewicht bei $P_{I,t}$ und $X_{I,t}$. Verglichen mit der Situation vor Steuer wird ein erheblicher Teil der Steuer im Preis weitergegeben; gleichzeitig ist der Mengenrückgang relativ gering. Da $P_{I,t} > P_{o,t}$, gilt auch, daß $\beta_I > \beta_o$.

Wir können damit zusammenfassen: Je starrer das Angebot oder je elastischer die Nachfrage sind, umso geringer sind auch die Überwälzungsmöglichkeiten und umso höher ist die Gewinneinbuße bei den Anbietern. Der Überwälzungsspielraum wird demgegenüber umso größer, je elastischer das Angebot bzw. je starrer die Nachfrage ist. Die Überwälzung gelingt vollständig, wenn die Nachfrage völlig preisunelastisch bzw. das Angebot völlig preiselastisch ist. In diesem Fall sind formale und materielle Inzidenz identisch.

Abb. 10.5: Wirkungen einer mengenproportionalen Produktsteuer bei unterschiedlichen Nachfrageelastizitäten auf einem Markt mit vollständiger Konkurrenz

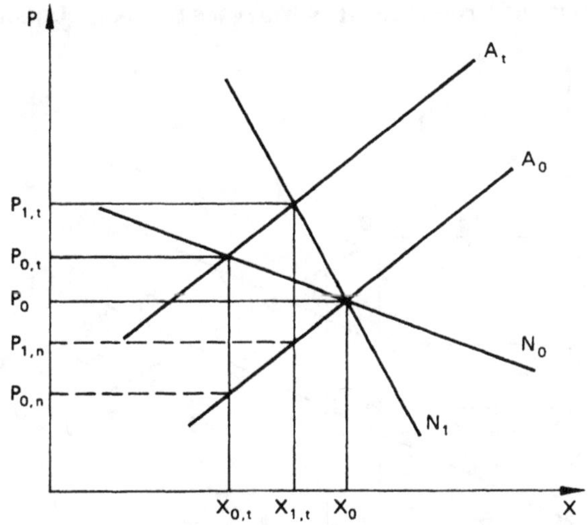

2.2.3 Die kurzfristige Inzidenz einer mengenproportionalen speziellen Verbrauchsteuer auf einem Markt mit Angebotsmonopol

Gegenüber den Annahmen der bisherigen Analyse unterscheidet sich die jetzige Situation dadurch, daß nun das Gut von einem einzigen Anbieter auf den Markt gebracht wird, der sich allerdings ebenfalls gewinnmaximierend verhält.

In Abbildung 10.6 wird die Gleichgewichtssituation vor Steuern durch den Punkt C_m mit P_m; X_m gekennzeichnet. Hier erzielt der Monopolist den maximalen Gewinn. Wird nun eine mengenproportionale Verbrauchsteuer eingeführt, so verschiebt sich die Grenzkostenfunktion um den Stücksteuerbetrag von t DM nach oben. Neuer Gleichgewichtspunkt ist C_t. Durch den Versuch der Vorwälzung der Steuer ist die abgesetzte Menge auf X_t gesunken und der Preis auf P_t gestiegen.

Bemerkenswert ist, daß der Preisanstieg bei dem hier unterstellten Verhalten im Normalfall[241] stets kleiner als die Hälfte des Stücksteuerbetrages ist $(P_t - P_m < t/2)$. Die Käufer tragen immer weniger als die Hälfte der Steuerlast. Das Ausmaß der Überwälzung ist unter sonst gleichen Umständen also stets geringer als auf einem Markt mit vollständiger Konkurrenz. Zu erklären ist dies dadurch, daß sich der Monopolist bei der Mengenfixierung an den Grenzerlösen

241 Der Normalfall ist durch lineare Verläufe der Angebots- und Nachfragefunktion im relevanten Bereich gekennzeichnet. Die hier dargelegten Ergebnisse ändern sich, wenn man etwa eine isoelastische Nachfrage unterstellt.

orientiert. Diese steigen aber doppelt so schnell an wie die dazugehörigen Preise auf der Preis-Absatz-Funktion.

Abb. 10.6: Wirkungen einer mengenproportionalen speziellen Verbrauchsteuer auf Produkte eines Marktes mit Angebotsmonopol

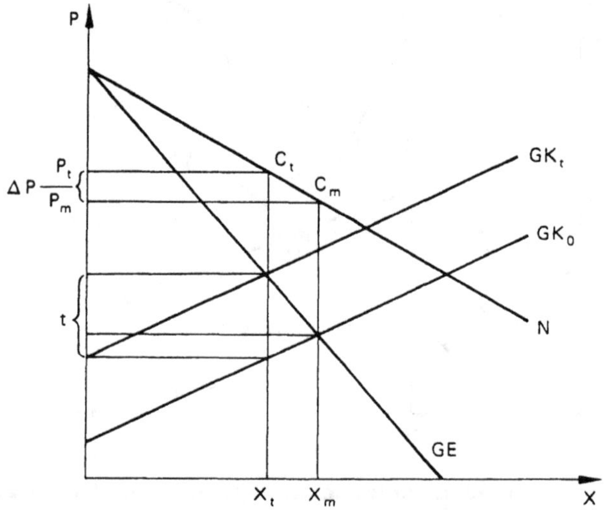

2.2.4 Die kurzfristige Inzidenz einer wertproportionalen speziellen Verbrauchsteuer auf Produkte eines Konkurrenzmarktes

Eine **wertproportionale Verbrauchsteuer** löst bei den Steuerpflichtigen eine Steuerzahlpflicht aus, deren Höhe sich proportional zum Wert des am Markt abgesetzten Gutes verhält. Die pro Stück zu entrichtende Steuer steigt damit proportional zu dem Stückpreis des Gutes an. Dies hat, unter der Annahme, daß die Anbieter die Steuer als Kostenbestandteil betrachten, zur Folge, daß in der Wirkungsanalyse nicht von einer Parallelverschiebung, sondern von einer scherenförmigen Drehung der Angebotsfunktion (= Grenzkostenfunktion GK_o) gegen den Uhrzeigersinn auszugehen ist. Die neue Angebotsfunktion (GK_t) weicht von der alten umso mehr nach oben ab, je größer der Ordinatenwert ist. Der Abstand steht für die pro Stück zu entrichtende Steuer bei unterschiedlichen Grenzkosten und hat den Wert

(10.9) $$t = \delta_l GK_0 \ ,$$

wobei δ_l für den Steuersatz steht.

Der jeweilige Preis ergibt sich unter Berücksichtigung dieser Steuer als

(10.10) $$P = (1 + \delta_l)\, GK_0 \ .$$

Abb. 10.7: Wirkungen einer wertproportionalen Produktsteuer auf einem Markt mit vollständiger Konkurrenz

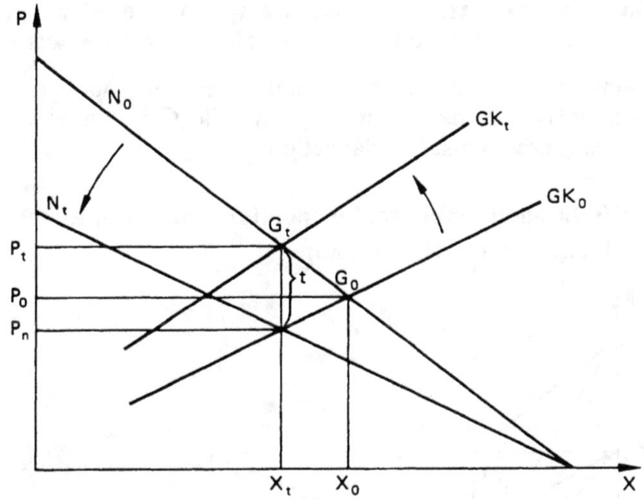

Ist in Abbildung 10.7 die Gleichgewichtssituation vor Einführung einer Steuer durch G_o mit der Menge X_o und dem Preis P_o gekennzeichnet, so kommt es nach Steuereinführung zu einem Rückgang der Menge auf X_t und einem Preisanstieg auf P_t.

Man gelangt zu demselben Ergebnis, wenn der pro Stück zu entrichtende Steuerbetrag vom Bruttopreis abgezogen wird, den die Nachfrager bei alternativen Mengen zu zahlen bereit sind. Bei dieser Betrachtungsweise gelangt man zu der für das Unternehmen relevanten Nettonachfragefunktion N_t, indem die Bruttonachfragefunktion N_o in ihrem Schnittpunkt mit der Mengenachse gegen den Uhrzeigersinn nach links unten gedreht wird. Der Abstand zwischen beiden Funktionen steht für den bei dem jeweiligen Preis geltenden Steuerbetrag und hat den Wert

(10.11) $$t = \delta_2 \; GK_0 \, ,$$

wobei:

(10.12) $$\delta_2 = \frac{\delta_1}{1 + \delta_1} \, .$$

Abgesehen von der Besonderheit, daß sich die jeweilige Funktion dreht und nicht parallel verschiebt, können die Inzidenzaussagen für eine mengenproportionale Verbrauchsteuer unverändert übernommen werden. Es erübrigt sich damit, die Inzidenz wertproportionaler Verbrauchsteuern im Detail zu analysieren.

2.2.5 Die kurzfristige Inzidenz einer wertproportionalen speziellen Verbrauchsteuer auf Produkte eines Marktes mit Angebotsmonopol

Bei gewinnmaximierendem Verhalten und einem monopolistischen Angebot soll in Abbildung 10.8 Punkt C_m mit P_m; X_m die Gleichgewichtssituation vor Einführung einer Verbrauchsteuer darstellen.

Abb. 10.8: Wirkungen einer wertproportionalen Produktsteuer auf einem Markt mit Angebotsmonopol

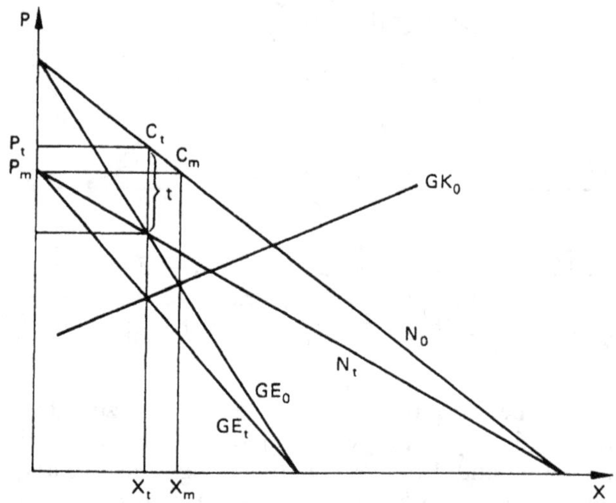

Wird nun eine wertproportionale spezielle Verbrauchsteuer auf das Gut X erhoben, so muß der Anbieter den Anteil δ_2 des Stückerlöses an den Staat abführen. Der Resterlös verbleibt beim Unternehmen. Dieser Nettostückerlös wird in Abbildung 10.8 durch die Nettonachfragefunktion N_t wiedergegeben und ist für die Ermittlung der gewinnmaximalen Ausbringungsmenge relevant. Der Monopolist wird die Menge X_t zum Preis P_t anbieten, denn für diese Menge entspricht der aus der Nettonachfragefunktion abgeleitete Grenzerlös GE_t den Grenzkosten GK_o.

Wie bereits in Abschnitt 2.2.3 für eine mengenproportionale Verbrauchsteuer festgestellt wurde, gilt auch hier, daß der Preisanstieg stets kleiner als die Hälfte der neu eingeführten Stücksteuerbelastung ist. Es gilt: $P_t - P_m < t/2$. Damit trägt der Monopolist einen größeren Teil der Steuerlast als die Nachfrager. Wie groß dieser Teil im Einzelfall ist, hängt wiederum von den Elastizitäten von Angebot und Nachfrage ab.

2.2.6 Kurzfristige Inzidenzwirkungen über nichtbesteuerte Drittmärkte

Außer durch die bisher dargestellten, unmittelbar über die besteuerten Güter laufenden Verteilungswirkungen können die relativen Einkommenspositionen von Wirtschaftssubjekten auch noch durch Preis- und Mengenveränderungen auf Drittmärkten beeinflußt werden. Um diese Wirkungen erfassen zu können, müssen wir den partialanalytischen Ansatz verlassen. Folgende Effekte werden unterschieden:

Der Substitutionseffekt

Es kommt als Folge einer Besteuerung des Gutes X zu einer erhöhten Nachfrage nach dem Gut Y, das von den Verbrauchern als Substitut für das Gut X betrachtet wird. Diese Wirkung kann graphisch durch eine Verschiebung der Nachfragefunktion für das Gut Y nach rechts verdeutlicht werden.

Abb. 10.9: Wirkungen einer mengenproportionalen Produktsteuer auf nichtbesteuerten Drittmärkten

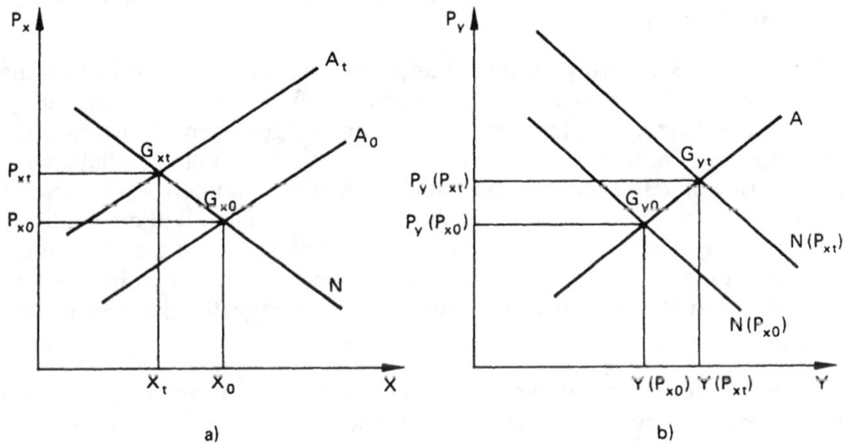

In den Abbildung 10.9a und 10.9b sollen Gx_o und Gy_o die Gleichgewichtssituationen auf den Märkten für die Güter X und Y darstellen, wie sie **vor** Einführung einer Steuer bestehen. Wenn es nun als Folge der Einführung einer speziellen Verbrauchsteuer auf das Gut X und der Weitergabe eines Teils der Steuer zu einem Preisanstieg für dieses Gut kommt, werden viele Nachfrager auf das Substitut Y ausweichen. Dies äußert sich einmal bei Gut X in einem relativ starken Mengenrückgang und bei Gut Y in einer Verschiebung der Nachfragefunktion nach rechts. Die neuen Gleichgewichtspunkte sind jetzt Gx_t und Gy_t. Verglichen mit der Situation vor Steuer ist das Einkommen der Anbieter von Gut X gesunken und das der Anbieter des Gutes Y gestiegen. Zugleich erleiden die Käufer von Gut X eine reale Einkommenseinbuße.

Der Einkommenseffekt

Es kommt bei unelastischer Nachfrage nach dem besteuerten Gut zu einer Verlagerung der Ausgaben hin zu dem besteuerten Gut und weg von anderen Verwendungsarten. Man sagt in diesem Fall auch, daß der **Einkommenseffekt** dominiert. Er führt zum einen zu sinkenden Nominaleinkommen bei den Anbietern auf Drittmärkten, zum anderen zu mehr oder minder starken Realeinkommensgewinnen bei den Nachfragern nach solchen Drittgütern, deren Preise als Folge des mengenmäßigen Nachfragerückgangs gesunken sind.[242]

Der Komplementärgütereffekt

Die Erhebung einer speziellen Verbrauchsteuer kann schließlich Verteilungswirkungen über eine Verringerung der Nachfrage nach Komplementärgütern auslösen. Diese sind umso größer, je stärker die Nachfrage nach dem besteuerten Gut zurückgeht. Entsprechend werden auch die Gewinne der Anbieter von Komplementärgütern sinken. Bezüglich der Inzidenzanalyse kann auf die bisherigen Ausführungen verwiesen werden.

2.2.7 Kurzfristige versus langfristige materielle Inzidenz spezieller Verbrauchsteuern

Die bisherigen, kurzfristig ausgerichteten theoretischen Überlegungen haben gezeigt, wie schwierig es ist, zu einigermaßen fundierten Aussagen über die materielle Inzidenz spezieller Verbrauchsteuern zu gelangen. Dennoch scheinen sie die generelle Gültigkeit der in empirischen Untersuchungen enthaltenen These zu widerlegen, daß spezielle Verbrauchsteuern nur von den Verbrauchern der Güter getragen werden, in deren Preise die Steuern einkalkuliert sind. Es hat sich vielmehr gezeigt, daß auch die Anbieter der besteuerten Güter - zumindest kurzfristig - einen Teil der Steuerlast tragen. Deren Höhe ist insbesondere von den Preiselastizitäten des Angebots und der Nachfrage für das besteuerte Gut abhängig.

Auf einem **Konkurrenzmarkt** sind zunächst die Grenzanbieter die Hauptbetroffenen. Sie können die ihnen verbliebene Last aus speziellen Verbrauchsteuern nicht mehr aus den Erlösen finanzieren und werden deshalb aus dem Markt ausscheiden. Aber auch die am Markt verbleibenden Anbieter werden belastet. Sie müssen sich i.d.R. mit einem niedrigeren Nettoerlös und eventuell auch einer geringeren Absatzmenge zufriedengeben. Wird das besteuerte Gut durch einen **Monopolisten** angeboten, so wird dieser ebenfalls seine Ausbringungsmenge senken und sich unter Umständen mit erheblichen Gewinneinbußen abfinden müssen. Die Ergebnisse sind also in der Tendenz mit denen bei vollständiger Konkurrenz vergleichbar.

---

242 Eine Ermittlung der Inzidenz, die über diese Drittmärkte eintritt, ist wegen der Vielzahl der betroffenen Märkte nicht möglich.

Verläßt man die kurzfristige Analyse und fragt nach den **längerfristig eintretenden Wirkungen** der Erhebung spezieller Verbrauchsteuern, so kommt man zu neuen Ergebnissen.

Zum einen ist davon auszugehen, daß bei rationalem Anbieterverhalten nur **die** Anbieter von der Steuerlast betroffen werden, die auch schon zum Zeitpunkt der Steuererhöhung oder -einführung auf dem betreffenden Markt tätig waren. **Newcomer**, Anbieter also, die erst nach Einführung der speziellen Verbrauchsteuer in den betreffenden Markt eingetreten sind, werden die steuerliche Belastung in ihre Markteintrittsüberlegungen einbezogen und sich nur dann für diesen Markt entschieden haben, wenn die Ertragserwartungen hier zumindest nicht schlechter als auf anderen Märkten sind.

Sodann ist zu bedenken, daß die **Altanbieter** der Ertragsverschlechterung auf ihrem Markt nicht tatenlos zusehen dürften. Sie werden durch ihre mittelfristigen Investitions- und Produktsortimentsentscheidungen ihr Engagement in dem steuerlich belasteten Markt solange reduzieren, bis die hier bestehenden Gewinnchancen denjenigen auf anderen Märkten entsprechen. Ausreichende Flexibilität unterstellt, werden also auch die Altanbieter die ihnen zunächst verbliebene Steuerlast durch Verlagerungen ihrer Marktaktivitäten in andere Bereiche abbauen.[243]

Aus den beiden genannten Besonderheiten folgt eine u.E. **weitreichende Konsequenz:** Je weiter die Einführung oder Erhöhung einer speziellen Verbrauchsteuer zurückliegt, umso geringer wird in der Regel der Anteil an der Gesamtsteuerlast sein, der von den Anbietern auf dem besteuerten Markt zu tragen ist. Dies bedeutet aber, daß mit zunehmendem zeitlichen Abstand zur Steuererhöhung die in empirischen Verteilungsuntersuchungen zumeist getroffene Annahme, spezielle Verbrauchsteuern würden ganz von den Verbrauchern getragen, ein hohes Maß an Plausibilität erlangt.

2.2.8 Empirische Untersuchungen zur Inzidenz spezieller Verbrauchsteuern

Für die Bundesrepublik Deutschland wurde die Lastverteilung aus speziellen Verbrauchsteuern zum ersten Mal von Zeitel zu ermitteln versucht.[244] Die unseres Wissens neueste Untersuchung stammt von Tofaute.[245] Beide Untersuchungen unterstellen - wie die meisten anderen Analysen auch -, daß die speziellen Verbrauchsteuern in vollem Umfang an die Haushalte weitergegeben werden, die die direkt oder indirekt belasteten Endverbrauchsgüter kaufen. Damit deckt sich die in empirischen Analysen errechnete materielle Inzidenz mit der in Ab-

---

243 In der Realität treten Unternehmen oft nur sehr zögernd in produktfremde Märkte ein, z.B. weil das nötige Know-how fehlt. Dadurch wird ein Abbau der Steuerlast zeitlich hinausgeschoben.

244 Vgl. Zeitel, 1959.

245 Vgl. Tofaute, 1996.

schnitt 2.1 behandelten formalen Inzidenz. Wenn aber in materiellen Inzidenzanalysen die materielle Inzidenz mit der formalen gleichgesetzt wird, können auch die empirischen Resultate nicht voneinander abweichen.

3. Die Verteilungswirkungen einer allgemeinen Verbrauchsteuer

3.1 Die formale Inzidenz

Allgemeine Verbrauchsteuern sollen die konsumtive Verwendung des Einkommens erfassen und damit letztlich den Endverbraucher belasten. Dies gilt auch für die in der Bundesrepublik Deutschland angewandte Nettoallphasenumsatzsteuer vom Konsumtyp.

Würde jeder Konsumakt einheitlich mit dem Regelsteuersatz von 16 % belastet, so ergäbe sich eine regressive Wirkung der Umsatzsteuer: Weil die Einkommensbezieher mit steigendem Einkommen einen immer kleineren Teil desselben für Konsumzwecke ausgeben, müßte die in den Kaufpreisen enthaltene Umsatzsteuer einen immer kleineren Prozentsatz des Einkommens ausmachen.

Die Umsatzsteuer in der Bundesrepublik Deutschland kennt nun allerdings eine Reihe von Ausnahmen vom Regelsteuersatz, auf die bei der Darstellung der steuertechnischen Ausgestaltung bereits eingegangen wurde. Diese führen für sich genommen dazu, daß die Bezieher niedriger Einkommen, die einen größeren Anteil ihrer Konsumausgaben für mit dem halben Steuersatz belastete oder für nichtbesteuerte Güter aufwenden, eine geringere prozentuale Belastung ihres Konsums durch die Umsatzsteuer tragen müssen als die Bezieher höherer Einkommen. Dieser Zusammenhang wird durch empirische Untersuchungen auch bestätigt.[246]

Insgesamt wird aber die progressive Wirkung von Steuerermäßigungen und Befreiungen über breite Einkommensbereiche hinweg dadurch überkompensiert, daß die nichtkonsumtive Verwendung des Einkommens steuerfrei bleibt. Da mit steigendem verfügbaren Einkommen die Sparquote deutlich zunimmt, werden hohe Einkommen prozentual weniger als niedrige belastet. Insgesamt hat die Umsatzsteuer einen regressiven Effekt auf die Einkommensverteilung.[247]

Die nachfolgende Tabelle 10.2 sowie die daraus abgeleitete Abbildung 10.10 geben die wesentlichen Ergebnisse einer Studie zu den Verteilungswirkungen der Mehrwertsteuer in Westdeutschland in 1988 wieder. Es zeigt sich, daß die relative Belastung mit dieser Steuer in Bezug auf das Nettoeinkommen einen u-förmigen, in Bezug auf das Bruttoeinkommen einen monoton fallenden Verlauf aufweist. Auch diese Studie belegt somit den regressiven Charakter einer allgemeinen Verbrauchsteuer.

---

[246] Vgl. z.B. Kitterer, 1981, S. 152 f.

[247] Vgl. Dennerlein, 1982, S. 112 ff.; Huppertz/Wartenberg, 1978, S. 399 und Tofaute, 1994.

Tab. 10.2: Belastung der Haushalte durch die Umsatzsteuer nach Einkommensklassen im Jahr 1988

Nettoeinkommen von ... bis ... unter	Anteil der Konsumausgaben am Nettoeinkommen in %	Durchschnittliches		Ausgaben für die allgemeine Verbrauchsteuer in DM	Relative Belastung mit der allgemeinen Verbrauchsteuer	
		Bruttoeinkommen in DM	Nettoeinkommen in DM		in % des Bruttoeinkommens	in % des Nettoeinkommens
unter 1.000	97,3	886	844	58	6,5	6,8
1.000 - 2.000	90,6	1.723	1.534	106	6,2	6,9
2.000 - 3.000	85,2	3.016	2.484	182	6,0	7,3
3.000 - 4.000	80,8	4.360	3.489	240	5,5	6,9
4.000 - 5.000	75,8	5.998	4.470	298	5,0	6,7
5.000 - 6.000	72,0	6.948	5.462	355	5,1	6,5
6.000 - 7.000	68,5	8.235	6.459	403	4,9	6,2
7.000 - 8.000	65,4	9.621	7.464	451	4,7	6,0
8.000 - 10.000	62,0	11.365	8.825	510	4,5	5,8
10.000 - 25.000	51,7	16.989	12.892	630	3,7	4,9

Quelle: Tofaute, H.: Verteilungswirkungen der Mehrwertsteuer auf private Haushaltseinkommen, in: WSI-Mittelungen, Heft 10, 1994, S. 644-653.

Abb. 10.10: Relative Belastung der Haushalte durch die Umsatzsteuer im Jahr 1988

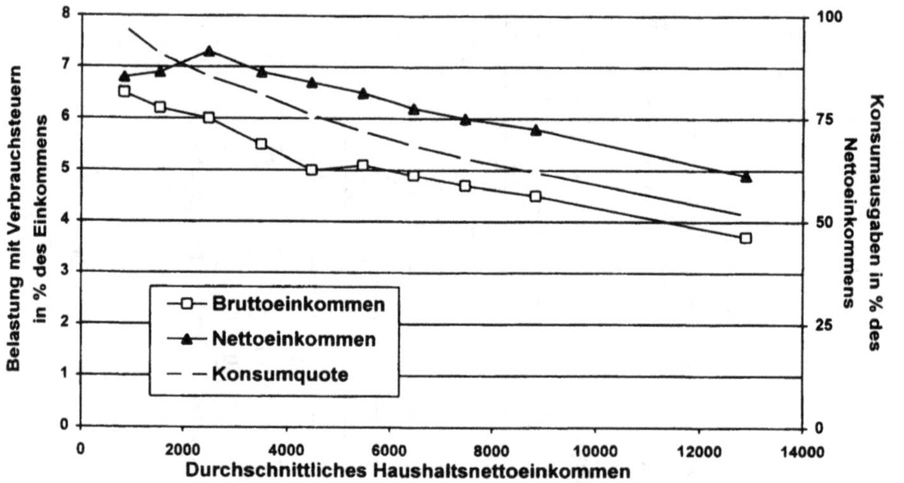

Quelle: Tofaute, H.: Verteilungswirkungen der Mehrwertsteuer auf private Haushaltseinkommen, in: WSI-Mitteilungen, Heft 10, 1994, S. 644-653 und eigene Berechnungen.

In der Literatur wird darauf hingewiesen, daß der soeben beschriebene Effekt unter Umständen noch unterschätzt wird. Der Grund dafür ist, daß bei der Ermittlung der formalen Inzidenz den steuerbefreiten Gütern ein Steuersatz von Null zugewiesen wird. Tatsächlich dürften aber einige dieser Güter wegen des fehlenden Vorsteuerabzugsrechtes nicht unerheblich steuerlich belastet sein. So ist z.B. nicht auszuschließen, daß die Vermieter von Mietwohnungen versuchen, die in den Materiallieferungen und Handwerkerrechnungen enthaltenen Vorsteuern durch eine entsprechende Festsetzung des Mietpreises auf die Mieter vorzuwälzen.

3.2 Die materielle Inzidenz

Es ist nun zu fragen, ob als Folge der Besteuerung Reaktionen der direkt oder indirekt Betroffenen stattfinden, die einer vollständigen Weitergabe der Steuer auf die Endverbraucher entgegenstehen. Dazu wollen wir zunächst eine kurzfristige Partialanalyse durchführen. Ihr schließt sich eine kurzfristige Totalanalyse sowie eine Analyse langfristiger Verteilungswirkungen an.

3.2.1 Methodische Vorbemerkungen

Im Vergleich zu den bisher behandelten speziellen Verbrauchsteuern sind bei der Analyse einer allgemeinen Verbrauchsteuer einige Besonderheiten zu beachten:

- Allgemeine Verbrauchsteuern, unter ihnen auch die Mehrwertsteuer, wie sie in der Bundesrepublik Deutschland erhoben wird, belasten im Prinzip alle Güter und Leistungen.[248] Eine an die Verbraucher weitergegebene allgemeine Verbrauchsteuer wirkt damit eher wie ein allgemeiner Realeinkommensrückgang. Je nach Art des Gutes werden sich die Nachfragekurven für die einzelnen Güter mehr oder weniger stark nach links verschieben.[249]
- Substitutionsprozesse spielen - zumindest bei einem einheitlichen Steuersatz - eine nur geringe Rolle, weil alle Güter steuerlich erfaßt werden. In der Regel dürfte deshalb der Rückgang der Nachfrage nach einem Gut X als Folge einer mehrwertsteuerbedingten Preiserhöhung niedriger als bei Einführung einer speziellen Verbrauchsteuer und einer dadurch bedingten Preiserhöhung sein.
- Die quantitative Bedeutung einer allgemeinen Verbrauchsteuer ist im allgemeinen so groß, daß die Inzidenz aus der Verausgabung der eingenommenen Finanzmittel nicht außer acht bleiben sollte. Allerdings wird zumindest eine empirische Budgetniveauinzidenzanalyse dadurch erheblich erschwert, daß über die Verwendung der Mehrwertsteuereinnahmen kaum Informationen vorhanden sind.

3.2.2 Die kurzfristige Inzidenz einer allgemeinen Verbrauchsteuer in einem mikroökonomischen Partialmodell

Wir gehen zunächst von einem Gütermarkt mit vollständiger Konkurrenz, Gewinnmaximierung und normal verlaufender Angebotsfunktion aus.[250] Das Marktgleichgewicht liegt vor Einführung der Steuern im Schnittpunkt der Angebotsfunktion A_o mit der Nachfragekurve N_o, in Abbildung 10.11 also im Punkt B_o mit der Menge X_o und dem dazugehörigen Preis P_0.

Wenn nun eine allgemeine Verbrauchsteuer eingeführt wird, werden alle Anbieter zusätzlich zu ihren bisherigen Kosten Steuern in Höhe eines bestimmten Anteils am Bruttoerlös zahlen müssen.

Klammern wir zunächst eventuelle Wirkungen aus, die infolge von steuerbedingten Mengen- oder Preisänderungen für **andere** Güter auf den beobachteten Markt ausstrahlen können, so behält die bisherige Nachfragefunktion N_0 auch nach Einführung der Verbrauchsteuer ihre Gültigkeit. Allerdings müssen nun die Anbieter von dem jeweils erzielten Bruttopreis den gesetzlich festgelegten Verbrauchsteueranteil an den Staat abführen. Der ihnen verbleibende Anteil wird dann durch den Abstand der **Netto**durchschnittserlösfunktion $N_{o,n}$ von der Men-

248 Die Nettoallphasenumsatzsteuer vom Konsumtyp erfaßt allerdings Investitionsgüter erst dann, wenn sie über Abschreibungen in die Preise von Endverbrauchsgütern ein kalkuliert werden.

249 Eine Ausnahme hiervon stellen lediglich sogenannte Giffen-Güter dar.

250 Um Wiederholungen zu vermeiden, wird auf den Fall des Angebotsmonopols hier nicht weiter eingegangen. Die Schlußfolgerungen können analog zu den nachfolgenden Ausführungen und der vorangegangenen Analyse über die Wirkung spezieller Verbrauchsteuern gezogen werden.

gen-Achse wiedergegeben. Letztere ergibt sich durch Drehung der Nachfragefunktion um ihren Schnittpunkt mit der Mengen-Achse nach links unten und ist die für die Anbieter relevante Nachfragefunktion. Aus der Sicht der Anbieter ergibt sich die neue Gleichgewichtssituation im Schnittpunkt der Nettodurchschnittserlösfunktion $N_{o,n}$ mit der Angebotsfunktion A_o. Die Nachfrager sind bereit, für die Gütermenge X_t den Preis P_t zu bezahlen. Von diesem Bruttopreis fließt den Anbietern netto der Betrag P_n zu. Die Differenz $P_t - P_n$ gibt die bei dem Bruttopreis P_t zu zahlende Umsatzsteuer pro Stück an.

Abb. 10.11: Wirkungen einer allgemeinen Verbrauchsteuer auf einem Markt mit vollständiger Konkurrenz

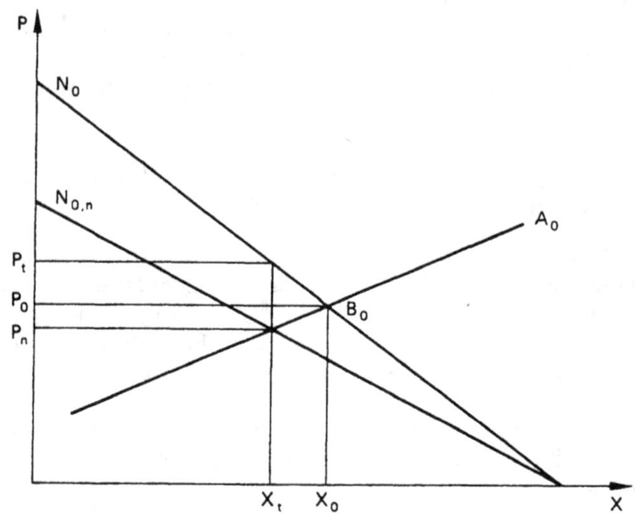

Wir müssen nun noch überprüfen, ob die bisher gemachte vereinfachende Annahme realistisch ist, daß trotz der Einführung einer allgemeinen Verbrauchsteuer das Verhalten der Nachfrager und damit die Nachfragefunktion auf dem Markt für das Gut X unverändert bleibt. Dies muß wohl verneint werden.

Grundsätzlich sind **zwei Effekte** zu beachten, die zu einer Veränderung der Nachfragefunktion auf dem Gütermarkt X führen können. **Zum ersten** ist denkbar, daß die Nachfrager nach anderen Gütern, deren Preise infolge der allgemeinen Verbrauchsteuer erhöht wurden, mehr Geld als bisher einsetzen. Es bleibt ihnen dann aber weniger Kaufkraft zum Erwerb des Gutes X. In diesem Fall würde sich die Nachfragefunktion für das Gut X mehr oder weniger stark nach links verschieben. Denkbar ist aber auch eine Rechtsverschiebung. Sie tritt dann ein, wenn die Nachfrager bei allgemein gestiegenen Preisen einen steigenden Anteil ihres Einkommens zum Erwerb des Gutes X ausgeben. Welche Reaktion eintritt, hängt letztlich von der Einkommenselastizität der Nachfrage nach dem Gut X ab.[251]

Zum zweiten muß beachtet werden, daß die üblicherweise verwendete Nachfragefunktion nur unter der Annahme konstanter Preise für alle anderen Güter gilt. Da aber aufgrund der Einführung und Weitergabe der Mehrwertsteuer im Preis im Gegensatz zu dem früher behandelten Fall einer speziellen Verbrauchsteuer nun auch bei den übrigen Gütern mehr oder minder starke Preiserhöhungen stattfinden werden, wird es als Folge dieser Preisanstiege i.d.R. zu einer Verschiebung der Nachfragefunktion kommen. Steht das Gut X in starkem Substitutionswettbewerb mit anderen Gütern, wird eine Erhöhung deren Preise zu einer Mehrnachfrage nach X führen. Dies wird sich, wie Abbildung 10.12 zeigt, in einer Rechtsverschiebung der Nachfragefunktion für das Gut X ausdrücken. Stellt X jedoch ein enges Komplementärgut zu einem anderen Gut Y dar, kann es als Folge einer Preiserhöhung für das Gut Y sogar zu einer Linksverschiebung der Nachfragefunktion für das Gut X kommen. Der Normalfall dürfte allerdings der einer Rechtsverschiebung sein.

Abb. 10.12: Wirkungen einer allgemeinen Verbrauchsteuer auf einem Markt mit vollständiger Konkurrenz unter Berücksichtigung von Wechselwirkungen zwischen den Märkten

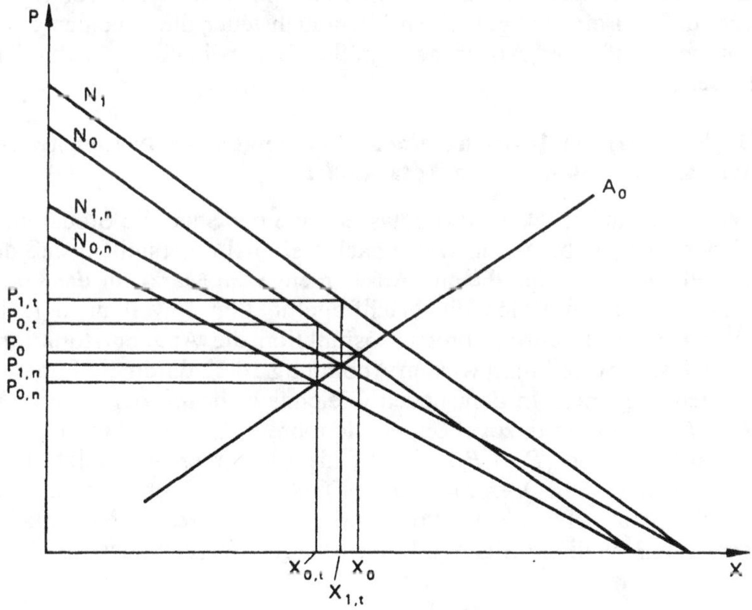

[251] Wie leicht einzusehen ist, wirkt eine allgemeine Verbrauchsteuer, wenn sie bei allen Gütern zu derselben relativen Preiserhöhung führt, wie eine allgemeine Einkommensminderung. Das heißt, daß sie für den einzelnen Haushalt eine Parallelverschiebung der Budgetgeraden nach links zur Folge hat.

Wir können damit die Wirkung der Einführung einer allgemeinen Verbrauchsteuer auf dem Markt für das Gut X wie folgt zusammenfassen:

Zunächst würde sich, wie in Abbildung 10.11 bereits dargestellt wurde, unter der ceteris paribus-Bedingung (alle anderen Güterpreise bleiben unverändert) das Marktgleichgewicht von X_o; P_o nach $X_{o,t}$; $P_{o,t}$ verlagern. Da aber auch die Preise der übrigen Güter und mit ihnen die der Substitutionsgüter steigen, kommt es i.d.R. zu einer Rechtsverschiebung sowohl der Brutto- als auch der Nettonachfragefunktion nach N_l und $N_{l,n}$.

Das Marktgleichgewicht ergibt sich dadurch bei $X_{l,t}$ und $P_{l,t}$.[252] Nicht berücksichtigt ist in Abbildung 10.12, daß sich durch die steuerbedingte Realeinkommensminderung die Nachfragefunktion noch einmal nach links oder rechts verschieben kann.

Der Grad der Überwälzung der allgemeinen Verbrauchsteuer wird näherungsweise durch den Koeffizienten $(P_{l,t} - P_o)/(P_{l,t} - P_{l,n})$ angegeben. Er ist in Abbildung 10.12 relativ hoch. Verglichen mit einer als Wertsteuer konzipierten speziellen Verbrauchsteuer mit demselben Steuersatz ist die Überwälzung immer dann höher, wenn es zu einer Rechtsverschiebung der Nachfragefunktion kommt. Da dies unter der Annahme, daß Substitutionsbeziehungen zwischen X und den übrigen Gütern über eventuelle Komplementäreffekte dominieren, als Regelfall unterstellt werden kann, können wir insoweit auch verallgemeinern und sagen, daß bei einer allgemeinen Verbrauchsteuer die Chancen einer Steuerüberwälzung auf die Abnehmer größer als bei einer speziellen Verbrauchsteuer sind.

3.2.3 Die kurzfristige Inzidenz einer allgemeinen Verbrauchsteuer in einem mikroökonomischen Totalmodell

Wir haben bisher unberücksichtigt gelassen, daß der Staat die Steuereinnahmen i.d.R. wieder verausgabt. Wenn wir zunächst einmal unterstellen, daß der Staat gerade soviel nachfragt, daß die alte Absatzmenge am Markt für das Gut X wiederhergestellt wird, muß sich die Nachfragefunktion soweit nach rechts verschieben, bis die Nettodurchschnittserlösfunktion die Angebotsfunktion bei X_o schneidet. Diese Konstellation wird in Abbildung 10.12 durch die Funktionen N_l und $N_{l,n}$ wiedergegeben. In dem neuen Gleichgewicht mit der Menge X_o, dem Bruttopreis $P_{l,t}$ und dem dazugehörigen Nettopreis P_o $(= P_{l,n})$ wird die gesamte Steuerlast in Höhe von $(P_{l,t} - P_o) \cdot X_o$ auf die Abnehmer überwälzt. Träger der Steuerlast sind damit die Verbraucher des Gutes X, zu denen in unserem Beispiel auch der Staat gehört. Soweit die Anbieter des Gutes X selbst als Nachfrager auftreten, z.B. weil sie Eigenverbrauch tätigen, werden auch sie damit belastet.

---

[252] $X_{1,t}$ muß nicht unbedingt niedriger als X_0 sein. Das neue Gleichgewicht hängt bei gegebenem Steuersatz allein von der Kreuzpreiselastizität zwischen Gut X und dem restlichen Güterbündel ab.

In der Realität entspricht in aller Regel weder die Gesamthöhe noch die Struktur der staatlichen Nachfrage dem Nachfrageausfall durch den privaten Sektor. Es gibt dann sowohl Gewinner als auch Verlierer der zusätzlichen staatlichen Budgetaktivität. Gewinnen werden im Normalfall diejenigen Unternehmen und Branchen, bei denen der Staat mehr nachfragt, als ihnen Privatnachfrage durch die Erhebung der allgemeinen Verbrauchsteuer verlorengegangen ist. Verlierer sind vor allem diejenigen, die von der Staatsnachfrage nicht oder in nur geringem Maße profitieren. Damit erscheint die in empirischen Überwälzungsanalysen regelmäßig getroffene Annahme einer vollständigen Überwälzung allgemeiner Verbrauchsteuern auf die Endverbraucher der besteuerten Güter zumindest im Hinblick auf die jeweiligen Einzelmärkte als problematisch.

3.2.4 Die kurzfristige Inzidenz einer allgemeinen Verbrauchsteuer in makroökonomischer Sicht

Wir wollen nun in gleicher Weise, wie wir es schon bei der Gewinnsteuer getan haben, von der einzelwirtschaftlichen Inzidenzanalyse auf die makroökonomische Betrachtungsweise übergehen. Diese befaßt sich mit der Frage, wie die Einkommenspositionen der Arbeitnehmerhaushalte, der Unternehmerhaushalte sowie des Staates durch die Erhebung einer allgemeinen Verbrauchsteuer verändert werden.

In der Literatur hat sich mit dieser Fragestellung u.a. Kitterer[253] beschäftigt. Unter den Annahmen, daß

- eine allgemeine Verbrauchsteuer vom Konsumtyp erhöht wird,
- der Staat seine Steuereinnahmen voll ausgibt,
- die Arbeitnehmer- und Arbeitgeberhaushalte ihre Ausgaben für Konsum- und Investitionsgüter in der bisherigen Höhe aufrechterhalten,
- Vollbeschäftigung herrscht und
- die Unternehmen die Steuer als Kostenfaktor in die Preiskalkulation einbeziehen,

gelangt der Verfasser zu dem Ergebnis, daß letztlich die Konsumenten die Träger der zusätzlichen Steuerlast sind. Sie erhalten als Arbeitnehmer und als Arbeitgeber nominell zwar gleichhohe Einkommen wie in der Ausgangssituation und sie geben auch dieselbe Geldmenge für den Erwerb von Konsum- und Investitionsgütern aus. Da aber die Preise der Konsumgüter um den Prozentsatz der Steuererhöhung angestiegen sind, sinkt ihr Realkonsum und damit ihr Realeinkommen. An die Stelle der nun fehlenden privaten Konsumgüternachfrage tritt die Nachfrage des Staates. Dieser ist damit Gewinner aus der Erhöhung des Verbrauchsteuersatzes[254].

---

253 Vgl. Kitterer, 1981, S. 18 ff.

254 Zur formalen Ableitung der Ergebnisse vgl. ebenda.

Diese Resultate gelten allerdings nur unter den in dem Modell enthaltenen Annahmen. Wenn etwa die Notenbank nicht genügend Liquidität zur Verfügung stellt, um die zusätzlich notwendigen Geldtransaktionen zu finanzieren, kann es über Zinssatzsteigerungen zu einer Verdrängung der privaten Investitions- und Konsumgüternachfrage und damit zu dem Verbleib eines Teils der Steuerlast bei den Unternehmen kommen. Ähnliche Resultate können auch dann eintreten, wenn die privaten Haushalte ihre nominellen Konsumausgaben wegen der gestiegenen Preise senken oder die Unternehmen weniger investieren.

Unabhängig von diesen Grenzen für eine vollständige Überwälzung einer allgemeinen Verbrauchsteuer bleibt der Einwand bestehen, daß mit der Verlagerung der Realnachfrage vom privaten Sektor auf den Staat Strukturveränderungen einhergehen können, die zu einem Nebeneinander von Unterbeschäftigung in einem Teil der Wirtschaft bei gleichzeitig stärkeren inflationären Tendenzen in anderen Wirtschaftssektoren führen. Insoweit muß es als zumindest fraglich bezeichnet werden, ob die makroökonomische Inzidenzanalyse gegenüber dem mikroökonomischen Erklärungsansatz vertiefte Einsichten in die materielle Lastverteilung einer allgemeinen Verbrauchsteuer bringen kann.

3.2.5 Die langfristige Inzidenz einer allgemeinen Verbrauchsteuer

Auf längere Sicht können die von der Mehrwertsteuer belasteten Anbieter versuchen, bei Unterauslastung ihre Betriebsgröße zu verkleinern oder ihre Investitionsaktivitäten in chancenreichere Produktionsaktivitäten zu verlagern.

Hier stellt sich allerdings die Frage, ob es auf diese Weise überhaupt möglich ist, eine steuerliche Entlastung zu erreichen. Eine Möglichkeit könnte dann gegeben sein, wenn die Anbieter verschiedener Märkte wegen selektiver Steuerbefreiungen oder -ermäßigungen,[255] aber auch wegen unterschiedlich hoher Nachfrageeinbußen unterschiedlich stark von der allgemeinen Verbrauchsteuer belastet werden. Sie können dann versuchen, verstärkt in andere, weniger betroffene Märkte einzudringen. Die Last würde in diesem Fall tendenziell gleichmäßiger über die Märkte verteilt.

Sodann könnten Anbieter gezwungen sein oder sich wegen geringer Nettorentabilität dazu veranlaßt sehen, als Anbieter aus dem Markt auszuscheiden. Dies würde dazu führen, daß die verbleibenden Anbieter ihre Einkommens- bzw. Gewinnverluste zumindest teilweise wieder abbauen können. Die wirtschaftliche Aktivität würde dadurch auf diesem Markt auf einem niedrigeren Niveau ablaufen und die Rentabilität sich dem Durchschnitt in der Volkswirtschaft anpassen.

Nach Ablauf der soeben genannten Anpassungsprozesse dürfte es den Anbietern weitgehend gelungen sein, die allgemeine Verbrauchsteuer in den Preis einzu-

---

[255] So bewegen sich die Mehrwertsteuersätze in Frankreich je nach Produkt zwischen 2,1 % und 20,6 %. In Dänemark und Schweden beträgt der Normalsatz 25 %, in Luxemburg nur 15 %. In Belgien gilt sogar ein stark ermäßigter Satz von 1 %.

kalkulieren und an die Endverbraucher abzuwälzen. Es gilt also auch hier: Je weiter die Einführung oder Erhöhung einer allgemeinen Verbrauchsteuer zeitlich zurückliegt, umso eher tragen die Endverbraucher diese Steuer und umso eher erscheinen dementsprechende Lastverteilungsannahmen in empirischen Untersuchungen als berechtigt.

11. Kapitel

Staatliche Schuldenaktivität

Staatsverschuldung war und ist wie kaum ein anderes Instrument der staatlichen Mittelbeschaffung umstritten. David Ricardo nannte sie eine der schrecklichsten Geiseln, die je zur Plage der Nationen erfunden worden seien.[256] Nach Adam Smith sollte der Staat sich selbst dann nicht verschulden, wenn er Ausgaben für längerfristig nutzbare öffentliche Einrichtungen und Anlagen tätigt.[257] Lorenz von Stein meinte hingegen: "Ein Staat ohne Staatsschuld tut entweder zu wenig für seine Zukunft, oder er fordert zuviel von seiner Gegenwart."[258] Damit wollte er deutlich machen, daß durch Schuldenfinanzierung im Gegensatz zu einer Finanzierung über Steuern eine Lastverschiebung in die Zukunft möglich sei.

Heute stellt sich die Frage nach dem "Ob" staatlicher Verschuldung nicht mehr. Nach wie vor heftig umstritten ist allerdings, in welchem Ausmaß sich der Staat verschulden darf, wo die Grenzen der Staatsverschuldung liegen. Die unterschiedlichen Standpunkte werden dabei u.a. mit Wirkungen der Staatsschuldenaktivität auf die Beschäftigungssituation, das Wirtschaftswachstum oder die Einkommens- und Vermögensverteilung begründet.

Unter verteilungspolitischen Gesichtspunkten stehen **zwei Fragestellungen** im Vordergrund der wissenschaftlichen Diskussion. Die **erste Frage** kann etwa wie folgt formuliert werden: Wie beeinflußt staatliche Schuldenaktivität die **Größenverteilung der Einkommen und Vermögen**? Oder etwas anders ausgedrückt: Welche Einkommens- bzw. Vermögensklassen tragen die Last aus der Schuldenfinanzierung staatlicher Aktivitäten? Dies ist die Frage nach der **interpersonellen Lastverteilung**.

Die **zweite Frage** lautet: Kann durch öffentliche Kreditaufnahme im Gegensatz zur Steuerfinanzierung staatlicher Ausgaben eine eventuelle Last in die Zukunft verschoben werden? Ist es insbesondere möglich, nachfolgende Generationen an einer Last partizipieren zu lassen, die aus der Finanzierung gegenwärtiger Ausgaben resultiert? Dies ist die Frage nach der **intertemporalen Lastverteilung** staatlicher Schuldenaktivität.

Wir werden uns im folgenden zunächst mit der interpersonellen Lastverteilung befassen. Wir wollen insbesondere feststellen, ob die Größenverteilung der Einkommen durch Staatsverschuldung unbeeinflußt bleibt, ungleicher oder gleicher wird. In einem weiteren Hauptpunkt werden wir die Frage zu beantworten ver-

---

[256] Vgl. Ricardo, 1820, S. 143.

[257] Vgl. Smith, 1974, S. 612 ff.

[258] von Stein, 1878, S. 347.

suchen, ob durch Staatsverschuldung intertemporale Lastverschiebungen stattfinden (können).

1. Rechtliche Grundlagen

Unter öffentlicher Schuld wollen wir die von staatlichen Institutionen aufgenommenen Kredite verstehen, die mit der Verpflichtung zur Verzinsung und Rückzahlung verbunden sind.

In der Bundesrepublik Deutschland ist zunächst zwischen zwei Arten staatlicher Verschuldung zu unterscheiden: der Aufnahme von Kassenverstärkungskrediten und der Aufnahme von Haushaltskrediten.

Kassenverstärkungskredite dienen nach § 18 der Bundeshaushaltsordnung "zur Aufrechterhaltung einer ordnungsgemäßen Kassenwirtschaft", d.h. dem **kurzfristigen** Ausgleich von Kasseneinnahmen und -ausgaben. Daraus ergibt sich auch, daß sie zur Abdeckung einer durch andere Einnahmen nicht ausgefüllten Finanzierungslücke im Haushaltsplan nicht vorgesehen und auch nicht zulässig sind.

Die Obergrenze der Kassenkredite, die von den Exekutivorganen in Bund und Ländern aufgenommen werden dürfen, wird von den jeweiligen Legislativorganen im Haushaltsgesetz in Form einer Kreditermächtigung festgesetzt. Für die Gemeinden wird der Höchstbetrag in der Haushaltssatzung festgelegt.

Kassenverstärkungskredite durften bis 1994 noch bei der Bundesbank aufgenommen werden. Im Zuge der Vorbereitung der Wirtschafts- und Währungsunion und dem Beitritt der Bundesbank zum Europäischen System der Zentralbanken wurde das Bundesbankgesetz geändert und jegliche Kreditvergabe an die öffentliche Hand verboten.

Haushaltskredite dienen zur planmäßigen Deckung von Ausgaben, die im Haushaltsplan veranschlagt sind. Rechtliche Bestimmungen dazu finden sich in Art. 115 GG sowie im Stabilitätsgesetz.

Nach Art. 115 GG bedarf die Aufnahme von Krediten "eine der Höhe nach bestimmten oder bestimmbaren Ermächtigung durch Bundesgesetz". Sodann wird festgelegt, daß die Einnahmen aus Krediten die Summe der im Haushaltsplan veranschlagten Ausgaben für Investitionen nicht überschreiten dürfen. Ausnahmen von dieser Bestimmung sind nur zulässig zur Abwehr einer Störung des gesamtwirtschaftlichen Gleichgewichts.

Dementsprechend ist in § 6, Abs. 3 des Gesetzes zur Förderung der Stabilität und des Wachstums der Wirtschaft geregelt, daß der Bundesminister der Finanzen ermächtigt ist, bei einer Abschwächung der allgemeinen Wirtschaftslage "Kredite über die im Haushaltsgesetz erteilten Kreditermächtigungen hinaus bis zur Höhe von fünf Milliarden Deutsche Mark ... aufzunehmen", um damit zusätzliche im Haushaltsplan nicht beschlossene Ausgaben zu finanzieren.

Nach der Wiedervereinigung ist der Gültigkeitsbereich der o.g. Bestimmungen um das Beitrittsgebiet erweitert worden, ohne daß der Inhalt der Gesetze verändert wurde. Allerdings sind in den **Verträgen zur deutschen Einheit** befristete Sonderregelungen enthalten. Diese beinhalten u.a. Kreditermächtigungen an die Gebietskörperschaften (24 Mrd. DM) und die Treuhandanstalt (25 Mrd. DM) für die Jahre 1990 bis 1991, sowie die Errichtung eines Kreditabwicklungsfonds. Die aufgelaufene Verschuldung des DDR- Republikhaushaltes soll, soweit dieses möglich ist, von der Treuhandanstalt getragen werden, die Restverbindlichkeiten sowie Bürgschaften, Garantien und sonstigen Gewährleistungen übernehmen je zur Hälfte der Bund und die neuen Bundesländer (gesamtschuldnerisch). Dasselbe gilt für die Schulden des Kreditabwicklungsfonds.

Schon in der Vorbereitung auf den Eintritt in die Währuingsunion wurde die Staatsverschuldung begrenzt. Die Konvergenzkriterien, die für eine Teilnahme an der Währungsunion erfüllt sein mußten, sahen eine maximale jährliche Nettoneuverschuldung von 3 % des jeweiligen Bruttoinlandsproduktes und einen maximalen Gesamtschuldenstand von 60 % vor.[259] Da die Staatsverschuldung auch nach Eintritt in die Währungsunion begrenzt werden sollte wurde der Stabilitäts- und Wachstumspakt beschlossen. Dieser schreibt den Mitgliedstaaten das Ziel eines ausgeglichenen Budgets vor und übernimmt die Grenzen für die Staatsverschuldung der Konvergenzkriterien. Ein Überschreiten ist nur bei besonderen Ereignissen oder einem schweren Wirtschaftsrückgang zulässig. Der Europäische Rat entscheidet über die Ausnahmefälle und legt auch die weiteren Maßnahmen, die mit einer öffentlichen Empfehlung an das entsprechende Land beginnen und bis zu einer Geldbuße führen können, fest. Ob diese Grenzen also ebenso strikt einzuhalten sind, wie z.B. Art 115 GG, hängt von der Entscheidung im Europäischen Rat ab.

[259] Über die Entwicklung bzw. die Erfüllung dieser Kriterien gibt der Konvergenzbericht des Europäischen Währungsinstitutes Auskunft. Dieser war Grundlage der Entscheidung über die Teilnehmerstaaten.

2. Die interpersonelle Lastverteilung aus einer Staatsverschuldung

2.1 Die Inzidenz der Staatsverschuldung nach dem Transferansatz

2.1.1 Darstellung des Transferansatzes

Bis Ende der 60er Jahre wurde in der deutschsprachigen Fachliteratur die weitgehend unbestrittene These vertreten, daß infolge einer Staatsverschuldung die Größenverteilung des Einkommens eines Landes ungleichmäßiger wird. Zwar würde zunächst durch eine Schuldaufnahme die Entscheidung über die endgültige Lastverteilung aus der Finanzierung in die Zukunft verschoben. Die Verschuldung impliziere aber durch die Notwendigkeit der Zinszahlungen und deren Finanzierung bereits voraussehbare Konsequenzen für die Größenverteilung der Einkommen. Als Vertreter dieses von Gandenberger so genannten **Transferansatzes** gelten u.a. Heinz Haller[260], Karl-Heinrich Hansmeyer[261], Gerhard Zeitel[262] und aus dem amerikanischen Sprachraum Alvin Hansen.[263]

Zur Begründung der **These von der unsozialen Verteilungswirkung** einer staatlichen Verschuldung wird wie folgt argumentiert: In aller Regel sei es so, daß Staatspapiere fast ausschließlich von Beziehern hoher Einkommen erworben würden, welchen demzufolge auch die Zinszahlungen zufließen. Die Finanzierung der Zinszahlungen erfolge demgegenüber durch das Gros der Steuerzahler. Wegen der Geltung des Prinzips der Nonaffektation bei der Besteuerung[264] würden auch die Bezieher niedriger Einkommen zur Finanzierung der Zinszahlungen beitragen. Per Saldo müsse sich also aus der Steuererhebung zur Finanzierung der Zinszahlung und den Zinszahlungen ein einkommensdifferenzierender Effekt ergeben.

Allerdings gelte dieser Zusammenhang nicht generell. So führt Zeitel aus, daß dieser differenzierende Verteilungseffekt am ehesten zu vermeiden sei, wenn die Staatsverschuldung zur Überwindung einer Unterbeschäftigung bei der Notenbank erfolge. In diesem Fall müßten Zinsen entweder gar nicht gezahlt oder an die Notenbank abgeführt werden.[265]

Haller[266] unterscheidet bezüglich schuldenfinanzierter öffentlicher Aktivitäten zwischen sich selbst tragenden öffentlichen Investitionen und solchen, die sich

---

260 Vgl. Haller, 1972, S. 198 ff.

261 Vgl. Hansmeyer, 1965, S. 88 ff.

262 Vgl. Zeitel, 1972.

263 Vgl. Hansen, 1941, S. 179.

264 Das Nonaffektationsprinzip besagt, daß alle Einnahmen und damit auch alle Steuern für alle Ausgaben zur Verfügung stehen. Eine Zweckbindung der Einnahmen für bestimmte Ausgaben ist danach also verboten.

265 Vgl. Zeitel, 1972.

266 Vgl. Haller, 1972, S. 198 f.

nicht selbst tragen. Die erstgenannten Investitionen würden das Problem der Steuererhebung zum Zwecke der Zinszahlung und der Schuldentilgung gar nicht aufwerfen und damit auch keinen negativen Verteilungseffekt auslösen. Letztlich zahle der Nutznießer der öffentlichen Leistung die mit deren Bereitstellung verbundenen Investitions- und sonstigen Kosten selbst.

Dies sei anders bei sich nicht selbst tragenden öffentlichen Investitionen. Hier würden die Bezieher höherer Einkommen durch die Zinszahlungen einen Einkommenszuwachs erhalten, der zu einer Einkommensdifferenzierung führt. "Diese Konsequenz spricht gegen die Kreditfinanzierung (d.h. für die Steuerfinanzierung, Anm. d. Verf.) nicht rentabler Investitionen."[267]

2.1.2 Bewertung des Transferansatzes

Der Transferansatz ist zum ersten Mal Ende der 60er Jahre von Andel[268] und nur kurz danach auch von Gandenberger[269] kritisiert worden. Die Kritik richtet sich zum einen gegen die Prämissen, die dem Modell (meist nur implizit) zugrundegelegt wurden, sowie zum zweiten gegen die unterstellte relevante Alternative, mit der die Verteilungswirkungen aus der Verschuldung verglichen wurden.

Andel wendet sich insbesondere dagegen, aus einem Vergleich von Lastverteilung aus der Steuererhebung zum Zwecke der Zinszahlungen einerseits und Verteilung der zufließenden Zinszahlungen andererseits, also einem Vergleich von Vorgängen in der Phase des Schuldenstandes, Rückschlüsse auf die Inzidenz einer in der Vergangenheit aufgenommenen Schuld zu ziehen. Insbesondere könne aus diesem Vergleich nicht generell auf (verteilungspolitische) Nachteile der Anleihefinanzierung gegenüber der Steuerfinanzierung geschlossen werden. Andel behauptet letztlich, daß bei diesem Ansatz gar nicht **die relevanten alternativen Aktionsparameter** und deren Auswirkungen verglichen würden. Er begründet dies mit dem Hinweis, daß die Geldanleger ihr Geld auch ohne Staatsverschuldung zinsbringend hätten anlegen können. Damit sei aber die Staatsverschuldung **nicht ursächlich** für die Zinszahlungen.[270]

Damit kommen wir zu den Prämissen, die dem Transferansatz in seiner allgemeinen Form zugrundeliegen. Nur wenn diese mit der Realität übereinstimmen, können die Ergebnisse akzeptiert werden.

Diese Prämissen, auf die z.T. erst Andel und Gandenberger explizit hingewiesen haben und die deshalb auch erst jetzt genannt werden, sind:

---

267 Ebenda, S. 198.

268 Vgl. Andel, 1969.

269 Vgl. Gandenberger, 1970a und 1974b.

270 Vgl. Andel, 1976, S. 21.

- Die aus der Staatsverschuldung resultierenden Zinszahlungen stellen in vollem Umfang Zins**mehr**einkommen dar. Als Begünstigte der Zinsmehreinkommen werden die derzeitigen Besitzer der Staatspapiere betrachtet.
- Die durch die Verschuldung überflüssig gewordene Steuererhebung (als alternative Finanzierungsart) ist vollständig verteilungsneutral.
- Die Steuer zur Finanzierung der Zinszahlungen (Zinszahlungssteuer) wirkt weniger nivellierend als die Zinszahlungen einkommensdifferenzierend wirken. Dadurch verfügen die Bezieher niedriger Einkommen nach Abschluß der Steuer- und Zinszahlungen über ein niedrigeres Einkommen als in einem alternativen Zustand "ohne Staatsverschuldung", während die Bezieher hoher Einkommen ihre relative Position sogar verbessern können.
- Verteilungswirkungen aus der Tilgung einer Staatsschuld treten nicht auf oder bleiben unbeachtet.
- Es herrscht Vollbeschäftigung.

Sowohl Andel als auch Gandenberger halten einige dieser Prämissen für nicht mit der Realität vereinbar und gelangen dadurch zu anderen Verteilungsanalysen und -resultaten.

2.2 Die Inzidenz der Staatsverschuldung nach Andel

2.2.1 Darstellung des Ansatzes

Andel geht zunächst davon aus, daß Zinszahlungen durch den Staat für die Besitzer der Staatspapiere **keine** Mehreinkommen erbringen. Er begründet dies damit, daß die Geldanleger zum Zeitpunkt "der Schuldemission bereits so vermögend waren, daß sie die Titel zeichnen konnten. Hätte sich der Staat nicht verschuldet, so hätten sie andere Papiere erworben mit ganz ähnlicher Verzinsung."[271] Deshalb könnten von den Zinszahlungen auch keine Umverteilungswirkungen ausgehen. Verteilungsrelevant seien aber die Lastverteilung der Abgaben, die erhoben werden müßten, um die Zinszahlungen für die aufgenommene Staatsschuld zu finanzieren (wir nennen sie im folgenden **Zinszahlungssteuer**), sowie die Traglast der Steuer, die durch die Aufnahme eines Kredites durch den Staat vermieden wird (im folgenden **Schuldenvermeidungssteuer** genannt). Hätte sich der Staat nämlich nicht verschuldet, wäre er gezwungen gewesen, seinen Finanzbedarf anderweitig, d.h. i.d.R. durch die Einführung einer neuen Steuer oder die Erhöhung der steuerlichen Belastung einer bereits erhobenen Steuer zu decken.

Eine Staatsverschuldung wirkt nach Andel nur dann einkommensdifferenzierend, wenn die Zinszahlungssteuer regressiver oder weniger progressiv als die nun nicht mehr erforderliche Schuldenvermeidungssteuer in das Einkommen der Steuerzahler eingreift. Da dies aber nicht generell der Fall sei, kön-

271 Ebenda.

ne auch die These von der unsozialen Wirkung der Staatsverschuldung in der allgemeinen Form des Transferansatzes nicht aufrechterhalten werden.

2.2.2 Bewertung des Ansatzes

Andel hat zu Recht die bis dahin kaum überprüfte Prämisse des Transferansatzes in Frage gestellt, daß Zinseinkommen aus dem Besitz von Staatspapieren stets Mehreinkommen für diejenigen Personen darstellen, die zum Zeitpunkt der Zinszahlung Eigentümer der Papiere sind. Indem er aber dieser wichtigen Frage nicht weiter nachgegangen ist und die Nichtexistenz von Mehreinkommen unterstellte, hat er dadurch seinen eigenen Ansatz berechtigter Kritik ausgesetzt. Dies wurde insbesondere durch die Untersuchungen von Gandenberger deutlich gemacht.

Des weiteren ist zu fragen, ob der von Andel geforderte Inzidenzvergleich zwischen Zinszahlungssteuer und Schuldenvermeidungssteuer ohne die Vorgabe weiterer Prämissen vertretbar ist. Dagegen könnte vor allem eingewendet werden, daß die Steuerlast aus der Schuldenvermeidungssteuer in vollem Umfang zum Zeitpunkt der erforderlichen Ausgabenfinanzierung anfällt, während die Zinszahlungssteuer über die Gesamtlaufzeit der Staatsschuld und damit oft erheblich später zu entrichten ist und zudem in ihrer Höhe je nach Laufzeit der staatlichen Schuld stark von der der Schuldenvermeidungssteuer abweichen kann.

Schließlich kann eingewendet werden, daß in dem Andelschen Ansatz eventuelle Verteilungswirkungen aus der Schulden**tilgung** unberücksichtigt bleiben. Das Argument, daß in kontemporären Marktwirtschaften ein Abbau des absoluten Schuldenstandes kaum mehr stattfindet, reicht u.E. nicht aus, um die Schuldentilgungsphase ganz aus der Analyse auszuklammern. Wir werden deshalb später hierauf noch einmal zurückkommen. Die bisher gemachten kritischen Anmerkungen sind allerdings insoweit zu relativieren, als Andel selbst auf die bewußt vorgenommene thematische Einengung seiner Ausführungen hingewiesen hat.[272]

2.3 Die Inzidenz der Staatsverschuldung nach Gandenberger

Gandenberger gelangt über eine im wesentlichen kritische Auseinandersetzung mit dem Transferansatz zu seiner Analyse der Einkommensverteilungswirkung des öffentlichen Kredits.[273] Seine Einwände richten sich, ähnlich wie bei Andel, vor allem dagegen, **wie** die Vertreter des Transferansatzes ihre Ergebnisse ableiten. Die Staatsgläubiger würden, so seine Kritik, nicht deshalb ein Zinseinkommen erhalten, **weil** eine Zinszahlungssteuer erhoben wird, sondern weil sie zum Zeitpunkt der staatlichen Kreditaufnahme bereits über liquides Vermögen verfügen konnten.

---

272 Vgl. Andel, 1969, S. 76 f.

273 Vgl. Gandenberger, 1970a, S. 5 ff.

Im Unterschied zu Andel verfolgt Gandenberger allerdings die Frage weiter, ob nicht doch **im Zeitpunkt der staatlichen Schuldaufnahme** die Ursache für eventuelle Zins**mehr**einkommen in der **Schuldenstand**- und damit der **Zinszahlungsphase** liegen kann. Wenn ja, dürfen die Verteilungswirkungen dieser Zinsmehreinkommen nicht unberücksichtigt bleiben. Auf der anderen Seite klammert er die Verteilungswirkungen, auf die es nach Andel ausschließlich ankommt, dadurch aus, daß er Verteilungsneutralität sowohl der relevanten Alternative "Schuldenvermeidungssteuer" als auch der bei Verschuldung notwendigen "Zinszahlungssteuer" unterstellt. Damit ergänzen sich die Überlegungen von Andel und Gandenberger.

2.3.1 Darstellung des Ansatzes

Die wichtigsten Annahmen des Modells sind:

- Miteinander verglichen werden die Verteilungswirkungen einer Staatsverschuldung und einer dadurch überflüssig gewordenen Steuererhebung zur Finanzierung von Ausgaben, die bereits beschlossen sind.
- Die Schuldenvermeidungssteuer hätte, wenn sie erhoben würde, keine Umverteilungswirkungen.
- Die Zinszahlungssteuer, die über die Laufzeit der Staatsschuld zur Finanzierung der Zinszahlungen erhoben werden muß, ist ebenfalls verteilungsneutral.
- Der Staat verschuldet sich bei privaten Nichtbanken, und es wird ein homogener Kapitalmarkt unterstellt.
- Die Anleihe hat eine unbegrenzte Laufzeit. Damit werden alle Wirkungen ausgeklammert, die durch eine Schuldentilgung auftreten könnten.
- Es herrscht Vollbeschäftigung, und die volkswirtschaftliche Geldmenge ist konstant.

Wir wollen im folgenden die Wirkungsanalyse Gandenbergers im wesentlichen graphisch nachvollziehen. In Abb. 11.1 wird die Gleichgewichtssituation am Kapitalmarkt ohne Staatsverschuldung durch die nachgefragte Kreditmenge Kr_0 und den Zinssatz i_0 gekennzeichnet.

Tritt der Staat als zusätzlicher Nachfrager am Kapitalmarkt auf, so verschiebt sich die ursprüngliche Nachfragefunktion N_0 in Höhe des Anleihebetrages nach rechts. Ist die Staatsnachfrage nach Krediten Kr_{1st} unabhängig von der Zinshöhe, stellt N_1 die neue Nachfragefunktion dar. Es kommt zu einem Anstieg des umgesetzten Kreditvolumens auf Kr_1 (Kreditmengeneffekt) und des Zinssatzes auf i_1 (Zinssatzeffekt). Zugleich geht die **private** Kreditnachfrage von Kr_0 auf Kr_{1pr} zurück. Dies kann sowohl auf eine Einschränkung zinsabhängiger Investitionskredite als auch auf eine niedrigere Nachfrage nach Konsumentenkrediten zurückzuführen sein.

Abb. 11.1: Wirkungen einer Staatsverschuldung

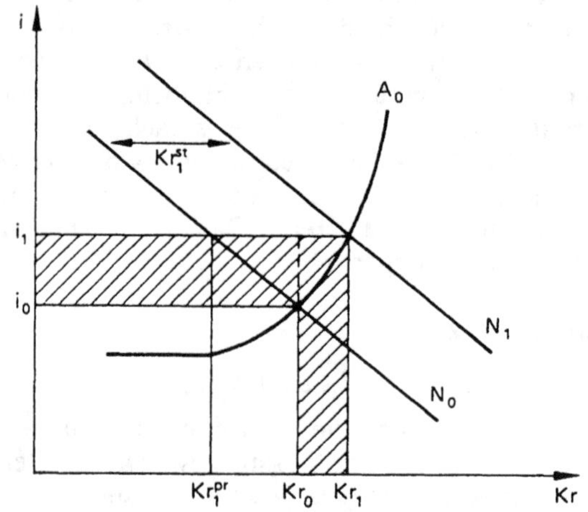

Verglichen mit der alternativen Situation Kr_0; i_0 fallen nun höhere Zinseinkommen an. Die zusätzlichen Zinseinkommen werden in Abb. 11.1 durch die Flächen der beiden schraffierten Rechtecke wiedergegeben. Algebraisch sind sie durch den Wert $i_1 \cdot Kr_1 - i_0 \cdot Kr_0$ bestimmt. Bedeutsam ist, daß durch die staatliche Kreditnachfrage unter den getroffenen Annahmen tatsächlich **zusätzliche** Zinseinkommen entstehen. Begünstigte dieser Zinsmehreinkommen sind allerdings nicht nur - wie dies von den Vertretern des Transferansatzes implizit unterstellt wurde - die Käufer der Staatspapiere, sondern all diejenigen, die während des Zeitraumes, in dem die Staatspapiere verkauft werden, als Kreditanbieter zum Zuge kommen. Dies leuchtet unmittelbar ein, wenn man bedenkt, daß auch die privaten Kreditnachfrager höhere Zinssätze an die Geldgeber bezahlen müssen.[274]

Das Ergebnis der bisherigen Analyse spricht also dafür, daß staatliche Zinszahlungen zumindest teilweise Zins**mehr**einkommen darstellen. Dadurch wird zunächst die Position der Vertreter des Transferansatzes, wonach Zinszahlungen für die Staatspapiere Mehreinkommen sind, gestärkt. In welcher Größenbeziehung Zinsmehreinkommen und staatliche Zinszahlungen zueinander stehen, hängt vor allem von dem Verlauf der Angebots- und Nachfragefunktion ab.[275]

---

274 Es gibt aber auch Verlierer. Dies sind alle diejenigen, die Kredite zu den höheren Zinssätzen aufnehmen oder auf eine Kreditaufnahme und damit die Möglichkeit der Gewinnerzielung ganz verzichten müssen. Benachteiligt sind sodann auch diejenigen Inhaber von Schuldtiteln, die diese zu einem niedrigeren Kurs verkaufen.

275 In diesem Zusammenhang weist Gandenberger darauf hin, daß in einer offenen, kleineren Volkswirtschaft die Zinssatzeffekte als Folge einer zusätzlichen staatlichen Kreditnachfrage relativ gering ausfallen können, so daß auch die Verteilungswirkungen sehr klein sind. Vgl. Gandenberger, 1974b, S. 384.

Gandenberger berücksichtigt in seiner Wirkungsanalyse nun noch, daß der Staat ohne Verschuldung zur Erhebung zusätzlicher Steuern gezwungen gewesen wäre, um damit seine Ausgaben zu finanzieren. Wenn A_o in Abb. 11.2 die Kreditangebotsfunktion darstellt, wie sie bei Erhebung einer Schuldenvermeidungssteuer gilt, so muß nach Gandenberger die bei Kreditfinanzierung geltende Angebotsfunktion A_1 rechts von A_o liegen. Da die Wirtschaftssubjekte in diesem Fall weniger Steuern bezahlen müssen, haben sie ein höheres verfügbares Einkommen und können mehr sparen. Allerdings ist das Volumen der zusätzlichen Ersparnisse deutlich niedriger als die zusätzliche staatliche Kreditnachfrage, da ja immer nur ein Teil des verfügbaren Mehreinkommens gespart wird.[276]

Abb. 11.2: Vergleich der Wirkungen einer Staatsverschuldung mit denen einer Schuldenvermeidungssteuer

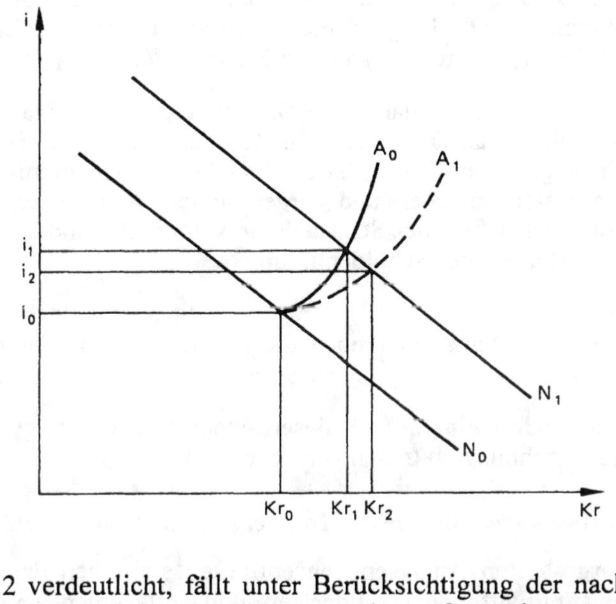

Wie Abb. 11.2 verdeutlicht, fällt unter Berücksichtigung der nach rechts verschobenen Angebotsfunktion der Zinssatzanstieg auf i_2 geringer und die Kreditmengenausweitung auf Kr_2 höher als in Abb. 11.1 aus. Insgesamt kommt es allerdings, verglichen mit der Alternativsituation Kr_o; i_o, die bei Steuerfinanzierung zustande gekommen wäre, sowohl zu einer Kreditausweitung als

276 Vgl. Gandenberger, 1970a, S. 11 f. und 1974b, S. 384. U.E. nicht berücksichtigt hat Gandenberger den Effekt, der bei höherem verfügbarem Einkommen und dem damit einhergehenden höheren Konsum auftritt. Dieser besteht darin, daß der Geldbedarf für Transaktionszwecke bei den Privaten steigt und die Banken den privaten Haushalten vermehrt Bargeld zur Verfügung stellen müssen. Die Bankenliquidität sinkt und die Geldangebotsfunktion am Kapitalmarkt verschiebt sich nach links.

auch zu einem Zinsanstieg und damit letztlich zu Zinsmehreinkommen in Höhe der Differenz $i_2 \cdot Kr_2 - i_o \cdot Kr_o$.

Gandenberger ist trotz der wenig durchschaubaren Verteilungswirkungen von Zinseinkommen bei Kapitalsammelstellen der Ansicht, daß letztlich die Zinsmehreinkommen den einkommensstärkeren Bevölkerungsschichten überproportional zufließen. Daraus schließt er auf einen die bestehenden Ungleichmäßigkeiten in der Einkommensverteilung verstärkenden Effekt der Staatsverschuldung.[277]

2.3.2 Bewertung des Ansatzes

Gandenbergers Leistung liegt in der sorgfältigen Analyse der Verteilungswirkungen, die aus dem Akt der staatlichen Schuldaufnahme resultieren. Allerdings beschränkt er sich weitgehend auf die Frage, inwieweit durch die Staatsverschuldung die **funktionelle** Einkommensverteilung verändert wird. Mit der weiterführenden Frage, welche Konsequenzen sich aus einer veränderten funktionellen Einkommensverteilung auf die **Größenverteilung** der Einkommen ergeben, hat sich Gandenberger nur ganz am Rande befaßt.

Nicht sehr befriedigend ist sodann, daß Gandenberger die Annahme einer vollbeschäftigten Volkswirtschaft vom Transferansatz unverändert übernommen hat. Dem steht gegenüber, daß in der Realität Staatsverschuldung vor allem in Phasen der Rezession gefordert und vorgenommen wird. Durch die Annahme einer unbegrenzten Laufzeit der Staatsanleihe klammert Gandenberger des weiteren mögliche Effekte einer Schuldentilgung aus.

Schließlich können die Annahmen in Frage gestellt werden, daß weder die (fiktive) Schuldenvermeidungssteuer noch die (effektive) Zinszahlungssteuer einkommensumverteilend wirken.

Wir werden zumindest einem Teil dieser Aspekte in der folgenden differenzierten Analyse Rechnung zu tragen versuchen.

2.4 Eine umfassende Analyse der Inzidenz staatlicher Schuldenaktivität

Die bisher dargestellten Analysen konzentrierten sich nach dem Willen ihrer Autoren zumeist nur auf einen Teil der verteilungsrelevanten Vorgänge, die mit staatlicher Schuldenaktivität verbunden sein können. Soll eine umfassende Inzidenzanalyse durchgeführt werden, sind zu berücksichtigen:

- alle Phasen und Akte der staatlichen Schuldenaktivität. Dies erfordert, den "Gesamtlebenszyklus" einer Staatsschuld mit seinen Stadien der Schuldaufnahme, der Zinszahlungen und deren Finanzierung sowie der Schuldentilgung und deren Finanzierung zu erfassen.

---

277 Vgl. Gandenberger, 1974b, S. 386.

- die gesamtwirtschaftliche Lage, ausgedrückt durch die jeweilige konjunkturelle Situation sowie die Lage auf dem Geld- und Kapitalmarkt.
- die Geldgeber. Hiernach ist zu unterscheiden, ob der Staat die Kredite vom Ausland, von der Notenbank, den Geldinstituten oder den privaten Unternehmen und Haushalten erhält.
- der finanzpolitische Handlungsspielraum im Zeitpunkt einer verschuldungspolitischen Entscheidung. Er ist maßgeblich dafür, ob die Erhebung einer Schuldenvermeidungssteuer oder die Verwirklichung eines niedrigeren Ausgabenvolumens als relevante Handlungsalternativen zu betrachten sind.

Die folgenden Ausführungen befassen sich exemplarisch mit einer Staatsverschuldung bei der Notenbank sowie einer Verschuldung bei den Geschäftsbanken. Nicht betrachtet werden also eine Verschuldung im Ausland oder bei den privaten Nichtbanken. Bezüglich der gesamtwirtschaftlichen Situation wird zwischen einer unterbeschäftigten Volkswirtschaft mit einem liquiden Geld- und Kapitalmarkt sowie einer vollbeschäftigten Wirtschaft mit einem angespannten Geld- und Kapitalmarkt unterschieden. Relevante Alternative ist die Erhebung einer Schuldenvermeidungssteuer. Damit wird es weitgehend überflüssig, Verteilungsänderungen zu erfassen, die sich aus der Mittelverausgabung einstellen. Wir müßten uns damit gemäß nachfolgendem Schema mit vier verschiedenen "Fällen" befassen.

Übersicht 11.1: Inzidenzanalyse staatlicher Verschuldung in Abhängigkeit vom Gläubiger und der konjunkturellen Situation

Gläubiger / GesamtwirtschaftlicheSituation	Notenbank	Geschäftsbanken
Unterbeschäftigung mit liquidem Geld- und Kapitalmarkt	Fall 1	Fall 2
Vollbeschäftigung bei angespanntem Geld- und Kapitalmarkt	Fall 3	Fall 4

Da aber Fall 3 im wesentlichen dieselben Resultate wie Fall 1 liefert, ist im folgenden eine getrennte Behandlung desselben nicht erforderlich.[278]

2.4.1 Fall 1: Verschuldung bei der Notenbank in einer Phase der Unterbeschäftigung

Wir nehmen zunächst an, daß Unterbeschäftigung besteht und der Staat sich bei der Notenbank durch Aufnahme eines **un**verzinslichen Buchkredites ver-

[278] Für eine weiterführende Analyse wird auf die differenzierten Ausführungen von Pohmer verwiesen. Vgl. Pohmer, 1972, S. 143 ff.

schuldet.[279] Die Notenbank zahlt dem Staat den Kredit durch Hergabe von Notenbankgeld aus.

Die Wirkungsanalyse ist hier recht einfach. Der **Akt der Geldbeschaffung** hat in der Volkswirtschaft weder einen Einkommensentzugseffekt noch einen Zinseffekt oder einen Liquiditätseffekt. Insoweit kann weder aus der Mittelbeschaffung noch aus einer ansonsten erforderlichen Finanzierung von Zinszahlungen eine Umverteilung der Einkommen resultieren.

Ein Verteilungseffekt kann sich allerdings einstellen, wenn die Staatsschuld zu tilgen ist. Zu vergleichen ist dann die Lastverteilung aus der Steuer, die zur Schuldentilgung erhoben wird, mit derjenigen aus einer Steuer, die gegenwärtig zur Vermeidung der Verschuldung notwendig gewesen wäre. Eine Verschuldung bei der Notenbank wirkt nach diesem Ansatz verteilungsdifferenzierend, wenn die Schuldentilgungssteuer die nach Einkommensklassen gruppierten Einkommensbezieher regressiver oder weniger progressiv als die Schuldenvermeidungssteuer belastet.

Zu klären ist noch, ob auch die **Verteilungswirkungen** zu beachten sind, die sich **aus einer Verausgabung der schuldenfinanzierten Mittel** ergeben. Da wir als Vergleichssituation zur Schuldenfinanzierung die sofortige Steuerfinanzierung gewählt haben, ist die Frage zu verneinen. In beiden Fällen werden entweder bestimmte Ausgaben in Höhe der Finanzmittel getätigt, oder, was wenig sinnvoll erscheint, die Geldmittel stillgelegt.

Die Wirkungsanalyse und ihre Ergebnisse sind unter den getroffenen Annahmen dieselben, wenn anstelle einer unterbeschäftigten Volkswirtschaft Vollbeschäftigung unterstellt wird. Es kann insoweit auf eine separate Behandlung des Falles 3 verzichtet werden.

2.4.2 Fall 2: Verschuldung bei den Geschäftsbanken in einer Phase der Unterbeschäftigung

Wir nehmen nun an, daß sich der Staat wegen der bestehenden Unterbeschäftigung der Wirtschaft im Bankensektor verschuldet, um damit zusätzliche Staatsausgaben zur Verbesserung der Beschäftigungssituation zu finanzieren.[280] Die liquide Geld- und Kapitalmarktsituation sei dadurch gekennzeichnet, daß die Banken über einen ausreichenden Spielraum bei der Beschaffung von Zentralbankgeld bei der Notenbank verfügen. Dieser Spielraum soll sich durch unausgenutzte Rediskontkontingente sowie nicht ausgeschöpfte

279 Aufgrund der oben genannten gesetzlichen Restriktionen für eine Verschuldung des Staates bei der Notenbank spielen diese Kredite in der Bundesrepublik Deutschland eine nur sehr geringe Rolle.

280 In den 80er Jahren lag in der Bundesrepublik Deutschland der Anteil der vom Staat bei Banken aufgenommenen Buch- oder Briefschulden bei drei Vierteln oder mehr der gesamten Haushaltskredite. Damit ist der hier behandelte Fall als empirisch besonders bedeutsam zu bezeichnen.

Lombardierungs- und Wertpapierpensionsmöglichkeiten ergeben. Die Möglichkeit der Geschäftsbanken, sich im Ausland zu verschulden, wollen wir hier zunächst ausschließen. Der Refinanzierungsspielraum hängt hingegen - volkswirtschaftlich gesehen - nicht von den Möglichkeiten einzelner Banken ab, sich bei anderen (inländischen) Banken Geld zu beschaffen.

Verteilungswirkungen aus der Schuldaufnahme

Indem sich die Banken zur Beschaffung von Geld für eine Kreditgewährung an den Staat bei der Notenbank refinanzieren, erhöhen sie damit die in der Volkswirtschaft verfügbare Geldmenge.[281] Die Geldangebotsfunktion verschiebt sich nach rechts. Voraussetzung für die Refinanzierung ist, daß die Kosten der Geldbeschaffung niedriger als die Zinserträge aus dem Kauf von Staatspapieren sind.

Graphisch können wir die Auswirkungen der staatlichen Verschuldung und der dazu erforderlichen Geldbeschaffung der Geschäftsbanken bei der Notenbank wie folgt erläutern.

Abb. 11.3: Wirkungen einer Staatsverschuldung bei den Geschäftsbanken in einer Phase der Unterbeschäftigung

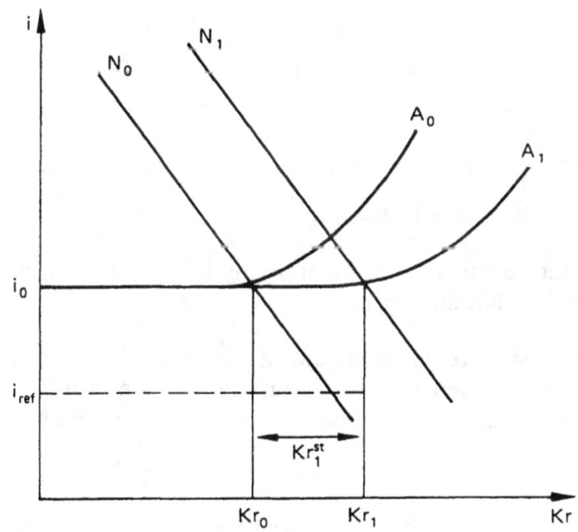

281 Es sei angemerkt, daß sich die Banken wegen der Zahlungsgewohnheiten der privaten Nichtbanken in einem geringeren Umfang refinanzieren müssen als sie dem Staat Kredit geben. Vgl. dazu die in geldtheoretischen Lehrbüchern enthaltenen Ausführungen über Kreditmöglichkeiten des Bankensystems.

Durch den Zutritt des Staates als Nachfrager nach Krediten verschiebt sich die Nachfragefunktion von N_o nach N_1. Da sich die Banken zusätzliche Primär-Liquidität beschaffen, verschiebt sich auch die Angebotsfunktion nach rechts und zwar von A_o nach A_1. Wegen der günstigen Refinanzierungsbedingungen, ausgedrückt durch den Refinanzierungssatz i_{ref}, kann die staatliche Kreditnachfrage zu den bisherigen Zinskonditionen befriedigt werden. M.a.W.: Es kommt zu keinem Anstieg des allgemeinen Zinssatzniveaus i_o am Kapitalmarkt.[282] Sodann können wir konstatieren, daß die vom Staat zu entrichtenden Zinszahlungen in Höhe von $(Kr_1 - Kr_o)\, i_o$ in vollem Umfang Zinsmehreinkommen darstellen.

Diese Zinsmehreinkommen kommen allerdings nicht - wie im Transferansatz unterstellt wird - ausschließlich den Geschäftsbanken als Kreditgeber zugute. Ein Teil von ihnen fließt als Refinanzierungskosten an die Notenbank. Ein weiterer Teil kommt den Wirtschaftssubjekten zugute, die die Kreditgewährung der Banken an den Staat durch ihre erhöhten Einlagen mitfinanziert haben.[283]

Unter Verteilungsgesichtspunkten wäre es nun erforderlich, die Zinsmehreinkommen den individuellen Einkommensbeziehern zuzurechnen. Dazu müßten **in einem ersten Schritt** die Zinsmehreinkommen auf die Geschäftsbanken ($Z^B{}_{mehr}$), die Notenbank ($Z^{NB}{}_{mehr}$) und die Besitzer von zusätzlichen Einlagen bei den Geschäftsbanken ($Z^P{}_{mehr}$) aufgeteilt werden.[284] Es fließen:

- an die Geschäftsbanken

$$(11.1) \qquad Z^B{}_{mehr} = (Kr_1 - Kr_o)\,(i_o - i_{ref})\,,$$

- an die Notenbank

$$(11.2) \qquad Z^{NB}{}_{mehr} = (Kr_1 - Kr_o)\; d\; i_{ref},$$

- und an die privaten Einleger bei den Geschäftsbanken

$$(11.3) \qquad Z^P{}_{mehr} = (Kr_1 - Kr_o)\,(1 - d)\; i_{ref}.$$

In 11.2 und 11.3 steht d für den Quotienten aus Refinanzierungskredit und dem Betrag der zusätzlichen Kreditvergabe.

In einem zweiten Schritt müßten die Zinsmehreinkommen auf die individuellen bzw. in Einkommensklassen zusammengefaßten Einkommensbezieher verteilt werden. Dies ist zwar im Modell grundsätzlich möglich, in empirischen

---

282 Damit gibt es - anders als in der von Gandenberger unterstellten Konstellation - keine Verlierer als Folge gestiegener Kreditzinssätze, aber auch keine Gewinner.

283 Vgl. dazu die Ausführungen in Abschnitt 2.3.1 dieses Kapitels.

284 Zu beachten wäre außerdem, daß die Zinsmehreinkommen über die gesamte Laufzeit der betreffenden Staatspapiere anfallen und damit nicht unbedingt in vollem Umfang der Person zuzurechnen sind, die im Betrachtungszeitpunkt im Besitz der Staatspapiere ist.

Untersuchungen allerdings außerordentlich schwierig. Noch am einfachsten ist die Zuordnung der Zinsmehreinkommen, die an die Notenbank fließen. Sie kommen zunächst dem Bund zugute, an den in der Bundesrepublik Deutschland die Gewinne der Bundesbank ausgeschüttet werden. Welche Haushalte indirekt begünstigt werden, hängt davon ab, ob der Staat damit bestimmte Ausgaben finanziert oder weniger Steuern erhebt. Sehr viel schwieriger, wenn nicht unlösbar, ist die Zurechnung der Zinsmehreinkommen, die auf die Geschäftsbanken und die Einleger entfallen. Eine anteilige Zurechnung auf die privaten Eigentümer der Geschäftsbanken sowie die Einleger bei den Geschäftsbanken wäre nicht nur willkürlich, sondern auch mit kaum lösbaren Problemen der Datenbeschaffung verbunden. Plausibilitätsüberlegungen und empirische Untersuchungen, wie sie in der Literatur bezüglich der Verteilung der Mehreinkommen als Folge der Staatsverschuldung teilweise durchgeführt werden[285], sind in ihren Ergebnissen sehr vage und zudem umstritten.

Wir sind bisher davon ausgegangen, daß die Vergleichsalternative für die Verschuldung die Erhebung einer Schuldenvermeidungssteuer ist. Henke weist nun darauf hin, daß es bei Unterbeschäftigung gar nicht sinnvoll sei, die **Steuerfinanzierung** als relevante Alternative der Verschuldung zu wählen. Steuern hätten einen erheblichen kontraktiven Effekt, der die expansive Wirkung der mit ihnen finanzierten Staatsausgaben weitgehend oder sogar vollständig kompensieren würde. Es sei viel sinnvoller, als relevante Alternative von schuldenfinanzierten Mehrausgaben eine **Beibehaltung des "alten" Budgetniveaus** zu wählen. Dies verlange aber die Durchführung einer Budgetniveauinzidenzanalyse[286].

Henkes Einwand erscheint insoweit gerechtfertigt, als die Erhebung einer Schuldenvermeidungssteuer sicher nicht die einzige Alternative ist, die von einem Wirtschaftspolitiker gewählt werden kann. Allerdings ist die Beibehaltung des "alten" Budgetniveaus auch wiederum nicht die einzige sinnvolle Alternative zu einer schuldenfinanzierten Ausgabenerhöhung. Zumindest für Verfechter einer höheren Staatsquote dürfte bei Unterbeschäftigung der von Henke behauptete a priori-Vorteil aus der Beibehaltung des "alten" Budgetniveaus gegenüber einer steuerfinanzierten Ausgabenerhöhung als relevanter Alternative nicht einsichtig sein. Letztlich sollte wohl die gewählte Vergleichssituation von den Wertungen der Wirtschaftspolitiker bestimmt werden. Denn sie sind diejenigen, die letztendlich darüber befinden, welche Alternativen ernsthaft erwogen werden und welche nicht.

Verteilungswirkungen aus der Finanzierung der Zinszahlungen über eine Steuererhöhung

Wir haben bisher nichts darüber gesagt, welche Verteilungswirkungen aus der Erhebung einer Steuer resultieren, mit der die Zinszahlungen für den Staatskredit finanziert werden. Hier sind verschiedene Wirkungen denkbar.

---

285 Vgl. z.B. Bagus, 1981, S. 351 ff.

286 Vgl. Henke, 1978, S. 440 ff.

Wird etwa die Mehrwertsteuer erhöht, so sprechen die in Kapitel 10 dargestellten Ergebnisse empirischer Untersuchungen dafür, daß die Einkommensverteilung ungleicher wird. Dieser Effekt dauert solange an, wie Zinsen zu zahlen sind und deshalb der erhöhte Steuersatz angewendet werden muß.

Derselbe Effekt ist für eine progressive Einkommensteuer zu erwarten, wenn wegen inflationärer Prozesse oder (nominalen) Einkommenszuwächsen die durchschnittliche steuerliche Belastung aus der Einkommensteuer immer größer wird und der Staat die "ungerechtfertigten" Mehreinnahmen aus der Einkommensteuer für die Zinszahlungen verwendet. Der regressive Verteilungseffekt kommt dann daher, daß mit steigendem Durchschnittseinkommen und bei einem progressiven Steuertarif die **relative** Zusatzbelastung aus der Steuer sinkt.

Selbstverständlich sind aber auch steuerliche Lösungen denkbar, die die Bezieher hoher Einkommen überproportional belasten, wie z.B. die Erhöhung des Spitzensteuersatzes bei der Einkommensteuer oder die Einführung einer Ergänzungsabgabe für Bezieher hoher Einkommen.

Die Verteilungswirkungen aus einer Schuldentilgung

Obwohl die staatliche Nettoschuldentilgung in den letzten Jahrzehnten weitgehend an empirischer Relevanz verloren hat, sei kurz auf die mit ihr verbundenen Verteilungseffekte eingegangen.

Eine Schuldentilgung erfordert Finanzmittel in Höhe des zu tilgenden Schuldenstandes. Wir wollen davon ausgehen, daß diese Mittel auf dem Wege der Einführung einer Steuer oder der Erhöhung der Belastung aus einer bereits existierenden Steuer beschafft werden. Damit können wir aber wiederum weitgehend auf die Wirkungsanalyse verweisen, wie sie in den Kapiteln 9 und 10 durchgeführt wurde. Zusätzlich sollte allerdings die jeweilige konjunkturelle Situation mitberücksichtigt werden. Generell kann gesagt werden, daß eine Nettotilgung nur in einer Vollbeschäftigungs- oder Boomphase sinnvoll ist. Ihre Finanzierung durch Steuern wird dann i.d.R. zu einer konjunkturellen Entspannung führen, deren Verteilungswirkungen allerdings nur bei Kenntnis der jeweils geltenden ganz speziellen Bedingungen ermittelt werden könnten.

Der kombinierte Verteilungseffekt aus allen schuldenrelevanten Finanzvorgängen

Die bisherigen Ausführungen haben deutlich gemacht, daß sich der Gesamtverteilungseffekt aller aus den staatlichen Schuldenaktivitäten resultierenden Finanzvorgänge als Summe der Einzelwirkungen ergibt. Dieser Effekt ließe sich bei Kenntnis der Einzelwirkungen errechnen, indem für jede Einkommensklasse die staatsschuldenbedingten Einkommenszu- und -abflüsse erfaßt und auf einen einheitlichen Zeitpunkt abdiskontiert würden. Der auf die Gegenwart diskontierte Nettobetrag der einkommenswirksamen Finanzströme ergäbe dann die Besser- oder Schlechterstellung der Wirtschaftssubjekte in den jeweiligen Einkommensklassen. Sie könnten mit der Verteilungswirkung einer Steuer verglichen werden, die zur Vermeidung der Staatsverschuldung hätte aufgenommen werden müssen. Die empirische Ermittlung eines solchen kombinierten Verteilungseffektes ist allerdings wegen der kaum überwindbaren Datenbeschaffungsschwierigkeiten und der Zurechnungsprobleme außerordentlich erschwert.

Wir haben uns gemäß der Fragestellung bisher nur mit den Verteilungswirkungen befaßt, die aus unterschiedlichen Finanzierungsformen für eine bereits beschlossene Staatsaktivität resultieren. Es sollte aber doch wenigstens ganz kurz darauf hingewiesen werden, daß selbstverständlich auch die vom Staat getätigten Ausgaben Verteilungseffekte auslösen. Diese können u.U. sogar erheblich gewichtiger als diejenigen sein, die aus alternativen Finanzierungsformen resultieren.

2.4.3 Fall 4: Verschuldung bei den Geschäftsbanken in einer Phase der Vollbeschäftigung

Wir nehmen jetzt an, daß sich der Staat wieder wie in Fall 2 bei den Geschäftsbanken verschuldet, nun aber Vollbeschäftigung besteht. Zugleich soll die Notenbank eine Politik des "knappen Geldes" betreiben, d.h., sie wird versuchen, den Banken und damit dem Nichtbankensektor nur soviel Liquidität zur Verfügung zu stellen, daß von dieser keine inflationären Effekte auf die Volkswirtschaft ausgehen. Dies bedeutet, daß der Bankensektor entweder seine Refinanzierungsmöglichkeiten ganz ausgeschöpft hat oder daß er sich zusätzliche Liquidität nur zu höheren Zinssätzen als bisher beschaffen kann. Eine Auslandsverschuldung wollen wir wieder ausschließen, obwohl sie heute eine oft erhebliche Bedeutung besitzt.

Verteilungswirkungen aus der Schuldaufnahme

In Abb. 11.4 wird zunächst die Gleichgewichtssituation ohne Staatsverschuldung dargestellt. Sie ergibt sich im Schnittpunkt der Angebotsfunktion A_o mit der Nachfragefunktion N_o bei der Kreditmenge Kr_o und dem Marktzins i_o. Tritt nun der Staat in einer vollbeschäftigten Wirtschaft als zusätzlicher Nachfrager nach Krediten auf, so verschiebt sich die Nachfragefunktion nach N_l und die Angebotsfunktion nach A_l;[287] zugleich kommt es zu einem Anstieg des allgemeinen Zinsniveaus auf i_l und der Kreditmenge auf Kr_l. Von letzterer entfällt die Menge Kr_{lpr} auf den Privatsektor, während dem Staat das Volumen Kr_l - Kr_{lpr} zufließt.

Verglichen mit der Situation, wie sie ohne Staatsverschuldung zustande gekommen wäre, werden die privaten Kreditnachfrager mit einem Volumen von Kr_o - Kr_{lpr} vom Markt verdrängt. In der Regel wird angenommen, daß es vor allem private Investoren sind, die wegen der gestiegenen Zinsen weniger Kredite nachfragen. Es kann aber auch sein, daß private Haushalte ihre Nachfrage nach Konsumentenkrediten einschränken.

---

287 Zur Begründung für die Verschiebung der Angebotsfunktion siehe die Ausführungen in Abschnitt 2.3.1 dieses Kapitels.

Abb. 11.4: Wirkungen einer Staatsverschuldung bei den Geschäftsbanken in einer Phase der Vollbeschäftigung

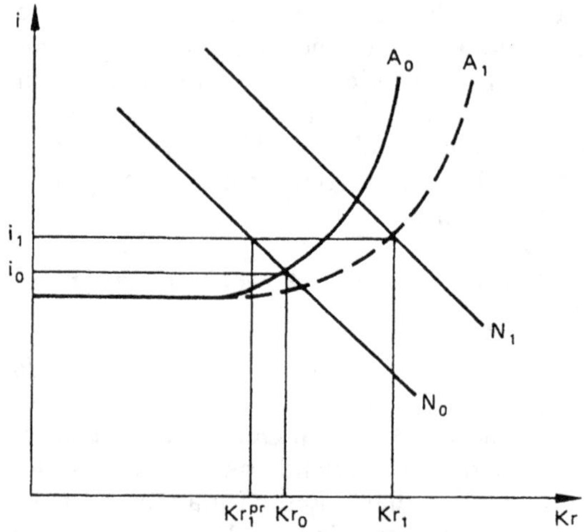

Im Unterschied zu Fall 2 sind die Begünstigten der Mehreinkommen nun nicht nur die Kapitalanbieter, die direkt oder indirekt die Staatsverschuldung finanzieren. Es profitieren jetzt **alle**, die während der Phase der Staatsverschuldung Geld zu den gestiegenen Zinssätzen anlegen. Andererseits erleiden die Inhaber von (alten) festverzinslichen Wertpapieren Kursverluste, und es werden potentielle Kreditnehmer verdrängt. Diese beiden Gruppen tragen die Last aus dem Zinssatzanstieg zusammen mit den Kreditnehmern, die ihre Kredite zu den gestiegenen Zinssätzen aufnehmen müssen.

Wir wollen nun noch kurz auf die Verteilungswirkungen eingehen, die sich ergeben würden, wenn die Banken trotz vollbeschäftigter Wirtschaft über genügend Liquidität verfügten, um die zusätzliche staatliche Kreditaufnahme zu unveränderten Marktzinsen zu bedienen. Diese Situation kann dann eintreten, wenn sich die Banken im Ausland Geld beschaffen können, ohne daß sie erhöhte Refinanzierungskosten haben, oder wenn die Notenbank zur Verhinderung von zinssatzbedingten Geldzuflüssen aus dem Ausland die Refinanzierungsbedingungen im Inland ausreichend verbessert, um die zusätzlich benötigte Geldmenge ohne Zinsmehrbelastung bereitstellen zu können.

In diesem Fall wird inländische private Kreditnachfrage nicht verdrängt. Wir haben am Kapitalmarkt dieselbe Situation wie in Fall 2 und wie in Abb. 11.3 dargestellt. Dennoch liegt ein Unterschied zur Situation bei Unterbeschäftigung vor. Er zeigt sich allerdings erst, wenn der Staat als zusätzlicher Nachfrager auftritt und die durch Verschuldung beschafften Geldmittel ausgibt. Es kommt dann bei Vollbeschäftigung unter den üblichen Annahmen des Ausgleichs von Angebot und Nachfrage zu einem Anstieg der Preise auf den betroffenen Gütermärkten und zugleich zu einer Verdrängung privater Nachfrage.

Da diese Wirkungen durch eine Differentialinzidenzanalyse nicht erfaßt werden, ist es erforderlich, hierfür eine Budgetniveauinzidenzanalyse durchzuführen. Sie ergibt, daß Benachteiligte dieser Veränderung im Sinne einer Verschlechterung der relativen Einkommensposition diejenigen sind, deren reale Kaufkraft durch die Preissteigerungen der von ihnen gekauften Güter und Dienstleistungen überdurchschnittlich gesenkt wird. Die Ermittlung der Begünstigten bzw. Benachteiligten ist allerdings nur möglich, wenn bekannt ist, welche Güter in welchem Ausmaß Preissteigerungen als Folge der zusätzlichen staatlichen Nachfrage erfahren haben und wie hoch die Ausgabenanteile der Einkommensbezieher in den verschiedenen Einkommensklassen sind.

Verteilungswirkungen aus der Finanzierung der Zinszahlungen und der Schuldentilgung

Verglichen mit dem Fall 2 ergeben sich bei der Finanzierung der Zinszahlungen durch eine Zinszahlungssteuer sowie der Schuldentilgung durch eine Schuldentilgungssteuer keine neuen Aspekte. Es kann insoweit auf die dort enthaltenen Ausführungen sowie die Kapitel 9 und 10 verwiesen werden, in denen die Verteilungswirkungen der wichtigsten Steuern ausführlich dargestellt wurden.

Der kombinierte Verteilungseffekt aus allen schuldenrelevanten Finanzvorgängen

Um die relative Besser- oder Schlechterstellung der einzelnen Einkommensklassen zu ermitteln, müßten wiederum alle Einzeleffekte auf einen einheitlichen Zeitpunkt bezogen und dann addiert werden. Eine solche Gesamtrechnung wird allerdings nun zusätzlich dadurch erschwert, daß nicht nur die Ersterwerber von Staatspapieren zusätzliche Zinseinkommen erzielen, sondern auch alle diejenigen, die als Geldanleger von dem gestiegenen Zinsniveau profitieren. Es kommt hinzu, daß sich für Geldnachfrager, die wegen des gestiegenen Zinssatzniveaus entweder nicht zum Zuge kommen oder erhöhte Zinszahlungen leisten müssen, die relative Einkommensposition verschlechtert. Ansonsten gelten dieselben Aussagen, wie sie für den Fall 2 gemacht wurden.

2.5 Empirische Untersuchungen zur interpersonellen Verteilungswirkung staatlicher Schuldenaktivität

Versuche, die Verteilungswirkung staatlicher Schuldenaktivität aus empirischen Untersuchungen abzuleiten, fehlen zumindest für die Bundesrepublik Deutschland weitgehend. Dies erscheint angesichts der wenigen verfügbaren Daten zur Verteilung staatlicher festverzinslicher Wertpapiere auf deren Besitzer als wenig überraschend. Erschwerend für eine Inzidenzanalyse wirkt aber vor allem die Tatsache, daß sich nur etwa ein Zehntel aller Staatspapiere in den Händen der privaten Haushalte befinden. Zirka zwei Drittel werden von Kreditinstituten gehalten. Daraus fließende Zinsen müßten entweder aus der Inzidenzanalyse ausgeklammert werden - was sicherlich unbefriedigend wäre - oder sie müßten in einem auf Willkürannahmen beruhenden Zurechnungsverfahren auf die letzten

Eigentümer von Bankanteilen oder die Bankkunden verteilt werden, die durch gestiegene Guthabenzinsen von den Zinsmehreinnahmen profitieren.

Kurz hat einen solchen Zurechnungsversuch unternommen.[288] Er gelangt nach einer Reihe von z.T. willkürlichen Annahmen zu dem Ergebnis, daß die Verteilung der staatlichen Zinszahlungen nicht signifikant von der Verteilung der Last abweicht, die von den Steuern insgesamt auf die Haushalte ausgeht. Er kommt damit zu dem Schluß, daß hinter die Aussagen des Transferansatzes ein Fragezeichen nicht nur wegen der gewählten Analysemethode, sondern auch wegen der empirischen Befunde gesetzt werden muß. Da Zinseinkommen zudem nur etwa 2 % des Gesamteinkommens privater Haushalte ausmachten und zudem über die verschiedenen Einkommensklassen hinweg in etwa dasselbe relative Gewicht besitzen würden, könne u.U. auf eine Analyse der Verteilungswirkung aus den Zinszahlungen staatlicher Schuldenaktivität ganz verzichtet werden. Da die entscheidende Einkommenskategorie das Einkommen aus unselbständiger Arbeit sei, sollte das Augenmerk vielmehr auf die Beschäftigungs- und die sich daraus ergebenden Einkommenswirkungen gerichtet werden, die aus schuldenfinanzierten Staatsausgaben resultieren. Und da sei anzunehmen, daß vor allem die unteren Einkommensschichten profitieren würden. Es sei also eine tendenziell nivellierende Wirkung zu erwarten.

3. Die intertemporale Lastverteilung aus einer Staatsverschuldung

In Diskussionen um die Art der Finanzierung staatlicher Ausgaben hat immer wieder das Argument eine große Rolle gespielt, daß es bei Schuldenfinanzierung **möglich** sei, die endgültige Last aus der Geldbeschaffung in die Zukunft, d.h. letztlich auf zukünftige Generationen zu verschieben. Demgegenüber würde bei einer Finanzierung von Staatsausgaben durch Steuern diese Last stets von der gegenwärtigen Generation zu tragen sein, da deren Mitglieder infolge der Steuerzahlungen endgültige Kaufkrafteinbußen erleiden würden und damit auf individuelle Konsum- und Investitionsaktivitäten verzichten müßten. Nun ist allerdings diese Argumentation bis heute umstritten. Im folgenden soll deshalb zunächst dargestellt werden, welche verschiedenen Positionen zu dieser Frage eingenommen werden.

Kommt man zu dem Ergebnis, daß eine Verschiebung der Last aus der Mittelaufbringung in die Zukunft möglich ist, so stellt sich eine zweite, jetzt aber normative Frage: Ist es unter Gerechtigkeitsaspekten überhaupt **wünschenswert**, eine Last in die Zukunft zu verschieben? Wir werden im folgenden auch auf diesen Aspekt eingehen.

3.1 Unterschiedliche Positionen zur intertemporalen Inzidenz

In der Literatur lassen sich zumindest vier verschiedene Grundpositionen zur intertemporalen Lastverteilung einer staatlichen Verschuldung finden. Wir wer-

288 Vgl. Kurz, 1984, S. 223 ff.

den sie in der Folge ihres zeitlichen Entstehens und Geltens darstellen und zunächst von folgenden generell geltenden Prämissen ausgehen:

- Es herrscht Vollbeschäftigung.
- Es wird eine geschlossene Volkswirtschaft unterstellt.
- Es werden Staatspapiere mit unendlicher Laufzeit ausgegeben. Damit werden eventuelle Verteilungswirkungen aus der Schuldentilgung ausgeklammert. Die Papiere werden zu den marktüblichen Bedingungen emittiert.
- Als relevante Alternative steht eine Einkommensteuer mit konstantem Steuersatz zur Diskussion.
- Die Zinszahlungen werden durch eine zweckgebundene einkommensproportionale Zinszahlungssteuer finanziert.

3.1.1 Der Ansatz der Klassiker

Nach Ricardo, der hier als Vertreter der Klassiker genannt werden soll, findet eine Lastverschiebung in die Zukunft dann statt, wenn als Folge einer Verschuldung der Realkapitalstock, der an die zukünftigen Generationen weitergegeben wird, kleiner als bei Steuerfinanzierung ist. Davon könne aber vor allem deshalb ausgegangen werden, weil die Gläubiger zwar ihre Forderungen aus den Staatstiteln aktivierten, jedoch i.d.R. versäumten, die voraussichtlich in den folgenden Perioden anfallenden zusätzlichen Steuerzahlungen zu "passivieren". Sie würden insoweit einer Schuldillusion unterliegen und deshalb bei Staatsverschuldung ein höheres Konsumniveau als im Falle einer Steuerfinanzierung der zusätzlichen Staatsausgaben realisieren. Dies führe aber bei Vollbeschäftigung zwangsweise zu einem Verdrängen von Investitionen. Der Kapitalstock wachse bei **Schulden**finanzierung langsamer als bei **Steuer**finanzierung. **Last** wird von Ricardo also verstanden **als ein geringerer, an die Zukunft weitergegebener Kapitalstock.**[289]

Soweit Zinszahlungen zu leisten seien, würden die Mitglieder der jeweiligen Generationen diese an sich selbst entrichten. Eine intertemporale Umverteilung aus Zinszahlungen könne damit nicht eintreten.[290]

3.1.2 Der Ansatz der "Neuen Orthodoxie"

Die lange Zeit kaum umstrittene These von einer möglichen Lastverschiebung in die Zukunft wurde vor allem in den 50er Jahren weitgehend in Frage gestellt. Es waren insbesondere Vertreter keynesianischen Gedankengutes, wie Lerner oder

---

289 Vgl. Ricardo, 1820, S. 185 ff.

290 Vgl. Ricardo, 1817, S. 244. Diese Position ist weitgehend identisch mit derjenigen von Smith, der in der Erhebung von Steuern zur Zinszahlung lediglich ein Wandern von "Geld aus der rechten Tasche in die linke" sieht. Vgl. Smith, 1974, S. 800.

Hansen und im deutschen Sprachraum Haller und Zeitel, die eine Lastverschiebung in die Zukunft unter den üblichen Prämissen für nicht möglich hielten.[291]

Sie begründeten ihre Position damit, daß bei Vollbeschäftigung jede zusätzliche staatliche Aktivität unabhängig von der Art ihrer Finanzierung zu einem Entzug von Ressourcen für die private Verwendung führen müsse. **Last** wird von ihnen also **als ein Verzicht auf privaten Ressourcenverzehr** verstanden. Eine Verschiebung in die Zukunft sei damit nicht möglich.

Auch die Zinszahlungen und die dazu notwendige Steuererhebung würden keine intertemporale Lastverschiebung auslösen, denn es würde ja die Summe der Steuerzahlungen gerade so hoch wie die Summe der aus Staatspapieren zufließenden Zinsen sein. Letztlich finde also nur eine Umschichtung von Geld zwischen verschiedenen Personen in derselben Zeitperiode statt.

Eine Ausnahme von dieser Regel stelle allerdings eine Verschuldung des Staates im Ausland und die damit finanzierte Beschaffung von Gütern oder Leistungen im Ausland dar. In diesem Fall müßten gegenwärtige Generationen weder auf privaten Konsum noch auf private Investitionen verzichten. Dem stünde ein Verzicht zukünftiger Generationen gegenüber, wenn diese Steuern für Zins- und Schuldentilgungszahlungen an das Ausland abführten und das Ausland die Geldzahlungen zum Erwerb inländischer Güter verwende.

3.1.3 Der Nutzenansatz von Buchanan

Die in den fünfziger Jahren weitgehend vorherrschende Auffassung der Neuen Orthodoxie (der Name wurde dieser Lehre von ihren späteren Kritikern gegeben) stieß erstmals Ende der fünfziger Jahre auf Widerspruch. Dieser richtete sich vor allem gegen die inhaltliche Interpretation des Lastbegriffes.

Es war insbesondere Buchanan, der den Begriff **Last** völlig anders definierte, nämlich **als individuell empfundene Nutzeneinbuße**.[292] Wendet man dieses Konzept an, empfinden die Individuen der Gegenwart durch die Staatsverschuldung keine Last, denn sie stellen dem Staat die Kreditmittel ja freiwillig zur Verfügung. Eine Last ergibt sich hingegen in der Zukunft, wenn zusätzliche Steuern erhoben werden, die der Staat zur Finanzierung der Zinszahlungen und der Schuldentilgung benötigt. Nach Buchanan kann der Wohlfahrtsverlust aus der Steuererhöhung auch nicht gegen einen eventuellen Wohlfahrtsgewinn der Anleihezeichner aufgerechnet werden, die die Staatspapiere in Händen haben und deshalb Zinseinkommen beziehen. Da diese Wirtschaftssubjekte ihre Ersparnisse ohnehin angelegt hätten, wären ihnen die Zinseinkommen auch im Falle der Steuerfinanzierung zugeflossen.

---

291 Vgl. Gandenberger, 1974a, S. 334.

292 Vgl. Buchanan, 1958, S. 34 ff. und Shoup, 1969, S. 466 ff.

3.1.4 Der Ansatz der Wachstumstheoretiker

Nach Ansicht der sogenannten Wachstumstheoretiker, zu denen insbesondere Musgrave, Modigliani und Vickrey zu rechnen sind,[293] liegt eine **Last** dann vor, **wenn das gesamtwirtschaftliche Wachstum reduziert wird.** Vergleiche man eine Schulden- mit einer Steuerfinanzierung, so lasse sich eine Belastung zukünftiger Generationen als Folge einer staatlichen Kreditaufnahme feststellen. Diese würde bei Vollbeschäftigung insbesondere zu einem Verdrängen privater Investitionen führen, während als Folge einer alternativ möglichen Steuererhöhung vor allem der private Konsum zurückgedrängt würde. Das gesamtwirtschaftliche Wachstum sei also bei Steuerfinanzierung zusätzlicher Staatsausgaben höher als bei Kreditfinanzierung. Das impliziert zugleich, daß ein höherer Konsum der Gegenwart mit einem geringeren Wachstum des Volkseinkommens und damit geringeren Konsummöglichkeiten in der Zukunft erkauft wird. Eine Verlagerung der Last in die Zukunft durch Kreditaufnahme ist also möglich.

3.2 Bewertung der Ansätze

Die vorgestellten Ansätze sollen im folgenden unter zwei verschiedenen Aspekten bewertet werden. Zum ersten werden wir uns mit den jeweils gewählten Lastbegriffen und deren Vergleich befassen. Zum zweiten soll die Frage gestellt werden, ob die allen hier vorgestellten Ansätzen zugrundeliegende Annahme einer vollbeschäftigten Wirtschaft für die heutige Zeit überhaupt noch empirisch relevant ist und inwieweit sich die Aussagen zur Lastverteilung ändern, wenn eine unterbeschäftigte Wirtschaft unterstellt wird.

Vergleichende Bewertung der verschiedenen Lastbegriffe

Zunächst fällt auf, daß eine vergleichende Bewertung der verschiedenen Ansätze kaum möglich ist, weil unter dem Begriff Last jeweils verschiedenes verstanden wird. Begrenzt ineinander überführbar sind lediglich die Definitionen der Klassiker und der Wachstumstheoretiker. Dazu braucht man nur zu beachten, daß eine höhere gesamtwirtschaftliche Wachstumsrate i.d.R. gleichbedeutend mit einem höheren, der Zukunft übergebenen Kapitalstock ist.

Der Lastbegriff der Neuen Orthodoxie ist als "Verzicht auf privaten Ressourcenverzehr" formal zwar klar definiert, und er liefert bei Vollbeschäftigung auch gleich das zwingende Ergebnis, daß die Last in der Gegenwart getragen werden muß. Allerdings bestehen erhebliche Zweifel, ob dieser Lastbegriff zweckmäßig ist.

Wenn die Politiker die Durchführung einer Maßnahme bereits beschlossen haben und nur noch eine Entscheidung darüber treffen müssen, ob die Maßnahme durch Kreditaufnahme oder zusätzliche Steuern finanziert werden soll, dann

---

293 Vgl. die Beiträge dieser Wissenschaftler in Ferguson, 1964, S. 139 ff., S. 107 ff. und S. 74 ff.

kommt es so oder so zu einer Einschränkung des privaten Ressourcenverzehrs. Unterschiedliche Auswirkungen in der Gegenwart und in zukünftigen Perioden können dann nur noch in einer Differentialinzidenzanalyse aus den verschiedenen Finanzierungsformen ermittelt werden. Dazu eignet sich allerdings der Lastbegriff der Neuen Orthodoxie nicht.

Wird als relevante Alternative zur schuldenfinanzierten Staatsaktivität ein Unterlassen sowohl der Verschuldung als auch der geplanten Staatsaktivität gewählt, muß eine Art Budgetniveauinzidenz untersucht werden. Sie ergibt sich aus einem Vergleich der Last aus dem Verzicht auf privaten Ressourcenverzehr (bei Staatsverschuldung) mit dem eventuellen Nutzen aus der Staatsaktivität, die den privaten Ressourcenverzehr verdrängt hat. Dieser Vergleich ist allerdings ebenfalls nicht mit dem Lastbegriff der Neuen Orthodoxie durchzuführen.

Methodisch geeigneter erscheint hier **der Lastbegriff Buchanans**. Er ist für den Fall anwendbar, daß die zusätzlichen Ausgaben bereits beschlossen sind und es nur noch um die Art der Finanzierung geht. Dennoch bleiben **zwei Probleme**. **Das eine** ist grundsätzlicher Natur und besteht in der **mangelnden Operationalität des Nutzenkonzepts**. Als Vertreter des Nutzen-Ansatzes könnte man dem Einwand allerdings damit begegnen, daß die ordinale Nutzenaussage ganz eindeutig ist: Für die heutige Generation kommt es bei Steuerfinanzierung zu einem Nutzenverlust, bei Schuldenfinanzierung hingegen nicht. Umgekehrtes gilt für zukünftige Generationen. Je nach Finanzierungsform werden einmal die gegenwärtige, das andere Mal zukünftige Generationen belastet.

Hier kommt allerdings der **zweite Einwand** gegen das Konzept zum Tragen: Eine Differentialinzidenzanalyse ist unvollständig, wenn sie lediglich die Nutzenveränderungen der Staatsschuldengläubiger mit denjenigen der Steuerzahler vergleicht. Neben den unmittelbar betroffenen Besitzern von Staatspapieren und Steuerzahlern gibt es nämlich noch andere Betroffene. Diese können einmal die Investoren und Konsumenten sein, die höhere Zinsen am Kapitalmarkt entrichten müssen oder als Kreditnehmer ganz ausscheiden (finanzielles crowding out). Der Verdrängungsprozeß kann aber auch über inflationäre Prozesse auf den Gütermärkten erfolgen, wenn ein crowding out über den Kreditmarkt nicht stattfindet. In beiden Fällen treten Nutzeneinbußen auf, die im Buchananschen Konzept nicht erfaßt werden.

Akzeptiert man als letztlich **objektives Kriterium für eine eventuelle Lastverschiebung ein geringeres Volumen des Kapitalstocks**, das an Nachfolgegenerationen weitergegeben wird, hängt die Antwort auf die Frage nach einer intertemporalen Lastverschiebung von folgenden Faktoren ab:

- Was ist die relevante Alternative für eine Staatsverschuldung? Entsprechend dieser Alternative sind entweder eine Budgetniveauinzidenz- oder eine Differentialinzidenzanalyse durchzuführen.
- Wie reagieren die Privaten auf die alternativen staatlichen Verhaltensweisen?

Nur, wenn hierüber klare Informationen vorliegen oder Annahmen gemacht werden, können zuverlässige Aussagen über eine eventuelle intertemporale Lastverschiebung gemacht werden.

Intertemporale Lastverschiebung bei Unterbeschäftigung

Spätestens seit den 70er Jahren ist Vollbeschäftigung in westlichen Marktwirtschaften kaum mehr anzutreffen. Auch in den kommenden Jahren dürfte aus verschiedenen Gründen in den meisten dieser Länder Vollbeschäftigung nicht oder nur sehr allmählich wieder herzustellen sein. Damit stellt sich die Frage, ob die für eine vollbeschäftigte Volkswirtschaft abgeleiteten Aussagen zur intertemporalen Lastverschiebung durch öffentliche Schuldaufnahme auch für eine unterbeschäftigte Volkswirtschaft gelten. Wir meinen, daß die Frage verneint werden muß.

Wählen wir den **Lastbegriff der Neuen Orthodoxie**, so wird sofort deutlich, daß ein Verzicht auf privaten Ressourcenverzehr immer dann nicht eintritt, wenn durch die Schuldenfinanzierung nur solche Ressourcen der produktiven Verwendung zugeführt werden, die ansonsten brachgelegen hätten. Eine solche Situation ist aber gerade bei Unterbeschäftigung durchaus denkbar. Demgegenüber würde eine Steuerfinanzierung private Konsum- und Investitionstätigkeiten reduzieren und somit die Gegenwart belasten. Eine Schuldenfinanzierung öffentlicher Aktivitäten hat diesen Effekt bei entsprechender Geldpolitik nicht und kann damit - verglichen mit einer Steuerfinanzierung - zukünftige Generationen über ein höheres Niveau wirtschaftlicher Aktivität u.U. sogar begünstigen.

Entscheidet man sich für den **Buchananschen Lastbegriff**, so gelangt man zu denselben Resultaten wie bei Vollbeschäftigung. Das heißt, daß die Steuerfinanzierung die gegenwärtig lebende oder, genauer gesagt, die gegenwärtig steuerzahlende Generation und bei Verschuldung die Generation die Last trägt, die in der Zukunft Steuern für die Zinszahlungen und die Staatsschuldentilgung entrichtet. Unterschiede ergeben sich aber bei den "sonstigen Betroffenen". Vor allem entfällt weitgehend die Belastung von Wirtschaftssubjekten, die zum Zeitpunkt der Staatsverschuldung konsumieren und investieren. Der Grund dafür ist, daß es weder ein finanzielles noch ein reales crowding out gibt.

Verwenden wir schließlich den **Lastbegriff der Klassiker oder der Wachstumstheoretiker**, so müssen auch hier die Schlußfolgerungen modifiziert werden. Solange als Folge der staatlichen Kreditaufnahme keine privaten Investitions- oder Konsumaktivitäten verdrängt werden, - eine Annahme, die gerade bei Unterauslastung der Ressourcen eine große Relevanz besitzt -, wird auch das Wirtschaftswachstum bzw. der an zukünftige Generationen weitergegebene Kapitalstock nicht reduziert. Es kann sogar angenommen werden, daß zukünftige Generationen durch einen Kapitalstock profitieren, der höher als bei Steuerfinanzierung oder Nichthandeln des Staates ist.

3.3 Ist eine intertemporale Lastverschiebung unter Gerechtigkeitsgesichtspunkten wünschenswert?

Nachdem wir vor allem in Anlehnung an den wachstumstheoretischen Ansatz festgestellt haben, daß aus einer Staatsverschuldung Lasten für zukünftige Generationen erwachsen können, die bei anderen Handlungsalternativen des Staates nicht aufgetreten wären, stellt sich nun noch die Frage, ob eine solche Lastverschiebung gerecht und damit wünschenswert ist.

Das geläufige Argument hierzu lautet, daß immer dann, wenn Ausgaben für Investitionen getätigt werden, die ihre Leistungen über mehrere Generationen hinweg abgeben, spätere Generationen auch von den heute getätigten Investitionen profitieren. Eine Verlagerung von Lasten sei deshalb wünschenswert. Sofern dies dadurch zu erreichen sei, daß die Schuldenfinanzierung an die Stelle einer sonst nötigen Steuerfinanzierung trete, sollte dem durch die Aufnahme von Staatskrediten Rechnung getragen werden.[294]

Diesem Argument wird u.a. von Gandenberger entgegengehalten, daß die Gegenwart nicht nur Vorteile an die Zukunft weitergebe, sondern vor allem auch durch die Verursachung von Umweltschäden in großem Umfang auf Kosten der Zukunft lebe.[295] Es sei deshalb nicht einsichtig, die Zukunft einerseits für weitergegebene Vorteile zu belasten, ihr andererseits jedoch für Nachteile, die die gegenwärtige Generation an die Zukunft weitergibt, keine Entschädigung zu bewilligen.

Gegen eine Belastung zukünftiger Generationen wird sodann eingewendet, daß eine Verschuldung heute entweder den zukünftigen Handlungsspielraum des Staates oder den der Privaten einenge. Dies geschehe im ersten Fall entweder über einen hohen Anteil der Zinszahlungen an den Gesamtausgaben des Staates oder über eine gestiegene Steuerlastquote der Privaten.[296] Akzeptiert man allerdings das Argument, daß zukünftige Generationen aus dem ihnen "vererbten" Kapitalstock Vorteile haben und dafür auch "bezahlen" sollten, verliert dieser Einwand an Stichhaltigkeit.

Schließlich wird gegen eine Lastverschiebung in die Zukunft argumentiert, daß es in einer individualistischen Gesellschaft grundsätzlich nicht Aufgabe des Staates sein sollte, darüber zu entscheiden, ob Gegenwartserleichterungen durch Zukunftsbelastungen geschaffen werden sollten.[297] Dies sollte, wenn möglich, von den Bürgern selbst entschieden werden. Damit wird die Frage nach der Art der Finanzierung einer bereits beschlossenen Ausgabe eindeutig zugunsten der Steuerfinanzierung entschieden. Sofern die Bürger den dadurch bewirkten Kaufkraftentzug nicht durch Konsum- oder Investitionsverzicht kompensieren

294 Vgl. Timm, 1984, S. 74.

295 Vgl. Gandenberger, 1983, S. 861 f.

296 Vgl. Mückl, 1983, S. 497 ff.

297 Vgl. Gandenberger, 1983, S. 863.

wollten, könnten sie sich selbst die fehlende Kaufkraft auf dem Kreditwege beschaffen.[298] Eine Ausnahme von diesem individualistischen Prinzip hält Gandenberger nur dann für gerechtfertigt, wenn Unterbeschäftigung besteht. Da die Privaten in dieser Situation keine Kredite aufnehmen und damit auch nicht zu einem erhöhten Beschäftigungsgrad beitragen würden, könne dies nur der Staat tun.[299] Allerdings sei auch hier eine Reihe von Regeln zu beachten.

Uns erscheint diese Position allerdings als eine Norm, die aufzustellen dem Wissenschaftler nicht zukommt. Letztlich ist es ja so, daß jede einmal beschlossene ausgabenwirksame Aktivität des Staates - egal, ob sie bei Vollbeschäftigung oder Unterbeschäftigung realisiert wird, - einen Finanzbedarf auslöst, der auf irgendeine Weise gedeckt werden muß. Die Entscheidung über die Art der Ausgabendeckung ist dabei immer eine kollektive. Sie kann durch Individualentscheidungen nicht ersetzt werden. Es ist dann aber auch nicht einsichtig, daß unter diesen Bedingungen der Politiker nicht darüber entscheiden darf, ob eine Steuer- oder eine Kreditfinanzierung vorzuziehen ist. Wenn etwa die Kreditfinanzierugng unter verteilungs- oder wachstumspolitischen Aspekten als die bessere Lösung betrachtet wird, dann sollte sie auch vom Politiker gewählt werden können.

3.4 Fazit

Die vorangegangene Analyse hat deutlich gemacht, daß durch eine Kreditfinanzierung öffentlicher Ausgaben eine Lastverschiebung auf zukünftige Generationen möglich ist. Das Ergebnis fällt allerdings unterschiedlich aus, je nachdem, welcher Lastbegriff gewählt und ob Vollbeschäftigung oder Unterbeschäftigung unterstellt wird.

Was die Wünschbarkeit einer solchen durch Staatsverschuldung ausgelösten Lastverschiebung anbelangt, sind die Positionen in der Wissenschaft nicht einheitlich. Wir vertreten allerdings die Meinung, daß es sich hier eindeutig um eine normative Frage handelt, die auch nicht dadurch von vornherein zugunsten einer Steuerfinanzierung beantwortet werden kann, daß man sich grundsätzlich für das individualistische Prinzip des Wirtschaftens entscheidet.

---

298 Vgl. Timm, 1984, S. 71 ff.

299 Vgl. Gandenberger, 1983, S. 847 ff.

5. Teil

Staatliche Einnahmen und Ausgaben im Dienste der Beeinflussung der Vermögensverteilung

Dieser Teil befaßt sich mit der Beeinflussung der **Vermögens**verteilung durch die staatlichen Einnahmen und Ausgaben. Daß im Bereich der Vermögen eine starke Ungleichverteilung besteht, wurde bereits aus den Daten zur Vermögensverteilung für die Bundesrepublik Deutschland deutlich, die wir im 4. Kapitel vorgestellt haben. Dieser Befund kann und wird häufig als Argument für die Forderung nach tiefgreifenden Korrekturen der Vermögensverteilung im Sinne einer zunehmenden Gleichverteilung benutzt.

In der Praxis steht dem gegenüber, daß die Bedeutung der Steuern auf das Vermögen und der die Vermögensverteilung beeinflussenden Staatsausgaben sehr viel geringer als das quantitative Gewicht der Staatsaktivitäten ist, die die Einkommensverteilung beeinflussen. So machten die Vermögensteuer, die Grundsteuer sowie die Erbschaft- und Schenkungsteuer 1997 in der Bundesrepublik Deutschland weniger als 3 % aller Steuereinnahmen aus.

Eine Vernachlässigung dieser Steuern in einer Inzidenzanalyse wäre andererseits allerdings schon deshalb problematisch, weil nicht ausgeschlossen werden kann, daß deren Umverteilungsintensität in bezug auf die Vermögen bedeutsam ist. Es kommt hinzu, daß diese Steuern direkt am Vermögensbestand bzw. an der Übertragung des Vermögens anknüpfen und so den Bezug zur Vermögensverteilung unmittelbar herstellen. Ähnliches gilt für die staatlichen Ausgaben, die auf eine Beeinflussung der Vermögensverteilung und hier vor allem der Möglichkeiten zur Neubildung von Vermögen ausgerichtet sind.

Staatliche Vermögensverteilungspolitik kann grundsätzlich entweder am Vermögensbestand, an der Vermögensübertragung oder am Vermögenszuwachs ansetzen. Die **Beeinflussung des Vermögensbestandes** hat eine lange Tradition. Sie erfolgt seit Jahrhunderten durch eine Besteuerung bestimmter Vermögensarten, z.B. des Grundvermögens. Verteilungspolitische Ziele waren zumeist ein tendenzieller Abbau von zu großen Ungleichheiten in der Vermögensverteilung und die Schaffung gleicher Startchancen. Die wichtigsten Steuern zur Beeinflussung des Vermögensbestandes sind bzw. waren in der Bundesrepublik Deutschland die allgemeine Vermögensteuer (seit dem 1.1.1997 nicht mehr erhoben) sowie die Grundsteuer und die Gewerbekapitalsteuer (seit dem 1.1.1998 abgeschafft) als spezielle Vermögensteuern. Eine Umschichtung des Vermögens von den Besitzenden zu den Besitzlosen, so wie sie z.B. nach dem Zweiten Weltkrieg durch den Lastenausgleich angestrebt wurde, wird in marktwirtschaftlichen Systemen nur in Ausnahmefällen und dann auf begrenzte Zeit praktiziert. Sie würde als Dauerregelung auch im Widerspruch zu Eigentumsgarantien stehen, wie sie etwa durch Art. 14 des Grundgesetzes für die Bundesrepublik Deutschland gegeben werden.

Der zweite wichtige Bereich der Vermögensbesteuerung setzt bei der **Vermögensübertragung** an. Hier gibt es bei der Erbschaft- und Schenkungsteuer ebenfalls eine langjährige Tradition. Quantitativ sind diese Steuern allerdings zumindest in der Bundesrepublik Deutschland von eher geringer Bedeutung.

Relativ jüngeren Datums sind **staatliche Eingriffe in den Vermögensbildungsprozeß**. Sie zielen insbesondere darauf ab, die Vermögensbildung solcher Bevölkerungsschichten zu fördern, die ansonsten gar kein oder ein nur sehr geringes Vermögen gebildet hätten. Sie setzen also bei den Bevölkerungskreisen an, die durch staatliche Eingriffe in den Vermögensbestand wegen Besitzlosigkeit in ihrer absoluten Position überhaupt nicht getroffen werden. Die wichtigsten Maßnahmen sind allgemeine sowie spezielle Sparförderungsprogramme sowie die Begünstigung einer direkten oder indirekten Beteiligung unselbständig Beschäftigter am Produktivvermögen durch steuerliche Förderung von Investivlöhnen und Gewinnbeteiligungen.

12. Kapitel

Steuern auf das Vermögen als Instrumente der Vermögensverteilungspolitik

Was im konkreten Fall als Vermögensteuer betrachtet wird, hängt von der gewählten Systematik ab. Wir wollen hier solche Steuern dazurechnen, die an dem Vermögens**bestand** oder dem **unentgeltlichen Zugang** von Vermögen im Rahmen von Schenkungen oder Erbschaften als Objekte anknüpfen. Zu diesen gehören in der Bundesrepublik Deutschland die bis zum 1.1.1997 erhobene (allgemeine) Vermögensteuer, die Grundsteuer sowie die Erbschaftsteuer und die Schenkungsteuer. Nicht berücksichtigt werden hingegen Steuern, die an einem Vermögenszuwachs bzw. einer entgeltlichen Übertragung von Vermögen anknüpfen. Damit werden u.a. die Grunderwerbsteuer sowie die Börsenumsatzsteuer (seit 1992 abgeschafft) aus der weiteren Analyse ausgeschlossen. Auch die Gewerbekapitalsteuer wird im folgenden nicht behandelt. Der Grund dafür ist vor allem, daß sie inzwischen abgeschafft wurde und eine empirische Inzidenzaussage kaum möglich ist.

1. Die rechtlichen Grundlagen der Steuern auf das Vermögen

1.1 Die Vermögensteuer

Mit Wirkung zum 31.12.1996 wurde die allgemeine Vermögensteuer in der Bundesrepublik Deutschland in der bisherigen Form abgeschafft und nicht durch eine neue Ausgestaltung ersetzt. Dieser Schritt war die Reaktion auf den Beschluß des Bundesverfassungsgerichtes (BVerfG) vom 22. Juni 1995, das entschieden hatte, daß § 10 VStG mit dem in Art. 3 Abs 1 GG postulierten Gleichheitsgrundsatz nicht vereinbar sei. Hintergrund war die unterschiedliche Belastung von einheitswertgebundenem Vermögen, wie beispielsweise Grundbesitz, und nicht einheitswertgebundenem Vermögen, etwa Kapital- und Geldbesitz, durch die Vermögensteuer. Während börsennotierte Wertpapiere und andere Vermögenswerte am Bilanzstichtag in Höhe ihrer aktuellen Kurswerte oder ihres Bilanzwertes in die steuerliche Vermögensbewertung eingingen, wurden Immobilien mit Einheitswerten aus dem Jahr 1964 angesetzt, die im Durchschnitt nur etwa 15 % der aktuellen Verkehrswerte betrugen.[300] Nach Ansicht des BVerfG stellte dies einen Verstoß gegen das Prinzip der steuerlichen Gleichbehandlung dar. Darüber hinaus führte das BVerfG aus, daß die Vermögensteuer den Grundsatz einer hälftigen Teilung zwischen steuerlicher Gesamtbelastung der am Markt erzielten Einkünfte aus Arbeit und Vermögen und privater Verfügung über diese Einkünfte gefährde. Gemäß diesem Grundsatz darf die kumulierte Steuerlast auf das Einkommen 50 % nicht übersteigen. Da die Einkommensteuer in vielen Fällen diese Grenze bereits verletze, dürften die Einkommen auf Vermögen nicht zusätzlich durch eine Vermögensteuer geschmälert werden.

Im folgenden soll die Ausgestaltung der Vermögensteuer, wie sie bis zum 31.12.1996 in der Bundesrepublik erhoben wurde und vielleicht zukünftig wieder eingeführt wird, betrachtet werden.

Die abgeschaffte allgemeine Vermögensteuer ist eine Personensteuer, d.h. die **Steuerpflicht** ist an die Person des Zensiten geknüpft. Es wird wie bei der Einkommensteuer zwischen unbeschränkter und beschränkter Steuerpflicht unterschieden. Unbeschränkt vermögensteuerpflichtig sind sowohl natürliche als auch juristische Personen mit Wohnsitz oder gewöhnlichem Aufenthalt bzw. Geschäftsleitung oder Sitz im Inland. Die unbeschränkte Steuerpflicht erstreckt sich auf das gesamte inländische und ausländische Vermögen eines Steuerpflichtigen. Der beschränkten Steuerpflicht unterliegen natürliche und juristische Personen, die im Inland keinen Wohnsitz/gewöhnlichen Aufenthalt bzw. Geschäftsleitung/Sitz haben, mit ihrem Inlandsvermögen, soweit es mindestens einen Wert von 20 000 DM aufweist.

Bemessungsgrundlage ist das Gesamtvermögen, das sich als Differenz aus Rohvermögen und Schulden ergibt (Nettoprinzip). Das Rohvermögen wiederum setzt sich aus den folgenden vier Vermögensarten zusammen: land- und forstwirtschaftliches Vermögen, Grundvermögen, Betriebsvermögen und sonstiges Vermögen. Ausgenommen von der Steuerpflicht sind in den Jahren nach 1991 jedoch Betriebsvermögen, Grundbesitz und Bodenschätze sowie der Überbestand an umlaufenden Betriebsmitteln eines Betriebes der Land- und Forstwirtschaft und Anteile an Kapitalgesellschaften mit Geschäftsleitung in den neuen Bundesländern.

Zum land- und forstwirtschaftlichen Vermögen gehören vor allem die dem Betrieb zuzurechnenden Grundstücke, Wohn- und Wirtschaftsgebäude, das tote und das lebende Inventar sowie Betriebsmittel. Das Grundvermögen umfaßt im

[300] Vgl. Eeckhoff/Wehmeier, 1997, S. 126.

wesentlichen Grund und Boden, Gebäude und das Wohnungseigentum. Zum Betriebsvermögen zählen insbesondere Wirtschaftsgüter des Anlage- und Umlaufvermögens (einschließlich Betriebsgrundstücke) abzüglich der Betriebsschulden. Da Betriebsvermögen bleibt jedoch bei der Ermittlung des Gesamtvermögens bis zu einem Betrag von 500 000 DM außer Betracht (Freibetrag); der übersteigende Betrag wird nur zu 75 % angesetzt. Alle Wirtschaftsgüter, die nicht einer der drei vorrangigen Vermögensarten zugeordnet werden müssen, gehören zum sonstigen Vermögen. Dieses entspricht in etwa dem Finanz- und Anlagekapital der privaten Haushalte (Anteile an Kapitalgesellschaften, Zahlungsmittel, Sparguthaben etc.).

Von dem so ermittelten Gesamtvermögen sind schließlich noch die **persönlichen Freibeträge** abzuziehen. Man erhält dann das sogenannte steuerpflichtige Vermögen, das für die Berechnung der Steuer maßgebend ist. Die persönlichen Freibeträge gelten allerdings nur für natürliche Personen und umfassen eine Art Grundfreibetrag (120 000 DM) und Freibeträge wegen Alters- oder Erwerbsunfähigkeit (50 000 DM). Ehegatten und Kinder werden bei der Vermögensteuer grundsätzlich zusammenveranlagt, so daß sich bei dieser Haushaltsbesteuerung die Freibeträge verdoppeln oder vervielfältigen können.

Der **Steuersatz** für das steuerpflichtige Vermögen von natürlichen Personen beträgt 1,0 % (bzw. 0,5 %, falls in dem steuerpflichtigen Vermögen land- und forstwirtschaftliches Vermögen, Betriebsvermögen und Wirtschaftsgüter i.S.d. §110 Abs. 1 Nr. 3 Bewertungsgesetz (BewG) enthalten sind), von juristischen Personen 0,6 %. Es handelt sich also um proportional ausgestaltete Tarife. Da das Vermögen i.d.R. keinen allzu großen Schwankungen unterworfen ist, wird die allgemeine **Veranlagung** regelmäßig in Zeitabständen von drei Jahren vorgenommen.

Übersicht 12.1 gibt noch einmal schematisch wieder, wie das Vermögen und die Vermögensteuerschuld bis 1996 ermittelt wurden:

Übersicht 12.1: Berechnung der Vermögensteuer

	Land- und forstwirtschaftliches Vermögen
+	Grundvermögen
+	75 % des Betriebsvermögens, soweit es den Freibetrag in Höhe von 500 000 DM übersteigt
+	Sonstiges Vermögen
=	Rohvermögen
./.	Schulden und sonstige Abzüge, soweit sie nicht bei der Ermittlung des Betriebsvermögens abgezogen worden sind
=	Gesamtvermögen
./.	Freibeträge für natürliche Personen
=	Steuerpflichtiges Vermögen
*	Steuersatz: - für natürliche Personen: 0,5 % - für juristische Personen: 0,6 %
=	Vermögensteuerschuld

1.2 Die Grundsteuer

Die Grundsteuer ist eine Realsteuer, das heißt sie ist objektbezogen und fließt in voller Höhe den Gemeinden zu. **Steuergegenstand** ist der Grundbesitz, zu dem die Betriebe der Land- und Forstwirtschaft sowie Privat- und Betriebsgrundstücke zählen.[301] Für die Höhe der Steuer ist vor allem der Wert des Steuergegenstandes maßgebend, die persönlichen Verhältnisse des Eigentümers bleiben demgegenüber weitgehend unberücksichtigt.

Steuerschuldner "ist derjenige, dem der Steuergegenstand bei der Erstellung des Einheitswertes zugerechnet ist. (...) Ist der Steuergegenstand mehreren Personen zugerechnet, so sind sie Gesamtschuldner".[302]

Bemessungsgrundlage für die Grundsteuer ist der **Einheitswert** des Steuergegenstandes. Als Einheitswert wird der nach den Vorschriften der §§ 19-109 BewG i.V.m. § 180 Abs. 1 AO unter anderem für Betriebe der Land- und Forstwirtschaft sowie für Privat- und Betriebsgrundstücke ermittelte Wert bezeichnet.

Der **Einheitswert** wird in einem von der Steuerfestsetzung unabhängigen Verfahren (Einheitswertfeststellungsverfahren) für mehrere Steuerarten **einheitlich** bestimmt. Er dient also als Bemessungsgrundlage für Vermögensgegenstände, die von verschiedenen Steuern betroffen sind.

Ausgehend von diesem Wert läßt sich die zu entrichtende Grundsteuer in zwei Schritten errechnen:

Zunächst wird der Einheitswert mit folgenden **Steuermeßzahlen** multipliziert:

- für Betriebe der Land- und Forstwirtschaft: 6 v.T.;
- für Grundstücke in den alten Bundesländern je nach Art zwischen 2,6 v.T. und 3,5 v.T.;
- für Grundstücke in den neuen Bundesländern – abgestimmt auf die deutlich niedrigeren Einheitswerte von 1935 – je nach Art und Gemeindegruppe zwischen 5 v.T. und 10 v.T..

Das Produkt aus Einheitswert und Steuermeßzahl ist der **Steuermeßbetrag**. Auf diesen wird in einem zweiten Schritt ein **Hebesatz** angewendet und damit die Grundsteuer selbst errechnet. Die Hebesätze werden für ein oder mehrere Ka-

---

301 Betrieb der Land- und Forstwirtschaft ist gemäß § 33 BewG die wirtschaftliche Einheit des land- und forstwirtschaftlichen Vermögens, das sich im wesentlichen aus Grund und Boden, Wohn- und Wirtschaftsgebäuden sowie stehenden und in begrenztem Umfang auch aus umlaufenden Betriebsmitteln zusammensetzt. Zu den Grundstücken werden gemäß §§ 68, 70 BewG neben dem Grund und Boden auch die aufstehenden Gebäude, die sonstigen Bestandteile und das Zubehör gerechnet. Darüber hinaus zählen zu den Grundstücken auch das Erbbaurecht, das Wohnungseigentum und andere grundstücksgleiche Rechte.

302 § 10 Abs. 1 u. 3 GrStG.

lenderjahre jeweils einheitlich für die Betriebe der Land- und Forstwirtschaft (Grundsteuer A) und für alle Grundstücke (Grundsteuer B) festgesetzt. In den neuen Bundesländern wird die Grundsteuer noch nach der Ersatzbemessungsgrundlage Wohn- oder Nutzfläche in einem vereinfachten Verfahren pauschal berechnet und im Steueranmeldungsverfahren erhoben.

Während der Steuermeßbetrag entsprechend den rechtlichen Vorschriften von den Finanzämtern errechnet wird, fällt die Festlegung der Hebesätze und das Erheben der Grundsteuer den Gemeinden zu. Deshalb gibt es zwischen den einzelnen Kommunen in der Bundesrepublik Deutschland z.T. erhebliche Unterschiede in der Höhe der Hebesätze. Im Jahr 1996 lag der durchschnittliche Hebesatz für die Grundsteuer A bei 278 %, für die Grundsteuer B bei 356 %.[303]

Von der Grundsteuer befreit ist u.a. gemäß § 32 GrStG der Grundbesitz, dessen Erhalt im öffentlichen Interesse liegt, weil er von besonderer Bedeutung "für Kunst, Geschichte, Wissenschaft oder Naturschutz"[304] ist. Auch für öffentliche Grünanlagen wird die Grundsteuer i.d.R. erlassen. Nach dem 2. Wohnungsbaugesetz ist für bestimmte, nach Art und Wohnfläche spezifizierte, neugeschaffene Wohnungen für eine Dauer von 10 Jahren nur der Wert des Grund und Bodens steuerpflichtig.[305]

Bei der Ermittlung von Überschußeinkunftsarten kann die Grundsteuer als Werbungskosten geltend gemacht werden; bei Gewinneinkünften ist sie als Betriebsausgabe abziehbar. In diesem Fall mindert sie auch den Gewerbeertrag und das körperschaftsteuerliche Einkommen.

1.3 Die Erbschaftsteuer/Schenkungsteuer

Die Erbschaftsteuer wird in der Bundesrepublik als Erbanfallsteuer erhoben, d.h. der Steuerpflicht unterliegt alles, was einer natürlichen oder juristischen Person als Erbe aus dem Nachlaß eines Erblassers zufließt. Die Schenkungsteuer ist eine Ergänzung der Erbschaftsteuer und im wesentlichen analog zu dieser ausgestaltet. Sie dient dazu, die Vermeidung der Erbschaftsteuer durch zeitliche Substitution, d.h. konkret durch Schenkungen unter Lebenden, zu verhindern.

Es ist zwischen unbeschränkter und beschränkter Steuerpflicht zu unterscheiden. Unbeschränkt erbschaft-/schenkungsteuerpflichtig sind der Erwerb von Todes wegen, Schenkungen unter Lebenden, Zweckzuwendungen und Familienstiftungen, sofern einer der Beteiligten Inländer ist. Für Erbschaften bzw. Schenkungen unter Ausländern tritt die beschränkte Steuerpflicht ein, soweit das Erbe bzw. die Schenkung aus Inlandsvermögen besteht.[306]

---

303 Vgl. Statistisches Bundesamt, 1998, Tabelle 20.15.

304 § 32 Abs. 1 GrStG.

305 Vgl. § 92a Abs. 1, 2. WobauG.

306 Vgl. hierzu und zu den weiteren Ausführungen z.B. Bundesministerium der Finanzen, 1998b, S. 84 ff.

Steuerbemessungsgrundlage ist der dem Erwerber zufließende sog. steuerpflichtige Erwerb, d.h. der Wert des übertragenen Vermögens abzüglich damit eventuell verbundener Schulden. Bei einer Erbschaft sind zur Ermittlung des steuerpflichtigen Erwerbes noch einige weitere Positionen abzugsfähig, so z.B. die Bestattungskosten und die Kosten der Abwicklung des Erbes (der Pauschbetrag beträgt 20 000 DM).

Der Reinwert des Erwerbs wird vor der Anwendung des Steuertarifs zunächst noch um persönliche Freibeträge gekürzt. Deren Höhe richtet sich nach der Zuordnung des Erwerbers in eine der vier Steuerklassen, d.h. konkret nach dem Verwandtschaftsgrad, und bewegt sich zwischen 10 000 DM und 600 000 DM. Des weiteren sind bei Erbschaften gegebenenfalls Versorgungsfreibeträge zwischen 20 000 DM und 500 000 DM abzugsfähig. Außerdem hat der Gesetzgeber eine Vielzahl weiterer Befreiungen von der Steuer vorgesehen, so z.B. für die Übertragung von Hausrat und Kunstgegenständen, die hier im einzelnen nicht angesprochen werden können.

Zur Festsetzung der Erbschaftsteuer wird sodann der **Steuertarif** auf den wie oben beschrieben ermittelten Wert der Erbschaft bzw. Schenkung angewendet. Die Steuersätze sind dabei nach dem Verwandtschaftsgrad und der Höhe des Erwerbs gestaffelt. Sie steigen mit zunehmendem Wert des übertragenen Vermögens und mit abnehmendem Verwandtschaftsgrad und betragen zwischen 7 % und 50 %.

Übersicht 12.2 enthält eine Zusammenstellung der wichtigsten Regelungen der Erbschaftsteuer.

Übersicht 12.2: Wichtige Regelungen der Erbschaft- und Schenkungsteuer

	Steuerklasse		
	I	II	III
Verwandtschaftsgrad der Erben (Beschenkten) zum Erblasser (Schenker)	Ehegatten; Kinder und Stiefkinder; Enkelkinder; Eltern und Voreltern bei Erwerb von Todes wegen	Eltern und Voreltern bei Erwerb durch Schenkung; Geschwister; Geschwisterkinder; Stiefeltern; Schwiegerkinder; Schwiegereltern; geschiedene Ehegatten	Alle übrigen Erwerber (und Zweckzuwendungen)
Persönlicher Freibetrag	Ehegatten: 600 000 DM Kinder: 400 000 DM übrige Personen: 100 000 DM	20 000 DM	10 000 DM
Versorgungsfreibetrag (nur bei Erbschaften)	Ehegatten: 500 000 DM Zwischen 100 000 DM für Kinder bis zu 5 J. Kinder und 20 000 DM für Kinder von 20 und 27 J.		
Freibetrag für den Erwerb von Hausrat, Kunstgegenständen und Sammlungen	Für Hausrat: 80 000 DM Sonstiges: 20 000 DM	20 000 DM	20 000 DM
Besonderer Freibetrag für den Erwerb sonstiger beweglicher Gegenstände	Je nach Steuerklasse und Art der vererbten/verschenkten Gegenstände Freibeträge von 20 000 DM bzw. 80 000 DM		
Ausgewählte Steuersätze	Je nach Höhe des steuerpflichtigen Erwerbs zw. 7 % u 30 %, z.B.: Bis 100 000 DM: 7 % 1 Mio. bis 10 Mio. DM: 19 % über 50 Mio. DM: 30 %	Je nach Höhe des steuerpflichtigen Erwerbs zw. 12 % und 40 %, z.B.: bis 100 000 DM: 12 % 1 Mio. bis 10 Mio.: 27 % über 50 Mio. DM: 40 %	Je nach Höhe des steuerpflichtigen Erwerbs zw. 17 % u 50 % z.B.: bis 100 000 DM: 17 % 1 Mio. bis 10 Mio. DM: 35 % über 50 Mio. DM: 50 %

Quelle: Bundesministerium der Finanzen (Hrsg.): Unsere Steuern von A – Z, Bonn 1998, S. 84 ff.

2. Die Verteilungswirkung der Vermögensteuer

2.1 Die formale Inzidenz

Die Vermögensteuer soll nach dem Willen des Gesetzgebers von dem Eigentümer des Vermögens getragen werden. Ihre Erhebung beruht auf der Vorstellung, daß die Existenz von Vermögen seinem Eigentümer Vorteile in Form von "arbeitslosen" Einkommen, Wertsteigerungen und wirtschaftlichem Handlungsspielraum (z.B. durch Kreditsicherung) bringt, die dessen steuerliche Leistungsfähigkeit gegenüber einem Nichteigentümer von Vermögen steigern.

Dem Gedanken einer **generellen** und **einheitlichen** Besteuerung wird in der Bundesrepublik Deutschland im Prinzip dadurch Rechnung getragen, daß bei der Bestimmung der Bemessungsgrundlage alle Vermögensarten einbezogen werden. Andererseits wurde die Vermögensteuer in den neuen Bundesländern vor ihrer Abschaffung im gesamten Bundesgebiet zunächst nicht erhoben. Zudem wird durch die verschiedenen Freibeträge und die steuerliche Unterbewertung vor allem des Grundvermögens nur ein sehr geringer Teil der Vermögen der Wirtschaftssubjekte von der Besteuerung erfaßt. So geht aus Tabelle 12.1 hervor, daß im früheren Bundesgebiet für das Jahr 1993 nur 1 132 683 oder weniger als 1,7 % aller natürlichen Personen steuerlich belastet wurden, wobei der Wert ihres Gesamtvermögens gerade 833 Mrd. DM betrug.

Akzeptiert man die Schätzungen des DIW, wonach das Nettovermögen der privaten Haushalte im gesamten Bundesgebiet 1995 einen Wert von knapp 10 Billionen DM hatte, dann wird deutlich, daß weniger als 10 % des gesamten Vermögens steuerlich erfaßt wurden. Geht man von einem gleich hohen Vermögensbestand im Jahr 1993 aus, blieben 99 % aller natürlichen Personen und knapp 92 % des gesamten Vermögens von der Vermögensteuer unberührt.[307]

Wie aus Tabelle 12.1 weiter hervorgeht, bewirkt die Vermögensteuer selbst innerhalb der Gruppe der Vermögensteuer zahlenden Haushalte keine merkliche Umverteilung. Der Gini-Koeffizient ist für die Verteilung des Gesamtvermögens mit 0,6186 fast derselbe wie der für das Nettovermögen (0,6181), das sich aus der Differenz von Gesamtvermögen und zu zahlender Vermögensteuer ergibt. Damit fallen die Lorenzkurven für die beiden Vermögensgrößen praktisch zusammen. Dieses Ergebnis überrascht zunächst, wenn man feststellt, daß die durchschnittliche steuerliche Belastung von 0,04 % in der untersten Vermögensklasse auf 0,5 %, also auf das 12-fache, in der obersten Vermögensklasse ansteigt. Die geringe Umverteilungswirkung wird aber rasch verständlich, wenn bedacht wird, daß insgesamt weniger als 0,4 % der erfaßten Bemessungsgrundlage weggesteuert werden. Die Steuermasse ist einfach zu klein, um die Verteil-

[307] Vgl. Deutsches Institut für Wirtschaftsforschung, 1998b, S. 541 ff. und 1998c, S. 630 ff. sowie Institut der deutschen Wirtschaft, 1998, Tabelle 8.

Tab. 12.1: Vermögensteuerschuld der unbeschränkt steuerpflichtigen natürlichen Personen nach Vermögensgruppen für das Jahr 1993

Vermögensgruppen von ... DM bis unter ... DM	Steuerpflichtige		Gesamtvermögen		Jahressteuerschuld		Nettovermögen	
	in 1 000	in % (kumuliert)	in Mio. DM	in % (kumuliert)	In Mio. DM	in % kumuliert	in Mio. DM	in % (kumuliert)
Unter 100 000	39 335	3,47	3 427	0,41	1	0,04	3 425	0,41
100 000 – 150 000	106 675	12,89	13 537	2,04	13	0,45	13 524	2,04
150 000 – 200 000	136 148	24,91	23 812	4,89	38	1,60	23 774	4,91
200 000 – 250 000	126 905	36,11	28 517	8,32	53	3,22	28 464	8,34
250 000 – 300 000	111 624	45,97	30 635	11,99	66	5,22	30 569	12,02
300 000 – 400 000	166 343	60,66	57 625	18,91	149	9,74	57 476	18,94
400 000 – 500 000	108 534	70,24	48 473	24,72	148	14,23	48 326	24,76
500 000 – 1 Mio.	206 166	88,44	141 455	41,70	519	30,02	140 936	41,74
1 Mio. – 2,5 Mio.	93 027	96,65	138 161	58,27	602	48,35	137 558	58,31
2,5 Mio. – 5 Mio.	22 138	98,61	75 660	67,35	356	59,19	75 304	67,39
5 Mio. – 10 Mio.	9 140	99,41	62 817	74,89	305	68,45	62 512	74,92
10 Mio. – 20 Mio.	3 961	99,76	54 369	81,41	267	76,58	54 102	81,43
20 Mio. – 50 Mio.	1 928	99,93	57 680	88,34	286	85,28	57 394	88,35
50 Mio. – 100 Mio.	498	99,98	33 354	92,34	166	90,31	33 189	92,35
100 Mio. – 200 Mio.	174	99,99	24 174	95,24	120	93,98	24 054	95,24
200 Mio. und mehr	87	100,00	39 676	100,00	198	100,00	39 478	100,00
Gesamt	1 132 683		833 371		3 288		830 083	

Quelle: Statistisches Bundesamt (Hrsg.): Fachserie 14: Finanzen und Steuern; Reihe 7.4: Vermögensteuer: Hauptveranlagung 1993, Wiesbaden 1997. S. 34 f. sowie eigene Berechnungen.

ung des verbleibenden Nettovermögens wesentlich gegenüber der des Gesamtvermögens zu verändern.

2.2 Die materielle Inzidenz

Bisher wurde davon ausgegangen, daß in der Regel die Eigentümer des Vermögens auch die Träger der Steuerlast sind, Abwehrmaßnahmen also nicht ergriffen werden. Diese Annahme ist in der Literatur zumindest für Betriebsvermögen umstritten, auf das sich die folgenden Ausführungen beziehen.

Zunächst kommen die meisten Ökonomen für den Fall vollkommener Konkurrenz und unter der Annahme gewinnmaximierenden Verhaltens der Anbieter zu dem Ergebnis, daß eine allgemeine Vermögensteuer in vollem Umfang von den Eigentümern des Vermögens zu tragen ist. Sie begründen ihr Ergebnis damit, daß die Eigentümer weder die Möglichkeit hätten, durch Vermögensverlagerungen in unbesteuerte Sektoren auszuweichen, noch könnten sie die Preise der mit Produktivvermögen bereitgestellten Güter erhöhen. Der erste Weg sei deshalb nicht begehbar, weil das gesamte Vermögen besteuert werde. Und die zweite Möglichkeit bestehe vor allem deshalb nicht, weil - starres Angebot an Produktivvermögen unterstellt - die relativen und absoluten Preise der Produktionsfaktoren und Produkte sich nicht verändern würden.[308]

Musgrave/Musgrave/Kullmer[309] setzen die Wirkung einer allgemeinen Vermögensteuer bei vollkommenen Kapitalmärkten und marktgerechter Bewertung aller Güter mit der einer Steuer auf den Kapitalertrag gleich. Beträgt etwa der Vermögensertrag sowohl im volkswirtschaftlichen Durchschnitt als auch im Einzelfall 10 % und wird eine 2 %ige Steuer auf die Vermögenswerte erhoben, so entspricht dies einer Vermögensertragsteuer von 20 %.

Wird die Annahme vollkommener Märkte aufgegeben, ergeben sich neue Resultate. Wir wollen dies am **Beispiel eines Anbieters** erläutern, **der eine bestimmte Mindestrendite anstrebt** und dazu auf die Stückkosten, wie sie ihm bei Normalauslastung der Kapazität erwachsen, einen bestimmten (Gewinn-) Aufschlag einkalkuliert (Aufschlagskalkulation).[310] Eine zu zahlende Vermögensteuer wird dann wie die übrigen Kosten bei der Preisermittlung einkalkuliert und entsprechend im Preis weitergegeben.

Abbildung 12.1 verdeutlicht diesen Zusammenhang für einen Markt, auf dem mehrere Produzenten das Gut X anbieten. Dabei wird zunächst angenommen, daß die Durchschnittskosten *DK* in allen Unternehmen gleich hoch und konstant sind. Weiterhin sollen N_o wie üblich den Verlauf der Nachfragefunktion und g_{norm} die gewünschte Gewinnaufschlagsrate der Anbieter wiedergeben. Vor Ein-

308 Vgl. Aaron, 1975, S. 39.

309 Vgl. Musgrave/Musgrave/Kullmer, 1993, S. 343 ff.

310 Vgl. Bohnet, 1981, S. 185 f.

führung einer Vermögensteuer ergibt sich dann ein Marktausgleich beim Preis $P_{norm} = DK \cdot (1 + g_{norm})$ und der Menge X_{norm}.

Abb. 12.1: Wirkungen einer Vermögensteuer bei aufschlagskalkulierendem Anbieterverhalten

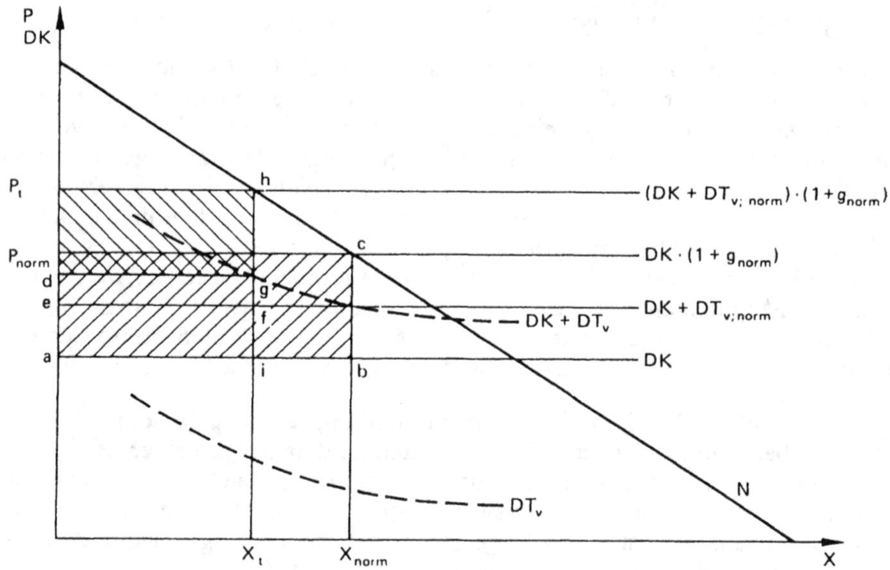

Wird nun eine Vermögensteuer eingeführt und von den Anbietern als Kostenbestandteil betrachtet, so werden diese den Preis erhöhen. Auf der Basis der Durchschnittskostenkalkulation steigen die Durchschnittskosten bei Normalauslastung um den Betrag $DT_{v,norm} = T_v/X_{norm}$, also um den Quotienten aus Vermögensteuerzahlung und der Ausbringungsmenge bei Normalauslastung. Wird auch hierauf die bisherige Gewinnaufschlagsrate g_{norm} angewendet, so ergibt sich als neuer Angebotspreis $P_t = (DK + DT_{v,norm}) \cdot (1 + g_{norm})$. Damit stellt sich ein Marktausgleich nach Steuer beim höheren Preis P_t und der niedrigeren Menge X_t ein. Somit ist eine teilweise Überwälzung auf die Nachfrager durch eine Preiserhöhung gelungen.

Der Versuch, die Belastung aus der Vermögensteuer durch eine Erhöhung des Preises auf die Käufer des Produktes X vorzuwälzen, ist in unserem Beispiel allerdings nur teilweise erfolgreich. Dies ist auf zwei Faktoren zurückzuführen: Zum einen steigt die durchschnittliche Vermögensteuerbelastung pro ausgebrachter Einheit des Gutes X mit sinkender Menge gemäß der Funktion DT_v. Daraus folgt u.a., daß der effektive Gewinnaufschlag bei X_t nur der Strecke gh in Abbildung 12.1 entspricht, also niedriger als der gewünschte Gewinnaufschlag $(DK + DT_{v,norm}) \cdot g_{norm}$ ist. Zum zweiten ist als Folge der Preiserhöhung die abgesetzte Menge von X_{norm} auf X_t gesunken. Gewinne können nur noch aus dem

Verkauf der kleineren Menge X_t erzielt werden. Entsprach der Gewinn vor Steuer in Abbildung 12.1 der schraffierten Fläche des Rechtecks abcP_{norm}, so macht er nach Steuer nur noch den Wert der Fläche dghP_t aus.

Generell gilt, daß bei gegebener Angebotsfunktion die Überwälzungsmöglichkeiten vor allem von der Preiselastizität der Nachfrage abhängen. Sie sind bei vollkommener Elastizität der Nachfrage gleich Null und können bei einer weitgehend starren Nachfrage über 100 % hinausgehen.

Zusammenfassend kann gesagt werden, daß die theoretischen Ansätze zur Ermittlung der Verteilungswirkung einer allgemeinen Vermögensteuer keine einheitlichen Ergebnisse liefern. Die Aussagen können je nach Unternehmerverhalten, Marktformen und Elastizitäten von vollständiger Überwälzung bis hin zu Nichtüberwälzbarkeit variieren. Da empirische Untersuchungen, die die Richtigkeit des einen oder anderen Resultats bestätigen könnten, nicht vorliegen, können derzeit auch keine zuverlässigen Inzidenzfeststellungen getroffen werden.

3. Die Verteilungswirkung einer speziellen Vermögensteuer - das Beispiel der Grundsteuer

3.1 Die formale Inzidenz

Die Grundsteuer stellt in den meisten westlichen Marktwirtschaften mit Dominanz des Privateigentums an Grund und Boden eine wichtige Quelle staatlicher und hier vor allem kommunaler Einnahmen dar. Träger der Steuerlast sollten ursprünglich die Eigentümer des Bodens sein. Die formale Inzidenz würde sich danach aus einer Zuordnung der Steuerzahlungen auf die Eigentümer von Grund und Boden ergeben. Mit wachsender Bedeutung der Vermietung und Verpachtung von bebauten Grundstücken und des Prinzips, möglichst viele Bewohner einer Gemeinde an der Finanzierung kommunaler Aktivitäten zu beteiligen, betrachten allerdings die Gesetzgeber eine Weitergabe der Steuerlast auf die Nutzer von Wohnungen oder Produktionsstätten zunehmend als normales und erwünschtes Verhalten. Eine Ermittlung der formalen Inzidenz wird dadurch erheblich erschwert.

Gehen wir zunächst davon aus, daß die Eigentümer von Haus- und Grundbesitz die gezahlte Grundsteuer selbst tragen, so könnte die Verteilung der Steuerlast dann ermittelt werden, wenn die erforderlichen Daten über die Steuer**zahler** und deren Vermögenspositionen verfügbar wären. Dies ist jedoch zumindest für die Bundesrepublik Deutschland nicht der Fall. Um aber wenigstens einige Orientierungswerte zu erhalten, kann auf Abbildung 5.6 und Abb. 5.6a zurückgegriffen werden. Nimmt man an, daß sich die Grundsteuerzahlungen proportional zu dem mit Einheitswerten bemessenen Gesamtwert des Haus- und Grundbesitzes der jeweiligen Einkommensgruppen gestalten, dann lösen sie auch keine umverteilungswirksamen Impulse in bezug auf das Vermögen aus. Konsequenterweise verändert die Grundsteuer dann auch die Lage der Lorenzkurven nicht. Das Ergebnis ist aufgrund der getroffenen Annahme trivial.[311]

Ohnehin ist die verteilungspolitische Bedeutung der Grundsteuer allein aufgrund ihres Gesamtaufkommen von 15,5 Mrd. DM in 1997 begrenzt. Sie macht damit gerade 1,6 % der Einheitswerte oder 0,18 % der Verkehrswerte des Haus- und Grundvermögens in der Bundesrepublik aus. Bezogen auf das verfügbare Einkommen der privaten Haushalte beläuft sie sich auf weniger als 0,5 %.

3.2 Die materielle Inzidenz

In der Literatur wird die Frage nach dem letztendlich Belasteten bei einer reinen Bodensteuer anders als bei einer Steuer beantwortet, die (auch) die auf dem Boden stehenden Gebäude belastet. Dies macht es notwendig, bei der Ermittlung der materiellen Inzidenz zwischen den beiden Komponenten des Grundvermögens zu differenzieren.

Die Inzidenz einer reinen Bodensteuer

Eine reine Bodensteuer wird nach vorherrschender Meinung bei Gewinnmaximierungsverhalten der Eigentümer von Grund und Boden von diesen selbst getragen.[312] Ihre Überwälzung auf die Käufer von Boden ist deshalb nicht möglich, weil das Angebot zumindest kurzfristig starr ist und die potentiellen Käufer die speziell auf den Boden erhobene Steuer bei ihrer Anlageentscheidung als renditemindernden Posten berücksichtigen. Die am Markt erzielbaren Nettoerlöse pro qm werden also um die zu entrichtende Steuer sinken. M.a.W.: Die Grundsteuer wird amortisiert. Träger der Steuerlast sind dann die Wirtschaftssubjekte, die **zum Zeitpunkt der Steuereinführung** Eigentümer des Bodens sind bzw. waren.

Je weiter nun die Einführung einer Bodensteuer zeitlich zurückliegt, umso größer ist die Wahrscheinlichkeit, daß ein Teil der gegenwärtigen Bodeneigentümer den Boden erst zu einem späteren Zeitpunkt erworben hat und deshalb zwar Zahler, aber nicht Träger der Steuerlast ist. Eine Zuordnung der Steuerlast nach den aktuellen Eigentumsverhältnissen, also auf die derzeitigen **Zahler** der Bodensteuer, wird dadurch zunehmend fehlerhaft. Formale und materielle Inzidenz einer reinen Bodensteuer weichen unter diesen Voraussetzungen voneinander ab.

---

311 Diese Annahme ist deshalb problematisch, weil es in erheblichem Umfang Grundsteuerbefreiungen gibt, weil landwirtschaftliches Grundvermögen niedriger als sonstiges Grundvermögen besteuert wird und weil die Hebesätze von Kommune zu Kommune beträchtlich divergieren.

312 Vgl. Aaron, 1975, S. 20 ff. und Netzer, 1966, S. 33.

Die Inzidenz einer auf Gebäude erhobenen Grundsteuer

Der auf Gebäude erhobene Teil der Grundsteuer löst andere Belastungswirkungen als eine reine Bodensteuer aus. Die Steuerlast wird allerdings in der Literatur je nach unterstellter Marktstruktur und Verhaltensweise der Grundbesitzer sowie bei kurz- und langfristiger Betrachtung verschiedenen Trägern zugeordnet.

Kurzfristig hängt die Lastverteilung wesentlich von der Marktstruktur und den Verhaltensweisen der Anbieter von und der Nachfrager nach Gebäuden ab. Wir wollen dies zunächst am Beispiel eines Marktes für das Gut Wohnraum, das mit einer einheitlichen Grundsteuer je qm Wohnraum besteuert wird, erläutern.

Wird das Gut von vielen Anbietern unter scharfen Wettbewerbsverhältnissen bereitgestellt und ist das Volumen an Wohnraum kurzfristig konstant, so kann die Steuer dann nicht auf die Nachfrager weitergewälzt werden, wenn diese bei Preiserhöhungen mit einem deutlichen Nachfragerückgang reagieren. Würde die Steuervorwälzung dennoch versucht, entstünde ein Überschuß an Wohnungen, also leerstehender Wohnraum. Deren Eigentümer würden durch niedrigere Mietforderungen auch das allgemeine Mietniveau rasch wieder auf das Ausgangsniveau vor Steuereinführung drücken.

Dieser Zusammenhang wird in Abbildung 12.2 graphisch erläutert. Wird das kurzfristige Nachfrageverhalten bei unterschiedlichen Preisen durch N_o und das kurzfristig konstante Angebot an Wohnraum durch A_o wiedergegeben, so ergibt sich vor Einführung der Grundsteuer ein Marktausgleich bei einem Preis von P_o und einem vermieteten Wohnraum von X_o. Wenn nun eine Grundsteuer in Höhe von t_g DM/qm eingeführt und von den Anbietern in den Preis einkalkuliert würde, ginge die Nachfrage bei dem dann geltenden Preis P_t auf $X_{o,t}$ zurück. Es entstünde ungenutzter Wohnraum in Höhe von X_o - $X_{o,t}$. Dieses Überangebot würde bei Konkurrenz und Mobilität der Nachfrager bewirken, daß die Mieten rasch wieder sinken und sich schließlich die alte Gleichgewichtssituation wieder einstellt. Träger der Steuerlast wären letztlich die Eigentümer der Wohnungen, die wegen der zu entrichtenden Steuer nur einen Nettopreis je qm in Höhe von P_n erwirtschaften können.

In der Realität ist die Nachfrage nach Wohnungen zumindest kurzfristig weitgehend unelastisch, da ein Wohnungswechsel hohe Kosten verursacht, die sich nicht nur auf reine Umzugskosten beschränken. Wenn nun die Anbieter die Grundsteuer als Kostenbestandteil betrachten und durch eine entsprechende Mieterhöhung weitergeben, werden die Mieter diese Erhöhung im allgemeinen zunächst akzeptieren und damit die Steuerlast übernehmen müssen. In diesem Fall würde in Abbildung 12.2 die Nachfragefunktion N_o' zumindest im Bereich der relevanten Mieten mit der Angebotsfunktion A_o zusammenfallen.

Nun mag die Annahme einer völlig starren Nachfrage für eine ganz kurzfristige Betrachtung realistisch sein. Bereits **auf mittlere Sicht** wird allerdings mit einem Rückgang der Nachfrage nach Wohnraum zu rechnen sein. Dieser wird vor allem ausgelöst durch Familienstandsveränderungen und Arbeitsplatzveränderungen, die mit einem Wohnungswechsel verbunden sind. Da die Wohnungen teurer geworden sind, werden kleinere oder weniger komfortable Wohnungen bevorzugt nachgefragt. Es kommt hinzu, daß Haushalte mit einer angespannten Ausgaben-Einkommen-Relation bei sich bietender Gelegenheit in preiswertere Wohnungen umziehen. Insgesamt dürfte also eine Umschichtung der Nachfrage mit der Folge stattfinden, daß kleinere Wohnungen eher vermehrt und große, teure Wohnungen weniger nachgefragt werden. Dadurch entsteht ein strukturelles Ungleichgewicht, das vor allem bei großen und komfortablen Wohnungen Mietsenkungen erzwingen wird. In diesem Fall wird zumindest ein Teil der Steuerlast von den Eigentümern dieser Wohnungen zu tragen sein.

Abb. 12.2: Wirkungen einer auf Gebäude erhobenen Grundsteuer auf einem Markt mit vollständiger Konkurrenz

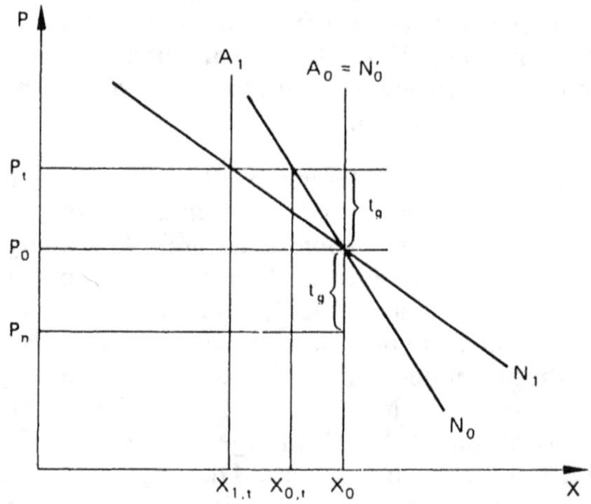

Auf lange Sicht werden die veränderten Renditeverhältnisse auch zu einer Umstrukturierung der Vermögen und damit zu einem veränderten Angebot führen. Zum einen werden die über die Mieten erwirtschafteten Abschreibungen und Ersparnisse vermehrt in anderen Vermögensarten als in Grundvermögen angelegt. Soweit Investitionen in Grundvermögen getätigt werden, stehen kleinere Wohnungen wegen der zu erwartenden höheren Rendite im Vordergrund. Diese Umstrukturierung über Ersatz- und Neuinvestitionen findet solange statt, bis die Nettorendite für alle Grundvermögen gleich ist und mit derjenigen für andere Vermögensarten übereinstimmt. Dieser "Umschichtungs"prozeß kann - wie in der Literatur belegt wird - zudem mit einem allgemeinen Rückgang der Rendite für Kapital verbunden sein.[313]

[313] Zur Begründung vgl. Bohnet, 1981, S. 191 und die dort angegebene Literatur.

Der Anpassungsvorgang führt schließlich dazu, daß sich am Wohnungsmarkt das Angebot an Wohnraum verkleinert. Die Höhe des Angebotsrückganges wird dabei im wesentlichen durch die auf lange Sicht geltende Steigung der Nachfrage bestimmt. Wird diese durch die Steigung von N_l in Abb 12.2 wiedergegeben, so ist ein Rückgang des Angebots auf A_l erforderlich, wenn die gesamte Steuerlast auf die Wohnraumnutzer abgewälzt werden soll. Träger der Steuerlast sind dann die Mieter entsprechend ihren Ausgaben für Miete bzw. die Eigentümer gemäß ihrem eigengenutzten Wohnraum, soweit es ihnen nicht gelingt, Teile der Steuerlast über eine verringerte monetäre Nachfrage nach sonstigen Konsumgütern und dadurch ausgelöste Preissenkungen bei diesen Gütern auf die Verkäufer derselben fortzuwälzen.

Folgt man der üblicherweise gemachten Annahme, daß die Ausgaben für Wohnraum mit steigendem Einkommen einen immer kleineren Anteil derselben ausmachen, kann unmittelbar gefolgert werden, daß die Grundsteuer in Bezug auf das Einkommen regressiv wirkt. M.a.W.: Bezieher niedriger Einkommen werden durch die Grundsteuer relativ stärker als die Bezieher höherer Einkommen belastet.

4. Die Verteilungswirkung der Erbschaft- und Schenkungsteuer

4.1 Die formale Inzidenz

Die in der Bundesrepublik Deutschland geltende Erbschaftsteuer erfaßt den Erbanfall.[314] Destinatar ist also der Erbe, bei dem der Nachlaß eines Erblassers anfällt. Die Höhe der zu zahlenden Steuer richtet sich insbesondere nach der Art des Vermögens, der Höhe des Erbanfalls und dem Verwandtschaftsgrad. Durch die z.T. erheblichen persönlichen Freibeträge und Versorgungsfreibeträge bleiben allerdings die meisten Erbanfälle steuerfrei, so daß nur ein sehr geringer Anteil der Erbanfälle von der Steuerpflicht erfaßt wird.

Dies wird durch eine grobe Überschlagsrechnung rasch deutlich. Nach der letzten für die Bundesrepublik Deutschland erstellten Erbschaftsteuerstatistik[315] wurde in den Jahren 1973 bis 1978, also in sechs Jahren, ein Wert des Erwerbs von Todes wegen oder durch Schenkung in Höhe von 42 Mrd. DM steuerlich erfaßt.[316] Geht man nun von dem Zyklus eines durchschnittlich 30-jährigen Generationswechsels aus, so würde in der 6-Jahresperiode gerade ein Fünftel des über 30 Jahre anfallenden Erwerbs erfaßt. Durch Hochrechnung gelangt man zu

314 Im Falle von Familienstiftungsvermögen erfolgt die Besteuerung alle 30 Jahre einmal, wobei bei der Errechnung der Steuerbelastung eine bestimmte Erbfolgesituation unterstellt wird.

315 Ab 1979 wurde die Anfertigung einer Erbschaftsteuerstatistik "wegen ihres begrenzten Informationswertes ... eingestellt." Vgl. Statistisches Bundesamt, 1985, S. 5. Künftig werden derartige Informationen also überhaupt nicht mehr verfügbar sein.

316 Vgl. ebenda, S. 10 und 14.

einem Wert des in 30 Jahren von der Erbschaftsteuer erfaßten Vermögens in Höhe von etwa 210 Mrd. DM.

Ein weiterer Umstand kommt hinzu: Obwohl die steuerliche Belastung des Erwerbs nach dem damals geltenden Tarif bis auf 70 % ansteigt, beträgt - wie aus Tabelle 12.2 zu ersehen ist - die durchschnittliche Belastung des erfaßten Erbanfalls nur knapp 10 %.[317]

Tab. 12.2.: Erbschaftsteuerzahlungen infolge von unbeschränkt steuerpflichtigen Erwerben nach „neuem Recht" für die Jahre 1974-1978[1]

Wertstufe Von ... DM bis unter .... DM	Steuerfälle in % (kumuliert)	Wert des Erwerbs in % (kumuliert)	Steuer in % (kumuliert)	Wert des Erwerbs nach Steuer in % (kumuliert)
Unter 20 000	51,6	10,5	8,8	10,7
20 000–50 000	77,7	25,2	25,2	25,3
50 000–150 000	93,1	50,8	48,2	51,2
150 000-400 000	98,4	73,0	67,5	73,7
400 000-1 Mio.	99,7	87,0	80,8	87,8
1 Mio. und mehr	100,0	100,0	100,0	100,0
Insgesamt (in abs. Werten)	309 680	16,7 Mrd. DM	1,6 Mrd. DM	15,1 Mrd. DM

Ginikoeffizient[2] vor Steuer: 0,6670

Ginikoeffizient[2] nach Steuer: 0,6617

[1] In dieser Tabelle nicht erfaßt sind die nach „altem Recht" steuerpflichtigen Erwerbe. Sie liegen zwar mit 25,4 Mrd. DM über dem Wert des Erwerbs nach „neuem Recht", da wir aber die Umverteilungswirkungen der **heute** geltenden Erbschaft- und Schenkungsteuer für wichtig halten, werden nur die nach dem „neuen Recht" behandelten Steuerfälle erfaßt.

[2] Die Ginikoeffizienten wurden nach den Originaldaten berechnet.

Quelle: Statistisches Bundesamt (Hrsg.): Erbschaftsteuer 1973-1978, Wiesbaden 1985, S. 14.

Damit dürfte auch nicht mehr überraschen, daß die Erbschaftsteuer nur wenig umverteilend wirkt. Wie Tabelle 12.2 zeigt, weicht die Verteilung des Vermögenserwerbs vor Steuern kaum von der des Erwerbs nach Steuern ab. Dies drückt sich darin aus, daß der Gini-Koeffizient von 0,6670 für die Verteilung des Erwerbs vor Steuer lediglich auf 0,6617 für die Verteilung nach Steuer zurückgeht. Wollte der Gesetzgeber die Erbschaftsteuer zu einem stärker wirkenden Instrument der Vermögensumverteilung machen, müßten ziemlich radikale Veränderungen bei der Definition der Bemessungsgrundlage, bei den Freibeträgen sowie beim Tarif vorgenommen werden.

[317] Die in den den hier behandelten Jahren geltenden Regelungen des Erbschaft- und Schenkungsteuerrechts unterscheiden sich von den heutigen in mehreren Punkten.

4.2 Die materielle Inzidenz

Im folgenden soll wiederum gefragt werden, ob die von Erbschaftsteuerzahlungen betroffenen Erben die Steuerlast selbst tragen müssen oder ob sie in der Lage und willens sind, die Erbschaftsteuer an andere Wirtschaftssubjekte weiterzugeben.

Zunächst ist davon auszugehen, daß bei den meisten Vermögensarten eine Weitergabe der Steuerlast von vornherein ausscheidet. Bei Gebrauchsvermögen, Geldvermögen und Grundvermögen bietet sich praktisch keine Möglichkeit, die Erbschaftsteuer via Markttransaktionen auf andere weiterzuwälzen. Aber auch bei ererbtem Produktivvermögen erscheint eine Überwälzung, z.B. über eine Anhebung der Preise der mit dem Vermögen erstellten Produkte, ebensowenig wahrscheinlich wie eine Rückwälzung über eine Senkung von Inputpreisen. Gegen eine Überwälzung spricht vor allem, daß die Erbschaftsteuer i.d.R. nur in größeren Zeitabständen von 25 bis 30 Jahren anfällt, der Zeitpunkt des Erbanfalls zumeist unbestimmt ist und zudem das Erbe in unterschiedlich hohem Maße belastet wird. Es kann also davon ausgegangen werden, daß die Erben im allgemeinen auch die Belasteten sind.

Oberhauser[318] hat nun allerdings in einer makroökonomischen Analyse zu zeigen versucht, daß durch Erbanfälle und damit verbundene Erbschaftsteuerzahlungen Verhaltensänderungen eintreten können, die Umverteilungseffekte auszulösen imstande sind. Auf der einen Seite würde den Unternehmen, deren Vermögen von dem bisherigen Eigner auf einen oder mehrere Erben übergeht, häufig durch die Erben Liquidität zur Bezahlung der Erbschaftsteuer entzogen. Sie müßten deshalb ihre Investitionsausgaben und dadurch auch die Produktion von Konsumgütern senken. Auf der anderen Seite würden viele Erben wegen des Vermögenszuflusses, der ja nicht durch Konsumverzicht, sondern durch eine unentgeltliche Übertragung entstanden ist, ihre Konsumausgaben erhöhen. Kurzfristig wäre bei ihnen sogar ein Nettoentsparen denkbar. In die durch beide Bestimmungsfaktoren entstehende Angebotslücke würden nun solche Unternehmen stoßen, die gerade keine Erbschaftsteuer zu zahlen hätten, indem sie ihre Investitionsaktivitäten erheblich ausweiteten. Insgesamt müsse sich wegen der erhöhten Gesamtnachfrage die funktionelle Verteilung der Einkommen zugunsten der Gewinnempfänger verändern. Benachteiligte der Anpassungsprozesse seien letztlich also die Arbeitnehmer.

Diese auf makroökonomischem Kreislaufdenken aufbauende Wirkungsanalyse ist für eine Erfassung der Auswirkungen auf die personelle Vermögensverteilung allerdings wenig aussagekräftig. Selbst wenn wir die Schlußfolgerung akzeptieren, daß die Unselbständigen von dem Vermögensumschichtungsprozeß benachteiligt werden, kann es zu Nivellierungseffekten **innerhalb** der Gruppe der vermögensbesitzenden Gewinnempfänger kommen. Da die Erben hoher

318 Vgl. Oberhauser, 1974, S. 150 ff.

Vermögen ceteris paribus absolut und prozentual mehr Erbschaftsteuer zahlen müssen als die Erben kleiner Vermögen, bewirkt eine progressiv ausgestaltete Erbschaftsteuer auch immer eine gleichmäßigere Verteilung der Vermögen, verglichen mit der Situation vor Steuererhebung. Wegen des unter gesamtwirtschaftlicher Betrachtungsweise geringen Aufkommens sind allerdings die Umverteilungseffekte der Erbschaftsteuer, egal in welche Richtung sie zielen, ziemlich unbedeutend.

13. Kapitel

Steuervergünstigungen und Prämien im Dienste der Vermögensverteilungspolitik

Die große Zahl von Haushalten ohne nennenswertes Vermögen sowie die geringe Umverteilungswirkung von Vermögensteuern haben in der Bundesrepublik Deutschland schon frühzeitig Überlegungen darüber ausgelöst, mit welchen anderen Maßnahmen die Vermögensbildung breiter Bevölkerungsschichten gefördert und eine gleichmäßigere Vermögensverteilung herbeigeführt werden kann. Das Ergebnis war die Entwicklung einer Vielzahl von Konzepten zur Förderung der Vermögensbildung unterer und mittlerer Einkommens- und Vermögensklassen, die u.a. ihren Niederschlag in verschiedenen Gesetzen zur Förderung der Spartätigkeit und der Vermögensbildung gefunden haben. Diese haben seit der Abschaffung der Vermögensteuer im Jahr 1996 noch an Bedeutung gewonnen.

Grundsätzlich stehen folgende Maßnahmen zur Beeinflussung der Vermögensbildung zur Verfügung:

Die allgemeine Sparförderung: Sie setzt bei der Verwendung des bereits erwirtschafteten Einkommens an und zielt darauf ab, den Sparbildungsprozeß vor allem bei Beziehern niedriger Einkommen zu Lasten ihres Konsums zu stärken. Zu den Maßnahmen der Sparförderung zählen insbesondere Steuervergünstigungen, staatliche Spar- und Wohnungsbauprämien sowie die Bereitstellung attraktiver Anlagemöglichkeiten. Weniger bedeutsam und ordnungspolitisch auch bedenklich sind staatliche Vorschriften, die die private Ersparnisbildung erzwingen.[319]

Die Förderung von Investivlohnzahlungen: Sie setzt am Prozeß der Einkommensentstehung der Unselbständigen an und hat zum Ziel, Teile des Lohnes bzw. der Lohnerhöhung direkt der Vermögensbildung zugunsten des Arbeitnehmers zuzuführen. Damit soll zweierlei erreicht werden: Zum einen soll sich Vermögen in Arbeitnehmerhand schneller als ohne staatliche Förderung bilden. Zum anderen soll durch die "investive" Anlage eines Teils des Lohnes verhindert werden, daß die Unternehmen Lohnerhöhungen über Preiserhöhungen an die Verbraucher vorwälzen.[320]

Maßnahmen zur Förderung der Arbeitnehmerbeteiligung am Unternehmensgewinn: Sie sind darauf ausgerichtet, die abhängig Beschäftigten verstärkt

[319] Praktisch haben sie vor allem in Kriegszeiten eine Rolle gespielt, wenn Banken und Haushalte zum Erwerb von Staatsschuldpapieren gezwungen wurden.

[320] Da Einkommen, das der Vermögensbildung zugeführt und damit gespart wird, nicht nachfragewirksam wird, können die Unternehmen in der kreislauftheoretischen Betrachtungsweise Preiserhöhungen auch nicht durchsetzen.

an den Unternehmensgewinnen partizipieren zu lassen. Dabei wird vorausgesetzt, daß die Gewinnanteile der Arbeitnehmer nicht bar ausgezahlt, sondern investiv verwendet werden. Mit diesen Maßnahmen soll also sowohl die Verteilung der Gewinneinkommen korrigiert als auch die Bildung von (Produktiv-) Vermögen in Arbeitnehmerhand gefördert werden.

Im folgenden wird zunächst ein kurzer Überblick über derzeit geltende Förderungsregelungen zur Vermögensbildung gegeben. Ihm folgt eine Wirkungsanalyse der Bausparförderung sowie der Förderungsmaßnahmen zur Produktivvermögensbildung als den beiden bedeutsamsten Instrumenten einer Politik der breiteren und gleichmäßigeren Vermögensverteilung.

1. Die rechtlichen Grundlagen

In der Bundesrepublik Deutschland lassen sich die soeben beschriebenen grundsätzlichen Formen der Förderung der Vermögensbildung in verschiedenen rechtlichen Bestimmungen wiederfinden.

Vor allem als Instrument zur Förderung des Wohnungsbaus und der breiten Bildung von Wohneigentum war das **Wohnungsbau-Prämiengesetz** gedacht, das 1952 erlassen wurde. Es ergänzte die bereits 1948 aus der Vorkriegszeit übernommene **steuerliche Begünstigung des Versicherungs- und vor allem des Bausparens**. 1959 wurde das "Gesetz über die Gewährung von Prämien für Sparleistungen" (**Spar-Prämiengesetz**) eingeführt. Mit ihm sollten vor allem die Bezieher niedriger und mittlerer Einkommen einen Anreiz zu verstärktem Sparen erhalten. Dieses Gesetz gilt allerdings nur für Sparverträge, die vor dem 12.11.1980 abgeschlossen wurden. Es wird deshalb im folgenden nicht weiter behandelt. Eine Intensivierung der Bemühungen um eine breitere Vermögensbildung brachten die sogenannten **Vermögensbildungsgesetze,** dessen aktuelle Auflage das 5. Gesetz zur Förderung der Vermögensbildung der Arbeitnehmer (3. Stufe des Vermögensbeteiligungsgesetzes) in Verbindung mit § 19a EStG darstellt.

Die o.g. Gesetze enthalten die derzeit wichtigsten staatlichen Maßnahmen zur Förderung der Vermögensbildung in der Bundesrepublik Deutschland.

Das Wohnungsbau-Prämiengesetz

Nach dem **Wohnungsbau-Prämiengesetz** können unbeschränkt einkommensteuerpflichtige Personen für Aufwendungen zur Schaffung von Wohnvermögen eine Prämie erhalten. Voraussetzung ist insbesondere, daß das zu versteuernde Einkommen des Sparers 50 000 DM für Ledige und 100 000 DM für Verheiratete nicht übersteigt.

Im einzelnen sind folgende Aufwendungen begünstigt:

- Beiträge an Bausparkassen zur Erlangung von Baudarlehen,
- Aufwendungen für den Ersterwerb von Anteilen an Bau- und Wohnungsgenossenschaften,

- Beiträge aufgrund von Sparverträgen mit einem Kreditinstitut, wenn Beiträge und Prämien zum Bau oder Erwerb von Wohneigentum verwendet werden (Wohnbausparverträge),
- Beiträge aufgrund von Baufinanzierungsverträgen mit einem Wohnungs- oder Siedlungsunternehmen.

Die Gesetze zur Förderung der Vermögensbildung in Arbeitnehmerhand

Das 1. "Gesetz zur Förderung der Vermögensbildung der Arbeitnehmer" **(Vermögensbildungsgesetz)** von 1961 war darauf ausgerichtet, Leistungen, die der Arbeitgeber für den Arbeitnehmer erbrachte und in bestimmten Anlageformen anlegte, durch Prämien oder steuerliche Abzugsfähigkeit zu begünstigen. Es sollte damit ganz generell der Vermögensbildungsprozeß der Arbeitnehmer, insbesondere aber der Arbeitnehmer mit niedrigen und mittleren Einkommen gefördert werden.

Während das **2. Vermögensbildungsgesetz** nur relativ geringe Veränderungen mit sich brachte, enthielt das **3. Vermögensbildungsgesetz** aus dem Jahre 1970 wesentliche Neuerungen. Der begünstigte Betrag wurde auf 624 DM/Jahr angehoben, und statt der bisherigen Steuer- und Sozialabgabenbefreiung wurde eine Arbeitnehmer-Sparzulage gewährt. Zudem wurden Einkommenshöchstgrenzen für die Förderung festgesetzt. Damit sollte erreicht werden, daß noch deutlicher als bisher vor allem die Unselbständigen mit niedrigen und mittleren Einkommen gefördert wurden.

Mit dem zum 1.1.1987 eingeführten **5. Vermögensbildungsgesetz**, das durch das 3. Vermögensbeteiligungsgesetz vom 10.07.1998 zuletzt geändert wurde, wird vor allem das Ziel verfolgt, das Gewicht in der Vermögensbildung breiter Bevölkerungsschichten vom Geldvermögen auf das Produktivvermögen zu verlagern. Während vor Einführung des 3. Vermögensbeteiligungsgesetzes Bausparen und der Erwerb von Beteiligungen bis zu einem gemeinsamen Höchstbetrag von 936 DM gefördert wurden, kann dieser Betrag heute allein durch Bausparen ausgefüllt werden und zusätzlich ein geförderter Betrag von 800 DM pro Jahr in Beteiligungen angelegt werden. Da die bisherigen nach dem **4. Vermögensbildungsgesetz** geförderten Anlageformen (u.a. Aktien, Arbeitnehmerdarlehen, Genossenschaftsanteile) nach Ansicht der Politik in nicht ausreichendem Umfang in Anspruch genommen wurden, hat man die Förderung auf indirekte Formen der Kapitalbeteiligung (so z.B. den Erwerb von Anteilen an Unternehmensbeteiligungsgesellschaften oder an Beteiligungssondervermögen) ausgeweitet.

Die Förderung besteht einmal darin, daß der Arbeitnehmer für seine vermögenswirksamen Leistungen eine **Arbeitnehmer-Sparzulage** erhält, wenn das zu versteuernde Einkommen 35 000 DM bei Ledigen und 70 000 DM bei Verheirateten nicht übersteigt. Die Höhe der Zulage beträgt 10 % für Bausparen und 20 % für Beteiligungen.[321] Sodann ist der Vorteil aus dem Erwerb verbilligter

321 In Ostdeutschland beträgt die Zulage für Beteiligungsvermögen bis zum Jahr 2000 25%.

Beteiligungen nach § 19a EStG steuerfrei, soweit er die Hälfte des Beteiligungswertes und maximal 300 DM im Jahr nicht übersteigt. Diese Begünstigung ist nicht an Einkommensgrenzen gebunden.

Vermögenswirksame Leistungen können in individuellen Verträgen mit Arbeitnehmern, in Betriebsvereinbarungen und in Tarifverträgen festgelegt werden. Damit ist ein relativ breiter Handlungsspielraum für die konkrete Ausgestaltung der Vermögensbildung gegeben.

2. Die Verteilungswirkung der Bausparförderung

2.1 Die formale Inzidenz

In den Jahren 1989 bis 1995 beliefen sich in der Bundesrepublik Deutschland die Bundesausgaben zur Vermögensbildung gemäß dem Wohnungsbau-Prämiengesetz auf 4,3 Mrd. DM. In 1993 standen Ausgaben von 583 Mio. DM Geldanlagen in Bausparkassen in einer Höhe von 145,5 Mrd. DM gegenüber.[322]

Tab. 13.1: Anteil [1] der privaten Haushalte [2] mit Haus- und Grundbesitz [3] an der Gesamtzahl der Haushalte in Deutschland zwischen 1969 und 1993

Soziale Stellung der Bezugsperson	West					Ost	Veränderungsrate 1969 – 1993 in % (ohne Osten)
	1969	1978	1983	1988	1993	1993	
Insgesamt	38,8	43,6	45,5	46,7	51,5	27,7	32,7
Landwirt	96.3	89,9	92,6	92,1	88,3	–	– 8,3
Selbständiger	65,5	70,4	72,3	73,5	71,2	53,5	8,7
Beamter	38,6	50,8	54,0	56,8	63,7	–	65,0
Angestellter	34,6	46,0	48,0	48,3	51,2	30,4	47,9
Arbeiter	36,6	46,7	49,9	48,5	48,8	30,3	33,3
Nichterwerbstätiger	30,3	32,9	35,1	39,0	47,1	23,2	55,4

[1] in Prozent.
[2] Haushalte gegliedert nach der sozialen Stellung der Bezugsperson.
[3] Ohne eigengenutzte Betriebsgelände und Betriebsgrundstücke.

Quelle: Statistisches Bundesamt (Hrsg.): Fachserie 15: Wirtschaftsrechnungen; Einkommens- und Verbrauchsstichprobe 1983, Heft 2, Wiesbaden 1983; Statistisches Bundesamt (Hrsg.): Fachserie 15: Wirtschaftsrechnungen; Einkommens- und Verbrauchsstichprobe 1993, Heft 2, Wiesbaden 1995.

322 Vgl. Bundesministerium der Finanzen, 1996, Tabelle 4 und Statistisches Bundesamt, 1995c, S. 11*.

Tabelle 13.1 gibt Auskunft darüber, in welchem Umfang die Haushalte in verschiedenen sozialen Stellungen an dem Haus- und Grundbesitz beteiligt sind. Dabei zeigt sich, daß der Anteil der Haushalte mit Haus- und Grundbesitz von 38,8 % in 1969 auf über 50 % in 1993 gestiegen ist. Von den Landwirten sind ca. 90 % Haus- und Grundbesitzer und damit Spitzenreiter, gefolgt von den Selbständigen, von denen zwei Drittel über Haus- und Grundbesitz verfügen. Während die Anteile dieser beiden Gruppen im betrachteten Zeitraum keinen großen Schwankungen unterworfen waren, verzeichnen die aller anderen Gruppen deutliche Zuwächse. Hatte in diesen Gruppen in 1969 nur ungefähr jeder Dritte Haus- oder Grundbesitz, so stieg der Anteil bis 1993 auf ca. 50 %, bei den Beamten sogar auf fast zwei Drittel.

Tab. 13.2: Anteil [1] der privaten Haushalte [2] mit Bausparverträgen [3] an der Gesamtzahl der Haushalte in Deutschland zwischen 1969 und 1993

Soziale Stellung der Bezugsperson	West					Ost	Veränderungsrate 1969 – 1993 in % (ohne Ost)
	1969	1978	1983	1988	1993	1993	
Insgesamt	22,8	37,3	40,0	38,6	42,0	33,8	84,2
Landwirt	31,4	52,8	60,0	67,6	60,1	-	91,4
Selbständiger	45,3	56,2	55,5	51,0	44,7	51,7	–1,3
Beamter	43,7	67,0	68,2	67,7	67,6	–	54,7
Angestellter	33,4	52,6	54,1	51,4	53,3	50,7	59,6
Arbeiter	19,6	47,2	54,0	52,9	59,5	47,8	203,6
Nichterwerbstätiger	10,1	15,8	17,6	19,2	21,9	14,1	116,8

[1] in Prozent.

[2] Haushalte gegliedert nach der sozialen Stellung der Bezugsperson.

[3] Nicht zugeteilte Verträge.

Quelle: Statistisches Bundesamt (Hrsg.): Fachserie 15: Wirtschaftsrechnungen; Einkommens- und Verbrauchsstichprobe 1983, Heft 2, Wiesbaden 1983; Statistisches Bundesamt (Hrsg.): Fachserie 15: Wirtschaftsrechnungen; Einkommens- und Verbrauchsstichprobe 1993, Heft 2, Wiesbaden 1995.

Auch der Anteil der Haushalte, die Bausparverträge abgeschlossen haben, stieg insgesamt, wie Tabelle 13.2 verdeutlicht, mit 22,8 % in 1969 auf 42 % in 1993 auf fast das doppelte. In der Gruppe der Landwirte verdoppelte sich dieser Anteil von ca. 30 % auf 60 %. Fast verdreifacht hat sich der Anteil der Arbeiterhaushalte, die einen Bausparvertrag abgeschlossen haben. Der Anteil der Beamten mit Bausparverträgen entspricht in etwa ihrem Anteil am Haus- und Grundvermögen. Mit Anteilen zwischen 45 % und 56 % sind die Selbständigenhaushalte, gemessen an ihrem Grundbesitz eher unterrepräsentiert. Ähnliches gilt für die Nicht-Erwerbstätigen. Während sie in etwa gleichem Umfang über Haus- und Grundbesitz verfügen wie die Angestellten und Arbeiter, ist ihr Anteil an den Bausparverträgen mit ca. 10 % in 1969 und ca. 20 % in 1993 weitaus geringer. Dieser Unterschied ist vor allem darauf zurückzuführen, daß diese Gruppe viele Rentner und Pensionäre enthält, die ihr Vermögen schon in ihrem aktiven Erwerbsleben gebildet und ihre Bausparverträge dann schon aufgelöst haben.

Insgesamt ist festzuhalten, daß insbesondere Beamten- und Angestelltenhaushalte, vor allem aber auch Arbeiterhaushalte vermehrt Haus- und Grundvermögen gebildet und Bausparverträge abgeschlossen haben. Die Haushalte, die diesen sozialen Schichten zuzuordnen sind, dürften in ihrer Gesamtheit wohl eher mittleren, teilweise auch unteren Einkommensklassen angehören. Die Selbständigen, die im Durchschnitt ein weitaus höheres Einkommen erzielen als die übrigen Gruppen, haben die staatlich geförderten Bausparverträge vergleichsweise wenig genutzt. Insofern kann man insgesamt wohl doch von einer erheblichen Breitenwirkung der Bausparförderung ausgehen. Es ist insbesondere anzunehmen, daß ohne die staatlichen Förderungsmaßnahmen Beamten-, Angestellten- und Arbeiterhaushalte in geringerem Maße Grundvermögen gebildet hätten.

Mit 27,7 % in 1993 liegt der Anteil der Haushalte, die über Haus- und Grundbesitz verfügen, in Ostdeutschland weit unter dem westdeutschen Wert. Ähnliches gilt für den Anteil der Haushalte mit Bausparverträgen. Vor allem bei den Arbeiter- und Angestelltenhaushalten sowie den Nichterwerbstätigen, bei denen nur ca. 30 % bzw. 23 % über Haus- und Grundbesitz verfügen, erscheint eine aktive staatliche Vermögensbildungspolitik in den neuen Bundesländern notwendiger als etwa in Westdeutschland.

2.2 Die materielle Inzidenz

Sind schon die Schwierigkeiten groß, einigermaßen fundierte Aussagen über die formale Inzidenz der Bausparförderung zu machen, so türmen sie sich bei dem Versuch, die materielle Inzidenz von Förderungsmaßnahmen zur Bildung von Grundvermögen zu ermitteln, zu einem riesigen Problemberg auf.

Da zuverlässige Informationen oder empirisch fundierte Theorien über eine eventuelle Weitergabe der Vorteile aus der Bausparförderung an Dritte fehlen, soll auf eine Erfassung möglicher Abweichungen der materiellen von der formalen Inzidenz verzichtet werden. Diese würde ohnehin nicht mehr als eine Spekulation sein.

3. Die Verteilungswirkung der Förderungsmaßnahmen zur Produktivvermögensbildung

Von 1950 bis 1985 wurden etwa 525 Mrd. DM private Ersparnisse mit insgesamt 131 Mrd. DM staatlichen Vergünstigungen gefördert. Aber nur 6 bis 7 Mrd. DM dieser Ersparnisse flossen in Form von Beteiligungskapital direkt an die Unternehmen. Das ist nur wenig mehr als 1 % der insgesamt geförderten Ersparnisse.[323] Die absolute Zahl der Arbeitnehmer, die Beteiligungskapital an ihren Unternehmen erworben haben, liegt bei rund 1 Million und umfaßt damit nur etwa 4 % der unselbständig Beschäftigten.[324]

Für die Folgezeit muß festgehalten werden, daß der überwiegende Anteil des Geldvermögens privater Haushalte weiterhin aus sicheren Anlagen besteht. Investmentzertifikate und Aktien machten 1990 gerade einmal 10 % des gesamten Geldvermögens aus. Zwar ist dieser Anteil bis 1997 auf 17 % angewachsen, er liegt allerdings im Vergleich etwa mit den USA immer noch sehr niedrig. Durch das 3. Vermögensbeteiligungsgesetz soll nun die Attraktivität risikobehafteter Anlagen weiter gestärkt werden. Eine besondere Förderung genießen dabei Belegschaftsaktien. Zugleich werden diese durch besondere Regelungen gegen konkursbedingte Wertverluste abgesichert.

3.1. Die formale Inzidenz

Informationen über die **Verteilung der Arbeitnehmer-Sparzulage** nach dem 3. und 4. Vermögensbildungsgesetz auf die nach der Einkommens- oder Vermögenshöhe gruppierten Arbeitnehmer existieren nicht. Dementsprechend fehlen natürlich auch Daten über die Verteilung der Zulage, die den Arbeitnehmern für die Bildung von Produktivvermögen im Rahmen des Gesetzes zufließt.

Es ist lediglich bekannt, daß Ende 1985 zu den Begünstigten die rund 400 000 Arbeitnehmer zählten, die aufgrund von 17 Tarifverträgen den Aufstockungsbetrag von 312 DM nach dem 4. Vermögengsbildungsgesetz nutzten. Über die Höhe ihrer Einkommen ist allerdings wenig bekannt. Man kann jedoch davon ausgehen, daß die meisten der vermögensbildenden Arbeitnehmer die vom Gesetzgeber vorgegebenen Einkommensgrenzen von 24 000 DM bzw. 48 000 DM nicht überschritten haben, denn nur dann erhielten sie die Arbeitnehmer-Sparzulage.

3.2 Die materielle Inzidenz

Die staatlichen Begünstigungen für die Produktivvermögensbildung nach dem Vermögensbildungsgesetz verbleiben nur dann in voller Höhe bei den Arbeitnehmern, wenn die betroffenen Arbeitnehmer und Unternehmen ihr Verhalten beibehalten. Ob davon ausgegangen werden kann, soll wegen der unterschiedlichen Wirkungswege getrennt für die beiden Instrumente der Förderung des Investivlohns und der Begünstigung der Gewinnbeteiligung untersucht werden.

[323] Vgl. Vogt, 1986, S. 166 f.

[324] Vgl. ebenda.

3.2.1 Die staatliche Begünstigung der Investivlohn-Bildung

Staatlich begünstigte Investivlöhne erhöhen, wenn sie zusammen mit den übrigen Lohnsteigerungen über den Produktivitätsfortschritt hinausgehen, die Lohnkosten des betroffenen Unternehmens.

Werden **Investivlöhne nur in einzelnen Branchen oder Unternehmen** eingeführt, so werden die betroffenen Anbieter **kurzfristig** wie im Falle einer neu eingeführten speziellen Verbrauchsteuer reagieren, d.h. versuchen, die gestiegenen Kosten über eine Preiserhöhung an die Verbraucher weiterzugeben. Das Ausmaß der Überwälzung hängt dann von den Preiselastizitäten des Angebots und der Nachfrage der betroffenen Produkte ab. Je vollständiger eine Überwälzung gelingt, umso mehr tragen die Käufer dieser Produkte die Last der erhöhten Lohnkosten. Den begünstigten Lohnempfängern stehen die durch das geringere Realeinkommen benachteiligten Verbraucher gegenüber. Soweit eine Weiterwälzung der Investivlöhne über die Produktpreise nicht gelingt, werden die Unternehmen Gewinneinbußen erleiden.

Auf lange Sicht können die Unternehmen mit einer Substitution von zu teuer gewordener Arbeit durch Kapital reagieren. Dies setzt allerdings voraus, daß kostengünstigere kapitalintensive Produktionstechnologien als Alternativen überhaupt vorhanden sind. In diesem Fall wären Arbeitskräfteentlassungen die Folge. Ist das nicht möglich, werden Unternehmen bei rationalem Verhalten ihre Produktionskapazität durch verringerte Ersatz- oder Neuinvestitionen solange abbauen, bis die Produkte der betroffenen Branche dieselbe Rentabilität wie im volkswirtschaftlichen Durchschnitt erzielen. Dieser Kapazitätsabbau wird mit einem Rückgang des Gewinn**volumens** der betroffenen Unternehmen verbunden sein.

Werden **Investivlöhne** generell, d.h. **in allen Unternehmen** eingeführt, ist **kurzfristig eine Überwälzung** der dadurch ausgelösten Kostensteigerung nach dem kreislauftheoretischen Ansatz **nicht möglich**. Da der Investivlohn zu keiner Konsumerhöhung führt und auch die übrigen gesamtwirtschaftlichen Nachfragekomponenten weitgehend unbeeinflußt bleiben dürften, lassen sich auch keine Preissteigerungen durchsetzen. Generell gewährte Investivlöhne führen also zu einer Verringerung der Gewinnquote, zur Vermögensbildung in Arbeitnehmerhand und zum Zufluß von Vermögens- bzw. Gewinneinkommen bei den unselbständig Beschäftigten.

Langfristig kann die sinkende Gewinnquote wiederum einen Rückgang der Unternehmensinvestitionen und in einer weiteren Folge Unterbeschäftigung der Arbeitskräfte bewirken. Die Benachteiligten sind dann vor allem die aufgrund der Maßnahmen aus dem Arbeitsprozeß ausscheidenden Arbeitnehmer sowie diejenigen, die die erhöhten Zahlungen an Arbeitslose finanzieren müssen.

3.2.2 Die staatliche Begünstigung der betrieblichen Gewinnbeteiligung

Im Gegensatz zum Investivlohn beeinflußt die staatlich begünstigte Gewinnbeteiligung Gewinnhöhe und -quote nicht. Die Gewinnbeteiligung erfolgt ja erst, wenn der Unternehmensgewinn am Ende einer Periode feststeht. Sie stellt also eine **partielle Umverteilung des Gewinnaneignungsrechts** von den Kapitaleignern auf die Arbeitnehmer dar.

Da die Kosten der Produktion bei einer Gewinnbeteiligung nicht steigen, erscheint weder eine Preiserhöhung bei den erstellten Produkten noch der Einsatz kapitalintensiverer Produktionstechnologien als wahrscheinlich. Die über eine Gewinnbeteiligung geförderte Produktivvermögensbildung in Arbeitnehmerhand hätte also gegenüber dem Investivlohn den Vorteil, daß sie eine endgültige Umverteilung von Vermögen von den bisherigen Kapitaleignern zu den Arbeitnehmern bewirkt. Voraussetzung ist allerdings, daß der Arbeitnehmer nicht gleichzeitig vorhandenes Geldvermögen ausgibt oder seine sonstigen Sparaktivitäten einschränkt.

Ein weiterer Aspekt ist zu beachten: Bei einer **selektiven Gewinnbeteiligung** in einzelnen Unternehmen oder Branchen ist es denkbar, daß Investitionen und damit auch die Produktion von Konsumgütern in Bereiche und Unternehmen verschoben werden, in denen eine Gewinnbeteiligung nicht stattfindet. Diese Tendenz wird allerdings dann nicht eintreten, wenn als Folge der Gewinnbeteiligung in den betroffenen Unternehmen die Leistungsintensität bzw. Produktivität der Arbeitnehmer steigt und so die den Kapitaleignern verbleibenden Nettogewinne nicht unter den gesamtwirtschaftlichen Durchschnitt sinken.

Wird eine für alle Unternehmen verbindliche **generelle Gewinnbeteiligung** vereinbart, so finden Investitionsverlagerungen innerhalb einer Volkswirtschaft nicht statt, da die Eigenkapitalverzinsung überall zurückgeht. Es ist aber nicht auszuschließen, daß Produktionsstätten in das Ausland verlagert oder einfach geschlossen werden. Belastete der Gewinnbeteiligung sind in diesem Fall auch oder vor allem die Anbieter des Produktionsfaktors Arbeit, die entlassen werden oder keinen Arbeitsplatz erhalten.

4. Fazit

Die bisherigen Ausführungen haben deutlich gemacht, daß auch staatliche Begünstigungen im Bereich der Vermögensneubildung nur wenig zu einer Nivellierung der Vermögensverteilung beigetragen haben. Ein Grund hierfür kann darin gesehen werden, daß die quantitativ durchaus bedeutsame Bausparförderung neben den unteren Einkommens- und Vermögensschichten auch sehr stark die mittleren und oberen Schichten erreicht hat. Zudem verfügten die unteren Einkommensschichten oft nicht über die erforderlichen zusätzlichen Mittel, die bei der Errichtung eines eigenen Hauses erforderlich sind. Ein weiterer Grund ist darin zu sehen, daß die Förderung der Produktivvermögensbildung in Arbeitnehmerhand bisher nur von einem sehr kleinen Teil der Arbeitnehmer angenommen wurde. Dementsprechend gering ist die quantitative Bedeutung des Produktivvermögens in Arbeitnehmerhand. Nicht zuletzt mag es eine Rolle spielen, daß gerade untere Einkommens- und Vermögensschichten staatlich begünstigte Ersparnisse nach Ablauf der Sperrfristen häufig wieder ausgeben und so den angestrebten Zustand einer breiteren Vermögensstreuung verhindern.

6. Teil

Die Verteilungswirkungen des Systems der sozialen Sicherung

Mit den Steuern, der staatlichen Schuldenpolitik sowie den Prämienzahlungen zur Förderung der Vermögensbildung sind zwar wichtige, aber lange nicht alle Bereiche staatlicher Einnahmen und Ausgaben genannt, die die Verteilung von Einkommen und Vermögen auf die natürlichen Personen in der Bundesrepublik Deutschland beeinflussen. Es fehlen außer den Realausgaben (für Bildung, Kultur, Verteidigung, Forschung etc.) vor allem die großen Bereiche der Sozialversicherung sowie der Fürsorgeleistungen. 1996 beliefen sich die im sogenannten Sozialbudget erfaßten gesamten Sozialleistungen auf ca. 1 236 Mrd. DM oder 34,9 % des nominalen Bruttoinlandsprodukt.[325]

Nun ist allerdings im Rahmen eines Lehrbuches die **Analyse aller Finanzströme des Sozialbudgets nicht möglich**. Es wird deshalb selektiert und die nachfolgende Analyse auf die Verteilungswirkungen des Systems der sozialen Sicherung begrenzt. Damit wird z.B. der große Bereich der Fürsorgeleistungen ausgeklammert. Diese Vorgehensweise erscheint allerdings schon deshalb als gerechtfertigt, weil die Sozialversicherungsausgaben in 1996 mit 62,3 % des Sozialbudgets fast zwei Drittel aller Sozialausgaben umfaßten.[326] Innerhalb des Sozialversicherungssystems wird der Schwerpunkt wegen des großen quantitativen Gewichts und des dadurch bestehenden Umverteilungspotentials auf die gesetzliche Rentenversicherung und die gesetzliche Krankenversicherung gelegt. Die Umverteilungswirkungen der gesetzlichen Pflegeversicherung werden dagegen nicht näher analysiert.[327] Die Arbeitslosenversicherung und die Unfallversicherung werden vor allem deshalb ausgeklammert, weil sie quantitativ weniger bedeutsam sind und weil Begünstigte und Benachteiligte nicht immer eindeutig bestimmten sozialen Gruppen oder Einkommensklassen zugeordnet werden können. Außerdem enthalten diese Zweige der Sozialversicherung keine explizit eingebauten Umverteilungselemente.

Im Gegensatz zu den bisher behandelten staatlichen Finanzströmen werden im folgenden nicht mehr primär die Wirkungen auf die interpersonelle Einkommens- und Vermögensverteilung im Mittelpunkt stehen. Statt dessen treten Umverteilungseffekte in den Vordergrund, die sich zwischen den sozialen Gruppen, den verschiedenen Haushaltstypen, den unterschiedlichen Altersgruppen und Geschlechtern sowie den Generationen vollziehen.

---

325 Vgl. Statistisches Bundesamt, 1998, Tabelle 24.3., Bundesministerium für Arbeit und Sozialordnung, 1998b, Übersicht 21a.

326 Vgl. ebenda, Übersicht 21a ff., sowie eigene Berechnungen.

327 Vgl. hierzu speziell Dudey, 1996, und die dort angegebenen Literaturhinweise.

14. Kapitel

Bereiche und quantitative Bedeutung des Systems der sozialen Sicherung

1. Bereiche der sozialen Sicherung

1.1 Definitionen und Abgrenzungen

Das System der sozialen Sicherung[328] soll natürlichen Personen bei Alter, Arbeitsunfähigkeit, Krankheit, Unfall oder Arbeitslosigkeit einen **Einkommensersatz** bieten bzw. die Finanzierung von dadurch bedingten Aufwendungen für Sach- und Dienstleistungen (z.B. Arzt- und Krankenhauskosten) übernehmen und damit verhindern, daß diese Personen in eine wirtschaftliche und soziale Notsituation geraten. Kennzeichnend für das deutsche Sozialversicherungssystem ist dabei der Grundsatz der Statussicherung. Die Finanzierung der Einkommens- und Sachleistungen erfolgt grundsätzlich nach dem **Versicherungsprinzip**. Dies bedeutet, daß die **Gesamtheit der Versicherten** durch ihre Beiträge die für die Risikoabdeckung notwendigen Finanzmittel selbst aufbringt. Es herrscht das Gruppenäquivalenzprinzip.

Im Vergleich zu privatwirtschaftlichen Versicherungen gibt es jedoch einige wesentliche Unterschiede. Zum einen besteht **Versicherungspflicht** für einen vom Gesetz exakt definierten Personenkreis.[329] Dieser war über längere Zeit hinweg weitgehend mit den unselbständig Beschäftigten ab einer gewissen Einkommenshöhe identisch. Heute unterliegt auch eine Reihe von Selbständigen der Versicherungspflicht, während umgekehrt Beamte nicht versicherungspflichtig sind. Zum anderen weichen die Verfahren der individuellen Beitragsbemessung und Leistungsgewährung in der Sozialversicherung von denen der privaten Versicherungen in wichtigen Regelungen ab. So müssen Privatversicherte Beiträge gemäß ihrem **individuellen Risiko** zahlen. Die Beiträge der Sozialversicherungsmitglieder richten sich primär nach deren **Einkommen**. Die Leistungen, die den Versicherungsnehmern gewährt werden, orientieren sich nicht (nur) an den gezahlten Beiträgen. Sie hängen in ihrer Höhe u.a. auch – wie z.B. bei der Rentenversicherung – von der allgemeinen Einkommensentwicklung oder – wie z.B. bei der Krankenversicherung – von der Familiengröße ab. Dies führt im Vergleich mit einer risiko-orientierten Versicherung zu erheblichen Umverteilungseffekten, auf die im folgenden noch näher einzugehen ist.

---

328 Einen Überblick über die historische Entwicklung des Sozialversicherungssystems gibt Frerich, 1996, S. 80 ff.

329 Eine solche Versicherungspflicht besteht ansonsten nur bei der Kraftfahrzeugversicherung.

1.2 Die gesetzliche Rentenversicherung (GRV)[330]

Die **GRV ist eine Pflichtversicherung**, durch die ihre Mitglieder und deren Angehörige nach dem Ausscheiden aus dem Erwerbsleben einen Anspruch auf Rente oder sonstige Hilfen erlangen. **Zwangsmitgliedschaft** besteht für alle diejenigen Personen, die unselbständig beschäftigt sind. Hinzu kommen Selbständige in bestimmten Berufsgruppen (Heimarbeiter, selbständige Lehrer, Künstler, Handwerker etc.). Darüber hinaus können Selbständige auf Antrag der Rentenversicherung als **freiwillige Mitglieder** beitreten. Beamte sind, obwohl sie dem Kreis der Unselbständigen angehören, ebenso wenig versicherungspflichtig wie geringfügig Beschäftigte.[331]

Organisatorisch ist die **GRV** wie folgt gegliedert:

- Träger der Rentenversicherung für Arbeiter sind die 23 **Landesversicherungsanstalten**, die **Bahnversicherungsanstalt** sowie die **Seekasse**.
- Träger der Rentenversicherung für Angestellte ist die **Bundesversicherungsanstalt für Angestellte (BfA)**.
- Träger der Rentenversicherung für Arbeiter in bergbaulichen Betrieben ist die **knappschaftliche Rentenversicherung** der Bundesknappschaft.
- Träger der Alterssicherung für Landwirte sind die **landwirtschaftlichen Alterskassen** bei den landwirtschaftlichen Berufsgenossenschaften.

Die wichtigsten **Leistungen** der **GRV** sind:[332]

- Ersatzzahlungen für ausgefallene Arbeitseinkommen (Berufsunfähigkeitsrenten, Erwerbsunfähigkeitsrenten, Altersruhegeld),
- die Zahlung von Hinterbliebenenrenten,
- die Zahlung von Erziehungsrenten,
- die Finanzierung von Rehabilitationsmaßnahmen,
- die Übernahme der Hälfte der Beiträge der Rentner zur gesetzlichen Kranken- und Pflegeversicherung.

Die Finanzierung der Leistungen erfolgt in Deutschland grundsätzlich nach dem **Umlageverfahren**. Dies bedeutet, daß die laufenden Rentenzahlungen an die aus dem Erwerbsleben Ausgeschiedenen durch die **Beiträge** der derzeit aktiven Unselbständigen und freiwillig versicherten Selbständigen finanziert werden. Dafür erwerben diese den Anspruch auf Rentenzahlungen im Alter, finanziert von den dann in das Erwerbsleben nachgerückten Generationen. Man spricht deshalb auch vom **Generationenvertrag**. Die Beiträge sind bei den unselbstän-

330 Vgl. zu den folgenden Ausführungen Bundesregierung, 1997, Kapitel A2, Deutscher Bundestag, 1998, Übersicht A 20 und A 21 sowie I 13 und I 14.

331 Für geringfügig Beschäftigte wird allerdings ab dem 1.4.1999 ebenfalls eine Versicherungspflicht oberhalb einer Bagatellgrenze von 200 DM/Monat erwogen.

332 Vgl. hierzu auch Lampert, 1996, S. 251 f.

dig Beschäftigten i.d.R. je zur Hälfte von den Arbeitgebern und den Arbeitnehmern aufzubringen.[333] Einen Teil ihres Finanzierungsbedarfs decken die Rentenversicherungsanstalten darüber hinaus durch Erstattungen und durch **Bundeszuschüsse**.[334] Die Bundeszuschüsse werden vor allem mit den Rentenversicherungsansprüchen begründet, denen keine oder keine entsprechenden Beitragszahlungen der Begünstigten gegenüberstehen. Man spricht in diesem Zusammenhang auch von **versicherungsfremden Leistungen**, da in Abkehr vom versicherungstechnischen Prinzip der strengen Beitragsäquivalenz soziale Ausgleichsziele relevant werden (z.B. in Form von Anrechnungszeiten z.B. für Wehrpflichtige, Kriegsfolgelasten, Kindererziehungszeiten, Renten nach Mindesteinkommen oder vorzeitigen Altersrenten ohne Abschläge).[335]

Die **Höhe der Altersrente** pro Jahr (R) und damit deren Anpassung nach dem Eintritt in den Ruhestand ist nach der sogenannten **Rentenformel** des Rentenreformgesetzes 1992, mit dem der Übergang vom Bruttoprinzip zum Nettoprinzip bei der Feststellung des Rentenanspruchs und der Fortschreibung der Rentenzahlungen eingeführt wurde, durch vier Faktoren bestimmt:[336]

1. Durch die **Entgeltpunkte** (*EP*) des Versicherten als Quotient aus dem versicherten Arbeitsentgelt bzw. der persönlichen Beitragsbemessungsgrundlage (maximal bis zur Höhe der Beitragsbemessungsgrenze) des Versicherungsjahres, dividiert durch das durchschnittliche Bruttoeinkommen aller Versicherten im gleichen Jahr. Bei einem Durchschnittsverdiener beträgt dieser Wert 1 Entgeltpunkt pro Jahr.
2. Durch den **Zugangsfaktor** (*ZF*), der die über alle Beitragsjahre des Versicherten gebildete Summe der Entgeltpunkte nach dem Alter des Versicherten bei Rentenbeginn korrigiert: Er beträgt 1,0 bei Rentenbeginn mit Vollendung des 65. Lebensjahres. Bei vorzeitiger Inanspruchnahme der Altersrente wird die nun längere Bezugsdauer der Altersrente durch eine Verminderung des Zugangsfaktors für jeden Monat um 0,003 Punkte ausgeglichen, d.h. für jeden Monat mindert sich die Altersrente um 0,3 %. Das Produkt aus Zugangsfaktor und Entgeltpunkten ergibt die **Persönlichen Entgeltpunkte** (*PEP*).
3. Durch den für die einzelnen Rentenarten unterschiedlich hohen **Rentenartenfaktor** (*RAF*), der das Sicherungsziel der jeweiligen Rentenart im Verhältnis zur Altersrente berücksichtigt: So werden Alters- und Erwerbsunfähigkeitsrenten mit dem Faktor 1,0, Berufsunfähigkeitsrenten mit dem Faktor 0,6667,

---

333 In der knappschaftlichen Rentenversicherung ist der Beitragssatz höher, allerdings nur zu Lasten des Arbeitgeberanteils. In 1997 betrugen die Beitragseinnahmen ca. 300,5 Mrd. DM bzw. 76 % der Gesamtausgaben.

334 Die allgemeinen Bundeszuschüsse betrugen 1997 mit ca. 82,6 Mrd. DM immerhin 21 % der Gesamtausgaben.

335 Zur Definition, Abgrenzung, Erfassung und Beurteilung versicherungsfremder Leistungen vgl. insbesondere Schlenger, 1998, S. 1 ff.: Nach der VDR-Statistik betrugen die versicherungsfremden Leistungen in 1995 101,8 Mrd. DM und damit ca. 27,6 % der Gesamtausgaben dieses Jahres.

336 Vgl. im folgenden auch Glismann/Horn, 1995, S. 330 ff.

Witwenrenten mit dem Faktor 0,6, und Vollwaisenrenten bzw. Halbwaisenrenten mit dem Faktor 0,2 bzw. 0,1 bewertet.

4. Durch den **aktuellen Rentenwert** (*aR*), der den jeweils aktuell geltenden monatlichen DM-Gegenwert für 1 Entgeltpunkt darstellt. Er berechnet sich nach folgender Formel:[337]

$$aR_t = aR_{t-1} \frac{BE_{t-1}}{BE_{t-2}} \frac{NQ_{t-1}}{NQ_{t-2}} \frac{RQ_{t-2}}{RQ_{t-1}} . \tag{14.1}$$

Dabei bezeichnen:

aR_{t-1} = aktueller Rentenwert vom 1. Juli des Vorjahres bis zum 30. Juni des laufenden Jahres;

BE_{t-1}, BE_{t-2} = durchschnittliche Bruttolohn- und gehaltssumme des vergangenen bzw. vorvergangenen Kalenderjahres;

NQ_{t-1}, NQ_{t-2} = Nettoentgeltquote (Verhältnis von durchschnittlicher Nettolohn- und –gehaltssumme zu durchschnittlicher Bruttolohn- und -gehaltssumme) für das vergangene bzw. vorvergangene Kalenderjahr;

RQ_{t-1}, RQ_{t-2} = Nettorentenquote (Verhältnis von Nettorente zu Bruttorente) des vergangenen bzw. vorvergangenen Kalenderjahres.[338]

Die Einführung von Nettoentgeltquote und Nettorentenquote in Formel (14.1) bewirkt, daß sich die Anpassung der Altrentenhöhe nicht mehr, wie vor 1992, an der Entwicklung der Bruttolöhne, sondern an der Entwicklung von Nettolöhnen und Nettorenten orientiert. Ein Anstieg der Abgabenquote bei den Arbeitsentgelten der Beitragszahler bewirkt einen Rückgang, ein Anstieg der Abgabenquote bei den Renten dagegen einen Anstieg des aktuellen Rentenwertes.

Die Formel für die Berechnung der Jahresrente R für das Jahr t lautet dann:

$$R_t = 12 \sum_b PEP_b \; RAF \; aR_t \tag{14.2}$$

mit b = Zahl der Beitragsjahre (incl. beitragsfreier Zeiten) des Versicherten.

---

337 Der aktuelle Rentenwert wird jeweils zum 1. Juli eines Jahres durch einen neuen aktuellen Rentenwert ersetzt: Am 1.7.1998 betrug er in Westdeutschland 47,65 DM und in Ostdeutschland 40,87 DM.

338 Die Nettorentenquote berücksichtigt die direkte Belastung der Renten mit dem halben Beitrag zur Gesetzlichen Kranken- und Pflegeversicherung und mit dem durchschnittlichen Steuersatz auf Renten.

Für einen westdeutschen „Standardrentner", der im Laufe seines aktiven Arbeitslebens 45 Entgeltpunkte erworben hat, ergibt sich daraus eine Rente in Höhe von 70,5 % des durchschnittlichen Nettoarbeitsentgelts aller Arbeitnehmer.

Mit dem Rentenreformgesetz 1999 der CDU/CSU/FDP-Koalition sollte das angestrebte Nettorentenniveau des Standardrentners bis zum Jahr 2020 auf 64% herabgesetzt und gleichzeitig ein demographischer Faktor in die Rentenformel eingeführt werden, um den prognostizierten, demographisch bedingten Anstieg des Beitragssatzes zu begrenzen. Inzwischen wurde dieses Gesetz von der neuen Regierung zurückgenommen. Aber auch sie wird nicht umhin können, das System zu reformieren.

Für **Hinterbliebenen-** und **Invalidenrenten** sind zusätzliche Bestimmungen zu beachten. Auf diese soll hier jedoch nicht weiter eingegangen werden.[339]

1.3 Die Gesetzliche Krankenversicherung (GKV)[340]

Die **ursprüngliche Aufgabe der GKV** bestand vor allem darin, den Arbeitnehmern im Falle einer Erkrankung **Ersatzeinkommen** zur Deckung der Lebenshaltungskosten und ausreichende Mittel zur Finanzierung der durch Krankheit verursachten Aufwendungen zu sichern. Heute haben Ersatzeinkommenszahlungen wegen der gesetzlich geregelten Lohnfortzahlung ebenso an Bedeutung verloren[341] wie direkte Zahlungen an die Versicherten zur Erstattung ihrer Arzt-, Krankenhaus- und Medikamentenkosten. An ihre Stelle sind sogenannte **Sachleistungen** an die Versicherten in Gestalt des unmittelbaren Transfers von Gesundheitsgütern, wie Arzt-, Apotheken- und Krankenhausleistungen, getreten. Die Finanzierung der Leistungen erfolgt durch unmittelbare Abrechnung der Leistungsersteller bzw. –erbringer mit den Krankenkassen.[342]
Im Laufe der Zeit sind **neue Aufgaben** hinzugekommen: So wurden Familienangehörige in den Versicherungsschutz mit einbezogen, ohne daß der Versicherte deshalb höhere Beiträge zu zahlen hat. Nicht zuletzt haben Vorsorgemaßnahmen zur Früherkennung und Verhütung bestimmter Krankheiten sowie Rehabilitationsmaßnahmen erheblich an Gewicht gewonnen.

Organisatorisch wird das gesetzliche Krankenversicherungswesen durch folgende Krankenversicherungen repräsentiert:

---

339 Vgl. hierzu Bundesregierung, 1997, S. 42 f.

340 Vgl. im folgenden Bundesministerium für Arbeit und Sozialordnung, 1998a, Abschnitt 5.

341 Während sich das von der GKV gezahlte Krankengeld in 1996 auf 18,2 Mrd. DM belief, betrug die Entgeltfortzahlung im Krankheitsfall durch die Arbeitgeber 52,3 Mrd. DM; vgl. Statistisches Bundesamt, 1998, Tabelle 19.1 und 19.2.

342 In der privaten Krankenversicherung erfolgt eine direkte Abrechnung zwischen Leistungsempfängern und –erbringern bei nachträglicher Erstattung der Kosten durch die Krankenkassen (Kostenerstattungsprinzip). Vgl. hierzu Gesellschaft für Versicherungswissenschaft und –gestaltung, 1996, S. 102 ff.

- Die Allgemeinen Ortskrankenkassen (AOK);
- Die Ersatzkassen;
- Die Betriebs- und Innungskrankenkassen;
- Spezialkrankenkassen; diese gibt es für den Bereich des Bergbaus (knappschaftliche Krankenversicherung), den Bereich der Landwirtschaft (landwirtschaftliche Krankenkasse) sowie die Seeleute (Seekrankenkasse).

Bis Ende 1995 wurde die **Versicherungspflicht** im wesentlichen durch Gesetze festgelegt, d.h. jeder einzelne Versicherte gehörte einer bestimmten Krankenkasse an. Seit dem 1.1.1996 existiert zur Stärkung des Krankenkassenwettbewerbs ein **Kassenwahlrecht** für alle Versicherten, d.h. Pflichtversicherte können dabei jeweils zu Jahresbeginn unabhängig von ihrer Berufs- und Betriebszugehörigkeit in eine neue – für sie günstigere Kasse – wechseln. Freiwillig Versicherte können unter Beachtung der gültigen Kündigungsfristen während des gesamten Jahres eine andere Krankenkasse wählen. Aufgrund ihrer organisatorischen Sonderstellung bleiben die Spezialkrankenkassen von dieser Regelung unberührt. Bereits seit dem 1.1.1994 gibt es einen **Risikostrukturausgleich** zwischen den Kassen, um die erheblichen Beitragsunterschiede zwischen den einzelnen Krankenkassen[343] zu verringern[344] und den Krankenkassenwettbewerb zu stärken.[345] Mit dem GKV-Finanzverstärkungsgesetz vom 12.2.1998 soll die bisherige Trennung des Risikostrukturausgleichs jeweils in West- und Ostdeutschland schrittweise aufgehoben werden, um die Finanzgrundlagen der GKV-Ost zu stärken.[346]

Die **Pflicht zur Versicherung** besteht für alle Arbeitnehmer, Rentner, Studenten und Arbeitslosen sowie für bestimmte Gruppen von Selbständigen. Arbeitnehmer, deren Gehalt die Versicherungspflichtgrenze in Höhe von 75 % der monatlichen Beitragsbemessungsgrenze für die Rentenversicherung (sie betrug in 1998 8 400/7 000 DM in den alten/neuen Bundesländern) überschreitet, können sich durch Abschluß einer privaten Krankenversicherung von der Pflichtversicherung bei einer gesetzlichen Krankenkasse befreien. Einige Personengruppen, z.B. auch Beamte, können freiwillig und unter bestimmten Bedingungen der gesetzlichen Krankenversicherung beitreten.[347]

---

343 Beitragssatzunterschiede bestehen auch zwischen den alten und neuen Bundesländern: In Westdeutschland betrug der durchschnittliche Beitragssatz in 1998 13,6 %, in Ostdeutschland 14,0 %. Vgl. Bundesministerium für Arbeit und Sozialordnung, 1998c, Tabelle 7.7.

344 Dieser Risikostrukturausgleich soll den unterschiedlichen Versicherungs-/Versichertenrisiken Rechnung tragen, die daraus resultieren, daß die Zusammensetzung des Versichertenkreises und damit auch der „guten" und „schlechten" Risiken zwischen den Krankenkassen beträchtlich differiert.

345 Seit 1995 ist auch die Krankenversicherung der Rentner in den Risikostrukturausgleich einbezogen.

346 Vgl. Bundesministerium für Arbeit und Sozialordnung, 1998b, S. 68 f.

347 Vgl. Bundesministerium für Arbeit und Sozialordnung, 1998a, § 5 ff.

Die **Finanzierung der Leistungen** erfolgt überwiegend durch **Beiträge** der Versicherten. Die Beitragshöhe richtet sich bis zur monatlichen Beitragsbemessungsgrenze (sie betrug in 1998 6 300/5 250 DM in den alten/neuen Bundesländern) nach dem monatlichen Bruttoarbeitsentgelt der Versicherten. Im Jahr 1998 machten die Arbeitgeber- und Arbeitnehmerbeiträge bundesweit zusammen im Durchschnitt 13,6 % des beitragspflichtigen Bruttoarbeitsentgelts aus.[348] Mit den beiden GKV-Neuordnungsgesetzen vom 1.1.1997 hat die Bedeutung der **Zuzahlungen** der Versicherten (z.B. zu Arznei- und Verbandsmitteln) für die Finanzierung der Leistungen erheblich zugenommen. Allerdings sind einige Personengruppen von der Zuzahlungspflicht befreit. Um sodann die Beitragssatzstabilität zu gewährleisten, müssen die Krankenkassen bei Beitragssatzerhöhungen nach dem 11.3.1997 per Gesetz auch die geforderten Zuzahlungen erhöhen.[349]

1.4 Die gesetzliche Pflegeversicherung

Die zum 1.1.1995 eingeführte Gesetzliche Pflegeversicherung bildet neben der Arbeitslosen- und Unfallversicherung den fünften und jüngsten Zweig der Sozialversicherung. Ihre Aufgabe liegt darin, im Falle der Pflegebedürftigkeit für eine ausreichende Versorgung der Betroffenen zu sorgen.[350] Als **pflegebedürftig** gelten dabei Personen, die wegen einer körperlichen, geistigen oder seelischen Krankheit oder Behinderung für die gewöhnlichen und regelmäßig wiederkehrenden Verrichtungen im täglichen Leben dauerhaft bzw. für mindestens sechs Monate in erheblichem oder höherem Maße Hilfe bedürfen. Die **Mitglieder** der gesetzlichen Krankenversicherung sind automatisch in der gesetzlichen Pflegeversicherung versichert. Personen, die eine private Krankenversicherung abgeschlossen haben, sowie Beamte sind zum Abschluß einer privaten Pflegeversicherung verpflichtet. **Organisatorisch** sind die Träger der Pflegeversicherung, die Pflegekassen, den gesetzlichen Krankenkassen angegliedert.

Die **Höhe der Leistungen** hängt vom Grad der Pflegebedürftigkeit der betroffenen Personen ab, die sich in der Zuordnung zu einer bestimmten **Pflegestufe** widerspiegelt. Pflegestufe I umfaßt hierbei alle erheblich Pflegebedürftigen. In der Pflegestufe II werden schwer pflegebedürftige Menschen erfaßt. Der Pflegestufe III werden alle Personen zugeordnet, die schwerst pflegebedürftig sind.

---

348 Vgl. Bundesministerium für Arbeit und Sozialordnung, 1998c, Tabelle 7.7 und 1998b, S.63f..

349 Vgl. Bundesministerium für Arbeit und Sozialordnung, 1998b, S. 63 f. Anfang 1999 wurden allerdings die Zuzahlungen wieder abgebaut.

350 Vgl. zum folgenden Bundesministerium für Arbeit und Sozialordnung, 1998b, S. 75 ff.

Übersicht 14.1: Ausgewählte Merkmale des Systems der Gesetzlichen Renten-, Kranken- und Pflegeversicherung in Deutschland

	Gesetzliche Rentenversicherung (GRV)	Gesetzliche Krankenversicherung (GKV)	Gesetzliche Pflegeversicherung
Träger	- Arbeiterrentenversicherung (23 Landesversicherungsanstalten, Bundesbahnversicherungsanstalt, Seekasse) - Angestelltenrentenversicherung (Bundesversicherungsanstalt für Angestellte) - Knappschaftliche Rentenversicherung (Bundesknappschaft) - Landwirtschaftliche Alterskassen Die Träger der GRV haben sich im Verband Deutscher Rentenversicherungsträger (VDR) zusammengeschlossen.	- Allgemeine Ortskrankenkassen (AOK) - Ersatzkassen - Betriebs- und Innungskrankenkassen - Spezialkrankenkassen für folgende Bereiche: Bergbau (Knappschaftliche Krankenversicherung), Landwirtschaft (landwirtschaftliche Krankenkasse), Seeleute (Seekrankenkasse) 1996 bestanden insgesamt 770 selbständige Krankenkassen.	Die Träger der Pflegeversicherung, die Pflegekassen, sind organisatorisch den GKV angegliedert.
Mitglieder	**Versicherungspflicht** besteht für: Unselbständige Arbeitnehmer, bestimmte Gruppen von Selbständigen (z.B. Handwerker), Bezieher von Lohnersatzleistungen, Pflegepersonen, Personen in besonderen Einrichtungen (z.B. Behinderte), sonstige Personengruppen (z.B. Zivil- und Wehrdienstleistende). **Keine Versicherungspflicht** besteht für: Beamte, Rentner, geringfügig Beschäftigte, Selbständige u.a. **Auf Antrag versicherungspflichtig** sind z.B. Selbständige.	**Versicherungspflicht** besteht für: Arbeitnehmer bis zu einem Einkommen in Höhe der Versicherungspflichtgrenze, Auszubildende, bestimmte Gruppen von Selbständigen (z.B. Landwirte), Rentner, Arbeitslose, Umzuschulende, Kurzarbeiter, Studenten. **Keine Versicherungspflicht** besteht für: Beamte, Richter, Geistliche etc., Selbständige, Arbeitnehmer, deren regelmäßiges Jahresarbeitsentgelt 75 % der Beitragsbemessungsgrenze in der GRV übersteigt, geringfügig Beschäftigte.	Die Mitglieder der GKV sind automatisch in der Pflegeversicherung versichert. Es gilt der Grundsatz „Pflegeversicherung folgt Krankenversicherung“. Für Personen, die eine private Krankenversicherung abgeschlossen haben, sowie für Beamte besteht die Pflicht, eine private Pflegeversicherung abzuschließen.

	Die Möglichkeit der freiwilligen Versicherung besteht für alle nicht-versicherungspflichtigen Personen ab der Vollendung des 16. Lebensjahres. Eine freiwillige Versicherung in der Bundesknappschaft ist nicht möglich. **Nicht versichern können** sich Rentner. Für Beamte und Richter gelten besondere Regelungen. 1996 betrug der Mitgliederbestand ca. 43,5 Mio. Personen.	**Die Möglichkeit der freiwilligen Versicherung** besteht für eine Reihe von Personengruppen, so z.B. für die Arbeitnehmer, deren Einkommen oberhalb der Versicherungspflichtgrenze liegt. 1996 waren jahresdurchschnittlich ca. 50,8 Mio. Personen in der GKV versichert. Davon waren ca. 29,8 Mio. Pflichtmitglieder, ca. 15,0 Mio. Rentner und ca. 6 Mio. Freiwillige Mitglieder.	
Beitragsbemessungsgrundlage	Monatliches Bruttoarbeitsentgelt bis zur Beitragsbemessungsgrenze bzw. 1/12 des Jahresarbeitseinkommens bis zur Beitragsbemessungsgrenze.	Monatliches Bruttoarbeitsentgelt bis zur Beitragsbemessungsgrenze.	Monatliches Bruttoarbeitsentgelt bis zur Beitragsbemessungsgrenze.
Beitragsbemessungsgrenzen 1998	**Westdeutschland**: Arbeiter- und Angestelltenrentenversicherung: 8 400 DM/Monat. Knappschaftliche Rentenversicherung: 10 300 DM/Monat. **Ostdeutschland**: Arbeiter- und Angestelltenrentenversicherung: 7 000 DM/Monat. Knappschaftliche Rentenversicherung: 8 600 DM/Monat.	**Westdeutschland**: 6 300 DM/Monat. **Ostdeutschland**: 5 250 DM/Monat. **Versicherungspflichtgrenze**: Westdeutschland: 6 300 DM/Monat. Ostdeutschland: 5 250 DM/Monat.	**Westdeutschland**: 6 300 DM/Monat **Ostdeutschland**: 5 250 DM/Monat
Beiträge 1998	**Rentenversicherung der Arbeiter und Angestellten**: 20,3 %, je zur Hälfte von Arbeitgebern und	Es gibt keinen einheitlichen Beitragssatz, da die Krankenkassen diesen entsprechend ihrer finanziellen Situation innerhalb gesetzli-	1,7 % (West- und Ostdeutschland), Höchstbeitrag 107,10 DM/Monat (Westdeutschland)

	Arbeitnehmern getragen. Höchstbeitrag 1 705,20 DM/Monat (Westdeutschland) bzw. 1 421 DM/Monat (Ostdeutschland). **Knappschaftliche Rentenversicherung**: 26,9 %. Davon tragen die Arbeitnehmer 10,15 % und die Arbeitgeber 16,75 %. Höchstbeitrag 2 770,70 DM/Monat (Westdeutschland) bzw. 2 313,40 DM/Monat (Ostdeutschland). **Freiwillige Versicherung**: Freiwillig Versicherte bestimmen die Höhe ihrer Beiträge und zahlen sie selbst. Mindest- bzw. Höchstbeitrag 125,86 DM/Monat bzw. 1 705,20 DM/Monat (West- und Ostdeutschland).	cher Grenzen autonom festlegen können. Durchschnittlicher Beitragssatz für Mitglieder der GKV mit Entgeltfortzahlungsanspruch für 6 Wochen 13,6 % (Westdeutschland) bzw. auf 14 % (Ostdeutschland). **Arbeiter und Angestellte**: Beiträge werden je zur Hälfte von Arbeitgebern und Arbeitnehmern getragen. **Rentner**: Beiträge werden je zur Hälfte von Rentnern und Rentenversicherungsträgern getragen.	bzw. 89,25 DM/Monat (Ostdeutschland). **Arbeiter und Angestellte**: Beiträge werden je zur Hälfte von Arbeitgebern und Arbeitnehmern getragen (Ausnahme: Sachsen). **Rentner**: Beiträge werden je zur Hälfte von Rentnern und Rentenversicherungsträgern getragen.
Einnahmestruktur 1997	**Rentenversicherung der Arbeiter**: Beiträge: 65,55 %; Zahlungen aus öffentlichen Mitteln: 27,79 %; Vermögenserträge und sonstige Einnahmen (einschließlich Zahlungen im Finanzverbund mit den anderen Rentenversicherungszweigen): 6,66 %. **Rentenversicherung der Angestellten**: Beiträge: 92,80 %; Zahlungen aus öffentlichen Mitteln: 6,81 %; Vermögenserträge und sonstige Einnahmen (einschließlich Zahlungen im Finanzverbund mit den anderen Rentenversicherungszweigen): 0,39 %. **Knappschaftliche Rentenversicherung**: Beiträge: 10,77 %; Zahlungen aus öffentlichen Mitteln: 57,63 %; Vermögenserträge	**Beiträge**: 96,82 %. **Vermögenserträge und sonstige Erträge**: 0,83 %. **Erstattungen und Zuschüsse**: 2,35 %.	**Beiträge**: 99,01 %. **Sonstige Einnahmen**: 0,99 %.

	und sonstige Einnahmen (einschließlich Zahlungen im Finanzverbund mit den anderen Rentenversicherungszweigen): 31,60 %.		
Leistungs-berechtigte	Versicherte und ggf. deren Hinterbliebene. Je nach Art der Rente existieren unterschiedliche Voraussetzungen, die erfüllt sein müssen, damit ein Leistungsanspruch entsteht. So müssen z.B. bestimmte Wartezeiten (5 Jahre) erfüllt sein, bevor ein Rentenbezug möglich ist.	Mitglieder der GKV sowie deren mitversicherte Familienangehörige.	Mitglieder der Pflegeversicherung sowie deren mitversicherte Familienangehörige.
Leistungen	Die GRV erbringt im wesentlichen Geldleistungen in Form von Renten an die Versicherten bzw. deren Hinterbliebene. Hierbei handelt es sich u.a. um Alters-, Erwerbsunfähigkeits-, Berufsunfähigkeits-, Witwen- und Waisenrenten. Zudem übernimmt die GRV auch die Hälfte der Beiträge der Rentner zur GKV sowie zur Pflegeversicherung. Von untergeordneter Bedeutung sind Sachleistungen in Form von Rehabilitationsmaßnahmen.	Die GKV erbringt im wesentlichen Sachleistungen. Der Leistungskatalog umfaßt u.a. Vorsorgemaßnahmen, Behandlung von Erkrankungen, Kuren, Versorgung mit Medikamenten. Bei einigen Leistungen besteht für die Versicherten eine Pflicht zur Selbstbeteilung (z.B. beim Zahnersatz oder bei Medikamenten). Geldleistungen – in Form von Krankengeld – spielen in der GKV eine eher untergeordnete Rolle.	Bei den Leistungen besteht für den Pflegebedürftigen ein Wahlrecht zwischen Sach- und Geldleistungen. Auch eine Kombination zwischen beiden ist möglich. Zudem werden Leistungen zur sozialen Sicherung der Pflegepersonen erbracht.

Quelle: Statistisches Bundesamt (Hrsg.): Statistisches Jahrbuch für die Bundesrepublik Deutschland 1998, Wiesbaden 1998, Tabelle 19.2; Bundesministerium für Arbeit und Sozialordnung (Hrsg.): Statistisches Taschenbuch 1998, Arbeits- und Sozialstatistik, Bonn 1998, Tabelle 7.7 und 7.8; Büser, W.: Sozialversicherung 1998: Alle neuen Grenzwerte auf einen Blick, in: Soziale Sicherheit, Heft 1, 1998, S. 27 f.; Deutscher Bundestag (Hrsg.): Rentenversicherungsbericht 1998, in: Verhandlungen des deutschen Bundestages, Bd. 13, Drucksache Nr. 11290, Bonn 1998, Übersicht A1 und A2; Bundesministerium für Arbeit und Sozialordnung (Hrsg.): Sozialbericht 1997, Bonn 1998, Übersicht B 25 bis B 29 sowie eigene Berechnungen.

Die **Finanzierung der Leistungen** erfolgt über Beiträge. Der Beitragssatz liegt sowohl in West- als auch in Ostdeutschland seit dem 1.7.1996 bei 1,7 % des monatlichen Bruttoarbeitsentgelts und wird von Arbeitnehmern und Arbeitgebern je zur Hälfte getragen.[351] Die Beitragsbemessungsgrenzen stimmen mit denen der Krankenversicherung überein.

Einen Überblick über die Merkmale der Gesetzlichen Renten-, Kranken- und Pflegeversicherung gibt die Übersicht 14.1.

2. Die quantitative Bedeutung der Sozialversicherung

Die Bundesrepublik Deutschland gilt als ein Staat mit einem im internationalen Vergleich **gut ausgebauten sozialen Sicherungssystem**. Dies kommt insbesondere in den absoluten Zahlen der Budgets der einzelnen Sozialversicherungsträger zum Ausdruck.

Tab. 14.1: Die Bedeutung der Sozialversicherung in Deutschland im Jahr 1996

Leistungsbereiche	Leistungen		
	in Mrd. DM	in % des Sozialbudgets	in % des BIP_M[2]
Rentenversicherung	375,64	30,39	10,61
Alterssicherung der Landwirte	6,60	0,53	0,19
Renten- und medizinische Leistungen der Versorgungswerke	2,96	0,24	0,08
Krankenversicherung	247,30	20,0	7,01
Unfallversicherung	20,22	1,64	0,58
Arbeitslosenversicherung	104,40	8,45	2,95
Pflegeversicherung	21,35	1,73	0,61
Sozialversicherung insgesamt	778,50	62,98	21,98
Übrige Bereiche des Sozialbudgets[1]	457,70	37,02	12,93
Sozialbudget insgesamt	1 236,15	100	34,91

1 Hierzu zählen: Kinder- und Erziehungsgeld, Leistungssysteme des öffentlichen Dienstes, Arbeitgeberleistungen, Entschädigungen, Soziale Hilfen und Dienste sowie steuerliche Maßnahmen und der Familienleistungsausgleich.

2 Nominales Bruttoinlandsprodukt zu Marktpreisen von 1996 in Höhe von 3 542 Mrd. DM.

Quelle: Bundesministerium für Arbeit und Sozialordnung (Hrsg.) (1998b): Sozialbericht 1997, Bonn, S. 214 ff.; Bundesministerium für Arbeit und Sozialordnung (Hrsg.) (1998c): Statistisches Taschenbuch 1998, Bonn, Tabelle 1.2 sowie eigene Berechnungen.

---

351 Eine Ausnahme stellt das Bundesland Sachsen dar, da hier auf die Streichung des Buß- und Bettages als Kompensation für die Einführung der Pflegeversicherung verzichtet wurde. Die Arbeitnehmer tragen hier 1,35 % der Beiträge, die Arbeitgeber 0,35 % der Beiträge.

Wie der Tabelle 14.1 zu entnehmen ist, wurden von den Rentenversicherungsanstalten 1996 allein 375,6 Mrd. DM ausgegeben. Das sind gut 30 % des gesamten Sozialbudgets von 1 236,2 Mrd. DM und über 10 % des Bruttoinlandsprodukts.

Die Leistungsausgaben der Gesetzlichen Krankenversicherung und der Unfallversicherung waren deutlich niedriger. Sie machten 1996 knapp 22 % des Sozialbudgets und 7,6 % des Bruttoinlandsprodukts aus. Mit einem Anteil von 8,45 % am Sozialbudget und rund 3 % am Bruttoinlandsprodukt lagen die Ausgaben der Arbeitslosenversicherung (ohne Arbeitslosenhilfe) noch vor den Ausgaben der Pflegeversicherung, die mit einem Anteil von 1,73 % am Sozialbudget und 0,61 % am Bruttoinlandsprodukt die quantitativ geringste Bedeutung unter den Sozialversicherungen aufweist.

Dabei war das Gewicht der Ausgaben für die soziale Sicherung nicht immer so groß wie in 1996, wenn man die Entwicklung seit 1960 betrachtet. Der starke Anstieg der Sozialversicherungsausgaben seit 1960 kommt besonders klar zum Ausdruck, wenn man die Entwicklung des Bestandes an laufenden Renten, der monatlichen durchschnittlichen Rentenzahlungen und der gesamten Rentenausgaben pro Jahr in der GRV und die Entwicklung der Leistungsausgaben in der GKV betrachtet.

Wie Tabelle 14.2 verdeutlicht, ist in Westdeutschland die Zahl der **Arbeiter-Renten** von 1960 bis 1996 von 5,3 Mio. auf 10 Mio. und der durchschnittliche Monatsbetrag der Rente von 160 DM auf 1 068 DM angestiegen. Bei den **Angestellten-Renten** sind die Zuwachsraten noch drastischer. Hier hat sich die Zahl der Rentenfälle im gleichen Zeitraum von 1,9 Mio. auf 5,9 Mio. sogar verdreifacht. Zugleich ist die durchschnittliche Monatsrente von 270 DM auf 1 463 DM angestiegen. Insgesamt sind die Rentenzahlungen deutlich schneller als das BIP_M gewachsen, wie die Zunahme der Rentenquote - das ist der Quotient aus Gesamtbetrag der gezahlten Renten und BIP_M - von 5,48 % im Jahr 1960 auf 8,21 % in 1996 mehr als deutlich macht. In Ostdeutschland ist sowohl die Zahl der Arbeiter- und Angestelltenrenten als auch die Höhe des durchschnittlichen Rentenbetrags der Arbeiter und Angestellten kontinuierlich angestiegen. Aufgrund der zügigen und kräftigen Rentenanpassung liegt der durchschnittliche Monatsrentenbetrag der ostdeutschen Arbeiter seit 1993 sogar höher als der der westdeutschen Arbeiter. Auffallend ist sodann, daß die Rentenquoten mit 16 bis 18 % mehr als doppelt so hoch wie die vergleichbaren Werte in Westdeutschland liegen.

Tab.14.2: Daten zur Gesetzlichen Rentenversicherung in Deutschland

Jahr	Rentenversicherung der Arbeiter		Rentenversicherung der Angestellten		Knappschaftliche Rentenversicherung		Rentenzahlungen insgesamt/Jahr	BIP_M[1]	Rentenquote[2]
	Bestand an laufenden Renten	Durchschnittlicher Monatsbetrag der Renten	Bestand an laufenden Renten	Durchschnittlicher Monatsbetrag der Renten	Bestand an laufenden Renten	Durchschnittlicher Monatsbetrag der Renten			
	in DM	in DM	in 1 000	in DM	in 1 000	in DM	in Mrd. DM	in Mrd. DM	in %
Alte Bundesländer									
1960	5 352	160	1 862	270	684	323	16,7	303	5,48
1970	6 707	313	2 435	534	741	715	43,5	675	6,44
1980	8 157	692	3 590	1 054	708	1 474	119,5	1 472	8,12
1990	9 117	948	5 112	1 347	692	2 174	190,5	2 426	7,85
1996	10 024	1 068	5 911	1 463	693	2 385	256,7	3 128	8,21
Neue Bundesländer									
1992	1 840	940	1 852	955	284	1 073	44,6	266	16,77
1996	2 315	1 271	2 049	1 387	308	1 623	77,3	413	18,72

[1] Nominales Bruttoinlandsprodukt zu Marktpreisen des jeweiligen Jahres

[2] Quotient aus Rentenzahlungen insgesamt/Jahr und nominalem Bruttoinlandsprodukt zu Marktpreisen des jeweiligen Jahres.

Quelle: Bundesministerium für Arbeit und Sozialordnung (Hrsg.): Statistisches Taschenbuch 1998, Arbeits- und Sozialstatistik, Bonn 1998, Tabelle 1.2, 8.4, 8.7 und 8.11 sowie eigene Berechnungen.

Bei der **Gesetzlichen Krankenversicherung** Westdeutschlands liegt gemäß den Daten in Tabelle 14.3 das Wachstum der Leistungsausgaben noch höher. Diese sind von 1960 bis 1996 von 9,0 Mrd. DM auf 196 Mrd. DM und damit auf das ca. 22-fache angestiegen. Dabei sind vor allem die Ausgaben für Krankenhausaufenthalte überdurchschnittlich, nämlich um das 40-fache angestiegen. Bezieht man die gesamten Leistungsausgaben auf die Zahl der Versicherten, so ergibt sich pro Versichertem ein Anstieg der Leistungen von ca. 332 DM im Jahr 1960 auf etwa 48 000 DM im Jahr 1996, also auf das etwa 14-fache des Ausgangswertes. Insgesamt ist die Krankenausgabenquote in dem betrachteten Zeitraum von 3,0 % auf 6,3 % angestiegen. Diese Entwicklung und der damit verbundene Anstieg der Beitragssätze machen verständlich, warum sich Politiker und Wissenschaftler nach wie vor so intensiv um eine Dämpfung der Ausgaben im Gesundheitswesen bemühen. In Ostdeutschland ist mit dem Beginn der Übertragung des westdeutschen Krankenversicherungsrechts im 2. Halbjahr 1990 bis 1996 ebenfalls ein kontinuierlicher Anstieg der gesamten Leistungsausgaben festzustellen, hier allerdings sogar bei einer sinkenden Mitgliederzahl seit 1993. Auch die Krankenausgabenquote ist seit 1993 leicht rückläufig, lag in jedem Jahr aber immer noch um mehr als 50 % über der von Westdeutschland.

Tab. 14.3: Daten zur Gesetzlichen Krankenversicherung in Deutschland

Jahr	Mitglieder	Leistungsausgaben[2]					Krankenausgaben-quote[1]
		insgesamt	für Arztbe-handlungen	für Kranken-hauspflege	für Kranken-hauspflege	für Arzneien etc.	
	in 1 000	in Mio. DM	in Mio. DM	in Mio. DM	in Mio. DM	in Mio. DM	in %
Alte Bundes-länder							
1960	27 060	9,0	2,3	0,3	1,6	1,1	2,96
1970	30 646	23,8	7,2	0,8	6,0	4,2	3,53
1980	35 340	86,0	20,9	7,9	25,5	12,6	5,84
1990	3 939	134,2	32,5	4,8	44,6	21,8	5,53
1996	40 683	196,4	45,8	6,9	64,6	26,8	6,28
Neue Bundes-länder							
1991	11 565	21,9	4,9	1,2	8,0	4,0	10,65
1996	10 142	40,0	8,4	1,3	13,6	6,7	9,69

[1] Quotient aus gesamten Leistungsausgaben und nominalem Bruttoinlandsprodukt zu Marktpreisen des jeweiligen Jahres.

[2] Unberücksichtigt bleiben die Verwaltungskosten der Gesetzlichen Krankenversicherung.

Quelle: Bundesministerium für Arbeit und Sozialordnung (Hrsg.): Statistisches Taschenbuch 1998, Arbeits- und Sozialstatistik, Bonn, Tabelle 8.1 und 8.2 sowie eigene Berechnungen.

15. Kapitel

Die Verteilungswirkungen der Gesetzlichen Rentenversicherung

Bei der Analyse von Einkommensverteilungswirkungen durch die GRV stehen zwei Aspekte im Vordergrund. Es wird einmal nach Umverteilungsvorgängen gefragt, die innerhalb einer kurzen Periode - zumeist ein Jahr - zwischen den von der Rentenversicherung betroffenen Individuen oder Haushalten durch Steuer- und Beitragszahlungen einerseits und Rentenleistungen andererseits stattfinden. Dies ist die sogenannte **Querschnittsbetrachtung** von Umverteilungsvorgängen. Zum zweiten kann nach den Umverteilungswirkungen gefragt werden, die über die verschiedenen Lebensphasen einer Person oder Alterskohorte hinweg bei diesen eintreten. Dies ist die sogenannte **Längsschnittsbetrachtung** von Umverteilungsvorgängen.[352] Auf beide Verteilungswirkungen wird im folgenden eingegangen. Nicht näher verfolgt werden die personellen Verteilungswirkungen des Bundeszuschusses an die Gesetzliche Rentenversicherung, da diese von der jeweiligen Finanzierungsart abhängig sind.

1. Verteilungswirkungen in der Querschnittsbetrachtung

Im Mittelpunkt der Querschnittsbetrachtung steht die Frage nach der **intergenerationalen Umverteilung** zwischen der Gruppe der Beitragszahler und der Gruppe der Rentner als Leistungsempfänger zu einem bestimmten Zeitpunkt. Als Indikator für die relative Verteilungsposition der Rentner im Vergleich zu der der Beitragszahler, die vereinfachend in Arbeiter und Angestellte aufgespalten werden, dient das durch die Rentenformel festgelegte **Rentenniveau.** Für die Analyse können zwei verschiedene Vorgehensweisen gewählt werden. Zunächst kann die **Renten-/Einkommens-Relation** durch den Quotienten aus dem Durchschnittswert der tatsächlich gezahlten Renten und den Durchschnittseinkommen der Beitragszahler ermittelt werden. Da insbesondere die individuellen Renten, aber auch die individuellen Beitragszahlungen aus verschiedenen Gründen sehr stark von den entsprechenden Durchschnittszahlen abweichen, besitzt diese auf Mittelwerten basierende Relation einen nur begrenzten Aussagegehalt. Aus diesem Grund wird in der Literatur häufig ein Vergleich zwischen der **Eckrente- oder Standardrente** eines "Standard"rentners und dem Durchschnittseinkommen der Beitragszahler durchgeführt, um das sogenannte **Eckrentenniveau** zu ermitteln. Dies hat den Vorteil, daß vor allem der Einfluß individueller Bestimmungsfaktoren der Rente, wie z.B. die Zeitdauer der Beitragszahlungen, sowie Veränderungen des Leistungsrechts ausgeschaltet werden. Beide Vorgehensweisen werden im folgenden angewendet. Hierbei ist zu beachten, daß gemäß der Rentenformel bei gegebener Rentnerquote (= Quotient

---

352 Vgl. Schmähl u.a., 1986, S. 11 ff. und S. 62 ff.; Schmähl, 1980, S. 43 ff. und S. 95 ff.

aus der Zahl der Rentner ab 60 Jahre und der Zahl der Beitragszahler im Alter zwischen 20 und 59 Jahren) und verteilungspolitisch festgelegtem Rentenniveau (z.B. 70 %) der Beitragssatz die abhängige Variable ist. Bei Konstanthaltung des Beitragssatzes wird dagegen das Rentenniveau zur abhängigen Variable.

Neben der intergenerativen Umverteilung interessiert in der Literatur auch die Verteilung der Beitragszahlungen auf die nach ihrem Einkommen gruppierten Unselbständigen. Wir werden im folgenden auch auf die Frage nach den **Wirkungen** der Beitragszahlungen **auf die personelle Einkommensverteilung** eingehen.

1.1 Die formale Inzidenz

Die intergenerationale Umverteilung

Wie Tabelle 15.1 zeigt, ist die **Renten-/Bruttoeinkommensrelation** bei den westdeutschen Arbeitern von 1960 bis 1970 von 30,8 % auf 27,0 % deutlich gesunken, zwischen 1970 und 1980 wieder leicht angestiegen und seit Mitte der 80er Jahre stetig bis auf 24,6 % in 1996 tendenziell zurückgegangen. Bei den westdeutschen Angestellten liegt diese Relation über den gesamten Zeitraum hinweg bis 1996 zwar durchgehend höher, dafür ist sie aber, ausgehend von dem sehr hohen Ausgangsniveau in Höhe von 50,1 %, kontinuierlich bis auf 26,7 % in 1996 gesunken. Damit betrug die relative Begünstigung der Angestellten gegenüber den Arbeitern in 1996 nur noch ca. 2 Prozentpunkte, in 1960 lag sie noch bei ca. 19 Prozentpunkte. In Ostdeutschland lag die Renten-/Bruttoeinkommensrelation sowohl bei den Arbeitern und Angestellten im gesamten Zeitraum 1992 – 1996 deutlich höher als in Westdeutschland. Ursache dafür waren die deutlich niedrigeren monatlichen durchschnittlichen Bruttomonatsverdienste in Ostdeutschland bei fast gleich hohen Rentenbezügen.

Die Ursachen für den Rückgang in der Renten-/Bruttoeinkommensrelation können verschieden sein, so z.B.: eine Abnahme der durchschnittlichen Versicherungsdauer der Rentner (z.B. durch verlängerte Ausbildungszeiten), Veränderungen des Leistungsrechts (z.B. der Übergang zur nettolohnbezogenen Rentenanpassung, eine veränderte Abgrenzung des versicherungspflichtigen Personenkreises[353] oder die Einführung einer Vorruhestandsregelung) oder Veränderungen der demographischen Entwicklung (z.B. die zunehmende Alterung der Bevölkerung). Bedeutsam ist sicherlich auch der seit Mitte der 70er Jahre zu beobachtende deutliche Anstieg der Arbeitslosenzahl, durch den einer geringeren Zahl von Erwerbstätigen eine höhere Zahl von Rentnern (über die Altersgrenze nach unten) gegenübersteht. Mit der gleichzeitigen Erhöhung des Beitragssatzes konnte diese Entwicklung lediglich gedämpft werden.

[353] In diesem Zusammenhang ist vor allem die Substitution unbefristeter und dauerhafter sozialversicherungspflichtiger Beschäftigungsverhältnisse durch nicht versicherungspflichtige geringfügige Beschäftigungsverhältnisse von Bedeutung. Hinzu kommt die Tendenz zur Teilzeitarbeit und das Problem der Scheinselbständigkeit, durch die die Zahl der Beitragszahler ebenfalls sinkt.

Tab. 15.1: Die Entwicklung der Renten-/Bruttoeinkommensrelation der Arbeiter und Angestellten zwischen 1960 und 1996

Jahr	Durchschnittliche Bruttomonatsverdienste		Durchschnittlicher Rentenbetrag pro Monat		Renten-/Bruttoeinkommensrelation	
	der Arbeiter in DM (Industrie)	der Angestellten in DM (Industrie, Handel)	der Arbeiter in DM (Industrie)	der Angestellten in DM (Industrie, Handel)	der Arbeiter in %	der Angestellten in %
Früheres Bundesgebiet						
1960	520	539	160	270	30,8	50,1
1970	1 161	1 197	313	534	27,0	44,6
1980	2 418	2 793	692	1 053	28,6	37,7
1990	3 478	4 233	948	1 347	27,2	31,8
1996	4 330	5 481	1 068	1 463	24,6	26,7
Neue Bundesländer						
1992	2 401	2 564	940	955	39,2	37,2
1996	3 265	3 988	1 271	1 387	38,9	34,8

Quelle: Bundesministerium für Arbeit und Sozialordnung (Hrsg.): Statistisches Taschenbuch 1998, Arbeits- und Sozialstatistik, Bonn 1998, Tabelle 5.3, 5.5, 8.4 und 8.7; Statistisches Bundesamt (Hrsg.): Statistisches Jahrbuch für die Bundesrepublik Deutschland 1998, Stuttgart/Mainz 1998, Tabelle 22.3.

Ein Vergleich von **Brutto**renten und **Brutto**einkommen der beitragszahlenden Unselbständigen ist allerdings dann problematisch, wenn damit eine Aussage über die Entwicklung der relativen Kaufkraftposition der beiden sozialen Gruppen gemacht werden soll. Denn während die Bruttorenten den Rentnern weitgehend ungeschmälert zufließen (seit 1983 allerdings mit Ausnahme des Beitrages der Rentner zur Gesetzlichen Krankenversicherung), da sie als Leibrenten nur mit dem sog. Ertragsanteil, also der Zinskomponente des Rentenbetrages, besteuert werden, und zugleich ein Grundfreibetrag gewährt wird, müssen die Unselbständigen aufgrund der gesetzlichen Verpflichtung zur Zahlung von Lohnsteuer und Sozialversicherungsbeiträgen auf einen erheblichen Anteil ihres Bruttoeinkommens verzichten.[354]

Tab. 15.2: Die Entwicklung der Renten-/Nettoeinkommensrelation in der Gesetzlichen Rentenversicherung in Deutschland seit 1960

Jahr	Durchschnittliches Nettoeinkommen[1] pro Monat in DM	Durchschnittliche Monatsrente[2] in DM	Renten-/Nettoeinkommensrelation in %
Früheres Bundesgebiet			
1960	431	184	42,7
1970	894	366	40,9
1980	1765	803	45,5
1990	2430	1103	45,4
1996	2788	1249	44,8
Neue Bundesländer			
1990 2. Hj	1076	-	-
1993	2032	969	47,7
1996	2350	1319	56,1

[1] Nettolohn- und gehaltssumme je durchschnittlich beschäftigtem Arbeitnehmer im Monat (Inlandskonzept).

[2] Die durchschnittliche Monatsrente ergibt sich als gewichtete Summe der durchschnittlichen Zahlbeträge der Versichertenrenten der Männer und Frauen. Als Gewichte dienen die jeweiligen Anteile des Versichertenrentenbestandes der Männer bzw. Frauen am gesamten Versichertenrentenbestand in der Gesetzlichen Rentenversicherung.

Quelle: Bundesministerium für Arbeit und Sozialordnung (Hrsg.): Statistisches Taschenbuch 1998, Arbeits- und Sozialstatistik, Bonn 1998, Tabelle 1.14; Schäfer, C.: Zur Verteilungsentwicklung in 1997/1998 und den Vorjahren, in: WSI-Mitteilungen, Heft 10, 1998, S. 680 f.; Verband deutscher Rentenversicherungsträger (Hrsg.): Rentenversicherung in Zeitreihen 1998, Frankfurt a.M. 1998, S. 130 ff.

354 Im deutschen Steuerrecht können die Sozialversicherungsbeiträge als Vorsorgeaufwendungen bis zu einem bestimmten Höchstbetrag von der Bemessungsgrundlage abgezogen werden. Im Durchschnitt werden ca. 77 % der Arbeitnehmerbeiträge aus unversteuertem Einkommen geleistet. Vgl. hierzu Bork/Müller, 1997, S. 268 ff.

Aus diesem Grunde wurde in Tabelle 15.2 die **Renten-/Nettoeinkommensrelation** für die Zeit von 1960 - 1996 ermittelt. Das recht interessante Ergebnis der Berechnung für Westdeutschland ist, daß sich nach diesen Zahlen die Einkommensposition der Rentner im Vergleich zu der der noch aktiven Unselbständigen nicht wie in Tabelle 15.1 verschlechtert, sondern im Zeitablauf tendenziell, wenn auch nicht durchgängig, verbessert hat. Dabei hat diese Situationsverbesserung vor allem in den 70er Jahren und bis Mitte der 80er Jahre stattgefunden, während seit 1990 die Werte relativ konstant geblieben sind. Für Ostdeutschland können verläßliche Werte der Renten-/Nettoeinkommensrelation erst seit 1993 berechnet werden. Diese zeigen wiederum die relativ günstigere Situation der ostdeutschen gegenüber den westdeutschen Rentnern, z.B. im Jahr 1996 in Höhe von 11,3 Prozentpunkten. Auch hier läßt sich zwischen 1993 und 1996 ein deutlicher Anstieg der Renten-/Nettoeinkommensrelation feststellen.

Tab. 15.3: Die Entwicklung der Eckrente und des Eckrentenniveaus in der Gesetzlichen Rentenversicherung der Arbeiter und Angestellten in Deutschland seit 1960

Jahr	Bruttoeckrente in DM/Monat[1]	Nettoeckrente in DM/Monat[1]	Bruttorenten-niveau[3] in %	Nettorenten-niveau[4] in %
		Alte Bundesländer		
1960	270,70	270,70	53,2	63,2
1970	550,20	550,20	49,5	63,9
1980	1232,50	1232,50	50,2	70,3
1990[2]	1781,00	1667,01	50,2	67,6
1995	2080,35	1932,65	49,2	71,9
1998	2144,25	1980,22	48,4	70,5
		Neue Bundesländer		
1990	717,95	672,00	[5]	[5]
1991	949,79	889,00	49,6	60,8
1998	1839,15	1693,86	53,3	70,0

[1] Vor 1983 am 1. Januar des Jahres, ab 1983 am 1. Juli des Jahres.

[2] ab 1983: Nettoeckrente = Bruttoeckrente – Beitrag der Rentner zur Gesetzlichen Krankenversicherung der Rente.

[3] Bruttoeckrente/Bruttoarbeitsentgelt im Kalenderjahr.

[4] Nettoeckrente/Nettoarbeitsentgelt im Kalenderjahr.

[5] 1990 keine Angaben wegen Währungsumstellung.

Quelle: Deutscher Bundestag (Hrsg.): Rentenversicherungsbericht 1998, in: Verhandlungen des deutschen Bundestages, Bd. 13, Drucksache Nr. 11290, Bonn 1998, Übersicht I.13. und I.14.

Um vor allem Veränderungen in den persönlichen Komponenten der Rentenformel auszuschalten, wird in der Literatur häufig mit dem sogenannten **Eck- oder Standardrentenniveau** argumentiert. Dieses geht von **normierten** persönlichen Faktoren aus. Üblich ist die Annahme von 45 anrechnungsfähigen Versicherungsjahren, eines durchschnittlichen Bruttoarbeitsentgelts aller Versicherten in der Arbeiter- und Angestelltenversicherung und einer persönlichen Bemessungsgrundlage von 100 %. Veränderungen in der Renten-/Einkommensrelation sind dann nur noch auf Veränderungen der Faktoren zurückzuführen, die in die allgemeine Bemessungsgrundlage und den Steigerungssatz eingehen.

Tabelle 15.3 informiert über die Entwicklung des **Brutto- und Nettoeckrentenniveaus** in der früheren Bundesrepublik Deutschland und in Ostdeutschland für die Jahre von 1960 bis 1998. Die Daten zeigen, daß das Nettoeckrentenniveau in den 70er Jahren bis Anfang der 80er Jahre angestiegen, im Verlauf der 80er Jahre dann aber relativ konstant geblieben ist. In 1990 kam es zu einem Rückgang um 3 Prozentpunkte, der im Verlauf der 90er Jahre wieder kompensiert werden konnte, so daß in 1998 mit 70,5 % nahezu der Wert von 1989 wieder erreicht wurde. Insgesamt hat sich in den letzten 38 Jahren die relative Einkommensposition des "Standard"rentners leicht verbessert. Als Indikator für die tatsächliche relative Verteilungsposition ist das Eckrentenniveau allerdings nur begrenzt aussagefähig, da der Eckrentenfall in einem nennenswerten Umfang nur für Altersrenten in der Arbeiterrentenversicherung ab dem 65. Lebensjahr repräsentativ ist und die Rentenhöhe sehr stark geschlechtsabhängig ist.

Interpersonelle Umverteilungseffekte zwischen den Beitragszahlern

Man kann nun auch fragen, in welchem Umfang die einzelnen Bezieher von Einkommen aus unselbständiger Tätigkeit auf verfügbares Einkommen verzichten müssen, um mit ihren Beitragszahlungen die Finanzierung der Rentenleistungen für die Rentnergeneration zu sichern. Dies ist die Frage nach der **personellen Umverteilung der Einkommen innerhalb der Gruppe der Beitragszahler.**

Um auf diese Frage antworten zu können, muß auf die rechtlichen Bestimmungen der GRV zurückgegriffen werden. Diese besagen zunächst, daß sich die Beitragszahlungen aus zwei gleich großen Teilbeträgen zusammensetzen, nämlich dem Arbeitgeber- und dem Arbeitnehmeranteil.[355]

Der **Arbeitnehmeranteil** ist bei einem Beitragssatz von b - dieser lag 1998 in Westdeutschland und Ostdeutschland bei 10,15 % - bestimmt durch

(15.1) $$B_{AN} = b/2 \cdot L.$$

Hierbei stehen B_{AN} für den Arbeitnehmeranteil des Beitrages und L für das **beitragspflichtige** Einkommen.

Da b konstant ist und die Beitragspflicht nur für Einkommen bis zur Beitragsbemessungsgrenze gilt, ergibt sich eine zunächst proportionale Belastung des Einkommens bis zur Beitragsbemessungsgrenze, danach aber eine abneh-

355 Eine Sonderregelung gilt für die Knappschaftliche Rentenversicherung. Vgl. dazu Übersicht 14.1.

mende durchschnittliche Belastung des Einkommens. Unterstellt man, daß nach der Absicht des Gesetzgebers auch der **Arbeitgeberanteil** von den Unselbständigen getragen wird, verdoppelt sich die jeweilige Belastung.

Abb. 15.1: Belastung der Unselbständigeneinkommen durch die Rentenversicherungsbeiträge im Jahr 1998 in Tsd. DM und in %

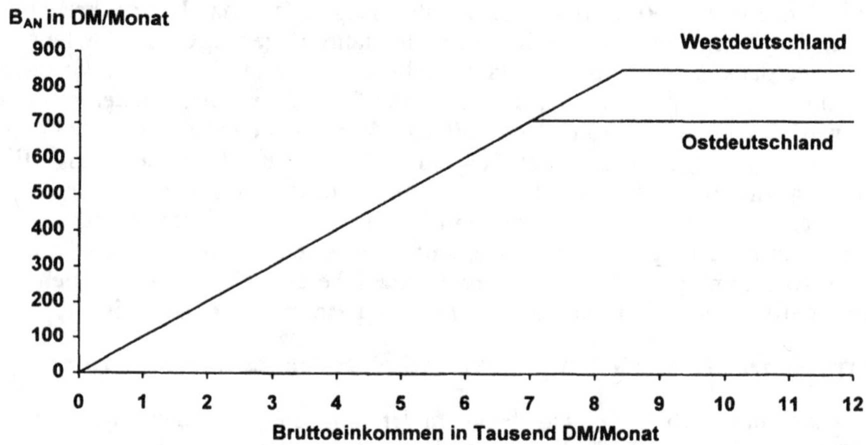

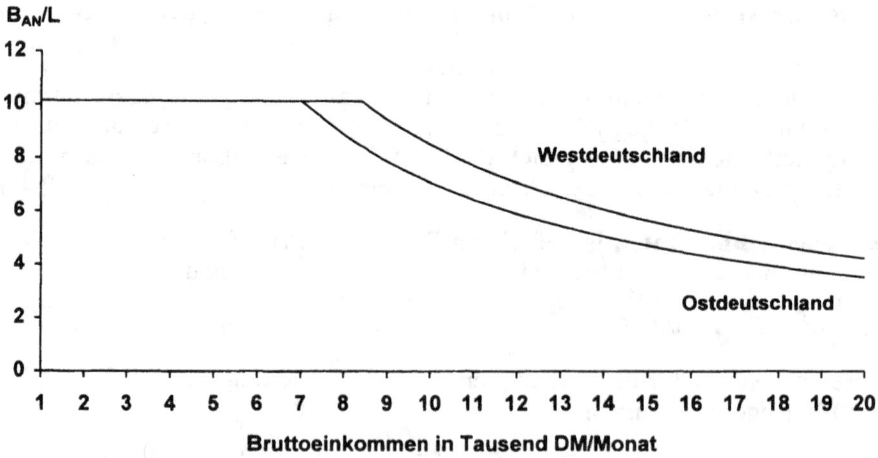

Abb. 15.1 verdeutlicht diesen Zusammenhang. Sie zeigt für das Jahr 1998, daß die monatliche absolute Belastung B_{AN} zunächst bis zur monatlichen Beitragsbemessungsgrenze (8 400 DM in Westdeutschland und 7 000 DM in Ostdeutschland) bis auf 852/710 DM linear ansteigt und bei allen Einkommen darüber unverändert bleibt, da auf das zusätzliche Einkommen keine zusätzlichen

Beiträge gezahlt werden müssen. Die durchschnittliche monatliche Belastung B_{AN}/L ist dementsprechend zunächst bis zur Beitragsbemessungsgrenze konstant 10,15 %. Danach wird sie mit abnehmenden Raten immer kleiner und liegt beispielsweise bei einem monatlichen Bruttoeinkommen von 15 000 DM nur noch bei 5,7/4,7 %. Man kann also insgesamt von einer regressiven Belastung der Unselbständigeneinkommen durch die Rentenversicherungsbeitragszahlungen sprechen. Verstärkt wird dieser regressive personelle Verteilungseffekt noch dadurch, daß Selbständige, Handwerker, Freiberufler und Beamte, die vorwiegend oberen Einkommensklassen angehören, nicht versicherungspflichtig sind und damit keine eigenen Rentenversicherungsbeiträge entrichten müssen.

Es wäre nun allerdings sicherlich verfehlt zu sagen, daß Beiträge zur Rentenversicherung unter verteilungspolitischen Gesichtspunkten ähnlich zu beurteilen seien wie eine regressiv wirkende Verbrauchsteuer. Denn im Unterschied zu einer Verbrauchsteuer erhalten die Beitragszahler einen Anspruch gegenüber den Rentenversicherungsträgern, dessen Umfang mit Anzahl und Höhe der entrichteten Monatsbeiträge zunimmt. Will man also den Einfluß ermitteln, den die Rentenversicherung auf das (Lebens-)Einkommen einer Einzelperson ausübt, so müssen den Beiträgen die Rentenansprüche gegenübergestellt werden, die die Beitragszahler durch ihre Beiträge erwerben und später zumeist auch tatsächlich erhalten. Dies verlangt allerdings die Durchführung einer lebenszeitorientierten Längsschnittsanalyse. Diese Frage soll deshalb später wieder aufgegriffen werden.

1.2 Die materielle Inzidenz

Die bisher getroffenen Aussagen über die Umverteilungswirkungen des Rentenversicherungssystems basieren auf der Annahme, daß die Beitragszahler die für sie entrichteten Beiträge durch Einkommenseinbußen auch tatsächlich selbst tragen und daß die Rentner in vollem Umfang von den Rentenzahlungen profitieren. Davon kann aber nur dann ausgegangen werden, wenn keine Reaktionen eintreten, die Lasten und Vorteile auf andere Wirtschaftssubjekte verschieben. Ob diese Annahme richtig ist, soll im folgenden kurz untersucht werden.

Die Rentenversicherungsbeiträge werden in der Bundesrepublik Deutschland je zur Hälfte von den Arbeitgebern und den Arbeitnehmern aufgebracht. Zunächst ist davon auszugehen, daß die Unselbständigen bzw. die Gewerkschaften kaum Möglichkeiten haben, den **Arbeitnehmeranteil** des Beitrages zur Rentenversicherung über einen erhöhten Lohnsatz auf die Arbeitgeber weiterzuwälzen. Sollten sie dies dennoch versuchen, würden v.a. arbeitsintensive Unternehmen bei Annahme einer begrenzt substitutionalen Produktionsfunktion den Faktor Arbeit durch Sachkapital ersetzen und damit zur Senkung der Lohnkosten Arbeitskräfte freisetzen. Andererseits könnten sie auf der Absatzseite die gestiegenen Lohnkosten über die Preise für ihre Endprodukte an die Endverbraucher weitergeben, die wiederum zu einem großen Teil Arbeitnehmer (mit einer höheren Konsumquote) sind. Insoweit erscheint es zulässig, die materielle Inzidenz mit der formalen gleichzusetzen.

Der **Arbeitgeberanteil** dürfte von den Arbeitgebern wie alle anderen Bestandteile der Lohnnebenkosten ebenfalls als Kostenbestandteil angesehen werden, der durch den Einsatz des Produktionsfaktors Arbeit verursacht wird. Werden die Rentenversicherungsbeiträge erhöht, so können die Arbeitgeber hierauf auf verschiedene Weise reagieren. Sie können versuchen, den Arbeitgeberanteil im Rahmen der Tarifverhandlungen und durch den Abschluß individueller Arbeitsverträge über niedrigere Lohnvereinbarungen auf die Unselbständigen **zurückzuwälzen.** Diese sind dann die letztlich Belasteten. Soweit den Unternehmen dies nicht gelingt, können sie sich bei Ersatz- und Neuinvestitionen für kapitalintensive Produktionsverfahren entscheiden und damit **Arbeitskräfte freisetzen.** Betroffen sind in diesem Fall die Arbeitnehmer, die wegen der Rationalisierungsmaßnahmen ihren Arbeitsplatz verlieren oder arbeitslos bleiben. Schließlich bleibt den Arbeitgebern noch der Weg offen, den Arbeitgeberanteil im Preis der erstellten Güter vorzuwälzen. Die Belasteten sind bei dieser Verhaltensweise der Unternehmen die Konsumenten, die hauptsächlich wiederum durch die unselbständig Beschäftigten repräsentiert werden. Auch in diesem Fall dürfte die materielle Inzidenz mit der formalen Inzidenz weitgehend übereinstimmen.

2. Verteilungswirkungen in der Längsschnittsbetrachtung

In der Längsschnittbetrachtung wird der Lebenszyklus einer Person oder eines Altersjahrgangs, d.h. das Durchlaufen verschiedener Lebensphasen (Ausbildungs-, Erwerbs- und Ruhestandsphase) betrachtet. Im Rahmen der Gesetzlichen Rentenversicherung werden durch die Beitragszahlungen während der Erwerbsphase und den Rentenempfang während der Ruhestandsphase Einkommensteile intertemporal umgeschichtet. Die Altersrente soll es dem Versicherten bei einer Mindestlänge der Versicherungszeit ermöglichen, seine im Durchschnitt der Versicherungszeit erreichte relative Lohnposition und damit sein Lebenshaltungsniveau auch in der Ruhestandsphase beizubehalten. Durch die Anwendung des versicherungsmäßigen Äquivalenzprinzips tritt ein Risikoausgleich hinzu, bei dem Versicherte einer überdurchschnittlich langen Lebensdauer finanziell begünstigt und Personen mit einer unterdurchschnittlichen Lebensdauer finanziell benachteiligt werden. In der Gesetzlichen Rentenversicherung Deutschlands wird der Großteil der Erwerbstätigen in diese Risikogemeinschaft einbezogen, und zwar zu einem einheitlichen Beitragssatz unabhängig von Geschlecht, Familienstand oder Eintrittsalter in die Versicherung. Interpersonelle Umverteilungwirkungen im Lebenszyklus treten in der Längsschnittbetrachtung also immer aufgrund der Abschwächung des Äquivalenzprinzips auf, indem ein Individuum oder eine Kohorte, also eine Gruppe von Rentenversicherten eines bestimmten Alters, über die gesamte Lebenszeit hinweg Zahlungen entrichtet, deren Barwert größer als der aller empfangenen Leistungen ist oder umgekehrt. Dadurch wird die Höhe der Lebenseinkommen von Personen einer Altersgruppe bzw. zwischen verschiedenen Altersgruppen zueinander verändert.

2.1 Die formale Inzidenz

Empirisch gesicherte Aussagen über lebenszeitbezogene personelle Umverteilungswirkungen des Rentenversicherungssystems liegen praktisch nicht vor. Es wurden aber in der Vergangenheit einige **Szenario-Rechnungen** durchgeführt, die, wenn auch nicht das Ausmaß der Umverteilung, so doch wenigstens den Kreis der Begünstigten bzw. Benachteiligten erkennen lassen.[356] Die wichtigsten Resultate der verschiedenen Berechnungen sind:

- Personengruppen mit einer überdurchschnittlich hohen Lebenserwartung werden zu Lasten der übrigen Mitglieder tendenziell begünstigt, da ihr Erwartungswert der Rentenansprüche und damit ihre Rendite aus der Mitgliedschaft in der GRV steigt. Da die durchschnittliche Lebenserwartung der Frauen mit 77,8 deutlich höher als die der Männer mit 71,2 Jahren ist, resultiert hieraus eine Besserstellung der Frauen.[357]
- Alterskohorten, die ihre Beitragszahlungen in Zeiträumen entrichten, in denen der Anteil der aktiven Versicherten an der Gesamtzahl der Versicherten relativ hoch ist, müssen bei gegebenen Ansprüchen der Rentner niedrigere Beiträge entrichten als solche Altersgruppen, die ihre Beiträge bei einer ungünstigen Relation zwischen Aktiven und Rentnern zu zahlen haben.[358] Sind hingegen die Beitragssätze festgelegt, so können umso höhere Renten ausgezahlt werden, je günstiger die Relation zwischen Aktiven und Rentnern ist. Begünstigte sind also jeweils bestimmte Alterskohorten als aktive Beitragszahler oder als Rentner. Damit wirken sich verteilungspolitische Entscheidungen über das Abgaben- und Leistungsniveau auch in der Längsschnittbetrachtung auf die Situation einzelner Alterskohorten aus.
- Da sich in den nächsten Jahrzehnten allein aufgrund der Zunahme der Lebenserwartung und des Rückgangs der Geburtenrate die Anzahl der Personen im Erwerbsalter und damit die Relation von aktiv Versicherten zu Rentnern weiter verschlechtern wird,[359] ist davon auszugehen, daß unter sonst gleichen Umständen entweder die Beiträge drastisch erhöht oder die Renten im Vergleich zu den Einkommen der Unselbständigen deutlich gesenkt werden müssen. Da

---

356 Vgl. u.a. Wagner, 1985.

357 Dies gilt sowohl für Frauen mit einer eigenen Rente als auch für nichtversicherte Frauen, wenn diese mit einem versicherten Mann verheiratet waren und nach dessen Tod eine Witwenrente erhalten.

358 Maßgebend für die Relation von aktiven Beitragszahlern zu Rentnern sind u.a.: die durchschnittliche Lebenserwartung der Versicherten, das durchschnittliche Alter beim Eintritt in die Rentnerphase, die Arbeitslosenrate, die durchschnittliche Ausbildungszeit vor dem Eintritt in das beitragspflichtige Berufsleben, die Wachstumsrate der Bevölkerung, der Anteil der (versicherungspflichtigen) Unselbständigen an der Gesamtzahl der Beschäftigten.

359 Nach Untersuchungen des Statistischen Bundesamtes wird der Rentnerquotient von 37 % in 1996 auf 41,5 % im Jahr 2000 und auf 67,9 % im Jahr 2040 ansteigen. Spätestens ab dem Jahr 2020 wird die Zahl der Erwerbspersonen deutlich abnehmen und im Jahr 2040 um 30 % niedriger als in 1996 sein. Vgl. hierzu Wissenschaftlicher Beirat beim Bundesministerium für Wirtschaft, 1998, S. 5 ff.

eine der beiden Maßnahmen alleine voraussichtlich nicht imstande sein wird, das Problem zu lösen, ist davon auszugehen, daß die Benachteiligten der demographischen Entwicklung **sowohl** die in der Zukunft aktiven unselbständig Beschäftigten **als auch** die heutigen Unselbständigen und damit zukünftigen Rentner sein werden.

Begünstigungen ergeben sich für Personen mit überdurchschnittlich langen beitragsfreien anrechenbaren Versicherungszeiten. Dies trifft u.a. auf Wehrpflichtige, Versicherungspflichtige mit langer schulischer und beruflicher Ausbildung, ausgesiedelte Volksdeutsche und Mütter, denen Kindererziehungszeiten bis zu einer bestimmten Obergrenze gewährt werden, zu.

Bei der Hinterbliebenenversorgung erfolgt eine Umverteilung von ledigen zu verheirateten Beitragszahlern und/oder Beitragszahlern mit Kindern, da die Angehörigen beim Tod des Versicherten Leistungen erhalten, ohne eigene Beiträge geleistet zu haben.

Solange bei der Vorruhestandsregelung keine entsprechenden Abschläge für die niedrigere Versicherungsdauer von der Altersrente erhoben werden, werden die Personen relativ begünstigt, die vorzeitig in die Ruhestandsphase eintreten.

2.2 Die materielle Inzidenz

Untersuchungen über eventuelle Abweichungen der effektiven Belastungen bzw. Begünstigungen von der formalen Inzidenz des Rentenversicherungssystems liegen derzeit nicht vor.

16. Kapitel

Die Verteilungswirkungen der Gesetzlichen Krankenversicherung

Einkommensumverteilungswirkungen durch die GKV lassen sich ermitteln als Differenz zwischen dem Betrag, der vom Versicherten bei einer Festsetzung **risikoproportionaler** Beiträge zu erbringen wäre, und dem Beitrag, der **tatsächlich** von ihm erbracht wird.

Dabei kann die Höhe der risikoproportionalen Beiträge mit Hilfe der Aufwendungen bestimmt werden, die **von der GKV** für die Gruppe von Versicherten, der der einzelne Versicherte aufgrund seines Risikos zuzuordnen ist, getätigt werden müssen. Da Daten über diese Aufwendungen für die Bundesrepublik Deutschland über lange Zeit hinweg nicht zur Verfügung standen, wurden in empirischen Untersuchungen behelfsweise die entsprechenden **Werte der privaten Krankenversicherung** zugrunde gelegt. Erstmals 1985 wurden die Ergebnisse einer Stichprobe veröffentlicht, die sich auf den Bereich der Allgemeinen Ortskrankenkasse Ingolstadt beziehen und detaillierte Informationen über die Kosten der Inanspruchnahme von Leistungen durch die in der Stichprobe erfaßten Mitglieder dieser AOK für das Jahr 1975 liefern.[360] Durch Übertragung der hieraus gewonnenen Strukturdaten auf den Gesamtbereich der Bundesrepublik Deutschland wurden von Becker[361] die Umverteilungswirkungen aus Beiträgen und Leistungen der GKV für das Jahr 1981 ermittelt. Auf sie wird in den folgenden Ausführungen insbesondere Bezug genommen.[362]

In der Analyse kann wiederum zwischen den Umverteilungswirkungen in einer Querschnittsbetrachtung und denen in einer Längsschnittsbetrachtung unterschieden werden. Im Unterschied zur GRV sind allerdings die in einer Querschnittsanalyse feststellbaren kurzfristigen Umverteilungswirkungen erheblich bedeutsamer als die in einer Längsschnittsbetrachtung ermittelte Inzidenz.

1. Verteilungswirkungen in der Querschnittsbetrachtung

Die GKV bewirkt durch ihre rechtliche Ausgestaltung eine Vielzahl von im wesentlichen **gewollten** Umverteilungseffekten, die im Vergleich zur risikoorientierten Beitragsentrichtung an eine private Krankenversicherung zu Besser- und Schlechterstellungen bei den einzelnen Versicherten führen. Allein die kostenlose Krankenversicherung von Kindern und nicht-arbeitenden Ehegatten bedeutete

---

360 Vgl. Becker, 1985, S. 102 ff.

361 Vgl. ebenda.

362 Neuere Untersuchungen führen in der Tendenz zu den gleichen Ergebnissen. Vgl. dazu Lutz/Schneider, 1997 und Pfaff/Pfaff, 1995.

in 1997 einen Transferstrom von fast 50 Mrd. DM, der im wesentlichen von alleinstehenden Arbeitnehmern mit Einkommen unterhalb der Beitragsbemessungsgrenze finanziert wurde.[363]

1.1 Die formale Inzidenz

Wir gehen zunächst davon aus, daß sowohl der Arbeitnehmer- als auch der Arbeitgeberanteil der GKV-Beiträge Bestandteil der Bruttolöhne und -gehälter ist. Die Beiträge werden also dem Arbeitnehmer als Einkommen zugerechnet. Sie werden allerdings nicht ausgezahlt, sondern direkt an die Krankenversicherungsträger abgeführt. Wir nehmen sodann an, daß diese Beiträge nach dem Willen des Gesetzgebers von den Arbeitnehmern zu tragen sind und daß der Staat keine Zuschüsse an die GKV gewährt. Diese soll ihre Ausgaben vielmehr ausschließlich durch die Beiträge der Versicherten finanzieren. Von diesen Annahmen ausgehend, werden im folgenden verschiedene Ursachen für Umverteilungswirkungen durch die GKV genannt und das Ausmaß der Besser- bzw. Schlechterstellung anhand von Daten für den AOK-Bezirk Ingolstadt erläutert.

1.1.1 Familienstands- und einkommensspezifische Umverteilungswirkungen

Umverteilungswirkungen der Beitragszahlungen

Umverteilungswirkungen können zum einen **zwischen verschiedenen Haushaltstypen** stattfinden. Da allerdings für nicht versicherungspflichtige Familienmitglieder eine **beitragsfreie Mitversicherung** garantiert ist, dürfte sich bei zunehmender Zahl der Mitversicherten **keine** unterschiedliche Belastung der Haushalte ergeben.

Eine **unterschiedliche Belastung** könnte zum anderen **bei Haushalten mit verschieden hohen Einkommen** auftreten. Aufgrund der rechtlichen Bestimmungen zur Festsetzung der GKV-Beiträge ist zu erwarten, daß die durchschnittliche Belastung des Einkommens durch die Beitragszahlungen zunächst bis zur Beitragsbemessungsgrenze konstant bleibt und danach abnimmt, das Einkommen also regressiv belastet wird.

Schließlich kann es zu einem **Umverteilungseffekt durch eine unterschiedlich hohe Belastung verschiedener Einkommensarten** kommen. Dieser Effekt ging insbesondere von der bis 1983 geltenden Befreiung der Rentner von der Zahlung der GKV-Beiträge aus.

Die verfügbaren **empirischen Daten** bestätigen die soeben genannten Erwartungen weitgehend. Wie Tabelle 16.1 zunächst zeigt, liegt die durchschnittliche Belastung der alleinstehenden Frauen und der Ehepaare ohne Kinder fast durchweg unter der durchschnittlichen Belastung aller Versicherten. Die Erklärung hierfür ist der weit überdurchschnittliche Anteil von Rentnern in diesen

[363] Vgl. Schadendorf, 1998, S. 730.

Gruppen. Keine eindeutige Relation ist hingegen zwischen der Zahl der Kinder pro Haushalt und der Belastung der Einkommen festzustellen.

Tab. 16.1: Die GKV-Beiträge in Relation zum Bruttogesamteinkommen in 1981[1]

Bruttogesamt-einkommen von ....DM bis unter ...DM	Alleinstehende(r)		Ehepaare			Alle
	Mann	Frau	ohne Kinder	mit 1 Kind	mit 3 u.m. Kindern	
0 -1250	-	4,64	5,53	-	-	5,08
1250-2500	8,37	5,88	4,95	7,29	-	6,27
2500-3750	8,64	6,36	6,78	8,91	7,57	7,65
3750-5000	8,20	6,63	6,21	7,19	7,32	6,90
5000-6250	-	-	4,61	5,51	6,23	5,42
6250-7500	-	-	4,40	4,28	-	4,27
7500-8750	-	-	-	-	-	3,83
über 8750	-	-	-	-	-	1,81
Alle	8,23	6,01	5,25	6,60	6,30	6,21

[1] Erfaßt sind nur die Haushalte mit **einem** beitragspflichtigen Mitglied. Informationen über Haushalte mit mehreren beitragspflichtigen Mitgliedern finden sich in der nachfolgend angegebenen Quelle.

Quelle: Becker, I.: Einkommensumverteilung im Rahmen der gesetzlichen Krankenversicherung, in: Schmähl, W. (Hrsg.): Versicherungsprinzip und soziale Sicherung, Tübingen 1985, S. 107 (Auszug).

Die Vermutung einer zunächst gleichbleibenden und ab der Beitragsbemessungsgrenze (diese betrug 1981 3 300 DM pro Monat) abnehmenden Belastung des Einkommens wird zwar für die Haushalte mit einem Einkommen von über 3 750 DM bestätigt. Bei den unteren Einkommensklassen ist allerdings anstelle der proportionalen eher eine progressive Belastung festzustellen. Ursache hierfür dürften wieder der mit abnehmendem Einkommen wachsende Anteil der Rentnerhaushalte und die damals noch geltende Befreiung der Rentner von der Beitragspflicht sein.

Umverteilungswirkungen der Leistungsinanspruchnahme

Den Beitragszahlungen sind die **Aufwendungen** gegenüberzustellen, die der GKV durch die Leistungsinanspruchnahme der Versicherten entstehen. Die Aufwendungen sind Maßstab für die Festlegung **leistungsäquivalenter GKV-Beiträge**, für Beiträge also, die erbracht werden müßten, um die Finanzierung der durch die einzelnen Mitglieder verursachten Ausgaben zu sichern.

Der bedeutsamste Umverteilungseffekt dürfte hier aus der beitragsfreien Mitversicherung von selbst nicht versicherungspflichtigen Familienangehörigen resultieren. Es ist insbesondere zu erwarten, daß die Inanspruchnahme von Versicherungsleistungen mit zunehmender Zahl der Haushaltsmitglieder steigt.

Bezieht man sodann den Wert der in Anspruch genommenen Leistungen auf das Einkommen, so kann davon ausgegangen werden, daß diese Relation mit steigendem Einkommen sinkt. Die leistungsäquivalenten GKV-Beiträge müßten also mit steigendem Einkommen **relativ** zum Einkommen sinken.

Die in Tabelle 16.2 wiedergegebenen **empirischen Befunde** bestätigen die bisherigen Hypothesen weitgehend. Zunächst ist festzustellen, daß sowohl für alle Versicherten als auch für die nach dem Familienstand getrennt voneinander ausgewiesenen Haushalte die leistungsäquivalente Belastung des Einkommens mit steigenden Werten desselben durchweg abnimmt.

Bei einem Vergleich der verschiedenen Haushaltstypen in den jeweiligen Einkommensklassen wird zunächst die Erwartung bestätigt, daß mit zunehmender Kinderzahl die - in Prozent des Einkommens ausgedrückte - Leistungsinanspruchnahme steigt. Unerwartet sind allerdings die hohen Aufwendungen, die durch Ehepaare ohne Kinder verursacht werden. Sie können damit erklärt werden, daß die Mehrheit der Mitglieder dieses Haushaltstyps Rentnerehepaare sein dürften und damit auch das Krankheitskostenrisiko weit über dem Durchschnitt für alle Versicherten liegt.

Tab. 16.2: Leistungsäquivalente (fiktive) GKV-Beiträge in Relation zum Bruttogesamteinkommen in 1981[1]

Bruttogesamteinkommen von ....DM bis unter ...DM	Alleinstehende(r)		Ehepaare			Alle
	Mann	Frau	ohne Kinder	mit 1 Kind	mit 3 u.m. Kindern	
0 -1250	-	20,15	25,99	-	-	20,29
1250-2500	9,26	11,68	16,01	10,82	-	11,91
2500-3750	5,92	7,72	11,15	9,62	12,27	8,97
3750-5000	4,75	5,88	8,91	6,74	9,53	7,54
5000-6250	-	-	5,70	5,39	7,52	5,64
6250-7500	-	-	4,69	4,12	-	4,56
7500-8750	-	-	-	-	-	3,66
über 8750	-	-	-	-	-	1,76
Alle	6,34	9,65	8,46	6,84	8,99	7,88

[1] Erfaßt sind nur die Haushalte mit **einem** beitragspflichtigen Mitglied. Informationen über Haushalte mit mehreren beitragspflichtigen Mitgliedern finden sich in der nachfolgend angegebenen Quelle.

Quelle: Becker, I.: Einkommensumverteilung im Rahmen der gesetzlichen Krankenversicherung, in: Schmähl, W. (Hrsg.): Versicherungsprinzip und soziale Sicherung, Tübingen 1985, S. 110 (Auszug).

Saldo der Umverteilungswirkungen aus Beiträgen und Leistungen

Durch die Gegenüberstellung der effektiv gezahlten und der leistungsäquivalenten Beiträge kann festgestellt werden, welche Einkommensklassen und Haushaltstypen per Saldo besser und welche schlechter gestellt wurden. Dies erfolgt in Tabelle 16.3 durch die Angabe von **Transferkoeffizienten**. Diese sind als Differenz zwischen leistungsäquivalenten und GKV-Beitragssätzen definiert. Positive Werte kennzeichnen eine Besserstellung, negative Werte eine Schlechterstellung.

Tab. 16.3: Umverteilung durch die GKV in Relation zum Bruttogesamteinkommen[1] in 1981[2]

Bruttogesamteinkommen von ....DM bis unter ...DM	Alleinstehende(r)		Ehepaare			Alle
	Mann	Frau	ohne Kinder	mit 1 Kind	mit 3 u.m. Kindern	
0 -1250	-	15,51	20,46	-	-	15,21
1250-2500	0,89	5,80	11,06	3,53	-	5,64
2500-3750	-2,71	1,36	4,37	0,72	4,70	1.32
3750-5000	-3,46	-0,75	2,69	-0,45	2,21	0,64
5000-6250	-	-	1,09	-0,12	1,29	0,22
6250-7500	-	-	0,29	-0,16	-	0,29
7500-8750	-	-	-	-	-	-0,17
über 8750	-	-	-	-	-	-0,05
Alle	-1,89	3,64	3,21	0,24	2,68	1,67

[1] Positive Werte kennzeichnen eine Besserstellung, negative Werte eine Schlechterstellung

[2] Erfaßt sind nur die Haushalte mit **einem** beitragspflichtigen Mitglied. Informationen über Haushalte mit mehreren beitragspflichtigen Mitgliedern finden sich in der nachfolgend angegebenen Quelle.

Quelle: Becker, I.: Einkommensumverteilung im Rahmen der gesetzlichen Krankenversicherung, in: Schmähl, W. (Hrsg.): Versicherungsprinzip und soziale Sicherung, Tübingen 1985, S. 114 (Auszug)

Bei einem **Vergleich der unterschiedlichen Haushaltstypen** fallen zunächst die hohen positiven Transferkoeffizienten bei den alleinstehenden Frauen und den Ehepaaren ohne Kinder auf. Ebenfalls noch nettobegünstigt, allerdings in einem erheblich geringeren Umfang, sind Ehepaare mit Kindern. Nettozahler sind die alleinstehenden Männer und, was in den vorliegenden Zahlen nicht zum Ausdruck kommt, fast alle Haushalte mit mehr als einem Versicherten.[364]

Ein **Vergleich der Transferkoeffizienten der verschiedenen Einkommensklassen** erbringt das erwartete Resultat: In allen Haushaltstypen wird der Transferkoeffizient mit steigendem Einkommen kleiner. Ab einer von Haushaltstyp zu

[364] Vgl. hierzu die statistischen Angaben bei Becker, 1985, S. 114.

Haushaltstyp unterschiedlichen Einkommensgrenze übersteigt der Eigenbeitrag den Wert der von der GKV erbrachten Gegenleistung, der Transferkoeffizient wird negativ.

1.1.2 Alters- und geschlechtsspezifische Umverteilungswirkungen

Die GKV unterscheidet bei der Beitragsfestsetzung weder nach dem Alter noch nach dem Geschlecht der Versicherten. Wenn aber von den nach diesen Merkmalen gebildeten Gruppen unterschiedlich hohe Leistungen von der GKV in Anspruch genommen werden, dann muß es zu Transfersalden und damit zu einem Nebeneinander von Begünstigten und Belasteten kommen. Insbesondere ist zu vermuten, daß unter sonst gleichen Umständen bei jungen Versicherten der Wert der in Anspruch genommenen Leistungen im allgemeinen niedriger sein wird als die entrichteten Beiträge, während bei älteren Versicherten das Verhältnis eher umgekehrt sein dürfte. Sodann ist anzunehmen, daß das Krankheitskostenrisiko bei Männern ein anderes ist als bei Frauen.

Tab. 16.4: Das geschlechts- und altersspezifische Krankheitskostenrisiko[1] von Versicherten der GKV im Jahr 1981

Alter von bis unter Jahre	Männer	Frauen
0-15	57,65	46,71
15-20	45,05	53,53
20-25	70,55	78,17
25-30	48,60	82,10
30-35	57,87	83,71
35-40	60,67	88,66
40-45	81,08	96,07
45-50	89,15	122,01
50-55	125,36	126,59
55-60	144,55	148,63
60-65	172,49	173,48
65-70	191,62	190,28
70-75	198,25	218,32
75 u. älter	250,73	261,24
Alle Altersgruppen	86,98	112,32

[1] In % des durchschnittlichen Krankheitskostenrisikos aller Versicherten

Quelle: Becker, I.: Einkommensumverteilung im Rahmen der gesetzlichen Krankenversicherung, in: Schmähl, W. (Hrsg.): Versicherungsprinzip und soziale Sicherung, Tübingen 1985, S. 105 (Auszug).

Empirische Untersuchungen bestätigen diese Vermutungen. So kamen bereits Andel, Ott sowie Becker[365] in **alterspezifischen Untersuchungen** zu dem Ergebnis, daß die Inanspruchnahme von GKV-Leistungen mit zunehmendem Alter

365 Vgl. Andel, 1975, S. 46 ff.; Ott, 1981, S. 165 und Becker, 1985, S. 104 ff.

rasch ansteigt. Nach Becker[366] verursachten die unter 15 Jahre alten **männlichen Versicherten** im Jahre 1981 Ausgaben für Sachleistungen, die gerade etwas mehr als 57 % der Ausgaben ausmachten, die im Durchschnitt aller Versicherten anfielen. Versicherte mit einem Alter von über 75 Jahren wiesen demgegenüber mit 250 % ein **Krankheitskostenrisiko** auf, das fast fünfmal so hoch wie das der Klasse der jüngsten Versicherten und noch immer annähernd dreimal so hoch wie das durchschnittliche Risiko für alle männlichen Versicherten war. Wie Tabelle 16.4 zeigt, gelten diese Aussagen in der Tendenz auch für die weiblichen Versicherten.

Ursächlich für die altersspezifischen Unterschiede im Krankheitskostenrisiko sind vor allem die Arzt-, Arznei- und Krankenhauskosten. Dies wird durch eine Untersuchung deutlich, in der die verschiedenen Arten von Krankheitskosten von Rentnern und übrigen GKV-Mitgliedern ermittelt und einander gegenübergestellt wurden. Während bei Krankengeld, Ausgaben für Zahnarzt und Zahnersatz eher eine stärkere Inanspruchnahme durch die "Nichtrentner"-Mitglieder zu konstatieren ist, liegen die durch die Rentner verursachten Kosten für Heil- und Hilfsmittel, Arzneien, ärztliche Betreuung und Krankenhausaufenthalte zumeist um ein Mehrfaches über denjenigen der übrigen GKV-Mitglieder. Tabelle 16.5 verdeutlicht diesen Zusammenhang.

Tab. 16.5: Das Gewicht der verschiedenen Arten von Krankheitskosten bei Rentnern und übrigen GKV-Mitgliedern im Jahr 1985

Art der Krankheitskosten	Höhe der Krankheitskosten (in DM)	
	Rentner	Übrige Mitglieder
Krankengeld	10	144
Zahnarzt	55	138
Zahnersatz	145	134
Heil- und Hilfsmittel	225	83
Arzt	563	293
Arzneien	734	169
Krankenhaus	1 408	400
Sonstiges	292	150
Insgesamt	3 432	1 511
Relation	227	100

Quelle: Frankfurter Institut für wirtschaftspolitische Studien (Hrsg.): Die Reform der gesetzlichen Krankenversicherung: Überblick, Einordnung und Bewertung, Argumente zur Wirtschaftspolitik Nr. 16, Bad Homburg 1988, S. 5.

Vergleicht man schließlich das **Krankheitskostenrisiko der Geschlechter**, so wird eine merklich höhere Leistungsinanspruchnahme der Frauen im Vergleich zu den Männern deutlich. Während Frauen gemäß Tabelle 16.4 mit 112,3 % um mehr als 12 Prozentpunkte über dem durchschnittlichen Krankheitskostenrisiko aller Versicherten lagen, betrug das durchschnittliche Risiko bei Männern nur

366 Vgl. ebenda.

87 %. Innerhalb der einzelnen Altersgruppen fällt auf, daß die weiblichen Versicherten unter 15 Jahren ein noch geringeres Risiko aufwiesen, als die entsprechende Altersklasse bei den Männern. Nur sehr geringe Abweichungen lassen sich sodann zwischen Männern und Frauen feststellen, die in den jeweiligen Altersklassen zwischen 50 und 70 Jahren eingeordnet sind. Die demgegenüber großen Unterschiede in den Altersklassen zwischen 25 und 50 Jahren dürften vor allem auf die in diesen Jahren bedeutsamen Schwangerschaften der Frauen und auf den relativ langsamen Anstieg des Krankheitskostenrisikos bei den männlichen Versicherten zurückzuführen sein.

Wollte man nun ähnlich wie für die verschiedenen Haushaltstypen und Einkommensklassen auch noch **alters- und geschlechtsspezifische Transfersalden** ermitteln, müßten den Leistungen die jeweiligen Beiträge gegenübergestellt werden. Leider sind Daten darüber derzeit nicht verfügbar. Es kann aber davon ausgegangen werden, daß die Beiträge nicht leistungsäquivalent sind und damit das unterschiedliche Krankheitskostenrisiko auch nicht zum Ausdruck bringen. Bei den über 60jährigen dürfte der Transfersaldo durch unterdurchschnittliche Beitragszahlungen sogar noch vergrößert werden.

1.2 Die materielle Inzidenz

Die soeben dargestellten Transfersalden und -koeffizienten kennzeichnen die Umverteilungswirkungen der GKV nur dann korrekt, wenn sowohl der Arbeitgeber- als auch der Arbeitnehmeranteil voll von den Unselbständigen getragen wird. Dies ist vor allem beim **Arbeitnehmeranteil** kaum umstritten.

Bezüglich des **Arbeitgeberanteils** trifft diese Aussage allerdings nur dann zu, wenn die Arbeitgeber ihren Anteil als Lohnkostenbestandteil betrachten und über niedrigere Löhne auf die Arbeitnehmer **rückwälzen**. Es ist aber nicht auszuschließen, daß der Arbeitgeberanteil zumindest teilweise auch die Gewinne der Unternehmen schmälert, zu Rationalisierungsinvestitionen führt, oder über Preiserhöhungen auf die Käufer der Produkte vorgewälzt wird. In allen diesen Fällen weicht die effektive Belastung der Versicherten durch die Beitragszahlungen von der formalen ab.

Da Annahmen über die Lastverteilung des Arbeitgeberanteils ähnlich wie bei der GRV nur willkürlich gemacht werden können, soll auch hier auf den Versuch einer Ermittlung der evtl. von der formalen Inzidenz abweichenden materiellen Inzidenz verzichtet werden.

2. Verteilungswirkungen in der Längsschnittsbetrachtung

Berücksichtigt man die Beitragszahlungen und Leistungen, die ein Versicherter oder eine Alterskohorte über die gesamte Lebenszeit hinweg entrichten bzw. in Anspruch nehmen, so sind die Umverteilungseffekte merklich niedriger als die in der zeitpunktbezogenen Querschnittsanalyse. Folgende Faktoren bewirken im Vergleich mit den zeitpunktbezogenen Transfersalden **niedrigere Lebenstransfersalden**:

- Die Versicherten durchlaufen in der Mehrheit der Fälle während ihrer Versichertenzeit sowohl die Lebensphase niedriger Krankheitskostenrisiken in der Jugend als auch die Phase hoher Krankheitskostenrisiken im Alter.
- Viele GKV-Mitglieder durchlaufen sodann während der gesamten Zeit ihrer Versicherung sowohl Phasen der beitragslosen Mitversicherung als Kind und/oder Ehegatte als auch Zeiten der Pflichtversicherung als voll beitragspflichtige unselbständige Beschäftigte und als beitragsbegünstigte Rentner.
- Die Lebenseinkommenskurven zeigen, daß das Einkommen zunächst mehr oder weniger schnell ansteigt und erst in den letzten Jahren des aktiven Arbeitslebens wieder leicht absinkt. Dies bedeutet zugleich, daß der Versicherte sowohl in Phasen relativ niedriger als auch in Zeiten hoher Beitragszahlungen Mitglied der GKV ist.

Dennoch werden auch in einer derartigen Längsschnittsbetrachtung Umverteilungswirkungen nicht ganz verschwinden. So wird der gesunde, erfolgreiche und männliche Karrieretyp über den weitaus größten Teil seiner Versicherungszeit nicht nur überdurchschnittlich hohe Beiträge entrichten, sondern auch noch unter dem Durchschnitt liegende Leistungen der GKV in Anspruch nehmen. Sein lebenszeitbezogener Transfersaldo wird also negativ und ziemlich groß sein. Dagegen wird bei Personen, die einerseits im Verlauf ihrer Berufstätigkeit halbtags beschäftigt sind und über die gesamte Versicherungszeit nur niedrige Beiträge entrichten, andererseits aber über dem Durchschnitt liegende Leistungen in Anspruch nehmen, der Transfersaldo positiv sein. Nicht auszuschließen ist sodann, daß rational handelnde Wirtschaftssubjekte, deren Einkommen über der Versicherungspflichtgrenze liegt, sich nur in den Lebensphasen bei der GKV versichern lassen, in denen sie für die Versicherungen ein hohes Krankheitskostenrisiko darstellen.[367] Sie werden deshalb auch in der Längsschnittsbetrachtung zu den Begünstigten der GKV gehören.

---

[367] Ihre Bedeutung dürfte allerdings gering sein. So betrug der Anteil aller in privaten Krankenkassen Versicherten im Jahr nur 16,1 % der Bevölkerung. Zudem ist ein beliebiger Wechsel nicht möglich. Vgl. Institut der deutschen Wirtschaft, 1998, Tabelle 1 und 90.

17. Kapitel

Ausgewählte Verteilungswirkungen der Finanzstransfers zwischen West- und Ostdeutschland nach der deutschen Wiedervereinigung

Mit der ökonomischen und politischen Vereinigung der Bundesrepublik Deutschland und der DDR am 1.7.1990 und dem ordnungspolitischen Übergang der DDR zur Sozialen Marktwirtschaft wurde in Ostdeutschland ein Transformationsprozeß mit gravierenden strukturellen, beschäftigungspolitischen und sozialen Problemen in Gang gesetzt. Um mittel- und langfristig die Einkommens- und Lebensverhältnisse im vereinten Deutschland einander anzupassen, wurde der Transformationsprozeß durch eine Reihe von stabilisierungs-, struktur- und sozialpolitisch motivierten Maßnahmen flankiert, die zu massiven Transferströmen von West- nach Ostdeutschland führten. Die Transferströme zwischen West- und Ostdeutschland haben neben Allokations- und Beschäftigungs- auch vielfältige Verteilungswirkungen ausgelöst. Übersicht 17.1 nennt einige der wichtigsten dieser Verteilungswirkungen.

Im Rahmen dieses Beitrages sollen die **Verteilungswirkungen aus der Finanzmittelaufbringung** in den alten Bundesländern im Mittelpunkt stehen, während die Verteilungswirkungen aus der Finanzmittelverwendung in den neuen Bundesländern nicht explizit betrachtet werden. Unberücksichtigt bleiben auch Wirkungen, die durch die Abordnung von westdeutschen Beamten nach Ostdeutschland, durch die Inanspruchnahme steuerlicher Vergünstigungen für Investitionen in Ostdeutschland durch westdeutsche Zensiten und durch vereinigungsbedingte Ausgabenkürzungen in Westdeutschland entstanden sind. Ein kurzes Fazit beendet den Beitrag.

Der Beitrag beginnt mit einer kurzen Beschreibung der Verteilungssituation in West- und Ostdeutschland zum Zeitpunkt der Vereinigung. Es schließt sich eine Darstellung der Finanzströme zwischen West- und Ostdeutschland an. Im Mittelpunkt wird eine Analyse der Verteilungswirkungen stehen, die durch die Finanzierung der Bruttotransfers von West- nach Ostdeutschland in Westdeutschland entstanden sind.

1. Die Verteilungssituation in West- und Ostdeutschland zum Vereinigungszeitpunkt

Ein Vergleich der Einkommensverteilungen in der ehemaligen DDR und der alten Bundesrepublik unmittelbar zum Wiedervereinigungszeitpunkt wird zunächst dadurch erschwert, daß beide Staaten durch starke Unterschiede im politischen System, im Wirtschaftssystem, im sozialen Sicherungssystem und im wirtschaftlichen Entwicklungsstand gekennzeichnet waren. Hierzu zählen v.a. Unterschiede in der Qualität, Quantität und Organisation der sozialen Sicherung,

Übersicht 17.1: Volumen und Struktur der vereinigungsbedingten Finanztransfers zwischen West- und Ostdeutschland und ihre Verteilungswirkungen

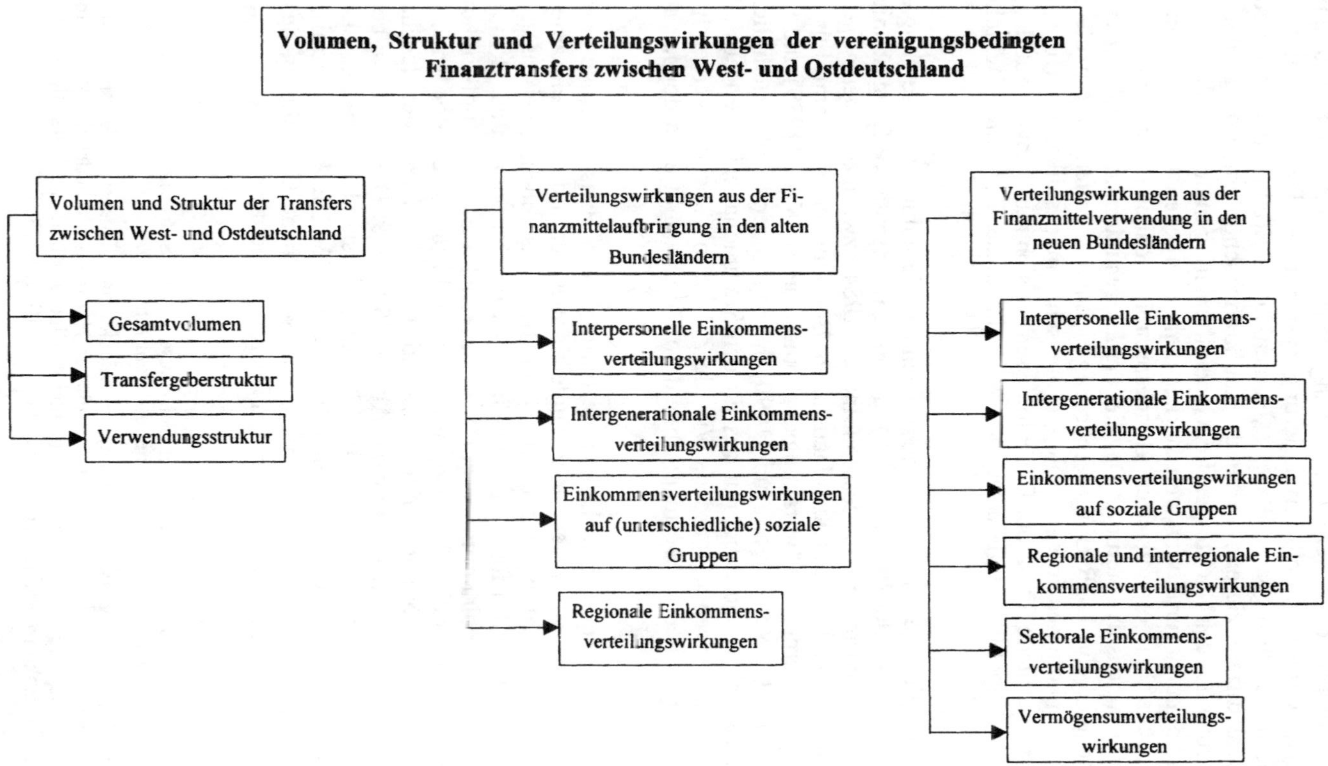

qualitative und quantitative Unterschiede bei der Ausstattung mit öffentlicher Infrastruktur und beim Angebot von öffentlichen Gütern, Preisstrukturunterschiede durch die Subventionierung von Grundbedarfsgütern und Mietwohnungen sowie die stärkere Besteuerung von höherwertigen Konsumgütern, geldwerte Vorteile durch Priviligierung systemtreuer Bürger beim Kauf knapper oder nicht verfügbarer Waren („Nomenklatura-Effekt“) und eine verdeckte und sozial differenzierend wirkende Kaufkraftabschöpfung infolge der Güterrationierung auf der Nachfrageseite. Generell unterlag in der sozialistischen DDR die Einkommensverteilung weit stärker dem staatlichen Einfluß als in der marktwirtschaftlich organisierten Bundesrepublik; dabei dominierte das Ziel einer Einkommensnivellierung. Da die daraus resultierenden geltwerten Vor- und Nachteile die DDR-Bürger sehr ungleichmäßig trafen, waren die nominellen Nettoeinkommen in der DDR ein nur schlechter Indikator für die individuelle wirtschaftliche Situation. Deshalb lassen sie sich nur sinnvoll mit denjenigen der Bundesrepublik vergleichen, wenn sie um diese Vor- und Nachteile bereinigt werden.[368]

Als empirische Datenbasis der folgenden Verteilungsanalyse fungiert das **Sozioökonomische Panel** (SOEP), das eine repräsentative Längsschnittserhebung darstellt und in der Bundesrepublik seit 1984 bzw. in der ehemaligen DDR seit 1990 jährlich bei denselben Haushalten Befragungen vornimmt. Für die Bundesrepublik werden die Befragungsergebnisse der 6. Welle (1989) und für die DDR die der 1. Welle (von Juni 1990) herangezogen, wobei lediglich Einkommensangaben und dabei nur das für den Stichmonat erfragte Haushaltsnettoeinkommen verwendet werden. Wie die Zahlen in Tabelle 1 verdeutlichen, lagen die Einkommen in Westdeutschland im Durchschnitt etwa doppelt so hoch wie in Ostdeutschland.

Da mit steigender Haushaltsgröße bei gleichem Haushaltseinkommen das Pro-Kopf-Wohlstandsniveau sinkt, zugleich aber durch die gemeinsame Haushaltsführung Einsparungen entstehen und der Konsumbedarf lebensaltersabhängig ist, wird durch Einführung sogenannter **Äquivalenzskalen** aus dem monatlichen Haushaltsnettoeinkommen ein bedarfsgewichtetes Pro-Kopf-Einkommen, ein sogenanntes Äquivalenzeinkommen, als Wohlstandsindikator berechnet.[369] Dem Äquivalenzeinkommen I liegen folgende Gewichte zugrunde: Haushaltsvorstand 1, Ehegatte 0,8, Kinder je nach Alter 0,45 bis 0,9. Die Gewichte beim Äquivalenzeinkommen II sind: für den Haushaltsvorstand 1, für den Ehegatten und weitere Erwachsene 0,66 und für Kinder 0,33. Die beiden Äquivalenzskalen unterscheiden sich also durch die unterschiedliche Gewichtung des zusätzlich notwendigen Einkommens für den Ehegatten und die Kinder.

---

368 Vgl. hierzu die Ausführungen bei Hauser, 1992, S. 61 ff. und Hauser/Wagner, 1996, S. 87 ff. und die dort angegebenen Literaturhinweise.

369 Die Äquivalenzskala gibt an, um wieviel das Haushaltseinkommen zunehmen muß, damit bei Hinzukommen eines weiteren Haushaltsmitgliedes das Wohlstandsniveau der bisherigen Mitglieder konstant bleibt. Eine ausführliche Darstellung des Äquivalenzskalenkonzeptes findet sich z.B. bei Faik, 1997, S. 13 ff.

Wie aus Tabelle 17.1 zu erkennen ist, deutet der Gini-Koeffizient für die DDR auf eine geringere Ungleichheit in der **Verteilung der unbereinigten Haushaltsnettoeinkommen** als in Westdeutschland hin. Betrachtet man zum Vergleich die **Verteilung der Äquivalenzeinkommen** I und II, so ergibt sich für beide Länder eine geringere Ungleichheit. Bestätigt wird aber auch hier die These von der geringeren Ungleichheit in der DDR, gemessen durch einen niedrigeren Gini-Koeffizienten.[370]

Korrigiert man die personelle Verteilung der Äquivalenzeinkommen in der DDR um die **Preisstrukturverzerrungen**, so reduziert sich der Grad der Ungleichheit in der DDR noch einmal. Bei einer zusätzlichen Bereinigung der Einkommen um den „**Nomenklatura-Effekt**" nimmt die Ungleichheit in der ehemaligen DDR allerdings wieder zu, da die Priviligierung tendenziell ungleichheitsverstärkend wirkte.[371]

2. Transferströme zwischen West- und Ostdeutschland seit 1991

2.1. Die Gesamttransfers von West- nach Ostdeutschland seit 1991

Als Indikator für die vereinigungsbedingte interregionale Umverteilung von Finanzmitteln zwischen dem alten Bundesgebiet und den neuen Bundesländern gelten die seit dem Vereinigungszeitpunkt zwischen West- und Ostdeutschland geflossenen Nettotransferströme. Allerdings wird die Quantifizierung der interregionalen Transfers durch mehrere Faktoren erschwert: So stiftet die Bereitstellung öffentlicher Güter in Ostdeutschland (z.B. in den Bereichen Sicherheit und Verkehr) auch im alten Bundesgebiet Nutzen. Bedeutsam sind sodann statistische Probleme, wie etwa bei der Erfassung des ost- und westdeutschen Beitragsaufkommens der einzelnen Sozialversicherungsträger und bei der Aufteilung bestimmter Bundeszuschüsse (z.B. der Bundesergänzungszuweisungen) auf die ost- und westdeutschen Bundesländer.[372]

Trotz dieser konzeptionellen und statistischen Mängel der interregionalen Transferrechnung wurden seit 1991 von mehreren Institutionen jährliche **Nettotransferrechnungen** aufgestellt.[373] Übereinstimmung besteht darin, daß für eine methodisch genaue Berechnung der Nettotransferhöhe die Bruttoleistungen, also die direkten Ausgaben und förderbedingten Steuermindereinnahmen in Ost- und Westdeutschland, um verschiedene Positionen korrigiert werden müssen.

370 Vgl. Hauser, 1992, S. 43 ff.

371 Vgl. Hauser/Wagner, 1996, S. 90 f. und Hauser, 1992, S. 63 f.

372 Vgl. Deutsche Bundesbank, 1996, S. 27 ff.

373 Vgl. hierzu Stille, 1996, S. 15 ff.; Deutsche Bundesbank, 1996, S. 22 ff.; Deutsche Bundesbank, 1998a, S. 52 ff. und Boss/Rosenschon, 1995, S. 15 ff.

Tab. 17.1: Verteilungsmaße zur personellen Verteilung der unbereinigten monatlichen Haushalts-Nettoeinkommen und der Äquivalenzeinkommen I und II in der früheren Bundesrepublik Deutschland und der ehemaligen DDR

Verteilungsmaße	Bundesrepublik Deutschland			DDR		
	Haushaltsnetto-einkommen[1]	Äquivalenz-einkommen I[2]	Äquivalenz-einkommen II[2]	Haushaltsnetto-einkommen[1]	Äquivalenz-einkommen I[2]	Äquivalenz-einkommen II[2]
Arith. Mittel DM/M	3 141	1 610	1 828	1 606	769	899
Median	2 553	1 325	1 548	1 583	741	890
Ginikoeffizient	0,314	0,274	0,257	0,292	0,187	0,182
Atkinson-Maß:						
ε=1	0,159	0,119	0,106	0,147	0,056	0,055
ε=2	0,310	0,226	0,205	0,300	0,111	0,111
Quintilsanteile:						
1. Quintil %	7,36	9,29	9,81	6,56	11,75	11,45
2. Quintil %	12,59	13,73	14,25	13,15	15,77	16,19
3. Quintil %	17,65	17,60	17,89	19,62	19,25	19,75
4. Quintil %	23,79	22,65	22,48	25,55	23,00	23,09
5. Quintil %	38,61	36,73	35,57	25,12	30,23	29,52

1) Das monatliche Haushaltsnettoeinkommen bezieht sich in der BRD auf März oder April 1989, in der DDR auf Mai 1990. Das erfragte Monatseinkommen wurde um ein Zwölftel der ehemaligen Zahlungen (abzüglich pauschalisierter Abgaben) sowie um den Nettomietwert der eigengenutzten Eigentümerwohnungen in der BRD korrigiert.

2) Das Äquivalenzeinkommen I wurde mit Hilfe einer aus der Sozialhilfe abgeleiteten Skala, das Äquivalenzeinkommen II mit einer Skala mit wesentlich geringeren Gewichten ermittelt.

Quelle: Hauser, R.: Die personelle Einkommensverteilung in den alten und neuen Bundesländern vor der Vereinigung, in: Kleinhenz, G., (Hrsg.): Sozialpolitik im vereinten Deutschland II, Schriften des Vereins für Socialpolitik, Bd. 208/II, Berlin 1992, S. 44.

Diese sind: Einigungsbedingte Steuer- und Verwaltungsmehreinnahmen des Bundes in Ostdeutschland; wachstumsbedingte Steuer- und Sozialbeitragsmehreinnahmen der öffentlichen Haushalte in Westdeutschland; in westdeutschen öffentlichen Haushalten wegfallende teilungsbedingte Ausgaben (z.B. die Transitpauschale) und Steuervergünstigungen (z.B. die Berlin- und Zonenrandförderung) sowie einigungsbedingte Minderausgaben in Westdeutschland (z.B. im Verteidigungshaushalt). Da der Bund auch an andere Transferträger Finanzzuweisungen leistet, die über deren Bruttoleistungen indirekt nach Ostdeutschland fließen (z.B. Zins- und Tilgungserstattungen an die Sondervermögen sowie Zuschüsse an die Bundesanstalt für Arbeit), dürfen diese Transfermittel nur in der Transferbilanz des Bundes verbucht werden, um eine Doppelerfassung und damit eine Überzeichnung der berechneten Bruttotransferbeträge zu vermeiden.

Die verschiedenen Berechnungsergebnisse in Tabelle 17.2 zeigen trotz der grundsätzlich gleichen Vorgehensweise sehr unterschiedliche jährliche Nettotransferbeträge und Verlaufsprofile. Gründe hierfür sind v.a. unterschiedlich weite Definitionen des Bruttotransferbegriffs und unterschiedliche Berechnungskonzepte der Nettoleistungen:

Tab. 17.2: Nettotransferrechnung verschiedener Institutionen für Ostdeutschland zwischen 1991 und 1997 (in Mrd. DM)

Institution	1991	1992	1993	1994	1995	1996	1997	Σ
Deutsche Bundesbank	106	114	128	126	140	140	136	890
IfW	129	253	198	165	143	/	/	888
SVR	106	131	136	131	161	/	/	665
IdW	131	148	169	162	152	137	/	899
IWH	129	152	175	169	154	140	140	1 059

/ = die Werte waren zu Redaktionsschluß noch nicht bekannt.

Quelle: Ragnitz, J.: Zur Kontroverse um die Transferzahlungen in die neuen Bundesländer, in: Wirtschaft im Wandel, Heft 5, 1996, S. 3 ff.; derselbe: Transferleistungen in den neuen Bundesländern bleiben auf hohem Niveau, in: Wirtschaft im Wandel, Heft 3, 1998, S. 2; Deutsche Bundesbank (Hrsg.): Monatsbericht Nr. 10/1996, Frankfurt a.M., S. 25 ff. und derselbe: Monatsbericht Nr. 4/1998a, Frankfurt a.M., S. 53.

Das **Bundesministerium für Finanzen** und die **Bundesbank** ordnen die Treuhandanstalt dem privatwirtschaftlichen Bereich zu und klammern deshalb deren Leistungen aus der Berechnung aus. Dies gilt auch für die Steuerausfälle in Westdeutschland aufgrund der Investitionsförderung für Ostdeutschland sowie für den vereinigungsbedingten Schuldendienst des Bundes. In der Transferstatistik des **Sachverständigenrates** sind dagegen die Zins- und Tilgungszahlungen auf Altschulden der DDR enthalten.

Das **Institut der deutschen Wirtschaft** und das **Institut für Wirtschaftsforschung Halle** beziehen zusätzlich noch die Steuerausfälle in Westdeutschland und die Leistungen der Treuhandanstalt (in Höhe ihres Defizits abzüglich

der Zinsausgaben) in die Transferrechnung ein. Deshalb berechnen sie durchweg höhere jährliche Nettotransferbeträge mit einem Spitzenwert im Jahr 1993 und einem Rückgang seit Ende 1993 aufgrund der nachlassenden Geschäftstätigkeit der Treuhandanstalt.
Die umfassendste Berechnung erfolgt durch das **Institut für Weltwirtschaft**, das zusätzlich die Übernahme der vereinigungsbedingten Altschulden in die Transferrechnung einbezieht.

Nach der Transferstatistik der Bundesbank wurden zwischen 1991 und 1997 jährlich im Durchschnitt ca. 127 Mrd. DM und damit ca. 4,4 % des westdeutschen nominalen Bruttoinlandsproduktes dieses Zeitraums nach Ostdeutschland transferiert. Der Spitzenwert dieser Quote lag im Jahr 1995 bei ca. 4,55 %, um danach wieder leicht abzunehmen. Das Institut für Wirtschaftsforschung Halle berechnet sogar einen durchschnittlichen jährlichen Nettotransfer von ca. 151 Mrd. DM bzw. 5,1 % des durchschnittlichen westdeutschen nominalen Bruttoinlandsproduktes.

2.2. Die Bruttotransfergeberstruktur

Als Transfergeber fungierten die in Tabelle 17.3 aufgeführten staatlichen und halbstaatlichen Geberhaushalte sowie diverse parafiskalische Organisationen (Deutsche Ausgleichsbank, Kreditanstalt für Wiederaufbau). Die westdeutsche Gesetzliche Krankenversicherung ist im Gegensatz zur Gesetzlichen Renten- und Arbeitslosenversicherung kein Transfergeber, da zwar mit dem Einigungsvertrag das westdeutsche Krankenversicherungsrecht auf das Beitrittsgebiet übertragen wurde, ein innerdeutscher Haushaltsausgleich aber nicht stattfand.[374] Mit der schrittweisen Aufhebung des bisher noch getrennten Risikostrukturausgleichs zwischen den Krankenkassen in West- und Ostdeutschland ab dem Jahr 1999 müssen die Beitragszahler in Westdeutschland allerdings indirekt Ausgleichsleistungen zugunsten der ostdeutschen Beitragszahler leisten.[375]

Nach der relativ eng abgegrenzten Transferstatistik der Bundesbank waren bis Ende 1994 der Bund und die westdeutsche Sozialversicherung (ohne GKV) zusammen die Hauptträger der nach Ostdeutschland geleisteten Bruttotransfers. In 1994 betrug ihr Anteil ca. 85 %; der Anteil der westdeutschen Länder und Gemeinden lag dagegen nur bei 8,3 %. Ab 1995 lag der Bruttotransferanteil des Bundes und der westdeutschen Sozialversicherung sogar noch höher:

---

374 Vgl. hierzu genauer Henke/Leber, 1993, S. 16 ff.: Dabei wird allerdings die Finanzlage der ostdeutschen Gesetzlichen Krankenversicherung seit 1990 durch indirekte Transfers der westdeutschen Gesetzlichen Renten- bzw. Arbeitslosenversicherung stabilisiert. Diese resultieren daraus, daß ein erheblicher Teil der GKV-Mitglieder Arbeitslose oder Rentner sind, wodurch ein parafiskalischer Finanzausgleich erforderlich wird.

375 Vgl. Bundesministerium für Arbeit und Sozialordnung, 1998b, S. 69.

Tab. 17.3: Bruttotransfers nach Ostdeutschland zwischen 1991 und 1997 nach Trägern (in Mrd. DM bzw. Anteil an den Bruttoleistungen in %)[1]

	1991	1992	1993	1994	1995	1996	1997
Bruttoleistungen in Mrd. DM, davon (in %):	**139**	**151**	**167**	**169**	**185**	**187**	**183**
Bund	54,0	58,3	68,2	67,5	73,0	73,8	71,6
Westdeutsche Länder und Gemeinden	3,6	3,3	6,0	8,3	5,4	5,9	6,0
Fonds Deutsche Einheit	22,3	15,9	9,0	3,0	-	-	-
EG-Haushalt (Struktur- und Regionalfonds)	2,9	3,3	3,0	3,5	3,8	3,7	3,8
Bundesanstalt für Arbeit	17,2	15,9	8,4	10,6	8,6	6,4	8,7
Gesetzliche Rentenversicherung	-	3,3	5,4	7,1	9,2	10,2	9,8
abzüglich: **Steuer- und Verwaltungseinnahmen in Mrd. DM**	**33**	**37**	**39**	**43**	**45**	**47**	**47**
Nettoleistungen in Mrd. DM	**106**	**114**	**128**	**126**	**140**	**140**	**136**

[1] Die Beitragseinnahmen der Sozialversicherung wurden implizit von deren Bruttoleistungen subtrahiert.

Quelle: Deutsche Bundesbank (Hrsg.): Monatsbericht Nr. 4/1998a, Frankfurt a.M., S. 53.

2.3. Die Verwendungsstruktur der Bruttotransfers

Auf der Empfängerseite der Finanztransferströme sind die intermediären Zahlungsempfänger, also die öffentlichen Haushalte der Gebietskörperschaften sowie die Renten- und Arbeitslosenversicherung in Ostdeutschland, von den tatsächlich Begünstigten im privaten Sektor zu trennen. Die drei zentralen Verwendungszwecke der Transfers sind:[376]

1. Der **Neuaufbau** und die Modernisierung der maroden bzw. nicht vorhandenen institutionellen und materiellen **Infrastruktur** durch staatliche Infrastrukturinvestitionen.
2. Der **Neuaufbau** und die Modernisierung **des** veralteten bzw. mit der Vereinigung entwerteten **Sachkapitalstocks** durch eine staatliche Förderung privater Anlageinvestitionen mittels Investitionszulagen, Investitionszuschüssen, Son-

---

376 Vgl. Bohnet/Heck, 1998, S. 15 ff. und die dort angegebenen Literaturhinweise.

derabschreibungen, Liquiditäts- und Finanzierungshilfen sowie industriepolitisch motivierten Subventionen.

3. Die **soziale Abfederung** der Beschäftigungs- und Einkommensverluste im Zuge des Transformationsprozesses durch arbeitsmarktpolitische Leistungen des Bundes und der Bundesanstalt für Arbeit, durch soziale Leistungen des Bundes und der alten Bundesländer und Gemeinden sowie durch auslaufende Leistungen nach DDR-Recht.

Tab. 17.4: Investive und konsumtive Bruttotransfers nach Ostdeutschland zwischen 1991 und 1997 (in Mrd. DM bzw. Anteil an den Bruttoleistungen in %)

	1991	1992	1993	1994	1995	1996	1997
Bruttoleistungen in Mrd. DM, davon (in %):	139	151	167	169	185	187	183
Sozialleistungen	40,3	45,0	46,1	43,8	42,7	44,9	44,3
Subventionen	5,8	6,7	6,6	10,1	9,7	8,0	7,6
Investitionen	15,8	15,2	15,6	15,3	18,4	17,7	17,5
Allgemeine, nichtaufteilbare Finanzzuweisungen	38,1	33,1	31,7	30,8	29,2	29,4	30,6

Quelle: Deutsche Bundesbank (Hrsg.): Monatsbericht Nr. 4/1998a, Frankfurt a.M., S. 53.

Von den gesamten Bruttotransfers zwischen 1991 und 1997 wurde ca. ein Drittel als allgemeine Finanzzuweisungen ohne Verwendungsauflagen an ostdeutsche öffentliche Haushalte vergeben und diente daher nicht-spezifizierten und nichtzurechenbaren Zwecken (z.B. Zahlungen im Rahmen des Finanzausgleichs bzw. Zuweisungen aus dem Fonds „Deutsche Einheit"). Trotz dieses Zuordnungsproblems ist es unstrittig, daß v.a. in den ersten Jahren nach der Vereinigung die konsumtiven (Sozial-)Transfers des Bundes und der Sozialversicherung dominierten. Bereits in 1991 betrug ihr Anteil an den Gesamttransfers 40,3 %, in 1993 sogar 46,1 %.
Ursächlich für diese Dominanz ist v.a. die Übertragung des leistungs- und kostenintensiven westdeutschen sozialen Sicherungssystems auf Ostdeutschland, das zudem in den Dienst der sozialpolitischen Abfederung des Transformationsprozesses und der raschen Anhebung des Lebensstandards in Ostdeutschland gestellt wurde. Entsprechend lag der Anteil der investiven Transfers (staatliche Subventionen und Infrastrukturinvestitionen) bis 1993 mit Werten zwischen 20 und 22 % deutlich niedriger:[377]

[377] Vgl. Heilemann/Rappen, 1997, S. 41; Deutsche Bundesbank, 1996, S. 20 und Deutsche Bundesbank, 1998a, S. 51 ff.

3. Finanzierungsquellen der Bruttotransfers nach Ostdeutschland und ihre Verteilungswirkungen

Die Finanzierung der Transfers nach Ostdeutschland stellt für die westdeutschen öffentlichen Haushalte eine hohe finanzielle Belastung dar. Zunächst vertraute die Finanzpolitik auf das Instrument der **Kreditfinanzierung**, da eine „Anschubfinanzierung" durch westdeutsche Transfers und durch die einsetzende Privatinitiative zur Ingangsetzung eines selbsttragenden Aufschwungs als ausreichend erachtet wurde. Aber bereits Anfang 1991 traten finanzielle Engpässe bei den westdeutschen Gebietskörperschaften in einem Maße auf, das eine Kreditfinanzierung der Transfers überforderte. Deshalb mußte die Finanzpolitik nun auch auf die Instrumente der **Steuer- und Beitragsfinanzierung** zurückgreifen: Neben der Einführung des Solidaritätszuschlags wurden die Sätze der Mehrwertsteuer und einiger spezieller Verbrauchsteuern angehoben. Angesichts der hohen Defizite im sozialen Sicherungssystem Ostdeutschlands wurden zudem Erhöhungen der Sozialbeiträge in Gesamtdeutschland festgesetzt. Des weiteren erfolgte eine Konsolidierung durch den forcierten **Verkauf staatlichen Finanz- und Sachvermögens** und durch die **Kürzung staatlicher Ausgaben** in Westdeutschland im Bereich der sozialen Sicherung, im unternehmens- und haushaltsbezogenen Infrastrukturbereich sowie bei der Wirtschaftsförderung und Subventionierung des Unternehmenssektors. Finanziell entlastend wirkte auch der Wegfall teilungsbedingter Ausgaben und die Reduktion des Verteidigungshaushalts. Bis Ende 1992 konnten die gesamten Ausgabeneinsparungen allerdings durchschnittlich nur ca. 8 % p.a. zur Finanzierung des jährlichen Bruttotransfers beitragen, Ende 1993 betrug der Finanzierungsbeitrag schon ca. 28 %, Anfang 1995 allerdings nur noch ca. 25 % (vgl. Abbildung 17.1).[378]

Im folgenden sollen die Finanzierungsinstrumente der Kreditfinanzierung, der Steuerfinanzierung und der Sozialbeitragsfinanzierung auf ihre personellen Verteilungswirkungen hin untersucht werden. Auf eine gesonderte personelle Verteilungsanalyse der Ausgabenkürzungen wird aufgrund von Zurechnungs- und Bewertungsproblemen verzichtet.[379] Dafür sollen die Verteilungswirkungen der Inflationsimpulse untersucht werden, die aus der Bereitstellung von 246 Mrd. DM an die Bürger der ehemaligen DDR zum 1.7.1990 sowie aus der schuldenfinanzierten und nachfragewirksamen Bereitstellung von Kaufkraft in den Folgejahren bis 1992 entstanden sind.

---

[378] Vgl. Heilemann, 1994, S. 50 und S. 61 ff. sowie Heilemann/Rappen, 1995, S. 91 ff.

[379] Vgl. hierzu Heilemann, 1994, S. 69 f.

Abb. 17.1: Bruttotransfers von Westdeutschland nach Ostdeutschland zwischen 1991 und 1995 und ihre Finanzierung

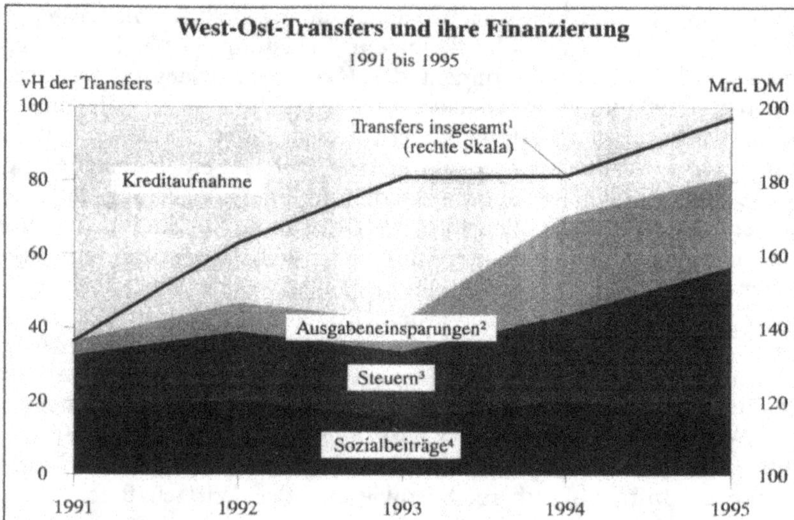

Eigene Berechnungen in der Abgrenzung der VGR nach Angaben des Statistischen Bundesamtes und des Bundesministeriums der Finanzen (Finanzierungsstruktur: Stand Anfang 1995.) – [1]1995 einschließlich Zinslasten für übernommene Altschulden (Erblastentilgungsfonds). – [2]Einsparungen im Haushaltsvollzug sind wegen ihrer für Außenstehende schwierigen Quantifizierung nicht berücksichtigt. – [3]Steuerrechtsänderungen seit Mitte 1991, ohne Berücksichtigung der Steuererleichterungen in den neuen Bundesländern. – [4]Anhebung der Beitragssätze.

Quelle: Heilemann, U./Rappen, H.: Sieben Jahre deutsche Einheit: Rückblick und Perspektiven in fiskalischer Sicht, in: Aus Politik und Zeitgeschichte, Nr. B 40-41/1997, S. 42.

Bei der Verteilungsanalyse der steuer- und abgabenpolitischen Maßnahmen sind die vielfältigen Anpassungsreaktionen der Zensiten auf die erhöhte Belastung zu beachten, die wiederum schwer zu quantifizierende Sekundäreffekte auslösen. Hinzu kommt das Problem der Spezifikation und Quantifizierung ihres Einflusses auf die Einkommensverteilung, da zu dem Vereinigungszeitpunkt neben der deutschen Finanzpolitik in Ostdeutschland z.B. auch die ordnungs- und tarifpolitischen Weichenstellungen und in Westdeutschland vereinigungsunabhängige Faktoren verteilungsrelevant waren. Schließlich ist eine Trennung zwischen vereinigungsbedingten und -unabhängigen Veränderungen der öffentlichen Haushalte empirisch nur mit Willkür möglich.[380]

[380] Vgl. Hickel/Priewe, 1994, S. 162 ff. und Sachverständigenrat, 1992/93, Ziffer 209.

3.1. Finanzierung durch öffentliche Kreditaufnahme

3.1.1. Finanzierungsbeitrag, Entwicklung und Struktur der Verschuldung seit der Deutschen Vereinigung

Finanzierungsbeitrag und Entwicklung der Verschuldung

Aufgrund des hohen vereinigungsbedingten Finanzbedarfs mußten die westdeutschen (und später auch die ostdeutschen) Gebietskörperschaften schon ab 1990 ihre Nettokreditaufnahme gegenüber 1989 deutlich ausweiten. Dabei konzentrierte sich die vereinigungsbedingte öffentliche Nettoneuverschuldung v.a. auf den Bund und auf die mit den Verträgen zur Deutschen Einheit neu errichteten öffentlichen Nebenhaushalte (vgl. Tabelle 17.5):[381]

Der **„Fonds Deutsche Einheit"** leistete zwischen dem 1.7.1990 und dem 31.12.1994 allgemeine Finanzzuweisungen an die neuen Bundesländer als Ersatz für den regulären Länderfinanzausgleich. Mit der nachträglichen Aufstokkung in 1992 und 1993 konnten insgesamt 160,7 Mrd. DM (ca. 35 Mrd. DM jährlich) ausgezahlt werden. Die Finanzierung erfolgte durch Bundeszuschüsse, durch Zuschüsse der alten Bundesländer und mit ca. 89 Mrd. DM durch Kreditaufnahme am Kapitalmarkt. Die für die Kredite anfallenden Zins- und Tilgungsverpflichtungen werden je zur Hälfte vom Bund und den westdeutschen Ländern und Gemeinden getragen.[382]

Am 3.10.1990 wurde der **Kreditabwicklungsfonds (KAF)** als ein Sondervermögen des Bundes errichtet: Er übernahm die aufgelaufenen Altschulden des DDR-Haushalts (ca. 28 Mrd. DM), die Verbindlichkeiten bei der Zuweisung von Ausgleichsforderungen an ostdeutsche Kreditinstitute und Außenhandelsbetriebe im Zusammenhang mit der Währungsumstellung gegenüber dem „Ausgleichsfonds Währungsumstellung" (ca. 75 Mrd. DM) sowie die Verbindlichkeiten aus der Gewährträgerhaftung des Bundes für die Staatsbank Berlin. Die für das gesamte Schuldenvolumen anfallenden Zinsverpflichtungen wurden je zur Hälfte durch den Bund und die Treuhandanstalt in Form von Zinserstattungen finanziert.

Die **Treuhandanstalt** wurde zum Zweck der Privatisierung bzw. Sanierung der volkseigenen Betriebe der ehemaligen DDR in 1990 errichtet und dem privaten Sektor zugeordnet. Sie war seit 1990 ebenfalls zur Kreditaufnahme am Kapitalmarkt gezwungen, da die Ausgabensumme die Privatisierungserlöse überstieg. Bis zum Ende ihrer Geschäftstätigkeit am 31.12.1994 summierte sich der Schuldenstand auf 256,4 Mrd. DM, in denen auch die Altschulden sanierungsfähiger Treuhandunternehmen in Höhe von 51,8 Mrd. DM enthalten waren.

---

381 Vgl. im folgenden Boss/Rosenschon, 1995, S. 3 ff.; Deutsche Bundesbank, 1993a, S. 43 ff. und Deutsche Bundesbank, 1997a, S. 17 ff.

382 Die Annuität beträgt jährlich 10 % des jeweiligen Schuldenstandes und wird damit den öffentlichen Haushalt ca. 20 Jahre belasten.

Tab. 17.5: Entwicklung wichtiger Verschuldungsindikatoren in Deutschland zwischen 1989 und 1997

	1989	1990	1991	1992	1993	1994	1995	1996	1997
Öffentlicher Gesamtschuldenstand in Mrd. DM, davon:	928	1 053	1 173	1 345	1 509	1 662	1 996	2 129	2 219
- Bund	490,5	542,2	586,5	611,1	685,3	712,5	756,8	839,9	905,7
- Länder (West)	309,9	328,8	347,4	366,6	393,6	415,1	442,5	477,4	505,3
- Länder (Ost)	-	-	4,9	22,5	40,3	55,7	69,1	80,9	90,1
- westdeutsche Gemeinden	121,4	125,6	132,1	140,1	149,2	155,7	159,6	161,4	163,1
- ostdeutsche Gemeinden	-	-	8,6	14,5	23,6	32,5	37,0	39,2	39,0
- Bundeseisenbahnvermögen	-	-	-	-	-	71,2	78,4	77,8	77,3
- ERP-Sondervermögen	7,1	9,5	16,4	24,3	28,3	28,0	34,2	34,1	33,7
- Fonds Deutsche Einheit	-	19,8	50,5	74,4	87,7	89,2	87,1	83,5	79,7
- Ausgleichsfonds (Steinkohle)	-	-	-	-	-	-	2,2	3,1	3,3
- KAF/ETF	-	27,6	27,5	91,7	101,2	102,4	328,9	331,9	322,0
nachrichtlich: Treuhandschuldenstand in Mrd. DM	-	14,1	39,4	106,8	168,3	204,6	-	-	-
Nettokreditaufnahme in Mrd. DM	25,8	112,0	106,3	106,8	154,6	85,8	97,7	123,3	95,8
BIP (nominal) in Mrd. DM	2 224	2 426	2 853	3 078	3 163	3 328	3 459	3 541	3 641
Schuldenstandsquote in %	41,8	43,4	41,1	43,7	47,7	50,1	57,7	60,1	60,9
Nettoneuverschuldungsquote in %	1,2	4,6	3,7	3,5	4,9	2,6	2,8	3,5	2,6
Kreditfinanzierungsquote in %	2,5	10,0	7,3	6,6	9,1	4,8	5,2	6,6	5,1
Zins-Ausgabenquote in %	5,8	5,8	5,3	6,2	6,0	6,4	6,9	6,9	7,1
Zins-Steuer-Quote in %	11,4	11,8	11,7	13,8	13,7	14,5	15,9	16,3	16,6

Quelle: Deutsche Bundesbank (Hrsg.): Laufende Monatsberichte, Jahrgänge Nr. 12/1990 bis 10/1998, Frankfurt a.M., Tabelle VIII.7, VIII.1, VIII.5 und VIII.8; Statistisches Bundesamt (Hrsg.): Statistisches Jahrbuch für die Bundesrepublik Deutschland 1998, Stuttgart/Mainz 1998, Tabelle 24.3 sowie eigene Berechnungen.

Zum 1.1.1995 wurde der **Erblastentilgungsfonds (ETF)** errichtet, der die aufgelaufenen, bisher aus dem öffentlichen Gesamthaushalt ausgegliederten Schulden der Treuhandanstalt von ca. 205 Mrd. DM, die Schulden des Kreditabwicklungsfonds von ca. 103 Mrd. DM und im Verlauf des Jahres 1995 die Wohnungsbaualtschulden der auf die Ostkommunen übertragenen ehemaligen volkseigenen Wohnungskombinate von ca. 31 Mrd. DM übernahm. Damit entstand insgesamt ein Schuldenvolumen von ca. 339 Mrd. DM. Seitdem hat der Erblastentilgungsfonds weitere Ausgleichsforderungen sowie die Schulden auf gesellschaftliche Einrichtungen der DDR-Gemeinden in Höhe von 8,4 Mrd. DM übernommen. Die Tilgungsverpflichtungen werden für ca. 30 Jahre durch Zuschüsse aus dem Bundeshaushalt und durch Bundesbankgewinne (soweit diese den Betrag von 7 Mrd. DM übersteigen), der Zinsendienst dagegen nur durch Bundeszuschüsse finanziert.
Das **ERP-Sondervermögen** gewährt seit 1990 zum Zweck der Investitionsförderung zinsverbilligte und langlaufende Darlehen an die ostdeutsche Wirtschaft, die weitgehend durch Verschuldung am Kapitalmarkt (re-)finanziert werden. Die Abwicklung der Programme erfolgt v.a. über die Kreditanstalt für Wiederaufbau, die Erstattung der Zinsverbilligung durch Bundeszuschüsse.
Der 1991 errichtete **Entschädigungsfonds** erbringt seit 1996 im Rahmen der Entschädigungsregelung eine partielle Kompensation für Enteignungen in der ehemaligen DDR, die nicht rückgängig gemacht wurden. Seit 1997 übernimmt er Schuldverschreibungen von ca. 13 Mrd. DM, die anstelle von Barleistungen an die von der Enteignung betroffenen Vermögensbesitzer in Ostdeutschland zugeteilt werden. Die Tilgung erfolgt im Zeitraum 2004-2008, die Verzinsung beträgt ab 2004 p.a. 6 %.
Der **Fonds Bundeseisenbahnvermögen** enthält seit 1994 die im Zuge der Privatisierung vom Bund übernommenen akkumulierten Schulden der Bundesbahn und DDR-Reichsbahn von ca. 71 Mrd. DM sowie die seither am Kapitalmarkt aufgenommenen Kredite.

Eine genaue Ermittlung der **vereinigungsbedingten Nettoneuverschuldung** des Bundes sowie der westdeutschen Länder und Gemeinden ist nicht möglich, da bei diesen Trägern weder eine genaue Abgrenzung der vereinigungsbedingten Ausgaben noch eine genaue Zuordnung der Neuverschuldung zu den einzelnen Ausgabenkategorien möglich ist. Lediglich die Verschuldung der ostdeutschen Länder und Gemeinden, der neu geschaffenen Nebenhaushalte sowie des ERP-Sondervermögens läßt sich zweifelsfrei der Vereinigung zurechnen und quantifizieren. Nach Schätzungen der Bundesbank ist von der absoluten Zunahme des Gesamtschuldenstandes im Zeitraum 1989-1996 von ca. 1200 Mrd. DM dennoch mehr als die Hälfte als vereinigungsbedingt einzustufen.[383] Hinzu kommen noch die zu Sonderkonditionen gewährten Kredite der Kreditanstalt für

[383] Vgl. Deutsche Bundesbank, 1996, S. 17 ff. und 1997a, S. 17 ff.

Wiederaufbau und der Deutschen Ausgleichsbank an Unternehmen in den neuen Bundesländern.[384]

Wie Tabelle 17.5 zeigt, ist die **Nettoneuverschuldungsquote** (Nettokreditaufnahme der Gebietskörperschaften und Nebenhaushalte in Prozent des nominalen Bruttoinlandsproduktes) seit der Vereinigung sprunghaft von 1,2 % in 1989 auf 4,6 % in 1990 angestiegen und lag seitdem durchweg auf einem deutlich höheren Niveau als vor der Vereinigung. Dementsprechend hat sich auch die **Schuldenstandsquote** (= öffentlicher Bruttogesamtschuldenstand in % des nominalen Bruttoinlandsproduktes) kontinuierlich von 41,8 % in 1989 auf erstmals über 50 % in 1994 und sogar 60,9 % in 1997 erhöht. Die daraus entstehenden hohen zukünftigen Zins- und Tilgungsverpflichtungen spiegeln sich im Verlauf folgender Quoten wider:

Die **Kreditfinanzierungsquote** (öffentliche Nettokreditaufnahme in % der gesamten Staatsausgaben): Sie gibt an, welcher Anteil der staatlichen Ausgaben durch Kreditmittel gedeckt wird. Sie stieg mit der Vereinigung in 1990 sprunghaft auf 10 % an und liegt seitdem, entsprechend der Entwicklung der öffentlichen Nettokreditaufnahme, deutlich über dem Niveau vor der Vereinigung von 2,5 %.
Die **Zins-Ausgabenquote** (öffentliche Zinsausgaben in Prozent der gesamten Staatsausgaben): Sie gibt an, welcher Ausgabenanteil für Zinszahlungen zu verwenden ist und deshalb für die Verwirklichung wirtschaftspolitischer Ziele nicht zur Verfügung steht. Sie verharrte bis 1991 zunächst noch relativ konstant bei Werten unter 6 %, verzeichnete ab 1993 aber einen nahezu kontinuierlichen Anstieg auf sogar über 7 % in 1997.
Die **Zins-Steuer-Quote** (öffentliche Zinsausgaben in Prozent des gesamten Steueraufkommens): Sie gibt an, welcher Anteil des gesamten Steueraufkommens zur Finanzierung der Zinsausgaben verwendet werden muß. Sie verharrte bis 1991 zunächst trotz des starken Anstiegs der Nettokreditaufnahme in 1990 und 1991 konstant bei 11 bis 12 %, da mit dem Vereinigungsboom die wachstumsinduzierten Steuereinnahmen stärker als die Zinsausgaben gestiegen waren. Im Verlauf von 1992 schlug sich der konjunkturelle Abschwung in Westdeutschland in einem Anstieg auf 13,8 % nieder. Bis 1997 ist die Zins-Steuer-Quote auf 16,6 % angestiegen.

Nach Schätzungen des Rheinisch-Westfälischen Instituts für Wirtschaftsforschung betrug die **Kreditfinanzierungsquote der Bruttotransfers** bis Ende 1992 durchschnittlich ca. 60 %; Anfang 1991 lag sie sogar bei zwei Drittel. In 1993 kam es zu einer Halbierung auf ca. 30 %, Anfang 1995 lag sie schließlich nur noch bei ca. 20 %. Im gesamten Zeitraum wurden durchschnittlich ca. 43 % der Bruttotransfers durch Kredite finanziert (vgl. Abbildung 17.1).[385]

---

384 Vgl. hierzu Sachverständigenrat zur Begutachtung der gesamtwirtschaftlichen Entwicklung, 1997/98, Tabelle 30.

385 Vgl. Heilemann/Rappen, 1997, S. 42.

Gläubigerstruktur der öffentlichen Kreditaufnahme seit der Vereinigung

Die vereinigungsbedingte sprunghafte Ausweitung der Nettoneuverschuldung der Gebietskörperschaften und Nebenhaushalte erfolgte über den Erwerb staatlicher Schuldtitel durch inländische Anleger (private Haushalte und Unternehmen sowie Finanzinstitutionen) und das Ausland. Sie wurde durch Offenmarktoperationen der Bundesbank wesentlich gestützt.

Wie die gesamtwirtschaftliche Finanzierungsrechnung der Bundesbank in Tabelle 17.6[386] zeigt, zählte der Staat vor der Vereinigung in 1989 mit einem positiven Finanzierungssaldo noch zu den Nettogläubigern. Erst seit 1990, dann aber gleich mit deutlichen Defiziten, gehört er zu den Nettoschuldnern. Dabei deckte der Staat seinen erheblichen Mittelbedarf seit 1990 nicht nur verstärkt durch einen Rückgriff auf die inländischen Finanzierungsüberschüsse der privaten Haushalte und Finanzinstitutionen, sondern insbesondere auch durch Nettokapitalimporte aus dem Ausland.

Tabelle 17.7 verdeutlicht noch einmal die Bedeutung der verschiedenen Gläubigergruppen in bezug auf die Staatsverschuldung: Zunächst fällt auf, daß die relative Bedeutung der öffentlichen Verschuldung bei inländischen Kreditinstituten seit der Vereinigung leicht abgenommen hat. Dennoch hielten diese 1997 mit 53 % den größten Teil der Gesamtschuld des Staates in Händen. Die privaten Nichtbanken traten nur kurz nach der Vereinigung (v.a. im 2. Halbjahr 1990 und in 1991) sowie in 1994 als Nettokreditgeber auf. Dementsprechend ist ihr Anteil an der öffentlichen Gesamtschuld seit 1992 rückläufig. Bemerkenswert ist, daß der Anteil des Auslands an der öffentlichen Gesamtschuld seit 1990 (mit Ausnahme des Nettokredittilgungsjahres 1994) kontinuierlich bis auf 32% in 1997 angestiegen ist, der an der jährlichen Nettokreditaufnahme sogar von 13,5 % in 1990 auf den Spitzenwert von 70,6 % in 1993. Insgesamt absorbierten die ausländischen Gläubiger zwischen 1990 und 1997 mit ca. 424 Mrd. DM 48 % der staatlichen Neuverschuldung dieses Zeitraumes.[387]

[386] Der Finanzierungssaldo eines Sektors ergibt sich aus der Gegenüberstellung seiner Geldvermögensbildung und Kreditaufnahme am Kapitalmarkt.

[387] Vgl. Deutsche Bundesbank, 1997a, S. 28 f.

Tab. 17.6: Gesamtwirtschaftliche Finanzierungsrechnung der Bundesbank für 1989 bis 1997 (Finanzierungssaldo in Mrd. DM)

	1989[1]	1990	1991	1992	1993	1994	1995	1996	1997
Private Haushalte	147,0	187,6	213,7	233,7	220,3	213,7	224,0	237,1	230,1
Produktionsunternehmen	-36,6	-34,1	-123,4	-112,7	-34,5	-60,9	-37,1	-29,4	-46,5
Wohnungswirtschaft	-31,6	-43,5	-59,7	-85,2	-114,8	-138,0	-140,0	-138,0	-131,7
Finanzielle Institutionen[2]	22,4	22,8	30,0	21,0	17,0	29,9	29,6	27,4	41,3
Öffentliche Haushalte[3]	2,8	-60,5	-94,7	-87,2	-111,8	-87,3	-113,8	-125,9	-101,9
Ausland[4]	-104,0	-72,3	34,1	30,4	23,9	42,6	37,3	28,8	8,7

[1] Westdeutschland, ab 1.7.1990 Gesamtdeutschland

[2] Bundesbank, Kreditinstitute, Bausparkassen, Versicherungen

[3] Inklusive Sozialversicherung

[4] =Summe aller Salden mit umgekehrtem Vorzeichen. Ein positiver Wert besagt, daß sich das Inland per Saldo im Ausland verschuldet hat.

Quelle: Weltring, S.: Staatsverschuldung als Finanzierungsinstrument des Deutschen Vereinigungsprozesses, Frankfurt a. M. 1997, S. 166; Deutsche Bundesbank (Hrsg.): Monatsbericht Nr. 5/1998, Frankfurt a.M., S. 29.

Tab. 17.7: Entwicklung der Gläubigerstruktur der öffentlichen Gesamtverschuldung und Nettokreditaufnahme seit 1989

	1989	1990	1991	1992	1993	1994	1995	1996	1997
Öffentlicher Gesamtschuldenstand (in Mrd. DM)	928	1 053	1 173	1 345	1 509	1 662	1 995	2 129	2219
Anteile der Gläubiger in %									
Kreditinstitute	57,5	55,3	52,3	53,5	53,2	55,2	52,7	53,2	52,8
Nichtbanken	18,9	22,5	23,5	19,5	16,7	18,2	18,6	17,1	15,0
Ausland	22,2	20,9	23,1	25,6	29,2	25,9	28,2	29,3	31,8
Bundesbank	1,4	1,3	1,1	1,4	0,9	0,7	0,5	0,4	0,4
Nettokreditaufnahme (in Mrd. DM)	25,8	111,9	106,3	106,8	154,6	85,8	97,7	123,3	95,8
Anteile der Gläubiger in %									
Kreditinstitute	6,6	31,7	24,1	39,6	48,5	83,9	47,6	58,8	45,8
Nichtbanken	22,2	55,0	31,0	-13,9	-15,3	42,2	-9,0	-4,6	-30,1
Ausland	72,8	13.5	44.7	68.7	70.6	-24.4	63.6	46.5	84,3
Bundesbank	-1,6	-0,2	0,2	5,6	-3,8	-1,7	-2,2	-0,7	0,0

Quelle: Deutsche Bundesbank (Hrsg.): Laufende Monatsberichte, Jahrgänge Nr. 12/1990 bis 10/1998, Frankfurt a.M., Tabelle VIII.9.

3.1.2 Intertemporale Einkommensverteilungswirkungen der Kreditfinanzierung

Nachdem wir einige wesentliche Grundinformationen über das Volumen und die Geberstruktur der vom Staat aufgenommenen Kredite vorgestellt haben, kann nun die Frage nach den Wirkungen beantwortet werden, die sich aus der vereinigungsbedingten Verschuldung auf die Verteilung der Einkommen aus intertemporaler Sicht ergeben haben. Es soll geprüft werden, ob durch die Kreditfinanzierung eine Verschiebung der vereinigungsbedingten Lasten in die Zukunft, also eine intergenerative Umverteilung, entstanden ist.[388] Dabei gehen wir von den in Kapitel 11 vorgestellten Ansätzen zur Definition einer intertemporalen Lastverschiebung aus.

Wachstumsansatz

Nach den Vertretern des Wachstumsansatzes führt eine staatliche Kreditaufnahme zu einer Verdrängung privater Kreditnachfrager und hier insbesondere privater zinsabhängiger Investitionen. Es kommt zu einer im Vergleich zur Steuerfinanzierung geringeren privaten Sachkapitalbildung mit der Folge, daß ein nur geringerer privater Kapitalstock an zukünftige Generationen weitergegeben werden kann. Die Last äußert sich in einem geringeren Sozialprodukt sowie geringeren Konsummöglichkeiten für zukünftige Generationen. Die gegenwärtige Generation wird hingegen im Vergleich zu einer Steuerfinanzierung bessergestellt, weil ihre Konsummöglichkeiten nicht eingeschränkt werden.

Die These von einer Entlastung der gegenwärtigen Generation als Folge einer Schuldenfinanzierung notwendiger vereinigungsbedingter Staatsausgaben basiert auf drei Annahmen:

1. Private Kreditnachfrager für investive Zwecke reagieren zinsempfindlich: Diese Hypothese läßt sich empirisch durchaus bestätigen. Vor allem langfristige und kapitalintensive Investitionsobjekte mit einem hohen Fremdfinanzierungsanteil werden bei steigenden Zinsen zurückgestellt oder eingeschränkt.[389]

2. Die öffentliche Kreditaufnahme ist ursächlich für Zinssteigerungen auf dem Kapitalmarkt: Die empirische Überprüfung dieser These ist allerdings erheblich erschwert, weil die Kapitalmarktzinsentwicklung wesentlich durch den geldpolitischen Kurs der Notenbank und weitere Zinsdeterminanten[390] be-

[388] Vgl. im folgenden Weltring, 1997, S. 204 ff.

[389] Allerdings könnte dieser Verdrängungseffekt dadurch kompensiert oder sogar überkompensiert worden sein, daß der Staat die zufließenden Mittel zur Förderung von Investitionen in den neuen Bundesländern verwendet und damit die Zinsempfindlichkeit der geförderten Investitionsprojekte herabgesetzt hat.

[390] Zinsrelevant sind hierbei v.a. die erwarteten Kredit- und Liquiditätsrisiken und der Grad der Inflationserwartungen bei den Kapitalanbietern, die Erwartungen der Marktteilnehmer bzgl. Zinsniveau- und -strukturentwicklung, die Konjunkturlage, die Ertragskraft

stimmt wird, deren Ausrichtung und Stärke nicht genau quantifizierbar sind. Die Empirie zeigt zunächst, daß die Entwicklung des nominalen Kapitalmarktzinses seit 1988 eher gegenläufig zu der der öffentlichen Kreditaufnahme war: Einer sukzessiven Reduktion des öffentlichen Defizits zwischen 1988 und 1990 stand ein steigender Kapitalmarktzins gegenüber. Seit Ende 1990 ist der Kapitalmarktzins hingegen trotz der starken Belastung des Kapitalmarktes durch die gestiegene staatliche Nettokreditaufnahme, durch die restriktive Leitzinspolitik der Bundesbank und durch die hohe private Kapitalnachfrage bis Mitte 1992 kontinuierlich gesunken.[391] Hier hat im wesentlichen der massive Zustrom von ausländischen Geldkapital in das Inland die Angebotslücke an Kapital geschlossen und auf diese Weise Zinssteigerungstendenzen entgegengewirkt. Mit der konjunkturellen Abschwächung im Verlauf von 1992 und den folgenden Jahren traten ohnehin keine nennenswerten Liquiditätsengpässe und damit Zinssteigerungsgefahren mehr auf.[392]

3. Die kreditfinanzierten staatlichen Aktivitäten sind in geringerem Maße kapitalstockbildend als die verdrängten privaten Sachinvestitionen, so daß insgesamt die Sachkapitalbildung und das Kapitalstockwachstum vermindert werden. Diese Annahme ist schon deshalb plausibel, weil ein Großteil der am Kapitalmarkt aufgenommenen Finanzmittel für konsumtive Zwecke in Ostdeutschland bestimmt war. Es bleiben dann nur noch die investiven Transfers, die entweder die privaten Investitionen in Ostdeutschland stimulierten oder für die Finanzierung öffentlicher Infrastrukturinvestitionen verwendet wurden.

Insgesamt läßt sich nach dem Wachstumsansatz eine Lastverlagerung auf zukünftige Generationen nur sehr begrenzt feststellen.

Neue Orthodoxie

Nach dem Ansatz der Neuen Orthodoxie ist durch eine Kreditfinanzierung zusätzlicher öffentlicher Ausgaben eine intertemporale Lastverschiebung auf zukünftige Generationen nicht möglich, wenn die Kreditaufnahme im Inland erfolgt. Denn wie im Fall der Steuerfinanzierung werden auch bei einer Kreditaufnahme im Inland letztlich Ressourcen auf den staatlichen Sektor übertragen, die aus dem laufenden Sozialprodukt erwirtschaftet werden müssen. Die Last besteht in beiden Fällen in einem Entzug von Ressourcen aus der privaten Verwendung und damit in der Zurückdrängung von privaten Ansprüchen an das als

---

des Realkapitals, die steuerlichen Rahmenbedingungen sowie die Zinsentwicklung im Ausland.

391 Im Zinsanstieg von 1990 kommt allerdings u.U. ein sogenannter **„Vorschatteneffekt“** zum Ausdruck, da mit der Ankündigung der bevorstehenden Währungsunion und ihrer finanzpolitischen Konsequenzen die Anleger ihre Zinserwartungen nach oben korregierten. Dadurch könnte der verschuldungsbedingte und eigentlich für 1991 zu erwartende Kapitalmarktzinsanstieg in 1990 vorweggenommen worden sein. Vgl. hierzu Müller, 1993, S. 127.

392 Vgl. Kitterer, 1993, S. 71 f. und Müller, 1993, S. 127.

ausgelastet und konstant angenommene gesamtwirtschaftliche Produktionspotential.
Nun traf für die bundesdeutsche Situation allenfalls in den ersten 1 ½ Jahren nach der Vereinigung die These einer hoch ausgelasteten Wirtschaft zu. Da die deutsche Wirtschaft zudem auf die erhöhte Nachfrage ostdeutscher Haushalte nach westdeutschen Konsum- und Investitionsgütern mit einer Ausweitung des Güterangebots und der Produktionskapazitäten reagierte und insoweit eine Verdrängung nicht stattfand, ist die These kaum zu halten, daß die vereinigungsbedingte Verschuldung des Staates zu einer Last der gegenwärtigen Generation in Form eines entsprechenden Verzichts auf Ressourcenverzehr geführt hat. Aber auch eine Belastung zukünftiger Generationen ist nicht unmittelbar erkennbar.

Anders ist es im Falle einer Verschuldung im Ausland, wie sie in Deutschland zwischen 1990 und 1993 in einem hohen Ausmaß erfolgte. Hier kommt es zu keinem Ressourcenentzug für die gegenwärtige Generation, während die zukünftigen Generationen durch die Zins- und Tilgungsverpflichtungen gegenüber den ausländischen Gläubigern auf Teile des erwirtschafteten Sozialproduktes verzichten müssen und damit belastet werden. Der Einwand, die meisten vom Staat in dieser Zeit im Ausland aufgenommenen Kredite seien mittelfristiger Natur (mit einer Laufzeit bis zu 5 Jahren) gewesen, bei denen noch nicht von einer intertemporalen Lastverschiebung gesprochen werden kann, ist nicht haltbar. Wie die Empirie zeigt, werden Kredite zumeist nicht abgebaut, sondern im Rahmen des debt management durch neue Kredite ersetzt. Dann aber ist eine intertemporale Lastverschiebung doch möglich.[393]

Nutzenansatz

Nach dem Nutzenansatz besteht die Last der Finanzierung staatlicher Ausgaben in einer Nutzeneinbuße für die Individuen einer Gesellschaft. Da aber die Zeichnung der Staatsschuldtitel freiwillig sei und durch die staatliche Kreditaufnahme das verfügbare Einkommen nicht reduziert werde, entstehe für die gegenwärtige Generation keine unmittelbare Belastung. Demgegenüber werden die Individuen zukünftiger Generationen durch Steuerzahlungen zur Finanzierung der Zins- und Tilgungsverpflichtungen belastet.[394]

Nun ist aufgrund der mangelnden Operationalisierbarkeit dieses Ansatzes eine direkte empirische Ermittlung der Belastung als Folge der vereinigungsbedingten Staatsverschuldung derzeit nicht möglich. Nimmt man aber die Entwicklung der Zins-Steuer-Quote oder der Zins-Ausgabenquote nach der Vereinigung als Indiz für die Belastung der jeweiligen Generation, so ist eine Mehrbelastung zukünftiger Generationen durchaus anzunehmen. Der in Tabelle 17.5 erkennbare Anstieg dieser Quoten muß entweder den zukünftigen finanzpolitischen Ausgabenspielraum stark beschneiden oder er wird Steuererhöhungen erzwingen. Dies stellt eine intertemporale Lastverschiebung dar, und zwar verbunden mit einem

---

[393] Vgl. hierzu Weltring, 1997, S. 206 ff. und Kitterer, 1993, S. 63 f.

[394] Vgl. Kitterer, 1993, S. 63.

interregionalen Verteilungseffekt zugunsten der ostdeutschen Bevölkerung. Die zukünftige Konsolidierungslast wird wohl noch über eine längere Zeit vor allem von der westdeutschen Bevölkerung zu tragen sein.

3.1.3. Interpersonelle Einkommensverteilungswirkungen der Kreditfinanzierung

Eine interpersonelle Umverteilung der Einkommen als Folge der Staatsverschuldung tritt dann ein, wenn durch die zusätzliche staatliche Kreditaufnahme bei den Staatsgläubigern Zinsmehreinnahmen entstehen und diese dem privaten Sektor nach einem anderen Muster zufließen als die zu ihrer Finanzierung notwendigen zusätzlichen Steuereinnahmen (vgl. Kapitel 11). Begünstigt sind diejenigen, deren Zins**mehr**einnahmen größer sind als die von ihnen zu entrichtende Zinszahlungssteuer.

In einer **unterbeschäftigten Wirtschaft** entstehen diese Zinsmehreinnahmen dadurch, daß die zusätzliche Kreditnachfrage des Staates ohne eine nennenswerte Steigerung des Kreditzinses und damit auch ohne eine Verdrängung privater Kreditnachfrage befriedigt werden kann. In einer **vollbeschäftigten Wirtschaft** steigt das Kreditvolumen dagegen deutlich geringer an, da auf dem bereits angespannten Kapitalmarkt ein Zinsanstieg und damit eine Verdrängung privater Kreditnachfrage eintreten wird. Dieser Zinsanstieg induziert aber zusätzliche Zinsmehreinnahmen sowohl bei den Nachfragern nach Staatspapieren als auch bei allen in dieser Situation auf dem Kapitalmarkt zum Zuge kommenden Kapitalanbietern, deren Zinsforderungen nicht fixiert sind. Diesen Zinsmehreinnahmen stehen andererseits nominelle Vermögensverluste der Wertpapierhalter durch einen Rückgang der Wertpapierkurse gegenüber.

Wie Tabelle 17.7 gezeigt hat, erfolgte die Nettokreditaufnahme in 1990 und 1991 zu einem erheblichen Teil im Ausland. Ein großer Teil der Zinsmehreinnahmen ist also in das Ausland geflossen und wurde im Inland nicht einkommenswirksam. Da der Kapitalmarktzins nach der Vereinigung trotz der zusätzlichen staatlichen Kreditnachfrage kaum angestiegen ist, scheinen im Inland Zinsmehreinnahmen als Folge des Zinseffektes kaum entstanden zu sein. Folgt man allerdings der Hypothese, daß dieser Zinsanstieg schon zwischen dem 3. Quartal von 1989 und Mitte 1990 (um ca. 2 %) stattgefunden hat, so wären die Zinsmehreinnahmen bereits vor der Vereinigung vorweggenommen worden.

Es ist sodann zu überprüfen, ob ohne die erhöhte staatliche Nettokreditaufnahme der Kapitalmarktzins ab 1990 niedriger gewesen wäre, so daß private Kapitalanbieter keine vergleichbaren Renditen hätten erzielen können. Diese Annahme erscheint deshalb plausibel, weil der Vereinigungsboom und damit die starke Anspannung des Kapitalmarktes durch die private Kapitalnachfrage vor allem auf die kreditfinanzierten Transfers nach Ostdeutschland und die kreditfinanzierte Währungsumstellung zurückzuführen waren. Zudem hätte die Bundesbank vermutlich zwischen dem 2. Halbjahr 1989 und Ende 1990 statt einer verstetigenden eine expansive Politik betrieben, was ebenfalls den Kapitalmarkt entspannt und daher wohl zinsdämpfend gewirkt hätte. Folgt man der These

fehlender vergleichbarer Anlage- und Renditemöglichkeiten, so lassen sich auch für die Kreditmengenausweitung nach der Vereinigung Zinsmehreinnahmen ableiten.
Mit dem konjunkturellen Abschwung und dem Rückgang des Kapitalmarktzinses ab 1992 hätten die privaten Anleger vermutlich noch stärkere Renditeverluste hinnehmen müssen, hätte der Staat nicht weiterhin das private Kapitalangebot partiell absorbiert und damit den privaten Anlegern Renditemöglichkeiten gegeben. Insofern konnten zumindest Zinsmindereinnahmen verhindert werden. Zugleich ist es zu Zinsmehreinnahmen aus der Kreditmengenausweitung des Staates gekommen, die ansonsten nicht geflossen wären.

Die **personelle Verteilung der Zinsmehreinnahmen** nach Einkommensklassen läßt sich anhand der EVS des Statistischen Bundesamtes abschätzen, die Angaben über die Verteilung der Staatsschuldtitel auf Haushalte nach Einkommensschichten enthält. Dazu wird vereinfachend unterstellt, daß die personelle Verteilung der indirekten Zinszahlungen (an die Inhaber von Bankaktien) progressiver als die der direkten Zinszahlungen (an Staatsschuldgläubiger im Nichtbankenbereich) ausfällt, da sich die Anteilseigner der Banken noch mehr den oberen Einkommensschichten zuordnen lassen als die direkten privaten Staatsschuldgläubiger.[395]

Wie Tabelle 17.8 verdeutlicht, ist im Jahr 1993 in den alten Bundesländern (im Gegensatz zum Beitrittsgebiet) eine deutliche Konzentration der Verteilung der Staatsschuldtitel auf höhere Einkommensklassen zu konstatieren. Damit konnten die oberen Einkommensschichten seit 1990 vermutlich relativ stärker von den Zinsmehreinnahmen profitieren als die unteren Einkommensschichten.[396] Allerdings wurde ihre relative Begünstigung dadurch gemindert, daß die Staatsgläubiger aufgrund der Besteuerung der Zinseinkünfte nach dem Nominalwertprinzip durch den vereinigungsbedingten Inflationsschub bis 1992 einen Realwertverlust ihrer Kredite hinnehmen mußten.[397]

---

395 Dabei traten die privaten Nichtbanken nur in 1990 und 1991 als starke Nettokreditgeber auf, während ab 1992 nur die Kreditinstitute und das Ausland als Nettokreditgeber bedeutsam waren (vgl. Tabelle 17.7).

396 Sofern die Zinsmehreinnahmen auf einem Anstieg des Kapitalmarktzinses beruhen, ist allerdings der entsprechende Anstieg der nominalen Zinsbelastung bei den Kreditnachfragern, die überwiegend dem Unternehmenssektor und damit den Haushalten in oberen Einkommensschichten zuzurechnen sind, zu berücksichtigen.

397 Vgl. hierzu genauer die Ausführungen in Abschnitt 3.4 dieses Kapitels.

Tab. 17.8: Verteilung der Staatsschuldpapiere auf private Haushalte nach dem monatlichen Haushaltsnettoeinkommen im Jahr 1993

Monatliches Haushaltsnetto-einkommen	Westdeutschland			Ostdeutschland		
Von ... bis unter ... DM	Haushalte insgesamt (in 1 000)	Halter von Staatspapieren (in 1 000)	Durchschnittliches Guthaben in Staatsschuldpapieren je Haushalt (in DM)	Haushalte insgesamt (in 1 000)	Halter von Staatspapieren (in 1 000)	Durchschnittliches Guthaben in Staatsschuldpapieren je Haushalt (in DM)
unter 1 000	1 474	55	553,13	579	/	/
1 000 - 1 600	2 752	153	1 107,30	1 205	75	1 025,91
1 600 - 2 000	2 529	198	1 512,68	797	38	711,70
2 000 - 2 500	4 075	347	2 112,23	1 058	89	1 227,49
2 500 - 3 000	3 190	298	2 466,30	782	50	927,30
3 000 - 4 000	5 201	601	2 945,95	1 187	97	1 603,89
4 000 - 5 000	3 757	533	3 813,57	633	64	1 619,00
5 000 - 7 500	4 178	701	5 138,71	393	57	3 637,99
7 500 - 35 000	1 491	330	10 571,29	34	/	/

/ = keine Angabe, da der Zahlenwert nicht sicher genug ist.

Quelle: Statistisches Bundesamt (Hrsg.): Fachserie 15: Wirtschaftsrechnungen; Einkommens- und Verbrauchsstichprobe 1993, Heft 2, Wiesbaden 1997, Tabelle 1.12 und 2.12.

Dieser personelle Umverteilungseffekt aus den Zinszahlungen ist nun mit dem der Steuern zu vergleichen, die zur Finanzierung der staatlichen Zinsmehrausgaben erhöht bzw. neu erhoben wurden. Hier zeigt sich, daß die oberen Einkommensschichten durch das gesamte Bündel an vereinigungsbedingten Steuererhöhungen kaum stärker als die übrigen Einkommensgruppen belastet wurden[398], so daß aus der vereinigungsbedingten Staatsverschuldung und ihrer Finanzierung insgesamt auf einen einkommensdifferenzierenden Effekt geschlossen werden kann.

3.2 Finanzierung durch Steuereinnahmen der Gebietskörperschaften

3.2.1 Finanzierungsquellen und Finanzierungsbeitrag

Die Finanzierung der von West- nach Ostdeutschland geleisteten Bruttotransfers über Steuereinnahmen wurde im Verlauf des Transformationsprozesses immer bedeutsamer. Unmittelbar nach der Vereinigung konnten der Bund sowie die westdeutschen Länder und Gemeinden auf Steuermehreinnahmen zurückgreifen, die aus dem Nachfrageboom nach westdeutschen Produkten im Beitrittsgebiet und dem damit verbundenen positiven Wachstumsimpuls in Westdeutschland resultierten.[399] Zudem flossen dem Bundeshaushalt die in Ostdeutschland anfallenden Einnahmen aus Bundes- und Gemeinschaftssteuern zu.

Bereits im Verlauf von 1991 und 1992 wurden aber diskretionäre Steuererhöhungen und ein Abbau von Steuervergünstigungen in Westdeutschland notwendig. Allerdings war der Gesamtbeitrag der Steuererhöhungen zur Finanzierung der Bruttotransfers nach Ostdeutschland bis Ende 1992 noch relativ gering: So wurden zwischen 1991 und 1992 durchschnittlich nur ca. 15-20 % der Bruttotransfers durch Steuererhöhungen (Solidaritätszuschlag, Mineralölsteuer, Versicherungsteuer, Tabaksteuer) finanziert. Erst mit der Mehrwertsteuererhöhung zum 1.1.1993 ist der Finanzierungsbeitrag deutlich angestiegen. Er betrug Ende 1993 etwa 25 % und Ende 1994 ca. 35 % (vgl. Abbildung 17.1).[400] Die Wiedereinführung des Solidaritätszuschlags zum 1.1.1995 bewirkte noch einmal einen deutlichen Anstieg des Steuerfinanzierungsbeitrages.

Im folgenden soll auf die wichtigsten steuerpolitischen Maßnahmen und ihre personellen Verteilungswirkungen eingegangen werden. Nicht behandelt wird aufgrund ihrer geringen Bedeutsamkeit die Erhöhung der privaten Vermögensteuer zum 1.1.1995 von 0,5 % auf 1 %. Tabelle 17.9 gibt einen ersten Überblick über das Bündel an diskretionären Steuererhöhungen und ihre kassenmäßigen Auswirkungen im Jahr des Inkrafttretens und den Folgejahren:

---

398 Vgl. hierzu genauer die Ausführungen in Abschnitt 3.2.3 dieses Kapitels.

399 Zur Bedeutung der inflationsbedingten Steuermehreinnahmen vgl. Abschnitt 3.4 dieses Kapitels.

400 Vgl. Heilemann/Rappen, 1997, S. 42.

Tab. 17.9: Diskretionäre vereinigungsbedingte Steuererhöhungen seit 1991 und ihre kassenmäßigen Auswirkungen (in Mrd. DM)

	1991	1992	1993	1994	1995	1996	1997
Solidaritätszuschlag	10,5	13,0	0,2	1,6	26,3	26,1	26,0
Mehrwertsteuer	-	-	11,0	12,2	12,4	12,5	12,5
Versicherungsteuer	0,7	/	0,7	/	2,4	/	/
Tabaksteuer	-	0,7	/	/	/	/	/
Mineralölsteuer	5,2	/	/	7,9	/	/	/

/ = keine Angabe, da die Werte empirisch nicht exakt ermittelbar sind.

Quelle: Bundesministerium der Finanzen (Hrsg.): Finanzbericht 1999, Bonn 1998, Tabelle 12; Fritzsche, B. u.a.: Konsolidierungs- und Wachstumserfordernisse: Fiskalperspektiven der Bundesrepublik in den neunziger Jahren, in: RWI-Mitteilungen, Heft 1, 1995, S. 5 sowie eigene Berechnungen.

3.2.2 Diskretionäre Steuererhöhungen und ihre Verteilungswirkungen

3.2.2.1 Die Einführung des Solidaritätszuschlags

Die Erhebung des Solidaritätszuschlages als Ergänzungsabgabe zur Einkommen- und Körperschaftsteuer zum 1.7.1991 bis zum 30.6.1992 war die erste vereinigungsrelevante steuerpolitische Maßnahme. Bemessungsgrundlage war die Steuerschuld, also das Produkt aus zu versteuerndem Einkommen und Steuertarif, auf die ein für alle Zensiten prozentual gleicher Zuschlag von 7,5 % erhoben wurde.[401] Damit wurde in 1991 ein Gesamtaufkommen von ca. 10,5 Mrd. DM und in 1992 von ca. 13 Mrd. DM erzielt (vgl. Tabelle 17.9).

In 1993 und 1994 wurde der Solidaritätszuschlag nicht erhoben, so daß nur noch verzögert festgesetzte steuerliche Mehreinnahmen flossen. Durch die unbefristete Wiedereinführung zum 1.1.1995 wurden die westdeutschen privaten Haushalte in 1995 erneut und nun stärker mit ca. 1,4 % des durchschnittlichen monatlichen Bruttoeinkommens belastet. Dabei trug Ostdeutschland nach wie vor nur unterproportional zur Aufbringung des Gesamtaufkommens der Jahre 1995-1997 von jeweils ca. 26 Mrd. DM bei, was einem interregionalen Umverteilungseffekt zugunsten Ostdeutschlands gleichkommt.[402]

Im Hinblick auf die **formale Inzidenz** kann dem Solidaritätszuschlag, weil er auf der mit Hilfe des progressiven Einkommensteuertarifs ermittelten Steuerschuld basiert, eine nivellierende Wirkung zugerechnet werden: Die Einführung des Solidaritätszuschlags trifft zwar alle Einkommensteuerpflichtigen proportional zu ihrer Steuerschuld, wirkt aber progressiv in bezug auf das zu versteuernde

---

401 Im Falle einer Veranlagung zur Einkommen- bzw. Körperschaftsteuer sowie im Falle eines Lohnsteuerjahresausgleichs war die Bemessungsgrundlage die jährliche Steuerschuld, der Zuschlagssatz betrug dann 3,75%.

402 Vgl. Heilemann, 1994, S. 56 ff. und Bundesministerium der Finanzen, 1998a, Tabelle 12.

Einkommen.[403] Dies dokumentiert sich darin, daß der Durchschnittssteuersatz unter Einbeziehung des Solidaritätszuschlags gegenüber dem ohne Solidaritätszuschlag im oberen Einkommensbereich stärker als im unteren Einkommensbereich ansteigt.

Tab. 17.10: Auswirkungen des Solidaritätszuschlags auf die personelle Einkommensverteilung in Westdeutschland in 1991 und 1992 nach Quartilen

	1991	1992	1991		1992	
Haushalte nach der Höhe ihres Einkommens[1]	Einkommen[2]	Einkommen[2]	absolute monatliche Belastung (in DM)	relative monatliche Belastung (in %)	absolute monatliche Belastung (in DM)	relative monatliche Belastung (in %)
1.Quartil	2 200	2 300	0	0	0	0
2.Quartil	4 100	4 300	30	0,73	10	0,23
3.Quartil	6 600	6 800	70	1,06	30	0,44
4.Quartil	13 100	13 400	180	1,37	100	0,75
davon:						
75 bis 95 %	10 300	10 600	130	1,26	60	0,57
95 bis 100 %	23 900	24 500	370	1,55	280	1,14
Insgesamt	6 500	6 700	70	1,08	40	0,60

1) Die durchschnittlichen Einkommen und Belastungen werden für Einkommensschichten ausgewiesen, die jeweils ein Viertel bzw. im obersten Viertel zusätzlich ein Fünftel und das oberste Zwanzigstel der Haushalte umfassen.

2) Durchschnittliches Haushaltsbruttoeinkommen im Sinne der Einkommens- und Verbrauchsstichprobe (in DM pro Monat).

Quelle: Heilemann, U.: Konsolidierungs- und Wachstumserfordermisse: Fiskalperspektiven der Bundesrepublik in den neunziger Jahren, Untersuchungen des RWI Essen, Heft 14, 1994, S. 63; Rheinisch-Westfälisches Institut für Wirtschaftsforschung (Hrsg.): Wer finanziert die deutsche Einheit? Zur Diskussion um die Gerechtigkeitslücke, RWI-Konjunkturbrief Nr. 3/1992.

Aus Sicht der **materiellen Inzidenz** führen alle legalen und illegalen Maßnahmen, die das zu versteuernden Einkommen verringern, zu einer Verminderung der steuerlichen Belastung durch den Solidaritätszuschlag. Dabei werden diese Vergünstigungen v.a. von Unternehmen und Beziehern höherer Einkommen beansprucht, denen sich ohnehin schon bessere Steuerverkürzungsmöglichkeiten bieten, da der Großteil ihrer Einkünfte veranlagungspflichtig und deshalb gestaltbar ist. Demgegenüber werden die Einkünfte aus unselbständiger Arbeit im Quellenabzugsverfahren besteuert, bei dem nur wenig Gestaltungsspielraum besteht. Dadurch erscheint zwar insgesamt eine Abschwächung der progressiven Wirkung des Solidaritätszuschlags plausibel, die relative Mehrbelastung der oberen Einkommensschichten dürfte jedoch tendenziell bestehen bleiben. Diese

403 Vgl. Sachverständigenrat zur Begutachtung der gesamtwirtschaftlichen Entwicklung, 1992/1993, S. 156.

Hypothese wird durch die empirischen Berechnungen des Rheinisch-Westfälischen Instituts für Wirtschaftsforschung in Tabelle 17.10 zumindest nicht widerlegt, ist danach doch die relative Belastung des durchschnittlichen Haushaltsbruttoeinkommens durch die Einführung des Solidaritätszuschlags in 1991 und 1992 bei den oberen 25 % der Einkommensbezieher überdurchschnittlich hoch.[404] In einer Betrachtung der sozialen Schichten zeigt sich, daß insbesondere Selbständige und Beamte als Bezieher höherer Einkommen durch den Solidaritätszuschlag relativ stärker als Arbeiter und Nichterwerbstätige belastet wurden.[405]

3.2.2.2 Erhöhung der Mehrwertsteuer

Die bedeutendste Steuererhöhung im Bereich der indirekten Steuern war die Erhöhung des Normalsatzes der Mehrwertsteuer zum 1.1.1993 von 14 % auf 15 %, was in 1993 ca. 11 Mrd. DM an Steuermehreinnahmen brachte, von denen die westdeutschen privaten Haushalte ca. 10,5 Mrd. DM aufbrachten. In den folgenden Jahren betrugen die Mehreinnahmen im Durchschnitt 12,5 Mrd. DM (vgl. Tabelle 17.9).[406]
Im Vergleich zu einer Erhöhung der direkten Steuern und Abgaben trifft eine Mehrwertsteuererhöhung unter der Annahme einer (vollständigen) Überwälzung neben Markteinkommensbeziehern auch Transfereinkommensbezieher wie Rentner, Sozialhilfeempfänger und Arbeitslose. Entsprechend den Ausführungen in Kapitel 10 kann deshalb vermutet werden, daß die relative Mehrwertsteuerbelastung der privaten Haushalte mit steigendem Nettoeinkommen aufgrund einer rückläufigen durchschnittlichen Konsumquote sinkt (Regression).[407] Progressive Belastungswirkungen dürften dagegen durch die steuerliche Differenzierung der Konsumgüter entstehen, da mit steigendem Nettoeinkommen der Anteil steuerbefreiter und- ermäßigter Güter am Gesamtkonsum sinkt.[408]

Nach Berechnungen des Deutschen Instituts für Wirtschaftsforschung für 1997 wirkt die Mehrwertsteuer bzw. ihre Erhöhung in bezug auf das monatliche Nettoeinkommen der westdeutschen privaten Haushalte nicht durchgängig regressiv.[409] Tendenziell nimmt die relative steuerliche Mehrbelastung des Netto-

---

404 Für die deutlich geringere absolute und relative Zusatzbelastung in 1992 im Vergleich zu 1991 kann anhand der Daten allein keine plausible Erklärung geliefert werden.

405 Vgl. Heilemann, 1994, S. 59 ff.; dabei bleibt allerdings unberücksichtigt, daß die Werte des zu versteuernden Einkommens das tatsächliche Einkommen nur unvollständig wiedergeben können.

406 Vgl. Heilemann, 1994, S. 56.

407 Vgl. hierzu DIW, 1998a, S. 249 ff.: Im unteren Einkommensbereich (bis 1 000 DM) werden ca. 97 %, im mittleren Einkommensbereich (bis 10 000 DM) ca. 75-80 % und im oberen Einkommensbereich ca. 52% des verfügbaren Einkommens für Konsumzwecke verwendet.

408 Vgl. hierzu Tofaute, 1994, S. 644 ff.; Vesper, 1995, S. 373 und DIW, 1996, S. 627 ff.

409 Vgl. im folgenden DIW, 1998a, S. 249 ff.; die Berechnungen erfolgen auf Grundlage der Einkommens- und Verbrauchsstichprobe 1993 und beziehen sich auf die Erhöhung des Normalsatzes von 15 % auf 16 % in 1998.

einkommens zunächst mit steigendem Einkommen zu und erst ab einem monatlichen Durchschnittseinkommen von 2750 DM in Westdeutschland und 3100 DM in Ostdeutschland kontinuierlich ab. Bei einer leichten Regressionsverschärfung bleibt der bogenförmige Belastungsverlauf also erhalten (vgl. Abbildung 17.2). Die Unterschiede zwischen West- und Ostdeutschland sind darauf zurückzuführen, daß in den ersten Jahren nach der Vereinigung ostdeutsche Haushalte deutlich höhere Konsumausgaben als westdeutsche Haushalte tätigten. Sodann lag der Anteil der vollbesteuerten Konsumausgaben am Gesamtkonsum deutlich höher und der der steuerbefreiten Konsumausgaben (z.B. Mieten) deutlich niedriger als in Westdeutschland.

Abb. 17.2: Monatliche relative Mehrbelastung aus einer einprozentigen Mehrwertsteuererhöhung in West- und Ostdeutschland in 1997 nach Einkommensklassen

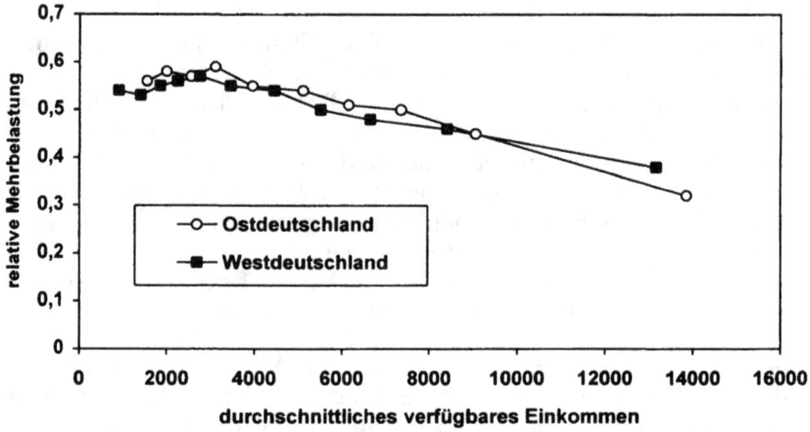

Quelle: Deutsches Institut für Wirtschaftsforschung (Hrsg.): DIW-Wochenbericht Nr. 14/1998a, S. 254.

Auch nach einer Quartilsberechnung des Rheinisch-Westfälischen Instituts für Wirtschaftsforschnung für das Jahr 1998 ist die relative Mehrbelastung des durchschnittlichen monatlichen Haushaltsnettoeinkommens durch eine 1 %ige Mehrwertsteuererhöhung im mittleren Einkommensbereich (beim 3. Quartil) mit 0,7 % am höchsten und im oberen Einkommensbereich (bei den oberen 5 % der Haushalte) mit nur 0,52 % am niedrigsten (vgl.Tabelle 17.11).

Tab. 17.11: Personelle Verteilungswirkungen einer einprozentigen Mehrwertsteuererhöhung in 1998 nach Quartilen

	Durchschnittliches Haushaltsnettoeinkommen (in DM pro Monat)	Belastung durch höhere Mehrwertsteuer (um 1%)	
		absolut (in DM pro Monat)	relativ (in %)
Alle Haushalte	5 500	36	0,65
1. Quartil	2 200	13	0,59
2. Quartil	3 900	24	0,62
3. Quartil	5 700	40	0,70
4. Quartil	10 400	66	0,63
davon:			
75 bis 95 %	8 800	60	0,68
95 bis 100 %	16 400	86	0,52

Quelle: Rheinisch-Westfälisches Institut für Wirtschaftsforschung (Hrsg.): Mehrwertsteuererhöhung und Senkung der Sozialabgaben: Beschäftigungs- und Verteilungseffekte, RWI-Konjunkturbrief Nr. 3/1997, S. 4.

3.2.2.3 Erhöhung spezieller Verbrauchsteuern und der Versicherungsteuer

In den Jahren ab 1991 wurden neben der Mehrwertsteuer auch die Versicherungsteuer, die Tabak- und die Mineralölsteuer erhöht. Die kassenmäßigen Auswirkungen dieser Erhöhungen wurden bereits in Tabelle 17.9 dargestellt. Abbildung 17.3 zeigt zusätzlich die daraus resultierende relative Belastung des monatlichen Nettoeinkommens durch die Versicherung-, die Tabak- und die Mineralölsteuer.

(1) Erhöhung der Versicherungsteuer

Die Erhöhung der Versicherungsteuer erfolgte zunächst zum 1.7.1991 um 3 Prozentpunkte auf 10 % des versicherungspflichtigen Entgelts bei Schadensversicherungen und Reiseversicherungen (erst ab dem 1.1.1992). Da in Ostdeutschland die Zahl der abgeschlossenen privaten Versicherungsverträge und die Höhe der Versicherungssumme nach der Vereinigung noch sehr niedrig waren, mußten die westdeutschen Haushalte den größten Teil des Mehraufkommens tragen. Zum 1.7.1993 wurde der Regelsteuersatz auf 12 % (Mehreinnahmen: 0,7 Mrd. DM) und zum 1.1.1995 auf 15 % (Mehreinnahmen: 2,4 Mrd. DM) angehoben. Dabei ist zu vermuten, daß mit steigendem privaten Sicherungsbedürfnis der relative Beitrag der ostdeutschen Haushalte zum Gesamtaufkommen seit 1992 kontinuierlich angestiegen ist.[410]

[410] Vgl. Bundesministerium der Finanzen, 1991, S. 110; Heilemann, 1994, S. 56 und Heilemann/Rappen, 1995, S. 94.

Tab. 17.12: Absolute Belastung westdeutscher Haushalte[1] mit ausgewählten speziellen Verbrauchsteuern nach der Höhe des monatlichen Nettoeinkommens in 1988

Einkommenshöhe von ...bis unter...	Durchschnittliches Nettoeinkommen	Tabaksteuer	Mineralölsteuer	Versicherungsteuer
DM	DM (pro Monat)	absolute Belastung (in DM pro Monat)		
unter 1 000	844	9,62	7,10	0,50
1 000 - 2 000	1 534	11,74	15,20	1,11
2 000 - 3 000	2 484	16,24	35,95	2,35
3 000 - 4 000	3 489	19,45	56,31	3,34
4 000 - 5 000	4 470	20,97	75,27	4,05
5 000 - 6 000	5 462	19,86	84,19	4,66
6 000 - 7 000	6 459	19,37	94,76	5,22
7 000 - 8 000	7 464	18,13	102,16	5,66
8 000 - 10 000	8 825	18,35	112,03	6,10
10 000 - 25 000	12 892	14,88	121,94	6,68
Haushalte gesamt	3 672	16,76	51,87	3,06

1) Ohne Haushalte mit monatlichem Nettoeinkommen über 25 000 DM sowie ohne Personen in Anstalten und Gemeinschaftsunterkünften.

Quelle: Tofaute, H.: Die Belastung der privaten Haushaltseinkommen mit speziellen Verbrauchsteuern, in: WSI-Mitteilungen, Heft 10, 1996, S. 619.

Die personellen Verteilungswirkungen der diskretionären Erhöhungen der Versicherungsteuer werden unter der Annahme vollständiger Überwälzung von der relativen Bedeutung privater Versicherungen (mit Ausnahme der steuerbefreiten privaten Lebens- und Krankenversicherungen) in den unteren, mittleren und oberen Einkommensklassen bestimmt. Der Sachverständigenrat geht davon aus, daß das relative Gewicht der privaten Ausgaben für Versicherungsprämien und -beiträge mit steigendem verfügbaren Einkommen i.d.R. ansteigt. Daraus leitet er eine leicht progressive Wirkung der Versicherungsteuer ab.[411] Diese Annahme wird dadurch gestützt, daß im unteren Einkommensbereich die von der Steuer ausgenommene Versicherungspflicht (GRV, GKV, GUV, GAV) dominiert. Außerdem steigen mit höherem verfügbaren Einkommen Bereitschaft und Fähigkeit, freiwillige Versicherungsbeiträge zu entrichten.

411 Vgl. Sachverständigenrat zur Begutachtung der gesamtwirtschaftlichen Entwicklung, 1992/93, S. 157.

Abb. 17.3: Relative Belastung westdeutscher Haushalte[1] mit ausgewählten speziellen Verbrauchsteuern nach der Höhe des monatlichen Nettoeinkommens in 1988

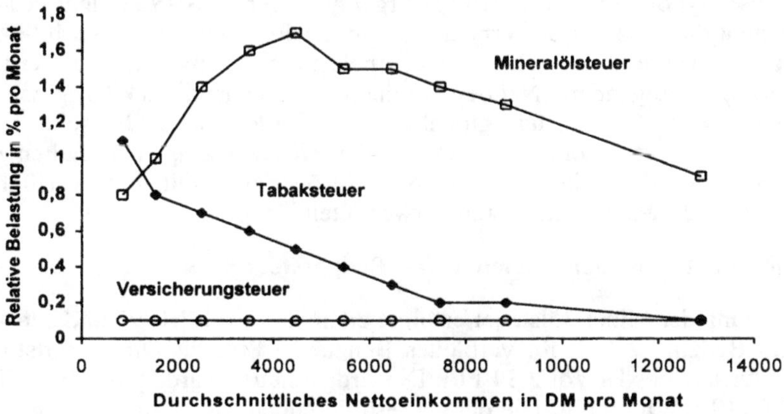

1 Ohne Haushalte mit monatlichem Nettoeinkommen über 25 000 DM sowie ohne Personen in Anstalten und Gemeinschaftsunterkünften.

Quelle: Tofaute, H.: Die Belastung der privaten Haushaltseinkommen mit speziellen Verbrauchsteuern, in: WSI-Mitteilungen, Heft 10, 1996, S. 619.

Die Ergebnisse der EVS 1988 sprechen allerdings eher für eine proportionale Belastung aus der Versicherungsteuer bzw. ihrer Erhöhung (vgl. Abbildung 17.3). Sie liegt in bezug auf das durchschnittliche Nettoeinkommen im gesamten Einkommensbereich (und bei allen sozialen Gruppen) konstant bei 0,1 %. Dieses Ergebnis könnte darauf zurückzuführen sein, daß die KFZ-Steuer als wesentlicher Bestandteil der Versicherungsteuer eher einen proportionalen als progressiven Belastungsverlauf aufweist.[412]

(2) Erhöhung der Tabaksteuer

Die Erhöhung der Tabaksteuer um durchschnittlich 1 Pf je Zigarette erfolgte zum 1.3.1992 und brachte dem Bund in 1992 ca. 0,7 Mrd. DM an Mehreinnah-

412 Vgl. Tofaute, 1996, S. 619 ff. und Teichmann/Meinhardt, 1993, S. 140.

men, die zum großen Teil von den privaten Haushalten in Westdeutschland aufgebracht wurden.[413]

Die personellen Verteilungswirkungen der Tabaksteuer werden unter der Annahme vollständiger Überwälzung durch die Abhängigkeit der Tabakausgaben vom verfügbaren Einkommen bestimmt: Im allgemeinen wird unterstellt, daß die Ausgaben für Tabakwaren mit steigendem Einkommen zwar absolut zunehmen, daß aber ihr Anteil am Haushaltsnettoeinkommen mit steigendem Einkommen zunächst ansteigt und ab dem mittleren Einkommensbereich wieder sinkt. Diese Hypothese wird durch die Ergebnisse der EVS 1988 nicht bestätigt. Danach geht die absolute Steuerbelastung ab der Einkommensklasse 4000-5000 DM zurück, während die relative Steuerbelastung des monatlichen Nettoeinkommens mit steigendem Nettoeinkommen durchgehend rückläufig ist (vgl. Abbildung 17.3).[414] Aus interregionaler Sicht wurden die ostdeutschen Haushalte von der Steuererhöhung gegenüber den westdeutschen Haushalten überproportional betroffen, da sie einen relativ größeren Anteil ihres verfügbaren Einkommens für den Tabakkonsum verwendeten.[415]

(3) Erhöhung der Mineralölsteuer und Erdgassteuer

Die Erhöhung der Mineralölsteuer erfolgte erstmals zum 1.7.1991 und betrug für bleifreies Benzin 22 Pf/l, für verbleites Benzin 25 Pf/l, für Dieselkraftstoff 10 Pf/l und für leichtes Heizöl 2,34 Pf/l. Die Erdgassteuer wurde um 1 Pf/10 KWh auf 3,6 Pf/10 KWh erhöht. Die daraus resultierenden Mehreinnahmen betrugen in 1991 ca. 5,2 Mrd. DM. Eine nochmalige Erhöhung erfolgte zum 1.1.1994 für bleifreies Benzin von 82 Pf/l auf 98 Pf/l, für verbleites Benzin von 92 Pf/l auf 108 Pf/l und für Dieselkraftstoff von 55 Pf/l auf 62 Pf/l, was ca. 8 Mrd. DM an Steuermehreinnahmen erbrachte.[416]

Die Mineralölsteuer wird prinzipiell beim Anbieter erhoben und von ihm über einen erhöhten Angebotspreis für Kraftstoffe auf den Käufer überwälzt.[417] Der Käufer zahlt aber für die gekaufte Menge Kraftstoff nicht nur einen bestimmten Steuersatz Mineralölsteuer, sondern zusätzlich zum Gesamtkaufpreis (incl. Mineralölsteuer) auch noch Mehrwertsteuer zum Normalsteuersatz.

---

413 Vgl. Bundesministerium der Finanzen 1991, S. 110; Heilemann, 1994, S. 56 und Heilemann/Rappen, 1995, S. 94: Zur Vermeidung von Konsumverlagerungen wurde auch der Steuersatz auf Feinschnitt derart erhöht, daß die relative Belastungshöhe zwischen Zigaretten und Feinschnitt unverändert blieb.

414 Vgl. Tofaute, 1996, S. 620: Hierbei weisen Arbeitslosen- und Arbeiterhaushalte die höchste absolute Steuerbelastung und eine überproportionale relative Steuerbelastung auf.

415 Vgl. Heilemann, 1994, S. 62 f. und Teichmann/Meinhardt, 1993, S. 139.

416 Vgl. Bundesministerium der Finanzen, 1991, S. 110; Bundesministerium der Finanzen, 1994, S. 140 und Heilemann/Rappen, 1995, S. 94.

417 Angesichts der geringen Möglichkeiten zur zeitlichen, räumlichen und sachlichen Substitution ist die Preiselastizität der Nachfrage sehr gering, so daß eine rasche und vollständige Vorwälzung plausibel ist

Bei der Ermittlung der personellen Verteilungswirkungen wird im allgemeinen unterstellt, daß mit steigendem verfügbaren Einkommen die absoluten Ausgaben für Kraftstoffe zwar ansteigen, daß aber ihr Anteil an den gesamten Konsumausgaben zunächst ansteigt und ab dem mittleren Einkommensbereich wieder rückläufig ist.[418] Dies wird durch die Ergebnisse der EVS 1988 bestätigt: Wie Abbildung 17.3 zeigt, steigt die relative Steuerbelastung nur bis zu einem Durchschnittseinkommen von 4470 DM an. Für darüber hinausgehende Nettoeinkommen sinkt der Belastungskoeffizient wieder kontinuierlich, die progressive Wirkung der Mineralölsteuer geht in eine regressive über.[419] Damit läßt sich auch für die diskretionären Mineralölsteuererhöhungen seit 1991, ähnlich wie für die Mehrwertsteuererhöhung, ein bogenförmiger Mehrbelastungsverlauf ableiten.

3.2.3 Verteilungswirkungen der vereinigungsbedingten Steuerbelastung insgesamt

Die vorausgehende Analyse der personellen Verteilungswirkungen aus der Erhöhung verschiedener indirekter Steuern seit der deutschen Vereinigung und aus der Einführung des Solidaritätszuschlags hat gezeigt, daß die Verteilung der jeweiligen steuerlichen Mehrbelastung recht unterschiedlich war: Während der Solidaritätszuschlag die personelle Einkommensverteilung tendenziell nivelliert hat, ist für die Erhöhung der verschiedenen indirekten Steuern insgesamt eine regressive Wirkung zu konstatieren.

Das Rheinisch-Westfälische Institut für Wirtschaftsforschung hat eine Aggregation der verschiedenen Lasten in einer Quartilsrechnung für Westdeutschland vorgenommen und ist zu dem Ergebnis gekommen, daß im Jahr 1992 die **Belastungskoeffizienten** bei dem ersten, zweiten und vierten Quartil in etwa dem Durchschnitt von 1,34 % entsprachen. Dies läßt den Schluß zu, daß bei ihnen der regressive Effekt der speziellen Verbrauchsteuererhöhungen in etwa durch den progressiven Effekt der Einführung des Solidaritätszuschlags kompensiert wurde. Beim dritten Quartil lag die relative Gesamtbelastung des durchschnittlichen Haushaltsbruttoeinkommens durch die Steuererhöhungen bis Ende 1992 mit 1,17 % unter dem Durchschnitt, bei den oberen 5 % der Einkommensbezieher mit 1,59 % deutlich darüber, d.h. sie wurden relativ am stärksten belastet:

---

418 Eine Erklärung für diese Annahme könnte sein, daß einkommensstärkere Haushalte leichter auf kraftstoffsparende teurere Fahrzeuge ausweichen und auf diese Weise ihre Kraftstoffausgaben reduzieren können.

419 Vgl. Sachverständigenrat zur Begutachtung der gesamtwirtschaftlichen Entwicklung, 1992/93, S. 157 und Tofaute, 1996, S. 622 ff.

Tab. 17.13: Gesamtbelastung der westdeutschen privaten Haushalte durch vereinigungsbedingte Steuererhöhungen in 1992 und 1995 nach Quartilen (in DM pro Monat bzw. in % des monatlichen Haushaltsbruttoeinkommens)

Haushalte nach der Stellung der Einkommensschichtung	1992			1995[2]		
	Einkommen[1]	absolute Belastung	relative Belastung	Einkommen[1]	absolute Belastung	relative Belastung
	in DM pro Monat		in %	in DM pro Monat		in %
1. Quartil	2 300	30	1,30	2 450	70	2,86
2. Quartil	4 300	60	1,40	4 580	150	3,28
3. Quartil	6 800	80	1,17	7 242	230	3,18
4. Quartil	13 400	180	1,34	14 271	510	3,57
davon:						
75 bis 95 %	10 600	130	1,23	11 289	380	3,37
95 bis 100 %	24 500	390	1,59	26 093	1 080	4,14
Insgesamt	6 700	90	1,34	7 136	240	3,36

1) Durchschnittliches Haushaltsbruttoeinkommen im Sinne der Einkommens- und Verbrauchsstichprobe.

2) Für 1995 wurde pauschal ein um 6,5 % höheres Einkommen als für 1992 unterstellt.

Quelle: Heilemann, U.: Konsolidierungs- und Wachstumserfordernisse: Fiskalperspektiven der Bundesrepublik in den neunziger Jahren, Untersuchungen des RWI Essen, Heft 14, 1994, S. 57.

In 1995 lag die absolute und relative Belastung durch das Gesamtsteuerpaket mit 3,36 % deutlich höher als in 1992. Die Verteilung der vereinigungsbedingten Steuerbelastung nach Einkommensschichten war im Vergleich zu 1992 ungleichmäßiger. So lag der Belastungskoeffizient des untersten Quartils mit 2,86 % deutlich unter dem Durchschnittswert, der des obersten Quartils dagegen darüber. Die oberen 5 % der Einkommensbezieher wurden mit 4,14 % besonders stark belastet.[420] Dies läßt den Schluß zu, daß der progressive Effekt aus der (Wieder-)einführung des Solidaritätszuschlags den regressiven Gesamteffekt der indirekten Steuererhöhungen überkompensiert hat. Damit wird zugleich deutlich, daß durch die vereinigungsbedingten Steuererhöhungen allein auf alle Fälle **keine nennenswerte „Gerechtigkeitslücke"** bei der Finanzierung der deutschen Einheit aufgetreten ist.

420 Dabei war die relative Mehrbelastung der Selbständigen am höchsten und die der Beamten und Nichterwerbstätigen am niedrigsten.

3.3 Finanzierung durch Beitragseinnahmen der Sozialversicherung

3.3.1 Finanzierungsbeitrag der Gesetzlichen Arbeitslosenversicherung

Mit dem Vertrag zur Sozialunion am 1.7.1990 wurde die westdeutsche Gesetzliche Arbeitslosenversicherung bzw. die Geschäftstätigkeit der Bundesanstalt für Arbeit (und damit die aktive und passive Arbeitsmarktpolitik) auf der Grundlage westdeutschen Leistungsrechts noch im vierten Quartal 1990 auf das Beitrittsgebiet übertragen. Da dort im Zuge des drastischen Strukturwandels die Arbeitslosenzahl und das Volumen der Lohnersatzleistungen bei gleichzeitigem Rückgang der Beitragseinnahmen sprunghaft anstiegen, kam es sehr früh zu einer starken finanziellen Belastung der Arbeitslosenversicherung. Zudem stiegen mit den raschen Tariflohnsteigerungen die jährlich dynamisierten Ausgaben pro Anspruchsberechtigtem deutlich an, da die Lohnersatzleistungen prinzipiell an die Höhe der Nettoarbeitsentgelte gebunden sind.[421]

Wie Tabelle 17.14 verdeutlicht, erwirtschaftete der ostdeutschen Haushalt der Bundesanstalt für Arbeit zwischen 1990 und 1997 ein Gesamtdefizit von 243 Mrd. DM.[422] Da dieses nur zu einem Teil, nämlich in Höhe von 81,5 Mrd. DM, durch steuerfinanzierte Bundeszuschüsse finanziert wurde, mußte die verbleibende Lücke in Höhe von 161,5 Mrd. DM aus Einnahmen der westdeutschen Arbeitslosenversicherung aufgefüllt werden. Dies erfolgte im wesentlichen durch die Belastung der westdeutschen versicherungspflichtigen Arbeitnehmerhaushalte und Arbeitgeber über die 1,5 %ige Beitragserhöhung von 1991 und die Belastung der anspruchsberechtigten Haushalte über Leistungseinschränkungen nach Art und Umfang seit 1992. Da bei isolierter Betrachtung für Westdeutschland die hohen westdeutschen Haushaltsüberschüsse sogar eine Beitragssenkung und damit eine Reduktion der Sozialabgabenbelastung für sozialversicherungspflichtige Unternehmen und Haushalte erlaubt hätten, bedeutet dies, daß die effektive Belastung noch höher als oben quantifiziert lag.

3.3.2 Finanzierungsbeitrag der Gesetzlichen Rentenversicherung

Das Alterssicherungssystem der DDR und der Bundesrepublik Deutschland waren zum Vereinigungszeitpunkt durch fundamentale Unterschiede gekennzeichnet:[423] In der DDR gab es mit der staatlichen Alterssicherung (Sozialversicherung der Arbeiter und Angestellten und Sozialversicherung bei der Staatlichen Versicherung der DDR) nur eine Säule der Altersicherung, eine private Sicherung existierte faktisch nicht. Die Finanzierung erfolgte zu je 50 % durch Bei-

---

421 Vgl. hierzu Mackscheidt, 1993, S. 113 ff. und Deutsche Bundesbank, 1994a, S. 33 ff.

422 Hierbei ist allerdings zu berücksichtigen, daß ein Teil der westdeutschen Beitragseinnahmen Ostdeutschland zurechenbar ist und damit keinen Transfercharakter besitzt. Vgl. Teichmann/Meinhardt, 1993, S. 146.

423 Vgl. im folgenden Böhm/Pott, 1992, S. 171 ff.; Schmähl, 1991, S. 52 ff.; Schwitzer, 1990, S. 492 f. und Andel, 1993, S. 65 ff.

Tab. 17.14: Entwicklung des Haushalts der Bundesanstalt für Arbeit in West- und Ostdeutschland seit der Vereinigung (in Mrd. DM)

		1990[1]	1991	1992	1993	1994	1995	1996	1997	Σ
Ausgaben	Ost	2,5	29,9	46,0	50,6	41,6	35,8	38,2	38,3	282,9
	West	41,4	42,0	47,5	59,0	58,2	61,3	67,4	64,4	441,2
Einnahmen	Ost	1,3	4,6	7,5[2]	11,1[2]	3,8	4,0	3,9	3,7	39,9
	West	40,7	65,6	72,2[3]	74,1[3]	85,9	86,2	87,9	89,4	602,0
Überschuß/Defizit	Ost	-1,2	-25,3	-38,5	-39,5	-37,8	-31,8	-34,3	-34,6	-243,0
	West	-0,7	23,6	24,7	15,1	27,7	24,9	20,5	25,0	161,5[7]
	Gesamt	-1,9	-1,7	-13,8	-24,4	-10,1	-6,9	-13,8	-9,6	-82,2
Bundeszuschuß	Ost	1,2[4]	1,7[5]	13,8[6]	24,4	10,1	6,9	13,8	9,6	81,5
	West	0,7	-	-	-	-	-	-	-	0,7

1) Für Ostdeutschland: 3.10. bis 31.12.1990

2) inklusive Ostdeutschland zuzurechnendes Beitragsaufkommen im Westen von 4,24 Mrd. DM in 1992 und 7,45 Mrd. DM in 1993

3) exklusive Ostdeutschland zuzurechnendes Beitragsaufkommen im Westen von 4,24 Mrd. DM in 1992 und 7,45 Mrd. DM in 1993

4) Anschubfinanzierung Ost für das 2. Halbjahr 1990

5) inklusive 0,7 Mrd. DM Anschubfinanzierung Ost aus 1990

6) inklusive 4,89 Mrd. DM Bundeszuweisung gem. Nachtragshaushalt 1991

7) Σ 1991-1997

Quelle: Deutsche Bundesbank (Hrsg.): Monatsbericht Nr. 7/1994, Frankfurt a.M., S. 40 ff. sowie Monatsberichte Nr. 12/1996 und 5/1998, Frankfurt a.M., Tabelle VIII.13; Bundesanstalt für Arbeit (Hrsg.): Amtliche Nachrichten der Bundesanstalt für Arbeit, Arbeitsstatistik, Nürnberg, Jahreszahlen 1994 und 1995, Übersicht 207, Jahreszahlen 1996, Übersicht 199 und Jahreszahlen 1997, Übersicht 195.

träge und Zuschüsse aus dem Staatshaushalt. Die staatliche Pflichtversicherung zahlte im Dezember 1989 in Abhängigkeit von der Zahl der Arbeits- bzw. Versicherungsjahre (aber weitgehend unabhängig vom Bruttolohn) eine monatliche Pflichtrente von 330 M (Mindestrente bei weniger als 15 Arbeitsjahren) bis zu 470 M (Mindestbetrag bei 45 Arbeitsjahren).[424] Eine automatische und regelmäßige Anpassung der Bestandsrenten an die Entwicklung der Erwerbseinkommen erfolgte nicht.

Mit der Wiedervereinigung war eine schrittweise Überführung des Mindestsicherungssystems der DDR in das westdeutsche leistungsorientierte System unumgänglich, wollte man ein einheitliches Rentenrecht und Rentenniveau in Deutschland herstellen. Mit dem Staatsvertrag zur Sozialunion wurde im Beitrittsgebiet zum 1.7.1990 das Selbstverwaltungsprinzip, eine monatliche Beitragsbemessungsgrenze von 180 % des durchschnittlichen Bruttoeinkommens aus unselbständiger Arbeit (2700 DM), das Prinzip der Lohn- und Beitragsbezogenheit der Renten und der westdeutsche Beitragssatz von 18,7 % eingeführt. Das Rentenangleichungsgesetz vom 28.6.1990 regelte die Umstellung der DDR-Renten auf DM-Beträge zum Kurs von 1:1, die relative Angleichung der ostdeutschen Bestandsrenten an das westdeutsche Nettorentenniveau[425], die Einführung der nettolohnbezogenen Rentendynamisierung, die Gewährung eines Sozialzuschlags[426] und die Schließung der Freiwilligen Zusatzrentenversicherung sowie der Zusatz- und Sonderversorgungssysteme der DDR zum 30.6.1990. Mit dem Rentenüberleitungsgesetz wurde das westdeutsche Rentenrecht zum 1.1.1992 vollständig auf das Beitrittsgebiet übertragen[427] und ein gesamtdeutscher Finanzverbund innerhalb der Gesetzlichen Rentenversicherung eingerichtet, d.h. Deckungslücken in Ostdeutschland mußten durch Rücklagen bzw. die laufenden Überschüsse in Westdeutschland finanziert werden. Zusammen mit

---

424 Bei 50 Arbeitsjahren wurde der Höchstbetrag der Pflichtrente von 510 Ostmark erreicht, die Durchschnittsrente in der Pflichtversicherung betrug 446,33 M. Hinzu kam eine maximale Zusatzrente von 122 Mark, wenn eine freiwillige Zusatzrentenversicherung abgeschlossen wurde.

425 Danach wurde auf Basis des DDR-Rechts zum 1.7.1990 die Eckrente eines Durchschnittsverdieners mit 45 Versicherungsjahren in einem Schritt auf 70% des durchschnittlichen monatlichen Nettoarbeitsentgelts je Beschäftigten (960 DM) angehoben, was einem Nettobetrag von 672 DM entsprach. Ergab sich mangels anrechenbarer Versicherungsjahre aus dieser neuen Formel eine Rentenabsenkung, so wurde ein Rentenzuschlag bis zum bisherigen Zahlbetrag gewährt.

426 Mit dem Sozialzuschlag als pauschalierte Sozialhilfeleistung wurden im Rahmen der Rentenangleichung zum 1.7.1990 niedrige Renten auf einen Mindestbetrag von 495 DM pro Monat angehoben.

427 Dies erforderte zum 1.1.1992 eine Neuberechnung der Bestandsrenten und Rentenanwartschaften sowie eine qualitative Leistungsausweitung nach westdeutschem Rentenrecht bei gleichzeitigem Wegfall der speziellen Begünstigungen nach altem DDR-Recht. Bei Unterschreitung des bisherigen Zahlbetrages nach altem Recht wurden aus Vertrauensschutzgründen Auffüllbeträge gewährt. Bei Unterschreitung eines dynamisierten Mindestbetrages (600/960 DM L/V) wurde weiterhin (allerdings befristet bis zum 31.12.1996) ein Sozialzuschlag gewährt.

den Beschlüssen zur Rentenreform 1992[428] prägte dies wesentlich die Finanzentwicklung der Gesetzlichen Rentenversicherung der Arbeiter und Angestellten in Deutschland seit 1990 (vgl. Tabelle 17.15 und 17.15a):[429]

Tab. 17.15: Entwicklung des Haushalts der Gesetzlichen Rentenversicherung der Arbeiter und Angestellten in Westdeutschland seit 1990 (in Mrd. DM)

	1990	1991	1992	1993	1994	1995	1996	1997
Einnahmen (insgesamt) darunter:	212,4	226,0	237,9	242,5	266,6	275,6	290,0	304,7
- Beiträge	174,9	183,3	193,3	196,4	215,8	225,3	236,0	248,5
- Bundeszuschuß[2]	29,7	32,7	38,7	40,6	46,9	46,8	49,2	53,7
Ausgaben (insgesamt) darunter:	202,9	215,3	231,2	248,3	265,8	278,6	288,0	294,9
- Renten	175,9	186,4	196,9	208,9	222,0	231,5	238,7	247,1
- Krankenversicherung der Rentner	11,0	11,3	11,8	13,1	14,4	14,9	15,3	15,9
- Finanzausgleich[1] nach §218 SGB VI	-	-	3,6	6,0	7,9	8,9	9,9	9,9
Ausgaben ohne Finanzausgleich	202,9	215,3	227,6	242,3	257,9	269,7	278,1	285,0
Überschuß/Defizit mit Finanzausgleich	9,5	10,7	6,7	-5,8	0,8	-3,0	2,0	9,8
Überschuß/Defizit ohne Finanzausgleich	9,5	10,7	10,3	0,2	8,7	5,9	11,9	19,7

[1] Finanzausgleich zwischen der Rentenversicherung der Angestellten in den alten Bundesländern und der Rentenversicherung der Arbeiter in den neuen Bundesländern.

[2] Nach § 213 SGB VI

Quelle: Deutscher Bundestag (Hrsg.): Rentenversicherungsbericht 1998, in: Verhandlungen des deutschen Bundestages, Bd. 13, Drucksache Nr. 11290, Bonn 1998, Übersicht I.15.

Am Ende der Jahre 1990 und 1991 war die finanzielle Situation der GRV im alten Bundesgebiet mit einem Überschuß von ca. 10 Mrd. DM und einer Schwankungsreserve von 35 bzw. 43 Mrd. DM sehr günstig, obwohl die Beiträ-

---

428 Vgl. hierzu Deutsche Bundesbank, 1995a, S. 20 ff.: Das Rentenreformgesetz enthält Bestimmungen über den Übergang zur nettolohnbezogenen Rentenanpassung, die Anhebung von Altersgrenzen, eine Neuregelung für den Bundeszuschuß, den Übergang zur Beitragszahlung auf Lohnersatzleistungen und die Anrechnung beitragsfreier Zeiten.

429 Vgl. im folgenden Deutscher Bundestag, 1998, Übersicht I.15, I.16 und I.19 und Deutsche Bundesbank, 1995a, S. 17.

ge zum 1.4.1991 von 18,7% auf 17,7% gesenkt worden waren. In der noch finanziell getrennten GRV Ostdeutschlands führten demgegenüber die Umstellung der DDR-Renten im Verhältnis 1:1 zum 1.7.1990, die Rentenangleichung und die dynamisierten Rentenanpassungen zu einer hohen Ausgabenbelastung im zweiten Halbjahr 1990 und 1991, die in erheblichem Umfang durch den Bundeszuschuß und durch die Anschubfinanzierung aus dem DDR-Staatshaushalt ausgeglichen werden mußten. In 1992 wuchsen die Ausgaben weiter an, so daß sich erstmalig ein Defizit von 4,6 Mrd. DM einstellte, das nun aus dem westdeutschen Haushaltsüberschuß von ca. 10,3 Mrd. DM finanziert werden mußte. Als sich 1993 die Deckungslücke in Ostdeutschland nochmals auf ca. 8 Mrd. DM erhöhte, während zugleich der westdeutsche Überschuß auf 0,2 Mrd. DM schrumpfte, war erstmalig ein Rückgriff auf die Schwankungsreserve erforderlich geworden. In 1994 bewirkte die Wiederanhebung des Beitragssatzes auf 19,2 % eine finanzielle Entlastung beider Haushalte, ein Gesamtdefizit und damit eine weitere Reduktion der Schwankungsreserve konnte aber dennoch nicht verhindert werden. Dies galt angesichts weiter steigender ostdeutscher Defizite auch für die folgenden Jahre.

Im Zeitraum 1992 bis 1997 summiert sich die Deckungslücke der GRV-Ost und damit der direkte West-Ost-Transfer der westdeutschen Rentenversicherung der Arbeiter und Angestellten auf ca. 75,9 Mrd. DM.[430] Dies entsprach in etwa auch den Bundeszuschüssen an die GRV-Ost und damit dem Finanzierungsbeitrag v.a. der westdeutschen Steuerzahler (vgl. Tabelle 17.15a). Die jährliche Aufbringung des West-Ost-Transfers erfolgte über laufende Einnahmeüberschüsse und, sofern diese nicht ausreichten, über einen Abbau der Schwankungsreserve. Dies belastete die westdeutschen Beitragszahler über sukzessive Beitragserhöhungen und die Rentenempfänger über Leistungskürzungen. Bei isolierter Betrachtung für Westdeutschland wäre trotz der demographischen Probleme zumindest eine Konstanthaltung der Beitragssätze bzw. bei einem partiellen Abbau der stark angewachsenen Schwankungsreserve sogar eine Beitragssenkung möglich gewesen.[431]

430 Dieser Betrag setzt sich zusammen aus internen Finanzzuweisungen der westdeutschen Rentenversicherung der Angestellten an die ostdeutsche Arbeiterversicherung nach § 218 SGB VI in Höhe von 46,2 Mrd. DM und den Finanzzuweisungen des westdeutschen Gesamthaushalts an den ostdeutschen Gesamthaushalt gemäß dem Prinzip des internen Haushaltsausgleichs in Höhe von 29,7 Mrd. DM.

431 Vgl. DIW, 1997, S. 727 f..

Tab 17.15a: Entwicklung des Haushalts der Gesetzlichen Rentenversicherung der Arbeiter und Angestellten in Ostdeutschland seit 1990 (in Mrd. DM)

	2. HJ 1990	1991	1992	1993	1994	1995	1996	1997
Einnahmen (insgesamt)	13,6	31,3	44,4	51,5	60,8	67,4	71,1	74,8
darunter:								
- Beiträge	9,2	25,6	32,6	36,1	40,9	45,0	46,6	48,9
– Bundeszuschuß[1]	3,6	5,6	7,7	9,0	11,5	12,8	14,0	15,2
- Finanzausgleich[2] nach §218 SGB VI	-	-	3,6	6,0	7,9	8,9	9,9	9,9
Einnahmen ohne Finanzausgleich	13,6	31,3	40,8	45,5	52,9	58,5	61,2	64,9
Ausgaben (insgesamt)	13,6	30,8	45,4	53,5	63,6	74,4	80,1	82,7
darunter:								
- Renten	12,3	28,5	39,9	46,8	55,0	63,8	68,4	70,5
- Krankenversicherung der Rentner	0,8	1,6	2,5	2,8	3,4	4,1	4,4	4,8
Überschuß/Defizit mit Finanzausgleich	0	0,5	-1,0	-2,0	-2,8	-7,0	-9,0	-7,9
Überschuß/Defizit ohne Finanzausgleich	0	0,5	-4,6	-8,0	-10,7	-15,9	-18,9	-17,8

1) Nach § 213 SGB VI; im 2. Halbjahr 1990 incl. 1340 Mill. DM Defizitabdeckung

2) Finanzausgleich zwischen der Rentenversicherung der Angestellten in den alten Bundesländern und der Rentenversicherung der Arbeiter in den neuen Bundesländern.

Quelle: Deutscher Bundestag (Hrsg.): Rentenversicherungsbericht 1998, in: Verhandlungen des deutschen Bundestages, Bd. 13, Drucksache Nr. 11290, Bonn 1998, Übersicht I.16.

3.3.3 Verteilungswirkungen des West-Ost-Transfers der Sozialversicherung

3.3.3.1 Volumen des Finanztransfers

Die Summe der kumulierten westdeutschen Haushaltsüberschüsse der Bundesanstalt für Arbeit zwischen 1991 und 1997 in Höhe von ca. 161,5 Mrd. DM und der kumulierten ostdeutschen Haushaltsdefizite der Gesetzlichen Rentenversicherung zwischen 1992 und 1997 in Höhe von 75,9 Mrd. DM stellt einen Näherungswert für den gesamten West-Ost-Transfer der Sozialversicherung seit 1991 dar. Die Hauptbelasteten des Transfers waren die westdeutschen Haushalte der Beitragszahler und Leistungsempfänger in der GRV und GAV, und zwar zu einem großem Teil über Beitragserhöhungen (in 1992 und 1995 lag die Belastung bei ca. 1,8 % des monatlichen Haushaltsbruttoeinkommens) und zu einem geringeren Teil über Leistungseinschränkungen.[432] Insgesamt machte der Finanzierungsanteil dieses Transfers zwischen 1991 und Anfang 1995 18 % des gesamten Bruttotransfers nach Ostdeutschland aus. Bis 1993 lag die Belastung durch den West-Ost-Transfer der Sozialversicherung sogar deutlich über der Belastung durch die vereinigungsbedingten Steuererhöhungen; erst danach kehrte sich diese Entwicklung um.[433]

3.3.3.2 Personelle Verteilungswirkungen

Im Rahmen einer personenbezogenen Verteilungsanalyse kann von einer **regressiven Wirkung** der sukzessiven Anhebung der Sozialversicherungsbeiträge ausgegangen werden: Zum einen steigt die relative Belastung für sozialversicherungspflichtige Einkommen nur bis zur Beitragsbemessungsgrenze proportional an, während Einkommen oberhalb dieser Grenze völlig unbelastet bleiben. Damit haben die Beitragserhöhungen die Einkommensbezieher unterhalb der Beitragsbemessungsgrenze relativ stärker belastet als die Bezieher hoher Einkommen. Zum anderen waren von der Beitragserhöhung nur die sozialversicherungspflichtigen Mitglieder und die freiwillig Versicherten betroffen, während nicht-versicherungspflichtige Gruppen wie z.B. Selbständige, Beamte und Freiberufler, die tendenziell in höheren Einkommensklassen angesiedelt sind, keine zusätzliche Abgabenbelastung hinnehmen mußten.[434] Selbständige Unternehmer und Handwerker, die Arbeitnehmer beschäftigen, wurden allerdings über die Arbeitgeberanteile an den Beiträgen ihrer sozialversicherungspflichtigten Beschäftigten in dem Ausmaß belastet, in dem keine Überwälzung gelungen ist.

Aus empirischer Sicht wird diese theoretisch abgeleitete regressive Wirkung bestätigt, wie eine Quartilsrechnung des Rheinisch-Westfälischen Instituts für Wirtschaftsforschung in Tabelle 17.16 zeigt:

---

432 Hinzu kamen noch die jährlichen Folgelasten der Beamten und Pensionäre aufgrund des Aufschubs von Besoldungserhöhungen und der restriktiveren Anhebung der Besoldung, die sich bis 1995 auf ca. 10 Mrd. DM kumuliert haben.

433 Vgl. Heilemann, 1994, S. 20 f. und S. 56 ff. und Heilemann/Rappen, 1997, S. 42. Darüber hinaus sind Umverteilungswirkungen zugunsten der ostdeutschen sozialversicherungspflichtigen Beschäftigten bereits dadurch entstanden, daß seit 1991 die Beitragsbemessungsgrenzen in Ostdeutschland im Vergleich zu Westdeutschland jeweils durchweg niedriger lagen. Vgl. Fritzsche/von Loeffelholz, 1994, S. 246 f.

434 Bei den Beamten sind allerdings die mit der verzögerten Gehaltsanhebung in den Jahren 1991, 1993 und 1994 verbundene Einkommenseinbuße sowie andere „besitzstandmindernde" Maßnahmen in Rechnung zu stellen.

Tab. 17.16: Belastung der westdeutschen privaten Haushalte durch den West-Ost-Transfer der Sozialversicherung in 1992 und 1995 nach Quartilen (in DM pro Monat bzw. in % des monatlichen Haushaltsbruttoeinkommens)

Haushalte nach der Stellung der Einkommensschichtung	1992			1995[2]		
	Einkommen[1]	absolute Belastung	relative Belastung	Einkommen[1]	absolute Belastung	relative Belastung
	in DM pro Monat		in %	in DM pro Monat		in %
1. Quartil	2 300	50	2,17	2 450	60	2,45
2. Quartil	4 300	100	2,33	4 580	110	2,40
3. Quartil	6 800	140	2,06	7 242	150	2,07
4. Quartil	13 400	160	1,19	14 271	170	1,19
davon:						
75 bis 95 %	10 600	160	1,51	11 289	170	1,51
95 bis 100 %	24 500	140	0,57	26 093	150	0,57
Insgesamt	6 700	110	1,64	7 136	120	1,68

1) Durchschnittliches Haushaltsbruttoeinkommen im Sinne der Einkommens- und Verbrauchsstichprobe.

2) Für 1995 wurde pauschal ein um 6,5 % höheres Einkommen als für 1992 unterstellt.

Quelle: Heilemann, U.: Konsolidierungs- und Wachstumserfordernisse: Fiskalperspektiven der Bundesrepublik in den neunziger Jahren, Untersuchungen des RWI Essen, Heft 14, 1994, S. 57.

So wurden in 1992 die drei unteren Viertel der Einkommensbezieher durch den West-Ost-Transfer der Sozialversicherung mit über 2 % (und dabei v.a. das 2. Quartil mit 2,33 %) des durchschnittlichen Haushaltsbruttoeinkommens deutlich stärker belastet als das obere Viertel mit rund 1,2 %. Dabei wurden die einkommensstärksten 5 % der Haushalte mit 0,57 % um ca. zwei Drittel weniger als alle Haushalte belastet. Dahinter steht eine deutlich höhere relative Belastung des monatlichen Bruttoeinkommens der Arbeiter und Angestellten gegenüber dem der Beamten und Nichterwerbstätigen sowie vor allem gegenüber dem der Selbständigen und Landwirte. In 1995 stellte sich die Verteilung der Belastung durch den West-Ost-Transfer der Sozialversicherung sogar noch etwas ungleichmäßiger dar: Die relative Belastung des 1. und 2. Quartils lag noch etwas höher, die des 3. und 4. Quartils blieb dagegen nahezu konstant.[435]

[435] Vgl. Heilemann, 1994, S. 57.

3.4 Der Finanzierungsbeitrag vereinigungsbedingter Inflationsimpulse und deren Verteilungswirkungen[436]

Mit der Einführung der Währungsunion zwischen der Bundesrepublik und der DDR zum 1.7.1990 wurde die Mark-Ost durch die DM ersetzt. Dabei wurde für die Stromgrößen (Mieten, Pachten, Löhne) ein einheitlicher **Umstellungskurs** von 1:1 festgelegt, während bei den monetären Bestandsgrößen im Besitz der ehemaligen DDR-Bürger differenzierte Umstellungskurse festgelegt wurden: So konnten Privatpersonen einen Teil ihrer Bankdepositen zum Kurs von 1:1 umtauschen, währen die Bankkredite 2:1 umgestellt wurden. Insgesamt resultierte für die nach ihrem Umfang gewichteten Bestandsgrößen ein Umtauschkurs von 1,81:1. Wie die konsolidierte Bilanz des Kreditsystems der DDR zum 31.5.1990 zeigt, wurden über das Bankensystem insgesamt 446,6 Mrd. DDR-Mark auf ca. 246 Mrd. DM umgestellt.[437]

Aus monetärer Sicht führte die Währungsumstellung zu einer Ausweitung der Geldmenge M3 um 180 Mrd. DM bzw. 15 % der westdeutschen Geldmenge M3, obwohl eine Ausweitung von nur ca. 10 % angemessen gewesen wäre. Damit stellte die Bundesbank dem privaten Sektor über das Bankensystem Zentralbankgeld (Bargeld und Einlagen) zur Verfügung.[438] Die empfangenen DM-Beträge standen den privaten Wirtschaftssubjekten im Beitrittsgebiet sofort zur Verfügung und wurden von ihnen zu einem erheblichen Teil für den Kauf westdeutscher Konsumgüter verwendet. Dieser Nachfrageschub wurde in den folgenden Jahren noch verstärkt durch die zusätzliche Nachfrage des Staates und privater Wirtschaftseinheiten, die durch die investiven und konsumtiven Bruttotransfers nach Ostdeutschland induziert worden war. Dieser Nachfrageschub traf auf ein stark ausgelastetes westdeutsches Produktionspotential, was zusammen mit den Steuer- und Sozialabgabenerhöhungen sowie den hohen Lohnabschlüssen von 1991 und 1992 zu einem Anstieg der westdeutschen Inflationsrate bis auf 4 % in 1992 führte. In Ostdeutschland wirkten v.a. die tarifpolitisch bedingten, wenig produktivitätsorientierten Lohn- und Lohnnebenkostensteigerungen, die Anhebungen der administrierten Preise sowie die Mietpreiserhöhungen inflationar.[439] Dadurch stieg die ostdeutsche Inflationsrate in 1991 sprunghaft auf 14,2 % an, ist aber seitdem stetig zurückgegangen und liegt seit 1997 nur noch ganz unwesentlich über derjenigen Westdeutschlands (vgl. Abbildung 17.4).

---

436 Vgl. zu den folgenden Ausführungen Francke/Nitsch, 1996, S. 38 ff. und die dort angegebenen Literaturhinweise.

437 Vgl. Deutsche Bundesbank, 1990, S. 26.

438 Vgl. Deutsche Bundesbank, 1991a, S. 19; Deutsche Bundesbank, 1993b, S. 96 ff. und Francke/Nitsch, 1996, S. 43 und 62.

439 Vgl. hierzu Müller, 1993, S. 126 und Kitterer, 1993, S. 54.

Abb.17.4: Entwicklung der Inflationsrate[1] in Westdeutschland und Gesamtdeutschland von 1988 bis 1997

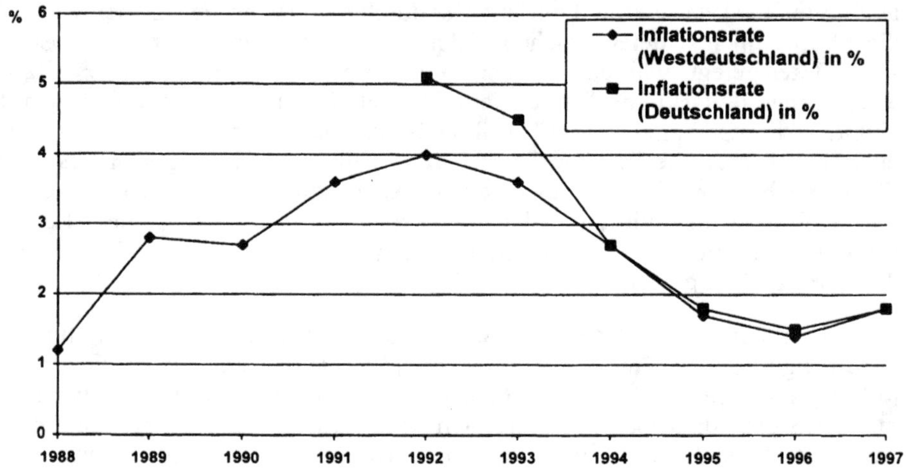

[1] Inflationsrate=prozentuale Veränderung des Preisindex für die Lebenshaltung aller privaten Haushalte (1991=100) gegenüber dem Vorjahr

Quelle: Deutsche Bundesbank (Hrsg.): Laufende Monatsberichte, Jahrgänge Nr. 12/1990 bis 10/1998, Frankfurt a.M., Tabelle IX.7.

Dieser Inflationsimpuls leistete einen indirekten Beitrag zur Finanzierung der vereinigungsbedingten Bruttotransfers nach Ostdeutschland und hatte primäre und sekundäre personelle Verteilungseffekte:

Zum einen induzierte der Inflationsimpuls bei der Einkommensteuer Steuermehreinnahmen aufgrund des progressiv ausgestalteten Steuersystems **(kalte Progression)**. Durch die inflationsbedingten Nominaleinkommenssteigerungen erhöhte sich das zu versteuernde Einkommen der Zensiten, so daß sie aufgrund der nun höheren Bemessungsgrundlage und dafür geltender höherer Grenzsteuersätze auch bei konstanten Realeinkommen höhere Steuerbeträge entrichten mußten.[440] Da die relative Zunahme des Durchschnittssteuersatzes und damit die zusätzliche Durchschnittsbelastung im Bereich hoher Einkommen (v.a. in der oberen Proportionalzone des damals geltenden Steuertarifs) unterdurchschnittlich ausfällt, belastete die kalte Progression die unteren und mittleren Einkommensschichten relativ stärker. Die stärkste relative Mehrbelastung verzeichneten dabei die Bezieher niedriger Einkommen, die durch die nominelle Erhöhung schlagartig ein zu versteuerndes Einkommen oberhalb des damaligen Existenz-

440 Hinzu kommt die Verteilungswirkung der kalten Progression über die nichtdynamisierten Abzugsbeträge, deren realer Wert im Zuge einer Inflation sinkt.

minimums bezogen und damit in den Bereich der indirekten Progression (also in die untere Proportionalzone) des gültigen Tarifs gerieten.[441]
Der Finanzierungsbeitrag der kalten Progression ergibt sich aus den inflationsbedingten Mehreinnahmen bei der Lohnsteuer und der veranlagten Einkommensteuer. Für das durchschnittliche nominale Lohnsteueraufkommen von ca. 200 Mrd. DM im Zeitraum 1990-1993 berechnen Francke/Nitsch durch Multiplikation mit der Aufkommenselastizität und mit der durch die Vereinigung induzierten Inflationsrate einen Finanzierungsbeitrag von ca. 16 Mrd. DM für die Jahre 1990-1993.

Zum zweiten kam es durch den nicht-antizipierten Inflationsimpuls entsprechend der Gläubiger-Schuldner-Hypothese zu einer **realen Abwertung der ausstehenden Staatsschuld** (zwischen 1991 und 1993 in Höhe von ca. 53 Mrd. DM) bzw. der nominal fixierten Geldvermögen der Staatsschuldgläubiger.

Innerhalb des privaten Sektors mußten zum dritten die **Bezieher von kontraktbestimmten Einkommen** (Lohn-, Gehalts- und Renteneinkommen), deren Nominaleinkommen nicht oder nur verzögert an den Anstieg der Inflationsrate angepaßt wurden, einen **Realeinkommensverlust** hinnehmen. Da sie vorwiegend dem unteren Einkommensbereich zuzuordnen sind, muß der entsprechende regressive Verteilungseffekt mit dem Progressionseffekt der Realabwertung der Staatsschuldtitel (und sonstigen Wertpapiere), die vorwiegend von Beziehern hoher Einkommen gehalten werden (vgl. Tabelle 17.8), saldiert werden.

Schließlich hat die **Verdrängung westdeutscher privater Konsumgüternachfrage** auf den Gütermärkten durch die vereinigungsbedingten Preissteigerungen zwischen dem 2. Halbjahr 1990 und Mitte 1992 erhebliche personelle Verteilungswirkungen entfaltet. Da die durchschnittliche Konsumquote mit steigendem verfügbaren Einkommen abnimmt, kann angenommen werden, daß die Bezieher niedriger und mittlerer Einkommen überproportionale reale Kaufkrafteinbußen hinnehmen mußten. Soweit der vereinigungsbedingte Preisniveauanstieg durch eine vom Staat verursachte zusätzliche Güternachfrage ausgelöst wurde, kann von einem realen crowding-out, d.h. einem Verdrängen privater Güternachfrage gesprochen werden.

4. Fazit

Versucht man, ein **Gesamtbild** der personellen Verteilungswirkungen zu erhalten, die aus den Finanztransfers auf die westdeutschen Einkommensbezieher resultieren, so muß man sich mit Tendenzaussagen begnügen, die zudem noch mit der Gefahr der Fehlerhaftigkeit verbunden sind. Dementsprechend sollte die nachfolgende Übersicht 17.2 mit Vorsicht gelesen und interpretiert werden, in der versucht wird, für die wichtigsten Finanzierungsquellen Aussagen darüber

441 Hier steigt die Grenzbelastung sprunghaft von 0 % auf konstant 19 % und die Durchschnittsbelastung kontinuierlich von 0 % auf 5,8 % an.

Übersicht 17.2: Gesamtbild der Verteilungswirkungen aus den Finanztransfers zwischen West- und Ostdeutschland

Art des Finanztransfers	Volumen in DM 1991-1997	Wirkung auf die Einkommensverteilung
1. Vereinigungsbedingte Nettoneuverschuldung und hieraus resultierende Zinsmehreinkünfte im Inland	> 20 Mrd.	Einkommenszufluß wirkt wegen der sehr ungleichen Verteilung von Staatsschuldpapieren differenzierend
2. Solidaritätszuschlag	103 Mrd.	Steuermehrbelastung wirkt wegen progressiver Tarifgestaltung nivellierend
3. Mehrwertsteuer	60 Mrd.	Steuermehrbelastung wirkt in unteren Einkommensbereichen nevellierend und ab mittleren Einkommen differenzierend
4. Spezielle Verbrauchsteuern	65 Mrd.	Steuermehrbelastung wirkt in unteren Einkommensbereichen nivellierend und ab mittleren Einkommen differenzierend
5. Defizite der Bundesanstalt für Arbeit in Ostdeutschland (finanziert aus den westdeutschen Einnahmen)	161 Mrd.	Finanztransfers wirken bei den Beitragszahlern wegen der regressiven Belastung der Beiträge differenzierend
6. Defizite der GRV in Ostdeutschland (finanziert aus Überschüssen und Schwankungsreserve in Westdeutschland)	76 Mrd.	Finanztransfers wirken bei den Beitragszahlern wegen der degressiven Belastung der Beiträge differenzierend
7. Vereinigungsbedingte Inflationsverluste zwischen 1991 und 1994	140 Mrd.	a) Inflationsbedingte Steuermehrbelastung wirkt wegen progressiver Tarifgestaltung differenzierend b) Reales Crowding-out belastet untere Einkommen wegen der höheren Konsumquote stärker als obere Einkommensklassen

zu machen, ob sie die Einkommensbezieher in Westdeutschland eher progressiv, proportional oder regressiv belastet haben.

Es zeigt sich, daß der Solidaritätszuschlag sowie die inflationsbedingte Steuermehrbelastung Anfang der 90-er Jahre einkommensnivellierend gewirkt haben. Demgegenüber haben die hohe Neuverschuldung, die Finanztransfers der gesetzlichen Arbeitslosen- und Rentenversicherung von West- und Ostdeutschland sowie die über Preisanstiege verursachte Realeinkommensverluste untere Einkommen relativ stärker als obere Einkommen belastet und deshalb einen einkommensdifferenzierenden Effekt mit sich gebracht. Die Anhebung der Steuersätze der Mehrwertsteuer und ausgewählter Verbrauchsteuern hat die mittleren Einkommensklassen am stärksten belastet, so daß sowohl nivellierende als auch differenzierende Effekte aufgetreten sind. Insgesamt wird der Eindruck erweckt, daß die vereinigungsbedingte Belastung der westdeutschen Bevölkerung zu **keinen eklatanten Ungerechtigkeiten** geführt hat. Allerdings ist auch nicht ausgeschlossen, daß gerade die mittleren Einkommensklassen am stärksten zur Finanzierung der Transfers herangezogen wurden.

Dieser Eindruck wird erhärtet, wenn nach der relativen **Belastung der sozialen Gruppen** gefragt wird, so wie dies vom Rheinisch-Westfälischen Institut untersucht wurde. Die Verfasser kommen bei ihrer Studie für das Jahr 1995, die allerdings nur die vereinigungsbedingten Steuererhöhungen und den West-Ost-Transfer der Sozialversicherung in ihre Berechnungen einbezieht, zu folgendem Ergebnis: Selbständige wurden mit knapp 4 % ihres Einkommens am wenigsten, Arbeiter bzw. Angestellte mit über 6 % bzw. über 5,5 % am stärksten belastet. Dazwischen liegen die Nichterwerbstätigen und die Beamten mit ca. 4,5 %.[442]

---

[442] Vgl. Heilemann, 1994, S. 59.

Abb. 17.5: Belastung westdeutscher privater Haushalte durch die vereinigungsbedingten Steuererhöhungen und den West-Ost-Transfer der Sozialversicherung (in % des monatlichen Haushaltsbruttoeinkommens)

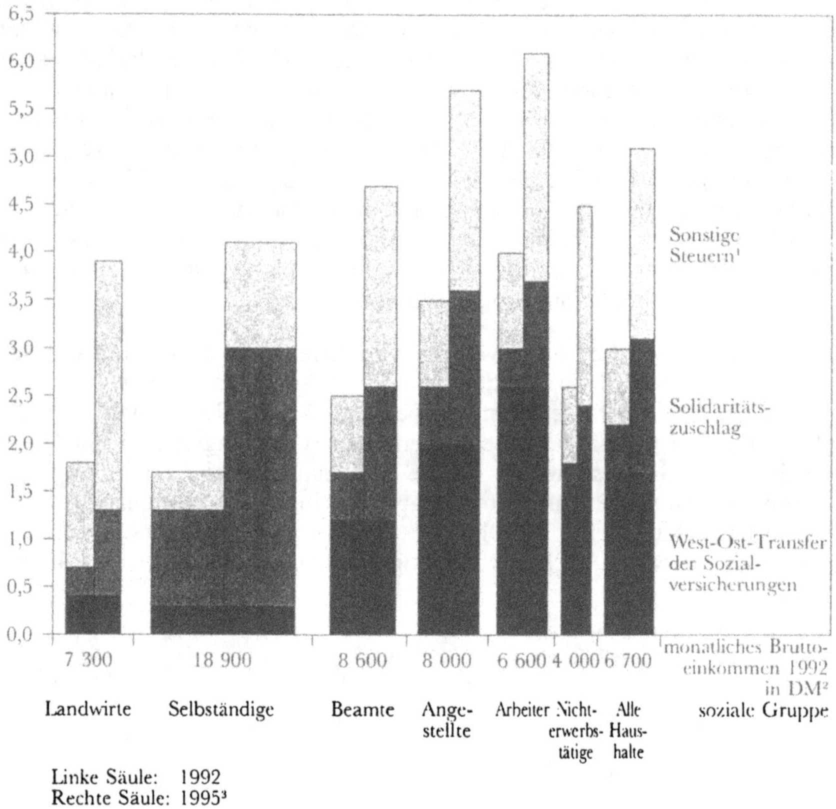

Eigene Berechnungen. – [1]Vgl. Tabelle 12; aber ohne Vermögensteuer. – [2]Die Breite der Säulen ist proportional zum Einkommen, die Flächen entsprechen daher der absoluten Belastung. – [3]Für 1995 wird pauschal ein um 6,5 vH höheres Einkommen als für 1992 unterstellt.

Quelle: Heilemann, U.: Konsolidierungs- und Wachstumserfordernisse: Fiskalperspektiven der Bundesrepublik in den neunziger Jahren, Untersuchungen des RWI Essen, Heft 14, 1994, S. 59.

Diese Analyse läßt allerdings eine Reihe wichtiger Verteilungseffekte aus folgenden Einflüssen außer Acht:

- Der vereinigungsbedingte Inflationsschub zwischen 1991 und 1994;

- Die Nullrunden und Leistungskürzungen im öffentlichen Dienst und hier v.a. bei den Beamten;
- Die Leistungskürzungen im Rahmen der GKV;
- Die Zinsmehreinkommen, die infolge der hohen staatlichen Neuverschuldung geflossen sind;
- Die Steuerersparnisse, die insbesondere Bezieher höherer Einkommen und hier vermutlich vor allem Selbständige u.a. durch die vereinigungsbedingten Sonderabschreibungsmöglichkeiten erzielen konnten.

Würde man diese Wirkungen mit einbeziehen, dürfte sich der Belastungsabstand zwischen Landwirten und Selbständigen einerseits und der zwischen Arbeitern und Angestellten andererseits noch vergrößern, während die Beamten eher näher an die höchstbelasteten Gruppen der Arbeiter und Angestellten heranrücken würden.

Literaturverzeichnis

Aaron, H.J. (1975): Who Pays the Property Tax? A New View, Washington 1975.

Ahrns, H.-J./Feser, H.-D. (1997): Wirtschaftspolitik: Problemorientierte Einführung, 7. Auflage, München 1997.

Arkes, J. (1998): Trends in Long-Run versus Cross-Section Earnings Inequality in the 1970s and 1980s, in: Review of Income and Wealth, Vol. 44, 1998, S. 199-213.

Albers, W. (1980): Einkommensverteilung II: Verteilungspolitik, in: Albers, W. u.a. (Hrsg.): Handwörterbuch der Wirtschaftswissenschaft, Bd. 2, Stuttgart/Tübingen/Göttingen 1980, S. 285-315.

Andel, N. (1969): Zur These von den unsozialen Verteilungswirkungen öffentlicher Schulden, in: Public Finance, Vol. 24, 1969, S. 68-79.

Andel, N. (1975): Verteilungswirkungen der Sozialversicherung am Beispiel der gesetzlichen Krankenversicherung der Bundesrepublik Deutschland, in: Dreißig, W. (Hrsg.): Öffentliche Finanzwirtschaft und Verteilung, Bd. 3, Berlin 1975, S. 39-82.

Andel, N. (1976): Kredit- versus Steuerfinanzierung, in: Bruns, G./Häuser, K. (Hrsg.): Öffentliche Verschuldung und Kapitalmarkt, Frankfurt a.M. 1976, S. 7-28.

Andel, N. (1992): Finanzwissenschaft, 3. Auflage, Tübingen 1992.

Andel, N. (1993): Die Rentenversicherung im Prozeß der Wiedervereinigung Deutschlands, in: Hansmeyer, K.-H. (Hrsg.): Finanzierungsprobleme der deutschen Einheit II, Schriften des Vereins für Socialpolitik, Bd. 229/II, Berlin 1993, S. 63-111.

Atkinson, A.B. (1970): On the Measurement of Inequality, in: Journal of Economic Theory, Vol. 2, 1970, S. 244-263.

Bagus, J. (1981): Zur Gültigkeit des Transferansatzes, in: WISU, Heft 10, 1981, S. 351-357.

Bartmann, H. (1981): Verteilungstheorie, München 1981.

Becker, G. S. (1964): Human Capital. A Theoretical and Empirical Analysis with Special Reference to Education, New York/London 1964.

Becker, G. S. (1967): Human Capital and the Personal Distribution of Income: An Analytical Approach, Ann Arbor 1967.

Becker, I. (1985): Einkommensumverteilung im Rahmen der gesetzlichen Krankenversicherung, in: Schmähl, W. (Hrsg.): Versicherungsprinzip und soziale Sicherung, Tübingen 1985, S. 98-119.

Beckmann, M. J. (1974): Personelle Einkommensverteilung in hierarchischen Organisationen, in: Bombach, G./Frey, B. S./Gahlen, B. (Hrsg.): Neue Aspekte der Verteilungstheorie, Tübingen 1974, S. 135-151.

Bedau, K.-D. (1985a): Die Einkommenslage der Familien in der Bundesrepublik Deutschland im Jahr 1981, in: Deutsches Institut für Wirtschaftsforschung (Hrsg.): Vierteljahreshefte zur Wirtschaftsforschung, Heft 3, 1985, S. 292-309.

Bedau, K.-D. (1985b): Aspekte der Einkommensverteilung, in: Wirtschaftsdienst, Heft 7, 1985, S. 359-364.

Bender, D. (1985): Entwicklungspolitik, in: Vahlens Kompendium der Wirtschaftstheorie und Wirtschaftspolitik, Bd. 2, 2. Auflage, München 1985, S. 493-535.

Berthold, N./Fehn, R. (1996): Arbeitslosigkeit oder ungleiche Einkommensverteilung - ein Dilemma?, in: Aus Politik und Zeitgeschichte, Nr. B 26/1996, S. 14-24.

Bird, R.M. (1980): Income Redistribution through the Fiscal System: The Limits of Knowledge, in: American Economic Review - Papers and Proceedings, Vol. 70, 1980, S. 77-81.

Blümle, G. (1975): Theorie der Einkommensverteilung, Berlin/Heidelberg/New York 1975.

Bohnet, A. (1967): Zur Theorie der personellen Einkommensverteilung, Stuttgart/Berlin/Köln/Mainz 1967.

Bohnet, A. (1981): Formen und Wirkungen der Vermögensbesteuerung, in: Roskamp, K.W./Forte, F. (Hrsg.): Reforms of Tax Systems, Detroit 1981, S. 173-198.

Bohnet, A./Heck, S. (1998): Die deutsche Wirtschafts- und Finanzpolitik nach der Vereinigung, Finanzwissenschaftliches Arbeitspapier Nr. 55 der Justus-Liebig-Universität Gießen, 1998.

Böhm, S./Pott, A. (1992): Verteilungspolitische Aspekte der Rentenüberleitung, in: Schmähl, W. (Hrsg.): Sozialpolitik im Prozeß der deutschen Vereinigung, Frankfurt a.M. 1992, S. 166-227.

Bork, C./Müller, K. (1997): Reformvorschläge zur Rentenbesteuerung und ihre Verteilungswirkungen, in: Wirtschaftsdienst, Heft 5, 1997, S. 269-275.

Boss, A./Rosenschon, A. (1995): Öffentliche Finanzen im Dienste der deutschen Einheit, Kieler Arbeitspapier Nr. 717, Institut für Weltwirtschaft Kiel, 1995.

Boulding, K.E./Pfaff, M. (Hrsg.) (1972): Redistribution to the Rich and the Poor: The Grants Economics of Income Distribution, Belmont 1972.

Brümmerhoff, D. (1997): Finanzwissenschaft, 7. Auflage, München/Wien 1997.

Buchanan, J.M. (1958): Public Principles of Public Debt, Homewood 1958.

Büser, W. (1998): Sozialversicherung 1998: Alle neuen Grenzwerte auf einen Blick, in: Soziale Sicherheit, Heft 1, 1998, S. 27-28.

Bundesanstalt für Arbeit (Hrsg.): Amtliche Nachrichten der Bundesanstalt für Arbeit, Arbeitsstatistik, Jahreszahlen 1994-1997, Nürnberg.

Bundesministerium für Arbeit und Sozialordnung (Hrsg.) (1998a): Sozialgesetzbuch, Sonderdruck der 24. Auflage, München 1998.

Bundesministerium für Arbeit und Sozialordnung (Hrsg.) (1998b): Sozialbericht 1997, Bonn 1998.

Bundesministerium für Arbeit und Sozialordnung (Hrsg.) (1998c): Statistisches Taschenbuch 1998, Arbeits- und Sozialstatistik, Bonn 1998.

Bundesministerium der Finanzen (Hrsg.): Finanzbericht, verschiedene Jahrgänge von 1988-1996, Bonn.

Bundesministerium der Finanzen (Hrsg.) (1998a): Finanzbericht 1999, Bonn 1998.

Bundesministerium der Finanzen (Hrsg.) (1998b): Unsere Steuern von A-Z, Bonn 1998.

Bundesregierung (Hrsg.) (1997): Alterssicherungsbericht 1997, Datenblatt-Nr. 13/11110, Bonn 1997.

Cattelaens, H. u.a. (1998): Körperschaftsteuer, 12. Auflage, Stuttgart 1998.

Champernowne, D.G. (1952): The Graduation of Income Distribution, in: Econometrica, Vol. 20, 1952, S. 591-615.

Champernowne, D.G. (1973): The Distribution of Income between Persons, Cambridge 1973.

Cremer, H./Pestieau, P. (1996): Distributive Implications of European Integration, in: European Economic Review, Vol. 40, 1996, S. 747-757.

Demmler, H. (1997): Einführung in die Volkswirtschaftslehre, 6. Auflage, München/Wien 1997.

Dennerlein, R.K.-H. (1982): Die Belastungs- und Verteilungswirkungen der indirekten Steuern in der Bundesrepublik Deutschland, Berlin 1982.

Deutsche Bundesbank (Hrsg.): Laufende Monatsberichte der Jahrgänge Nr. 12/1990 bis 10/1998 sowie Monatsberichte Nr. 7/1990; 7/1991; 29/1991b; 5/1993a; 7/1994a; 45/1994b; 3/1995a; 7/1995b; 10/1996; 3/1997a; 8/1997b; 4/1998a; 5/1998b; 11/1998c, Frankfurt a.M.

Deutsche Bundesbank (Hrsg.) (1993a): Die Deutsche Bundesbank: Geldpolitische Aufgaben und Instrumente, Sonderdruck Nr. 7, Frankfurt a.M. 1993.

Deutscher Bundestag (Hrsg.) (1998): Rentenversicherungsbericht 1998, in: Verhandlungen des deutschen Bundestages, Bd. 13, Drucksache Nr. 11290, Bonn 1998.

Deutsches Institut für Wirtschaftsforschung (DIW) (Hrsg.): DIW-Wochenberichte Nr. 28-29/1992a; 41/1992b; 4/1993a; 15/1993b; 38-39/1996; 40/1997; 14/1998a; 30/1998b; 35/1998c.

Deutsches Institut für Wirtschaftsforschung (1982): Methodische Aspekte und empirische Ergebnisse einer makro-ökonomisch orientierten Verteilungsrechnung - Textband -; Schriften zum Bericht der Transfer-Enquete-Kommission "Das Transfersystem in der Bundesrepublik Deutschland", Bd. 1, Teilband 1, Stuttgart/Berlin/Köln/Mainz 1982.

Döring, D. u.a. (1990): Armut als Lebenslage, in: dies. (Hrsg.): Armut im Wohlstand, Frankfurt a.M. 1990, S. 7-27.

Dudey, S. (1996): Verteilungswirkungen des Sozialen Sicherungssystems in der Bundesrepublik Deutschland und Modellierung seiner zukünftigen Entwicklung, Bochum 1996.

Eeckhoff, J./Wehmeier, A. (1997): Neue verfassungsrechtliche Vorgaben für die Steuerpolitik – Ordnungspolitische Einordnung und wirtschaftspolitische Relevanz, in: Zeitschrift für Wirtschaftspolitik, Heft 2, 1997, S. 125-139.

Enderle, G. (1985): Sicherung des Existenzminimums für alle Menschen - eine Herausforderung für Ethik und Wirtschaftswissenschaft, in: ders. (Hrsg.): Ethik und Wirtschaftswissenschaft, Berlin 1985, S. 163-189.

Euler, M. (1986): Private Haushalte mit Eigentum oder Beteiligung an gewerblichen Unternehmen 1973 und 1983 - Ergebnis der Einkommens- und Verbrauchsstichprobe, in: Wirtschaft und Statistik, Heft 10, 1986, S. 836-840.

Faik, J. (1997): Institutionelle Äquivalenzskalen als Basis von Verteilungsanalysen, in: Becker, I./Hauser, R. (Hrsg.): Einkommensverteilung und Armut – Deutschland auf dem Weg zur Vierfünftel-Gesellschaft?, Frankfurt a.M./New York 1997, S. 13-42.

Ferguson, J.M. (Hrsg.) (1964): Public Debt and Future Generations, Chapel Hill 1964.

Föhl, C. (1953/54): Kritik der progressiven Einkommensbesteuerung, in: Finanzarchiv, N.F., 1953/54, S. 88-109.

Fourastié, J. (1954): Die große Hoffnung des zwanzigsten Jahrhunderts, Köln-Deutz 1954.

Francke, H.-H./Nitsch, H. (1996): Der Beitrag der Währungsumstellung zur Finanzierung der deutschen Einheit, in: Oberhauser, A. (Hrsg.): Finanzierungsprobleme der deutschen Einheit IV, Bd. 229/IV, Berlin 1996, S. 37-67.

Frankfurter Institut für wirtschaftspolitische Studien (Hrsg.) (1988): Die Reform der gesetzlichen Krankenversicherung: Überblick, Einordnung und Bewertung, Argumente zur Wirtschaftspolitik Nr. 16, Bad Homburg 1988.

Frerich, J. (1996): Sozialpolitik: Das Sozialleistungssystem der Bundesrepublik Deutschland, 3. Auflage, München 1996.

Frey, B.S./Kirchgässner, G. (1994): Demokratische Wirtschaftspolitik, 2. Auflage, München 1994.

Fricke, D. (1979): Inzidenzbegriffe und Inzidenzkonzepte in der Finanzwissenschaft, in: WISU, Heft 10, 1979, S. 507-512.

Friedman, M. (1953): Choice, Chance, and the Personal Distribution of Income, in: Journal of Political Economy, Vol. 61, 1953, S. 277-290.

Fritzsche, B. u.a. (1995): Konsolidierungs- und Wachstumserfordernisse: Fiskalperspektiven der Bundesrepublik in den neunziger Jahren, in: RWI-Mitteilungen, Heft 1, 1995, S. 1-21.

Fritzsche, B./von Loeffelholz, H.-D. (1994): Grenzbelastungen der Einkommen durch das Steuer-Transfer-System, in: RWI-Mitteilungen, Heft 3, 1994, S. 235-260.

Fuisting, B. (1907): Die Preußischen direkten Steuern, Bd. 1, Berlin 1907.

Gärtner, W. (1985): Einige Theorien der Verteilungsgerechtigkeit im Vergleich, in: Enderle, G. (Hrsg.): Ethik und Wirtschaftswissenschaft, Berlin 1985, S. 111-142.

Gandenberger, O. (1970a): Öffentlicher Kredit und Einkommensverteilung, in: Finanzarchiv, N.F., 1970, S. 1-16.

Gandenberger, O. (1970b): Ist es möglich, durch die Aufnahme von öffentlichem Kredit die Last einer öffentlichen Ausgabe in die Zukunft zu verschieben?, in: Jahrbuch für Sozialwissenschaft, Bd. 21, 1970, S. 87-98.

Gandenberger, O. (1974a): Der öffentliche Kredit als Mittel zur Beeinflussung der zeitlichen Inzidenz von Staatsausgaben, in: WISU, Heft 7, 1974, S. 333-337.

Gandenberger, O. (1974b): Die Wirkung des öffentlichen Kredits auf die Einkommensverteilung, in: WISU, Heft 8, 1974, S. 383-387.

Gandenberger, O. (1983): Thesen zur Staatsverschuldung, in: Hansmeyer, K.-H. (Hrsg.): Staatsfinanzierung im Wandel, Berlin 1983, S. 843-865.

Geißler, H. (1976): Die Neue soziale Frage. Analysen und Dokumente, Freiburg 1976.

Gesellschaft für Versicherungswissenschaft und –gestaltung (Hrsg.) (1996): Elemente eines Systems der Sozialen Sicherung unter den Bedingungen einer Sozialen Marktwirtschaft – Das Beispiel der Bundesrepublik Deutschland, Köln 1996.

Glismann, H./Horn, E.-J. (1995): Die Krise des deutschen Systems der staatlichen Alterssicherung, in: ORDO - Jahrbuch für Ordnung von Wirtschaft und Gesellschaft, Bd. 46, 1995, S. 309-344.

Grüske, K.-D. (1978): 2. Korreferat zu Benjamin A. Okner: Total U.S. Tax Burdens: 1966 und 1970 Compared, in: Pfaff, M. (Hrsg.): Problembereiche der Verteilungs- und Sozialpolitik, Berlin 1978, S. 47-62.

Grüske, K.-D. (1985): Personale Verteilung und Effizienz der Umverteilung, Göttingen 1985.

Haller, H. (1972): Finanzpolitik, 5. Auflage, Tübingen 1972.

Hansen, A. (1941): Fiscal Policy and Business Cycles, New York 1941.

Hansmeyer, K.-H. (1965): Der öffentliche Kredit, Frankfurt a. M. 1965.

Hatzius, Th./Marggraf, R. (1994): Konzepte der Armutsmessung, in: Schäfer, H.-B. (Hrsg.): Armut in Entwicklungsländern, Berlin 1994, S. 119-163.

Hauser, R. (1992): Die personelle Einkommensverteilung in den alten und neuen Bundesländern vor der Vereinigung, in: Kleinhenz, G. (Hrsg.): Sozialpolitik im vereinten Deutschland II, Schriften des Vereins für Socialpolitik, Bd. 208/II, Berlin 1992, S. 37-72.

Hauser, R. (1995): Das empirische Bild der Armut in der Bundesrepublik Deutschland - ein Überblick, in: Aus Politik und Zeitgeschichte, Nr. B 31-32/1995, S. 3-13.

Hauser, R. (1997): Vergleichende Analyse der Einkommensverteilung und der Einkommensarmut in den alten und neuen Bundesländern 1990 bis 1995, in: Becker, I./Hauser, R. (Hrsg.): Einkommensverteilung und Armut – Deutschland auf dem Weg zur Vierfünftel-Gesellschaft?, Frankfurt a.M./New York 1997, S. 63-82.

Hauser, R./Neumann, U. (1992): Armut in der Bundesrepublik Deutschland. Die sozialwissenschaftliche Thematisierung nach dem Zweiten Weltkrieg, in: Leibfried, S./Voges, W. (Hrsg.): Armut im modernen Wohlfahrtsstaat, Opladen 1992, S. 237-271.

Hauser, R./Wagner, G. (1996): Die Einkommensverteilung in Ostdeutschland - Darstellung und Vergleich der Determinanten für die Jahre 1990 bis 1994, in: Hauser, R. (Hrsg.): Sozialpolitik im vereinten Deutschland III, Bd. 208/III, Berlin 1996, S. 79-127.

Heilemann, U. (1994): Konsolidierungs- und Wachstumserfordernisse: Fiskalperspektiven der Bundesrepublik in den neunziger Jahren, Untersuchungen des RWI Essen, Heft 14, 1994.

Heilemann, U./Rappen, H. (1995): Was kostet uns die Einheit? in: Hamburger Jahrbuch für Wirtschafts- und Gesellschaftspolitik, 1993, S. 85-110.

Heilemann, U./Rappen, H. (1997): Sieben Jahre deutsche Einheit: Rückblick und Perspektiven in fiskalischer Sicht, in: Aus Politik und Zeitgeschichte, Nr. B 40-41/1997, S. 38-46.

Heinen, E. (1971): Grundlagen betriebswirtschaftlicher Entscheidungen, 2. Auflage, Wiesbaden 1971.

Hemmer, H.-R. (1988): Wirtschaftsprobleme der Entwicklungsländer, 2. Auflage, München 1988.

Henke, K.-D. (1978): Die Gültigkeit des Transferansatzes in der Rezession, in: Finanzarchiv, N.F., 1978, S. 440-444.

Henke, K.-D./Leber, W.-D. (1993): Territoriale Erweiterung und wettbewerbliche Neuordnung der gesetzlichen Krankenversicherung, in: Hansmeyer, K.-H. (Hrsg.): Finanzierungsprobleme der deutschen Einheit II, Schriften des Vereins für Socialpolitik, Bd. 229/II, Berlin 1993, S. 11-62.

Hickel, R./Priewe, J. (1994): Nach dem Fehlstart - Ökonomische Perspektiven der deutschen Vereinigung, Frankfurt a.M. 1994.

Hober, R.-J./Mierheim, H. (1981): Die Bedeutung des Versorgungsvermögens für die personelle Vermögensverteilung der privaten Haushalte in der Bundesrepublik Deutschland 1973, in: Jahrbücher für Nationalökonomie und Statistik, Heft 5, 1981, S. 385-419.

Hochmuth, U. u.a. (Hrsg.): Armut in der sozialen Marktwirtschaft. Möglichkeiten und Probleme ihrer Überwindung aus ordnungspolitischer Sicht, Tübingen 1995.

Huppertz, P.-H./Wartenberg, U. (1978): Wirkt die Umsatzsteuer verteilungsneutral?, in: Wirtschaftsdienst, Heft 8, 1978, S. 395-399.

Huster, E.-U. (1996): Armut in Europa, Opladen 1996.

Institut der deutschen Wirtschaft (Hrsg.) (1993): Zahlen zur wirtschaftlichen Entwicklung der Bundesrepublik Deutschland, Köln 1993.

Institut der deutschen Wirtschaft (Hrsg.) (1998): Zahlen zur wirtschaftlichen Entwicklung der Bundesrepublik Deutschland, Köln 1998.

Internationales Arbeitsamt Genf (1976): Beschäftigung, Wachstum und Grundbedürfnisse: Ein weltweites Problem, Genf 1976.

Kampmann, R. (1983): Theoretische und ökonometrische Untersuchungen zur Körperschaftsteuerüberwälzung, Frankfurt a.M./Bern/New York 1983.

Kirsch, G./Mackscheidt, K. (1985): Staatsmann, Demagoge, Amtsinhaber - Eine psychologische Ergänzung der ökonomischen Theorie der Politik, Göttingen 1985.

Kitterer, W. (1981): Belastungswirkungen der Umsatzsteuer, Tübingen 1981.

Kitterer, W. (1993): Rechtfertigung und Risiken einer Finanzierung der deutschen Einheit durch Staatsverschuldung, in: Hansmeyer, K.-H. (Hrsg.): Finanzierungsprobleme der deutschen Einheit I, Schriften des Vereins für Socialpolitik, Bd. 229/I, Berlin 1993, S. 39-76.

Klopfleisch, R. u.a. (1997): Wirksame Instrumente einer Arbeitsmarkt- und Beschäftigungspolitik, in: Aus Politik und Zeitgeschichte, Nr. B 35/1997, S. 23-32.

Knappe, E. (1980): Einkommensumverteilung in der Demokratie - Der Beitrag der ökonomischen Theorie der Demokratie zur Analyse der Verteilungspolitik, Freiburg i.B. 1980.

Krause-Junk, G. (1974): Zur Theorie des distributiven Marktversagens, in: Albers, W. (Hrsg.): Öffentliche Finanzwirtschaft und Verteilung II, Bd. 2, Berlin 1974, S. 33-67.

Krelle, W. u.a. (1968): Überbetriebliche Ertragsbeteiligung der Arbeitnehmer; mit einer Untersuchung über die Vermögensstruktur der Bundesrepublik Deutschland, Bd. 2, Tübingen 1968.

Kromphardt, J. (1998): Arbeitslosigkeit und Inflation, 2. Auflage, Göttingen 1998.

Krupp, H.J. (1978): Das monetäre Transfersystem in der Bundesrepublik Deutschland, in: Krupp, H.J./Glatzer, W. (Hrsg.): Umverteilung im Sozialstaat, Frankfurt a.M./New York 1978, S. 21-69.

Külp, B. (1994): Verteilung. Theorie und Politik, 3. Auflage, Stuttgart/Jena 1994.

Kurz, R. (1984): Staatsverschuldung und Einkommensverteilung, in: Konjunkturpolitik, Heft 4, 1984, S. 217-231.

Kuznets, S. (1955): Economic Growth and Economic Inequality, in: American Economic Review, Vol. 45, 1955, S. 1-28.

Lampert, H. (1996): Lehrbuch der Sozialpolitik, 4. Auflage, Berlin 1996.

Laux, G. (1983): Ausbau der Konzentrationsstatistiken im Produzierenden Gewerbe, in: Wirtschaft und Statistik, Heft 5, 1983, S. 385-395.

Lerner, A.P. (1944): The Economics of Control, New York 1944.

Lindbeck, A. (1985): Redistribution Policy and the Expansion of the Public Sector, in: Journal of Public Economics, Vol. 28, 1985, S. 309-328.

Lutz, P.F./Schneider, U. (1997): Der soziale Ausgleich in der gesetzlichen Krankenversicherung, Diskussionspapier Nr. 200 des Fachbereichs Wirtschaftswissenschaften der Universität Hannover, 1997.

Lydall, H. (1959): The Distribution of Employment Incomes, in: Econometrica, Vol. 27, 1959, S. 110-115.

Lydall, H. (1981): Theorien der Verteilung des Arbeitseinkommens, in: Klanberg, F./Krupp, H. J. (Hrsg.): Einkommensverteilung, Königstein 1981, S. 125-147.

Mackscheidt, K. (1993): Die Transferaktivität der Bundesanstalt für Arbeit nach der Deutschen Einigung – Dynamik und Effizienz, in: Hansmeyer, K.-H. (Hrsg.): Finanzierungsprobleme der deutschen Einheit I, Schriften des Vereins für Socialpolitik, Bd. 229/I, Berlin 1993, S. 113-156.

Meade, J. E. (1964): Efficiency, Equality, and the Ownership of Property, London 1964.

Meade, J. E. (1976): The Just Economy, Vol. 4: Principles of Political Economy, Albany 1976.

Meier, G. M. (1995): Leading Issues in Economic Development, 6. Auflage, New York/Oxford 1995.

Mierheim, H./Wicke, L. (1978): Die personelle Vermögensverteilung, Tübingen 1978.

Mincer, J. (1958): Investment in Human Capital and Personal Income Distribution, in: The Journal of Political Economy, Vol. 66, 1958, S. 281-302.

Molitor, B. (1973): Öffentliche Leistungen in verteilungspolitischer Sicht, in: Zeitschrift für Wirtschafts- und Sozialwissenschaften, 1. Halbband, Berlin, 1973, S. 147-158.

Mückl, W.J. (1983): Öffentliche Verschuldung und intertemporale Steuerlastverteilung, in: WiSt, Heft 10, 1983, S. 497-503.

Müller, K. u.a. (1995): Zur Entwicklung der Einkommensverteilung und Einkommenszufriedenheit in den alten und neuen Bundesländern 1990 bis 1993, in: Glatzer, W./Noll, H.-H. (Hrsg.): Getrennt vereint - Lebensverhältnisse in Deutschland seit der Wiedervereinigung, Frankfurt a.M. 1995, S. 73-108.

Müller, L. (1993): Probleme der Staatsverschuldung vor dem Hintergrund der deutschen Vereinigung, in: Wirtschaftsdienst, Heft 3, 1993, S. 121-130.

Murray, Ch. (1984): Losing Ground: American Social Policy 1950-1980, New York 1984.

Musgrave, R.A. (1974): Finanztheorie, 2. Auflage, Tübingen 1974.

Musgrave, R.A./Musgrave, P.B./Kullmer, L. (1993): Die öffentlichen Finanzen in Theorie und Praxis, Bd. 2, 5. Auflage, Tübingen 1993.

Netzer, D. (1966): Economics of the Property Tax, Washington 1966.

Oberhauser, A. (1974): Erbschafts- und Vermögensbesteuerung als Mittel zur gleichmäßigeren Verteilung des Vermögensbestandes, in: Albers, W. (Hrsg.): Öffentliche Finanzwirtschaft und Verteilung I, Bd. 1, Berlin 1974, S. 147-164.

OECD (Hrsg.) (1998): Employment Outlook 1998, Paris 1998.

Okner, B.A. (1978): Total U.S. Tax Burdens: 1966 and 1970 Compared, in: Pfaff, M. (Hrsg.): Problembereiche der Verteilungs- und Sozialpolitik, Berlin 1978, S. 13-41.

Ott, G. (1981): Einkommensumverteilungen in der gesetzlichen Krankenversicherung, Frankfurt a.M./Bern 1981.

Pagenkopf, J. (1980): Verteilungs- und Konzentrationsmaße, in: Albers, W. u.a. (Hrsg.): Handwörterbuch der Wirtschaftswissenschaft, Bd. 8, Stuttgart/Tübingen/Göttingen 1980, S. 333-340.

Pareto, V. (1964): Cours d' Économie Politique, Nouvelle Edition, Paris 1964.

Pätzold, J. (1998): Stabilisierungspolitik, 6. Auflage, Bern et al. 1998.

Pen, J. (1971): Income Distribution, London 1971.

Pfaff, A.B./Pfaff, M. (1995): Die Familie als Leistungsträger und Leistungsempfänger im Gesundheitswesen, in: Kleinhenz, G. (Hrsg.): Soziale Ausgestaltung der Marktwirtschaft – Festschrift zum 65. Geburtstag von Prof. Heinz Lampert, Berlin 1995.

Pigou, A. C. (1932): The Economics of Welfare, 4. Auflage, London 1932.

Pohmer, D. (1972): Die Staatsverschuldung als Instrument der Verteilungspolitik, in: Haller, H./Albers, W. (Hrsg.): Probleme der Staatsverschuldung, Berlin 1972, S. 143-187.

Pohmer, K. (1985): Mikroökonomische Theorie der personellen Einkommensverteilung, Berlin/Heidelberg/New York/Tokyo 1985.

Ragnitz, J. (1996): Zur Kontroverse um die Transferzahlungen in die neuen Bundesländer, in: Wirtschaft im Wandel, Heft 5, 1996, S. 3 ff.

Ragnitz, J. (1998): Transferleistungen in den neuen Bundesländern bleiben auf hohem Niveau, in: Wirtschaft im Wandel, Heft 3, 1998, S. 2.

Ramser, H. J. (1987): Verteilungstheorie, Berlin et al. 1987.

Rawls, J. (1979): Eine Theorie der Gerechtigkeit, Frankfurt a.M. 1979.

Recktenwald, H.C. (1958): Steuerinzidenzlehre. Grundlagen und Probleme, 2. Auflage, Berlin 1958.

Recktenwald, H.C. (Hrsg.) (1983): Lexikon der Staats- und Geldwirtschaft, München 1983.

Recktenwald, H.C. (1984): Neue Analytik der Steuerwirkungen, in: WiSt, Heft 8, 1984, S. 393-400.

Rheinisch-Westfälisches Institut für Wirtschaftsforschung (Hrsg.) (1992): Wer finanziert die deutsche Einheit? Zur Diskussion um die Gerechtigkeitslücke, RWI-Konjunkturbrief Nr. 3/1992.

Rheinisch-Westfälisches Institut für Wirtschaftsforschung (Hrsg.) (1997): Mehrwertsteuererhöhung und Senkung der Sozialabgaben: Beschäftigungs- und Verteilungseffekte, RWI-Konjunkturbrief Nr. 3/1997.

Ricardo, D. (1817): On the Principles of Political Economy and Taxation, London 1817, wieder abgedruckt in: Sraffa, P. (Hrsg.): The Works and Correspondence of David Ricardo, Vol. I, Cambridge 1962.

Ricardo, D. (1820): Funding System, An Article in the Supplement of the Fourth, Fifth and Sixth Editions of the Encyclopaedia Britannica, wieder abgedruckt in: Sraffa, P. (Hrsg.): The Works and Correspondence of David Ricardo, Vol. IV, Cambridge 1962.

Rinne, H./Ickler, G. (1979): Statistik I, München 1979.

Rinne, H. (1997): Taschenbuch der Statistik, 2. Auflage, Thun/Frankfurt a.M. 1997.

Roberts, C.C. (1980): Verteilungstheorie und Verteilungspolitik, Köln 1980.

Roy, A.D. (1950): The Distribution of Earnings and Individual Output, in: The Economic Journal, Vol. 60, 1950, S. 489-505.

Rürup, B./Körner, H. (1985): Finanzwissenschaft - Grundlagen der öffentlichen Finanzwirtschaft, 2. Auflage, Düsseldorf 1985.

Sachverständigenrat zur Begutachtung der gesamtwirtschaftlichen Entwicklung (Hrsg.): Jahresgutachten 1992/93 und 1997/98.

Sahota, G.S. (1978): Theories of Personal Income Distribution: A Survey, in: Journal of Economic Literature, Vol. 16, 1978, S. 1-55.

Sahota, G.S./Rocca, C.A. (1985): Income Distribution. Theory, Modeling, and Case Study of Brazil, Iowa 1985.

Saint Paul, G./ Verdier, Th. (1996): Inequality, Redistribution and Growth: A Challenge to the Conventional Political Economy Approach, in: European Economic Review, Vol. 40, 1996, S. 719-728.

Sautter, H. (1992): Armut in Entwicklungsländern - Ein wirtschaftsethisches Problem, in: WISU, Heft 5, 1992, S. 421-428.

Schäuble, G. (1984): Theorien, Definitionen und Beurteilung der Armut, Berlin 1984.

Schadendorf, F. (1998): Trennung von Krankenversicherung und Verteilungspolitik, in: Wirtschaftsdienst, Heft 12, 1998, S. 728-735.

Schäfer, C. (1998): Zur Verteilungsentwicklung in 1997/1998 und den Vorjahren, in: WSI-Mitteilungen, Heft 10, 1998, S. 675-690.

Schanz, G. (1896): Der Einkommensbegriff und die Einkommensteuergesetze, in: Finanzarchiv, N.F., 1896, S. 1-87.

Scheurle, U. (1991): Statistische Erfassung von Armut, Göttingen 1991.

Schlenger, M. (1998): Versicherungsfremde Leistungen in der gesetzlichen Rentenversicherung, Veröffentlichungen des Karl-Bräuer-Instituts des Bundes der Steuerzahler, Heft 86, Wiesbaden 1998.

Schmähl, W. (1980): Verteilungswirkungen des Rentenversicherungssystems (I – II), in: WiSt, Heft 1, 1980, S. 43-47 und Heft 2, 1980, S. 93-97.

Schmähl, W. (Hrsg.) (1985): Versicherungsprinzip und soziale Sicherung, Tübingen 1985.

Schmähl, W. u.a. (1986): Soziale Sicherung 1975-1985, Frankfurt a.M./Bern/New York 1986.

Schmähl, W. (1991): Alterssicherung in der DDR und ihre Umgestaltung im Zuge des Einigungsprozesses, in: Kleinhenz, G. (Hrsg.): Sozialpolitik im vereinten Deutschland I, Schriften des Vereins für Socialpolitik, Bd. 208/I, Berlin 1991, S. 49-95.

Schmidt, K. (1988): Kann Ungleichheit gerecht sein?, in: Wirtschaftsdienst, Heft 9, 1988, S. 451-456.

Schneider, D. (1994): Grundzüge der Unternehmensbesteuerung, 6. Auflage, Wiesbaden 1994.

Schubert, R. (1994): Armut in Entwicklungsländern - Begriff, Ausmaß, Konsequenzen, in: Schäfer, H.-B. (Hrsg.): Armut in Entwicklungsländern, Berlin 1994, S. 13-39.

Schwitzer, K.-P. (1990): Zur sozialen Lage von AltersrentnerInnen in der DDR vor der Währungs-, Wirtschafts- und Sozialunion, in: WSI-Mitteilungen, Heft 8, 1990, S. 492-498.

Seligman, E.R.A. (1925): Studies in Public Finance, New York 1925.

Sen, A. (1975): Ökonomische Ungleichheit, Frankfurt a.M. 1975.

Sen, A. (1981): Poverty and Famines: An Essay on Entitlement and Depreviation, Oxford 1981.

Sen, A. (1997): Inequality, Unemployment and Contemporary Europe, in: International Labour Review, Vol. 136, 1997, S. 155-172.

Shoup, C.S. (1969): Public Finance, Chicago 1969.

Siebert, H. (1970): Zur Frage der Distributionswirkungen öffentlicher Infrastrukturinvestitionen, in: Jochimsen, R./Simonis, U.E. (Hrsg.): Theorie und Praxis der Infrastrukturpolitik, Berlin 1970.

Simon, H. (1957): The Compensation of Executives, in: Sociometry, Vol. 20, 1957, S. 32-35.

Simons, H.C. (1938): Personal Income Taxation, Chicago 1938.

Smith, A. (1974): Der Wohlstand der Nationen. Eine Untersuchung seiner Natur und seiner Ursachen, München 1974.

Sohmen, E. (1992): Allokationstheorie und Wirtschaftspolitik, 2. Auflage, Tübingen 1992.

Spies, V. u.a. (1992): Verfügbares Einkommen nach Haushaltsgruppen; Revidierte Ergebnisse der Volkswirtschaftlichen Gesamtrechnung für die Jahre 1972 bis 1991, in: Wirtschaft und Statistik, Heft 7, 1992, S. 418-430, 441, 445.

Staehle, H. (1943): Ability, Wages and Income, in: Review of Economics and Statistics, Vol. 25, 1943, S. 77-87.

Stahn, C.-D. (1976): Zur personellen Vermögensverteilung und ihrer Beeinflussung, Mannheim 1976.

Statistisches Bundesamt (Hrsg.): Statistisches Jahrbuch für die Bundesrepublik Deutschland, verschiedene Jahrgänge, Stuttgart/Mainz.

Statistisches Bundesamt (Hrsg.): Fachserie 14: Finanzen und Steuern; Reihe 7.1: Einkommensteuer 1980, 1989 bzw. 1992, Wiesbaden 1983, 1995a bzw. 1998a.

Statistisches Bundesamt (Hrsg.): Fachserie 14: Finanzen und Steuern; Reihe 7.3: Lohnsteuer 1980 bzw. 1989, Wiesbaden 1983 bzw. 1994.

Statistisches Bundesamt (Hrsg.): Fachserie 18: Volkswirtschaftliche Gesamtrechnungen; Reihe 1.3: Hauptbericht, Wiesbaden 1995b bzw. 1997a.

Statistisches Bundesamt (Hrsg.) (1974): Fachserie M: Preise, Löhne, Wirtschaftsrechnungen; Reihe 18: Einkommens- und Verbrauchsstichproben, Heft 7: Aufgabe, Methode und Durchführung der Einkommens- und Verbrauchsstichprobe 1969, Wiesbaden 1974.

Statistisches Bundesamt (Hrsg.) (1985): Erbschaftsteuer 1973-1978, Wiesbaden 1985.

Statistisches Bundesamt (Hrsg.) (1995c): Fachserie 15: Wirtschaftsrechnungen; Einkommens- und Verbrauchsstichprobe 1993, Heft 2, Wiesbaden 1995.

Statistisches Bundesamt (Hrsg.) (1997b): Sonderveröffentlichung "Neue Bundesländer und Berlin-Ost" zu Fachserie 18, Reihe 1.3, Wiesbaden 1997.

Statistisches Bundesamt (Hrsg.) (1997c): Fachserie 14: Finanzen und Steuern; Reihe 7.4: Vermögensteuer: Hauptveranlagung 1993, Wiesbaden 1997.

Statistisches Bundesamt (Hrsg.) (1997d): Fachserie 15: Wirtschaftsrechnungen; Einkommens- und Verbrauchsstichprobe 1993, Heft 4, Wiesbaden 1997.

Statistisches Bundesamt (Hrsg.) (1998b): Fachserie 13: Sozialleistungen; Reihe 2: Sozialhilfe 1996, Wiesbaden 1998.

Stille, F. (1996): Transfers und Infrastruktur - Entwicklung und Perspektiven in den neuen Bundesländern, in: Institut für Wirtschaftsforschnung Halle (Hrsg.): Transferleistungen, Wirtschaftsstruktur und Wachstum in den neuen Bundesländern, Sonderheft Nr. 1/1997, Halle 1996, S. 15-33.

Stobbe, A. (1962): Untersuchungen zur makroökonomischen Theorie der Einkommensverteilung, Tübingen 1962.

Stobbe, A. (1981): Möglichkeiten und Fragestellungen einer Verteilungstheorie, in: Klanberg, F./Krupp, H.-J. (Hrsg.): Einkommensverteilung, Königstein 1981, S. 33-48.

Stolz, I. (1983): Einkommensumverteilung in der Bundesrepublik Deutschland, Frankfurt a.M./New York 1983.

Teichmann, U. (1993): Wirtschaftspolitik, 4. Auflage, München 1993.

Teichmann, D./Meinhardt, V. (1993): Einflüsse steuer- und sozialpolitischer Maßnahmen auf die Einkommensverteilung, in: Deutsches Institut für Wirtschaftsforschung (Hrsg.): Vierteljahreshefte zur Wirtschaftsforschung, Heft 3/4, 1993, S. 131-149.

Thurow, L. (1981): Die Null-Summen-Gesellschaft. Einkommensverteilung und Möglichkeiten wirtschaftlichen Wandels, München 1981.

Timm, H. (1984): Zeitliche Lastverschiebung durch Staatsverschuldung oder Privatverschuldung, in: Finanzarchiv, N.F., 1984, S. 71-85.

Tinbergen, J. (1956): On the Theory of Income Distribution, in: Weltwirtschaftliches Archiv, 1956, S. 155-175.

Tofaute, H. (1994): Verteilungswirkungen der Mehrwertsteuer auf private Haushaltseinkommen, in: WSI-Mitteilungen, Heft 10, 1994, S. 644-653.

Tofaute, H. (1996): Die Belastung der privaten Haushaltseinkommen mit speziellen Verbrauchsteuern, in: WSI-Mitteilungen, Heft 10, 1996, S. 616-629.

Tullock, G. (1997): Economics of Income Redistribution, 2. Auflage, Boston/The Hague/London 1997.

Verband deutscher Rentenversicherungsträger (VDR) (Hrsg.): Rentenversicherung in Zeitreihen 1998, Frankfurt a.M. 1998.

Vesper, D. (1995): Finanzpolitisches Handeln im Vereinigungsprozeß – ein Rückblick auf fünf Jahre Deutsche Einheit, in: Deutsches Institut für Wirtschaftsforschung (Hrsg.): Vierteljahreshefte zur Wirtschaftsforschung, Heft 3, 1995, S. 367-385.

Vogt, W. (1986): Neue Impulse für die Vermögensbildung, in: Wirtschaftsdienst, 1986, S. 166-168.

von Stein, L. (1878): Lehrbuch der Finanzwissenschaft, Bd. 2, 4. Auflage, Leipzig 1878.

von Weizsäcker, R. K. (1996): Distributive Implications of an Aging Society, in: European Economic Review, Vol. 40, 1996, S. 729-746.

Wagner, G. (1985): Zur Meßbarkeit eines versicherungsgemäßen Risikoausgleichs und der Umverteilung in der gesetzlichen Rentenversicherung, in: Schmähl, W. (Hrsg.): Versicherungsprinzip und soziale Sicherung, Tübingen 1985, S. 141-203.

Wartenberg, U. (1979a): Die Belastung der privaten Haushalte mit Steuern auf spezielle Güter, in: Wirtschaftsdienst, Heft 1, 1979, S. 34-39.

Wartenberg, U. (1979b): Verteilungswirkungen staatlicher Aktivitäten, Berlin 1979.

Weltbank (Hrsg.) (1990): Weltentwicklungsbericht 1990 - Die Armut, Washington 1990.

Weltring, S. (1997): Staatsverschuldung als Finanzierungsinstrument des Deutschen Vereinigungsprozesses, Frankfurt a.M. 1997.

Werner, J. (1979): Verteilungspolitik, Stuttgart/New York 1979.

Windhoff-Héritier, A. (1982): Soziale Gleichheit durch Umverteilung. Zum Begriff der Umverteilungspolitik und dessen politikwissenschaftlicher Einbindung, in: Politische Vierteljahresschrift, 1982, S. 68-86.

Wissenschaftlicher Beirat bei Bundesministerium für Wirtschaft (Hrsg.) (1998): Gutachten „Grundlegende Reform der gesetzlichen Rentenversicherung", Bonn 1998.

Wolfe, M. (1955): The Concept of Economic Sectors, in: Quarterly Journal of Economics, Vol. 69, 1955, S. 402-420.

Woll, A. (1992): Wirtschaftspolitik, 2. Auflage, München 1992.

Zeitel, G. (1959): Die Steuerlastverteilung in der Bundesrepublik Deutschland, Tübingen 1959.

Zeitel, G. (1972): Staatsverschuldung und Inflation, in: F.A.Z. vom 2.9.1972.

Zenthöfer, W./Leben, G. (1998): Körperschaftsteuer, Gewerbesteuer, 9. Auflage, Stuttgart 1998.

Zenthöfer, W./Schulze zur Wiesche, D. (1997): Einkommensteuer, 4. Auflage, Stuttgart 1997.

Zimmermann, H. (1976): Subventionen und Verteilung, in: Dreißig, W. (Hrsg.): Öffentliche Finanzwirtschaft und Verteilung, Bd. 4, Berlin 1976.

Zimmermann, G. H. (1993): Armut: Konzepte, Definitionen und Operationalisierungsansätze in der BRD, in: Soziale Probleme, Heft 4, 1993, S. 193-228.

Zimmermann, H./Henke, K.-D. (1994): Finanzwissenschaft, 7. Auflage, München 1994.

Personenverzeichnis

Aaron, H. J., 275, 278
Ahrns, H.-J., 150
Albers, W., 5
Andel, N., 5, 168, 240, 243
Arkes, J., 124
Atkinson, A. B., 59-62, 133

Bagus, J., 251
Bartmann, H., 11, 52, 54, 55, 57
Becker, G. S., 126, 139, 141, 143
Becker, I., 99, 323, 325-329
Beckmann, M. J., 143, 144
Bedau, K.-D., 73
Bender, D., 63
Berthold, N., 147
Bird, R. M., 172
Blümle, G., 11, 54, 55, 58, 59, 131, 143
Böhm, S., 367
Bohnet, A., 129, 136, 138, 139, 275, 280, 339
Bork, C., 315
Boss, A., 335, 345
Boulding, K. E., 2
Brümmerhoff, D., 163
Buchanan, J. M., 258, 260, 261
Büser, W., 303-306

Cattelaens, H., 182
Champernowne, D. G., 6, 50, 126, 128, 129
Clark, J. B., 121
Cremer, H., 151

Dalton, H., 54, 58
Demmler, H., 19
Dennerlein, R. K.-H., 209, 226
Döring, D., 67
Dudey, S., 295

Eeckhoff, J., 267
Enderle, G., 68
Euler, M., 28

Faik, J., 70, 334
Fehn, R., 147
Ferguson, J. M., 259
Feser, H. D., 150
Föhl, C., 196-200
Fourastié, J., 6
Francke, H.-H., 375, 377
Frerich, J., 296
Frey, B. S., 4
Fricke, D., 164
Friedman, M., 135-137, 142
Fritzsche, B., 357, 373
Fuisting, B., 20

Gärtner, W., 2
Gandenberger, O., 239-243, 245, 246, 250, 258, 262, 263
Geißler, H., 62, 64, 69, 70
Gibrat, R., 6, 126-128
Glatzer, W.,
Glismann, H., 298
Grüske, K.-D., 7, 120, 122, 123, 129, 133, 141, 146, 173

Haig, R. M., 20
Haller, H., 239, 258
Hansen, A., 239, 258
Hansmeyer, K.-H., 239
Hatzius, Th., 63
Hauser, R., 63, 64, 67, 99, 334-336
Heck, S., 339
Heilemann, U., 340-342, 346, 356-361, 364, 366, 373, 374, 379, 380
Heinen, E., 202
Hemmer, H.-R., 149
Henke, K.-D., 251, 338
Hickel, R., 342

Hober, R.-J., 108-111
Hochmuth, U., 99
Horn, E.-J., 298
Huppertz, P.-H., 226
Huster, E.-U., 64, 71

Ickler, G., 49, 54

Kalecki, M., 11, 128
Kampmann, R., 201
Kirchgässner, G., 4
Kirsch, G., 4
Kitterer, W., 226, 233, 351, 352, 375
Klopfleisch, R., 146
Knappe, E., 3
Körner, H., 4
Krause-Junk, G., 7
Krelle, W., 109
Kromphardt, J., 146, 147
Krupp, H. J., 173
Külp, B., 122, 127, 142, 143, 151
Kullmer, L., 275
Kurz, R., 256
Kuznets, S., 148-150

Laux, G., 53
Lampert, H., 297
Leben, G., 182, 183
Leber, W.-D., 338
Lerner, A. P., 9, 257
Lindbeck, A., 1, 3
Lutz, P. F., 323
Lydall, H., 123, 126, 132, 133, 143, 144

Mackscheidt, K., 4, 367
Marggraf, R., 63
Marx, K., 11
Meade, J. E., 133, 134
Meier, G. M., 148
Meinhardt, V., 363, 364, 367
Mierheim, H., 108-111, 113
Mincer, J., 126, 139-141
Modigliani, F., 259
Molitor, B., 38
Mückl, W. J., 262
Müller, K., 315
Müller, L., 351, 375
Murray, Ch., 62
Musgrave, P. B., 275
Musgrave, R. A., 163, 275

Netzer, D., 278
Neumann, U., 64
Nitsch, H., 375, 377

Oberhauser, A., 283
Okner, B. A., 173
Ott, G., 328

Pätzold, J., 147
Pagenkopf, J., 53
Pareto, V., 6, 44-46, 55, 56, 123, 128, 129, 143, 144
Pen, J., 10
Pestieau, P., 135, 151
Pfaff, A.B., 323
Pfaff, M., 2, 323
Pigou, A. C., 54, 126, 129-135
Pohmer, D., 247
Pohmer, K., 129-139
Possen, U. M., 135
Pott, A., 367
Preiser, E., 11
Priewe, J., 342

Ragnitz, J., 337
Ramser, H. J., 128, 139, 144
Rappen, H., 340-342, 346, 356, 361, 364, 373
Rawls, J., 2
Recktenwald, H. C., 29, 163, 168
Ricardo, D., 5, 257, 263
Rinne, H., 49, 52-54
Roberts, C. C., 20, 56, 62
Rocca, C. A., 133
Rosenschon, A., 335, 343
Roy, A. D., 126, 131-133

Rürup, B., 4

Sahota, G. S., 129, 133
Saint Paul, G., 150
Sautter, H., 64
Schachtschabel, H. G.
Schadendorf, F., 324
Schäfer, C., 315
Schäuble, G., 70
Schanz, G., 20, 21
Scheurle, U., 70
Schlenger, M., 298
Schmähl, W., 312, 325-328, 367
Schmidt, K., 150
Schmölders, G.,
Schneider, D., 174
Schneider, U., 323
Schubert, R., 63, 65, 71
Schulze zur Wiesche, D., 177, 178
Schunke, J., 109
Schwitzer, K. P., 367
Seligman, E. R. A., 190
Sen, A., 65-68
Shoup, C. S., 163, 173, 258
Siebert, H., 38
Siebke, J., 109
Simon, H., 143, 144
Simons, H. C., 20
Smith, A., 236, 257
Sohmen, E., 8
Spies, V., 91, 92
Staehle, H., 130, 131
Stahn, C.-D., 29, 30
Stiglitz, J. E., 133
Stille, F., 335
Stobbe, A., 76, 121, 122
Stolz, I., 204, 205

Teichmann, U., 3, 7, 363, 364, 367
Thurow, L., 2
Timm, H., 262, 263
Tinbergen, J., 137-139
Tofaute, H., 209-211, 225-228, 359, 362-365
Tullock, G., 1, 2, 6

Verdier, Th., 150
Vesper, D., 359
Vickrey, W., 259
Vogt, W., 291
von Loeffelholz, H.-D., 373
von Stein, L., 236
von Weizsäcker, R. K., 151

Wagner, G., 321, 334, 335
Wartenberg, U., 209, 226
Wehmeier, A., 267
Weltring, S., 348, 350, 352
Werner, J., 4, 142
Wicke, L., 108, 108, 113
Windhoff-Hértier, 4
Woll, A., 125
Wolfe, M., 6

Zeitel, G., 173, 225, 239, 258
Zenthöfer, W., 177, 178, 182, 183
Zimmermann, G. H., 70, 71
Zimmermann, H., 5, 39

Sachverzeichnis

Alterskohorten, 5, 312, 321, 330
Altersrenten, 298, 317, 320, 322
Andel-Modell
- Bewertung, 242
- Darstellung, 241, 242
Angestellte, 5, 27, 32, 50, 90, 93, 99, 100, 102, 103, 144, 288-290, 297, 303-309, 312-317, 367, 370-374, 379-381
Ankündigungsphase, 168, 170, 172
Anpassungsreaktionen, 155, 164, 342
Anwartschaftsvermögen s.a. Versorgungsvermögen
Äquivalenzeinkommen, 98, 99, 334-336
Äquivalenzskala, 334
Arbeiter, 5, 32, 50, 90, 93, 100, 102, 131, 132, 288-290, 297, 303-309, 312-317, 359, 367, 370-372, 374, 379-381
Arbeitgeberbeiträge zur Sozialversicherung, 160, 302, 304, 305, 342, 378
Arbeitnehmerbeiträge zur Sozialversicherung, 160, 302, 304, 305, 315, 342, 378
Arbeitslosenversicherung, gesetzliche, 146, 295, 307, 308, 338, 339, 367, 368, 378
Arithmetisches Mittel, 49, 50-52, 56, 336
Arbeitnehmerquote, 74-76
Arbeitnehmersparzulage, 161, 287, 291
Armut
- allgemeines, 11, 13
- absolute, 63-65, 68-70, 97
- Begriff, 63
- bekämpfte, 70
- offene, 64, 65, 70
- relative, 63, 68, 71, 97, 99
- verdeckte, 64, 65
- verschämte, 64
- versteckte, 64, 65
Armutsfalle 62
Armutsgrenze
- allgemeines, 63-69, 71, 98, 99
- Berechtigungsansatz, 66, 68
- Konzept der Grundbedürfnisse, 66-68
- Konzept der Einkommensarmut und des Lebenslagenansatzes, 67
Armutsindex, 65, 69
Armutsindikatoren, 65, 68, 69
Armutslücke, 65, 69
Armutsschwelle, 65
Atkinson-Maß, 59-62, 336
Aufschlagskalkulation, 192, 204, 205, 275, 276
Ausgabeninzidenz, 164
Ausgaben des Staates, Überblick, 38-40

Bausparen, 28, 113, 286, 287
Beamte, 5, 29, 50, 90, 99, 100, 102, 104, 288-290, 296, 297, 301, 302, 303, 319, 332, 359, 373, 374, 379-381
Bedarfsgerechtigkeit, 10, 12
Before and after-Prinzip, 166, 167
Beitragsbemessungsgrenze, 298, 301, 302-307, 317-319, 324, 325, 369, 373
Betriebsvermögen, 28, 177, 267, 268, 275
Bodensteuer, 278, 279
Börsenumsatzsteuer, 266
Branntweinsteuer, 166, 171, 207, 210
Bruttoeinkommen gemäß EVS, 86, 87, 210, 227, 319, 357-359, 365, 366, 369, 373, 374, 380
Budgetniveauinzidenz, 165, 166, 229, 251, 255, 260
Bundesversicherungsanstalt für Arbeit, s.a. Arbeitslosenversicherung, gesetzliche

Bundesversicherungsanstalt für Angestellte (BfA), 297

Crowding-Out, 260, 261, 377, 378

Differentialinzidenzanalyse, 256, 261
Differentielle Inzidenz, 165, 166
Direkte Steuern, 25, 87, 89, 127, 155, 156, 160, 176, 177, 359, 365
Disparität, s.a. Konzentration, relative
Durchschnittslage, 52, 53

Effektive Inzidenz, s.a. Materielle Inzidenz
Ehegattensplitting, 180
Einheitswert, 108, 113, 267, 269, 277, 278
Einkommen aus Unternehmertätigkeit und Vermögen, 19, 23, 73-76, 86, 121, 122, 154, 160
Einkommensbegriff, s.a. Finaleinkommen, Nominaleinkommen, Realeinkommen
- Definition, 18-26, 31
- in der EVS, 23
- makroökonomischer, 18, 19, 22
- Probleme, 26, 31
- steuerlicher, 20-23
- zweckorientierter, 23, 26
Einkommenseffekte, 154, 169, 224
Einkommenskoeffizient der Steuerüberwälzung, 215-217
Einkommensteuer, s.a. Gewinnsteuer
- Abzugsbeträge, 178, 376
- allgemeines, 176
- Durchschnittsteuersatz, 179-181
- Freibeträge, 178
- Grenzsteuersatz, 179-181
- quantitative Bedeutung, 36
- Progression, 179-181
- rechtliche Grundlagen, 21, 177-181
- Tarif, 179-181, 378
Einkommensteuerstatistik, 22, 23, 77, 79, 80-85, 94-96, 106, 201
Einkommens- und Verbrauchsstichprobe, 23, 25, 28, 29, 31, 72, 73, 77, 86, 88-92, 108, 109, 111, 113, 209, 354, 355, 363-365
Einkommensverteilung, s.a. Finalverteilung, Primärverteilung, Realverteilung, Sekundärverteilung
- auf soziale Gruppen, 5, 90-96, 295, 315, 333, 363, 379
- funktionelle, 5, 20, 72, 73, 76, 77, 120-122, 151, 160, 246, 283
- intergenerationale, 312, 313, 333
- intertemporale, s.a. intergenerationale
- personelle, 6, 8, 11, 12, 20, 38, 39, 46, 58, 72, 77, 120-152, 160, 295, 313, 333, 335, 358, 373, 378
- regionale, 7, 20, 39, 103-107, 145, 146, 150, 333
- sektorale, 6, 20, 39, 101, 102, 146, 152, 333
- Theorien, 120-152
Einkunftsarten, 21, 22, 82, 95, 177, 188, 270
Einnahmen des Staates
- Überblick, 32-37
Einnahmeninzidenz, 162
Erbschaftsteuer, 17, 155
- allgemeines, 175, 266, 282-284
- rechtliche Regelungen, 270-272
Erbschaftsteuerstatistik, 281
EVS, s.a. Einkommens- und Verbrauchsstichprobe
Excess burden, s.a. Zusatzlast
Existenzminimum, 13, 64-68, 70, 97, 377

Fernwirkungen, 169
Finaleinkommen, 24, 26, 160, 167
Finalverteilung, 157
Forderungs- und Verbindlichkeitsvermögen, 29
Formale Inzidenz
- Definition, 164
- der Bausparförderung, 288-290
- der Erbschaftsteuer, 281-283

- der GKV, 324-330, 378
- der Grundsteuer, 277, 278
- der GRV, 313-319, 321, 322, 378
- der Lohnsteuer, 185
- der Maßnahmen zur Förderung der Produktivvermögensbildung, 291-293
- der Umsatzsteuer, 226-228
- der Vermögensteuer, 273-275
- einer Gewinnsteuer, 187-189
- spezieller Verbrauchsteuern, 209-211

Föhl-Modell, 196-200
Freie Berufe, 93-96, 100, 102, 319, 373
Fürsorgeleistungen, 295

Gandenberger Modell
- Bewertung, 246
- Darstellung, 242-246
- Prämissen, 243

Gebrauchsvermögen, 283
Geldvermögen, 28, 30, 113-119, 283, 287, 291, 293, 377
Generationenvertrag, 297
Gesamtbetrag der Einkünfte, 18, 81, 93-95, 104-106, 178, 179, 188
Gesamtvermögen, 28, 29, 108-112, 116, 267, 268, 273-275
Geschlechtsspezifische Einkommensunterschiede, 101
Gesetzliche Inzidenz, 164
Gewerbekapitalsteuer, 36, 159, 171, 265, 266
Gewinnbeteiligung, 266, 291-293
Gewinnquote, 73, 74, 121, 198-200, 292
Gewinnsteuer, 14, 160, 168, 187-202
Gini-Koeffizient, 149
- allgemeine Kennzeichnung, 56-58
- empirische Werte, 78-89, 109, 113-115, 185, 188, 273, 282, 335, 336

GKV, s.a. Krankenversicherung, gesetzliche
Gläubiger-Schuldner-Hypothese, 375
Gleichverteilung, 8, 12, 46, 53-57, 59, 60, 265
Grunderwerbsteuer, 266
Grundsteuer
- allgemeines, 37, 265, 266, 269, 270
- rechtliche Regelungen, 269

Grundvermögen, 28, 29, 108, 113-118, 170, 265, 267, 268, 273, 278, 280, 283, 289, 290
Gruppenanteile, 54, 55
Gruppierungsmerkmale, 4-7
GRV, s.a. Rentenversicherung, gesetzliche

Haushaltskredite, 237
Hinterbliebenenrenten, 297
Histogramm, 42-44
Humankapital, 29, 30, 126, 139-141, 143

Indirekte Steuern, 19, 156, 159, 160, 359, 365
Invalidenrenten, 300
Investitionen, öffentliche, 237, 239, 240, 262, 339, 340, 351
Investivlohn, 285, 291-293
Inzidenz, s.a. formale, materielle, spezielle, gesetzliche
- alternativenorientierte Systematik, 165
- Definition, 163, 164
- instrumentenorientierte Systematik, 164
- wirkungsorientierte Systematik, 164

Inzidenz des ausgeglichenen Budgets, s.a. Budgetniveauinzidenz
Inzidenzanalyse
- empirische Ansätze, 173, 174
- Kritik, 174

Kaffeesteuer, 206, 207, 210
Kapitalbeteiligung, 287
Kapitaleinkommen, 154

Kapitalisierung, 170, 172, 189
Kapitalmarkt, 33, 243, 247, 248, 250, 254, 260, 343, 345, 350-354
Kassenverstärkungskredite, 237
Koeffizienten der Steuerüberwälzung, 214, 217, 232
Körperschaftsteuer
- allgemeines, 175, 176, 181-184, 270, 357
- quantitative Bedeutung, 36
- rechtliche Grundlagen, 181-184
- Tarif, 183, 184
- Vollanrechnungsverfahren, 182, 184
Konsumentenrente, 194
Konzentration, absolute, 53
Konzentration, relative
- allgemeine Kennzeichnung, 53
- Anforderungen an Maße der, 54
Konzentrationskurve, 47, 48
Konzentrationsmaße, 53-58
Kraftfahrzeugsteuer, 36, 207, 210, 296
Krankenversicherung, gesetzliche
- allgemeines, 7, 16, 32, 300-311
- Finanzierung, 302, 303-306, 311
- Leistungen, 300-306, 311
- Organisation, 300-306
Krankenversicherung, private, 303, 323
Krankheitskostenrisiko, 326, 328-331
Kreditaufnahme, öffentliche, s.a. Staatsverschuldung
Kreditmengeneffekt, 243
Kreislauftheorie, 196, 200, 292

Längsschnittbetrachtung, 124, 140, 312, 320, 323, 330, 331
Lageparameter, 49, 50
Land- und Forstwirte, 21, 101, 102, 178, 380
Land- und forstwirtschaftliches Vermögen, 28, 267-269
Lastbegriff, 258-261, 263
Lastenausgleich, 265
Lastverschiebung, 236, 237, 257-263, 350-352
Lebenseinkommen, 124, 139, 140, 320, 331
Lebensversicherung, 28, 110
Leistungsgerechtigkeit, 3, 10, 11
Lohneinkommen, 75-78, 85, 104, 106, 188
Lohnquote, 5, 73-76, 121, 151
Lohnquote, bereinigte, 74-76
Lohnsteuer, 22, 35, 36, 77-85, 103, 104, 176, 181, 185-188, 206, 315, 375
Lohnsteuerjahresausgleich, 357
Lohnsteuerstatisik, 22, 85
Lorenzkurve
- allgemeine Kennzeichnung, 46-48, 56, 57
- empirische Verläufe, 78, 81, 82, 85, 89, 109, 110, 112-115, 273, 278
- Interpretationsprobleme, 57, 58

Makroökonomische Totalanalyse, 187
Mark-up-pricing, s.a. Aufschlagskalkulation
Materielle Inzidenz
- Definition, 164
- der Bausparförderung, 290
- der Einkommensteuer, s.a. Materielle Inzidenz einer Gewinnsteuer
- der Erbschaftsteuer, 283, 284
- der GKV, 330
- der GRV, 319-322
- der Investivlohnförderung, 292
- der Lohnsteuer, 185-187
- der Staatsverschuldung, 239-256
- der Umsatzsteuer, 228-235
- der (allgemeinen) Vermögensteuer, 275-277
- einer (reinen) Bodensteuer, 278
- einer Förderung von Gewinnbeteiligungen, 292, 293
- einer Gewinnsteuer, 189-202

- einer Grundsteuer auf Gebäude, 279-281
- spezieller Verbrauchsteuern, 211-226
Median, 49-52, 336
Mehrwertsteuer, s.a. Umsatzsteuer
Mikroökonomische Partialanalyse
- der Gewinnsteuer, 189, 196
- der Umsatzsteuer, 228
- spezieller Verbrauchsteuern, 212
Mikroökonomische Totalanalyse, 228
Mindestrendite, 192, 193, 275
Mineralölsteuer, 37, 207, 209, 210, 356, 357, 361-365
Modalwert, 49, 50, 52
Monopol, 11, 186, 191, 192, 195, 211, 219-224

Nettoäquivalenzeinkommen, 98, 99
Nettoeinkommen, 71, 81, 86-89, 99, 116, 117, 141
- gemäß EVS, 86-89, 116, 117, 334, 335, 355, 359-364
Nettoinzidenz, 164
Nominaleinkommen, 18, 20, 24-26, 35, 147, 148, 154-156, 160, 169, 224, 376, 377
Nonaffektationsprinzip, 239
- Normative Verteilungsmaße, s.a. Atkinson-Maß
Nutzenfunktion, 59, 60, 138

Öffentliche Güter, 26, 38

Paretianische Häufigkeitskurve, 44, 45
Paretogerade, 46
Pareto-Maß α, 55, 56
Perzentile, 54
Pflegeversicherung, gesetzliche, 295, 297, 302-308
Preiselastizität, 195, 211, 224, 277, 292
Preiskoeffizient der Steuerüberwälzung, 215, 217
Primärverteilung, 12, 25, 122, 123, 134, 154, 155, 159, 160
Private Umverteilung, 25
Produktivvermögen, 14, 15, 17, 29, 30, 109, 110, 113, 266, 275, 283, 286, 287, 290-293
Progression, kalte, 376-378

Quartil, 358, 360, 361, 365, 366, 373, 374
Quellenabzugsverfahren, 181, 358
Quellentheorie, 20, 21, 177
Querschnittsbetrachtung, 124, 140, 312, 323
Querverteilung, 76, 120, 122
Querwälzung, 169, 172

Randgruppenanteile, 55
Randgruppenrelation, 55
Realeinkommen, 18, 24-26, 35, 156, 157, 209, 224, 229, 232, 233, 292, 376, 377, 379
Realtransfers, 24, 26
Realverteilung, 156
Reinvermögenszugangstheorie, 20, 21, 177
Relevante Alternative
- allgemeines, 163, 165, 166
- Staatsverschuldung, 240, 247, 251, 257, 260
Rentenanpassung, 29, 308, 313, 371, 370
Renten-/Bruttoeinkommensrelation, 313, 314
Renten-/Einkommensrelation, 312, 317
Rentenformel, 298, 300, 312, 316
Renten-/Nettoeinkommensrelation, 315, 316
Rentenversicherung, gesetzliche
- Finanzierung, 32, 297, 303-306, 378
- Leistungen, 297, 303-306, 309
- Organisation, 297, 303-306
Rentner, 5, 32, 50, 90, 93, 147, 267, 268, 290, 297, 300-306, 312-326, 329, 331, 359, 370, 372

Rohvermögen, 28
Rückwälzung
- allgemeines, 169, 170, 172
- der Arbeitgeberbeiträge zur GKV, 330
- der Arbeitgeberbeiträge zur GRV, 319, 320
- der Erbschaftsteuer, 283
- der Lohnsteuer, 186

Sachvermögen, 29, 30, 341
Schenkungsteuer, s.a. Erbschaftsteuer
Schrägwälzung, s.a. Querwälzung
Schuldillusion, 257
Schuldaufnahme(phase), 239, 243, 246, 249, 253, 261
Schuldenstand(phase), 238, 240, 242, 243, 252, 343-346
Schuldentilgungssteuer, 248, 255
Schuldenvermeidungssteuer, 241-248, 251
Sekundäreinkommen, 25
Sekundärverteilung, 25, 31, 123, 155, 159, 160
Selbständige, 5, 23, 50, 73-77, 90, 93, 95, 96, 99, 119, 137, 289, 290, 296, 297, 301, 303, 319, 359, 373, 374, 379-381
Size Distribution, s.a. Einkommensverteilung, personelle
Solidaritätszuschlag, 36, 176, 341, 356-359, 365, 366, 378-380
Sonstiges Vermögen, 28, 267, 268
Sozialbudget, 173, 295, 307, 308
Soziale Wohlfahrtsfunktion, 59, 61
Sozialhilfe, 64, 69, 70, 97, 98, 146, 156, 336, 359
Sozialversicherung
- allgemeines, 1, 7, 25, 29, 86-89, 154, 155, 160, 296, 307, 348, 380
- quantitative Bedeutung, 32-34, 38, 295, 307-311, 338-340, 372-374, 377, 379, 380
Sparförderung, 165, 266, 285, 286, 288, 290, 293
Spar-Prämiengesetz, 160, 286
Spezielle Inzidenz, 165, 196
Staatsverschuldung
- allgemeines, 33, 154, 236, 342, 347, 349, 352, 353, 356
- Ansatz der Klassiker, 257
- Ansatz der „Neuen Orthodoxie“, 257
- Ansatz der Wachstumstheoretiker, 259
- Ansatz von Buchanan, 258
- bei der Notenbank, 247-253
- bei Geschäftsbanken, 247-253
- bei Unterbeschäftigung, 247-255
- bei Vollbeschäftigung, 247-255
- in der Tilgungsphase, 247-255
- interpersonelle Umverteilung, 236, 239-256, 353
- intertemporale Umverteilung, 256-263, 350-352
- rechtliche Grundlagen, 237, 238
Stabdiagramm, 42, 43
Standardrentenniveau, 316
Steigungselastizität, 217
Steuerdestinatar, 177
Steuereinholung, 172, 186
Steuerinzidenz, 164, 173
Steuerlastverteilung, 173, 213, 215
Steuervergünstigungen, 16, 17, 285, 337, 356
Steuerwirkungslehre, 164, 169
Steuerzahler, 85, 147, 156, 166, 170, 185, 189, 239, 241, 260, 277, 371
Streuungsmaße, 51, 53
Substitution
- Definition, 170
- personelle, 171, 172, 185
- räumliche, 168, 171, 172, 185, 189
- sachliche, 170, 172, 185, 223
- vorsorgliche, 168
- zeitliche, 168, 171, 172, 185, 270
Subventionen, 16, 17, 19, 24, 38, 39, 156, 157-160, 164, 169, 170, 334, 340, 341

Tabaksteuer, 164, 207, 210, 356, 357, 363, 364

Tatsächliche Inzidenz, s.a. materielle Inzidenz
Technologische externe Effekte, 24, 26
Thesaurierung, 183
Traglast, 185, 194, 241
Transferansatz
- Bewertung, 240, 241
- Darstellung, 239
- Prämissen, 239, 240
Transfers, 1-3, 24-26, 32, 38, 62, 86, 88, 173, 300, 324, 328, 330, 331-342, 351, 353, 356, 361, 372-380
Transferausgaben, s.a. Subventionen, Unterstützungszahlungen
Transferkoeffizienten (in der GKV), 327, 328

Überschußeinkunftsarten, 177, 270
Überwälzung
- allgemeines, 17, 35, 172
- Definition, 169, 170
- der Arbeitgeberbeiträge zur GKV, 330, 373
- der Arbeitgeberbeiträge zur GRV, 319, 320, 373
- der Arbeitnehmerbeiträge zur GRV, 319, 320, 373
- der Erbschaftsteuer, 283, 284
- der Lohnsteuer, 186
- der Umsatzsteuer, 228-235, 359
- der Vermögensteuer, 275-277
- einer (reinen) Bodensteuer, 278
- einer Gewinnsteuer, 189-205
- einer Grundsteuer auf Gebäude, 279
- einer speziellen Verbrauchsteuer, 213-226, 362, 364
- von Investivlöhnen, 292
Umlageverfahren, 297
Umsatzsteuer
- allgemeines, 35, 156, 159, 160, 206-208, 227, 378
- langfristige Wirkungen, 234, 235
- Nettoallphasen-, 206-208
- quantitative Bedeutung, 37
- rechtliche Grundlagen, 206-208
- regressive Wirkung, 226-228
Unfallsicherung, gesetzliche, 295, 302, 307, 308
Unterstützungszahlungen, 1, 160

Varianz, 50, 51, 128
Variationskoeffizient, 50, 51
Veranlagung, 22, 36, 80, 83, 84, 181, 184, 188, 268, 358
Verbrauchsteuer, allgemeine, s.a. Umsatzsteuer
Verbrauchsteuer, spezielle
- allgemeines, 35, 37, 156, 159, 160, 175, 176, 206, 210, 319, 361-363, 378, 379
- Einkommenseffekt, 224
- Komplementärgütereffekt, 224
- langfristige Wirkungen, 224, 225
- mengenproportionale, 213-226
- rechtliche Grundlagen, 206, 207
- Substitutionseffekt, 223
- wertproportionale, 213-226
Verfügbares Einkommen, 91, 92, 155, 157, 160, 169
Verkehrswert, 108, 113, 114, 267, 278
Vermögensarten, 28-30, 113, 265, 267, 268, 273, 280, 283
Vermögensbegriff
- in der EVS, 28, 29
- rechtlicher, 27
- steuerlicher, 28
- umfassender, 29, 30
- zweckorientierter, 30
Vermögensbestand, 14
- Beeinflussung des, 161, 162, 265, 266, 273, 274
Vermögensbildung, 5, 15, 17, 119, 146
- Beeinflussung der, 161, 266, 285, 286, 288, 290-295
Vermögensbildungsgesetz, 161, 286, 287, 291
Vermögensformen, s.a. Vermögensarten
Vermögensteuer

- allgemeines, 17, 28, 35, 37, 72, 108, 109, 155, 206, 265, 266, 273-277, 285, 356
- rechtliche Regelungen, 266-268
Vermögensteuerstatistik, 28, 72, 108, 109, 111, 274
Vermögensübertragung, 14, 23, 162
- Beeinflussung der, 265, 266, 272
Vermögensverteilung
- allgemeines, 3, 8, 9, 14, 15, 17, 22, 28, 30, 33, 35, 41, 42, 46, 53, 63, 72, 73, 108, 109, 113, 115, 116, 119, 122, 153, 161, 162, 165, 236, 265, 333
- Beeinflussung der, 14, 153, 206, 265, 266, 285, 286
- Daten für die BR Deutschland, 72, 108, 109, 113, 115, 116, 119, 274
Verschuldung, s.a. Staatsverschuldung
Versicherungspflicht, 296, 297, 301-306, 313, 319, 322-325, 331, 361, 362, 367, 373
Versicherungsprinzip, 16, 296, 325-328
Versicherungsteuer, 37, 206, 209, 356, 357, 361-363
Versorgungsvermögen, 110-112, 161
Verteilungsgerechtigkeit, 59
Verteilungsobjekte, s.a. Verteilungspolitik, Gegenstand der
Verteilungspolitik
- Ansatzpunkte der Einkommens-, 72, 135, 145, 153-158
- Ansatzpunkte der Vermögens-, 72, 153-161
- Definition, 1
- Gegenstand der, 3-7
- Instrumente der, 1, 17, 32, 161
- Motive der, 1, 2, 24
- praktische Bereiche der, 16, 17
- Rechtfertigung der Einkommens-, 7, 8
- Rechtfertigung der Vermögens-, 14
- Ziele der Einkommens-, 7-13
- Ziele der Vermögens-, 14, 15
Verteilungssubjekte, 4-7
Verteilungstheorien
- funktionelle, 121
- der Leistungseinkommen, 120-124, 126, 127, 145, 147, 154
- personelle, 120-128, 134-139, 143-152
- Systematik der, 121
Volkswirtschaftliche Gesamtrechnung, 18-20, 72, 75, 121, 153, 159, 160
Vollständige Konkurrenz, 11, 189, 190, 213-215, 218-224, 229-231, 280
Vollzugsphase, 168-170, 172
Vorsteuer, 206, 228
Vorwälzung
- allgemeines, 169, 272, 279, 285
- der Arbeitgeberbeiträge zur GKV, 330
- der Arbeitgeberbeiträge zur GRV, 319, 320
- der Lohnsteuer, 186
- einer Gewinnsteuer, 194
- der Verbrauchsteuern, 219

Währungsunion, 237, 238, 375
Werturteil, 41, 62
Wirkungsverläufe, 165-170, 172
With and without-Prinzip, 164, 165
Wohnungsbauprämie, 285
Wohnungsbau-Prämiengesetz, 286, 288

Zahllast, 162, 185, 196, 208
Zinssatzeffekt, 243
Zinseinkommen, 148, 154, 242, 244, 246, 255, 256, 258
Zinsmehreinkommen, 241, 243, 244, 246, 250, 251, 381
Zinszahlungen, 33, 39, 239-244, 248-262, 346, 354, 356
Zinszahlungsphase, 243
Zinszahlungssteuer, 241-243, 246, 255, 257, 353

Zusatzlast, 194, 196
Zuschüsse des Bundes, 32, 298, 305, 324, 335, 337, 343, 345, 367-369, 371
Zuweisungen, 32, 335, 337
Zwangssparen, 159, 340, 343

www.ingramcontent.com/pod-product-compliance
Lightning Source LLC
LaVergne TN
LVHW010552300926
849162LV00002B/314